◎知识产权经典译丛

国家知识产权局专利复审委员会组织编译

欧盟版权法之未来

[英]埃斯特尔·德克雷◎主编

徐红菊◎译

知识产权出版社
全国百佳图书出版单位

图书在版编目（CIP）数据

欧盟版权法之未来/（英）德克雷（Derclaye，E.）主编；徐红菊译 .—北京：知识产权出版社，2016.1

（知识产权经典译丛）

书名原文：Research Handbook On The Future of EU Copyright

ISBN 978-7-5130-3823-2

Ⅰ.①欧… Ⅱ.①德… ②徐… Ⅲ.①欧洲国家联盟—版权—著作权法—研究 Ⅳ.①D950.3

中国版本图书馆 CIP 数据核字（2015）第 231932 号

内容提要

本书收录了英国知识产权领域知名专家的 24 篇研究论文，详细介绍了欧盟版权法一体化进程的若干成果和待解决的问题，为我国著作权法的发展以及与国际版权法的同步化，提供了积极的借鉴。

读者对象：从事知识产权相关领域的研究人员和相关从业人员。

© The Editor and contributors Severally 2009
Research Handbook on future of EU Copyright，Edited by Estelle Derclaye
Chinese Translation © Intellectual Property Publishing House

责任编辑：卢海鹰　王玉茂　　　　　　责任校对：董志英
装帧设计：张　冀　　　　　　　　　　责任出版：刘译文

知识产权经典译丛
国家知识产权局专利复审委员会组织编译

欧盟版权法之未来

[英] 埃斯特尔·德克雷　主编
徐红菊　译

出版发行：知识产权出版社有限责任公司	网　　址：http://www.ipph.cn
社　　址：北京市海淀区马甸南村 1 号（邮编：100088）	天猫旗舰店：http://zscqcbs.tmall.com
责编电话：010-82000860 转 8122	责编邮箱：wangyumao@cnipr.com
发行电话：010-82000860 转 8101/8102	发行传真：010-82000893/82005070/82000270
印　　刷：北京科信印刷有限公司	经　　销：各大网上书店、新华书店及相关专业书店
开　　本：720mm×1000mm　1/16	印　　张：32.75
版　　次：2016 年 1 月第 1 版	印　　次：2016 年 1 月第 1 次印刷
字　　数：624 千字	定　　价：110.00 元
ISBN 978-7-5130-3823-2	
京权图字：01-2015-2082	

出版权专有　侵权必究
如有印装质量问题，本社负责调换。

序

当今世界，经济全球化不断深入，知识经济方兴未艾，创新已然成为引领经济发展和推动社会进步的重要力量，发挥着越来越关键的作用。知识产权作为激励创新的基本保障，发展的重要资源和竞争力的核心要素，受到各方越来越多的重视。

现代知识产权制度发端于西方，迄今已有几百年的历史。在这几百年的发展历程中，西方不仅构筑了坚实的理论基础，也积累了丰富的实践经验。与国外相比，知识产权制度在我国则起步较晚，直到改革开放以后才得以正式建立。尽管过去三十多年，我国知识产权事业取得了举世公认的巨大成就，已成为一个名副其实的知识产权大国。但必须清醒地看到，无论是在知识产权理论构建上，还是在实践探索上，我们与发达国家相比都存在不小的差距，需要我们为之继续付出不懈的努力和探索。

长期以来，党中央、国务院高度重视知识产权工作，特别是十八大以来，更是将知识产权工作提到了前所未有的高度，作出了一系列重大部署，确立了全新的发展目标。强调要让知识产权制度成为激励创新的基本保障，要深入实施知识产权战略，加强知识产权运用和保护，加快建设知识产权强国。结合近年来的实践和探索，我们也凝练提出了"中国特色、世界水平"的知识产权强国建设目标定位，明确了"点线面结合、局省市联动、国内外统筹"的知识产权强国建设总体思路，奋力开启了知识产权强国建设的新征程。当然，我们也深刻地认识到，建设知识产权强国对我们而言不是一件简单的事情，它既是一个理论创新，也是一个实践创新，需要秉持开放态度，积极借鉴国外成功经验和做法，实现自身更好更快的发展。

自2011年起，国家知识产权局专利复审委员会携手知识产权出版社，每年有计划地从国外遴选一批知识产权经典著作，组织翻译出版了《知识产权经典译丛》。这些译著中既有涉及知识产权工作者所关注和研究的法律和理论问题，也有各个国家知识产权方面的实践经验总结，包括知识产权案件的经典判例等，具有很高的参考价值。这项工作的开展，为我们学习借鉴各国知识产权的经验做法，了解知识产权的发展历程，提供了有力支撑，受到了业界的广泛好评。如今，我们进入了建设知识产权强国新的发展阶段，这一工作的现实意义更加凸显。衷心希望专利复审委员会和知识产权出版社强强合作，各展所长，继续把这项工作做下去，并争取做得越来越好，使知识产权经典著作的翻译更加全面、更加深入、更加系统，也更有针对性、时效性和可借鉴性，促进我国的知识产权理论研究与实践探索，为知识产权强国建设作出新的更大的贡献。

当然，在翻译介绍国外知识产权经典著作的同时，也希望能够将我们国家在知识产权领域的理论研究成果和实践探索经验及时翻译推介出去，促进双向交流，努力为世界知识产权制度的发展与进步作出我们的贡献，让世界知识产权领域有越来越多的中国声音，这也是我们建设知识产权强国一个题中应有之意。

2015 年 11 月

《知识产权经典译丛》
编审委员会

主　任　申长雨

副主任　杨铁军

编　审　葛　树　诸敏刚

编　委　（按姓氏笔画为序）

　　　　　于　萍　马文霞　王润贵　石　兢
　　　　　卢海鹰　刘　铭　汤腊冬　李　琳
　　　　　李人久　杨克非　高胜华　蒋　彤
　　　　　温丽萍　樊晓东

著者简介

约翰 N. 亚当，谢菲尔德大学名誉教授，诺特丹大学兼职教授，大律师

坦妮亚·阿普林，伦敦大学国王学院知识产权法教授

瓦莱丽洛尔·贝纳博，凡尔赛大学教授，但丁研究室主任

乔恩·秉，奥斯陆大学，挪威计算机与法研究中心教授

拉蒙·卡萨斯瓦勒斯，巴塞罗那大学，私法教授

雅克·德·威拉，日内瓦大学知识产权法与合同法教授，艺术法中心联合主任

斯福林·德索利，那慕尔大学教授

玛丽亚·梅塞德斯·弗拉波尼，伦敦大学玛丽女王学院

依福斯·戈比雅克，埃夫里大学、巴黎第二大学讲师，国际文学与艺术协会总秘书长，国际版权杂志主编，金布罗协会律师

克里斯托弗·盖格，斯特拉斯堡大学，国际工业产权研究中心主任，副教授

威廉·高斯黑德，乌得勒支大学知识产权法中心/莫伦格雷夫私法研究院，知识产权法教授

亨宁·格罗斯·卢瑟汉，慕尼黑知识产权、竞争法与税法马普研究所，高级研究员

路西·吉博，阿姆斯特丹大学，信息法研究院，副教授

P. 伯恩特·胡根豪特兹，阿姆斯特丹大学知识产权法教授，信息法研究院主任

玛丽克里斯汀·詹森，比利时天主教鲁汶大学，知识产权法教授

帕斯卡尔·卡米纳，普瓦提埃大学副教授，巴黎律师协会律师

安塞姆·凯普曼·桑德斯，马斯特里赫特大学，知识产权法教授，澳门欧洲研究学会知识产权法学院学术主任

卡洛琳·克尔，那慕尔大学计算机与 IT 法研究中心，助理研究员

安托万·拉特雷尔，巴黎第十一大学教授，CERDI 研究中心合作主任

马蒂亚斯·莱斯特纳，波恩大学，商法研究院主任，知识产权法与竞争法

教授

布奇利特·林德纳，伦敦赛尔法院，欧洲注册律师

安斯加尔·奥利，拜罗伊特大学，私法与知识产权法教授

杰里米·菲利普斯，奥斯旺知识产权顾问；《知识产权法与实践》杂志编辑；玛丽女王知识产权研究院高级研究员；IPK网络日志合作管理员（www.ipkat.com）

安东·奎德弗利格，奈梅亨大学，法学教授

安德烈亚斯·拉梅什，莱斯特大学，法学讲师

保罗·陶曼斯，诺丁汉大学法学院，知识产权法教授；根特大学法学院，国际私法教授

原版序言

2006年秋，几件事促成写作此书的想法。首先，自欧盟开始在版权领域推进一体化，迄今已有15年。如果包括欧共体法院判例法，尽管间接，一体化进程可以回溯到1971年的 *Deutsche Grammonphon*❶ 案，作为版权领域首个判例，它不仅第一次以创新的方式表明，版权属于欧共体权限范围，而且在货物与服务贸易自由流动的背景下，确立了欧共体穷竭的概念，以终结贸易保护主义。其次，欧盟委员会在版权领域的一体化计划最近出现停顿，自追续权指令或横向执行指令后，再没有启动新的计划❷。再次，笔者注意到Wittem项目，这一项目聚集了一批版权法领域的有名望学者，目的是起草欧洲版权法典❸。基于这些初衷及影响欧洲版权政策的目标（不可否认，这有点野心勃勃），笔者希望本书不仅仅是评估现状，还能够深入探究欧洲版权法的未来发展前景，并回答以下问题：已经完成的一体化工作出现了什么问题？指令是否发挥了有效的作用？版权法是否应继续向一体化前进？为实现这一目标，笔者不仅希望

---

❶ Deutsche Grammonphon v. Metro, ECJ, 8 June 1971, Case 78/70, ECR [1971] 487.

❷ Writing in 2006, T. Dreier and P. B. Hugenholtz, Concise European Copyright Law, Alphen aan den Rijn: Kluwer, 2006, p.2, 指出，目前委员会并未注意到"与内部市场有关的任何问题"，也未"设计进一步一体化的措施"。M. M. 弗拉波尼在其版权与相关权的集体管理一篇指出但在在线音乐许可领域有一些初步的举措。And more recently, the Communication from the Commissionto the Council, the European Parliament and the European Economic and Social Committee and the Committee of the Regions on Creative Content Online in the Single Market of 3 January 2008, COM (2007) 836 final and the proposal to extend the term of protection for performers and sound recordings to 95 years. [EB/OL]. http://ec.europa.eu/internal_market/copright/term-protection/term-protection_en.htm. 2008年7月，委员会发布了知识经济版权绿皮书，其目标在于对我们是否需要对既存的例外条款，特别是那些为了研究与教学使用，为了残疾人利益，以及解决孤儿作品问题，使用者创新内容方面的例外条款，加以协调一致。[EB/OL]. [2008-10-08]. http://ec.europa.eu/internal_market/copright/docs/copyright-infso/greenpaper_en.pdf.

❸ 胡根豪特兹（Hugenholtz）在其关于版权地域性问题一篇中已提及。本序言写作之时，刚刚完成草案的撰写。

从那些被普遍认可的欧洲版权法学者处邀得稿件,也能够了解来自不同成员国专家的观点,从而尽可能对真正的欧盟有一个均衡的全观。最后,笔者认为这本书是及时的、有价值的,委员除通常每3年对每个指令进行一次报告外,对欧盟一体化工作还没有进行一次全面的严格审查,这也是我们所缺少的工作。❹

在此背景下,本书遵循以下研究方法。由不同的欧洲版权专家进行分析每个版权问题(客体、原创性、期间、权利、抗辩等),对欧盟一体化现状进行重要评述,并探讨一体化是否应当进一步加强。该序言旨在奉给读者各篇论文概况,以助读者安排阅读。

伯恩特·胡根豪特兹在其版权地域性文章指出,欧盟委员会在一体化方面做出令人赞叹的工作,尽管指令使各国版权法更加接近,在许多方面更加类似,但版权地域属性却从根本上削弱了一体化进程。他指出,版权地域属性在欧盟内部保留了文化的多元性,也保留了价格歧视,这种价格歧视不利于内部市场的实现。胡根豪特兹支持以《欧共体商标与外观设计条例》的脉络制定欧共体版权条例,而且优先于国内版权法,如此或许会比这两个条例更进一步。

克里斯托弗·盖格探索了版权与人权间的联系。通过《欧盟人权公约》《里斯本公约》和《欧盟基本权利宪章》的适用,人权已经构成欧盟框架体系的一部分。《欧盟人权公约》明确规定,知识产权属于人权。因此,欧盟法院和国内法院开始对版权与其他人权加以平衡。盖格评析并赞赏其在判例法中的发展,认为其可以作为遏制版权过度保护的方式。应当说,除基本权利外,权利滥用理论与竞争法有时也会为支配一切的版权提供救济。

坦妮亚·阿普林论述了客体方面的一体化现状,从计算机软件到数据库,一体化结果令人满意。数据库定义是一体化进展较好的例证,虽然缺少计算机程序的定义,但这并未引发问题。她同时认为,由于技术定义会不断被淘汰,不必对此下定义。成员国已恰当实施了指令,当然也有暂时性的困难,突出表现在英国方面。阿普林准确地指出,目前客体一体化的困境在于作品类型是采纳开放式列表还是封闭式列表,换言之,选择著作权还是版权方式。在对两种方式的利弊权衡之后,她倾向于司法方式优于立法方式。

视听作品保护与电影第一次固定很复杂,在欧盟一体化中具有特殊性,值得单设一篇论文加以考察。对此问题,帕斯卡尔·卡米纳详细回顾了电影保护

---

❹ See, however, the very useful commentary on copyright Directive by Dreier and Hugenholtz, supra n. 2. DG and the study commissioned by DG Internal Market and drafted by IVIR (P. B. Hugenholtz et al.) The Recasting of Copyright & Related Rights for the Knowledge Economy, no. etd/2005/im/d195, 2006. [EB/OL]. http://www. ec. europa. eu/internal_ market/copright/docs/studies/etd2005imd195recast_ report_ 2006. pdf.

史后指出，尽管在指令中缺少电影与视听作品的定义，但除英国外，各成员国的定义还是接近的。因此，目前保护上的差异主要是由于原创性概念差异导致，而非客体定义的差别。他关注了这一事实，即英国现行体制未将视听作品作为独立范畴加以保护，很多方面有违欧盟指令。他从根本上对现存的双重保护（视听作品与影片第一次固定）加以质疑，很多情况下，这种保护使电影生产商实际上得到两种版权的保护。

再到保护要求。拉蒙·卡萨斯瓦勒斯绘就了一幅原创性的多彩图片。一个有趣的事实是，在某些国家，如西班牙与德国，照片仍然受版权与"分版权"的保护。如此就会产生这样一种倾向，"作者自己的智力创作"在这些国家得到的保护要高于那些只以版权保护照片的国家。他建议欧共体将目前关于原创性的概念适用于所有作品，从而实现一体化。他认为，尽管这只是一个象征性的前进，如果所有国内法院都受其约束，仍然代表了一些进步。

欧盟一体化工作开始之前，二分法表述在TRIPS中已实现概念上的协调一致，这在许多成员国中的判例中也已经确立。但如我们所知，对于固定要求，无论《伯尔尼公约》（见《伯尔尼公约》第2（2）条）还是欧盟都未对其加以协调。如安托万·拉特雷尔所释，尽管固定是版权体系与著作权体系分歧最为严重的领域，但并不存在一体化的需要，在实践中，是否有该保护要求没有造成差别。到最后，如果作品没有以某种方式进行固定，作者将很难证明版权被侵权，无法实施其版权的结果就是其根本没有版权。另外，最重要的一点是，无论是英国还是大陆法系国家的版权，如果是非作者之人将作品加以固定，其并不拥有版权。为了将作品商业化，固定者不可避免地要复制并推广给公众，他就必然要得到作者的许可。

接下来，依福斯·戈比雅克、布里奇特·林德纳和约翰 N. 亚当斯对英国、法国和德国版权期间条款进行了综合性分析。他们的成果显示，尽管在第93/98/EEC号指令中全面协调了版权的期间，国家间的特殊性仍然存在。例如，在法国，作者如在战争期间殉国，他的继承人可以在70年法定期限后再享有30年的期间。东德和西德合并时，立法者允许对在民主德国创作的作品（原期间为50年）及邻接权（在民主德国一般只有10年保护期）进行重新保护。而在英国，那些未出版的作品似乎享有无限期的版权。

杰里米·菲利普斯并未打算对有关作者与所有权的欧共体规定进行概括，如此就会非常简要，而且或许会得出一体化看似并不存在的结论❺。他更着力

---

❺ 最突出的一体化大概是计算机程序指令第2.3条，将雇员的经济权利授予雇主。参见期间指令第2条关于影视作品。

提出这样的问题，欧盟是否应该解决新类型作品的作者身份与所有权问题，如维基。维基是用于集体性指定平台的术语，如维基百科。他认为这种平台通常可以成为版权或受特殊权利保护的数据库，或许这种新的情形会引发欧盟一体化的问题。除非有国际性组织，由于作者一般位于多个国家，法律很难适用于这种集体性成果。

安斯加尔·奥利为经济权利给出了清晰简明的阐述，质疑有时存在这样的误解，即认为经济权利领域已经实现完全一体化。这种模糊性使一些经济权利成为灵活性极强的概念，他指出，这是一种优势，因为技术的快速发展会使一些死板的概念很快被淘汰。但另一方面，却不利于实现一体化的目标。但几乎所有经济权利（改编权和公共表演权除外）已经被一体化为欧共体概念这一事实是件好事，欧共体法院会逐案实施欧盟立法机构的一体化工作，这在近来很多有趣的案件中已经实现❻。另一种批评是，经济权利在所有 7 项指令中是一点点地实现了实际一体化，因此没有清晰的权利框架。他认为，最好是通过法典化实现法律的确定性，包括著作权与所有权、例外、权利用尽和期间等其他方面。但如安斯加尔所指，二级责任没有实现一体化，在许多成员国实现这种一体化非常困难，因它涉及侵权法，这是欧共体权限中争议较大的领域。❼

威廉·高斯黑德从历史视角考察了精神权利，在考量欧盟是否应当对精神权利加以协调之前，他不仅考察版权，也关注了人权公约，并注意到精神权利的许多方面并未实现一体化，这可能会导致内部市场的扭曲。他认为，这绝对是需要进一步加以研究的领域。雅克·德·威拉的文章主要关注保持作品完整权，他认为对该项权利的某些方面进行协调非常有用。其他方面，如在欧洲范围内有着极大差别的弃权条款，考虑到内部市场目标就可能产生很多问题。这一问题与国际私法有着密切联系，这或许也是解决问题的方式之一。不考虑一体化，保持作品完整权的未来或许在于艺术家们自身的行为。只要不滥用自己的权利，他们就可以释放这样的权利信号，即要求加强认可他们的精神权利及来自使用者和法院的尊重。法庭也会通过参考其他国家的判例法间接协助实现一体化。

如同精神权利，版权作品的许可与转让权也完全没有实现一体化。❽ 安德

---

❻ See e.g. ECJ, 7 December 2006, case C-306/05, SGAE v. Rafael Hotels SL, [2006] ECR I-11519.

❼ 但在该领域采取几个措施之后，欧盟正在更广泛的私法领域考虑一体化。See the work of the Study Group on the European Civil Code [EB/OL] http://www.sgecc.net/.

❽ 参见计算机程序指令重要条款（第 9.1 条）和数据库指令（第 15 条），及路西·吉博在本书的内容（版权法与合同法的联系）。

烈亚斯·拉梅什指出，由于许可与转让权涉及国内私法（合同法），实现协调一致十分困难。如果欧盟决定在此方面进行版权法立法，"若要产生实质性影响，就需要深入著作权/版权分歧的核心"，因为两大体系在这方面有着绝对实质性的分歧。他认为，这是加强更广范围内法律一体化目标的一个拙劣借口。在第一与第三项研究方面，这一论题与第二侵权责任类似。

关于权利例外，玛丽克里斯汀·詹森选择研究信息社会指令的瑕疵，因为其或许是欧盟发布最为仓促的指令。该指令的积极方面是几乎大多数成员国在相关国内立法中添加了一些新的例外条款，她的批评主要是第5条（第5.1条例外）"挑选"的性质，使其没有达到任何指令的一体化目标。合理使用例外条款会产生一些法律的不确定性，而例外条款封闭的排他式列表又过于僵硬。也建议在两者之间采取一种中间道路，可代之以"包含强制性例外条款的列表体系，其中一些赋予重要性特征，与可选择例外的体系结合为"窗口条款"，考虑到技术的发展，这似乎是将法律的确定性、明确性与适当灵活性相结合的最好方式。这个"窗口条款"不会像合理使用条款那样严格，而是允许国家根据本国社会发展或考虑到文化政策而加以回应。

本书未重视技术性保护措施的保护问题，此问题在其他著作中已多有论及，论述该论题的文章很大程度上是重申了这些著作中的观点。❾ 但笔者仍认为探索一全新的领域极为有意义，如技术性保护措施与对私人复制件版费之间的关系。斯福林·德索利和卡洛琳·克尔对日益减弱的版费与技术保护措施使用的关系作了全面简明的阐述。总而言之，如果技术保护措施阻止了作品的复制，根据情况就不应当再收版费，因为使用者已为其无权取得的一份复制件支付了费用，或者对同一份复制件支付了二次费用。作者明确了这一观点，逐步取消原则意味着必须去除版费体系。事实上信息社会指令中已包含这一规则，它并不支持技术性保护措施在版费体系之上。因而，如何使两种体系共存才是重要问题。笔者建议，对于这一技术较强领域的解决办法应主要基于私人复制的意义、"正常使用"的概念，及将后者作为新型一般例外条款考虑的可能性。❿ 简言之，主要考虑这样一个问题：该行为是否为私人复制？相应地，版费不应设立在不损害版权持有人利益的作品合理使用的复制件之上（其并非

---

❾ For recent books on this topic, the reader is referred to S. Dusollier, Droit d'auteur et protection des oeuvres dans l'univers numérique, Brussels: Larcier, 2nd ed, 2007; P. Akester, A Practical Guide to Digital Copyright, London: Sweet & Maxwell, 2007 and E. Derclaye, The Legal Protection of Databases, A Comparative Analysis, Cheltenham, UK and Northampton, MA: Edward Elgar, 2008.

❿ 这一概念并非全新，因为其来自计算机程序指令（第5.1条），而且在数据库指令（第6.1条）中再次使用。

严格意义的私人复制件)。

与前面论题相关的是版权及相关权集体管理的问题。玛丽亚·梅塞德斯·弗拉波尼指出，此领域尽管很大程度上还没有一体化成果，但通过两种方式已经取得了某种程度的协调一致。第一种也是最重要的一种一体化方式是通过基于竞争法的诉讼，因为集体管理组织在各自国家拥有主导地位。第二种方式是通过立法，这些规范的初衷旨在协调集体管理组织某些方面的工作机制，最近出现的这种方式，还处于起步发展的阶段。基本思路是发布将集体管理方面规则融合在一起的指令，这对于在内部市场功能的顺利运转非常必要。

在计算机程序和数据库保护的论文中主要集中于指令创设的特别制度，即计算机程序与数据库保护。乔恩·秉详细分析了计算机程序指令条款在实践中的运用，通过重要的技术分析，表明相应的法律结果。他的分析揭示了不存在问题的领域（如原创性与期间）和存有疑问的领域（如对一份复制备份的限制，权利用尽原则不适用下载程序与升级），存有疑问的领域需要进行必要的改革。

在版权领域，对数据库的保护与软件有许多类似之处。鉴于版权问题更加传统和直接，⓫ 马蒂亚斯·莱斯特纳将研究集中在最具争议的问题之上，主要是特别权利问题。他从合法假定入手，⓬ 认为在收集、验证、展示信息成为数据库方面，特别权利是一项比不公平竞争与合同法"更可靠、稳定、更具平衡性的投资保护机制"，并有可能成为一种替代方式。竞争法与合同法大部分没有实现一体化，甚至被认为对一体化极为不利，其至今在成员国之间仍然保留相当大的差别。因而他的贡献是突出了一些缺陷（尽管这种情况很少，主要是关于特别权利基于信息本身，即所谓源代码数据库，产生的垄断）和解决建议，这些建议主要存在于权利（欧盟法院多数已经实现的）、竞争法与一些指令外部修正案的一致且合乎目的性的适用中。此外，反不正当竞争法的优先适用对依样模仿侵权行为是必要的。

在论文"欧盟版权指令中的法律选择"中考察了版权法与其他法，如国际私法（或冲突法）、其他类型知识产权（如外观设计与商标）、合同法、竞争法、不正当竞争法之间的关系。

正如保罗·陶曼斯所指出，国际私法问题还没有引起欧盟立法机关的关注。我们现有的仅是与卫星广播有关的一项原则和第864/2007号规则（罗马第二规则），但现在已经到了在欧洲或国际层面上解决这一问题的时刻。版权法的国际私法原则，虽然一体化已经部分地或间接地存在，但为了尊重《伯

⓫ 有一些问题在其他论文中也有深入探讨，主要参见论文客体、原创性以及经济权利。

⓬ For more, E. Derclaye, supra n. 9.

尔尼公约》中的国民待遇要求，所有成员国都是缔约方，除作者与所有权方面的例外条款外，必须接受保护国法律作为版权法中的国际私法规则，并没有真正的选择机会。这样的"一体化"仍然必要，因为这种一体化的缺乏无法解决突出的问题。

无论在立法还是司法层面（Dior v. Evora 案例除外），欧盟对于版权与其他知识产权关系或重叠问题至今尚未涉及。尽管已经确立了累积原则，但如果一种知识产权保护客体为另一种知识产权留下自由保护的空间，仍然可能造成消极的后果。为了解决这一问题，安东·奎德弗利格建议适用国际私法中的最密切联系原则，并转向特定知识产权保护的利益与功能，然而实践中适用这一原则并非易事。设定这一原则后，他首先转向版权法的技术排除，因为技术客体是专利法而非版权法范畴。当然，一些技术客体（计算机程序与外观设计）在专利法与外观设计法之外，仍然可以由版权法保护。因此，如果适用最密切联系原则，则会造成制度间的冲突。然后，他回答了相反问题，主要解决版权与商标法之间的关系："其他制度包含限制它们'溢出'版权领域的保障措施吗，功能性定义在这方面发挥作用吗？"他在最后指出一些问题尚未有答案，如在版权期间届满后，商标法是否应补充版权保护。

接下来，路西·吉博分析了版权与合同法之间的关系。第一层关系是作者与出版商之间的关系，两者之间似乎没有问题，大多数成员在此方面有类似立法，通过保护合同弱者原则对作者进行一般或特殊，直接或间接的保护。即使其间有细微的差别，也不会成为问题。委员会决定暂不触及此问题，不管怎样，合同法本质上属于成员国而非欧盟管辖范围，路西·吉博还分析了无需一体化的其他原因。第二层是出版商与使用者之间的关系。欧盟在这方面已经进行了协调，在计算机程序与数据库指令中授予零散的例外。合同通常被用来取消版权法中的限制条款，这可能会打乱版权内部的平衡，欧盟应当对此加以回应。依其观点，最佳途径是至少制定一些保护人权重要事项的限制与例外条款。

与前两种关系相比，版权与竞争法之间的关系显然更突出，尤其考虑到欧共体的最初目标，以及版权时常造成的垄断现象。尽管如此，如瓦莱丽洛尔所释，情况也并非总是如此，版权总是保持避开竞争法的影响。事实上，两个领域目前仍然隔离运行，尽管毫无疑问它们已经构成共同法律领域中一部分，两者关系也越来越值得研究。版权一体化工作几乎没有解决两者关系，倒是在欧共体法院对具体案例有所处理。竞争法内容正入侵版权法内部，不仅在拒绝许可领域，还表现在价格领域，瓦莱丽洛尔提出疑问，是否存在对于版权问题的竞争法原则滥用。版权具有特殊性，应当以不同的原则加以规范，而不是代之以竞争法适用标准。与其他方式相比，尽可能使冲突内在化或是更好的解决方法，以避免适用竞争法不可避免产生的法律不确定性和事后补救措施。

版权与不正当竞争法之间关系远不如与竞争法之间关系发展的迅速，而讽刺的是可以说这两者正形成一个独立领域。指令仅在最后几条提及了反不正当竞争法，只是简单规定相关指令中所授予的保护不得损害反不正当竞争法的适用。安塞姆·凯普曼·桑德斯认为，由于缺少对于反不正当竞争法的协调，至少造成一些成员国内出现了版权法的多余扩张，这就使其考虑发挥反不正当竞争法作为一种补充、替代、后发保护方式的作用。这一问题十分急迫，因为反不正当竞争法可能被用来绕开权利的严格条件，不仅版权也包括其他知识产权，最终导致权利可能被废弃。为阐述这一问题，他依据最近的一些诉讼给出了例证。

本书的最后考察了版权领域内的欧盟外部联系。亨宁·格罗斯考察了欧盟的新外部贸易与版权政策。尽管 TRIPS 第 7 条要求制作者与使用者权利间的平衡，尽管欧盟也意识到了知识产权范围与保护强度完全依赖于国家发展的不同水平，缔结的自由贸易协定仍然要求不发达国家不仅要遵守 TRIPS 的规定，还要遵守来自其他一些国家的承诺（所谓"超 TRIPS"义务）。为了证明这一点，他列举了欧盟与非洲、加勒比海及太平洋国家在版权领域签订的协定，如要求他们遵守《世界版权公约》。另外一个问题是目前对于三步检测法的解释，其过度削减了例外条款的范围，解决这一问题的方法之一就是依据 TRIPS 第 7 条对其加以解释。

书中所提出的所有批评和建议采取的改革，都不会抹杀这一事实，即欧盟一体化工作卓有成效。如果没有欧共体立法机构和司法机构的一体化努力，欧盟版权法就会缺少清晰度、约束力和确定性（可以想象，如果权利穷竭、出租与出借权和计算机程序保护还没有实现一体化，欧盟法现在将会是何种状况）。因此，本书专奉于那些致力于版权一体化的各成员国及欧共体立法机构与行政机构的开拓者，以及那些引发、创造并继续为一体化而努力的法官们。这本书也是对使用者的一个召唤，无论个人还是团体，应当联合起来反对这样一种强势的游说，它歪曲版权法，认为其应完全有利于权利持有人。希望一体化的所有参与方为了"欧盟的共同利益"而继续共同努力。

写在最后但依然重要的是，感谢回应本人邀请的热情撰稿者，没有你们的相助，本书不会如此顺利面世，感谢编辑卢克·亚当斯和艾尔弗德的热心指导与耐心，对你们表示本人诚挚的谢意。

埃斯特尔·德克雷
2008 年 2 月

中文版序言

非常高兴本书能够译成中文。我首先向本书译者——徐红菊女士表示诚挚的谢意，正是她的努力使本书走入中国市场，希望它会有助于中国读者在欧盟版权法领域的理解与相关研究。由于本书出版于2009年，欧盟版权法已有较大发展，这无法在该简短序言中加以详述，我仅对一些较为重要的内容加以简要勾勒。关于最近的信息，读者可以浏览欧盟委员会（DG Connect, DG Internal Market and DG Competition）和欧洲法院的网址。关于欧盟版权立法及判例法的年度更新，读者可以参阅 Lexis – Nexis 及我个人网页（http：//nottingham. ac. uk/law/people/estelle. derclaye），也可免费看到本人大多数文章。此外，请参阅 P. Torremans 与 I. Stamatoudi 主编《欧盟内的版权：述评》（Edward Elgar 出版社，2014 年版），也会有所帮助。

2009年以来，欧盟版权法的重要发展主要表现于欧洲法院的判例法。由 *Infopaq* 案❶开端，（最近的案例是 *Football Dataco* 案❷）其影响是所有作品原创性概念的一体化。法院在经济权利，尤其是在向公众传播权领域做出大量判决，最为重要的是 *Svensson* 案❸。在该案中，法院确定超链接不属于侵权行为❹。但关于向公众传播权的判例法还远不能尽如人意，依然保留有很多冲突与不确定性。

关于版权例外，法院判例法明确了更多实质性问题，而非有关法院运用的解释方法，至于是否应当对例外条款进行严格解释或目的解释，仍然不明确。

---

❶ Case C – 5/08, Infopaq International A/S v. Danske Dagblades Forening［2009］E. C. R. I – 6569.
❷ Case C – 604/10, Football Dataco v. Yahoo UK!［2012］2 共同市场法律评论，24 页。
❸ Case C466/12, Nils Svensson et al. v. Retriever Sverige AB［2014］商业法律评论，259 页。
❹ 其他重要案例还包括 Joined Cases C – 403/08 and C – 429/08, Football Association Premier League v. QC Leisure and Karen Murphy v. Media Protection Services［2012］舰队街报告，1 页；Case C – 135/10, Società Consortile Fonografici (SCF) v Marco Del Corso［2012］商业法律评论，1870 页；Case C – 162/10, Phonographic Performance (Ireland) Ltd v Ireland［2012］2 共同市场法律评论，29 页 and Case C – 607/11, ITV Broadcasting Ltd et al v TVCatchup Ltd［2013］欧洲版权与外观设计报告，9 页。

比较重要的案例是 *Painer* 案❺（为公共安全目的进行的引用与运用）、*Deckmijn* 案❻（滑稽模仿）、*VEWA* 案❼、Stichting de Thuiscopie 案❽、VG *Wort*❾ 案、*Amazon*❿和 *ACI Adam BV* 案⓫（对私人复制或其他行为，如公共借阅的合理报酬或公平补偿），以及计算机程序领域的 *SAS Institute v World Programming* 案（"研究、观察与测试"例外）。⓬

在同一案件中，法院明确，版权保护延及程序的源代码与目标代码，但不延及其潜在的思想、功能、程序语言，或程序的数据文件格式。在 *Usedsoft* 案中，法院支持"数字穷竭原则"受制于用户传输中对技术及程序的删除⓭。但对于该原则是否适用于所有版权作品，则并不明晰，法院会在新判例中很快对该问题予以明确。⓮

关于数据库，法院重申了其在 *BHB* 及同类案件中所发展的原则，⓯ 裁定如果用户因为可通过元搜索引擎实时获取数据库内容，而不再需要参考其他数据库，元搜索引擎就需要得到搜索其他数据库的许可。关于技术性保护措施的法律保护，*Nintendo* 案中明确，技术性保护措施不必设置于作品本身（如在电子游戏情况下），它可以设置在能获取作品的设备之上。⓰

最后，同样重要的是，法院对网络服务提供商（ISP）执行规定的解释也

---

❺ Case C-145/10, Eva-Maria Painer v. Standard Verlags GmbH [2011] 欧洲版权与外观设计报告，297 页。

❻ Case C-201/13, Johan Deckmyn and Vrijheidsfonds VZW v Helena Vandersteen and Others [2014]. 未提到的 2013 和 2014 年判决尚未出版，可以参考网址：www.curia.europa.eu.

❼ Case C-271/10, Vereniging van Educatieve en Wetenschappelijke Auteurs（VEWA）v. Belgische Staat [2011] 欧洲版权与外观设计报告，446 页。

❽ Case C-462/09, Stichting de Thuiscopie v. Opus Supplies Deutschland GmbH [2011] 欧洲版权与外观设计报告，436 页。

❾ Joined Cases C457/11 to C460/11, VG Wort v Kyocera et al [2013].

❿ Case C521/11, Amazon v Austro-Mechana Gesellschaft zur Wahrnehmung mechanisch-musikalischer Urheberrechte Gesellschaft mbH [2013].

⓫ ACI Adam BV and Others v. Stichting de Thuiskopie, Stichting Onderhandelingen Thuiskopie vergoeding, [2014].

⓬ Case C406/10, SAS Institute v. World Prog ramming [2012] 3 共同市场法律评论，第 4 页.

⓭ Case C-128/11, UsedSoft GmbH v. Oracle International Corp. [2012] 欧洲版权与外观设计报告，第 368 页。

⓮ Case C-419/13 Art & Allposters International BV v Stichting Pictoright，未决。

⓯ Case C-203/02, The British Horseracing Board Ltd. v. William Hill Organization Ltd [2004] E. C. R. I-10415; Case C-46/02, Fixtures Marketing Ltd. v. Oy Veikkaus AB [2004] E. C. R. I-10497; Case C-338/02, Fixtures Marketing Ltd. v. AB Svenska Spel [2004] E. C. R. I-10549; Case C-444/02, Fixtures Marketing v. Organismos prognostikon ag o non podosfairou AE（OPAP）[2004] E. C. R. I-10365.

⓰ Case C-355/12, Nintendo et al v PC Box et al [2014].

尤为活跃。法院认为，如果一个系统，完全由 ISP 出资，能够通过 ISP 网络过滤所有信息，就相当于具有监督的一般义务，而且不可能施加于 ISP，[17] 这也同样适用于在线社交网络的托管服务提供商。[18] 另一方面，闭锁指令为 ISP 可采取的措施提供了选择（的机会），如果情况表明，他依据欧盟法在特定条件下采取了所有合理的措施，就会使 ISP 逃避自己的责任。[19]

在立法活动方面，2009 年以后欧盟发布了两个指令：一个关于孤儿作品，[20] 另一个关于集体组织管理与音乐作品的在线多地域许可，[21] 且已经延长了录音制品和表演者权的保护期间。[22]

未来 5 年会见证，欧盟版权法将会有极大的进展。法院数次提及几项未决的重要事项，目前已经到位的新委员也决定进一步推动版权法的一体化。

快乐阅读。
再次致谢！

埃斯特尔·德克雷
诺丁汉大学知识产权法教授
诺丁汉
2015 年 1 月 8 日

---

[17] Case C‑70/10, Scarlet Extended SA v. SABAM，[2012] 欧洲版权与外观设计报告，第 4 页。

[18] Case C‑360/10, SABAM v. Netlog NV [2012] 2 共同市场法律评论，第 18 页。

[19] Case C‑314/12, UPC Telekabel Wien GmbH v Constantin Film Verleih GmbH, Wega Filmproduktionsgesellschaft mbH [2014]。

[20] 欧洲议会与欧洲理事会 2012 年 10 月 25 日关于孤儿作品特定许可使用的 2012/28/EU 指令，[2012] OJ L 299/05。

[21] 欧洲议会与欧洲理事会 2014 年 2 月 26 日关于内部市场版权及有关权集体管理与在线音乐作品多地域许可的 2014/26/EU 指令，[2014] OJ L 84。

[22] 欧洲议会与欧洲理事会修订关于版权及特定有关权保护期间 2006/116/EC 指令的 2011 年 9 月 27 日 2011/77/EU 指令，[2011] OJ L 265。

译者序

1709年，英国颁布世界首部版权法《安娜女王法》，率先开始赋予作者14年的专有保护期间；1973年，英国加入欧共体，版权法开始受到欧共体版权法律制度的影响；2014年10月，英国新知识产权法案大部分已经生效，版权法是重要内容之一。300余年期间，英国版权法积淀了丰富的版权原理与实践经验，形成世界范围内独特的版权理论体系。无论其版权规则的历史发展，还是当今版权制度的变革，都值得我们认真学习与研究。

英国版权理论，从最基本的"客体"界定，到传统经济权利与精神权利，到数字化时代计算机程序及数据库权利，虽然依旧具有其独特属性，但开始逐步向欧洲一体化融合。近年来，英国一直致力于新的版权法改革。其原因主要来自两个方面：一是欧盟版权法一体化的压力，英国传统版权制度面临法律一体化的严峻挑战；另一是数字化时代的要求。互联网对一些传统版权规则提出质疑，作品的利用与集体实施可以轻易地跨越国境实现，严重倚赖文化版权创意产业的英国亟需对版权制度加以变革。2011年哈格里根斯教授向卡梅伦英国政府提出数字化时代的英国版权报告，作为回应，英国政府及时推出两项重要战略，即《知识产权国际战略》与《预防知识产权犯罪战略》。2014年，英国开始正式推出新的知识产权法案。节奏之快，足见英国政府对于版权制度之重视。

本书编者埃斯特尔·德克雷，执教于英国诺丁汉大学法学院，是英国知识产权法领域的知名教授。她召集了以英国为主，同时包括德国、法国、荷兰、比利时等国的知名版权法学者，共同对英国应当如何面对欧盟版权一体化问题进行了分析与论证。分析论证的线索是：英国版权在哪些具体方面已经实现欧洲一体化，在哪些方面尚未实现欧洲一体化，哪些方面根本不需要或者至少目前不需要进行一体化，及其具体原因。这一线索体现在书中每一版权具体问题的论述之中，以英国版权法的初始点，以欧盟版权法一体化为落脚点。对欧盟法而言，版权法一体化并非简单的单向改变，英国自身版权制度对于欧盟版权制度也有重要影响，它代表了两大法系在版权法领域的互融。本书是国内首部以英国视角研究欧洲版权制度的译著，它不仅包含有相关专题领域中普通法系与大陆法系的对比分析，还从英国版权学术研究的角度，对欧洲版权法的现状与未来进行了论述。"文明因交流而多彩，文明因互鉴而丰富"，希望本书可使中国学者更多更深了解欧盟版权法及英国版权法学术理论与学术争鸣，了解欧盟版权法一体化发展进程中的问题与趋势，以期丰富我国著作权法的学术研究。

　　本书的翻译得到厦门大学陈安教授的鼓励，感谢先生一直以来的信任与指导，虽是跬步，愿向千里前行，努力做先生所言"蜜蜂式"学者。同时，感谢导师车丕照教授对翻译与后续研究给予的指导与支持。感谢知识产权出版社卢海鹰编辑，经过多次不懈努力，终于取得英国 Edward Elgar 出版社的版权许可，并为本书申请得到国家出版资助。感谢大连海事大学的领导和同事，对我翻译工作给予的关怀和支持。大连海事大学法学院研究生童莉婷、潘胜尧分别参与了论文"精神权利"与"精神权利之保护作品完整权"的前期翻译。研究生潘胜尧、金鑫磊、童莉婷、田洪菱协助打印了部分章节注释，在此一并致谢。

　　本书翻译还存在很多不当之处，敬请读者予以批评和指正。

徐红菊
2015 年 1 月 18 日

目　录

无边界版权：欧洲版权法的地域性问题 …………………………（1）
　　　　　　　　　　　　　　　　　伯恩特·胡根豪特兹

欧盟层面上版权基本权利维度 ……………………………………（13）
　　　　　　　　　　　　　　　　　克里斯托弗·盖格

客　体 ………………………………………………………………（31）
　　　　　　　　　　　　　　　　　坦妮亚·阿普林

欧洲影片保护的客体 ………………………………………………（53）
　　　　　　　　　　　　　　　　　帕斯卡尔·卡米纳

原创性要求 …………………………………………………………（73）
　　　　　　　　　　　　　　　　　拉蒙·卡萨斯瓦勒斯

从思想到固定：保护作品的视角 …………………………………（98）
　　　　　　　　　　　　　　　　　安托万·拉特雷尔

版权的期间 …………………………………………………………（110）
　　　　　　　依福斯·戈比雅克　布奇利特·林德纳
　　　　　　　　　　　　　　　　　约翰 N. 亚当斯

著作权、所有权、维基权：21 世纪的版权 ……………………（148）
　　　　　　　　　　　　　　　　　杰里米·菲利普斯

经济权利 ……………………………………………………………（164）
　　　　　　　　　　　　　　　　　安斯加尔·奥利

精神权利 ……………………………………………………………（188）
　　　　　　　　　　　　　　　　　威廉·高斯黑德

精神权利之保护作品完整权 ………………………………………（209）
　　　　　　　　　　　　　　　　　雅克·德·威拉

版权保护作品中的处置权：转让权与许可权 ……………………（224）
　　　　　　　　　　　　　　　　　安德烈亚斯·拉梅什

例外的问题：重塑通往文学、音乐与艺术作品地域性之门的要素 …… （250）

玛丽克里斯汀·詹森

私人复制版费与版权技术保护：两种冲突逻辑的不适相处 ………… （275）

斯福林·德索利　卡洛琳·克尔

版权与相关权的集体管理：一体化机制努力的成就与问题 ………… （294）

玛丽亚·梅塞德斯·弗拉波尼

计算机程序的版权保护 ……………………………………………… （315）

乔恩·秉

数据库的保护 ………………………………………………………… （335）

马蒂亚斯·莱斯特纳

欧盟版权指令中的法律选择 ………………………………………… （358）

保罗·陶曼斯

版权与其他知识产权的重叠与联系 ………………………………… （376）

安东·奎德弗利格

版权法与合同法的联系 ……………………………………………… （405）

路西·吉博

欧盟竞争法与版权法：何去何从？ ………………………………… （425）

瓦莱丽洛尔·贝纳博

模仿的标准与盗用会削弱知识产权法的基础吗？ ………………… （443）

安塞姆·凯普曼·桑德斯

依国际版权机制获取知识，WIPO进展日程、
欧盟委员会新的外部贸易与知识产权政策 ………………………… （449）

亨宁·格罗斯·卢瑟汉

结语：路在何方？ …………………………………………………… （479）

埃斯特尔·德克雷

原版案例索引 ………………………………………………………… （488）

无边界版权：欧洲版权法的地域性问题[*]

伯恩特·胡根豪特兹

简　介

欧洲委员会在 1980 年起开始雄心勃勃地实施版权及相关权一体化项目，目标是通过消除成员国间法律的差异来培育内部市场。该项目成果是 1991～2001 年这 10 年间通过了 7 个有关版权及相关权指令，这 7 个指令确实找到成员国法律之间一致的有效途径，却忽略了创立内部市场唯一但最重要的障碍：版权的地域属性。尽管我们已经取得广泛一体化，各成员国版权法仍然很大程度上与国家主权地域疆界保有联系，因此，欧盟的版权市场仍然按照国家边界加以划分。2008 年瞄准欧洲消费者的内容供应商需要在 27 个成员国内明确权利，因为当他们面对欧盟之外的主要竞争对手，如美国时，这种状况显然使其处于不利的竞争地位。

本文将依据提供版权服务的欧洲市场审视和评论版权的地域属性，由欧洲 7 个指令的一体化程序的综合描述入手，然后审视地域性规则，并讨论减轻其对统一内部市场有不利影响的几项现有法律规则。本文在结尾提出了解决欧盟版权法地域性问题的基本途径，以期以一个真正统一的欧盟版权法取代国家的版权规范。

---

[*] 本文部分内容之前发表在：P. B. 胡根豪特兹，M. M. M. 信息法研究院，关于知识经济的版权及有关权的重述，提交委员会报告，2006。

欧盟版权及相关权的一体化

在版权及邻接权领域,欧盟目前已经制定 7 个指令。❶ 1991 年在计算机程序方面制定了第一个指令,多数是在近期制定,这始于 2001 年,分别是解决版权及相关权、艺术家追续权的指令。除 2004 年制定的解决一般知识产权权利执行的执行指令外,❷ 近年在版权领域没再通过或提出新的指令。这一点表明欧盟委员会在政策上的转变,由运用其独立权限制定一体化指令,转为发布更为"柔和"的法律文件,如 2005 年发布的在线音乐建议。❸

欧洲版权法及邻接权的一体化进程经历了两个阶段,立法机关在这两个阶段分别有不同的思路与目的。❹ 第一代指令深受 1988 年委员会发布版权与技术挑战之绿皮书的影响,❺ 按照绿皮书的要求,版权要具备 4 个基本要素:

1. 建立版权商品及其版权服务欧共体统一市场的需要。为实现这一目标,可能分割市场与扭曲竞争的不同版权规则,作为法律上的障碍必须加以移除,打击"音像盗版"的措施应加以推广;

2. 促进欧共体版权商品及服务经济竞争的需要。为实现这一目标,需要建立法律框架,确保知识产权保护与欧共体主要竞争者国家的法律看齐。

3. 保护知识创新,以及欧共体在反对非成员国使用者不正当使用过程中

---

❶ 计算机程序指令(Council Directive 91/250/EEC 14 May1991 关于计算机程序的法律保护 OJ L 122/42, 17 May1991),出租权指令(Council Directive 92/100/EEC, 19 November 1992 关于知识产权领域出租权与出借权及与版权有关权),期间指令(Council Directive 93/98/EEC, 29 October 1993, 协调版权及相关权的保护期间 OJ L 290/9, 24 November 1993),卫星与电缆指令(Council Directive 93/83/EEC, 27 November 1993 适用于卫星广播与电缆转播版权及有关权特定规则的合作 OJ L 248/15, 6 October 1993),数据库指令(欧洲议会与理事会 Directive 96/9/EC, 11 March 1996, 关于数据库保护, OJ L 77/20, 27March 1996),信息社会指令(Directive 2001/29/EC, 22 May 2001 关于信息社会版权及有关权的一体化,OJ L 167/10, 22 June 2001),追续权指令(欧洲议会与理事会 Directive 2001/84/EC 27 Sept 2001 关于原创艺术作品作者在转售中的受益权, OJ L 272/32, 13 October 2001)。

❷ Enforcement Directive (Directive 2004/48/EC, on the enforcement of intellectual property rights, OJ L 195/16, 2 June 2004)。

❸ Commission Recommendation 2005/737/EC of 18 October 2005 on the Collective cross – border Management of Copyright related rights for legitimate online music services [online music Recommendation]。

❹ J. Reinbothe, A Review of the Last Ten Years and A Look at What Lies Ahead: Copyright and Related Rights in TH European Union, Fordham International IP Conference, April 2002 [EB/OL]. http://europa.eu.int/comm/internal_ market/copyright/documents/2002 – fordhamspeech – reinbothe + en. htm [Reinbothe 2002]。

❺ EuropeanCommission, Copyright and the Challenge of Technology, Green Paper, COM (88) 172 final, Brussels, 7June 1988 [Green Paper on Copyright and the Challenge of Technology]。

产生的投资需要。

4. 对版权限制竞争的影响加以限制的需要，特别是与技术有关的领域，如计算机软件和工业设计。实现这一目的，不仅要充分考虑权利持有人的利益，也要考虑第三方及公众的利益。❻

在绿皮书中，委员会确定了6个建议欧共体立法机关立即采取行动的领域：（1）盗版（执行）；（2）音像制品的家庭复制；（3）传播权、权利用尽与出租权；（4）计算机程序；（5）数据库，及（6）多边及双边外部联系。

在与相关利益方举办了广泛的听证会后，1990年委员会出版了对绿皮书的后续补充文件，❼ 额外界定了委员会可能采取行动的几个领域，包括法律保护的期间，精神权利，复制权与艺术家追续权，并设专门一篇论文说明与广播相关的问题。在补充文本的附录中，确定了委员会完成倡议内容的精确日程。议程枚举了5项指令（关于特定邻接权的出租与借用；家庭复制；数据库保护；保护期间；卫星与电缆），同时提出了一项建议案，要求成员国遵守《伯尔尼公约》与关于邻接权的《罗马公约》。

绿皮书及其补充本中委员会发布的许多工作计划在20世纪90年代得以具体化。1991年制定的计算机程序指令是版权领域第一个指令。为了对软件行业的迅猛发展，特别是随后市场上个人电脑的蓬勃发展加以回应，指令创立了以"文字作品"保护计算机程序的一体化框架，包括经济权利和限制，其中争议较大的"解码权"例外是政治讨论和游说相对集中的主题。

随后出台的是1992年的出租权指令，在一些成员国内实现了商业出租与借用的一体化。更主要的是，该指令对表演者、录音制品制作者、广播组织与电影生产者的保护超越《罗马公约》最低标准的保护水平，建立起了横向的一体化框架。

1993年又制定了2项指令。与现行各国国内法相似的方法不同，卫星与电缆指令积极寻求实现跨越国境卫星服务的内部市场，适用来源国规则来规范卫星广播行为，这也是对通过卫星与电缆传输广播节目新技术的一种直接回应，为电视节目广播跨越国界进行传播带来极大的便利。事实上，卫星与电缆指令的预想是建立一个广播服务的内部市场，引进了对电缆再传输行为进行强制性集体权利管理的方案。卫星与电缆指令的特殊性可以追溯到不同的来源，并非1988年的绿皮书，而是更早的1984年电视无国界绿皮书，它主要制定了

---

❻ Green Paper on Copyright and the Challenge of Technology, paras. 1.3.1. –1.3.6.

❼ EuropeanCommission, Follow-up to the Green Paper, COM（90）584 final, Brussels, 17January 1991，绿皮书追踪。

广播规则，并最终形成1989年电视无国界指令。❽

在1993年通过了期间指令，该指令统一了相对高水平的作者死后70年的版权保护期间，规定了邻接权的50年保护期间。

3年后，在1996年制定了数据库指令。该指令创立了对电子与非电子的数据库的双轨保护机制，成员有义务将数据库作为智力创作进行版权保护，对生产者已进行实际投入的数据库内容提供一种特别权利（也称为"数据库权"）的保护。

虽然是绿皮书补充文件中的优先项，音像制品的家庭复制指令的建议案并未被提出，私人拷贝最终只是通过信息社会指令实现了某种程度的协调。但在1988年绿皮书中提到的征税问题是最为棘手的问题，时至今日，这一问题仍然停留在委员会的日程上。

在所提及的其他问题中，虽非绿皮书优先项，有两项内容已经制定了指令。2001年，在经历了委员会、欧洲议会与理事会间几乎不能存活的危险之旅后，追续权指令最终得以通过。2004年执行指令的通过，统一了对盗版及其他侵权行为的救济方式，完成了委员会最初的工作计划，回应了1988年绿皮书中最初拟定的要求。

20世纪90年代中期，委员会的统一化议程已变得更加雄心勃勃。网络的出现（或是委员会所指的"信息社会"）可以提供超越乎国界的服务，它涉及版权及邻接权的广泛客体保护，这就对10年前轰轰烈烈开始，而后又极大放慢速度的一体化程序提出了紧迫要求。1994年初期开始了新一轮版权法一体化进程，最终于1995年发布了另一本绿皮书信息社会版权与邻接权绿皮书。❾同时，世界知识产权组织正展开关于《伯尔尼公约》议定书可能性的讨论，这一活动加快并最终促成了1996年的世界知识产权组织版权条约（WCT）和世界知识产权组织表演者与音像制品条约（WPPT）。委员会代表欧盟签署了这两个条约，并开始论证如何以一体化的形式实施新的国际标准。

1997年首次提出信息社会版权与邻接权的指令议案，最终于2001年制定并通过，事实证明，该指令的范围比预期需要进行的"数字化议程"有相当

---

❽ EuropeanCommission, Television without Frontiers Green Paper COM（84）def, Brussels, 14.06.1984 [Green Paper on Television without Frontiers]. Council Directive 89/552/EEC, 3 October 1989 on the coordination of certain provisions laid down by law, Regulation or Administrative Action in Member States concerning the pursuit of television broadcasting activities, OJ L 298/23, 17 October 19892 June [Television without Frontiers Directive].

❾ EuropeanCommission Copyright and Related Rights in the Information Society, Green Paper, COM（95）382 final, Brussels, 19 July 1995 [Green Paper on Copyright and Related Rights in the Information Society].

大扩展。指令在更广泛范围内，以"网络—证据"的方式协调了基本经济权利（复制权、公众传播权与销售权），为数字化权利引入了特殊管理机制。目前为止，指令解决的最大一部分是"例外与限制"，而这一主题从未出现在绿皮书的任何议程之上。

事实上很多情况下，版权与邻接权的7个指令中的一体化标准都超出了《伯尔尼公约》与《罗马公约》要求成员国遵守的最低标准，这些标准往往还超出执行前成员国的平均保护水平。以期间指令为例，其规定的版权保护期间统一标准水平要远高于作者死后50年的一般标准。这种上行一体化现象是基于对政治与法律问题的考虑，知识产权缩减就会产生独立的成员国标准。进一步讲，在欧盟层面，特定利益方（特别是权利持有人）的利益往往比一般的公众利益更能够得到成功申诉。

尽管如此，"上行"的一体化程序也是产生问题的要因。经济方面的有效性和民主支持方面的可信性，任何知识产权体系很大程度上都要依赖在权利持有人利益最大保护与使用人（一般公众）利用知识与创造产品利益之间找到"微妙的平衡"。且只要知识产权独占权仍然保持地域性并能够跨越国界行使，由这种上行标准导致的知识产权权利不断扩张，很可能形成构建内部市场的新障碍。

地域性

欧盟内版权及邻接权一体化程序的启动主要目的在于消除国家之间法律规范的差异性，因为这种差异会对商品与服务贸易的自由流动造成阻碍。其实，关于知识产权和很大程度已实现一体化的商品、服务贸易自由流动间的冲突，有着详尽的判例法。在这些判例法中，欧洲法院经常会暗示成员国间的法律需要尽量相似。[10] 但在国内层面成功消除一些差异后，一体化程序却仍然有很多对建立内部市场更为严重的阻碍——版权与相关权地域性的本质特征。版权或相关权赋予所有人的独占性被严格地限定于其获得授权的成员国地域范围之内，这是版权与邻接权的核心原则，并已载入《伯尔尼公约》第5（2）条之中。[11] 这种依成员国欧洲经济协定需要遵守的既定义务甚至被视为准欧共体法

---

[10] See for instance EMI – Electrola GmbH v. Paricia Im – und Export Verwaltungs gesellschaft mbH et al. European Cout of Justice, 24 January 1989, case 341/87, ECR［1989］, 79［Paricia］.

[11] See Green Paper on Television without Frontiers, p. 301.

律，⑫ 欧洲法院的拉加迪尔规则⑬已经明确肯定了版权及邻接权的地域性属性。

在过去20多年版权及相关权一体化进程中，始终忽视了这种对商品与（部分）服务贸易自由流动的结构障碍。一体化议程主要致力于消除国家法律间差异，欧洲司法机构似乎一直在朝着这一错误目标前行。成员国法律间差异本身并不等于商品与服务贸易自由流动的障碍，因为反映这些差异的版权与邻接权是遵循国家边界才得以产生。实际上，只要不触及版权及相关权的地域性，一体化相对来说就很难实现。⑭ 通过成员国法律的趋近，可以对于商品或服务的供应商提供更加一致性与透明的法律，并通过加强法律的稳定性，间接推动内部市场，但消除差异却并未排除地域性的影响，它会成为建立单一市场的更严重障碍。

固然，版权及相关权的地域性对于欧盟的文化与经济亦有积极影响。首先，国内版权及相关权的持续存在对成员个体的文化发展与"文化多样性"有益。商品为迎合外国当地观众需要而定制时，在外国市场上销售文化产品通常需要必要的地域许可，如外国书籍的出版、电影的放映及随后外国电影的广播，都属于这种情况。更重要的是，大多数（非所有）集体组织管理权的来源基于国家地域的授权或委托，集体管理组织因这些权利产生的收益并非仅流向权利持有人，还流向各种不同的文化与社会基金组织，本地作者、表演者和文化发展机构受益最多，当地作者的收益甚至高于外国权利持有人。通过保护与激励本地作者和表演者，集体管理组织在培育欧盟内"文化多样性"方面发挥了重要作用。消除表演与传播权方面的地域障碍可能影响的不仅仅是这些文化补贴，更严重的是，除了少数足以在欧洲水平上进行竞争的集体组织，其他集体组织的生存将会被摧毁。事实上，在委员会在线音乐建议的影响下，集体管理组织"挣扎求生存"的现象已经出现了。⑮

其次，某种程度上讲，版权与相关权的地域属性也生成了价格歧视，这也

---

⑫ J. Gaster, Das urheberrechtliche Territorialitätsprinziprinzip aus Sicht des Europäischen Gemeinschaftsrechts, ZUM 2006, no. 1, pp. 8–14, p. 9 [Gaster 2006].

⑬ 拉加迪尔广播公司诉兴业，2005年7月14日，欧洲法院案例集C - 192/04，第46段："开始必须强调，92/100指令提供了与版权相关权最低程度的一体化，从措辞及机制方面看都十分明确。这并意味着要减损这些权利的地域性原则，这一点无论在国际法还是欧共体条约中都予以认可。因此，这些权利具有本质上的地域性，国内法只能在本国地域范围内处罚特定的行为"。

⑭ See The Need for a European Trade Mark System. Competence of the European Community to Creat One, Commission Working Paper, Ⅲ/D/1294/79 – EN, Brussels, October 1979, p. 4 [EB/OL]. http://aei. pitt. edu/5618/01/02702_ 1. pdf.

⑮ 参见2007年3月13日欧洲议会关于委员会于2005年10月18日的关于在线音乐服务版权及有关权合法性跨境集体管理建议的决议（2005/737/EC）(2006/2008 (INI))。

许会提高经济效益。地域性使得权利人易于按照国界界定、划分市场，在不同的成员国境内对同样的商品或服务设定不同的价格与条件。尽管通过价格歧视可能取得一定的经济增长，但不言而喻，这种知识产权运用与构建内部市场的宗旨是完全相左的。正如欧洲法院反复重申的，人工划分市场不属于知识产权的"特定内容"。

另一项需要加以注意的是，版权保护内容跨越国界的传播或许影响多个成员国内的权利，而事实上这些权利只控制在一人手中。在欧盟所有地域内，在没有转让或者许可的情况下，作品权利通常为作者所拥有。只有在一个作品、表演或其他客体的权利在不同成员国由不同的权利持有人分配时，地域性的问题才变得尖锐了。最终的结果是，只能将权利转让给地域内这些有有限授权的出版商、生产者、销售者、集体管理组织或者其他中介。这种权利分配也起因于国家间关于著作权、所有权或版权合同法的差异，毫无疑问，有利于原创者权利分配的促进规则，无论在国内的层面还是以一体化的方式，都会理顺一些与地域性相关的权利问题。

权利穷竭

基于《伯尔尼公约》第 5（2）条之国民待遇原则，作品或其他为成员国法律所保护客体也会受到 27 成员国家平行独占权的保护，但其有效性与保护范围由各成员国法律自己确定。在数个成员国内的权利就会受到相关内容商品、服务跨国贸易的影响，欧盟内部的权利穷竭原则减轻了内部商品销售对内部市场造成的阻碍，这一原则首先在欧洲法院得以发展，[16] 很长时间以后在信息社会指令第 4（2）条中实现法典化。但与服务内容相关的条款仍然可能遇到一些权利同时行使的情况，如所有成员国内向公众提供服务的公共表演权、公众传播权、提供有线转播及公众可得权。

在 Coditel Ⅰ案中，欧洲法院拒绝承认关于有线二次转播行为的共同体权利穷竭原则。法院认为：

（15）虽然条约 59 条禁止限制提供服务的自由，但并不包括对进行某种特定经济活动的限制，只要对知识产权保护有适用国内立法的依据，除非这种适用构成一种随意的歧视或者成员国间贸易的虚假限制。如这种适用使双方当事

---

[16] See for instance Deutsche Grammophon v Metro, European Court of Justice, 8 June 1971, Case 78/70, ECR［1971］487［DGG/Metro］.

人转让版权，形成成员国贸易间的人为障碍，就属于这种情况。

（16）这种情况的影响是，虽然版权人有权对任何表演收取版费，条约的规则原则上不构成对双方当事人转让合同地域限制的障碍，只要合同目的在于保护作者及相关转让。地域限制可与国界相一致，这个事实并不意味着一种情况下使用不同的解决方式。成员国内的电视管理很大程度基于对广播的合法垄断，这说明除了适用转让的地理范围，限制通常是不可行的。

（17）如果有线电视传播公司在其传播网上，接收并转播了来自另一成员国电视广播局的电影，尽管其未违反欧共体法律，该成员国境内电影表演权的独占受让人可依其权利对抗有线电视传播公司。

换言之，电影制作者表演权的行使不会因其在成员国境内的初期广播授权而穷竭，相邻成员国的权利持有人仍然可能合法地抵制未经授权的电影通过网络的二次转播，且并未对成员国间的贸易造成不适当的限制。需要注意的是，在得出这一结论的过程中，法院明确地表示，在这种特定情形下，依国界对市场的划分是合法的，因为传统上成员国电视广播运营管理基础就是国家的垄断。

从Codite Ⅰ案判决推断表演与传播权不穷竭的一般原则没什么根据。尽管如此，欧洲立法机关最终在信息社会指令第3（3）条中对这项一般原则加以法典化，主要针对传播权及向公众可得权。结果是跨越欧盟提供的相关内容服务要求从所有权利持有人处取得覆盖所涉地域的所有许可。如果一项服务提供给居住在欧盟内的所有消费者，一些通过网络提供的服务必须保证所有27个成员国内的权利都没有任何问题。如果所涉权利在不同成员国由不同的人控制，就会出现特殊的问题，如音乐作品的权利由国内的集体管理组织行使，电影作品的权利则通常控制在当地运营商手中。

来源国规则

对于跨欧盟的相关内容服务提供者而言，因成员国国界造成的持续性权利分裂显示了竞争的不利地位，特别是与美国相比。在美国，版权在联邦层次上统一管理，先占权的宪法规则不允许在各州内存在版权或者类似的权利。[17] 因而，在欧盟范围内维持版权及相关权的地域性就暗示了，无论对于权利持有人

---

[17] 你会发现很难想象，对于在美国提供的网络服务，在其50个州内的相关权利都会十分明晰。联邦国家的形成过去已经导致知识产权立法权限由地方向国家层面转移（美国、比利时、德国、瑞士）。

还是使用人，都要付出更高的转让成本。⑱

除了欧洲权利穷竭原则的法典化以外，即在当地权利持有人同意的情况下，允许版权商品在欧盟市场范围内的流通，欧洲版权与相关权的一体化对这一问题几乎没有实现任何缓解。⑲ 1993 年卫星与电缆指令是唯一在立法结构上解决由于地域性造成市场分裂问题的指令，根据该指令第 1（2）（b）条，如果节目传输信号的开始点能够被定位，只有信号来源国的卫星广播相当于对公众传播。因而，指令已经背离了所谓的"鲍格胥理论"，即坚持认为卫星广播需要从所有接收国家（卫星轨迹范围内的）的权利持有人处取得许可的理论。据指令立场的转换，卫星广播唯一需要得到许可的国家是广播的来源国。因此，至少在理论上，一个泛欧洲的卫星广播音像空间已经建立，通过阻止对卫星广播这一单一行为适用不断增加的多个国内法法规，避免了因国界造成的市场分裂。

但泛欧洲电视市场的想法尚未具体化。正如欧洲委员会在其卫星广播指令⑳评述中所明确承认的，时至今日，指令颁布前既存的市场分裂状况仍然在继续，由于加密技术与地域许可的结合，使得因国界形成的市场分裂得以持续。需要注意的是，指令实际上并未禁止依地域颁发许可，因而，利益当事人可以自由地保留这种古老的方式，只要广播市场仍然保留特定的地方性，这种情形就会继续下去，泛欧洲的音像空间就只能是一个乌托邦。㉑ 如此看来，必须承认卫星与电缆指令的泛欧洲"发射权"很大程度上是寻找问题的一种方法。

矛盾的是，在地域性问题变得尖锐的那些市场却并没有类似的立法方案，或者尚在设想中。如前所述，依国家地理边界行使的版权与相关权已经严重阻

---

⑱ K. Peifer, Das Territorialitätsprinzip im Europäischen Gemeinschaftsrecht vor dem Hintergrund der echnischen Entwicklungen, ZUM 2006, no. 1, p. 4 [Peifer 2006].

⑲ See Communicationfrom Commission to the Council, the European Parliament and the European Economic and Social Committee, The Management of Copyright and Related Rights in the Internal Market, Brussels, 16 April 2004, COM (2004) 261 final, pp. 7et seq. [Communication on the Management of Copyright and Related Rights in the Internal Market].

⑳ Report from the European Commission on the application of Council Directive 93/83/EEC on the coordination rules concerning copyright and rights related to copyright applicable to satellite broadcasting and cable retransmission, COM (2002) 430 final, Brussels, 26 July 2002 [Reporton the satellite and cable Directive].

㉑ P. B. Hugenholtz, Copyright without Frontiers: Is there a Future for the Satellite and Cable Directive? Die Zukunft der Fernsehrichtlinie/the Future of the Television without Frontiers Directive, Proceedings of the conference organized by the Institute of European Media Law (EMR) in cooperation with the European Academy of Law Trier (ERA), Schriftenreihe des Instituts für Europäisches Medienrecht (EMR), Band 29, Baden – Baden: Nomos Verlag, 2005, pp. 65 – 73 [Hugenholtz 2005].

碍了泛欧洲（或全球）网络新商业模式的形成发展。㉒ 但与卫星广播领域不同，跨越欧盟提供在线跨界服务的内容供应商们必须保证在涉及的所有接收国内对所有权利持有人不涉及权利问题。

2005 年的委员会在线音乐建议或许会使音乐作品的服务供应商感到一丝轻松。这一建议并无约束力，其试图为在线音乐作品的使用寻求委员会范围内的授权许可，即要求作品权利的集体管理组织允许权利持有人撤回其对在线音乐的权利，并将其授权给在欧共体层次之上运营的一个独立集体权利管理组织。然而，这一建议并未解决地域划分权利产生的更多根本问题，况且，其范围也仅限于音乐作品、音像制品与表演权——这些传统上通过集体管理组织实施的客体。建议也并不涉及既存的合同安排，如电影制作者与发行商或广播组织之间，或者作者与出版商之间的合同。

竞争法

尽管欧盟竞争法中的救济方式很少是结构性，但有时还是有效。比较突出的是欧盟条约第 81 条与第 82 条，反对依国界行使知识产权，因其会导致内部市场的不适当分割。欧洲法院已经出现了大量案例，对此问题同时适用第 81 条（反垄断）与第 82 条（优势地位的滥用）。关于第 81 条，法院认为（在 Coditel Ⅱ 案中），一项在任何成员国地域内特定时间提供展出的电影专有权合同，如果它有限制电影发行或者扭曲音像制品市场的影响或目的，就可能违反该条的规定。㉓ 在 tiercé Ladbroke 案中，一审法院认定，如果在一项协议中，两个或更多企业相互承诺在一成员国内不再许可第三方使用电视影像及赛马的声音评论，该协议"就可能产生限制相关市场潜在竞争的影响。因为它剥夺了合同各方直接与第三方缔约，授权其使用知识产权并进而在相关市场上与另一方参与竞争的自由"。㉔ GLV 一案说明，《欧共体条约》第 82 条可以用来反对版权地域实施的救济。欧洲法院认为，"有事实上垄断权的集体管理组织拒绝向那些需要的人提供服务，但不包括依国籍或居住地界定不在特定范畴的人，

㉒ See Communication from Commission to the Council, the European Parliament and the European Economic and Social Committee and the Committee of the regions, on Creative Content in the Single Market, Brussels, 3 January 2008, COM (2007) 836 final.

㉓ Coditel Ⅱ, paras. 17 et seq.

㉔ Tiercé Ladbroke SA v. Commission, Court of First Instance, 12 June 1997, case T – 504/93, ECR [1997] Ⅱ – 923, paras. 157 et seq. [Tiercé Ladbroke].

将被视为 82 条意义上的滥用优势地位"。[25] 在最近涉及集体管理组织许可实践的几个案例中，地域的独占性问题成为核心问题。[26] 在欧盟的技术转让领域已经通过发布所谓的"集体豁免"提供了规范性的指南，除明确界定的例外情形下，指南禁止竞争者之间的技术许可协议对市场进行独占性的地域分配。[27]

结　论

总之，地域性作为版权及相关权的基本属性，既是分割共同市场的自然基础，也是内部市场上相关服务充分发挥其作用的阻力。只要存在界定版权及相关权的地域性，就不可能建立完整统一的内部市场，即使各国法律一体化的完美目标能够实现。[28] 欧盟的判例法通过建立知识产权的欧盟权利穷竭原则，已经解决有形货物销售的地域性问题。而正如在信息社会指令中指出的，在网络服务方面却原封不动地保留了传播权的地域性。委员会最近的在线音乐建议在音乐作品的集体管理权方面，确实解决了一些由于地域性引起的问题，尽管该建议并未质疑版权及相关权等地域性的本质属性。

从长期来看，如果欧盟委员会确实认真着手建立版权服务的内部市场，这从根本上来说就不可避免地遇到地域性问题。对这一问题的立法结构解决方法是，引入与过去欧盟立法机构发布欧盟商标与外观设计指令一致的欧共体版权，这或许能够立即消除在版权领域商品与服务待遇上的现有差距。在工业产权领域已经存在共同体权利之后建立共同体版权的想法，在版权领域长期被视

---

[25]　GVL v. Commisssion, European Court of Justice, 2 March 1983, case 7/82, ECR［1983］483, PARA. 56［GVL］.

[26]　Commission Decision 2003/300/EC of 8 October 2002 relating to a proceeding under Article 81 of the EC Treaty and Article 53 of the EEA Agreement (case no. COMP/C2/38.014［IFPI Simulcasting］). 委员会审理的关于所谓圣地亚哥协定的案件目前未决：Notice published pursuant to Article 27（4）of Council Regulation（EC）No 1/2003/ in cases COMP/C2/39152_ BUMA and COMP/C2/39151 SABAM（Santiago Agreement – COMP/C2/38126）, OJ C200/11.

[27]　Commission Regulation（EC）No772/2004 on the application of Article 81（3）of the Treaty to categories of technology transfer agreements of 27 April 2004, OJ L123/11, 27April 2004,［Technology Transfer Agreements Regulation］.

[28]　See J. Bornkamm, Time for a European Copyright Code, conference speech at Management and Legitimate Use of Intellectual Property Conference of 10 July 2000, p. 20［EB/OL］. http：//europa. eu. int/comm/internal_ market/copyright/docs/conference/2000 – 07 – strasbourg – proceedings_ en. pdf［Bornkamm 2000］.

为禁忌，而目前这一理念，无论在学术界争鸣㉙之中还是在政治圈中，㉚均已逐步得到其应有的重视。无可否认，共同体版权具有潜在优势，一个共同体版权指令（或欧洲版权法）或许能够立即建立起真正统一的法制构架。一项共同体版权可能会有即刻的共同体范围的效力，从而建立起版权及相关权的单一市场，无论是在线抑或是离线。一项共同体版权能够为权利所有者与类似的使用者加强法制的安全性与透明性，大大降低交易的成本。㉛指令带来的统一化也可能解决现有法律所固有的不对称现象，即授权了基本的经济权利，却几乎不允许限制。指令或许可以给予权利与限制同等的地位，并可能恢复必要的"微妙平衡"。

要充分实施共同体版权指令，有必要规定指令中的权利与限制优先于国内层面的类似权利与限制。在这方面，如果共同体权利高于既存的国内权利，一个版权指令或许会比商标及外观设计领域的现有指令走得更远。

有趣的是，在里斯本修订的欧盟条约第97a条，明确邀请欧洲立法者"制定为创立欧洲知识产权提供欧盟范围内知识产权统一保护的措施"。《里斯本协定》除重塑欧盟未来的信心外，也标志着结束欧洲版权法地域性的开端。

㉙ According to EC Commissioner v. Reding, we have to start calling into question the territoriality of copyright protection in Europe; speech held at IDATE Conference, Montpellier, 21 November 2005.

㉚ H. Schack, Europäisches Urheberrecht in Werden, ZeuP, 2000, pp799 – 819, at 800; Bornkamm 2000, p. 20; R. Hilty, Copyright in the Internal Market, IIC, 2004, vol. 35, no7, pp760 – 75, at 760; also see various contributions in ZUM, 2006 no. 1. In 2002 – 03. 一批优秀的欧洲版权学者2008年组成"Wittem组"，目标是起草"欧洲版权法典"。

㉛ Peifer 2006, pp. 3 – 4.

欧盟层面上版权基本权利维度

克里斯托弗·盖格

在欧盟法律秩序中,基本权利总是发挥着重要作用,且其作用始终不断上升。最近于2007年12月13日在里斯本正式签订的《里斯本条约》修改了欧盟条约和建立欧洲共同体条约,在此方面又走出新的重要一步。❶ 这一条约赋予了《欧盟基本权利宪章》法定约束力,并且整合了欧盟(EU)的主要立法文本。❷ 修订案第6(1)条对此加以明确,坚持"欧盟承认《欧盟基本权利宪章》(2000年12月7日制定,2007年12月12日发布)中的权利、自由和原则应当与条约具有同样的法律价值"。依据新修订案第6(2)条,欧盟将加入《欧洲人权公约》,但这一加入由于委员会权限的问题目前尚不可能实现。❸ 毫无疑问,这会不断增加欧共体法院对基本权利原理的适用。关于欧盟新第6(2)条,声明中阐述得很清楚,它指出,(大会)同意欧盟加入《欧洲人权公约》应当以维持欧盟法特殊性的方式进行。大会也注意到,在欧盟加入公约时,欧洲法院与欧洲人权法院之间进行的常规对话会起到加强的作用。

当然,这样的发展尚需时日,因为《里斯本条约》生效,其文本必须首

---

❶ OJEU, 17 December 2007, 2007/C 306/01. For a first (critical) comment of this treaty from UK perspective, see S. Burns, An Incoming Tide 158NLJ 44 (2008); For a comment in German, see A. Weber, VomverfassungsvertragzumVertrag von Lissabon, 2008 EuZW 7.

❷ 尽管如此,需要指出这是对英国与波兰的重要限制。参见欧盟人权公约对波兰与英国适用议定书第1条(OJEU, 17 December 2007, C 306/157),规定,"1. 本章不延伸欧洲法院或任何波兰、英国法院或仲裁庭的能力,认为波兰或英国的法律、条例、行政规定、惯例或规章与其重申的基本权利、自由和原则不符;2. 特别是,为了避免质疑,本章第四编确立的任何司法权不适用于波兰和英国,除非波兰和英国在其国内法中对此权利做出规定"。

❸ See clearly in this sense the Opinion 2/94 of ECJ, 28 March 1996, Accession by the Community to the European Convention for the protection of Human Rights and Fundamental Freedoms, (1996) ECR I -1759. on this issue, see C. Blumann, Les Compétence de l'Unionenmatière de droits de l'homme, 1 Revue des Affaires Européennes (RAE) 11 (2006).

先被欧盟的成员国所批准，而这具有不确定性。❹ 尽管如此，欧洲法院在 2006 年 6 月 27 日的判决中已经直接适用了《欧盟基本权利宪章》来验证指令的有效性。❺ 按照法院的观点，即使宪章是不具法律约束力的文件，但它再次确认了《欧洲人权公约》的欧盟法基本原则以及各成员国共同的宪法条款，这些原则毫无疑问对于欧洲机构具有约束力。❻ 在最近关于知识产权指令❼的重述中，增加了对基本权利价值的阐述。《欧盟基本权利宪章》发布后，宪章的条款也在新立法中被多次援引。❽ 在欧洲人权法院的判例法中，知识产权进入基本权利的范围，法院也颁发了更多的规则对《欧洲人权公约》中涉及知识产权的条款加以解释，主要体现在财产权方面。❾

随着《欧洲人权公约》条款在解决私法争端方面可直接适用的发展，近几年来，基本权利在许多欧洲国家法律体系中的重要性极大加强。公约条款不仅有垂直的影响，也有水平的影响，也可以适用到个体之间的关系，这一点在

---

❹ 由于爱尔兰在 2008 年 6 月 12 日全民投票后拒绝了该条约，这种不确定性仍然在增加。

❺ ECJ, 27 June 2006, Case C – 54003, parliament v. Council, (2006) ECR I – 05769, para 38; For a comment see A. Baileux, La Cour de Justice et les droits de l'homme: à propos de l' arrêtParlement c. Conseil du 27 juin 2006, 2006 J. T. 589; L. Burgogue – Larsen, L'apparition de la Charte des droits fondamentaux de l' Uniondans la jurisprudence de la CJCE ou les vertus du contr? le de légalitécommunautaire, AJDA, 4 December 2006, 2285.

❻ See also since then ECJ, 13 March 2007, Case C – 432/05, Unibet, (2007) ECR I – 03633, para 45 and 46; According to A. Iliopoulou, Assurer le respect et la promotion des doitsfondamentaux: un nouveau défi pour l'UnionEuropéenne, 3 – 4 Cahiers de droit européen 441 (2007). 因此在参与未来缔结《里斯本条约》中，该章取得约束力特性。

❼ 参见欧洲议会与理事会关于信息社会版权及有关权一体化指令，重述 3，2001 – 5 – 22，(OJEC L 167, 22 June 2001 at 10)；欧洲议会与理事会关于知识产权执行指令的重述 2 和 32，2004 – 4 – 29，(OJEC L 157, 30 April 2004 at45)；欧洲会议与理事会关于生物技术发明法律保护 98/44/EC 指令，重述 16，1998 – 7 – 6，(OJEC L 123, 30 July 1998 at13)；欧洲会议与理事会关于确保知识产权执行的刑事措施指令修正提议，重述 12，2006 – 4 – 26，COM (2006) 168 final.

❽ See the numerous references cited by Iliopoulou in her article cited supra note 6, at 435, note 48. 如作者所指出，委员会做出提议参考宪章，从法律观点看，使这些规定具有更大价值。又参见委员会的通告"在委员会立法提议中与基本权利宪章一致"（2005 – 4 – 27, COM (2005) 172 final）。依 Iliopoulou 观点，欧盟机构选择的策略是欧洲解释进一步采取"合宪化"程序。

❾ See e. g. in the field of trademark: European Court of Human Rights, 2005 – 10 – 11, *Anheuse Busch Inc. v. Portugal* (Appl. No. 12633/87), confirmed by the Grand Chambr of the ECHR, 11 January 2007, 4 Journal of Intellectual Property Law & Practice 197 (2007), Comment by B. Goebel; in the field of patent law, see the decision of the former European Commission of Human Rights, *Smith Kline and French Laboratories Ltd. V. The Neherlands* (Appl. No. 12633/87), 4 October 1990, 66 D. R. 70 (1990). For a detailed analysis of intellectual property case law of the European Court of Human Rights, see L. R. Helfer, The New Innovation Frontier? Intellectual Property the European Court of Human Rights, 49 Harvard International Law Journal (Winter 2008).

理论与实践中逐步得到认可。❿ 随着《欧洲人权公约》条款在私法诉讼中适用的不断增加，民法法官也要面对基本权利问题，并且不得不学会如何处理这些问题，特别要理解它们自身的逻辑，如允许以比例关系检验法解决两项相对基本权利间的冲突，这是一个与许多欧洲国家体系，尤其是那些民法法律体系不同的程序。在欧洲不同国家中，《欧洲人权公约》的基本权利已被民法法官大量适用在知识产权领域的判决中。

我们欢迎这种变革。⓫ 国家不断强调经济的事实已经在某种程度上导致权力由国家向行业转让，只有制定法能产生这样的结果：经济主体也可以滥用权力，目前保护个人自由不仅是相对国家而言，也相对于其他个人。⓬ 这种从国家到私人团体的权力转换与知识产权的发展相伴而生，知识产权按照强势游说团体的要求进行设计，并不断冲破传统边界范围之外。⓭ 这种趋势必然使法官越来越多地干预或援引外部规则，如基本权利，其目的是纠正版权立法的过度保护，并重新建立适当的利益平衡。一位学者曾作出正确的阐述，基本权法已经成为欧洲知识产权的新边缘。⓮ 在分析欧盟基本权利框架时，我们会回到这

---

❿ See A. Clapham, "The Drittwirking of the Convention", in J. St. R. Macdonald, F. Matscher and H. Petzold (eds.), the European System for the Protection of Human Rights, 201 (Dordrecht, Boston and London, MartinusNijhoff Publishers, 1993); E. A. Alkema, the Third – Party Applicability or "Drittwrkung" of the European Convention onHuman Rights, in F. Martinus and H. Petzold (eds), Protecting Human Rights: TheEuropean Dimension, Studies in Honour of G. j. Wiarda, 33 et seq. (Cologne, Carl Heymanns, 198); V. Coussirat – Coustére, Convention Européenne des droits de l'homme et droit intern: primaute et effect direct, in: L. – E. Pettiti, E. Decaux and P. – H. Imbert (eds), LaConventioneuropéenne des droits de l' homme, 14 (2nd ed. Paris. Economica, 1999).

⓫ See in this sense C. Geiger, "Constitutionalising" Intellectual Property Law? The Influence of Fundamental Right on Intellectual Property in Europe, 37 IIC 371 (2006). 本文的一些部分借鉴了该篇文章。

⓬ 参见在自由表达领域，M. D. Bimhack, Acknowledging the Conflictbetween Copyright Law and the Freedom of Expression under the Human Rights Act, 2003 Ent. L. R. 30: "西方民主政体越来越以市场为导向的经济，自由表达的文化来源威胁到民主领域的其他参与者，即市场"; F. MacMillan Patfield, Towards a Reconciliation of Free Speech and Copyright, inE. Barendt (ed.), The Yearbook of Media and Entertainment Law 1996, 208 (Oxford, Oxford University Press, 1996). 指出 "在限制表达能力方面，区别国家权力与私人权利存在问题，因为私人可以有效、显著地限制表达"。

⓭ On this issue see e. g. R. M. Hilty, The Expansion of Copyright Law and its Social Justification, in: C. Heath and K. – C. Liu (eds.), Copyright Law and the Information Society in Asia, 1 (Oxford and Portland, OR, Hart Publishing, 2007); W. Cornish, The Expansion of Copyright Law, in: G. Schricker, T. Dreierand A. Kur (eds.), GeistigesEigentumimDienste der Innovation, 9 (Baden – BadenNomos, 2001); R. C. Dreyfuss, D. L. Zimmermann and H. First (eds.), Expanding the Boundaries of Intellectual Property, (Oxford, Oxford University Press, 2001); P. Gyertyfinfy, Expansion des Urheberrechts – Und keinEnde?, 2002 GRUR Int. 557. H. Laddie, Copyright: Over – strength, Over – regulated, Over – rated? 1996 EIPR 253 etseq.

⓮ Helfer, supra note 9.

些案例上来，这也是我们首先要讨论的问题。

1 关于基本权利的欧盟框架

欧盟内基本权利保护体系由《欧洲人权公约》（ECHR）、《欧盟基本权利宪章》条款和不同国家的宪法条款构成。欧盟基本权利的保护标准更为宽泛，正如欧洲法院所指出，在解释基本权利保护的委员会标准时，它从"成员国已经同意或签署的保护人权国际公约中的一些准则"中吸取灵感。[15] 这意味着《世界人权宣言》（UDHR）和经济社会国际权利公约（ICESCR）是欧洲基本权利体系的一部分，必须加以考虑。

这些国际条约在版权保护方面有现代的制衡条款，明确这一点很重要。1948年《世界人权宣言》第27条中已经明确地提及版权的名称，[16] 依第27（1）条，每个人都有权利自由地参与到社会的文化生活中，享受艺术，分享科技进步及其所带来的利益。而依据37（2）条，当其为作者时，每个人都有权对其任何科技、文学和艺术作品获得精神上及物质利益上的保护。1966年12月19日的经济社会国际权利公约第15（1）条[17]几乎逐字地采纳了《世界人权宣言》的规定。但无论《世界人权宣言》还是经济社会国际权利公约都没有明确规定创作者的物质利益及非物质利益应当以一种财产权的方式加以保护。这就意味着，在这些公约的范畴中，立法者可以设计其他的保护方式。两个公约的文本为各个国家留下了很大权衡空间，同时保证创作者可以就其作品而获得合理报酬，这也使这些司法机制以现代和灵活的方式深入问题。[18]

《欧洲人权公约》[19] 中没有关于版权的特殊条款。[20] 但其在第10（1）条中

---

[15] See e. g. joined cases C‑20/00 and C‑64/00, Booker Aquaculture Ltd, HydroSeafood GSP Ltd and the Scottish Ministers, ECR 2003, 1‑7411 at paragraph 65. see also the cases 4/73, ECR 1974, 491 and 44/79, ECR 1979, 3727.

[16] G. A. res. 217A (III), UN Doc. A/810 at 71 (1948).

[17] G. A. res. 2200A (XXI); UN Doc. A/6316, 999 UNTS 171. On this article, see J. Schneider, MenschenrechtlicherSchutzgeistigenEigentums, ReichweiteundGrenzen des SchutzesgeistigenEigentttmsgema (Artikel 15 Absatz I lit. c) des lnternationalenPaktesüberwirtschaftliche, soziale trod kulturelleRechte (Stuttgarand Munich, Boorberg, 2006).

[18] See also T. Milly, Intellectual Property and Fundamental Rights: Do They Interoperate? in: N. Bruun (ed.), Intellectual Property, Beyond Rights', 197 (Helsinki, WSOY, 2005).

[19] ETS No. 005 (Vol. I).

[20] 有利于在宪法层面对著作权的正式认可（尤其在《欧洲人权公约》之中）。See also A. Zollinger, Droit d'auteur et droits del'Homme, Ph. D. thesis, University of Poitiers, 2006, at 181 seq.

将自由表达与传播原则纳入立法，第10（2）条规定了对其他权利保护的限制，包括创作者的权利。㉑ 即使没有明确提出知识产权，毫无疑义，权利的行使也会受到公约议定书之第1条的保护，第1条明确保护财产权，㉒ 这一点在欧洲人权法院最近的判例已经清楚地加以说明。㉓ 关于精神权利，虽然还没有判例，法学家们支持这样的观点，这些权利应当受到公约关于私权保护第8条的保护，㉔ 甚而可以受到保护表达自由第10（1）条的保护。㉕ 总之，在这些文本中㉖可以发现保护版权的基本根据，而且它们体现了可靠的平衡：一方面承认一项行使权与创作者精神权利的自然法基础，另一方面是功利的实用基础。这种认可促进了知识的多样性，并将文化与科技传播作为整个社会的目标。㉗

㉑ 这得到了普遍承认。See e. g. D. Voorhoof, La Libertêd'expressionest – elle un argument ldgitimeenfaveur du non respect du droitd'auteur?, A. Strowel and F. Tulkens (eds.), Droit d'auteur et iibertdal'expression. 55 (Brussels, De Boeck&Larcier, 2006).

㉒ See e. g. Wegener, Economic Fundamental Rights, D. Ehlers (ed.), European Fundamental Rights and Freedom, 135 (Berlin, De Gruyter, 2007); A. R. Coban, Protection of Intellectual Property Rights within the European Convention on Human Rights, 149 (Aldershot, Ashgate, 2004); M. Carss-Frisk, The Right to Property: A Guide to the Implementation of Article 1 of Protocol No. 1 to the European Convention on Human Rights, Human Rights Handbooks No. 4, at 6 (Strasbourg, Council of Europe, 2001). According to J. Drexl, Constitutional Protection of Authors Moral Rights in the European Union – Between Privacy, Property and the Regulation of the Economy K. S. Ziegler (ed.), Human Rights and Private Law: Privacy as Autonomy, 159 et seq. (Oxford and Portland, OR, Hart Publishing, 2007). 这篇文章甚至保护以基于财产的方式保护精神权利。在任何情形下，根据作者的观点，精神权利都应当依据欧盟基本权利宪章第17（2）条给予保护。

㉓ See e. g. European Court on Human Rights, Anheuser Busch Inc. v. Portugal, supra note 9: "不可否认，知识产权可以得到1号议定书第1条的保护"（商标案例）。See also, for the case of a patent, the decision Smith Kline and French Laboratories Ltd. v. The Netherlands, supra note 9.

㉔ P. B. Hugenholtz, Copyright and Freedom of Expression in Europe, R. C. Dreyfuss, D. L. Zimmerman and H. First (eds.), Expanding the Boundaries of Intellectual Property, 346 (Oxford, Oxford University Press, 2001), and, moreprudently, Drexl, supra note 22.

㉕ P. Leuprecht, Droit d'auteur et droits de l'homme au plan europ6en, inDroits d'auteuret droits de l'homme, 66 (Paris, INPI, 1990).

㉖ On the sources of human rights, see J. J. Shestack, The Philosophical Foundations of human rights, in: J. Symonides (ed.), Human Rights: Concept and Standards, 31 (Aldershot, Ashgate/UNESCO, 2000).

㉗ P. Torremans, Copyright as a Human Rights, in: P. Torremans (ed.) Copyright and Human Rights, 7 (The Hague, London and New York, Kluwer LawInternational, 2004). See also A. Dietz, Constitutional and Quasi-Constitutional Clauses for Justification of Authors' Rights (Copyright) – From Past to Future, Exploring the Sources of Copyright – Proceedings of the ALA1 Congress 2005, 55 et seq. (Paris, AFPIDA, 2007). 作者拟定了关于版权保护宪法条款的有趣平衡议案，或许由不同欧洲国家宪法得出。

《世界人权宣言》并不具有约束力，它只是联合国大会的一份建议案。尽管如此，许多作者认为宣言具有国际习惯法的约束力。㉘ 在法国的一些判决中，已经将《世界人权宣言》直接适用到版权纠纷之中。㉙ 对于已批准了联合国决议的国家，宣言缺少法律约束力也无关紧要，因为决议作为国际法条约，对所有缔约国（不包括美国）具有约束力。同样情形也适用于《欧洲人权公约》，很多国家在私法纠纷中承认公约的适用，毫无疑问人权理论已经进入私法领域。㉚ 一些国内法官在许多案例中水平地，也就是说在双方为私人的冲突中，适用了《欧洲人权公约》，下文笔者会讲到其中一些案例。㉛ 尽管在一些国内宪法中包含有这样的价值理念，但在欧洲仍只有极少数国家在宪法层次上提及版权问题，㉜ 这些国家都一方面规定了对于财产与人格的保护，另一方面也规定了对信息、艺术与科学自由表达的保护。

基本权利与人权是自然法基础与功利主义的整合，表现了版权据以发展的价值理念。㉝ 如 A. 查普曼所言，"人权路径在发明者、创作者权与存在于知识产权领域的广泛社会利益之间实现了一种内在平衡，并使其更加明确与精准。人权的取向是确立人类尊严与共同利益培育与保护的中心地位，进一

㉘ M. – C. Dock，Les Conventions internationalessur le droit d'auteur et la Declaration universelle des droits de l'homme，Droits d'auteuret droits de l'homme 90（Paris，INPI，1990）；D. Bdcourt，Copyright and Human Rights，32Copyright Bulletin 14（1998）；1. Telec，The Human Rights Dimension of Authors rights and Neighbouring Rights from the Czech Constitutional Perspective，P. Ganea，C. Heath and G. Schricker（eds.），Festschriftfür A. Dietz 76（Munich，Beck，2001）.

㉙ Pads District Court，29 April 1959，28 RIDA 133（1960）；ParisDistrict Court，23 November 1988，139 RIDA 205（1989）；Paris Court of Appeal，1February 1989，142 RIDA 301（1989），comment by P. Sirinelli.

㉚ F. Dessemontet 的观点是："将来会强调所有新欧洲法律秩序基本规定的直接可适用性，允许私人个体对其他私人企业明显违法人权的行为抱怨。为什么《统一人权宣言》不应从《欧洲人权公约》给予人权的直接可适用性上获益？"（F. Dessemontet，Copyright and Human Rights，J. J. C. Kabel and G. J. H. M. Mom（eds.），知识产权与信息法 I16（The Hague，Kluwer LawInternational，1998）. 事实上，我们强调依据欧洲法院的观点，UDHR 和 ICESCR 也是涉及基本权利的欧洲框架一部分，必须加以考虑。

㉛ See infizt.

㉜ 参见葡萄牙宪法第 42（2）条；瑞典宪法第 2 章第 19 条；斯洛伐克宪法第 43（1）条；斯洛文尼亚宪法第 60 条；捷克基本权利宪章第 34 条；俄罗斯宪法第 44（1）条。但正如 Dietz 所阐述的（见前注），这些条款都未以一种令人满意的方式加以起草。

㉝ See P. Drahos，Intellectual Property and Human Rights，IPQ 349 et seq.（1999）；J. Cornides，Human Rightsand Intellectual Property，Conflict or Coergence？7 Journal of World Intellectual Property 138（2004）1，underlining the instrumental dimension of human rights regarding intellectual property.

步说，创作者获得著作权的条件是对社会共同利益与福利有所贡献。"❸❹因此，我们可以得出这样的结论，基本权利为欧盟版权法提供了一种平衡机制。

在《欧盟基本权利宪章》的措辞中可以发现一项显著的例外，其第17（2）条简要地规定："知识产权应当被保护"。根据这一条，似乎将知识产权本身视为目的，而不关乎某种功能的履行，这种保护甚至并未特别地赋予创作者。相对比宪章其他条款，一般都以这种结构作为起始："任何人均有权……"，而第17（2）条却并未如此。这是否意味着投资者也可依据此款主张权利呢？当投资（非智力投入）成为授权保护的正当理由时，这或许也是版权真正模式转变的一个标志。❸❺当然，这仍要与《欧洲人权公约》第一议定书第1条的规定一致，"任何自然人与法人都有权平和地享受自己的财产"，并授予法人及商业实体主张财产权的正当性。但这又或许与《世界人权宣言》及经济社会国际权利公约的精神相悖，人类智力创造意味着"版权客体原始创造者以外的人并不在条款承诺保护的范围之内。"❸❻

另一方面，在一般财产权中特别提及知识产权，可以理解为是对其特殊性加以解释的标志。知识产权需要单独探讨，因为其不同于普通财产权，它具有

---

❸❹ A. Chapman, Approaching Intellectual Property as a Human Rights, (Obligations related to Art. 15 (1) (c), 35 Copyright Bulletin 14 (2001). See also R. D. Anderson and H. Wager, Human Rights, Development and the WTO: the case of Intellectual Property and Competition Policy, 9 Journal of International EconomicLaw 721 et seq. (2006). 强调人权与功利并非互斥，而是对知识产权保护的补充。

❸❺ For criticism see also C. Geiger, Intérêtgénéral, droit d'accèsàl'informationet droit de propriet: La propriétéintellectuelleanalyseea la lumiere des droits fondamentaux, M. Buydens and S. Dusollier (eds.), L'Intérêtgénéral et l'accès àl'informationenpropriétéintellectuelle, 249 (Brussels, Bruylant, 2008); Dietz, supra note 27 and Drexl, supra note 22.

❸❻ T. Milly, supra note 18, at 196; S. Ricketson, Intellectual Property and Human Rights, S. Bottomley and D. Kinley (eds.), Commercial Law and Human Rights, 192 (Burlington, Ashgate, 2001) and the general comment No. 17 (2005) to Art15 (1) (c) of the Covenant (E/C. 12IGC/17, 12 January 2006). 指出，委员会认为唯一的"作者"，即创造者，无论男女、个体或组织、科学文学或艺术创作，作者及艺术家都可以从15（1）（c）条中受益……条款的起草者似乎相信科学文学或艺术创作的作者应为自然人（第七段）。See on thiscomment H. M. Haugen, General Comment No. t7 on "Authors' Rights", 10 The Journal of World Intellectual P ~ operty 53 (2007).

财产权的特殊性质，是一种根植于社会的财产，符合知识产权的社会功能理论。❸ 问题是与第17（1）条不同，第17（2）条规定"只要为公共利益所需，法律可以规范财产的使用"，且没有限制。❸ 即使我们同意一位作者观点，认为"这不能被解释为暗示了知识产权财产具有更强的绝对性"，❸ 但通过效仿《世界人权宣言》在宪章中引入平衡知识产权的宪法条款，强调知识产权的限制性，以明确阻止任何滥用性解释或许更好。❹ 无论怎样，我们不应忘记宪章同样对其他基本权利提供了保护，这些都应当平等予以考虑（例如第11条：信息与表达自由；第13条：艺术与科学的自由；第7条：尊重私人生活；还有第15与16条：选择职业与从事相关商业行为的自由）。尽管如此，宪章仍然尚不具有法律约束力，如果《里斯本条约》生效，其将成为欧盟主要立法的组成部分，当然这仍不确定。

2 版权保护的效果

反对在知识产权法中论述任何基本权利的观点认为，这些权利模糊不清，在涉及知识产权的领域中不应允许得出这样的结论：对于知识产权而言，基本权利理论仅是没有任何实际影响的理论。笔者的观点是，事实恰恰相反。在后面笔者将努力展示，宪法体系在欧盟层面上具有大量的实践效

---

❸ 关于知识产权的社会约束理论，F. Leinemann, Die Sozialbindung des GeistigenEigentums（Baden – BadenNomos, 1998），mid for copyright, see E. Pahud, Die Sozialbindung des Urheberrechts（Stamptli, Berne Verlag, 2000）; C. Geiger, Droitd'auteur et droit du public al'informationapproche de droit compare, 98 et seq. （Paris, Litec, 2004）A. Rocha de Souza, A funcao social dos direitorsautorais: umainterpretacao civil – constitutional dos limites da protecaojuridical: Brasil: 1888 – 2005, （Canlpos dos Goytacazes, Ed. Faculdade de Direito de Campos 2006）. 关于一般财产权利的社会功能，see R. Libchaber, Laproprieté, droit fondamental, R. Cabrillac, M – A. Frison – Roche and T. Revet（eds.）, Libertés& et droits fondamentaux659（12th edParis, Dalloz, 2006）.

❸ On the social dateo usness of property in Art 17 of the chearer, see C. Calltis, The Fundamental Right to preperty, D. Ehlers（ed.）, European Fundamental Pights and Freecl ows, supra note22, at 456, stating that the social function serves as a justification for and limitatiom of the restrictions imiposed on property wtilisation.

❸ T. Milly, supra note 18, at 207. This is generally admitted by commentatorson the Charter; see e. g. O. Deppenheuer, P. J. Tettinger and K. Stem（eds.）, Kölner Gemeinschaftskommentarzur Europaschen Grundrechtscharta, Art. 17, No. 29（Munich, Beck, 2006）. See also the Explanations relating to the Charter ofFundamental Rights（2007/C 303/02）on Art. 17, 指出，知识产权是"财产权的一个方面"，"仅是由于其在欧共体二次立法机构中不断增加的重要性，才独立提及……1款中制定的保证应当适用于知识产权"。

❹ For such a clause see also Dietz, sttplzz note 27; Geiger, supra note II, 385.

果，㊶ 尤其是其可以为均衡的知识产权机制提供帮助。㊷ 笔者会说明，在欧盟不同成员国法院版权纠纷中适用基本权利会产生的积极影响，㊸ 它可以防止对知识产权过度保护的某种趋势，并获得最近以来法律（或对法律的理解）似乎缺少一致性。㊹

2.1 版权法的均衡体系

在欧盟层面上，将版权法与宪法体系相联系，会产生以下几种效果。

首先，各国国内宪法中包含基本权利，具有法律约束力，且在法律规范的层级中位阶较高。由于自然法的价值基础已经包含于基本权利之中，不再需要自然法的依据。㊺ 但并非说自然法在版权论述中不重要，由于自然法的含糊性，容易产生滥用的可能性，过去常被用来操控要求对保护范围作系统性扩张。㊻ 基本权利是制定法的根基，立法者必须考虑到这一点，㊼ 它们也为知识产权的均衡发展提供了可能性。

其次，立法机关必须平等考虑所有基本权利，它们之间没有等级关系。在财产与自由之间总是存在基本的紧张关系，这也是需要立法机关加以平衡的关

㊶ See Torremans, supra1 note 27, at 19, and Drexl, supra, note 22. 指出，宪法考虑，对于在这种情形下构建一个法律体系非常重要，因为有更多的人认为既存的版权出了问题。

㊷ See also in this sense L. R. Helfer, Towards a Human RightsFramework for Intellectual Property, 40 U. C. Davis Law Review 971 (2007); C. Geiger, Copyright and Free Access to Information, For a Fair Balance of Interests in a Globalized World, EIPR 366 (2006). 关于知识产权与人权的一般关系，see P. K. Yu, Reconceptualizing Intellectual Property Interests in a Human RightsFramework, 40 U. C. Davis Law Review, 1039 (2007); N. Bronzo, Propriétéintellectuelle et droits fondamentaux (Paris, L'Harmattan, 2007).

㊸ On the consequences see also A. E. L. Brown, Guarding the Guards: The Practical Impact of Human Right on Protection of Innovation and Creativity, paper presented at the 20th BILETA Conference, April 2005, Queen's University of Belfastand from the same author: Human Rights: in the Real World, JIPLP 603 (2006).

㊹ See C. Geiger, Fundamental Rights, a Safeguard for the Coherence of Intellectual Property Law? 35 IIC 268 (2004).

㊺ F. Fechner, GeistigesEigenmm und Verfassung, 135 (Tubingen, MohrSiebeck, 1999)

㊻ See in this sense M. Vivant, Le Contenu du droit d'auteur, I. deLamberterie (ed.), Le Droit d'·· uteur attjourd'hui, 83 (Paris, Editions du CNRS, 1991).

㊼ See Milly, sttpra 18, 187 et seq, "基本权利为相关法律领域，提供了一套最基本的规范与原则，在一致性方面发挥重要作用。相应地，私法与基本权利应视为对话式联系，而不是界定选择、自主权及经验主义，这种对话可以实现的基本价值。"

系。❹ 财产权与精神权利❹也会面临不同的基本权利，如表达自由、信息自由与隐私权，在这些权利之间必须寻求一种比例上的均衡。❺

　　立法机构不仅要受各国国内法律的约束，也要受欧盟法律的约束。《欧洲人权公约》中的权利被视为欧盟法的基本原则，在欧盟法律规范中具有比指令更高的法律地位。❺ 在涉及基本权利时，公约也间接地❺被视为最高约束力的法源，无论一级还是二级欧共体立法机关都必须遵从于它，❺ 并依照公约来解释指令。如果一项指令违反了《欧洲人权公约》的基本权利，成员国可以向欧洲法院提起诉讼要求废除，并质疑文本与《欧洲人权公约》的一致性。❺ 但这种诉讼的时限只有2个月（EU第230（5）条），且只有在直接涉及个人事务时，自然人与法人才能够启动针对指令的诉讼程序（EU第230（4）条）。这种情况很少出现，如国内立法机构在执行指令时根本无自由裁量权。但在指令被实施后，个体可以到国内法院主张实施该指令违反了其基本权利。如果法院认为指令可能违反了《欧洲人权公约》中的基本权利，可以依据EU第234条将该情形提交欧洲法院。在这种情况下，欧洲法院可以检验指令的有效性，

---

❹ See also in this sense D. Vaver, Intellectual Property: The State of the Art, 116 LQR 636 (2000); Ricketson, supra note 36, at 192; Cornides, stq~ra note 33, at 167.

❹ 精神权利与人权之间的关系在德国非常清晰，精神权利被作为作者的人身权（Urheberpers6nlichkeitsrechte）。See on this issue Drexl, supra note 22. On the constitutional protection of copyright in Germany see Geiger, supra note 37, at 142 et seq.

❺ Torremans, s, pra note 27, at 17; M. Griinberger, A Constitutional Duty to Protect the Rights of Performers? Goldstein versus California and Bob Dylan, two Different Stories, 37 IIC 277 (2006). More sceptical, R. L. Ostergard, Intellectual Property: A Universal Human Right?, 21 Human Rights Quarterly 156 (1999), 承认知识产权为人权存在问题，因为其他人权，如与人身福利有关的权利，作为统一人权必须优于知识产权。我们的观点是，承认知识产权为人权不意味着可以优于这些权利。相反，它要求后者有优先地位，因为基本权利总是作为对其他基本权利的互动进行分析。如《世界人权宣言》第27（2）条应始终考虑第27（1）条。

❺ ECJ, case 4/73, ECR 1974, 491; See also Art. 6 (2) EU, which in its modifiedversion (treaty of Lisbon) becomes Art. 6 (3).

❺ 但这将来会发生变化，因为正如我们所看到的，欧盟第6（2）条的新文本设想，欧盟将会加入ECHR。

❺ See H. Scheer, The Interaction between ECHR and EC Law: A Case Study in the field of Competition Law, ZEuS 690 (2004). As a result, in a subordination of EC law to the ECHR, EC institutions should be considered bound by the ECHR. See also the modified version of Art. 6 (2) EU; Art. 51 (1) Charter of Fundamental Rights of the European Union.

❺ 欧盟条约第230（2）条: the ECJ has jurisdiction in actions brought by a Member State, the European Parliament, the Council or the Commission on grounds of lack of competence, infringement of an essential procedural requirement, infringement of this Treaty or of any rule of law relating to its application, or misuse of powers) (emphasis added).

即使已超过2个月的时限。㊺

在最近知识产权指令重述中，开始越来越多地提及基本权利的价值理念，这在解释指令时必须加以考虑。㊻但作为客观原则基本权利的本质意味着，以依从基本权利的方式解释欧盟法的义务不限于指令，还延及到整个欧共体法，包括欧盟条约中的条款。㊼执行指令时，成员国立法机关必须考虑欧洲基本权利标准，㊽当指令留有空间时，也可以考虑国内宪法条款。㊾因而，基本权利构成知识产权保护发展的良好机制，它们是保证均衡发展、理解知识产权及对立法过度保护趋势进行救济的有效工具。㊿

最后，基本权利与人权代表了国际法广泛承认的道德价值。㉛在经济全球化的背景下，它们为知识产权的进步提供了"人性"的法律体系，虽然目前还只是从经济的角度加以审视。㉜尽管不同法律体系间已开始趋同，它们仍然代表了文化间的差异，但其对于基本权利的道德与文化价值（如《世界人权宣言》中所包含的）均无争议，这也体现了世界范围内的和谐基础。㉝欧盟作为WTO的成员受TRIPS约束，欧盟的一级与二级立法机关要遵守TRIPS的规定。这似乎意味着贸易法比欧洲基本权利条款具有优先性，但不要忘记，对

㊺ On remedies before the ECJ Treaty, see P. Craig and G. de Bfirca, EU Law: TextsCases and Materials, 482 et seq. (3rd ed., Oxford, Oxford University Press, 2003).

㊻ See supra note 7.

㊼ See e. g. the decision of the ECJ (case C – 260/89, ECR 1991, 1 – 2925), 判决中解释了提供服务的自由，阐明了ECHR第10条中表现的自由表达的基本原则。由于基本权利使用为强制性要求，就使得基本权利的障碍合法化。see also cases C – 368/95, ECR 1997, t – 3689 and C – 60/00, ECR 2000, 1 – 6297The arrival at the ECJ, as a result of the enlargement of the European Union of 1 May2004, 相当数量的法官既是欧洲人权法院也是宪法法院的一部分，这也会增加基本权利对卢森堡私法法院的影响（in this sense see Y. Laurin L'Europeàvingt – cinq et la Cour de justice de Luxembourg, 2006 D. 313）.

㊽ Craig and de Burca, supra note 55, 337 et seq.

㊾ See e. g. the decision of the German Constitutional Court, 12 May 1989, 1989EuGRZ 339, 340: "指令……留下了……在实施指令时，为国内立法机构相当大的空间，并要受德国基本法的约束。"This has also been clarified recently in Germany by the German Constitutional Court in the context of a framework decision of 18 July 2005, 2005 NJW 2289.

㊿ See in this sense M. Grünberger, supra note 50, at 302, 指出如果对知识产权的基本权利分析，"最初可能会认为是对权利持有人堡垒又一次奇特巩固"，但它"会证明这也许是工业城堡中的特洛伊木马"。

㉛ R. Cassin, L'intégration, parmi les droits fondamentaux de l'homme, desdroits des créateurs des ceuvres de l'esprit, Mélanges Marcel Plaisant, at 231 (Paris, Sirey, 1960).

㉜ In this sense also Drahos, suprct note 33; Chapman, supra note 34, 14 et seq.; Kerever, Authors' Rights are Human Rights, 32 Copyright Bulletin 23 (1998); Torremans, supra note 27, at 16.

㉝ See also in this sense D. Beldiman, Fundamental Rights, Authors' Right and Copyright – Commonalities or Divergences? 29 Columbia Journal of Law & the Arts60 (2005).

TRIPS本身也要依照《世界人权宣言》进行解释。一些学者认为，这一结果表明国际人权的重要性要高于贸易自由原则。㉔ 不管怎样，依据《世界人权宣言》解释 TRIPS，也是遵循《维也纳条约》(1969年5月23日缔结、1980年1月27日生效)第31条规定的条约解释一般原则。㉕ 依据第31.3(c)条，解释一个条约时，"任何在双方当事人之间关系可适用的国际法相关规则"都应当加以考虑。因为涉及大量道德问题，很难否认在 TRIPS 背景下要依据《世界人权宣言》的相关规则。无论怎样，在任何未来的评议中包含对《世界人权宣言》的明确参考都值得考虑。㉖ 这会防止作出完全有利于权利所有人的体系解释，也能够保证实施经济理论的同时可以兼顾道德考量。㉗ 这样的阐述有可能不加实质性变化地并入 TRIPS 议定书，甚至可能在国际层面上达成共识。㉘

这些发展产生了以下结果：如果法律没有阐明宪法条款中的价值理念，法官就必须按照基本权利来解释法律。在特定情况下，它们甚至可以在没有法律

㉔ See e. g. the article of G. Marceau, Counsellor for the Legal Affairs Division of the WTO Secretariat: WTO dispute Settlement and Human Rights, 13 European Journal of International Law 753 et seq. (20021, and from the same author: WTO dispute Settlement and Human Rights, F. M. Abbott, C. Breining – Kanfmann and T. . Cottier (eds.), International Trade and Human Rights: Foundations and Conceptual Issues, World Trade Forum, Vol. 5 (Ann Arbor, University of Michigan Press, 2005) chapter 10; R. Howse and M. Mutua, Protecting Human Rights in a Global Economy: Challenges for the World Trade Organization (Montreal, Rights & Democracy International Centre for human Rights and Democratic Development, 2000).

㉕ United Nations, Treaty Series, Vol. 1155, 331.

㉖ See Resolution 2000/7 of the UN Sub – Commission on Human Rights, 17 August 2000, Intellectual Property Rights and Human Rights (E/CN. 4/SUB. 2/RES/2000/7)，人权委员会要求 WTO 和 TRIPS 理事会在对 TRIPS 协定进行的评论中，特别考虑国际人权文件下既存的国家义务 (emphasis added)。See also in this sense Resolution 2001/21 of the UN Sub – Corrmnission on Hunmn Rights, 16 August 2001 (E/CN. 4/SUB. 2/RES/2001/21). 遗憾的是，这些决议对成员国无约束力，但未可忽视其重要政治影响，且其并未排除软法在国际习惯法中的发展。(see e. g. C. M. Chinkin, The Challenge of Soft Law: Development and Change in International La, 38 International & Comparative LawQuarterly 856 et seq. (1989).

㉗ See Chapman, supra note 34, at 15. See also A. Kur, A New Framework for Intellectual Property Law – Horizontal Issues, 35 IIC, at 14 (2004)，强调更多考虑道德问题的需要。

㉘ 支持 TRIPS 与人权条约的联系，see also L. R. Helfer, Human Rightsand Intellectual Property, Conflict or Coexistence? 5 Minn. Intell. Prop. Rev. , at 61 (2003). 对于知识产权允许以人权视角的更大机会，可以增强 WTO 的法律确定性，促进对不断增加的规范同一广义客体的法律规则加以整合。Anderson and Wager, . suptzt note 34, 707 et seq. , 强调有关人权国际贸易法条约的实施，"认为，有效的市场功能，为适当的法律与机制所支持，这是发展并履行人权的现实方法"(第715页)。

基础的条件下介入知识产权法，并纠正某种过激行为。⑲ 因而，在欧洲法院的大量判决中，《欧洲人权公约》或各国国内宪法中规定的权利已经在版权纠纷中加以运用，以限制作者的权利（在这些案例中，基本权利主要被用来对知识产权进行外部的限制）。

2.2 欧洲近期的国内判例法

我们必须承认，求助于知识产权以外的规则显然并非理想的解决办法，利用知识产权法来解决这些问题或是更好的解决方法。⑳ 遗憾的是，由于这个问题非常敏感且争议较大，立法者通常缺少政治勇气。我们也看到，国内立法机构宁愿持相当消极的态度，而不是做出任何积极主动的行为。

由于缺少立法发展，几个欧洲国家的国内司法机构试着寻找一些解决方法，允许公正合理的再调整。实现这一目标的法律文件多种多样，从竞争法（及在欧洲法院 *Magill* 案判决中授予某种强制许可）㉑ 到媒体法、权利滥用或适用基本权利理论。㉒

在讨论上面这个论题时，会提及一些作出有趣判决的案例，㉓ 主要涉及版

---

⑲ 所谓纳入国际与欧洲法律秩序的三步检测法，（Art. 9. 2 of the Berne Convention，Art. 13 TRIPS，and Art. 10WCT and Art. 16 WPPT，Art. 5（5）of the Directive of 22 May 2001 of copyright and Neighbouring Rights in the information society）对于基本权利仍然一种间接的"入门"，因此允许法官以更灵活的方式适用版权限制条款，（see Geiger，Flexibilising Copyright，39 IIC，178（2008））。事实上，三步检测法解决了限制条款的理由，据此，适用版权限制不能"不合法"的不利于版权所有者。原理就是，作者不应控制其作品的各种使用，只有具有合法价值，他就要忍受某种特殊干预，但必须是高于版权所有者的利益。这一推理可以使法官使用比例原则，对所涉及的不同基本权利加以平衡。（see C. Geiger，The Role of the Three – Step Test in the Adaptation of Copyright Law to the Information Society，e – Copyright Bulletin，January – March 2007）.

⑳ In this sense see e. g. A. Lucas，Droit d'auteur，liberté d'expression et droit dupublic al'information，A&M 2t（2005）.

㉑ ECJ，6 April 1995，Radio Telefis Eireann and others v. Commission and Magill TV Guide，C – 241/91 P and C – 242/9l P（ECR 1995，1 – 743）. 竞争法显然也是面对知识产权权利滥用的有效司法方式（see particularly Geiger，supra note 37，at 306 et seq.；U. Bath，Access to Information v. Intellectual Property Rights，EIPR 138（2002））. 矛盾的是，一些纯粹主义者仍然反对适用知识产权法，但这种争议比适用基本权利要少。

㉒ 关于法官对知识产权法范围外里外条款的求助，see Geiger，supra note37，at 382 et seq.

㉓ 我们选取了在不同国家引起关注的几个案例，当然，也引用了许多其他判决。（for further references sec Geiger，supra note 37，at 391 et seq.）. See also Brown，supranote 43.

权与表达自由❼❹或公众信息权的冲突问题。❼❺

第一个是法国的案例，关于莫里斯尤特里罗的绘画作品。❼❻ 一家电视台向公众报道了画家举办新展览的消息，为了详细报道展览，电视台简单拍摄了一些展品。节目播出后，权利持有人要求电视台对其报道中展示的画家作品支付报酬，电视台拒绝支付，认为这仅是一种信息性质的报道而已。权利持有人随后以电视台未经授权复制为由提起诉讼，电视台的抗辩基于几点理由，主要是引用例外及《欧洲人权公约》第 10 条公众信息权。令大家吃惊的是，上述理由的依据在第一审就赢得了此案，法院认为，为使电视观众了解一个文化事件，简要地、以一种适当的方式展示作品是合法的，因为此种展示仅是与作者

---

❼❹ 关于欧洲版权与自由表达的冲突，see e. g. P. B. Hugenholtz, supra note 24, at 343; A. Strowel and F. Tulkens (eds.), Droit d'ameur et liberte d'expression (Brussels, Larcier, 2006), and by the same authors' Freedom of Expression and Copyright under Civil Law: Of Balance, Adaptation, and Access, J. Griffiths and U. Suthersanen (eds.), Copyright and Free Speech, 287, (Oxford, Oxford University Press, 2005); MacMillan Patfield, supra note 12; D. Voorhoof, Freedom of Expression, Parody, Copyright and Trademark, J. C. Ginsburg and J. M. Besek teds.), Adjuncts and Alternatives to Copyright, 636 (ALAI, 2001; New York Kernochan Center for Law Media and the Arts (2002); Birnhack, supra note 12; H. Cohen Jehoram, Copyright and Freedom of Expression, abuse of Right and Standard Chicanery: American and Dutch Approaches, EIPR 275 (2004), M. Elst, Copyright Freedom of Expression and Culture Policy in the Russian Federation (Leiden and Boston, Martinus Nijh off Publishers, 2005); P. Akester, The Political Challenge – Copyright and Free Speech Restrictions in the Digital Age, IPQ 16 (2006); J. Rosen, Copyright and Freedom of Expression in Sweden – Private Law in a Constitutional Cntext, P. Torremans (ed.), 当代版权法研究 (Cheltenham, UK and Northampton, MA, USA, Edward Elgar, 2008). 商标领域一些有趣的案例，see C. Geiger, Trade Mark and Freedom of Expression – The Proportionality of Criticism, 38 ⅡC 317 (2007)。

❼❺ 关于版权与信息自由或公众获取信息权利间的冲突，参见 see e. g. Geiger, supra note 37, and by the same author: Authors' right, Copyright and the Public's Right to Information, A Complex Relationship, F. Macmillan (ed.), New Directions in Copyright Law, Vol. 5, 24 (Cheltenham, UK and Northampton, MA, USA, Edward Elgar, 2007). 本文下一部分借鉴了该篇论文, J. Griffiths, Copyright and the Public's Right to Receive Information: Recent Developments in an Isolated Community, E. Barendt and A. Firth teds.), Yearbook of Copyright and Media Law 2001/2, 29 (Oxford, Oxford University Press 2002); M. Loffer, Das Grundrecht auf lnformationsfreiheit als Schranke de Urheberrechts, NJW 201 (1980); P. B. Hugenholtz, Auteursrecht contra informatievrijheid in Europa, A. W. Hins and A. J. Nieuwenhuis (eds.), Van ontvalzger naar zeuder, 157 (Amsterdam, Otto Cramwinckel, 2003); T. Hoeren, Access Right as a Postmodern Symbol of Copyright Deconstruction? Ginsburg and Besek (eds.) supra note 74, 361 et seq. 关于数据库权，see E-. Derclaye, Database Sui Generis Right: The Need to Take the Public Right to Information and Freedom of Expression into Account, F. Macmillan (ed.), New Directions in Copyright Law, Vol. 5, supra, at 3.

❼❻ On this case. see also P. Kamina, Droit d'auteuret Art. 10 de la ConventionEnropéénne des Droits de l'Homme, 25 Légicom 7 (2001).

及作品相关的即时新闻。[77]

　　上诉法院曾推翻了这一判决，[78] 电视台上诉到最高法院时被驳回。[79] 最高法院确定，违背《欧洲人权公约》第 10 条的争论无效。在此意义上，比利时最高法院在 2003 年 9 月 25 日也作出了一个判决，认为"《欧洲人权公约》第 10 条及公民权利与政治权利公约第 19 条保证自由表达的权利并未阻碍以版权保护文学艺术作品"，[80] 这一判决否认了任何潜在冲突的存在。这两个案例中，在笔者看来法国与比利时最高法院似乎都没有正确地适用《欧洲人权公约》，其逻辑上要求应对两种基本权利之间的冲突进行具体的评析，即考虑到案件的具体事实，而非泛泛而谈。

　　瑞士一个极为类似的案例值得一提。[81] 两位知名人士在瑞士发起一场关于寻求庇护者待遇的公开讨论，交互发表文章并引发一场政治辩论。一份右翼极端主义的期刊发表了并行的两篇文章，对其中一篇文章添加了批评性的评论。这显然激怒了文章的作者，其随后在版权领域起诉了这家期刊，认为其超出了引用例外，因为期刊复制了整篇文章。[82] 苏黎世州最高法院驳回了诉讼，认为只有复制整篇文章才能实现引用的目的。法院判决的基础是观点与信息自由及瑞士联邦宪法第 16 条与第 17 条保护的媒体自由，[83] 尽管如此，瑞士联邦法院推翻了此判决，认为已经在版权内部实现了财产权与信息自由之间的平衡，因而对某一段落的复制足以保护信息自由，[84] 法院采纳了法国最高法院在尤特里

---

[77] Paris District Court, 3rd Chamber, 23 February 1999. 184 RIDA 374（2000）comment by A. Kéréver；2001 GRUR Int. 252，comment by C. Geiger. See also the decision of the Toulouse District Court, 26 September 2001, 187 Légipresse 149（2001），reversed by Toulouse Court of Appeals, 3rd Chamber, 13 June 2002, 9 Proprintell. 384（2003），comment by A. Lucas.

[78] Paris Court of Appeal, 4th Chamber A, 30 May 2001, 191 RIDA 294（2002），comment by A. Kéréver（at 209）；2002 GRUR Int. 329，comment by C. Geiger.

[79] French Supreme Court, 1st Civil Chamber, 13 November 2003, 35 IIC 2004, 716, comment by C. Geiger. Concerning this case, see also P. Kamina, Un point surle droit d'auteuretl'article 10 de la Cony. EDH, 30 Légicom 88（2004）and C. Geiger Pour une plus grandefiexibilité, dans le maniement dc：exceptions au droit d'auteur 2004 A&M 213.

[80] Belgian Supreme Court, 25 September 2003, 2004 A&M 29. For a commenton both decisions see Lucas, supra note 70, at 13.

[81] 瑞士版权与基本权利的关系，see R. H. Weber and C. Breining – Kaufmann, GrundrechtsdimensionenimUrheberrecht? 2005 SIC! 415.

[82] 作者提出了关于权利实施与著作权的问题，观点是在报纸上发表文章极度侵犯保护作品完整权，为了避免前面提到的批评分析，毫无疑问必须主张版权，作者显然不同意所发布的观点。

[83] Decision of 9 September 2004, 2004 Médialex 231, comment by W. Egloff.

[84] Decision of 22 June 2005, 2005 Médialex 153, comment by D. Barrelet. Onthis case, see also C. Geiger, Propriétéintellectuelle et censure, Médialex 75（2006）.

罗案中的观点。

对于法国与瑞士的案例，笔者认为应当对基本权利的适用加以鼓励，使法官可以调整版权例外，以适应社会的进步。事实上，一个媒体，如电视台，如果不展示艺术家的画作，又怎么能够利用影像并以一种积极的方式传播信息？[85] 一份报纸如果不复制全文，又怎么能够更好地比较两种不同的观点？[86] 即使是有版权保护的作品，如果已处于公众热议话题的中心，版权就不应该阻碍合法讨论的进行。一份报纸若要报道对先知穆罕默德讽刺画所引起的争议，不应该对这些图片复制吗？一个电视频道若要展示在阿布格莱布监狱伊拉克囚犯遭受不人道待遇的图片，有义务征求版权所有人的允许吗？当我们把存疑的作品本身展示给公众并自行得出结论时，这些案例中的信息会更为重要，报道更为客观。[87]

这种观点在澳大利亚最高法院 2001 年 6 月 12 日的判决中得以认可。法院认为，在网页上复制 16 份报纸的文章，可以受《欧洲人权公约》第 10 条的表达自由所保护。它认为，在这种情况下，即使完整地复制文章没有加以注解（可能把复制变成合法的引用），也是合法的，只要网页的作者能够表明，他的目标是大规模的媒体宣传。因此法院判决，在该案中，自由表达与公众信息权优于报纸的经济利益。并特别指出，"在一个民主社会中，如果权利持有人的目标是利用他们的排他权，而唯一目的是阻碍任何媒体参与的批评，这种意图的版权使用没有任何理由限制表达的自由。"[88]

从这个意义上讲，海牙上诉法院在 2003 年 9 月 4 日作出的判决也值得充分肯定。[89] 这个案子涉及以批评为目的，在网页上发表了山达基教派的内部文

---

[85] see also M. Vivant, La transposition de la directive sur le droit d'auteurdans la sociétéde l'informationen France, Analyse critique et prospective, R. M. Hihy and C. Geiger（eds.）, Impulse fur eineeuropaischeHarmoniserung des Urhebeerechts, 97et seq.（Berlin, Heidelberg, New York, Springer/Litec, 2007）; CGeiger, Liberté de l'image et droit d'auteur, 223 Légipresse 89（2005）.

[86] 相反，怎样能比出版一份宣传单更好地揭露极端的一方？怎么能比发布一份受贿书信更能谴责参加选择官员的腐败？

[87] 参见 2001 年 7 月 18 日伦敦上诉判决（Ashdown v. Telegraph Groztp Ltd., EMLR 2001, 44），该案中法院承认，在特殊情况下"只有个体被允许复制作者所说每一个字符，自由表达才是充分有效"。法院补充，在这些情况下"要告知公众每一个字符，尽管作者对其享有版权，在特别情况下，它是有价值文件的形式而非内容"（判决 39、43 段）。On this case, see J. Griffiths, Copyright Law after Ashdown - Time to Deal Fairly with the Public, IPQ24O（2002）.

[88] Austrian Supreme Court 12 June 2001, Medien professor, 33 IIC 994（2002）.

[89] The Hague Court of Appeals, 4 September 2003, 2003 AMI 222, comment byP. B. Hugenholtz. See also on this decision G. W. G. Karnell, Copyright Protection under Human Rights Control - In Particular of Works Not Disseminated to the Public, September 2004 World E - Commerce & IP Report 18.

件。法院认为该案不适用引用例外，因为涉案的文件在那一刻并未出版。但它认为依据《欧洲人权公约》第 1 条，公众信息权是发表的合法理由。2005 年 12 月 16 日，荷兰最高法院驳回了山达基教派的上诉，以先前的裁决定案，但没有对案件的价值加以判断。❾⓿ 因此很遗憾，最高法院并未利用这次机会澄清版权与表达自由之间的关系。

最后一个案例在德国作出判决，是与德国宪法保护的艺术创作自由有关的案例。主要事实如下：作者海那穆勒在其一部作品中（标题为"日耳曼 3 魂灵与死者"），插入了 2 个源于布莱希特不同作品，即"伽利略与克里奥兰纳斯的生活"的摘录。通过在自己的作品中吸取这些摘录，他想允许公众对布莱希特作出的假想进行批评性评价，通过将布莱希特的设想置入这样一种戏剧性环境中，来建立某种艺术对话，布莱希特的继承人拒绝对使用其某些段落进行授权。遇到的问题是这些摘录太长，不能构成版权法中引用。尽管如此，德国联邦宪法法院将其视为判决的理由，即认为其值得被整体上加以引用。"对于艺术创作，引用作品的自由更大，不能仅因为其功能而阻碍个人发展。即使引用对于作者自身发展并非必要，也应当允许艺术家在自己的创作中插入受保护的作品，但引用必须被作者当作表达一个艺术家观点的工具而使用"。❾❶

为了评定这种要求，法院依据德国宪法第 5（3）条规定的艺术家自由，分析了引用例外。在对相关问题进行权衡后，对相称性进行了核查，法院认为艺术自由应具有优先地位："在目前的这个案例中，如仅造成索赔者较小金钱损失、小范围违反版权法与创作自由相对立，那么在这种艺术的冲突中，艺术家自由使用艺术作品的利益要优先于求偿者的简单经济利益。"

对于这一问题，我们还应回顾一下法国最高法院最近作出的一个关于精神权利方面的判决。❾❷ 在该案中，维克多雨果继承人认为，出版《悲惨世界》的续集侵害了作者（永恒的）精神权利，尽管作品已经成为公有领域的一部分，但法院驳回了他们的权利要求。法院引用了《欧洲人权公约》第 10 条，给予了作者创作自由的优先权，认为"在垄断实施权到期后，创作自由可以对抗作品的作者或其继承人阻止创作续集的行为"。

---

❾⓿ The Supreme Court of the Netherlands, 16 December 2005, 1 st Chamber, NoC04/020/HR（LJN AT2056）. D. W. F. Verkade，早期观点认为，文件的出版应当属于荷兰版权法 s. 15b 范围，它规定了允许通过或代表公共机构，向公众自由传播的限制条款（或传递给公众文学、科学或艺术作品的复制权）。事实上，那种文本还包含证明账户，这种账户在美国已使用，用来表明其之前可为公众所得。

❾❶ German Federal Constitution Court, 29 June 2000, Germania 3, 2001GRUR 149.

❾❷ French Supreme Court, 1st Civil Division, 30 January 2007, 38 IIC 736（2007）. On this decision, see C. Geiger, Copyright and the Freedom to Create – A Fragile Balance, 38 IIC 707（2007）.

结　论

综上，我们可以说，关于基本权利的欧洲框架体系能够保证欧洲立法的均衡发展，[93] 当版权迷失了基本价值时，可以允许法官介入并予以纠正。版权立法在公众看来正面临严重的立法危机，而基本权利有潜力帮助其克服这场危机。因此，我们无须为此担忧，相反，基本权利体系是令人满意的，我们应当鼓励其在欧洲的任何层面上发展，包括立法、司法，以及未来的学术研究。

---

[93] 关于版权立法利益的平衡，see R. M. Hitty andC. Geiger（eds.），The Balance of Interests in Copyright Law, Proceedings of the Conference organised by the Max Planck Institute for Intellectual Property in Berlin in November 2004，Munich，2006 ［EB/OL］. www. intellecprop. mpg. de/ww/de/pub/ ［forchung/publikationen］/online publikationen . cfm.

客　体

坦妮亚·阿普林

简　介

本文主要研究欧盟版权或著作权领域中客体概念的一体化程度，以及是否需要在未来采取统一的标准确定受保护客体。❶ 本文分几部分对此问题展开讨论，第1部分与第2部分简单介绍了1886年《保护文学艺术作品伯尔尼公约》（以下简称《伯尔尼公约》）的国际地位，及欧盟各成员国法律之间的差别。第3部分研究了目前为止欧盟版权保护客体的一体化程度。第4部分评析了这种一体化的成功程度。最后，在第5部分论述了是否应当进一步追求一体化，特别是在计算机程序的定义方面，是否应该采用制定统一"开放式清单"或"封闭式清单"的方法。

1　国际地位

讨论版权保护客体范围的逻辑起始点应是《伯尔尼公约》第2（1）条的规定，"'文学艺术作品'的表达应该包括文学、科学及艺术领域的任何作品，无论其采用何种模式或形式表达"，并提供了广泛但并不详细的列举清单。其所列举的一些突出作品包括：书籍、讲稿、戏剧作品、音乐创作、电影作品、绘画、雕刻、摄影作品、实用艺术作品。《伯尔尼公约》第5（1）条规定的国民待遇原则和最低权利要求适用于公约保护下的相关作品。可以说，公约第2（1）条的规定对于确定欧盟成员国是否有义务按公约给予国民待遇及最低权

---

❶ 注：本文不涉及有关权或邻接权范围内的客体。

利是非常重要的。❷

"文学、科学及艺术领域的任何作品"的措辞会令人想起《伯尔尼公约》签订前的一些双边条约。❸ 雷克森和金斯伯格教授参加了布鲁塞尔修订大会，他们认为，"作品"一词仅指符合"文学与艺术作品"描述的作品会受到保护，只要其已经可以被认识或存在。❹ 至于这段措辞中的"科学"则是多余的，因为科学发现不会依据《伯尔尼公约》给予保护（其是思想而不是表达），科学文章也会被划分为文学或者艺术作品。❺ "无论以任何模式或形式表达"的文学、科学和艺术作品都可以受到保护，突出表明了三点：首先，对作品应如何表达采取技术中立方法；其次，保护的是表达而非作品中体现的思想；❻ 最后，表达的模式或形式不一定是有形的（这一点在《伯尔尼公约》第2（2）条中也予以了强调）。

虽然第2（1）条列举了包含在"文学与艺术作品"定义范围内的作品的类型，依据《伯尔尼公约》第2（6）条，第2（1）条列举的作品与第2（3）条（翻译作品、改编作品、配乐作品及其他对文学艺术作品的改变）及第2（5）条（文学与艺术作品集）提到的作品，都要求成员国给予保护。第2（1）条列举的并不详细，其他类别的作品也可以被视为"文学与艺术作品"，历史表明列举清单随着时间的推移在稳定地扩展。"接纳一个新类别的作品到清单上通常要经过长期的斗争"。❼ 因为《伯尔尼公约》第2（1）条的列举是在遇到何种类别可以包括在"文学与艺术作品"定义内的问题时，成员国间可以保持一致的唯一机制。❽ 尽管如此，第2（1）条缺少关于所列举作品的定义，这为成员国国内法中的不同解释留下了空间与可能性。❾

随着新技术的出现，对于《伯尔尼公约》第2（1）条中的"文学艺术作品"是否包含新型客体，如音像制品（录音）、广播、表演、计算机程序与数据库，展开了争论。将音像制品、广播与表演归入《伯尔尼公约》第2（1）

---

❷ Ricketson, S and Ginsburg, J, International Copyright and Neighbouring Rights: The Berne Convention and BeyondVolume.

1 (Oxford: OUP, 2006), para 8.01.

❸ Ibid., paras 8.02, 8.06.

❹ Ibid., paras 8.03.

❺ Ibid., paras 8.06.

❻ Ibid., paras 8.07. 这条基本原则的确认体现在《伯尔尼公约》第2（8）条，它排除了对"日常新闻"和"纯属报刊消息性质的社会新闻"的保护。

❼ Ricketson and Ginsburg (2006), para 8.09.

❽ Ibid., paras 8.11.

❾ Ibid., paras 8.12. 认为"重要的变化将会是例外条款，通常只发生在边缘地带"。

条范围的尝试以失败告终，并促使建立了独立的国际机制，即1961年的《保护表演者、录音录像制品制作者及广播组织国际公约》。⑩ 录音制品和广播不被视为《伯尔尼公约》第2（1）条范畴的"文学艺术作品"，而是被看作缺少创造性的工业产品，广播为法律实体所创作，缺少作者。⑪ 表演不能依据《伯尔尼公约》进行保护的根本原因在于，表演者并没有创作作品，而仅仅是演绎作品。⑫

  计算机程序是否属于《伯尔尼公约》第2（1）条中的"文学作品"，多年来一直是一个有争议的问题。在国际层面上，世界知识产权组织在巴黎联盟的主持下，拒绝以专利法保护计算机程序，而赞成使用特别权利的保护机制。最终在1977年，制定了一系列计算机软件保护的示范条款。这表明，世界知识产权组织至少最初认为版权法不适合保护计算机程序。⑬ 但随后最早在国内法层面上，出现了将计算机程序作为文学作品加以保护的转变。⑭ 这样做的原因被解释为注重务实，软件生产商为了获得快捷有效的保护而进行游说的结果，因为版权法代表了已经建立的"现成"的解决方法，并可据此主张国民待遇与最低权利的利益。⑮ 考虑到国际上对于特别权利保护模式兴趣降低，世界知识产权组织在1985年2月将计算机程序保护问题的权限移交给伯尔尼联盟，并随后发起对于计算机程序法律保护的研究，调查各国立法以及判例法。⑯ 1991年11月伯尔尼协议委员会召开了第一次会议，在为会议准备的工作文件中，产生了支持还是反对版权保护的争论。反对将计算机程序划分为文

---

⑩ For further discussion see ibid., paras 8.110 – 8.114.

⑪ See Vaver, D, "伯尔尼与世界版权公约的国民待遇要求：第一部分"（1986）17 IIC 577, 599.

⑫ Ibid., 601.

⑬ See Ricketson and Ginsburg (2006), para 8.93. 唯一彻底分析WIPO示范条款的是德国：see Ulmer, E and Kolle, G, Copyright protection of Computer Program (1983) 14 IIC 159, 167 – 8.

⑭ In Germany, see the decision of the district Court of Munich I in Visicorp v Basis Software GmbH (1983) 14 IIC 437 and subsequently the FRG Amending Law of 23 My 1985, Art 1. In France, see French Law no 85 – 600 of 3 July 1985, art 1 (v). in UK, see Gates v Swift [1982] RPC 339; Sega Enterprises v Richards [1983] FSR 73; Thrustcode Ltd v WW Computing Ltd [1983] FSR 502 and subsequently the UK Copyright (Computer Software) Amendment Act 1985. In the United States, see US Computer Software Copyright Act 1980 (US), amending s101 of US Copyright Act 1976. Finally, in Australia see the decision of the Australian High Court in Computer Edge Pty Ltd v. Apple Computer Inc (1986) 161 CLR 171.

⑮ Ricketson and Ginsburg (2006), para 8.93; Stamatoudi, I, Copyright and Multimedia Works: A Comparative Analysis, (Cambridge: CUP, 2002), pp. 45 – 7; Soltysinski, S, protection of computer program: Comparative and International Aspects (1990) 21 IIC 1, 25.

⑯ Ficsor, Mlihàly, the Law of Copyright and the Internet: The 1996 WIPO Treaties, Their Interpretation and Implementation (Oxford: OUP, 2002), pp. 467 – 70.

学作品的意见认为，机器代码与文学作品并不一样，源代码仅是表面上与文学作品类似。指令的最终接收者是一台计算机（能够承载此种功能的），而不是个人。再者，计算机程序缺少"文学艺术作品"所要求的智力创造，保护期间（作者死后50年）对于这样一个短期生命的作品而言也过长。但是，也有反对意见提出。他们认为，首先，计算机程序属于写作，如果其是智力创作，就应当被保护；再者，在制作计算机程序时有充分的创造空间。计算机程序是目标代码这一事实不是应该将其排除在保护之外的理由，因为其他的文学与艺术作品也可以作为可读代码存储于计算机程序之中。最后，也许保护期间过长，但这一反对意见对于其他划分为"文学艺术作品"范畴的客体同样适用。[17] 其后一段时期内，对于是否可将计算机程序作为版权主题的关注逐渐消失，[18] 1996 年的《世界知识产权组织版权公约》（WCT）第 4 条正式明确规定，计算机程序属于《伯尔尼公约》第 2 条意义上的文学作品，[19] 并受其保护。这种方法上的转变也许是多种原因的结果：上面提到注重务实；对于主要反对意见的反驳；最后是计算机程序作为文学作品在国内法的层面上得到接受，进而在区域层面上的欧盟计算机程序指令[20]得到巩固，国际层面上为 1996 年 TRIPS 第 10（1）条所接受。

另一个有争议的问题是，《伯尔尼公约》第 2（5）条"文学与艺术作品集"是否包括数据的汇编，即数据库。答案似乎不包括，因为条款明确指明是作品的汇编，显然与数据或其他非版权客体相对。[21] 雷克森与金斯伯格教授认为，如果对于数据的安排或选择满足了"智力创造"的要求，这样的汇编就应该包括在《伯尔尼公约》第 2（1）条之内。随后国家的实践也支持将数据库纳入第 2 条之中。[22] 不管怎样，TRIPS 和《世界知识产权组织版权公约》

---

[17] Ibid., pp. 472 – 3.

[18] 尽管仍然有人质疑计算机程序作为"文学作品"的合理性：see Christie, A, Designing AppropriateComputer Programs (1994) 11 EIPR 486; Gordon, S, The Very Idea! Why Copyright Law is Inappropriate Way to Protect Computer Programs, [1998] *EIPR* 10; Reichman, JH, Legal Hybrids Between the Patent and Copyright Paradigms (1994) 94 *Columbia Law Review* 2432; and Samuelson, P et al, A Manifesto Concerning the Legal Protection of Computer Program, (1994) 94 *Columbia Law Review* 2308.

[19] 尽管对于 WIPO 版权公约第 4 条是否规定了《伯尔尼公约》第 2（1）条保护的内容，有所争议，反映在对伯尔尼成员国的新规范约束上方面。这一问题与伯尔尼联盟成员国但不是 TRIPS 或 WCT 的成员有关。See Ricketson, S, The Berne Convention: The Continued Relevance of an Ancient Textin Vaver, D, and Bently, L, Intellectual Property in the New Millennium: Essays in Honour of William R. Cornish (Cambridge: CUP, 2004), 217 – 33, at 231 – 2.

[20] Directive 91/250/EEC 关于计算机程序的法律保护, OJ L122 17/5/91, pp. 42 – 6, Art 1.

[21] Ricketson and Ginsburg (2006), para 8.88.

[22] Ibid., para 8.89.

已经解决了这一问题。㉓ TRIPS 第 10（2）条规定：

> 数据或其他材料的汇编，无论以机器可读或其他形式，只要其内容的安排或选择构成智力创造，就应该得到保护。这样的保护不延及数据或资料本身，也不应对数据或资料自身拥有的版权造成损害。

WCT 第 5 条有着实质相同的条款，同意声明中确认，其规定的对数据汇编保护的范围与《伯尔尼公约》第 2 条保持一致。㉔

有两个前期观点应该提到：第一点是"原创性"要求并未明确包含在《伯尔尼公约》中，布鲁塞尔修订大会的筹备文件中也指出，"智力创造"的要求在"文学与艺术作品"这一概念中是隐含的。㉕ 一个事实加强了这一观点，即第 2（5）条明确指出"文学与艺术作品的汇编"是由于其"内容的选择与安排"而构成智力创造。雷克森与金斯伯格教授认为，"这些规定对边缘作品是必要的，对那些第 2（1）条包含的'主流'作品则几乎不需要这样的阐述"。㉖ 但对于什么构成"智力创造"却没有任何指导，由此造成欧盟成员国对于"原创性"最低标准的构成要求的规定差别很大。第二点是，是否存在固定要求。如前所述，"无论其以何种方式或模式表达"，文学、科学与艺术领域的作品都受到保护，这就意味着没有以有形方式表达的要求。第 2（1）条列举提及的"演讲、演说、布道"也支持了这一点。但长期以来，在成员国间对于固定是否是保护的条件有很大分歧，《伯尔尼公约》斯德哥尔摩—巴黎修订本注意到了第 2（2）条中的内容，㉗ 并将这一问题留给了欧盟成员国国内立法。㉘

2 欧盟成员国

在讨论欧盟版权法标的一体化问题之前，有必要简单阐述成员国间的主要差别。我们依据普通法系与民法法系梳理了其主要差别，英国是典型的普通法

㉓ Reinbothe, J and von Lewinski, S, The WIPO Treaties 1996 (London: Butterworths, 2002), pp. 72 – 7.

㉔ See Ibid. , pp. 78 – 9 and Ficsor (2002), pp. 480 – 84.

㉕ Ricketson and Ginsburg (2006), para 8.03.

㉖ Ibid.

㉗ 但它应当是联盟国家立法的客体，规定一般作品和作品的特殊类型不能得到保护，除非它们能够以有形的方式加以固定。

㉘ For discussion see Ricketson and Ginsburg (2006), para 8.18.

系国家,㉙ 1988年版权设计与专利法（CDPA）制定了版权客体的"封闭式清单"。㉚ CDPA授权对8种类别的作品予以保护，只能是8种。㉛ 要获得版权，就必须使其创作进入这8种的范围之内，否则，作品的保护就会遇到阻碍。㉜

CDPA中的类别范畴，在不同程度上，通过成文法的定义作了详尽的规定。一些定义在性质上很详细，例如对于"艺术作品"，CDPA第4节规定：

（a）一种平面美术作品、图片、雕刻，或美术拼贴，不论艺术的质量如何；

（b）作为建筑物或建筑物模型的建筑作品，或

（c）手工艺术作品。

虽然进一步界定了"平面艺术作品""雕刻"和"建筑物"，但属于概括性条款，需要司法加以明确。如界定"平面艺术作品"包括绘画，但面部化妆被拒绝视为一种绘画。㉝ 雕刻画也界定为平面艺术作品，法院作了广泛解释，包括工业产品，如飞碟及其模子，㉞ 和生产汽车橡胶垫的金属板。㉟ "雕刻"的界定包括"制作雕刻的固定敷料和模型"。可以看出，法院为了保护具有工业性质的作品对这种分类进行了广泛的解释。㊱ "照片"在第4（2）节也得到了界定，但属于排他性（也是技术中立性）㊲ 条款。

第3（1）节详细界定了"音乐作品"，"由音乐组成的作品，不包括为了说、唱或表演音乐使用的任何文字或行为"。但显然，除了突出乐曲与歌词要分别保护外，定义的规定几乎没有任何指导。为此，法院不得不通过解释"音乐"的构成来完善定义的内容。在索金斯诉许珀里翁唱片公司案（*Sawkins v Hyperion Records*）㊳ 时，慕莫瑞法官指出：

㉙ 爱尔兰是欧盟中唯一一个例外国家。

㉚ "封闭式列表"并不必然是普通法系的突出特征，如美国，采用的就是开放式列表。section 102（a）of US Copyright Act 1976.

㉛ 文学、艺术、音乐与美术作品、录音制品、影片、广播，以及已发表版本－s1（1）CDPA.

㉜ As is famously evidenced by Creation Records v. News Group Newspapers [1997] EMLR 444.

㉝ Merchandising Corporation of America v. Harpound [1983] FSR 32.

㉞ Wham－O Manufacturing Co v. Lincoln Industries [1985] RPC 127.

㉟ Hi Tech Autoparts Ltd v. Towergate Two Ltd (No. 2) [2002] FSR 16.

㊱ In Wham－O Manufacturing Co v. Lincoln Industries [1985] RPC 127，飞盘的木制原型可以作为雕刻作品保护。In Breville Europe Plc v Thorn EMI Domestic Appliances Ltd [1995] FSR 77，制作三明治的石膏模型可视为雕刻作品。

㊲ Gendreau, Y, "United Kingdom" in Gendreau, Y, Nordemann, A and Oesch, R, Copyright and Photographs: An International Survey (London: Kluwer, 1999), 283-302, at 284-5.

㊳ [2005] RPC 32.

缺少关于音乐定义的特别立法时，可以参考一般的惯例：如字典中解释。音乐的本质是由可以听到的声音构成，音乐不是普通的声音，音乐的声音应该能够对听者的感情与智力产生某种影响。声音应该是根据乐谱在乐器上有组织地演奏而成，但这点对音乐或其中版权存在并不重要。❸

法律也对其他类别进行了概括性的界定，也是最低限度的界定。如 CDPA 第 3（1）节规定，"戏剧作品"包括"舞蹈或哑剧作品"。对"含有或没有语言或音乐，但能够被表演的行为作品"❹ 可否作为戏剧作品，则留给法院来完善戏剧作品的定义。在诺罗之安诉方舟有限公司（Norowzian v Arks）❹ 一案中，上诉法院认为这一定义包括电影作品。其他一些概括性定义帮助性更大，如 CDPA 第 3（1）节规定的"文学作品"指"戏剧或音乐作品之外，任何能够写、说、唱的作品"，以及计算机程序、计算机程序的预备设计资料、数据库、图表或其他非数据库的汇编。尽管如此，对于什么构成"文学作品"，法院有时也会诉诸一般标准，它提供了"说明、信息、愉悦，以一种文学享受的形式"，❷ 而不考虑其文学表现力，❸ 在是否包括语言要求方面，必须能够确定计算机程序的边界。❹

对于文学、戏剧和音乐作品构成，英国版权法的另一个重要特点是"只有其能够以写或其他方式记录"，才构成版权。❺ 在 CDPA 第 178 节中对"写"进行了广泛的界定，包括"以任何符号或代码记录，无论采用何种方式或媒介"，重要的是作者记录了作品，或允许他人进行记录。❻ 英国法院对于"艺术作品"没有明确的固定要求，但法院对于这一类别的解释使其成为某种类型艺术作品的默示要求。如在美国销售公司诉哈邦德（*Merchandising Corporation of America v Harpbond*）一案❼中，面部化妆由于缺少持久性，成为上诉法

---

❸ Sawkins v Hyperion Records [2005] RPC 32, para 53.

❹ Norowzian v Arks Ltd (No. 2) [2000] FSR 363 at 367 per Nourse LJ (Brooke LJ at 368 and Buxton LJ at 369 in agreement).

❹ [2000] FSR 363.

❷ Exxon v Exxon Insurance [1982] Ch 119 at 143 per Stephenson LJ, 144 per Oliver LJ (Sir David Cairns in agreement) following and applying the test stated by Davey LJ in Hollinrake v Truswell [1894] 3 Ch 420, 428.

❸ University of London Press v University Tutorial Press [1916] 2 Ch 601 at 608 per Peterson J.

❹ Navitaire Inc v Easyjet Airline Co Ltd (No 3) [2006] RPC3.

❺ S 3 (2), CDPA.

❻ S 3 (3), CDPA.

❼ [1983] FSR 32.

院拒绝将其归为“绘画”的重要因素。⑱ 同样在创新音像公司诉新闻报业集团（*Creation Records v News Group Newspaper*）案㊾中，物品组合由于其“本质的临时性”，成为劳埃德法官拒绝将其视为拼贴画的重要原因。㊿

最后我们需要说明一下，CDPA 规定的商业作品，如录音制品、广播、出版物版式都可以界定为版权作品。(51) 但其原创性要求与作者作品不同，(52) 其原创性要求是不能是从其他先前同类作品上复制而来，(53) 且在保护范围上也比作者作品更窄。(54)

作为版权法体系中的佼佼者，法国与英国形成了鲜明的对比。法国《知识产权法典》L. 112－1 条规定，保护“所有智力作品的著作权，无论他们的种类、表达形式、价值或目的如何”。L. 112－2 条规定了阐明“智力作品”的清单，清单的内容很大程度上是与《伯尔尼公约》第 2 条相对应，但也有一些另外的示例，如软件及其预备设计资料、“应季产业服装及时尚物品的创作作品”。这与英国法相比，有三点明显的差别，首先除了列举“智力作品”外，对于什么能构成或不能构成受保护客体并没有成文法的定义。其次只有作者的作品可以获得著作权——商业作品则通过《知识产权法典》第 2 册的邻接权条款予以保护。最后一点差别是，固定并非是版权存在的要求，L. 112－1 规定指的是“智力作品，无论它们的种类、表达形式、价值或目的如何”。(55) 但 L. 112－1 条中有不同的规定，即“舞蹈作品、马戏表演和技艺、哑剧作品，这些表演形式必须以写作或其他方式确定下来”。解释者的观点是，提出固定要求是确定作品存在的一种方式，而非以此确定保护的成立。(56) 这是在布鲁塞尔修订大会上，当一个建议案要求删除《伯尔尼公约》第 2 条类似条款（最早在柏林修订大会上提出）时，法国提出的观点。(57) 对“价值或目的”的解释突出这样一点，在确定某件东西是否是“智力作品”时，不应加入价值判断

---

⑱ Ibid., at 46.

㊾ [1997] EMLR 444.

㊿ Ibid., at 450.

(51) See s1 (1) (b) and (c) and 1 (2), CDPA.

(52) See ss1 (1) (a) which refers to original literary, dramatic, musical or artistic works.

(53) See s5A (2) for sound recordings and 5B (4) for films.

(54) For films see Norowzian v Arks (No 1) [1998] FSR 394, 400.

(55) Emphasis added.

(56) See Gendreau, Y, “The Criterion of Fixation in Copyright Law” (1994) 159 RIDA 110 at 158 and Nimmer, MB and Geller, PE, *International Copyright Law* (New York: Matthew Bender, 1988) chapter on “France”, para 2 [1] [a].

(57) Ricketson and Ginsburg (2006), paras 8.25－8.26. 这一条款在斯德哥尔摩修订大会上已被彻底删除。Ricketson and Ginsburg (2006), para 8.27.

（无论是道德抑或是审美）。无论作品的目的是有用的、工业的或是艺术的，都与版权不相关。[58]

客体的"开放式列表"方式，加之没有固定的要求，且不考虑作品的价值与目的，这毫无疑问加强了灵活性，并使其能够纳入当代艺术作品。[59]伴随新的技术发明，[60]法国的版权法保护了多种多样的作品形式，如清香的气味、[61]插花[62]以及克里斯托、珍妮克劳德夫妇包裹的新桥[63]——这些也许依据英国版权根本不符合版权保护要求。第5节我们会回到这个问题，即在立法上对于这一核心概念的差异是否有必要进行统一。

3 欧洲一体化现状

欧盟已经制定3个指令以寻求特殊客体版权保护的一体化，分别是软件、[64]数据库[65]和期间指令。[66]期间指令我们不在此处讨论，因为其除第6条规定原创性照片——即作者自己智力创作结果的那些照片——应当享有作者死后70年保护期外，并未协调照片、视听作品或胶片固定的存在要求。[67]

计算机程序指令

我们首先来看一下计算机程序指令，从第1（1）条可以看出，成员国必须以《伯尔尼公约》意义上的文学作品保护计算机程序，"计算机程序"一词应包括预备设计资料。正如重述7中阐明的，"预备设计资料能够推进计算机程序的发展，只要预备工作的性质是在后期阶段创作出计算机程序"。第

---

[58] Treppoz, E, What Legal Protection (s) For Contemporary Art? (2006) 209 RIDA 50, 80–84.

[59] Ibid., at 80–84. Although note that Walravens, N, The Concept of Originality and Contemporary Art, McClean, D and Schubert, K, Dear Images: Art, Copyright and Culture (London: Ridinghouse, 2002), 171–95, 认为原创性要求，即作者个性的痕迹或印记，对于当代艺术作品，尤其是概念艺术作品来说存在问题。

[60] Christie, A, A Proposal for Simplifying United kingdom Copyright Law [2001] EIPR 26.

[61] L'Oréal SA v Bellure NV [2006] ECDR 16 and SA Beauté Prestige International v Sté Senteur Mazal (2008) 39 IIC 113, although contrast the subsequent decision of the French Supreme Court in *Bsiri – Barbir v Haarmann & Reimer* [2006] ECDR 28.

[62] P Duchier v D Geuroult RG no 93/020429, decision of the Paris Court of Appeal, 4th Chamber discussed in (1995) 166 RIDA 240.

[63] CA Paris, 13 March 1986, D., 1987, SC, p. 150, C. Columbet obs.

[64] Directive 91/250/EEC 关于计算机程序的法律保护, OJ L122 17/5/91, pp. 42–46, Article 1.

[65] Directive 96/9/EC 关于数据库的法律保护, [1996] OJ L77/20.

[66] Directive 2006/116/EC on the Legal Protection of Computer Program OJ L372, 27.12.2006, pp. 12–18.

[67] 本书他处已作详细介绍。

1 (2)条规定，保护延及到“计算机程序的任何表达形式”，但不延及至计算机程序任何要素中的思想和原则。“原创性”要求规定在第1（3）条中，即计算机程序应是“作者自己的智力创造”。因而，就实质方面而言，一体化只在原创性门槛方面得以实现。(68) 除规定计算机程序包括预备设计资料外，关于什么可以构成一个计算机程序，并未试图规定一个一体化的专有定义。

数据库指令

相反，数据库指令确实规定了“数据库”的详细定义，目的是同时利用版权与特别权利保护。数据库指令第1（2）条规定，“数据库”是指：“独立作品、数据或其他以一种系统或规律的方式安排的资料集合，每个个体都可以通过电子或其他方式获取”。从这一定义可看出，数据库是由广泛的资料构成的。这一点也为重述17所支持，其规定数据库包括“文学、艺术、音乐或其他作品汇编，或其他如文本、声音、图片、数字、事实或数据等资料的汇编”。而且，无论是电子或非电子的数据库都包含在内。(69) 数据库指令第1（3）条规定，指令的保护不适用以电子方式制作或运营数据库时使用的计算机程序。显然，计算机程序与数据库的保护是相互排斥的。但是，也许有人质疑，是否可能轻易地区分计算机程序与数据库，(70) 特别在计算机程序指令缺少关于“计算机程序”定义的情况下。数据库指令重述20指出，“某种数据库运转或咨询的必要资料，如词库、指数化系统”也应受到保护。另一个异议是关于“数据库”宽泛的定义，储存在计算机程序中的，及对于计算机程序运转极为重要的数据都可以受到保护。马克·戴维森认为，以这种方式保护计算机程序中的数据不合适，因为重述中建议不应故意增加或改变版权对于计算机程序或其他部分规定的现有保护。(71) 而且，计算机程序中的数据仅是帮助程序发挥功能，并未对个体进行指导或提供信息，而数据库指令的目的毫无疑问是为了“促进对信息的生成和处理、现代信息程序存储及程序系统的投资”。(72)

数据库指令重述及赛程市场有限公司诉奥甘尼斯姆案（*Fixtures Market Ltd v*

(68) Cohen Jehoram, H, European Copyright Law - Ever More Horizontal (2001) 32 ⅡC 532, 537.

(69) 在数据库指令原文及修正案中，其定义最初仅限于电子数据库。但这一点已被删除，理事会与此立场相同，指出，同种数据库，基于其是否以电子或非电子发行，适用不同的保护标准并不适当。以不同形式对数据库加以平等保护也符合 TRIPS 和 WCT，或许可以适用更简化的机制：理事会共同立场的声明。(EC) No 20/95 adopted by the Council on 10 July 1995 (C 288/14) at p. 24.

(70) Davison, M, The Legal Protection of Computer Program (Cambridge: CUP, 2003), pp. 74 - 5.

(71) Ibid., p. 71.

(72) Ibid., p. 71.

Organismos Prognostikon Agnon Podosffairou AE）（*OPAP*）(73)中的规则对于什么可以构成“数据库”作出了指导。数据库必须构成“独立的”作品、数据或其他资料。数据库指令重述17阐明了“独立的”的意义，规定“一份录音、录影带、电影制品、文学或音乐作品等不在指令范围之内”。换句话说，作品本身不构成数据库，其必须是作品的汇编，“独立”要求的是一个概念或逻辑上的独立。在这种情况下，作品在汇编的内部还是外部都能够具有同样的意义，而不是依赖周围的环境来确定它的含义。欧洲法院在*OPAP*案中的规则也支持了这一解释，该案中涉及足球赛程表，它是由英格兰的足球超级联赛公司、足球联赛公司和苏格兰的足球联合会制作的。英国境内足球赛程表由足球赛程有限公司实施利用，境外则由赛程市场有限公司利用。赛程市场公司抱怨说，OPAP公司为了刺激赌博，反复抽取大量赛程表放在网页上，侵犯了其对赛程表的专有权利。一审的独任法官艾丹斯中止了诉讼程序，向欧洲法院提出3个问题。第1和第2个问题寻求“数据库”定义的初步裁决，提出足球赛程表是否可以作为数据库享有保护。欧洲法院认为，“独立”资料是指“彼此间可以相互分离，且没有信息、文学、艺术或其他价值受到影响”。(74) 法院指出，足球赛程表包含了“独立”的资料，因为赛事的日期和时间，连同两支球队的身份，具有“独立的信息价值”。(75) 这一解释得出的结论是，多媒体视频游戏以及参考质量需与移动用户互动使用结合的多媒体作品，都不适合作为数据库进行保护，但引用类型的多媒体作品很容易在这方面满足“数据库”的定义。

作品、数据或者其他资料必须通过“某种有清晰逻辑的、系统的方式进行安排”。数据库指令重述21对此进行解释，“对于那些实际上已经通过一种有组织的方式进行存储的资料，无须作此要求”。这种安排对用户而言指对内容进行的概念安排（或表现），欧洲法院在*OPAP*案中对此予以支持，一些评价如下：

> 根据重述21，不要求实际表现出系统、有条不紊的安排，只要情况表明是以某种固定的基础加以汇编，包括电子、电磁或光电处理等技术方式（根据指令前言的重述13），或其他方式，如索引、目录或者分类的特定计划与方

(73) C-444/02, Fixtures Market Ltd v Organismos Prognostikon Agnon Podosffairou (OPAP) (Grand Chamber, 9 November 2004).

(74) OPAP, para 29.

(75) OPAP, para 33.

法，可以在其中抽取任何独立的资料。(76)

在OPAP案中，欧洲法院认为，系统的、有清晰逻辑的安排和组成资料的个体可访问性的条件，已经通过对数据按照“日期、时间和那些不同足球比赛中的球队名称”(77) 进行安排，得到满足。因而，它很容易地满足了“系统或有条不紊安排”的要求，只要此汇编在本质上并非是随机的。

“作品、数据或其他资料”可“通过电子或其他方式的个体可访问性”的要求，是“数据库”定义最后的也是最令人困惑的一个方面。“个体可访问性”的字面解释是要求作品、数据或其他资料可以独立地抽取。尽管有人对这一字面解释加以支持，(78) 但仍然存有疑问，因为它可能将典型数据库中的印刷本数据库排除在外，如电话簿印刷本就是典型的数据库。(79) 但电话簿中的独立数据（名字和电话号码）是不能独立取出的，因为它们就列在彼此旁边，(80) 贸易商品目录与足球赛事表也是一样的。对于这种汇编，数据可以被独立查看，他们在视觉上与其他数据不同，但这些数据不能被单独插入或者取出。

对于“个体可访问性”要求更合理的一种解释是认为这一要求应当与作品系统的、有清晰逻辑的安排要求共同解释。欧洲法院在OPAP案中明显采用此种方法，得出结论“以赛程表的形式，对日期、时间、不同球赛中球队名称的安排，满足了系统和有条不紊安排，及汇编中构成资料的个体访问性的要求”。(81) 因而，毫无疑问“个体可访问性”的意思是必须以一种可检索的方式，且其中的资料必须可以单独查看，而非可以被单独取出。(82) 一部作品，只要能够被搜索到或注意到（无论是按照关键词、字母表顺序或其他方式），就具备

---

(76) OPAP，para 30.

(77) OPAP，para 35.

(78) See Stamatoudi，I，Copyright and Multimedia Works：A Comparative Analysis，(Cambridge：CUP，2001)，pp. 99－102 and Derclaye，E，“CDPA 第3与3A部分违反数据库指令吗？解析英国的数据库定义及其与欧洲法的相容性”（[2002] EIPR 466，469）。

(79) 关于电话薄数据库保护的几个主要案例：see Feist Publications Inc v Rural Telephone Service Co (1991) 499 US 340；Tele－Direct (Publications) Inc v American Business Information Inc 154 DLR (4th) 328 (1997)；Unauthorised Reproduction of Telephone Directories onCD－Rom [2002] ECDR 3；Desktop Marketing Systems Pty Ltd v Telstra Corporation Ltd [2002] FCAFC 112.

(80) The same way may be said for electronicdirectories，such as www. yell. com and www. whitepages. com. au. 如果对于特定数据的搜索可以与另一个数据搜寻极度匹配。如果数据可以明显观察到，但严格说，认为它们可以分别搜索，并不正确。

(81) OPAP，papa 35.

(82) 支持观点参见 see Laddie et al，The Modern Law of Copyright and Designs，3rd edn (London：Butterworths，2000)，para 30. 24，按照这种解释，为了满足“个体可获取”要求，并非排除数据库其他内容所必须，这会施加过于严格的要求，或许会排除很多纸质数据库。

“个体可访问性”，即使要在其他资料旁边查看作品。根据这一解释，多媒体视频节目要被排除在外（因为里面的资料是不可搜索的），但多媒体作品只要具备搜索功能，以一种整合的方式输入数据，并可呈现其组成部分，就应在“数据库”的定义范围之内。根据这一解释，引用类型的多媒体作品不难呈现，其组成部分输入具有个体可访问性。

4 一体化的成功

如我们在前几部分中所讨论，在欧盟版权法中，对于什么可以构成可版权的客体，这方面的一体化程度是有限的。本节主要阐述目前成功一体化的部分内容。

计算机程序

根据欧盟委员会的报告，似乎所有成员国都已经执行了以文学作品保护“计算机程序”的要求，(83) 绝大部分成员国也将预备设计资料包括在“计算机程序”之内。例如1965年德国版权法第69（a）条规定，“计算机程序”是“任何形式的程序，包括它们的设计资料”。(84) 但英国的CDPA第3（1）节界定的“文学作品”包括计算机程序（第3（1）（b）节）和计算机程序的预备设计资料（第3（1）（c）节），情况则有所不同。换言之，“预备设计资料”不能被视为计算机程序，而是文学作品的一项分类。欧盟委员会采取这样的观点，这并未使英国的法律与计算机程序指令不一致。(85) 即使这样，对于计算机程序适用特别例外时，还是有点古怪，因为他们仅指计算机程序，(86) 而不是预备设计资料。丹麦与芬兰界定的“计算机程序”不包括预备设计资料，但委员会认为，这种遗漏在实践中并没有造成什么困难。(87)

在英国纳威泰尔诉易捷航空公司（Navitaire v Easyjet Airline）案(88)中明确了“计算机程序”的构成范围，庞弗里法官认为，要看版权是否由计算机程

(83) Report from the Commissionto the Council, the European Parliament and the European Economic and Social Committee on the implementation and effects of Directive 91/250/EEC on the Legal Protection of Computer Program, Brussels 10 April 2000 COM (2000) 199 Final (“Software Report”), p. 9.

(84) Discussed in Raubenheimer, A, Implementation of the EC Software Directive in Germany - Special Provisions for Protection of Computer Program (1996) 27 ⅡC 609, 616 - 17.

(85) Software Report, p. 9.

(86) See ss50A - 50C, CDPA.

(87) Software Report, p. 9.

(88) [2006] RPC 3 (Navitaire).

序中的单词命令、复杂命令或者复杂命令的集合来维持，[89] 孤立的单个词语不构成"文学作品"。庞弗里法官还认为，复杂命令的编辑是计算机语言的一种类型，不应进行保护。[90] 因为计算机程序指令重述 14 指出，在某种程度上由思想和原则组成的程序语言不应被保护，[91] 或者说命令名称及句法的集合算不上编辑，而仅是命令的累积。[92]

将计算机程序的思想与原则这样的隐含要素排除在版权保护范围之外，这一点并未在 8 个成文法的成员国中得到执行。但委员会并未对此担心，因为它认为这只是将思想/表达两分法作为版权法原则加以适用时的常规惯例。[93] 以任何形式表达的计算机程序应受到保护，这一要求并未在一些成员国内得到执行。委员会指出，这对这些成员国计算机程序保护方面会有什么影响还不确定。[94] 最后，"作者本人智力创作"的原创性要求也没有明确并入 6 个成员国法内（英国是其中之一），这些成员国认为，这是其法律中的默示条件。但委员会对英国就此提出反对意见，因为"劳动、技能与判断"[95]——低于原创性的一般标准，且"作者自己的智力创造"仅适用于数据库。[96] 委员会指出，这"是否会导致计算机程序在英国的过度保护，还有待观察"。[97] 重要的是，在 1965 年德国版权法中，为了执行指令，[98] 制定了第 69（a）条，以反对联邦法院在追收欠款项目（Inkasso Program）案[99]和操作系统（Betiebssystem）案[100]中采取的"创新水平"的方法。

数据库

根据欧盟委员会关于数据库指令第一次评估，[101] 所有 25 个成员国已经将

---

[89] Navitaire, paras 80, 87–8.

[90] "依我观点，该原则延及这种特别语言。确定的用户要求接口，它可以正是界定，也可以通过识别它的代码进行界定。无论以哪一种方式，都不存在版权。当然这并非建议，以特殊语言表达的程序都不能授予版权。恰好相反，该重述及第 1（2）条，显然打算这样做，是为了保证语言可以自由使用，但不是其中所表达的思想"。Navitaire, para 88.

[91] Navitaire, para 92.

[92] Ibid.

[93] Software Report, p. 9.

[94] Ibid.

[95] Ladbroke (Football) Ltd v William Hill (Football) Ltd [1964] 1 WLR 273.

[96] Software Report, p. 10.

[97] Ibid.

[98] Confirmed in Buchhaltungsprogramm [Accounting Program] (1995) 26 IIC 127.

[99] (1986) 17 IIC 681.

[100] (1991) 22 IIC 723.

[101] DG Internal Market and Services Working Paper, First Evaluation of Directive 96.9/EC on the legal protection of databases, Brussels, 12 December 2005 (Databases Report).

指令转为国内法，[102] 但英国的执行在两种重要方式上是不彻底的。首先，到目前为止，"数据库"仍被划分为"文学作品"，这表明了对能够形成数据库组成部分的作品、数据或其他材料类型的限制。[103] 其次，CDPA 第 3（1）(a) 节保留了"图表或非数据库编辑"的分类，适用"劳动、技能和判断"的较低原创性标准。[104] 埃斯特雷·德克雷建议，CDPA 第 3（1）(d) 节与第 3A（2）节中"构成文学作品"的语句，应予以删除，"作者自身智力创造的原创性标准"也应当适用于图表与编辑。[105] 当然，英国法院也可能寻求在第 3A 节中广泛解释"数据库"的定义，并将"作者自己智力创造"的原创性标准适用于所有的数据库、图表和编辑，理由是与数据库指令保持一致，且未与 CDPA 的任何明确的条款相冲突。

如数据库报告中所指出，不同成员国的法院已经解释了什么可以构成广义"数据库"，包括电话用户清单、[106] 判例法与立法的汇编、包含广告分类的网页、各种不同信息的目录[107]和新闻网页。[108] 如前所述，欧洲法院认为足球赛程表构成数据库。相对于客体是可以作为数据库保护，国内法关于特别权利实质性投入的门槛要求是否得到了满足，[109] 还存在分歧。

5 未来的一体化/统一化

在这一部分，将会研究关于欧盟客体进一步一体化的必要性与可取性。特别是，"计算机程序"的共用定义是否应当与客体的"开放式列表"方式共同被采纳。

计算机程序定义的一体化

如上所述，对于"计算机程序"，委员会并没有统一的定义（无论是在计算机程序指令还是欧洲法院通过的其他规则），但这样一个定义是否需要或具有可取性呢？对于什么构成"计算机程序"，成员国间并未产生太大分歧，因

---

[102] Databases Report, para 4.1.1.

[103] Davison (2003), 145 and Derclaye (2002), 473–4.

[104] Derclaye (2002), 470–71.

[105] Ibid., 474.

[106] Unauthorised Reproduction of Telephone Directives on CD–Rom [2002] ECDR 3.

[107] Sociétié Tigest Sarl v Sociiété Reed Expositions France [2002] EEC 29 (Directory of trade exhibitors).

[108] SA Prline v SA Communication & Sales and Sal News Investment [2002] ECDR 2 (financial news website); Danske Dagblades Forening (DDF) v Newsbooster [2003] ECDR 5 (selection of news articles on a website).

[109] Database Report, para 4.1.2.

此不需要这样的定义。尽管如此，我们需要考虑制定这样一个定义的可取性，尤其是为了清楚地在计算机程序与数据库保护之间划定一个清晰的界线。委员会并不支持这一观点，它反对在计算机程序指令中插入一个“计算机程序”的定义，理由是这种准确性和确定性带来的好处，或许要以由于技术发展导致定义过时的风险作为代价。(110) 这种观点似乎是有根据的，尽管可以通过草拟广义的、技术中立方式进行定义予以反驳。显然，1976 年美国版权法中“计算机程序”的定义就是这种方法的例证。(111) 该法令第 101 节规定，“计算机程序”是“为了得出一个特定结果，在计算机中直接或间接地使用的一系列陈述或者命令”。(112) 问题是，法院在任何情况下都可以使用这种定义，(113) 且这种定义实际上能够给予多大指导也受到质疑，如它并未指出命令语言本身或宏命令是否适格为“一系列指令”。(114) 以任何避免过时的、有意义的方式界定“计算机程序”都非常困难，英国法院和欧洲专利局上诉委员会谨慎地回避界定何为计算机程序，目的是排除其在 1977 年英国专利法第 1（2）（c）节及《欧洲专利公约》第 52（c）条中的可专利性，这就使这一问题更加突出。(115) 由此我们可以得出这样的结论，为了版权保护的目的，制定一个一体化“计算机程序”的定义，既是不必要的，也是不切实际的。

统一方式——开放式列表还是封闭式列表

这一节要解决的问题是，在欧盟的层面上，是否应当有个统一的方式界定客体，以开放式列表还是封闭式列表的形式。研究这一问题，需要考虑两种方式利弊之处。

“封闭式列表”方式优点是具有确定性，由于规定了目录，可以很容易地界定版权保护客体的类型。某种程度上，与这些目录联系的成文法定义可以进一步加强这种确定性，这点我们已在第二部分进行了讨论。

---

(110) 参见对版权与有关权领域欧共体法律框架评论的委员会工作人员文件，Brussels 19 July 2004 SEC（2004）995，para 2. 2. 1. 1.

(111) 与 WIPO 示范规定 s1 中的定义一致，“计算机程序意味着一系列的指令，与机器可读媒介共用时，机器会产生具有信息程序指示能力，履行或实现一项特定功能、任务或结果”。

(112) 这也是 1968 年澳大利亚版权法（Cth）s10（1）中的定义。

(113) See Laddie et al（2000），para 34. 19，who suggest that an industry definition along similar line would be used by courts.

(114) Thus，Australia courts still had to determine this question：see Data Access Corporation v Powerflex Services Pty Ltd（1999）202 CLR 1. 尽管澳大利亚高院正在考虑版权修正案（数字日程）2000（DAA）之前第 10（1）中的“计算机程序”定义，schedule 1，item 7. Both definitions refer to a set of instructions.

(115) Sherman，B the Patentability of Computer－Related Inventions in the United Kingdom and the European Patent Office［1991］13 EIPR 85，87－8.

"封闭式列表"方式的第二个优点是具有限定性，即确保版权法不会不适当地扩大去保护特别的创造。最好的例子是对香水气味的保护，荷兰最高法院在寇芳诉兰蔻（*Kecofa v Lancôme*）案(116)中认为，按照荷兰版权法，寇芳香水可以得到版权保护，被告的香味、珠宝是非法复制产品。巴黎上诉法院（第四分庭）在欧莱雅诉百丽（L'Oréal SA v Bellure NV）案(117)中也作出过类似的判决，尽管法国最高法院在巴斯锐诉哈曼雷默（*Bsiri - Barbir v Haarmann & Reimer*）案(118)中持相反的观点。这些判决引发了争议以及评论家们的批评，(119) 但是，可以肯定地说，按照英国采纳的"封闭式列表"方式，香味几乎不可能享受版权保护。如此，立法的修订就有必要，而在此之前必然有一场关于对此客体扩大版权保护的价值争论。

但"封闭式列表"方式在两个主要方面已遭到批评。安德鲁克里斯蒂教授认为，依"封闭式列表"的版权作品分类会造成保护上的差距，"其中一些差距会造成不合理的歧视"。(120) 他引用了创新音像公司诉新闻报纸集团（*Creation Records v News Group Newspapers*）案(121)作为例证，在此案中，诺埃尔·加拉格尔为了拍照，布置了一个物品的场景，成果用来做绿洲唱片集"现在这里"的封面。被告报纸雇用了一位自由摄影师未经授权拍摄了其一张场景的照片，(122) 后来出版销售。在申请临时禁令限制照片进一步出版的诉讼中，劳埃德法官认为照片中的风景没有版权，因为场景本身并未采用一种雕刻、美术拼贴或者艺术手工艺品的方式，不能归类为戏剧作品或艺术作品。(123) 克里斯蒂教授认为，这一结果违背法律，因为创作拍照场景包含了智力与人工的努力，反映

---

(116) [2006] ECDR 26.

(117) [2006] ECDR 26. Also in SA BeautéPrestige International v StéSenteur Mazal (2008) 39 ⅡC 113.

(118) [2006] ECDR 28.

(119) For the criticism of the decision see Cohen Jehoram, H, The Dutch Supreme Court Recognises Copyright in the Scent of a Perfume. The Flying Dutchman: All Sails, No Anchor (2006) 28 *EIPR* 629 and Seville, C, Copyright in Perfumes: Smelling a Rat (2007) *CLJ* 49.

(120) Christie, A, A Proposal for Simplifying United ingdom Copyright Law [2001] EIPR 26, 28.

(121) Creation Records v News Group Newspapers [1999] EMLR 444.

(122) Lloyd J in Creation Records v News Group Newspapers [1997] EMLR 444 at 447. 这样描绘这一场景："照片最突出的地方是一个游泳池，劳斯莱斯似从水中出现，右边有旅馆，远处是一片树林，树林上天空有云朵。五个成员在游泳池边，一个骑滑板车，一个正爬出泳池，其他人在其他物品边，这些看上去毫不关联。"

(123) Creation Records v News Group Newspapers [1997] EMLR 444 at 448 - 50. 场景不是戏剧作品，因为"静止，不移动、无故事或动作"。场景不是工艺作品，因为不是通过工艺技巧得到，仅是物品集合（第449页）。场景不是拼贴画，因为它没有"将两样或更多物品粘贴在一起，……只是随意、互不关联、不固定的组成部分"，"其组成从本质上讲是瞬间的"（第450页）。但原告基于违背信任诉由，成功取得法院的强制令。see Lloyd J at 455。

了重大的智力创作，它要比一个风景的照片更加值得保护。[124]

克里斯蒂教授提出的第二点批评是，"封闭式列表"对于客体的归类会导致一定程度的技术特殊性。[125] 结果是，新类型的作品是否能够被收入既存列表变得模糊不清。[126]

对于这些批评已经出现一些回应。首先，所说创新音像公司案[127]中保护上的"差距"可以基于背景进行解释，而不是按照客体的"封闭式列表"。在创新音像公司案及美国商业公司诉哈邦德案的解释之一是，法官事实上对于"艺术"或者艺术作品仍然持"传统"的观点，这也会影响他们解释CDPA现有定义的方式，更"开放的态度"或许会对"美术拼贴""雕刻"及"绘画"有更为广义的解释。马莫瑞法官在索金斯诉许珀里翁案中的意见显示，[128] 法院的观点已经开始逐步去"传统化"，在该案中对于"音乐作品"给予了一个合理的广义定义。[129]

安妮·巴伦对于案例有另一种解释，她认为创新音像公司案是法院界定"艺术作品"典型的"唯物主义"方法，[130] 这种方法就是：

……通过某种类型视觉表现关注它们的物质体现，依靠技术程序，能将有形物"正常地"（一种通常意义上的方式）对应CDPA第四节中规定的实体。换言之，他们的判断来自实体的美学特征，被普通语言指定用来在范畴中分类，对于这些实体是否可以主张"艺术"的地位则没有任何指示。[131]

巴伦女士认为，法院所采用的这种方法是版权法追求确定性、客观性及终结性的副产品。[132] 对于什么构成"艺术"作品，法院回避作出主观、美学的判断，而是以技术的或"唯物主义"的术语进行界定。但这样做的后果是，大

---

[124] Christie, (2001), 29.

[125] Ibid., 30.

[126] Ibid.

[127] [1983] FSR 32.

[128] Barron, A, Introduction: Harmony or Dissonance? Copyright Concepts and Musical Practice (2006) 15 Social & Legal Studies 25, 45.

[129] See also Brown v Mcasso Music Production Ltd [2005] FSR 40, paras 45–6, Fysh QC, 法官认为，在说唱音乐情形下，"用词依赖地方用语，选词要符合节奏，要独具风格"，因此认为其有充分的技巧与判断，可以成为音乐的合作作者。

[130] Barron, A, Copyright Law and the Claims of Art [2002] IPQ 368, 384.

[131] Ibid., 373–4.

[132] Ibid., 381, "为了使无形物成为财产的客体，法律要求其必须可识别，能够归属于一些作者，可通过其录音或展现的有形方式感知。"她也指出，这种思考方式与艺术理论形成鲜明的对比，特别是现代艺术理论。

量的现代艺术可能被排除在"艺术作品"保护之外。[133] 如果巴伦女士的分析是正确的,英国应修改界定艺术作品的方式,以避免这种结果的发生。[134]

尽管 CDPA 现有的分类是"封闭式",它们也能够以一种"开放式"的方式运转,吸收计算机程序进入"艺术作品"的分类,将电影作品作为"戏剧作品"保护就是例证。考虑到新技术作品,如多媒体,可以通过"数据库"和"计算机程序"的子分类和"电影""艺术作品"和"戏剧作品"分类获得更大的保护。[135] 有人认为这种对现有分类的扩大解释会导致扭曲与不一致,最近的例子是在诺罗之安诉方舟有限公司案中将电影作品作为"戏剧作品"的特征描述。对"戏剧作品"的这一解释允许对电影作品给予适当保护,因为目前无法在"影片"的类别下进行保护。这种情况在涉及作者的确定、类似作品的保护期间及确保与期间指令中包含的义务一致时,会产生各种不同的问题。[136]

"开放式列表"方式有几个显著优点。首先,不会因为客体不在现存列表之内而被简单地排除。新技术作品,如多媒体、当代艺术作品,[137] 字符本身[138]可以成为版权保护的适格客体,它具有体系上的灵活性和保护的综合性。其次,因为它不需要在特定范畴内符合特定的客体,开放式列表可以避免我们在英国封闭式列表中看到的各种解释上的问题。如多媒体,这些依据法国知识产权法的合格"智力作品",在英国却需要细致地对 8 种作品类别进行调查,确定哪一种适合保护多媒体作品。[139] 可以说,"开放式列表"提供了更为简单易用的适用方法。

然而,这些优点也有其消极的一面。保护的灵活性与综合性要以牺牲一致性为代价,特别是创作不适合被纳入版权范围的情况下。最近的一个例子是寇芳诉兰蔻[140]一案,在该案中,荷兰最高法院认为,香味的类型可为版权法保护。1912 年荷兰版权法中客体的"开放式列表"的劝导性因素,结合这种香

---

[133] Ibid., 372, 374, 380-81, 397.

[134] 对于音乐作品,Richard Arnold QC 建议定义应与什么作为音乐消费的原理一致。See Arnold, R, Performers' Rights (3rd edn. London: Sweet & Maxwell, 2004). 对艺术作品可能采取类似的方式。

[135] See Aplin, T, Copyright Law in the Digital Society: The Challenges of Multimedia (Oxford: Hart, 2005), ch 3 and ch 6.

[136] Ibid., pp. 210-14.

[137] E. g. Wrapped Reichstag – Christo (2003) 34 IIC 570.

[138] 如果字母展示"行为的典型模式与能力,特性与特征无可替代的组合"Alcolix (1994) 25 IIC 605, 607. For further discussion of the protection of characters see Kamina, P, Film Copyright in the European Union (Cambridge: CUP, 2002), 103-04.

[139] For such an investigation see Aplin (2005), ch 3.

[140] [2006] ECDR 26.

味可以察觉,是产品原有特性,载有生产商的个性标签等事实,❹ 就可以作出这样的结论。这一判决已在几个方面受到批评,首先,按照1912年荷兰版权法的目的,"只能是那些人类5个感官中的视觉与听觉两种感官可以察觉的智力作品"。❷再者,荷兰的做法与其他成员国不一致(特别是法国)。最后,对香水气味的保护需要具有"相当创造力以适用版权侵权行为(如发行权、使公众可得权)"。❸另一个例子是荷兰最高法院在比荷卢特克尼布诉艾尔格哈德古森斯(*Technip Benelux BV v Arier Gerhard Goossens*)一案❹中"动力学计划方案"保护的不必要扩大。"动力学计划方案"是一个化学反应方程式的示意图,用来与计算机程序相连,以刺激石油化工产业中乙烯与丙烯的生产程序。荷兰最高法院审理中的法律问题不是计算机程序的保护,而是动力学计划是否能够作为"作品"进行保护。法院认为,动力学计划方案可以作为作品进行保护,因为其中的数据可以包含也可以不包含在方案之内,这些数据的选择显示其自身拥有原有特性,载有作者的个性标记。奎兹弗里斯教授批评了这一判决,理由是:"它违背了TRIPS 9(2)条的精神,这种方案的目的是履行一个重要的功能,所采用的方式就其性质而言,其所描述即使不能说是数学概念,也接近于数学概念"。❺

另一方面,"开放式列表"不会自动地包含所有事物,有时,不合适客体已经被过滤出去。例如,在德国,邦斯格索福认为电视连续剧的形式就不容易受到版权保护。❻法院指出,"版权并不保护所有个人智力创作的成果,而只是那些在德国版权法第二节意义范围之内的作品"。❼法院将电视节目形式界定为"其所有方面的整体特征是,倾向于不论节目的内容有何差别,可以将它们塑造为一个基本整体结构,并在同一时间使观众能够即刻意识到其是系列的一部分"。法院认为其不在1965年德国版权法第2条的作品范围之内,因为它仅是与内容分离的一系列说明,不是"某种资料的创造性组合","甚至没有包含任何表明基于程式创造的独特精髓"。❽有趣的是,依据"封闭式列表"方法,已经得出了关于电视节目形式的类似结论。❾

---

❹ Ibid., para 25.
❷ Cohen Jehoram (2006), 630.
❸ Seville (2007), 51.
❹ (2007) 38 ⅡC 615.
❺ Comment (2007) 38 ⅡC 618, 621.
❻ Show Format (2004) 35 ⅡC 987.
❼ Ibid., 35 ⅡC 987, 989.
❽ Ibid.
❾ Green v Broadcasting Corporation of New Zealand [1989] RPC 469.

就法律适用的简易性而言，在最初的分类层面就存在，认为"开放式列表"体系可以彻底避免分类是错误的。尽管程度小，但客体需要一定程度的分类，也是为了确定其他条款的可适用性。如对于"视听作品"，法国知识产权法典在精神权利❶和视听商品合同方面，❶有着特殊的规定，这就迫使法院一开始就要界定，所涉作品是否是"视听的"。再者，虽然分类可以在客体阶段避免，但需要确定作品的投资者与被认为是作品的作者或所有者之间合作类型时，仍然会出现问题。因而，在法国，作品可以作为合成、❶汇编❶或者合作作品❶，以前我们也看到了关于视听作品❶和多媒体作品❶分类地位的不同意见。

通过上述讨论，我们可以看到"封闭式列表"和"开放式列表"都明显有着各自的优势与弱点。但目前大多数成员国采用"开放式列表"的方法，这种情形本身或许会对英国和爱尔兰造成压力，而使其放弃"封闭式列表"。此处有两点需要谨慎，第一，关于"封闭式列表"体系中暴露出来的缺点可以通过更加清楚的成文法定义、更宽泛的司法解释和废除固定要求（而保留作为证明要求）等予以最小化。第二，对版权客体采取"开放式列表"是否就可以避免分类及与普通法成员国列举作品相似的问题，这点尚不清楚。例如在1909年美国版权法第4节中，对"所涉及的作者所有作品"都有"开放式列表"，虽然如此，1909年法令第5节为了注册的目的列举了作品的类别，在很多情况下，立法机构不得不介入以扩大列表的范围。❶ 1976年美国版权法对

---

❶ IPC, Arts L 121-5, 121-6.

❶ IPC, Arts L132-23 - L132-30.

❶ Art L113-2 of IPC 将合成作品定义为"将之前存在的作品组合成新的作品，该作者未参与之前作品的合作"。

❶ Art L113-2 of IPC 界定汇编作品为，"由一位自然人或法人启动进行编辑、出版，在他主导下公开、命名，在其制作中有不同作者的努力，后合并成为一部作品，在该作品中任何人都不可能有独立的权利"。

❶ Art L113-2 of IPC，"合作作品"指"不止一个自然人参与完成的作品"。

❶ 在过去，对于视听作品是否作为合成或合作作品保护，也有不同的意见，Pollaud - Dulian, F, The Authors of Audiovisual Works (1996) 169 RIDA 51. It is now accepted that they are collaborative works.

❶ Gautier, P-Y, Multimedia' Woks in French Law (1994) 160 RIDA 90 （支持其作为合作作品）; Latreille, A, The Legal Classification of Multimedia Creations in French Copyright Law in I Stamatoudi and P Torremans (eds), *Copyright in the new Digital Environment* (London: Sweet & Maxwell, 2000), 45-74 （支持其作为合作作品）。

❶ 如1972年修订："（a）书籍，包括合成与百科作品、号码簿、地方词典或其他类汇编；（b）期刊，包括报纸；（c）讲座、布道、演讲；（d）戏剧或戏剧音乐作曲；（e）音乐作曲；（f）地图（g）艺术作品、模型、实用艺术品的外观设计；（h）实用艺术品的复制（i）具有科学或技术特征作品的草图或模具。（j）摄影作品（k）绘画或插图，包括用于商品的绘画和标识；（l）电影剧；（m）电影剧之外的动画；（n）录音制品。"

美国版权法进行了彻底的改革，❽它同样采纳了"开放式列表"：1976年法第102（a）节规定，法律保护"作者的原始作品"并对可保护客体采取非排他性的列表。然而，历史表明，与简单地依据作者的原始作品保护相比，计算机程序、电子游戏这样的新作品已经包含在客体的非排他性列表之内。对于计算机程序，《委员会关于版权作品的新技术使用》建议计算机程序应当明确进入立法。❾国会在1980年《美国计算机软件版权法》修正案中采纳了这一建议。对于电子游戏，美国法院或者作为文学作品（考虑到其内含的计算机程序），或者作为视听作品进行保护。❿尽管是"开放式列表"，与公认的客体形式相类比的普通法传统或许是不可避免的，因为它增加了新客体是一个"作者原始作品"诉求的合法性。

结　论

总体上来讲，对于什么构成可保护版权客体的欧盟一体化是相当有限的。目前为止最为显著的一体化发生在数据库领域，数据库指令第1（2）条设定了一个明确、详细的"数据库"定义。这一篇论文阐明了这一定义是广义的且有约束力的，并讨论了近期欧洲法院规则规定的指导范围。计算机程序领域也进行了一体化，但除了规定计算机程序必须包括预备设计资料外，在计算机程序指令中并未尝试去详细界定此种类型客体。本文考虑了将"计算机程序"定义引入计算机程序指令的必要性与可取性，并得出其既非必要，亦不可行的结论。最后，本文重点介绍了，当涉及客体的"封闭式"或"开放式"方法时，普通法与大陆法成员国的重要差别。辨析了两种方法并得出结论，每一种方法都有自身的优点与缺点。如果欧盟考虑是否采用统一的方法，毫无疑问，其趋势是采用大多数成员国的"开放式列表"方式。但基于美国的经验，对于普通法国家处理客体问题可能产生的影响，仍然存有疑问，能产生的更大影响是两方面：对定义的更广泛的司法解释和放弃将固定作为存在的要求。

---

❽　For a discussion see Marke, J, United States Copyright Revision and its Legislative History（1977）70 Law Library Journal 121.

❾　国家委员会关于版权作品的新技术使用，Final Report, 31 July 1978, P. 2.

❿　大量案例表明电子游戏可以视听作品给予版权保护。E. g. see Atari, Inc v Amusement World, Inc 547 F Supp 222（D Md 1981）226；Midway Mfg Co v Dirkschneider, 543 F Supp 466（D Neb, 1981），479–80；Williams Electronics v Artic International，685 F 2d 870（3rd Cir, 1982）874；Stern Electronics v Kaufman, 669 F 2d 852（2nd Cir, 1982），855–6；Midway Manufacturing Co v Stohon, 564 F Supp 741（ND Ill, 1983）；M Kramer Manufacturing Co, Inc v Andews, 783 F 2d 421（4th Cir, 1986）436；Atari Games Corporation v Oman, 888 F 2d 878（DC, Cir 1989）882.

欧洲影片保护的客体

帕斯卡尔·卡米纳

简 介

　　本文我们将研究欧盟内关于视听作品保护客体定义产生的各种问题，这些问题很重要，因为版权与著作权体系在视听作品保护的规定上，有不同的传统。著作权体系的国家，当然也包括像美国这样的版权司法体系，将视听作品作为表达的原创作品进行保护，以区别录音制品和其他相应表现方式。但是，客体定义的不同，在保护与视听作品有关联或接近的某些作品时，会产生问题。与这种传统的保护方式相反，英国当代版权法及受英国法影响的一些国家的法律，影片作品保护的主要客体是对作品的录制，不考虑任何原创性的要求。在某些著作权司法体系中，这种录制品（影片或录像的第一次固定）作为特殊的邻接权进行保护，以区别于进行录制的视听作品版权。结果是，在这些国家，无论视听作品还是它的录制品都受到保护，但这是两种独立的知识产权，一方面是著作权，另一方面是邻接权。

　　这两方面均被纳入欧洲版权法的一体化进程，通过版权和邻接权享有双重保护，在所有权和期间方面有着不同的制度。

　　这种一体化并不彻底，首先是因为存在成员国之间的差别，特别是版权与著作权体系国家之间的差别；其次，无论在欧盟还是在成员国家层面，仍然存在与解释说明受保护作品的相关的问题。

　　在研究影片保护（第2节）客体产生的主要问题之前，我们有必要简单回顾一下造成成员国间目前现状的历史。

1 历史发展

电影的早期阶段（1896~1908年）：直接与间接保护❶

在欧洲，大多数版权法在早期都经历了确定影片作品特征的困难时期。面对工业迅速发展首次提出的保护请求，律师们对其保护方式犹豫不定，最初考虑将影片像蜡筒唱片一样，仅作为机器装置进行保护，从而将其排除出了版权保护范围。❷ 虽然事实证明其与照片更类似，也更令人信服，但问题是当时在大多数版权与著作权国家中，照片的版权地位还处于争议之中。❸ 也正因为如此，将欧洲国家分成了两大不同的派别。

有几个国家对照片赋予了和其他版权作品同样的版权保护，它们拥有完整的版权保护，这主要是在法国及受法国法影响的一些国家。依据法国法，照片按照可适用的版权一般体制进行保护，❹ 版权作品类别的列表并不详细，这就加速了影片作为保护客体的待遇，避免了在英国及德国产生的，将影片作为照片还是戏剧作品进行分类的技术上的争讨。此外，原创性要求的综合性显然能够适应多数影片，包括纪录片与新闻片。

---

❶ On the history of film protection in Europe, see P. Kamina, Film Copyright in the European Union, Cambridge University Press, 2002年, Chapter 2.

❷ 在法国，有关电影艺术的第一个案例中，法院拒绝将电影艺术作品视为版权作品，因为法院认为电影艺术作品仅仅是一种机械的装置而不应受到版权的保护。(Tribunal of First Instance of Lourdes, 28 July 1904; Pau Court of Appeal, 18 November 1904, Annales de la Propriété Industrielle, 1906, p. 101, Revue Dalloz, 1910, II, p. 91).

❸ 在国际层面，1908年《伯尔尼公约》的柏林文本中建立了摄影作品的版权保护制度。

❹ 法国1791年1月13~19日的革命法案和1793年7月19~24日革命法案，在整个19世纪中几乎未改动。因此，为了保护其他类别作品，判例法必须阐明受保护作品的列表。法国最高法院再三斟酌之后，决定比照雕刻作品和绘画作品，保护摄影作品。第一个保护电影的判例是 Doyen v. Parnaland, in 1905 (Tribunal of First Instance of Seine, 10 February 1905, Doyen v. Parnaland, Revue Dalloz Périodique, 1905, II, p. 389; Paris Court of Appeal, 10 November 1909, three case, Annales de la Propriété Industrielle, 1910, 1, p. 118).

在意大利，根据1882年9月19日的法案，摄影作品版权受到全面保护。与法国一样，法律评论者认为电影作品可以视为一系列的摄影作品而受到法案的保护。(Cairola, La tutela giuridica nell'opera cinematographica, 1912, pp. 13 et seq; Dina, Le cinématographe et le gramophone dans la législation italienne et les législations étrangéres, Turin, A. Panizza, 1912 pp. 4 et seq; C. Palombella, I cinematographi eil diritto d'autore (1908) 31 Rivista di giurisprudenza 720 – 4; M. Turletti, I cinematograph e il diritto dautore (1907) 59 Giurisprudenza italiana No. 4, 250. For case law, see Practor of Macerata, 22 December 1910, in I Diritti D'autore, March 1911, and the cases quoted in the April – May issue).

在比利时，1882年3月22日的法律中没有任何条款涉及摄影作品，但电影艺术出现时，摄影作品得到判例法的保护。在西班牙，根据1879年1月10日的知识产权法案，摄影作品作为艺术品而受到保护。

欧洲影片保护的客体

另一些国家，对照片给予的保护要比对其他客体的保护更为有限。德国就属于此种情况，还包括受德国法影响的其他国家，英国某种程度上也是如此。

因此，在1901年关于文学作品版权的德国版权法中，并未包含任何关于影片作品保护或侵犯影片版权的条款。一些法学评论家承认，早期的文学或戏剧作品存在被改编或复制在影片上的侵权行为。❺ 尽管如此，大多数评论家支持这样的观点，即影片本身不能依据1901年法得到保护。❻ 只能依据德国1876年法❼对摄影作品和随后1907年关于艺术作品版权的立法，❽ 得到有限的保护。

英国在1911年之前普遍承认，摄影作品可以依据1862年《美术版权法》进行保护，❾ 电影影片可以作为系列照片加以保护。❿ 但结果证明，该法提供的保护和形式并不适应这种新的媒介形式。⓫

电影从简单的无声电影进化到丰富的戏剧，与其他版权作品，特别是戏剧作品的更多相似性也得以发展，在大多数国家开始以艺术作品和文学作品加以保护。

但也不可能总是满足成为戏剧作品的特征，如在英国，根据 *Tate v. Fullbrook*⓬ 案中的规则，认为归入戏剧作品之列的保护比对作为一系列照片

---

❺ J. Kohler, Urheberrecht an Schriftwerken und Verlagsrecht, 1906–7, pp.173, 175 and 184; G. CohnKinematographenrecht, Berlin, Decker, 1909, pp.22 et seq.

❻ J. Kohler, ibid; Kunstwerkrecht, 1908, pp.26 and 54; G. Cohn, Kinematographenrecht, 1909, pp.27 et seq; and E. Riezler, Urheberrecht und Erfinderrecht, Munchen und Berlin, Verlag J. Schweitzer, 1909, vol.1, p.429.

❼ 该法案中，对于摄影作品的保护仅限禁止机械复制，而且保护期只有公开后的5年（或者，该作品虽然没有公开，但发生了该法案所列举的事实之一，则保护期为该事实发生后的5年）。此外，想要受到该法案的保护，还必须履行烦琐的注册程序。

❽ 该法废除了烦琐的注册程序并将保护期延长至作品公开后十年（或未发表作品作者去世后），但该法无溯及力。相反，可适用保护文学与戏剧作品的条款。

❾ 25&26Vict., c, 68.

❿ Barker Motion Co. v. Hulton (1912) 28 TLR 496. In the US, photographs and negatives were protected under an Act of 3 March 1865 (c. 126 13 Stat. 540); accordingly, In Edison v. Lublin, 122 Fed. 240 (CCA 3d 1903), it was held that films were copyrightable as series of photographs under s. 5 (j) of Title 17 USC.

⓫ 间接保护的主要问题在于，根据1862年美术作品版权法，在转让胶片情形下，除非转让人与受让人签订书面协议明确版权的归属，否则该版权归于消灭（1862 Act, s.1）。而且，对于在Stationers' Hall 登记之前发生的损害，不能采取任何措施或是处罚来弥补（Section 4）。1862的法案规定从不同底片得到的摄影作品必须登记，但是，在那时，照片是作为一卷卷胶卷来登记的。因此，摄影作品作者质疑对胶卷的登记是否足以达到1862法案所规定的保护效果。（W. Carlyle Croasdell, the Law of Copyright in Relation to Cinematography, London, Ganes, 1911, p.12）. 最终，摄影作品没有表演权或者展览权。

⓬ [1908] 1 KB821; 98 LT 706; 77 LJKB 557; 24 TLR 347; 52 SJ 276.

保护，更加具有不确定性。在该案中，上诉法院认为，1833 年戏剧作品版权法和 1842 年英国版权法中所保护的客体必须"能够被印刷或出版"。

《伯尔尼公约》柏林会议（1908 年）：作为系列照片的影片与戏剧作品

《伯尔尼公约》是第一个解决新发明问题的法律文件，法国在 1908 年柏林会议上提出建议案后，电影作品被包括进公约文本。❸ 这份建议案并非由电影制作商们发起，而是由一些抱怨并反对在电影中使用其作品的戏剧家们提出。包含电影作品的公约新文本禁止通过影片复制和电影放映对文学作品和艺术作品进行侵权，会议决定同时要解决电影的保护问题。

公约确立的体系非常复杂。电影作品不包含在公约第 2 条作品保护的列表之内，但可以通过文本中作出的解释给予保护。

公约首先在第 3 条中规定了摄影作品的保护：

本公约适用摄影作品和通过与摄影类似的方式获得的作品，成员国有义务制定法律条款提供保护。

第 3 条包含了对电影作品的间接解释，将其作为"与摄影类似程序制作的作品"。但在公约第 14 条中会发现关于新作品的直接规定，该条将文学艺术作品作者的权利加以扩展，他们可以授权通过影片的方式对作品进行复制及公共表演，由此建立了公约对电影作品的保护：

文学、科学或艺术作品的作者对于以电影方式复制及公开表演其作品，拥有独占的授予权。

电影作品应当作为文学艺术作品加以保护，只要作者已经通过行为方式或所展示事件的组合的安排，赋予了作品个性的、原创的特征。

只要电影作品对于文学、科学或艺术作品的复制不损害原创作品的版权，它就可以作为原创作品得到保护。

上述条款适用于任何被与电影作品类似的程序影响的复制或制作。

公约建议对影片实施双重保护体系：作为系列照片，对于那些拥有"个性、原创特征"的作品，作为戏剧作品，以区别于它们的脚本。在公约的最后报告中清楚阐述了这一区别：

我们已经注意到电影作品正在为复制或改编的目的而使用，它可以提供一种创造的形式。进行电影拍摄并制成影片的人也是构思了这个主题、布置了场

---

❸ Actes de la Conférence de Berlin 1908, International Office, Berne, 1909, p.190. The Paris Act of 1896 and its preparatory works were silent on the subject.

景、指导演员动作的人……这是一个特殊类型的戏剧作品，让其免责是不可能的……这不是垄断一个创意或主题的问题，而是保护既有的创意或主题发展形式的问题。法官们应当以对普通文学艺术作品同样的方式评价这一情况。❹

此外，第14条第3段规定了将电影改编作品（文学作品的复制）作为作者原创作品的保护。

对于电影原创作品（非改编的影片），如果成员国忠实地实施这一文本，第2段设定的原创性标准会在几个司法范围内产生问题，因为"个性与原创特征"的缺少，有时或许会引发按照摄影作品的版权给予有限保护，这会使对纪录片和新闻片的保护产生差别和不确定性。❺

对现有客体的间接保护（1908~1950年）

《伯尔尼公约》的签约国有极大的立法空间为视听作品确立新的制度。结果它们对客体的定义采取了不同的方式，除客体问题外，对于目前的保护机制也有重要影响。

法国并未对影片制定特别的版权法，直到1957年也没在这方面修改版权法。《伯尔尼公约》所建议的，作为文学作品保护的"戏剧"影片和作为系列照片保护的"非戏剧"影片的区别，并没有真正得到法学界的探讨，也没有确立判例法。对受保护作品采取开放式列表的体系，法院将电影作品作为作者的原创作品。照片可以作为原创作品得到充分的版权保护，对于纪录片和新闻片的保护也没有造成困难。不再将固定要求作为版权保护的前提条件，这促进了对电视作品和电视直播节目的保护。

另一些国家通过其他客体实行间接保护。

英国在1911年法令中明确规定保护电影作品。第35（1）节中解决了影片保护问题，明确规定"戏剧作品"包括"任何电影制品，只要安排、表演形式或所展示事件的组合赋予作品的原创特征"。❻ 因此，所保护的表达不仅

---

❹ Report by Louis Renault. The Berne Convention includes dramatic works in the larger category of literary and artistic works. On the history of film protection under the Convention, see S. Ricketson, The Berne Convention on the Protection of Literary and Artistic Works, London, Kluwer, 1987, Chapter 10, pp. 549 – 89. W. Nordemann, K. Vinck and P. W. Hertin, International Copyright and Neighbouring Rights Law (trans. G. Meyer), New York, VCH, 1990, pp. 141 et seq.

❺ 《伯尔尼公约》第14（2）条，1948年修订，其将纪录片与新闻片排除在作为文学和艺术作品保护范畴之外。

❻ 《伯尔尼公约》第14条有相关规定。1911年法案中该戏剧作品定义在议会讨论期间并没有引起特别的争论，第35（1）条进一步将"影视作品"定义为"任何通过与电影作品相类似的方法制成的作品"。

包括电影胶片、录音，还包括通过电影方式制作和展示的戏剧作品（电影制品）。❿ 除作为戏剧作品保护外，1911年法令第35节中给予摄影作品的定义，包括了"版画摄影及任何以类似摄影方式制作的作品"，显然涵盖了电影摄影开创的技术。电影胶片（更准确的是，电影画面）会作为一系列照片得到保护。❽

这两种保护是累积的，它认为，不能满足戏剧作品原创性要求的影片仍然可能作为系列照片得到保护。❾ 在这两种保护中，原创性是得到保护的前提条件，第35节显然并未对电影制品的原创性提出比其他类型作品更严格的要求。❷ 但对于那些依据法令可以按照戏剧作品保护的影片，仍然保留了不确定性。❶

将一部影片作为戏剧还是非戏剧影片（作为照片进行保护是后者的唯一方式）非常重要。戏剧影片可以得到更长期间的保护，即作者有生之年加死后50年，❷ 而戏剧影片则是从制作完成之时起50年。❸ 而且只要支付版税，在作者去世25年后，❹ 戏剧影片也可以为任何人所复制，而这种版税并不适用于摄影作品。❺ 两种类型保护间的一个重要区别是独占权定义，特别是关于改编行为。另一个区别涉及的是，著作权与版权的原始所有权。❻

在德国1901年文学作品版权法和1907年艺术作品版权法中，并没有包含影片的相关条款，但法学界认为可以按照1907年法中的系列照片加以保护。1910年5月22日两个法令的修正案改变了这种情况，其效力一直保留至1965年改革。❼ 第一个修正案涉及文学与音乐作品，第二个涉及艺术作品与照片。这两个修正案的效果是，影片可以依据几个系列得到保护，划分入两个大的范

---

❿ 但在 Gorell 委员会报告中，提出了将电影胶片构成的音像录制品作为特殊客体保护的想法，并两种录制品进行了比较。

❽ Nordisk Films Co. Ltd v. Onda［1919－24］MCC 337; also, under a similar definition, the Canadian case of Canadian Admiral Corp. Ltd v. Rediffusion Inc. (1954) 20 CPR 75; 14 Fox Pat. C. 114.

❾ Nordisk Films Co. Ltd v. Onda［1919－24］MCC 337.

❷ Ricketson, op. cit., at para. 10.3, pp. 550－1; H. Laddie, P. Prescott and M. Vitoria, The Modern Law of Copyright, London, Butterworths, 1995, para. 5.13.

❶ 根据1911年的法案还是非常困难，由于其在戏剧作品中表达"影视作品"的定义。

❷ 1911 Act. S. 3.

❸ Section 21.

❹ 第3节，但并未赋予公众表演权。

❺ Copinger and Skone James on Copyright, 1915, p. 251.

❻ See Kamina, op. cit., at 18.

❼ For a detailed bibliography on pre－1965 German law, see F. Caro and G. Benkard, in H. L. Pinner (ed.), World Copyright, A. W. Sijthoff, Leyden, 1953, vol. I, Verbo Cinematographic Works.

畴之内。电影作品（戏剧影片）得到完整的版权保护，也可能作为系列照片进行保护。纪录片和新闻片不能被视为艺术或文学作品，只能按照片给予有限的保护。

转向特定客体的变革（1925 ~ ）

在工业发展压力之下，欧洲国家很快意识到，作为照片和戏剧作品的一般保护或保护机制并不适应这种新媒介，尤其是在著作权与原始所有权方面。

大多数著作权体系国家对视听作品建立了分保护机制，因为其在著作权、原始所有权，某些情况下的精神权利等方面具有特殊性。但这种修改并不总是令人满意，特殊规定中的差异总会产生不受一般机制欢迎的方面。这也是为什么一些立法机构采用更加彻底的解决方法，将影片设计为一类特殊客体。这种方式使受保护作品的定义有更强的确定性，也为制定一种能够适应工业发展需要的机制留出了更大的空间。

意大利在这方面是先行者。1925 年意大利版权法制定了影片保护的原始机制。[28] 该法第 2 条中提到，作为特殊客体，电影作品与戏剧作品和摄影作品不同，不需要任何原创性要求而受到保护。所有影片，无论是否为原创，是否为戏剧影片、科学影片或者单纯的新闻片，依据该法都可以得到保护。1941 年 4 月 22 日的意大利法加强了原创性的要求。[29] 关于客体的保护，第 2（6）条指"电影艺术作品，无论是以无声抑或有声形式，只要其不是单纯的纪录片"，该条规定意味着，纪录片和新闻片不再适用电影作品版权加以保护，而只是按照特殊邻接权保护非原创摄影作品的系列照片。[30] 与电影作品[31]制作和公开演出时起算 30 年保护期间相比，邻接权保护自胶片创作完成[32]时起持续 20 年。

第二次世界大战后，在影片产业和新技术发展的压力之下，特殊客体或影片的发展的趋势得到加强。

1956 年的英国版权法在很多方面可以说是一部现代版权法，最大的特征是，对视听作品的保护，抛开了之前的法律，以及著作权法体系和美国版权

---

[28] See E. Piola Caselli, in H. L. Pinner（ed.）, World Copyright, A. W. Sijthoff, Leyden, 1953, vol. I, Verbo Cinematographic Works.

[29] See Giannini, in Rivista Trimestrale di Diritto et Procedura Civile, June 1953, p. 496; Rivista di Diritto Commerciale, July 1953.

[30] Part II, Chapter V, Rights relating to photograph.

[31] Copyright Act, art. 32.

[32] Ibid., art. 92.

法。法律明确将电影作品排除于摄影作品和戏剧作品的概念之外，㉝ 确立了适用影片作品的新客体，规定在第二部分版权表现形式中，即"企业"版权，不将原创性作为保护条件。影片保护的特殊客体是"电影胶片"。㉞ 这种电影的特殊客体，即"电影胶片"在第 13（10）节中这样规定：

> 记录在任何类型材料（无论是否是半透明的）上的连续可视影像，通过这些材料的使用，能够
> （a）作为电影画面进行展示；或
> （b）被录制在其他材料（无论是否是半透明的）上，通过其使用可以如此展示。㉟

爱尔兰 1963 年版权法也跟随采取了此种机制。

在 19 世纪 50~60 年代的版权改革过程中，为了建立分保护机制或至少关于电影作品利用的某种特殊规则，所有的著作权体系都明确将影片包含在受保护作品的列表之内。《伯尔尼公约》推荐这样的分保护机制，例如在斯德哥尔摩法文本中规定了将"电影作品"中的权利转让给影片制作人的可能性。㊱

录像制品的邻接权

尽管实施了著作权下的特殊机制和分保护机制，在著作权体系中出现开发音像录制额外权利的想法，可能受英国录音制品相关规定的启发（1911 年法令）。

这种音像制品（或电视广播）中权利的想法提出相对较晚，且无任何原创性要求。1925 年意大利版权法是第一个在影片和摄影作品中实施这一概念的版权法，随后是 1956 年的英国。1965 年的德国版权法在影片制品中规定了有利于影片制作者的邻接权，德国模式随后被几个成员国在 20 世纪 80 年代版权法改革中采纳，特别是法国 1985 年版权法修正案。影片保护机制的这种差别可能造成内部市场的扭曲，委员会一体化项目中已经提出这一问题，并在欧共体出租权指令中在欧盟层面上促成了影片制作者的邻接权制度，而令人意外的是，对这种额外保护几乎没有任何异议。

㉝ "摄影作品"指使用任何摄影或类似摄影程序得到的产品，而非电影作品中的一部分，"戏剧作品"包括舞蹈作品和哑剧表演作品，但不包括电影作品，也区别与电影作品剧本或脚本。

㉞ 但广播依据版权第二部分平等受到保护，1984 年电缆与广播法规定了有线节目的版权。

㉟ 该定义表明，与一般假定不同，"影片"这一术语的使用在现法中不是存在于录像之中，而是基本视听作品中（录制的……系列影像）。

㊱ In its art. 14bis (2), For the implementation of this presumption by EC Member States, see Kamina, op, cit, at 159–61.

2 欧盟内产生的问题

区别

视听制品客体的定义会产生两方面的问题。第一个是关于受保护主要客体的定义，在大多数体系内（英国与爱尔兰例外），视听作品是原始描述的作品（A）。第二个是涉及依据邻接权或相邻权对影片制品的额外保护机制（B）。

2.1 视听作品保护主要客体的定义

国际上及地区层面的定义

在一些主要国际版权协定中并没有真正的"电影作品"或"视听作品"定义。《伯尔尼公约》第2（1）条中，使用了"电影作品或以与电影摄影术类似的方法创作的作品"的术语，但公约并没有对这一术语给出明确的定义。《世界版权公约》❸、TRIPS❸ 以及1996年《世界知识产权组织版权条约》❸ 也是同样的情况。

但"视听作品"这一术语在世界知识产权组织示范条款草案❹中得到使用，1989年4月20日的视听作品国际注册条约也使用了这一术语。在世界知识产权组织示范条款草案中，视听作品被界定为包含一系列相关影像及配音的作品，目的是在任何适当设备上进行播放展示。❹ 条约中的定义则限制性更强，视听作品被界定为：

> 任何包含一系列固定的相关影像的作品，无论是否有配音，应当是易于可视的，如果配有声音，应当是易于听到的。

欧盟版权指令给出的超国家意义的定义似乎更为清晰，出租权指令使用了"影片"的术语，其第2条中特别规定：

> 为该指令的目的，"影片"这一术语指一种电影作品或视听作品或运动的影像，无论是否配有声音。❹

---

❸ 也使用了"电影作品"（第1条），没有进一步的说明。
❸ 第11条，电影作品，没有进一步说明。
❸ Art, 7 (1) (ii) and (2) (ii).
❹ Section 3 (1) (vi).
❹ Art. 21 (1).
❹ Art. 2.

在其他版权的指令中也使用了同样的定义。❹

在这些指令中都没有对电影作品或视听作品作进一步的定义，但"运动的影像"的解释是广义的。视听作品的定义似乎并没有包括在一体化范畴之内，在这方面，只要满足一体化的主要目标，成员国仍可以保留对客体的不同定义。

这些国际的和区域的定义在特定的欧洲背景下，会产生系列的问题。

这些法律文件要求为视听作品制定特殊客体吗？

首先，问题是这些法律文件是否要求为视听作品规定一个特殊客体，或者版权法以与其他客体一致的条款（如戏剧作品还是一系列照片）间接保护视听作品？

在国际版权条约或欧盟相关指令中，并没有阻止以其他客体的方式保护影片。但是为了执行欧盟指令在期间、所有权及独占权方面建立的特殊制度，至少有必要创立一个分类。如此，定义的问题就不可避免。

只保护音像制品，没有规定潜在（录音）视听作品特殊保护的机制，是否可以接受？

这是 1988 年英国版权法及 2000 年爱尔兰版权法中采取的解决方法。尽管《伯尔尼公约》中未明确规定，从电影作品被描述为作者的原创作品，及公约的准备工作中似乎可以推出，定义适用于录音制品，而非指录制本身。❹ 这样的体系满足了《伯尔尼公约》的要求：通过录制进行保护，对于公约保证的最低保护没有影响，在任何情况下，都允许将固定要求作为版权保护的前提条件。❹ 但这样一个体系或许不能与欧共体版权指令❹的要求一致，至少对于潜

---

❹ The Cable and Satellite Directive use only the term "cinematographic or audiovisual work". However, its provisions refer to the protection under the Rental Directive, and therefore the above definition should extend to "moving images" as well. The Term Directive uses the same languages as the Rental Directive, Art. 2 of the Term Directive is headed "cinematographic or audiovisual work", but the Directive also uses the term "film" to define the right of the "producer of the first fixation of a film". It further specifies in art. 3 (3) that the term "film" shall designate a cinematographic or audiovisual work or moving images, whether or not accompanied by sound. The Directive on Copyright and Related Rights in the Information Society uses the term "film", without further definition.

❹ 参见柏林会议大会报告，前引，认为最终的报告对公约给予了"权威"且"可靠"的解释，（Ricketson, op. cit., at p. 4. 12）。参见公约第 2 条："以类似音像制品表达的……作品"；类似摄影方式进行的工作并非无用，而是摄影师的基础工作又参见前注 Ricketson，第 555 页。

❹ 但一个国家如果保护录音制品，却不保护音乐作品，怎能与《伯尔尼公约》相符？

❹ See p. 96.

在作品没有其他保护时如此。❼

原创性是影片保护的必然要求吗？

对这一问题的答案显然是否定的，依据客体的定义，所有"原创"影片都可得到保护。

依据《伯尔尼公约》第14条之二，"电影作品应当作为原创作品进行保护"，"电影作品的版权所有人应享有与原创作品作者同样的权利"。英国法中没有对"影片"原创性的要求，这并不表示与这些条款相悖，因为在任何情况下，所有"原创"影片都能得到保护，❽ 同样的原因也可适用于欧盟法。

但是需要注意的是，《伯尔尼公约》的保护不能延及按照各国国内法标准不属于"原创"的电影作品。就是说，按照英国法受到保护的少数"影片"，却可能在公约保护范围之外。❾

国内法中"视听作品"定义的范围

如果我们暂且将英国和爱尔兰的特殊情况（特指通过"戏剧版权作品"提供的间接保护）放置一边，可以发现与关于"视听作品"的现存国内法定义具有相似性。

法国知识产权法典 L.112-2 条界定"视听作品"为"由系列动画影像构成的电影或其他作品，无论是否有配音"，"电影作品"作为"视听作品"的一个分类进行保护。❿ 法国的"视听作品"定义强调的是系列动画影像。这种语言是广义的，且并不排除纪录片、新闻片或其他类型的电影作品。

西班牙版权法中将"电影作品和任何其他视听作品"界定为："使用一系列相关联影像表达的创作，无论是否配有声音，目的主要是能够通过投影仪或任何其他公众传播的方式演示影像及其声音，而不考虑包含上述作品的具体介质的性质"。⓫

---

❼ 尽管有戏剧版权，英国存在这种保护，因为得到了上诉法院在案件中的支持。Norowzian v. Arks Ltd（No.2）［2000］EMLR 67；［2000］FSR 363，CA；see paras. 54 et seq. infra and p. 92.

❽ See Ricketson, op, cit at para. 10.10, p. 557. Consider also protection as an original dramatic work as a result of the decision in Norowzian, ibid.

❾ 如安保探头的连续镜头。一缔约国更严格的原创性概念可能会排除公约中的某些利益，否则影片的其他类别依据英版权法有可能被视为具有原创性。

❿ "音像制品"与"视听作品"在版权保护方面没有实质的区别。但音像作品的权利转让有注册要求，而对于视听作品则无此要求。这对于制作、广播及VAT率适用也有影响，尽管在法规中并未对音像制品加以进一步界定，但这一概念用于在影院放映的视听作品。

⓫ Art. 86（WIPO translation）.

类似的广义定义也出现在奥地利(52)、保加利亚(53)、捷克(54)、爱沙尼亚(55)、匈牙利(56)及荷兰法(57)中，卢森堡将视听作品界定为“主要由一系列动画影像构成的，无论是否配音”的作品。(58)

但比利时版权法中并未界定“视听作品”的定义，在其筹备文件中将视听作品界定为“声音与运动影像的混合物，一旦完成即确定向公众展示”。(59)尽管这一定义似乎有声音要求，但一般会承认无声的视听作品。希腊(60)、葡萄牙(61)、波兰(62)及斯堪的纳维亚成员国版权法中没有视听作品的定义。(63)

如前所述，德国与意大利的保护机制有细微的差别。1965 年 9 月 9 日德国版权法修订后，其中所指的“视听作品”，包括使用与电影摄影类似程序制作的产品，(64) 这也是《伯尔尼公约》第 2（1）条中使用的语句，对这些作品再没有进一步的定义。但德国版权法第 95 条在“系列影像”标题下，为视听作品规定了额外的客体。它规定，电影作品制度的多数方面，加以变更可以适

---

(52) Copyright Act, art. 4.

(53) New SG. No 28/2000; audio - visual works shall stand for series of interconnected images fixed on any type of medium, with either a soundtrack or not, perceived as a mobile picture and used in any manner……。

(54) Act. No. 121/2000, art. 62: An audiovisual work shall mean a work created by the arrangement of works used audiovisually, adapted or unadapted, constituted of a number of recorded interlinked images evoking the impression of movement, accompanied by sound or mute, perceivable by sight and, if accompanied by sound, perceivable by hearing.

(55) Art. 33 of the Copyright Act of 11 November 1992, as amended: Audiovisual works are all works which consist of series of related images whether or not accompanied by sound and which are intended to be demonstrated using corresponding technical means (cinematographic films, television films, video films, etc.

(56) Act. No. III of 1999 on Copyright, as amended, art. 64: A cinematographic creation shall be taken to mean a work which is expressed by motion pictures arranged in a predetermined order and accompanied or not by sound, irrespective of what carrier the work has been fixed on. The feature film produced for movie projection, the television film, the publicity and documentary film as well as cartoons and educational films shall in particular be rated as cinematographic creations.

(57) Copyright Act, art. 45a.

(58) Copyright Act (2001), art. 20. 1972 年法中无视听作品的定义。

(59) Report prepared by A. Strowel for the ALAI Congress of 1995, cited in J. Lahore, the Notion of an Audiovisual Work: International and Comparative Law, paper prepared for the Paris Convention of the ALAI on the Centenary of Film, September 1995.

(60) 版权法使用“视听作品”定义。

(61) 法典第 2 条列举了“音像制品、电视节目、摄影作品、录像以及无线广播作品”没有进一步的定义。

(62) Copyright Act of 4 February 1994, art. 2 (audiovisual works (including visual works and sound works)).

(63) 丹麦、芬兰和瑞典版权法使用“音像制品”术语。

(64) Art. 2 (6).

用于"不作为电影作品保护的系列影像与声音"。⑥ 但何种视听作品只能作为系列影像,而不能作为电影作品,还不明确。第 94 条中音像制品的邻接权也延及了系列影像制品。⑥

意大利对此种情况也进行了特别规定,1941 年法修改后,第 2(6)条适用于电影艺术作品,无论是否以有声或无声的形式,只要其不属于第二部分第 5 章保护的单纯纪录片。这一定义排除了缺少原创性的纪录片与新闻片,它们由该法第 87 条摄影作品特殊邻接权下的系列照片加以保护。⑥ 第 87 条规定:

基于适用本章条款之目的,通过摄影或类似程序获得的个人照片,或者自然与社会方面、要素、特征等的图片,包括图形艺术作品的复制和电影作品中剧照,应当认定为摄影作品。⑥

根据这一定义,邻接权也适用于(非原创或可能原创的)原创电影作品的剧照,这种摄影作品的排他权自制作完成时起 20 年。⑥ 但有原创性的电视作品或者纪录片可以作为电影艺术作品加以保护。

至于英国法,由于上诉法院在诺罗之安案⑩中所持的观点,视听作品与其他录音制品有所区别,可以作为原创戏剧作品进行保护。该案中,诺斯法官重新陈述了戏剧作品的定义:

我的观点是,依据 1988 年法令的目的,影片以作为戏剧作品,这一定义的表述是广义的,应赋予其本质和通常的意义。我们已经提及几部字典和教科书上的定义,综合提炼这些定义,我认为:戏剧作品是配有或未配有语言或音乐的,可以在公众面前演出的动态作品。影片也是动态作品,尽管不总是,能够在观众面前表演,因此可以划在第 1(1)(a)节中"戏剧作品"范围之内。我不同意法官排除它的理由。

但是这一定义的确切范围是什么,适用于视听作品吗?

按照诺斯的定义,虚构的电影作品当然是戏剧作品,其创作者的作品与编写戏剧、舞剧、哑剧或剧本作者的作品一样,能够在观众之前进行表演。这个

---

⑥ With the exclusion of the presumptions of assignment of arts. 89(作者)and 92(表演者)of the Act. See paras. 161 and 336.

⑥ P. Kamina, op, cit, at 83.

⑥ See M. Fabiani, in M. B. Nimmer and D. Geller(eds.). International Copyright Law and Practice, Matthew Bender, looseleaf, para. 2(3).

⑥ WIPO translation.

⑥ Art. 92.

⑩ Norowiton v. Arks Ltd(No. 2)[2000] EML. R. 07;[2000] FSR 363. CA.

最后的视听作品不能降到主要由剧本构成的戏剧作品，因为有明显新的因素添加到这个更大戏剧作品之中。❼ 在这种情况下，最后的电影作品并非单纯的剧本表演，而是它视觉的转换与诠释，是一个新的衍生作品。

依我们的观点，像纪录片这样非虚构作品也可能作为戏剧作品进行保护。如在一部自然历史纪录片中，主题选择、胶片拍摄的方式，然后编辑成最后的产品，需要极大的技巧与努力。合成的影片不仅仅是对所发生自然现象的记录，而是拥有自己的"故事"，并被设计来激发观众思维中的同感与敬畏之情。❼

但我们怀疑是否大多数新闻片或电视节目能够满足戏剧作品定义的要求，因为在诺罗之安一案中，诺斯已经引向语言通常运用。❼ 这或许会限制将那些传递普通意义故事的视听作品作为戏剧作品加以保护。当然，这些作品一旦被录制下来，会按非原创性记述作品保护（"影片"，音像制品）。

综上，对于普通意义上的视听作品，即在电视上或剧院里播放的影片广播，国内法对"影片"或"视听作品"定义涵盖的作品范围是相似的。在一些著作权传统占优势的国家，新闻片和纪录片并没有排除在视听作品定义保护范围之外。保护范围上的差别并非来自视听作品的定义，而是尚未一体化的原创性概念的适用，这或许会影响某些电视节目或直播事件录制品的保护。❼

多媒体作品、电子游戏等的适用

成员国之间对于如多媒体作品和电子游戏作品的待遇，差别还在存续。

大多数定义是广义的，足以涵盖电子游戏和多媒体作品的展示，即使不是这些作品中的全部。将这些作品特定为视听作品而引发的规则，尤其是在著作权、所有权及合同方面，与这些作品的制作和实施并不相适应。因此，在一些对视听作品采用广义定义的国家，一些法院拒绝将多媒体作品特殊化为视听作

---

❼ See Milligan v. Broadway Cinema Production, 1923 SLT 35；[1922－3] MCC 343, Court of Session. Suggested by Farwell ! in Tate v. Fullbrook, quoted at para. 55 supra. Compare also the case of a ballet, protected as a composite dramatic work, constituted by the music, the story, the choreography, the cenery and the costumes (Massine v. De Basil [1936－45] MCC 223).

❼ Laddie et al., op. cit., at pp. 7－9.

❼ As did Lord Bridge in the Green case.

❼ 注意这一问题不要与电视模板保护问题混淆，模板与系列影像无关（最终视听作品），但与基本"戏剧"作品相关（根据思想—表达二分法）。

品，特别是互动作品或电子游戏。⑮

欧盟法也支持这种排除。在欧盟期间指令中，为了确定影片版权的期间，制定了权利人的清单，包括导演、编剧等，并建议考虑保护的作品（或至少依特殊条款涉及的视听作品—影片—欧盟法）不涉及电脑游戏和多媒体作品。由于在视听作品制度方面，国内立法已经实施了这些期间条款，这可能被解释为，已经默示地在视听作品定义（及分保护机制）中排除了电子游戏和多媒体作品。

2.2 视听作品的双重保护与有关权

欧盟版权指令的双重保护要求

在欧盟，影片保护的特殊性是影片的双重保护体系要求，主要受20世纪80年代大多数欧盟成员国所采取模式的影响。涉及视听作品保护时，版权领域的主要指令包括出租权指令期间指令和信息社会指令，都旨在确立两套不同的权利体系，且有着不同的期间和"作者"：一方面是作者的权利或者影片的作者，另一方面是影片第一次固定制作者的相关权。

出租权指令第2（1）条规定，出租与出借权：

（a）作品的原件复制品，属于作者；
（b）表演的固定，属于表演者；
（c）录音制品，属于录音制品制作者；
（d）影片的原件或其复制件，属于首次固定的制作者。

指令在著作权、表演者权、录音制品与影片制作权之间进行了区分。为指

---

⑮ 如法国案例，compare Cass., Ass. Plen., 7 March 1986（two cases：Atari and Williams Electronics），JCP, II, 20631, note J. M. Mousseron, B. Teyssie, and M. Vivant, RIDA 1986, no.129, 136, note Lucas, D. 1986, 405, concl. Cabannes and note Edelman（holding that screen displays of videogames may be protected as audiovisual works, separately from the software that drives them）, with Cass. Civ. I, 28 January 2003, Com. com. électr 2002, comm. No. 35, note C. Caron; P. I., April 2003, no.7, 159, obs. Sirinelli; Legipresse 2003, III, 79, note Varet（认为光盘驱动器的互动可以发现其为视听作品）；VERSAILLES, 18 November 1999, Com. com. électr 2000, comm. No. 2, note Caron（不具有视听作品影像顺序或流畅演示的交互式电子游戏，不属于视听作品）；TGI Paris, 3e ch., 8 September 1998, RIDA 1999, no.181, 318（缺少移动影像系列的多媒体作品，不属于视听作品），affirmed, Paris, 4e ch., 28 April 2000, Com. com, electr. 2000, comm. No. 86, note Caron.

依法国法，将多媒体作品与视听作品加以区分的好处是，可以避免一些不受欢迎电影保护机制的适用。如Vincent v. Cuc Software案，取消资格的结果是适用了法国"集合作品"原则，根据该原则雇员创作作品，但原始版权授予法人（在视听作品情况下，明确排除了该原则），这显然影响了法院采用的方式。

令之目的，第 2（2）条进一步细化为，"电影作品或视听作品的主要导演应被视为其作者或其作者之一"。通过对"作者"的解释，影片导演权首次落入第一范畴，电影第一次固定的制片者权在指令的第二部分被专门处理为"与版权相邻的权利"。

期间指令采纳了这种"作者"权与邻接权的区分。❼⓺ 作为一般规则，重述 11 与第 1 条规定，著作权的期间延伸至作者死后 70 年。标题为"电影作品与视听作品"的第 2 条规定，电影的主要导演应视为作者或作者之一，对电影作品适用 70 年的有效期间。第 3 条的标题为"相关权期间"，规定"第一次固定电影的制片者权"应在电影固定、出版或向公众传播后 50 年起届满，视情况而定。通过制定保护的不同期间，期间指令明确承认电影的著作权与电影制片者权是有区别的。

信息社会指令重复了这一区别。

即使没有对这些因素给出适当的定义，这些版权指令清楚地将"电影作品"与"电影摄影作品、视听作品"，及基本视听作品为同义词，但不包括"录音制品"。❼⓻

相反，并没有正式地要求，影片第一次固定的制片者权应是关于本次固定的权利，它可能是关于潜在视听作品（无原创性要求）的完全重叠的权利。但在出租权指令中没有明确的电影制作者固定权，这是为了表明权利是关于录制本身的权利，而不是关于潜在系列照片的权利。此外，该项权利与录像制作权利相对应，这在成员国内被界定为"录音录像制品"。

英国符合这些要求吗？

依据 1988 年 CDPA 的条款，在审理诺罗之安案时，有可能提出这个问题。

1956 年英国版权法对有关影片作品作出的选择是，在第二部分中规定一个新的、特殊的客体。1988 年法令继续将视听作品作为不需要满足任何原创性要求的特殊类型作品加以对待，与之前法律的主要区别是，按照新法，视听作品的特殊客体——影片，在第 5 节中被界定为音像作品本身，而不是作为潜在系列照片。❼⓼ 因此就这点而言，1988 年法中未给予电影和视听作品保护，只能通过录像保护。

基于此，这一问题的答案是否定的：仅实施一种保护来取代所要求的两种

---

❼⓺　In its title, recitals and in arts. 1 and 3. Related tights are also referred to as neighbouring rights in tecital 10.

❼⓻　指令提到"影片的第一次固定"。怎样能固定录音？

❼⓼　影片指在载有以任何方式制作移动影像的任何媒介上的录音。

形式保护，显然并未正确地执行指令。

但1988年法与1956年法不同，它重新恢复了将视听作品作为戏剧作品进行额外或追加保护的可能。[79] 上诉法院在诺罗之安案[80]中予以肯定，对版权保护机制对影片的保护有着重要影响。

这一判决结果是，可以将视听作品明确作为戏剧作品在英国加以保护。因此，影片作品保护机制与相关的音乐制品十分接近，有两个版权，一个是录制品（录音或影片），一个是录制品中展现的作品（音乐作品或视听作品）。结果就是，英国的实际保护机制与欧共体对视听作品要求的双重保护机制一致。

这一推论是否可以适用于爱尔兰版权法或其他受英国保护机制影响的国家，如塞浦路斯[81]，尚不清楚。同样应引起注意的是英国目前的情势在涉及期间计算方面，仍会产生与欧盟法相容性的一些问题。[82] 依据期间指令，"电影作品和视听作品"中的著作权与邻接权有着不同的期间。[83] 问题是，在英国实施指令延长"影片"，即音像制品上的权利，至列表上最后一个作者死后70年。这就比指令中为这一类作品规定的期间，即作品制作完成或出版时起50年，走得更远。这种延长在缺少对原始视听作品保护的情况下，没有什么后果。但这些作品中有一些可能会作为戏剧作品进行保护，在英国（视听的）戏剧作品的版权期间已经延伸至作者死后70年。[84] 这就是说，英国的制片者有时会得到两个延续至作者死后70年的权利（或影片制作者死后），而他们的欧洲大陆同行们，除视听作品版权中（特殊的）作者死后70年外，只能从音像制品邻接权的50年中获取收益。在实践中是电影制作者持有这些权利，这样的事实显然限制了这种延期保护的结果，但很可能就这一问题发生诉讼。

---

[79] 与之前法规比较，1988年法中视听作品不再排除戏剧作品的定义。此外，电影保护的特定客体"影片"，是一种可视录音，与基础作品有区别。而且，戏剧作品在以影片形式固定后，可以得到保护（CDPA 1988, ss. 3 and 178）。而且有人建议，视听作品既可以作品影片通过录音保护，也可以作为（已录制）戏剧作品保护。

[80] See p. 92.

[81] In Cyprus, art. 2 of the Copyright law No. 59, of 3 December 1976, as amended, 将"电影胶片"界定为"来自以任何方式制作的移动影像的任何方式进行的录音，"马耳他似乎要实施欧共体指令要求的双重保护。其2000年4月25日版权法将"视听作品"界定为"包含系列相关影像的作品，传递移动影像，配或不配乐，易于可听"；影片的第一次固定按照有关权保护。

[82] See P. Kamina, British Film Copyright and the Incorrect Implementation of the EC Copyright Directives (1998) Entertainment Law Review, March – April, 109.

[83] Arts. 2 (2) and 3 (3).

[84] 这也是指令的不正确实施。依据英国版权法，受委托音乐的作曲者非包括其音乐作品戏剧作品的作者。（see para. 127）. 但按照指令，在计算视听作品版权保护期间时，他或她的生命必须考虑进去（毫无疑问，按照目前英国的版权法这是戏剧作品的版权）。

这样一个体系是否可以接受？⑧⑤

这种双重保护会产生什么后果？

在视听作品上产生版权重叠很平常，既存的作品、各种不同的剧本和最终的视听作品可以作为衍生作品分别得到保护。这种情形下，衍生作品是有原创作者的作品，并常会涉及不同的创作者。经济学家引用鼓励在其他作品基础上创作作品的需要，来说明保护的合理性，有时要求有大量的投资或努力的存在。⑧⑥ 这似乎与版权保护背后的创新理论一致，但这里我们要面对的是第二种类型的重叠，即涉及同一作品或不能基于原创性理由独立的一些作品。对一个视听戏剧作品而言，影片、音像制品什么也不是，只是一份复制件而已。

如果执行，这种对于影片的双重保护在经济术语下总是合理的（通常没有任何深入的实证分析），并与录音制品的保护类似。问题在于，这种与录音制品类似在理论上并不完善。⑧⑦ 与录音制品制作者不同，影片制作者大多数情况下可以取得视听作品和体现于音像中附带作品的版权。因而，不需要另一种版权所有权在侵权诉讼中保护他们的投资。另一个区别是，将录音制品比作作者原创作品的可能性，或者至少考虑到在制作录音中存在特殊和不同的投入。而视听作品录制中涉及的工作，很难与创作视听作品本身的劳动相分离，因此，这种双重版权保护是否能够激励制片者创作电影，还是令人质疑。

这种机制不仅在激励方面显现得毫无意义，还会产生消极的经济后果。在这种机制下，如果制片者对两种权利都能够加以控制，这种重叠就不会产生影响。然而，如果创作者仍然保留着版权利益，或权利被授予独立的许可方，使用者（包括其他作者及制片者）若要利用视听作品，就要付出更高的成本。一些情况下，他们还必须讨价还价取得两个授权，而非一个。这时权利的重叠毫无疑问会增加利用作品的成本，欧洲大陆的多媒体制片者已经面临着这样的困难。

回顾设计这种机制的目的是为了解决两个问题，这是特定于大陆保护体系的两个问题。在一些著作权国家中，视听作品的作者可以保留作品中的特定权

---

⑧⑤ See P. Kamina, Towards New Forms of Neighbouring Rights within the European Unionin Intellectual Property in the New Millennium. Essays in Honour of William R. Cornish, edited by David Vaver and Lionel Bently, Cambridge. Cambridge University Press, 2004.

⑧⑥ W. M. Landes and R. Posner, An Economic Analysis of Copyright Law (1989) Journal of Legal Studies 325 at 354–5; see also J. Ginsburg, Creation and Commercial Value: Copyright protection of Works of Information (1990) 90 Columbia Law Review 1865 at 1910. 他建议对衍生作品加以保护，一个重要原因是可以激励原始作品的创作，因为衍生作品的实施也通常被视为原始作品决定的一个部分。

⑧⑦ 例外条款也许与涉及大量录音室工作的配乐影片有关（因此法律将其作为录音制品）。

利，也可以将其转让给集体管理组织，这会使电影制片者的所有权在侵权诉讼中受到削弱。有关原创性的较高标准则可能会使有价值的作品得不到保护，这些问题在版权体系中尚未被发现或几乎没有造成困难。

国内"录像制品"定义的相关问题

欧洲大陆的"录像制品"定义与英国和爱尔兰"影片制品"非常类似。法国的"录像制品"，作为影片制片者邻接权的客体被界定为"系列图片的首次固定，无论是否配有声音"。⑱ 其他著作权体系的成员国也采取了类似的定义。⑲ 英国1988年法第5B（1）中将"影片"定义为"在任何媒介上以任何方式制作的动态影像录制品"。⑳

这些广义的定义会导致保护范围延伸至软件及电子游戏的录制品。"影片制片者"的权利就是邻接权，这一事实可能导致对邻接权范围的限制性解释。这一解释权留给了国内法院，欧盟法中并不阻止在国内法中权利范围的扩大。㉑

除范围问题之外，也有技术问题。一些问题很特殊，技术性强，如依据邻接权对单独胶片画面的保护（然后可能保护非原创的胶片画面），㉒ 或者确定电影配乐作为影片或录音制品的一部分。㉓ 另一些问题更普遍，如非原创作品类型会产生一些有趣的问题，如复制品与源于之前录制品的新录制品之间的界线问题。

依据版权与著作权法，衍生作品存在与保护的检验标准就是原创性标准，如果没有这一要求，应当适用什么检验标准？例如，一个彩色版电影、新剪辑（如导演的剪辑）、数字化加强或恢复打印，甚至是以另一种屏面格式进行的发行，构成影片的单纯复制吗？它创作了一部新的衍生影片，并因此有新的影片版权吗？在涉及录音制品，如数字化加强声道时也会产生这样的问题。㉔

---

⑱ Art. L. 215-1.

⑲ See Kamina, Film Copyright in the European Union, Cambridge, Cambridge University Press, 2002, at 83. The same is true for new entrans: e. g. in Bulgaria. , Law of 1993, as amended (initial recording of a film or another audiovisual work) or in Romania, Law of 1996 (audiovisual recordings); The Polish Act of 1994 and the Hungarian Act of 1999 do not define the videogram.

⑳ 原1988年文本第5（1）条，1995年版权期间与表演者权条例（SI 1995 No.3247）新增了关于配乐的两段（s.5B（2）and（3））。

㉑ 以及成员国对新邻接权的采纳。

㉒ Point discussed in Kamina, op. cit, at 77 (UK law).

㉓ And the articulation of both protection. See P. Kamina, The Protection of Film Soundtracks under British Copyright after the Copyright Regulations 1995 and 1996 (1998) Entertainment Law Review. May, 153.

㉔ See discussion in Kamina. Op. cit, at 80.

反对这种解决方式，你会注意到出租与出借权指令规定，影片制片者权为影片的"首次固定"权。[95] 这种用语可以排除在第二次固定时产生新的权利，即使经历在实质性过程或修改之后。但对这点也并非没有疑问，这个问题似乎并没有在有类似定义的外国体系中发生。

---

[95] 这是几个大陆法国家使用的用语。(e. g. the French Intellectual Property Code, art. 1. 215 – 1)

原创性要求

拉蒙·卡萨斯瓦勒斯

版权领域通常要求原创性。首要的、先决条件、版权的实质、试金石、基石等，这些都是专家们经常用来加以描述的术语。原创性一直被作为划定体系界线的概念或标准，包括内部的（区别版权与邻接权——如被承认）和外部的（以区别于无形财产的其他保护方式——财产权）。原创性也经常用来确定保护的程度，尽管某种程度上会引起一些问题，暗示原创性虽然在理论上被设计为统一性，而实际上却过于分散，并未依据原创性程度不同而授予更多或更少的权利。但在任何情况下，成文法与判例法都认可其决定性的作用。原创性是著作权的证明和实体化，使版权的授予正当合法。柏拉图学院有一句座右铭是"对几何一无所知的人勿入"，版权这座城堡的门槛可据此这样写："任何不具有原创性的作品勿入此领域"……和几何一样，原创性也是可变的。

一方面，原创性要求的核心作用与其所产生的质疑并不相符，这是一个非常突出而且令人不适的问题。而另一方面，又可使法院在处理这类问题时相对不受拘束，因为不严密的法律术语提供了解释上的自由。对于法官（及其他人）而言，困难不是如何判决，而是如何解释。就此点而言，对粉红象案中的流行图片，比利时法学家弗兰兹的评论（易于识别但难于界定）及对圣奥古斯丁关于时间论述的反复引用（"如果没有人问我，我知道它是什么，如果我想向问我的人解释，我就不知道了"），都是可适用的。

正如所说，原创性问题非常复杂，因为不仅涉及它的定义，也包括其特别的评估与价值。在对粉红象进行界定或评价流逝的时间时（当然一些可视或存在其他损害的情况除外）要保证一致性。但在评估原创性时，由于术语的多义性，可能产生不同的标准。原创性既用来界定什么是新的，也界定什么是旧的；什么是最初存在的，什么是最终出现的。例如，对于基督教徒而言，the original sin 和 an original sin（原罪）是有区别的，但这两种情况使用的是同一术语。我们暂且抛开语言问题关注法律问题，原创性概念是一个制度上的问题，与不同的法律体系和法律背景相关，这是应该彻底研究清楚的重要问题。

这一问题不是仅决定版权的客体是什么，还决定我们希望这个客体是什么。❶ 换言之，除精神权利外，何种智力输出不需任何程序，就能得到覆盖作者有生之年加死后 70 年期间的独占经济权？传统版权应在多大程度上予以适用？未来版权处于发展的关键时期，事实上未来既是现在也是过去，因为问题是同样的，可能仅是措辞的改变：无论从事实上还是法律上，已经授权保护的类型是否值得保护？著作权国家是否能坚持这样一个概念，要求作品与作者及所附带一切（如精神权利的授予）之间有必要的联系？我们是否正在面对一种或几种确定作品的新版权体制？将王国的疆界委托给一个没有确定解释的"守门者"是否合理？

无论怎样，最终容器决定内容。实质由形式而来。原创性，应当是一个保守标准的思想，由于其变移性，现在已经成为一个变化的因素。入侵者已经进入，无论好坏，这个王国已和往昔大不相同。这对于所有受保护客体是否仅是一个普通的变化，还是恰好相反，原创性仅限于内含的部分，由此破坏了体制的统一性，这还要拭目以待。

原创性问题不是神学，我们需要去了解避免争议的唯名主义和字义争执幕帐背后的东西。这对于确立原创性的起源与目的（什么时候及为什么使用这个标准，其目的是什么？）是有价值的，第一个问题使我们能够理解和评估版权法与著作权法两大体系之间的差别及其渐进方式。然后，我们会分析共同使用（或排除）的标准，以确定人类创作的正式表达何时与该要求一致。最后，我们会分析在欧盟一体化背景下，这一问题的现状及未来发展。

---

❶ 这一观点在报告中出现几次：at the ALAI Congress of the Aegean Sea II, Droit dauteur et propriété industrielle/Copyright and industrial property, 19 - 26 April 1991. See Ricketson, S. (1991), The Concept of Originality in Anglo - Australian Copyright Law, in ALAI Congress of the Aegean Sea II, 183 - 220, at184; Ficsor, M. (1991) Debate, ibidem, 235; Dreier, T. (1991), Debate, ibidm, 257; andKernochan, J. M. (1991), USA Report, ibidem, 471). See also Schulze, G. (2007), Der Schutzumfang des Urheberrechts in Deutschland, in Hilty, R. and Christophe Geiger (eds.), Impulse für eine europ? ischeHarmonisierrung des Urheberrechts/Perspectives d'harmonisation du droit d'auteur en Europe, MPI Studies, Springer, 117 ff, 129 ff.

2 要求的起源及其目的

你也许不会想到,原创性问题是相对近期发生的问题。❷ 因为长期以来,人们认为对"文学与艺术作品"的解释足以界定版权的客体,作品的概念是不证自明的,立法者也未觉得需要对其进行进一步的解释。例如《伯尔尼公约》之前的法规——1879年西班牙知识产权法(已被撤销),只是简单规定"基于本法之目的,知识产权可由任何方式产生的科学、文学或艺术作品构成"。法规规定了一些范例:"作品指……所有通过写作、绘画、印制、雕刻、平版印刷、冲压、石版印刷、摄影或其他下载已知或未来发明的印制与复制方式出版制作的作品"。我们可以看出,这一规则并未指出作品这一概念的实质性条件,但也并没产生什么问题。法院在适用这一概念时也没有遇到困难,这种中立性使这部法规经历几次技术革命,甚至被适用到计算机程序。❸

按照那个年代的法律理论,法律应该保护作者,"只要作品确实是智力或靠天赋所创作,这种创作就存在一定的精神或智力劳动",❹ 并未出现原创性的保护要求。❺ 当然,这一术语常被使用(事实上,之前的1847年知识产权法明确提及"原创作品的作者"),但并未用它来界定所要保护的客体,而是用于区分先前存在的作品与衍生作品,这一区别目前在许多国内法中仍然存在。因此,原有的,用指原始的意义,即用来辨明起源于另一部作品中的作品。

《伯尔尼公约》中体现了同样的理念,它重申了原创性这一术语,但未用其界定所保护的客体。公约第2.1条只规定:"文学艺术作品的表达应当包括使用任何表达方式的所有文学艺术作品",对此没人认为有必要作进一步解释,将问题留给了国内法。但有一点值得一提,就是除同在第2.1条中示例的有用列表外,公约第2.5条规定,限制对依"内容选择与安排""构成智力创作"的汇编作品的保护。❻ 因此,能够成为作品,其应是一个"智力创作",

---

❷ 如Strowel所指出,研究"原创性历史"很有意义,可以得到启示与超越,see Strowel, A. (1993), Droit d'Auteur et Copyright, Divergences et Convergences. Etude de droit comparé, Brussels: Bruylant; Paris; LGDJ, 470, fn. 381.

❸ 如西班牙最高法院在1995年11月8日判决中所声明。

❹ In the words of Danvila, father of the Spanish Intellectual Property Law of 1879; see Danvila, M. (1882). La propiedad intellectual, Imprenta de la correspondencia de Espana, Madrid, 340.

❺ 如西班牙公众指导艺术部1901年3月21日的旧革命中运用的,拒绝对为婚礼、圣诞、周年纪念及葬礼设计的几个音符注册,是"若要成为作品,它必须具有科学、文学或艺术性,它必须来源于智力、才能或发明",这仅仅是基本和简单的调制,是对公共财产的复制。注意这里并未提及"原创性"。

❻ The same formula, 0intellectual creations, is used for compilations in art. 10.2 TRIPS Agreement.

或更精确些,是个人智力创作。在布鲁塞尔修订会议上,M. 普莱桑对各国代表曾这样解释:

> 你不会认为有必要对智力创作作品的构成进行特别界定,只要我们提到文学与艺术作品,我们就是用这一术语表示,我们正在谈论文学与艺术领域内的"个人创作"或"智力创作"。❼

可以看出,欧盟对原创性要求的部分一体化就是对这一理念的呼应:作品是作者自己的智力创作。

一些国内法(或许是大多数)在界定版权的客体时,除对临界作品(如标题❽或广告标语❾)和衍生作品进行的特别规定外,通常省略了原创性要求的一般规定。这些法律没什么野心,并未使用明确的单一词语,而是采用了描述性的方式,但某种程度更加利于问题的解决。有几个国家的法律值得一提:法国(智力作品:L221-1条,1992年知识产权法典),荷兰(文学、科学、艺术领域的任何创造,1912年版权法第10条),德国(个人智力创作,1965年版权及邻接权法第1、2条),意大利(具有创作特征的智力作品,1941年版权法第1条),葡萄牙(文学、科学、艺术领域的智力创造,1985年著作权法典第2条)。

尽管如此,仍有许多其他国家的法律倾向于将原创性作为保护要求进行明确规定。如目前的西班牙法(1996年统一文本)第10.1条规定:"知识产权的客体应为所有原创的文学、艺术、科学创作,可以任何现在已知或未来发明的方式或媒介表达,无论是有形抑或无形"。这些原创性规定也可以在爱尔兰法(原创文学、音乐、戏剧或艺术作品,2000年版权与邻接权法,第17 (2) (a) 条),希腊法("任何原创的文学、艺术或科学创作",1993年版权、邻接权与文化事务法,第2 (1) 条),和英国法("原创的文学、戏剧、音乐、或者艺术作品",1988年《版权、外观设计与专利法》,第1 (1) (a) 条)

---

❼ 《伯尔尼公约》修订布鲁塞尔外交大会报告,Presented by Marcel Plaisant, Rapporteur – General to the General Committee on June 25, 1948 and Approved in Plenary on June 26, 1948, in Records of the Conference [emphasis by the author]. [EB/OL]. http://www.oup.com/uk/booksites/content/9780198259466/. As to originality in the Berne Convention, see Ricketson, S. and J. C. Ginsburg (2006), International Copyright and Neighbouring Rights. The Berne Convention and Beyond, Oxford: Oxford University Press, vol. I. 8.05 ff.

❽ 只要具有原创性,一些法律接受对标题的保护。(for instance, see art, 10.2 Spanish LPI, and art 112-4 French CPI). 判例法对于这个问题有些阻碍,一些学者指出,这些问题不是版权问题,而是商标或不正当竞争法的问题。See a summary of the rich French case law in Lucas, A. and H. J. Lucas (1994). Traité de la propriété littéraire & artistique, Paris: Litec, 91 and 111 ss.

❾ See an express reference to their protection in art, 2.1 (m) Portuguese Code of Author's Right, 依该法,只要具有原创性,就可以得到保护。

中找到。值得一提的是，1976 年《突尼斯版权示范法》也明确规定了原创性要求（"原创的文学、艺术和科学作品"第 1（1）条）。❿

无论是否有明确规定，原创性要求是判例法与原则的必然要求，这是事实。⓫ 原因何在？因为对一些涉及简单产品（如日历、目录等）接二连三的诉讼，提出一些明确的标准是合理的，但所采用的解决方法还存在问题。通过使用更加简明的术语，加强了作品的开放性概念，这种尝试不仅结束了与基本概念的重叠（很可能是一个多余的要求⓬），而且能够提供预期的安全。由于原创性自身的抽象特性，并缺少法律上的定义，其作用不再是一堵墙，而是一个特洛伊木马。这一不确定概念产生的重要作用已经深深地改变（尽管没有正式的改变）了许多国内版权制度。

最初，原创性的严格定义得到了捍卫（如法国众所周知的概念作者的"人格权"），但它很快向灵活性转变，以保证对一些"小变化"的保护。这种改变本身并未扭曲体系的基础：这些例外反而使一般性原则得到巩固。在象牙塔案中，传统的文学艺术作品（创作者精神的表达）保有并占据着版权堡垒的主要空间。

然而，原来常使用的"小变化"却变得越来越大，就像在城市里的老墙已开始倾颓，环境发生了深刻的变化。中心仍然完整未变，传统的模式仍然发挥着实质的作用，但重点已经转向周边，原来的边缘区域开始逐步成长并发生变化，容纳了一些具有高经济与社会价值的创作（其中一些是近期产生的），这种创作构成新工业的成本，它们要求对所进行的投资给予更强的保护。⓭ 这

---

❿ Tunis Model Law［EB/OL］. http：//portal. unesco. org/culture/es/files/31318/11866635053tunis_model_ law_ en – web. pdf/tunis _ model_ law_ en – web. pdf.

⓫ 法国的判例极为重要：法律对于原创性保持沉默，但学者与法院已一致接受。See Lucas, A. and H. J. Lucas, Traité, 85 – 6；Lucas, A. and P. Sirinelli (1991), French Report, in ALAI Congress of the Aegean Sea Ⅱ, 425, 426 ss.

⓬ As to the possible redundany, referring to a previous article by M. Sherwood – Edwards, see Karnell, G. K (1998), European Originality: A Copyright Chimera, in Kabel, J. and Gerard J. H. M. Mom (eds.) Intellectual Property and Information Law Series, The Hague. London and Boston：Kluwer Law International, 202；Nordell, P. J. (2000), The Notion of Originality – redundant or not? in ALAI Nordic Study Days：Copyright, related rights and the media convergence in the digital context, 18 – 20 June 2000, 73 – 86.

⓭ In Kerever's words："麻烦的是，版权的'小变化'落入强有力投资者的口袋，他们希望找到一种没有太多版权保护的创造，而不是对投资的保护"，see Kerever, A. (1991), Debate, ALAI Congress of the Aegean Sea Ⅱ, 237 – 8. 同样含义，Ficsor, M. (Such giant new clients of copyright are waiting for decision about their future in this border area as computer programs, data bases and computer – produced creations, ibidem, 233) and Reichman, J. H (The trouble is that yesterday's "small change" works have become today's "big bucks" ……powerful interests are no longer satisfied with the thin protection doctrine of the past, ibdem, 239).

种创作大多是事实作品（信息作品）和应用作品（功能性作品），❹ 数据库和计算机程序很难接受传统的严格概念，这就推动其进行修改。此外，在艺术作品领域发生了重大的变化，一些新创作涌入，它们的私人投入不多，却能在市场上获取较高的价值。这主要是一些商业性的标志和标识，包括在手机或广播中使用的音乐铃声。❺

版权客体的扩展影响了作品的概念，并要求法律进行适当地调整，这是一个与欧盟成长很类似（尽管不完全）的问题。最初，没有人尝试去界定"欧洲"这一概念，至少没人认为急需做此事，地理及历史上的模糊描述使这一概念被认为是想当然的。但欧洲已经成长，我们也意识到需要有这样一个定义：一个避免对基本概念造成本质改变的边界。从这一角度看，原创性一词的无处不在首先就是一种警示的信号。不管其确切的含义是什么，它的使用就代表了定义本身，作品的概念不是僵化的，而是在不断变化，尽管不是无限地变化。一定会有这样的智力产品，它不是作品，而是不同的事物，能够产生某种价值，也应获得保护（即使是财产性质的保护），但不是版权保护。不加控制的扩展会扼杀一个已经取得成果的体制。正如人们有时说的，不是所有有价值的复制都值得保护，至少不是被版权保护，奖励智力创造是一回事，惩罚懒惰与掠夺行为是另一回事。

在欧洲，原创性不仅是一个描述性的概念，本质上更是说明性的概念，具有灵活性。笔者探讨的是法律，而非物理学，法律概念的定义总是隐含了一些目的，因此如笔者前面所阐述的，它包括了大量政策上的对策。任何了解财产所有原则（一个相当长时间内被讨论的欧洲原则）争论的人都知道，本质上所有问题都可以归结为与货物的某种联系，以及我们能提供的密切程度。与财产所有原则一样，原创性不是法律殿堂里的一种纯态。版权需要通过规定一种要求，来确定对某种形式给予授权还是拒绝保护。这也解释了为什么在传统与国内法之间存在差别，为什么它们不是一种静止的事实。版权、保护邻接权制度的存在，不公平竞争或外观设计的合法性，都是此目的的决定性因素。当缺少其他法源时，版权在私法上的扩展及其随后的变质——或者"重组"这个

---

❹ 已经失效的但经典的作品作为文学、艺术、科学的三分类需要补充，包括对艺术作品与事实和功能作品的区分；see Strowel, A., Droit d'Auteur et Copyright, 471）。

❺ 在西班牙，众所周知的案例是涉及西班牙国家电台（一家国有的公众电台）的案例，其使用的信号曲由几个音符组成，通过广播与公众沟通，列为损害赔偿单之首。（Judgment of the Supreme Court of 10 October 1995）原创性不是问题，尽管其是对处于公有领域作品的改编。See Bercovitz, R. (1996), Comentario a la sentencia del Tribunal Supremo de 10 octubre 1995, in Cuadernos Civitas de Jurisprudencia Civil, enero – marzo, 1996, 369 – 81.

词更好，就不可避免了。❿

3 版权与著作权

　　版权与著作权有很多共通之处，若要试图否认这一点会很荒谬。他们之间的冲突有时的确很夸张，但多是为了说教（通常我们在一张讽刺画中比普通画里更容易认识到一些特征的存在），或是为了重申某些问题（与其他人的问题不同）。⓱ 尽管如此，当这些传统影响了意识形态的基础，尤其是司法上的意识时，就不应忽略差别的存在。传统的版权通常更强调社会和公益的目标，仅将授予（版权）独占权作为一种工具。然而传统著作权更偏向对个体的考虑，授予版权（除公平外）是因为其价值，授予著作权（除有价值外）是因为公平。不可避免，在第一种情况下看重的是客体（作品对社会有益，因而被保护），⓲ 而第二种情况看重的是主体（作品是一个或几个人智力表达的结果，因此必须被保护）。⓳ 在实践中，这种思想意识和司法上的差别会产生结构上的影响：这其中包括，对客体的定义及关于原创性的不同概念。

　　按照著作权法的传统惯例，作品是人类表达能力的结果，如 G. 斯里克认为，作品是人类交流的适当形式。⓴ 它不是一个物体，而是能力或努力的结果。人们为了表达所要表达的事情，可以使用任何一种可用的语言（文学、视觉、音乐、造型、数字……），这也是作者在作品中被授予独占权，特别是精神权利的原因。在很长时间内，这一点得到认可，并肯定（不仅是法国）原创性是作者人格权的标记。这是著作权国家将其适用到艺术作品，甚至一些

---

　　❿ Cornish 的评论可以理解，see Cornish, W. (1991), Debate, ALAI Congress of the Aegean Sea II, 225: "既然英国没有这样的不正当竞争法保护，版权法发挥重要功能，我不愿看到它消失" See also, on the same issue, Nabhan, V., ibidem, 236 and Spoor, J. H., ibidem, 459.

　　⓱ 关于版权与著作权的实际区别，see Strowel, A., Droit d'Auteur et Copyright.

　　⓲ 这解释了为什么英国版权法保护计算机形成的作品，即"由计算机产生，没有人类作者"的作品（s. 178. Copyright, Designs and Patents Act 1988, Minor definitions）。

　　⓳ 必须加以保护，因为在著作权传统中，有重要的自然主义存在。In this same line, art. 27. 2 of the Universal Declaration of Human Rights of 1948 should be noted：任何人如果是科学、文学或艺术作品的作者，作品的无形与有形利益均应得到保护。See art. 15. 1. c of the International Covenant on Economic, Social and Cultural Rights of 1966, and General Comment No. 17 Committee on Economic, Social and Cultural Rights, 21 November 2005. On the basis of these norms, the question of originality acquires a specific dimension that should be explored.

　　⓴ Schricher G. (1987), Einleitung, in Schricker (ed.), Urheberrecht Kommentar, München: C. H Beck, 1987, 53.

匿名作品中的经典理论（尽管已经提及㉑），但在解决功能性作品和事实作品时，运用这一论点就会产生困难（甚至不现实）。

在版权法传统中，原创性是实质性的保护要求，其倾向于尽量不用严格的术语进行规定：更强调作品非通过复制而取得。也就是说，作品必须是独立的创作，且隐含着相当的创造性，即使微小。它带给我们的第一个要素来自术语的词源学（拉丁语，orior㉒），它意味着作品来自那个主张自己是作者的人，而非他人。在英国，有一个影响深远的案例：伦敦大学出版社诉大学辅导出版公司（University of London Press, Ltd. v. University Tutorial Press, Ltd.）案，该案指出：" 作品应当不是从另一作品复制得来……它应当为作者原创 "，这一点和著作权法传统一致。它的第二个要素规定了最低程度的努力及智力投入：是付出努力流汗得来，或者要求更低。金斯伯格引用莎士比亚的一个比喻合理解释了这一点：" 很差的小东西，先生，但是我自己的 "。㉓

两种传统的差别体现在其使用了不同术语，一个更加正式（且抽象），另一个缺少雄心（但更具体），其产生的效果也不同。英美法的方法在历史上一致被认为更易于接纳，有利于扩宽作品定义，形式的存在作为补充。相反，另一种传统采取更为严格的方法，但相应的缺少形式上的要求，法院经常以一般证据规则和举证责任倒置的方式，推定使用原创性规则。㉔ 尽管如此，版权与著作权之间的差别比实际规定要小得多。我们首先看一下相关权制度，后一体系允许各国要求高水平的原创性，同时对没有满足要求的一些创作和产品提供一些保护。有明显的证据表明，两大体系正在慢慢进步并不断整合，一个全球市场正在形成，其共同的基础就是《伯尔尼公约》和 TRIPS，可以预期，这种趋势正在不断加强。

㉑ 物品已经指明存在作者，无论其是谁。没有任何一词语比 " 匿名 " 指作者的思想与原创性更有力。如果最终匿名创作没有找出作者来源，我们就会否定其为作品，除非为其指定功能性作者，如通常为计算机程序创作作品进行的提议。

㉒ Ernout, A. and A. Meillet (1939), Dictionnaire étymologique de la langue latine, Paris: Librairie C. Klincksieck, Oriri apud antiquos surgere frequenter significat. The words oriens, ortus, originarius and oriundo derive from that same root. See also Lewis, C. T. and C. Short (1879), A Latin Dictionary founded on Andrew's edition of Freund's Latin Dictionary revised, enlarged, and in great part rewritten by Charlton T. Lewis. Oxford: Clarendon Press.

㉓ Ginsburg, J. C. (1991), Debate, ALAI Congress of the Aegean Sea II, 221.

㉔ 原则上，主张版权的人必须证明原创性，在很多判决中承认这一点，Cour d'Appel de Rennes, 7 September 2004（Case la Recouvrance）, Service de Documentation de la Cour de Cassation [EB/OL]. http://legifrance.gouv.fr. Yet more abundant are the judgments which de facto take the existence of originality for granted.

原创性要求

著名的 Feist 案㉕值得回顾，美国最高法院改正了初级法院的结论，否定对电话簿授予版权保护，解释如下：

取得版权保护的先决条件是原创性，若要适合版权保护，作品必须源于作者。作为版权法中所使用的术语，原创性唯一的含义是作品由作者独立创作完成（而非从其他作品复制而来），并至少具有一定最低程度的创作性……。原创性，非"额头上的汗水"，而是在目录或其他事实作品中给予版权保护的试金石。㉖

这仅是一个国家，其他普通法司法领域没有这样规定。㉗ 但这可能已经仅是一个术语学（或许会以某种方式唤起著作权传统），而不是实质内容上的问题。㉘

相反，在著作权国家的判例法中没有反映这种浮夸的传统声明。除措辞外，原创性标准已经清楚地对事实性和功能性作品提供保护。例如，西班牙最高法院并未禁止对一个解释如何安装合格淋浴滤网传单的作品认可，㉙ 或对在报纸上出版的发出工作邀约的小广告给予版权保护（这个判决已受到强烈的批评）。㉚ 当然，这种不可阻挡的更客观的原创性标准发展趋势，不能阻止法

㉕ Feist Publications, Inc. v. Rural Telephone Service Company, Inc., 499 US 340 (1991).

㉖ 该判决的重要性通过事实得到加强，那就是解释宪法本身，而非版权法："原创性是宪法要求"。国会制定版权法的权力来源于宪法 Article Ⅰ，§8，cl.8，授权国会确保"作者有限生命中……享有作品的排他权"，19 世纪晚期的两个判决，The Trade – Mark Cases，100 U. S. 82（1879）; and Burrow – Giles Lithographic Co. v. Sarony，111 U. S. 53（1884） – 法院界定了两个重要术语"作者"与"作品"，藉此，法院明确了原创性的程度。

㉗ See for instance, the well – known Canadian case CCH Canadian Ltd. v. Law Society of Upper Canada [2004] 1 SCR 39.

㉘ See the comparative analysis done by Gervais, D. (2005), Le droit d'auteur au Canada: le point après CCH, Revue Internationale du Droit d'auteur, January 2005, 203, 7 ss. By the same author, for a general view of the question of originality in both traditions, see Gervais, D. (2002), Feist goes Global: A Comparative Analysis of the Notion of Originality in Copyright Law, Journal of the Copyright Society of the U. S. A., Summer 2002, 49. 949 – 81.

㉙ Judgment of 30 January 1996, FJ 6°: 不考虑传单的文学价值，理解其词语的突出艺术表达，法律保护具有原创性的语言构成，本案也如此。

㉚ Judgment of 13 May 2002, FJ 2°"这些广告，作为提供的工作，具有明确简洁的创新性，具有原创性，不限于其款式或印刷用途……不应忘记，雇佣位置的要约，其所暗示的社会经济负担，为了使要约更具吸引力而要求一些重要的智力活动，既有利于投标人也有利于未来的申请人，基于此原因，其有权使其创造性努力得到保护"。

院和法学学者论及"人格权的印记"。㉛ 所有人都注意到了它的限制性,尤其是它已经不能解释当前的现实,或作为可行的标准发挥作用,这是一个耀眼但无用处的工具。一个归纳明确的合理解释是:因为毫无疑问《格尔尼卡》是一个作品,我们可以说,《格尔尼卡》反映了毕加索的人格权,然而,这不应被作为单纯的惯性或被动(思维)。实质上,著作权传统的学者认为,无论怎样,人格权印记作为一种对机制特定理解的锚地而发挥作用,如果失去了这种主观所指,这一体制就会陷入危机之中。如果作品不被视为个人的表达,什么能够成为著作权呢?又怎么能够维护精神权利的存在呢?从这一角度看,人格权印记就成了对抗危险的符咒,㉜ 它不具备实质上但具备形式上的统治地位。

如果认为版权与著作权之间的差别已经消失,这或许不准确,但双方都在促进融合的进程这一点却不应忽略。一个标准,逐步向上,另一个则逐步向下。在著作权国家,不考虑所使用的术语,作品必须是一人或数人投入了创造性才能的原创性产出,这种产出既非一般也非完全是外部条件的产物。作品原创因为它来源于一个作者,还因为它也是对若干种表达方式进行自由选择的结果。如果存在选择的余地,且非复制而得,就具有原创性,就是一部作品。原创性意味着创作的多种形式选择。我们似乎不能要求再多了,㉝ 这一标准与版权法院使用的标准相差还远吗?术语的确不同,但判例法的检验表明,这些区别尽管真实存在,却并不重要。

4 何为原创性且何处可发现?一些共通之处

一部作品是人类创造力原创性的形式表达。思想、事实、数据、方法……,无论它们多么具有个性,多么新颖,都不适合版权法保护。要谈及版

㉛ 在所有文件中,"关于版权与邻接权的基本定义",available on the UNESCO website (www. unesco. org) states:"广义而言,在它反映了创作者的个性时,就具有原创性"。在法国法院,不考虑学者的批评,这一术语深深扎根。See Judgment of Cour de Cassation of 7 November 2006,批评上诉法院在新颖性中找寻原创性,而非确立"是否这些选择,无论多么随意,都显现出个性印迹"。Similarly, Judgment of Court d'Appel de Paris (4e Chambre) of 28 February 2007, explaining the originality of a biography: the authors have……made choices among important documents and, later, arranged the documents selected by them in a way that showed the imprint of their personality (Revne Internationale du Droit d'auteur, April 2007, 212, 310). Commenting on a prior decision (by Cour d'Appel de Paris, 4° Chambre, 27 January 2006), Sirinelli, P. Criticizers the fact that the Court took into account the ability or savoir faire of the photographer: Thus, we are in the antipodes of the Droit d'auteur……Originality is a personal imprint shown in the work (Revue Internationale du Droit d'auteur, October 2006, 210, 197).

㉜ In the word of Lucas, a formula parfois incantatoire (Lucas, A. and H. J. Lucas, Traité, 100).

㉝ I concur with Gervais, D, Feist goes Global, 975–6.

权,实质内容必须取得最低限度的形式进展。套用约翰福音中的话,作品必须是充实的。从那时起,人们就可以对作品的形式,内部或外部结构加以质疑,即使是法院也经常把它们搞乱。

标的的独创性无关紧要,这个问题没有争议。因此消极的定义是:成就和艺术品的价值不相关。所有国家的判例法都倾向于强调,法官不是艺术品价值的鉴定人,但似乎也不太可能压制法官不使用这一因素来判断原创性,无论是作为主观的评估,还是作为对作者社会知识的间接客观判定。[34]

人们已接受,作品的功能或适用性特征不影响它本身的状态,但没有人忽略它的影响。如前所述,原创性要求一些进行判决的空间,为取得一个必然发生的结果所投入的努力和创造力不能获得版权。功能性是原创性的敌人,但并不致命,同样的情况也发生在权利用尽概念和(特别是)真理的概念上。科学家们都知道,用于发现真理的智力努力无法取得版权保护,因为那就等于建立了一种对事实的垄断。

尽管如此,判决的空间也会产生相反的结论。例如西班牙法院已经承认,统计中数学问题的练习本可以作为作品保护,即使其中全部是真理。[35] 拥有不同传统的法国与英国法院都对德拉兰德(De Lalande)案进行了判决,[36] 案中都处理了对路易十四和路易十五时期作曲家麦克理查德·德拉兰德作品的现代编辑问题。两个案子的内容并不相同,但本质上都是关于著名音乐家索金斯能否被视为作者的问题。索金斯用现代手法重新唤醒了德拉兰德的作品,并保持了其完整性。被告认为索金斯并未创作原创性作品,只是重新演绎了德拉兰德的作品,而这些作品早已进入公众领域。法国法院认为,"智力作品必须包含智慧和作者个人努力的标记,其原创性的水平并不重要"。显然这一标准已经得到满足,索金斯"运用了自己的历史和音乐知识,而且做出了个性化与判断性的艺术选择"。判决也明确指出,如果能够证明索金斯作品与德拉兰德作

---

[34] The recent judgement by the Juzgado de lo Mercantil núm . 1 of Bilbao, of 23 November 2007, may serve as an example. 著名的建筑师圣地亚哥·卡拉特拉瓦主张,其所设计桥的作品完整权精神权利被侵犯,被加上了一个行人步道。被告主张,桥并非原创作品。但法官依据传统推理授予了保护,认为:桥具有原创性,因为它是"作者创造的结果,具有个人印记。"但判决也提到:"卡拉特拉瓦的社会认可,与其他著名建筑师和工程师一样",得到了大量的奖项和国际业务。Francon had already qualified the expectation that judges would not take into account the value of the work as a chimera, (Francon, A. (1998). Preface. In C. Carreau. Mérite et droit d'auteur, Paris: LGDJ, 10).

[35] Judgment by Audiencia Provincial de Madrid (s. 12) of 3 March 2004.

[36] TGI Nanterre, 19 January 2005 and Sawkins v. Hyperion Records Ltd, (2005) EWCA Civ. 565, 19 May 2005 (cf. Seville, C, (2007), Developments in United Kingdom Copyright Law, Revue Internationale du Droit d'auteur, October 2007, 214, 133, 149).

品完全一致，就会产生不同的结果："被告并未证明对德拉兰德作品的严格忠实度，如果证明了此点，或许会否定关于作品恢复和构成的任何个性化特点，而支持其仅是一个简单的作品调换。"

英国的判决考虑了一些通常的用语，如努力、技巧、时间，并得出结论"作品仅在有限的意义上需要原创性，作者通过自己的努力原创作品，而不是简单地效仿其他人通过努力所完成的作品"。诚意地再创作其他人所做或谈及的事情本身，并不排除再创作人取得原创性的可能："依我之见，本案可适用'沃尔特诉雷恩（Walter v. Lane）案'中的原则，法官认定索金斯博士在创作3个表演版本所用的努力、技巧、时间，足以满足版权意义上的'原创性'要求，即使（a）索金斯博士是在他人（德拉兰德）创作的既存音乐作品成就之上创作作品；（b）德拉兰德的作品已经不受版权保护；且（c）索金斯博士无意添加任何他自己的音乐符号"。❸ 没什么能阻止其他人做同样的事情，但索金斯可以"阻止他人未经其同意，为免去他所经历的创作之苦，走捷径复制他的表演版本"。英国的判决强调智力努力，并在理论上接受只要没有复制，即使最终的成果是一致的，仍然可以受到保护。因而，承认了双重创作（double creation）的可能性。法国规定了人格权印记，并设定了理论上的限制：在再创作中存在取得完全成功的假定，这是事实。两个判决最终均承认了索金斯的原创性创作。❸

作品是创作性劳动的成果，这已普遍得到认可。为此，应区别努力、能力和创造力。第一种情况的回报是工资，第二种情况也是同样。如一座桥的设计要求专业知识与能力，但只需要合格的专业建筑师和工程师，且有权得到比工人更高的报酬。若要拥有版权，则必须做出超出专业能力的事情：他必须创作一部作品，具有原创性的作品。

---

❸ The cited case（Waiter v. Lane, [1990] AC 539）. 是关于在为公众作的一份政治报告，被一份报纸按照其雇员对政治报告的整理进行了复制。

❸ 对已损坏或不完整的旧作品的恢复问题，see the famous case of the Dead Sea Scrolls resolved by the Supreme Court of Israel on 30 August 2000（unofficial English translation by Birnhack, M. [EB/OL]. http://lawwtch.haifa.ac.il/heb/month/dead_sea.hrm#_ftn1, accessed 1 December 2007）. 被告拒绝承认进行辨识的人创作了原创作品。"这只是通过对历史和科学的研究，对事实的发现，不应受版权法保护。即使 Qimron 投入了的努力、时间、知识和才能，也没有原创性。……既然 Qimron 反映的是对卷轴的'真实文本'，不能说这是一个原创作品"。但法院得出了相反结论，"检查一份作品，从不同的段落，使其成为完整的作品，毫无疑问具有真实性和创造性"。Qimron 的工作并非是技术性或机械性，他将不同的精神融入到零散卷轴之中，使其焕发生命力，按照"额头流汗"的含义，其不仅仅是人类资源的投入。这是 Qimron 知识、技能、想象力汇聚而成的成果，在这一过程中，可以有多种自由的选择和判断。Criticizing the decision, see Nimmer, D.（2001-2）. Copyright in the Dead Sea Scrolls. Authorship and Originality, Houston Law Review 38, 1-217.

要确定原创性的概念，必须先辨析两组词。一组是绝对原创性与相对原创性的区分——由于绝对原创性并不存在，这组区分已经受到强烈的批评：❸ 所有作品中都会存在一些他人的东西。无论真假，这一区别还是保留下来，因为这对于强调衍生作品应当具有原创性是有用的。除此外，法院使用相对原创性的表达来界定原创性水平有限的作品。

更重要和常用的一组是主观原创性与客观原创性的区分，变成反向自我排除条款。在第一种情况下，这种原创性作品一定程度上是作者个性化的表达，至少是自治的、独立的智力努力的结果，作品是作者自己的作品。正基于此，才认可双重作品保护的可能性，至少在理论上如此。在客观的情况下，对雷恩德和鲍泽斯法官观点的引用可以派上用场。❹ 原创性等同于新颖性：作品要表现出区别于可能或既存作品的特征，著名的"统计唯一性"论题就是客观原创性的范例。❹ 从传统观点看，客观的概念通常忽略了这样的问题，即它等于在版权领域引进一个属于工业产权领域的外来概念。突尼斯示范法规定的解释复制了 H. 戴思博的著名论断：

> 作品的原创性特点是一个事实问题。但应当注意不要将原创性与新颖性混淆。两个木匠用木头做了象雕，每个都是原创性作品，尽管两个象雕非常类似，其主题并非是新颖性。两个作品中分别具有创造性活动，但如果一个木匠简单地复制了另一个木匠的象雕就不属于这种情况。❹

尽管如此，新颖性或独特性仍然是比个性化印记更加容易使用的一个参数，没有它处理此类问题就会既困难又无逻辑。在实践中，法院倾向于使用两种标准；有时一种会压倒另一种，有时会忽略它们在理论上的对立。❹ 也许会认为，这两种理论的方法和结论表现都是倾向于主观的，但在证据方面，客观

---

❸ Strowel, A. Droit d'Auteur et Copyright, 409.

❹ In an often quoted paragraph, Judge Learned Hand speculated on a poem by Keats: "If by some magic a man who had never known it were to compose anew Keats's Ode on a Grecian Urn, he would be an author, and, if he copyrighted it, others might not copy that poem, though he might of course copy Keats's" (Sheldon v. Metro-Goldwyn Pictures Corp., 81.2d 49 (2nd Cir. 1936). Similarly, Jorge Luis Borges, in Pierre Menard autor del Quijote, considered the hypothesis of a new writing of the work by Cervantes (word by word) but without any copying.

❹ 该推理的示例，see Judgment by Juzgado Mercantil núm. 2 de Madrid, of 9 June 2005. 将思想与原创性结合，最后拒绝对电视直播节目给予保护，同样或类似节目自动产生率太高。

❹ Tunis Model Law [EB/OL]. http://portal.unesco.org/culture/es/files/31318/11866635053tunis_model_law_en–web.pdf/tunis_model_law_en–web.pdf.

❹ Judgment by the Spanish Supreme Court, of 26 October 1992. 拒绝一些珠宝件存在原创性，无论主观上（作者不知道，它们是否反映了他的个性）还是客观上（珠宝上载的是普遍使用的形式）。

的考虑仍然是决定性的：个性化特征确实来自新颖性的特征，特别是在处理极为简单的创造性情况。"如果说就权利存在的条件而言，你可以提及主观标准，但就原创性的证据而言，必须转向客观因素"。❹

法院在实践中对于双重创作的诉求并不仁慈，尽管在理论上接受了它。西班牙最高法院在1992年5月29日作出的判决就是一个例证。这是关于剽窃圣诞卡的案件，它明确驳回了被告所作独立创作的辩护："两个艺术品在主题、构成、颜色、烘托背景等方面几乎全部一致"，这就"足以说明剽窃的存在"，且缺少关于"这两种同样的作品是同时以两种思维构思"的任何证据。❺创作越简单，法院越倾向于依赖要求独特性与个体性的客观考量，这是完全可以理解的。❻同样的原因，1992年的瑞士法也尽力免除人格权印记传统标准的不确定性，将所保护作品界定为"具有个性思想的文学与艺术创作，而不考虑其价值或目的"。❼

5 欧洲一体化：一项进展中的工作

在全球化经济中，在《伯尔尼公约》及类似公约的保护伞下，不同国家保护的客体也不同。在这样一个鼓励构建商品及服务单一市场的区域内，如欧盟，统一化的需要越来越强烈。尽管如此，作品的概念并未实现一体化，虽然制定了几个版权方面的指令，但它们都没有规定一个对所有国家都适用的概念。仍然处于变化不定状态中的欧洲版权，就像一个尚未完工的挂毯，许多东

---

❹ Strowel, A. (2001), L'originalité de 1' oeuvre. Belgian Report'ALAI Congress of the Aegean Sea II, 392 – 407, 395. The same idea may be seen in Bercovitz, R. (2006), in Bercovitz, R. (ed.), Manual de Propiedad Intelectual [sic], Valencia: Tirant Io Blanch, 54: 可能在两个案例中存在冲突，如果从主观态度出发，应坚持（证明）创作是与以前已存在的作品或作品的不同，在这两种情况下，新颖性（客观原创）或其反面（相似性）会产生强烈重要性；在相似性较高或绝对存在时，就可以否定原创性存在，这非常重要。

❺ Along the same lines, the Audiencia Provincial de Valencia, in its judgment of 3 January 2007. 由此，认为在同样语境下，对语言进行选择，会产生一篇法律论文与一篇博士论文在文字上完全巧合的结果，这是不可能的。

❻ Judgment of 12 July 2004 by Audience Provincial de Madrid is a good example of this reasoning. 对一首大家耳熟能详歌曲（但很简单）的安排，是一种单纯的复制，还是满足了原创要求是一种改编。法院给予专家证人的意见，否定了原创性："只有作者自己选择的特殊性，使消费者印象认为是一种完全不同的独立的事实时，才存在原创性。另一方面，应当其与类似作品的相似性，是否表现了明显的特殊性"。

❼ 尽管不同意此观点，瑞士法学家 M. Kummer 提出的统计独特性理论仍然推动了标准的发展。See Dessemontet, F. (2006), Switzerland, in Geller, P. E. (ed.), International Copyright Law and Practice, §2 [1] [b].

西类似于神圣罗马帝国的古老地图：有着具有不同性质和地位的飞地、广阔的空白空间，而其中之一就是原创性。

在理论上，你或许认为这是一个极大的差距，有着许多不利的影响，[48] 特别是放在有着版权与著作权两种传统的欧盟范围内考虑这个问题。但在实践中它却并没有产生任何重大的问题，正如关于审查版权与邻接权领域欧盟法律框架的工作稿中所指出，"在理论上，成员国间关于原创性水平要求的分歧对欧共体内的贸易产生了障碍，但在实践中，似乎并没有什么可信的证据来支持这一点"。[49]

产生这种情况的原因有几点。第一，大多数冲突并未超越国界。小的变化在国界范围内出现，国内司法机构处理了可能发生的问题。第二，正如笔者已经指出的，尽管存在理论上的不同假定，实践中的解决方式却几乎没有区别。如在法国、德国及西班牙之间判决中的差别，并不比国内不同司法管辖区存在的分歧更尖锐。巴塞罗那大众省法院和最高法院关于报纸上工作广告所持的不同标准，要比版权与著作权传统惯例可能产生的分歧更大。第三，在面对棘手的案件时，如果所涉及的作品具有或有望发展进入一个超国家范围的市场，欧盟及时做出了反应，并产生跨越国界的影响。如在计算机程序、数据库和摄影作品领域，已经实现了部分的一体化。

5.1　计算机程序

在计算机软件与硬件分离并开始商业化后，便提出了计算机程序的保护问题。他们提出两个应当授予财产权保护的因素：高价值和较高的易受攻击性。在接连排除两种其他选择（专利权和专门保护）的可能性后，版权被视为更为妥当的选择。但一旦作为文学作品，计算机软件的保护就要满足一般性的要求，尤其是原创性要求。然后很快就发现，不仅不同国家法院适用的标准不同，而且其中一些原创性标准太高，使大多数软件遇到无法受到保护的威胁。这是德国的一个案例，著名的 *Inkassoprogramm* 案，法院要求了明显高于普通

---

[48] See Walter, M, (2002), Updating and Consolidation of the Acquis. The Future of European Copyright, in European Commission, DG Internal Market, European Copyright Revisited, Santiago de Compostela, 16-18 June 2002. [EB/OL]. http://ec,europa,eu/internal_market/copyright/documents/documents_en.htm, accessed 1 December 2007.

[49] 委员会工作人员关于欧共体版权及有关权领域法律框架的工作文件，Brussels, 19, 7, 2004, SEC (2004) 995, 14.

程序员的创造性水平，制定了质的标准以维护体系的纯正性。❺⓿ 相反，其他一些国家规定了不同的方法，至少对这一问题采取了开放的态度。几乎在德国判决的同一时期，法国最高法院目前依然著名的 Pachot 案作出了判决，在该案中传统的人格权印记让路给了如"智力输出"（apport intellectuel）、"个性化努力"（effort personnalisé allant au–delà de la simple mise en oeuvre d'une logique automatique et contraignante）❺❶ 等这样的表述。新模式让人惊喜的同时，也受到了批评。必须承认，其肯定的内容（原创性）还远不是很清楚，而且很容易导致相反的结果，即对任何软件都授予版权。❺❷ 但是，其否定的内容（非原创性）却是很有说服力的：对于这种新型作品，传统概念无效。

按理欧盟一体化应具有优先权，且需要一个一致的原创性标准，这成为关于计算机程序法律保护第 91/250/EEC 号指令最重要的问题之一。尽管如此，其最初的建议案还没有定论。❺❸ 其备忘录解释中提出了"智力创造""创造性的人类智慧创造力"和"创造力、技巧和创新性"，特别附加上"用于确定保护条件的唯一标准是其原创性，即作品非复制而得，不应使用其他的审美或质量的标准"。❺❹ 这反映了原创性的较低要求，与传统的版权做法极为接近或一致（独立的创作与适度的创造性）。❺❺ 然而，其重述没有包含对此的任何解释，只在第 1.4（a）条中简要规定："计算机程序只有在原创性方面满足了与适用其他文学作品同样的条件时，才能得到保护"。

对计算机软件应得到保护加以明确规定，而不是对原创性的本质展开讨论，这或许是刻意的选择。在进展中，需要进一步的精确解释，对于第 1.4

---

❺⓿ Inkasso – programm, BGH (Federal Supreme Court), 9 May 1985. In the same sense, case Betriebsystem, BHG (Federal Supreme Court), 4 October 1990.

❺❶ Cour de Cassation, 7 March 1986. Mr. Pachot 认为，法院认为上诉法院正确评价了原创性，因为计算机程序是个性努力的结果，它不仅是自动和强制逻辑的适用，它们"具有智力输入的印迹"。

❺❷ As pointed out by Lucas, A and Pascal Kamina："遗憾的是，低级法院只留下了不允许界定清晰原创性标准的语言"，see Lucas, A. and Pascal Kamina (2006), France, in Geller, P. E. (ed.), International Copyright Law and Practice, New York, Matthew Bender, §2［1］［b］［iii］［B］. In that same sense, see Lucas, A. and Pierre Sirinelli, French Report, ALAI Congress of the Aegean Sea Ⅱ, 436. It should be mentioned that in the later Isermatic case, of 16 April 1991, the French Cour de Cassation referred to the personal input and the creative choices characteristics of true programs.

❺❸ Proposal for a Council Directive on the legal protection of computer program, COM (88) 816 final, 5/1/1989 (OJEC NO. C 91/4, 12/4/1989).

❺❹ Proposal, Explanatory Memorandum, Part tow, art. 1, n. 3.

❺❺ 程序是"利用人类技巧与劳动创造"的作品。(Proposal, Explanatory Memorandum, Part two, comments on art. 1, n. 2). "Provided that copying does not take place, a program maker might, in theory, even produce an entire program which bears a very great similarity to existing programs" (ibidem, Part One, n. 2. 6).

条，经济与社会指令宣布："委员会不去界定'原创性'。因为该词语在成员国之间的法律解释上存在差别，这一条款不作任何一体化协调。"❺⁶ 换言之，缺少明确的规定，原创性的不同概念将仍然是单一市场的一个障碍。为了避免这种情况，委员会提出了一个包含以下声明的原创性定义："对于程序，没有要满足美学、质量和数量标准的要求""对于程序的专业水平没有要求""原创性的标准是，在某种程度上程序并未从其他程序上复制，其就应得到保护"。❺⁷ 依同样思路，但多少在更高的水平上，议会就第 1.4 条作出如下说明："只要计算机程序在一定意义上是原创的，是作者自身智力创作努力的结果，就应当被保护。在确定其是否适合保护时，不应适用其他标准"。❺⁸

这些建议案收集在 1990 年《建议修订案》中，❺⁹ 并最终收在指令中。按照 CPD 第 1.3 条："如果计算机程序在一定意义上是原创的，是作者自身智力创作的结果，就应当被保护"，❻⁰ 为避免任何质疑，又附加上"在确定其是否适合保护时，不应适用其他标准"；重述 8 的解释是："在确定计算机程序是否是原创作品应适用的标准方面，不应适用程序的质或美学方面价值的标准"。

这毫无疑问是下行的一体化。结果是大多数国家被迫接受对于计算机程序所适用的原创性标准，至少在理论上，这一标准要低于其他作品。❻¹ 一些国家虔诚地置换为指令中的精确模式（德国、西班牙和意大利❻²），另一些国家简

---

❺⁶ Opinion on the Proposal for a Council Directive on the legal protection of computer program, OJEC, No, C 329/4, 30/12/1989. N. 3. 3. 3, 1.

❺⁷ Opinion on the proposal, cit., n. 3. 3. 3. 3.

❺⁸ legal protection of computer programs, Amendment No. 4, Ojec No. C 231/78, 17/9/90.

❺⁹ 关于计算机程序法律保护理事会指令的修改提议，COM（90）509 final, OJEC, No. C 320/22, 20/12/1990.

❻⁰ 这一标准与 WIPO 计算机软件保护示范条款中的提议非常接近，(Copyright, January 1978, 6 ff)："法律仅适用于在某种意义上具有原创性的软件，应是作者自己智力创作的结果"（s. 3）。克服原创性的需要是缺少概念的一致，"一些国家，受保护作品只需具有简单'原创'，由作者主张；而另一些国家，有着额外的高质标准"。有趣的几点："拥有一词强调计算机程序必须源于创作者的思想；'智力努力'一词可能被理解为由一些指令组成的小计算机程序。……'努力'一词似乎更恰当，因为计算机程序要花费多人数月进行准备……应指出'自己'不意味独立，在一定程度上计算机程序的创作者要使用其他的计算机程序……"（ibidem, 16）。

❻¹ 如指令报告中所阐释："这种一致水平要求 12 成员国降低授权保护的门槛，其余三个要'提高标准'"（Report from the Commission to the Council, the European Parliament and the Economic and Social Committee on the implementation and effects of Directive 91/250/EEC on the legal protection of computer programs, Brussels, 10. 04. 2000, COM（2000）199 final, sub Ⅲ）.

❻² Arts. 69a（3）German Copyright Law, 96. 2 Spanish Copyright Law and 2（8）Italian Copyright Law. The Directive's formula（author's own intellectual creation）is similar to general criterion of art. 2（2）German Copyright Law（personal intellectual creation）, although debates generated in German case law precedent advised a literal incorporation.

单地将其作为解释性的标准（丹麦、芬兰、法国、卢森堡、荷兰、瑞典）。2002 年报告指出了关于英国的一些保留：技巧与劳动原则，❻ "在英国是否会导致对计算机程序的过度保护，尚有待观察"。英国的一些评论者认为，尽管降低了传统的标准，欧洲概念（作者自身的智力创造）仍然暗含着高于英国的标准，当然，这似乎并没有什么实际的后果。正如 L. 本特利和 W. 考尼斯所指出："一个普通法的律师或许很难看出这一用语与在经典案例 '伦敦大学出版社案' 中所使用的词语间有着重大的区别"。❻ 在著作权体系的国家，这一概念很快被国家的法院所接受，这些国家曾对该标准的结果及标准的清晰变化抱有警觉。❻ 尽管如此，笔者还是很难说，这一概念在实践中得到了进一步的明确。现在计算机程序的保护已被认为是理所当然，尽管不可避免地要参考指令的模式。如 A. 鲁卡斯所指，法国的经验是："由于缺少更精确的指导，大多数法院毫不犹豫地认为计算机程序具有原创性，因为它们都可以在作品保护范围之内。"❻

5.2 摄影作品

第二个实现一体化的领域是对摄影作品的保护，1993 年 10 月 29 日的 93/98/CEE 指令，协调了版权及若干相关权保护的一些术语。❻ 我们从指令的标题可以注意到，这是一个比较奇特的情况。具体到摄影作品，是什么因素要求对原创性概念进行一体化，尤其是，规定在一个对该问题很陌生的指令之中？确实存在摄影作品的欧洲市场，尤其是通过数字网络，但这并不代表它们会比其他种类的作品产生更多的问题。

---

❻ Report, cit., sub V（1）(e).

❻ University of London Press v. University Tutorial Press, (1916) 2 Ch 601, at 608："法律并不要求必须以新颖或原创的形式表达，但不能是从其他作品复制而得。它应当源于作者"。在任何情况下，英国法对于计算机产生的作品，仍然有特殊的问题，很难使用原创性标准，是否有技巧、劳动或判断，是否源于作者。

❻ 德国联邦最高法院已经放弃了收集原则，Buchhaltungsprogramm 案（Federal Supreme Court, 14 July 1993）。尽管计算机程序没有满足之前的标准，法院并未错过与欧洲概念一致的机会 "法院要求个体创造性努力，明显高于一般程序员的表现，必须在信息选择、编排、收集及组织方面反映表达。……应当指出，按照 EC 指令的修改，未来适用于计算机程序的要求不会如此严格"（IIC, 26, no. 1/1995, with a Note by Lehmann, M.). In that same sense, see case Holzhandelsprogramm（Federal Supreme Court, 20 January 1994).

❻ Lucas, A. and Pascal Kamina, France, Geller, P. E.（ed.), International Copyright Law and Practice, New York, Matthew Bender, § 2 [1][b][iii][B], Despite being a criminal matter, see French Cour de Cassation, 23 November 1999, 批评 "一审法官只考虑计算机程序一般载有的原创性"。

❻ This Directive has been repealed by Directive 2006/116/EC of the European Parliament and of the Council of 12 December 2006 on the term of protection of copyright and certain related rights（codified version).

原创性要求 **IP**

事实上，摄影作品的原创性规则是一种不正确方式的无法预料到的结果。将对避免内部市场扭曲保护期间的一体化需要暂放一边，指令提案指出，有几种制度可适用于摄影作品保护。一些国家通过版权对其保护，而另一些国家通过可替代模式或者两者合并进行保护，结果是保护的期间并未实现一致。提案试图通过提出"不同保护期间的完全一体化"终止这种局面，[68] 为此，它提出了一个根本的解决办法：为版权作品设定的期间适用于所有摄影作品。根据提案的第 3 条："受保护的摄影作品享有第 1 条中规定的期限。"这一建议在修正案中保留下来。

这一解决方法清楚，也令人舒服，但却带来严重的不便：在仍然存在不同保护制度的情况下，会导致对未被作为摄影作品图片保护期限的不适当延长。为了避免这一点，对版权下的摄影作品与其他作品进行区别很有必要，并对原创性概念作出相应的规定。指令第 6 条规定"某种意义上是作者自身智力创作的原创性摄影作品，应当依据第 1 条给予保护，确定其是否给予保护不应适用其他标准"。如此一来，统一所有照片保护期间的目标最终被放弃了，尽管朝着版权客体的形式一体化又向前迈进一步。

适用于摄影作品的原创性概念大体上同样适用于计算机软件，并要求了两个熟悉的因素：作者自己的智力创造。重述 17 中制定的另一个要素也值得一提，因为它们可能导致完全不同的结论。首先，它提及了"原创性水平"，这就意味着原创性并不是绝对的，而是划分等级的。其次，尽管明确排除了其他标准，其中有"作品的价值或目的"，重述 17 仍对摄影作品的价值、作者的专业或业余身份进行了明确的规定。它指出原创性概念的一体化是必要的，特别是对那些"由于其艺术或专业性特征"而在内部市场中非常重要的作品。唯一符合逻辑且关键的一点是，这一段话在 2006 年的修订本中消失了，重述 17 变为重述 16。[69] 最后，也是最重要的，重述 17 回避了"人格权印记"，"《伯尔尼公约》范围内的摄影作品，如果是反映了作者自己的个性的智力创作，即被视为原创作品"。

或许认为，指令选择了下行的一体化方式，将其调整为计算机程序的原创性的水平。重要的是英国维持了传统的标准，因为依第 6.2 条，"成员可以规

---

[68] Proposal for a Council Directive 93/98/EEC of 29 October 1993 harmonising the term of protection of copyright and certain related rights, COM/1992/33/FINAI, Recital 14.

[69] In the codified version, Recital 16 only states：成员国摄影作品的保护有着不同的机制。《伯尔尼公约》意义上的摄影作品应当首先考虑，是否是作者自己的智力创造，反映了作者的个性，对于成就或目的则不加以考虑。其他摄影作品的保护留给国内法。

定对其他摄影作品的保护"。❼ 但这是一个模糊不清的问题，或许会有人认为，摄影作品要受制于自身的原创性标准。❼ 在授权双重保护体系（版权与相关权）的国家（如德国、奥地利、丹麦、西班牙、意大利或葡萄牙），区别作品与简单图片的需要，可能会保留摄影作品的传统（更加严格）原创性概念，或者将其变得更为严格。否则，没有什么方法可以区分它们与简单图片。换句话说，或许会这样要求：图片不应是某种概率的结果，而是作者在准备、实施或处理图像时所作的个性化选择或判断的结果。在此种情形下，一些判决会基于单纯的能力或完美的技术而否定图片的版权，而要求图片表达的应不仅仅是一种事实，这种趋向会对一体化的效率施加困难。❼ 它或许会帮助一些国家保留传统概念（高或低）主要是那些为摄影作品保护只设定一种权利体系的国家（如比利时、法国、爱尔兰和英国）。尽管法国和英国规定了同样的关于摄影作品原创性的一体化概念，但若要完全不考虑传统概念或过去的解释语言，还需要一段时间。在法国，按照指令现在的重述 16（原来的重述 17），仍然可

---

❼ Cf. Bently, L. and William Cornish, United Kingdom, Geller, P. E. (ed.), International Copyright Law and Practice, New York, Matthew Bender, §2 [1] [b] [iii].

❼ Cf. Karnell, G. European Originality: A Copyright Chimera, 208. Similarly, see IVIR (2006), The Recasting of Copyright & Related Rights for the Knowledge Economy, November 2006 [EB/OL]. [2007 - 11 - 01]. http//www.ivir.nl. 作者通过该研究理解，重述 16 "似乎暗示为计算机程序与数据库制定一个更严格的标准"。尽管承认原创性概念存在分歧，他们仍然声称："对于这些条款的不同原理，摄影作品的标准应参考更严格的欧洲大陆标准，要求具有（个人表达），而不仅仅是自己的创作。这一解释与之前条款的框架目的一致，明确通常的保护术语不适用'简单'的摄影作品"（在一些国家符合邻接权）（n. 2. 2. 3）。

❼ 在西班牙很重要，这样的国家严格按指令的文字转换，不同于计算机程序与数据库，一体化标准并未制定入法规。西班牙最高法院（Judgment of 29 March 1996）处理了一个肖像权案件，主张若要视为作品，照片必须超出单纯的影像反映出个性化。它是摄影作品，而不是摄影对象，必须触及公众。See judgments by Audiencia Provincial de Barcelona, of 21 November 2003. 旧抄本的纯粹摄影：照片必须向观众传递情绪或思想，因此是智力创造的产品，而不是单纯地来源于对现实的捕捉。（泳衣目录的纯粹摄影：它既没有承载申请人的特殊创造或智力能力，也没有表现出个性化印迹，只是认为对外部现实的拍摄）。The Audiencia Provincial de Alicante (19 June 2006) 以同样的理由否定宗教照片作为作品："仅有框架、光、位置或对比度的单纯技术完美绝对不够，照片除了画面上的影像外，没有传递任何事情。与其他照片对照，没有任何特殊之处，不具有原创性。总之，也许从技术角度看比较完美，但它们不具有原创性，能够将其提高为艺术作品。与 Audiencia 省法院得出的结论相同（6 February 2007）涉及一系列关于墓碑的照片：它们只是传输现实中的影像，尽管有拍摄的对象，但没有任何新颖性，只是一个简单的过程。The Juzgado Mercantil 1 de Madrid (27 September 2005) 认为，诗人巴勃罗·聂鲁达的照片可以成为摄影作品，因为它运用了一种"看似随意的处理方式"，给"观众以特别的效果"。

以规定人格权印记，❼❸ 但英国已对低智力投入摄影作品授以版权。❼❹

5.3 数据库

第三个一体化的领域是数据库，主要是 1996 年 3 月 11 日的第 96/9/EC 号指令。确定数据库能否以版权保护的标准在各成员国间均有不同。在美国 Feist 案后不久，荷兰最高法院对字典版权保护要求作出了一个重要的判决，认为术语的特定选择表达了作者的人格印记。❼❺ 尽管存在风险，但同样的词典似乎更容易满足英国所要求的技巧、劳动与判断的标准。类似这种在原创性方面的不同评估或许会成为内部市场的障碍，且损害欧洲的数据库工业。因此，需要对其加以协调：

委员会认为，普通法成员国"付出汗水"的版权标准（涉及的在搜集、检查汇编资料时相当的技巧、劳动或判断）与著作权国家适用的较高的"智力努力"标准之间的差别，会对数据库产品贸易造成扭曲。❼❻

基于版权传统原创性概念被推荐，尽管其标准相对于司法要求更低一些。依指令第 3.1 条，"因内容的选择与安排，构成作者自己的智力创造的数据

---

❼❸ 这种情况在法国，尽管只有摄影作品被保护，仍然适用传统的作者个性化印迹的严格标准……，如 1988 年 3 月 1 日最高法院作出的判决（制作电影过程中拍摄的照片：初审法院法官找了人格印迹……他们认为这只是一项纯粹的技术性工作）；30 June 1993（风景照片：它并未显示作者的个性，也不是原创作品）and 3 February 2004（赛车照片：这只是壮观但平庸的场景，没有显示摄影者的敏感度或个性能力）。卡昂上诉法院，2006 年 10 月 6 日（摄影……是平庸的，没有特殊的智力创造，类似于没有个性印记的老生常谈）。雷恩上诉法院，2004 年 9 月 7 日（大篷车 La Recouvrance 照片：除摄影者必要的装备资料外，没有个性印记）。

❼❹ See for instance, Fraser – Woodward Ltd v. British Broadcasting Corporation Brighter Picture Ltd [2005] EWHC 472 (Ch) (23 March 2005)，如果没人对贝克汉姆家庭照片是否有版权有争议，至少已经出现关于版权司法管辖区的问题。

❼❺ Supreme Court of the Netherlands, 4 January 1991 (Van Dale Lexicografie B. V. v. Rudolf Jan Romme), Nederlandse Jurisprudentie (NJ) 1991, 608. Nevertheless, the Court of Appeals (The Hague, 1 April 1993, NJ 1994, 58) 判决再一次有利于被告，认为，辞典编纂者的努力满足了最高院要求的个人表达要求（apud Hugenholtz, P. B. (1998). Implementing the European Database Directive, in Kabel, J. and Gerard J. H. M. Mom (eds.), Intellectual Property and Information Law, The Hague, London and Boston: Kluwer Law International, Information Law Series, 183–200；[EB/OL] http：//www.ivir.nl, accessed 1 December 2007）. Also in France, the Cour de Cassation 认为，为了对全球主要汽车工业行政与董事会组织架构授予版权，有必要解释"所出版的图表或文本模式是作者的智力输出，属于原创性创作"（Cour de Cassation, civ., 2 May 1989）.

❼❻ First evaluation of Directive 96/9/EC on the Legal Protection of databases, DG Internal Market and Services Working Paper, Brussels. 12 December 2005.

库"应得到版权保护,并再次加上"确定其是否可以得到保护时,不应再适用其他的标准"。尽管原创性这一术语并未被明确提及,毫无疑问其也适用于数据库。正如重述 16 中所规定:"作者智力创作的意义,除原创性外,没有其他标准可以用来确定数据库是否适合版权保护,特别是不应适用美学或质量标准(又见重述 39)。"

数据库使用的原创性概念符合调低一体化要求的趋势,但仍然在版权规则的传统观念范围之内。在普通法国家,"智力创作"的要求战胜了所使用的传统标准,英国与爱尔兰也不得不提高自己的标准。❼ 为了弥补这一点,对于数据库制作者又授予了一种新的特殊权,即那些"表明或者在获取、验证,或者内容展示上有着大量实质性投入的数据库(第 7.1 条)"。重述 40 规定,这种投入"应包括金融资源的配置、所花费的时间、努力和能量"。这样就在原创数据库与非原创数据库之间划出了一条清楚的界线,对于后者也会提供一些合理的保护。

欧洲法院关于 C - 46/02(家具市场公司诉维卡斯)、C203/02(英国赛马公司诉威廉姆·黑尔组织公司)、C338/02(家具市场公司诉赛万斯卡 AB)和 C444/02(家具市场公司诉 OPAP)的判例法已经对这一制度进行了实质性的改变。大体上认为"获取"一词含义宽泛,足以包括数据库"产品"。但法院驳回了这样的解释:当实质的投入应用于内容的创作时,并未授予特别权利。这可能会否定对一些数据库的保护,因为这些数据库只构成主要活动的子产品(一种剥离),如 *Magill* 案中的电视节目单。❼ 这使一些人开始考虑修改指令,撤销看起来似乎并未激励数据库产业的特别权利,但这个问题暂且被搁置了。评估报告不想再次展开关于原创性的讨论,或对普通法国家重新制定付出汗水的标准敞开大门,❼ 但欧洲法院的原则有可能促使爱尔兰和英国找回原来的原创性概念吗?

5.4 原创性的其他概念和其他不同标准

第四个指令也规定了原创性,尽管不常被提及:欧洲议会和欧洲理事会 2001 年 9 月 27 日关于有利于作者的原创艺术作品追续权的第 2001/84/EC 号指令。很明显,这种情况下,原创性术语与用来确定版权授权意义上所使用的

---

❼ Ibidem.

❼ ECJ, 6 April 1995, Radio Telefis Eireann (RTE) and Independent Television Publications Ltd (ITP) v. Commission of the European Communities, Joined cases C - 241/91 P and C - 242/91 P.

❼ 根据第一次评估,"一方面揭示了特别权利会使普通法管辖加强'额头流汗'版权;但另一方面这些管辖也会确定维持更多的保护标准,因此,产生原始数据库的限制性保护。"

术语不同：创作须为作品，并相应地遵守国内法要求的原创性标准，具有人格权印记或纯粹的个性化智力努力。只有在满足这一要求时，才适用版权。追续权指令中的原创性并非旨在界定作品，而是可以适用指令的特殊客体（原创而非复制）。基于此原因，它要求作品必须为"艺术家自己所创作"（指令第2.1条）或由其授权，必须有作者个人介入的因素。在任何情况下，这种原创性与用来评估授予或否认版权中的原创性概念毫无关系。

作为授予版权标准的原创性的一体化术语，或许可以通过参考其他受保护客体的界定标准进行协调，如半导体产品与设计拓扑图。在第一种情况下，拓扑图必须是创作者自己智力努力的结果，在"半导体产业"中并非司空见惯。[80] 在第二种情况下，创作必须是"新的且具有个性特征"，[81] 尽管是作者的个人智力创作，没有新颖性的设计仍然不能得到保护。

6 未来展望

关于原创性概念的欧洲一体化还是非常有限的：首先，它仅影响了三个种类的作品；其次，它是一个相同的概念还是两个不同的概念（一个是针对软件与数据库，另一个是针对图片），还不够清晰；最后，即使在每一个一体化领域内，在共同标准的要求下（作者自身的智力创作，如G.卡耐尔所言是"AOIC的口头禅"[82]），国内的传统标准仍然存在。

适用超越现有状态并授予一体化的横向标准会更有意义吗？这样做有几个原因。在2004年工作稿中解释：[83] "理论上，成员国间对于原创性水平的不同要求是欧共体内部市场贸易的潜在障碍"。正如在得出对此无需采取任何行动的结论前，已在同样的文件中接受的那样：

与技术相关的作品种类，特别是计算机程序与数据库，需要欧共体的一体化，并已经制定了相关规定。但没有情况表明，缺少一体化的原创性概念，会对其他种类作品的内部市场功能造成任何问题，如汇编作品、电影、书籍。因

---

[80] Art. 2. 2 Council Directive 87/54/EEC, of 16 December 1986, on the legal protection of topographies of semiconductor products.

[81] Art. 3. 1 Directive 98/71/EC of the European Parliament and of the Council of 13 October 1998 on the Legal Protection of Designs, and art. 4. 1 Council Regulation (EC) No 6/2002 of 12 December 2001 on Community designs.

[82] Karnell, G., European Originality: A Copyright Chimera, 209.

[83] 委员会关于版权和有关权领域EC法律框架评论的工作文件，Brussels, 19. 7. 2004. SEC (2004) 995, sub 3. 1.

此，就此问题该阶段不需要进行立法活动。❽❹

"不需要"不同于"不可能"，概括这一概念是否会使其适得其反？笔者不这样认为，立法者与法官并未对一体化后的概念感到不适应，为与相应的指令协调，一些国家已经在本国法中吸收了这一概念。还有一些国家简单地认为，本国的原创性概念（理论上及实践中）已经适应了新定义。❽❺ 即使认为需要转换，如英国关于数据库的情形，也不必期望在判例法中会有重大的改变。❽❻ 同样的情况也发生在西班牙关于计算机程序方面，它规定：法律包含指令的定义（知识产权法第96.2条）。法院与评论者并未认为，这与原创性一般规则不同。

新标准的引入确认了这样一种理念，原创性是一个可变的概念。在事实作品与功能作品的压力之下，进行了渐次的改变，将艺术作品与事实及功能作品进行区分，并彼此相互独立开来。前一种仍然保持受到人格权印记的较高标准要求，而对后一种，有个性化的智力努力（不是复制件，有一定的创造力）就足够了。这一提案已被接受为法律原则的重要部分，❽❼ 但这也意味着可能造成与传统版权概念的分裂。如财产权一样（由单一向多类型财产发展），客体的多样性或许会产生不同的法律制度。这看起来不是个令人满意的选择，你可以接受由于对受保护客体特殊界定而产生的不同保护水平（事实性或功能性创作或一个简单的艺术创作的复制品受到的保护较少，因为它们大量属于普通领域），但它们在版权的内容与性质方面，应与其他作品获得的授权是一样的。鲁卡斯有一句精彩的阐释，如果承认原创性的不同概念，或许等于消除了指导我们方向的指南针的磁力。❽❽ 版权的包容性使我们为了接纳新成员，改变了入门标准。但一旦这样做了，下一步唯一合理的做法就是适用新的一般标准。

---

❽❹ Ibidem, See, in favour of thi approach, Lucas, A. (2004), Updating Copyright Law in the Enlarged Union. Introduction to Panel, in Copyright for creativity in the Enlarged Union, Dublin, 20 – 22 June 2004 [EB/OL]. http://ec.europa.eu/internal_market/copyright/conferences/2004_en.htm.

❽❺ For further interest, see the debates that took place in the Fourth Standing Committee on Delegated Legislation, 3 December 1997 [EB/OL]. [2007 – 12 – 01]. http://www.publications.parliament.uk/pa/cm199798/cmstand/deleg4/st971203/71203s01.htm.

❽❻ In this sense, see Bently, L. and William Cornish, United Kingdom, in Geller, P. E. (ed.), International Copyright Law nd Practice, §2 [3] [b]. See also (1999) Copinger and Skone James On Copyright, ed. by Garnett, K., Jonathan Rayner James and Gillian Davies, 14th ed., London: Sweet & Maxwell, nn. 3 – 97.

❽❼ See, for instance, contributions by Cornish, W., A. Kerever, F. W. Grosheide and A. Quaedvlieg in Debate, ALAI Congress of the Aegean Sea II, 225, 237 – 8, 244 and 251 – 2.

❽❽ Debate, ALAI Congress of Aegean Sea II, 250.

这种情况下，为什么不将欧洲方式，原创性的一体化扩展到所有作品呢？这或许只是象征性的运作，但这些象征很重要。作品的概念是版权法的基础，在保护要求方面存在共同的标准具有积极的意义。这些问题仍然要由法院进行决疑评估，且不损害假定的、不太可能行使的欧盟法院介入权。尽管如此，至少在欧盟范围内的法律及法院正适用同样的术语，并能够达成同样的结论。尽管不大，但总是一种进步。

从思想到固定：保护作品的视角

安托万·拉特雷尔*

作品得到版权保护首先需要表达。表达是使作品为公众获知，开发其潜在价值的前提，这种要求意味着作品需要某种形式或模式的存在。这个问题要比其表现出来的更为复杂，因为我们可以在多个阶段界定一个作品。当然，不同的阶段对原创性有着不同的水平要求，这需要进行专门的分析。从概念到利用，文学与艺术作品显示了其多面性，并可能分裂为多个权利客体。

依据《伯尔尼公约》的规定，欧共体国家都要求作品需要表达。而对于固定，各个国家则可以选择是否将其作为一项要求。著作权法的大陆法系国家大多数不作出固定的要求，但在版权法国家，尤其是英国，仍然保留着固定的要求。尽管欧共体探寻了每一种知识产权保护的客体，却并没有哪个欧洲指令能够帮助我们理解该如何适用这些不同的标准。尽管如此，这种沉默似乎意味着我们不需要共同的规则，因为几乎每个国家都得以同样的方式解决了这一问题，一种一体化在实践中得以实现。

从概念到利用这个过程要从思想开始，在多个阶段后可以与公众交流，如通过固定的方式。我们首先要分析表达的概念，并将它与思想进行对比，然后，才有可能去理解表达与固定的区别。

1 从思想到表达

首先要解释为什么思想不受作品的保护，怎样能够构成所要求的表达。其次，笔者会解释司法判例中如何适用这些规则；最后，笔者将研究某种能够替代对思想加以控制的解决方式。

---

* Special thanks for their help to Karine Chala, Ann–Sophie Laborde and Anne–Catherine Lorrain.

1.1 基本原则

TRIPS 已对所有欧盟国家生效，除要求与《伯尔尼公约》的基本标准一致外，也对一些特殊问题加以了阐明。对于受保护作品的范围，第 9.2 条规定，版权只保护表达，而不延及思想、程序、运算方法和数学概念等，几乎所有法规都确定思想不属于受保护作品的范畴。❶

在法国，人们常把思想界定为"自由的方式"，意思是免费的空间，没有人能够拥有它们，因为它只是一种思维产生的精神形式。❷ 这种精神形式具有客观描述现实的实用特征，因此，它们完全是功能性的。受保护的作品则完全不同：它们是作者想象的产品，具有判断性。这也是为什么它们能够传递作者的个性，并提出原创性的要求。

《伯尔尼公约》中并未直接描述文学与艺术作品，其第 2.1 条仅给出了实例，规定："文学艺术作品表达应包括文学、科学与艺术领域的所有作品，如书籍、小册子或其他书面形式；报告、讲座、布道或其他同类性质的作品；戏剧或戏剧音乐作品；舞蹈作品或哑剧表演；配有或没有配有歌词的音乐作曲；使用摄影技术或类似程序的电影作品；绘画、雕塑、雕刻、建筑、印刷作品；使用摄像技术或类似程序的摄影作品；应用艺术；与地理、拓扑图、建筑或科学相关的插图、地图、平面图、示意图和三维作品；"尽管如此，大家一致认可，受保护作品是作者原创的表达思想的最初形式。

这一定义并不意味着思想应当通过它的表达得到保护，形式可以自动得到保护，这种误解催生了一种商业服务的保护。一家加拿大公司试图销售一种"知识护照"，❸ 这对于新商业思想或创新服务理念的作者，对想得到国际保护的发明人是一种便宜的方式。❹ "知识护照"是一本描述了发明者及其创新和理念的小册子，这本书可以出版，也可以不出版，这主要取决于创造者对于其思想保密的意愿。这毫无疑问是错误的，不同国家的工业产权机构已经对这种程序进行警告。

---

❶ US Copyright Act, §, 102 (b).

❷ Forme mentale exclusivement élaborée par l'intellect; Gaudrat Philippe, Réflexion sur la forme des œuvres de l'esprit: Mélanges en l'honneur d'André Frangon, Paris; Dalloz, 1995, p. 214.

❸ http://www.usdsystem.com/eng.html.

❹ 这一争论主要基于涉及外观设计保护的法国案例。Lyon Court of Appeal, 1 April 2004 and Cour de cassation, Commercial chamber, 4 July 2006 (Bulletin 2006 IV no. 160, p. 174). 但判决的含义略有不同：法官承认使用 1998 年 10 月 13 日欧共体指令为外观设计提供法律保护，在侵权的情形下，又由于其之前在一本书中出版，而无法得到保护。

表达的要求应当被理解为一种智慧的形式，这是作品变得真实的唯一途径。作为抽象智力活动的概念还不够，形式要求对实质内容的组织。❺ 表达是作品成为人类智慧的保障，所采用的媒介本身是否是可理解的代码无关紧要。软件取得版权法保护是一个很大的例外，计算机程序是人类为机器设计的一种创造，它的表达只对计算机具有意义。

此外，只有成熟的原创形式才可以得到保护，反之，则不能得到保护。但形式的概念既包括内部表达也包括外部表达，由一系列思想构成的作品可以作为整体加以保护。❻

这种解决方法产生了一些困难，也形成了许多判例法。怎样在内部形式与外部背景之间进行区分？对于创作还应考虑什么，以及什么是作者的创造？依据版权法或者著作权法，聪明的剽窃是被允许的，这就意味着只要有足够的差别，许多作品可能构建在相同的思想之上。一般来说，这种差别是在纯粹客观分析的基础上进行评估的。在版权法，加入了更加主观的标准：作品应是不可取代的。保持同样"外观与感知"，那么一般的外在表现本身并不侵权。功能性和效果也可被视为一种思想：一种外部的思想。一个文学或艺术作品可以是实用的，但它的用途不应由版权法或著作权法进行保护。

实际上，对思想的保护是一个范围问题，而不是一个要求问题，孤立的思想绝不会得到版权或著作权法的保护。尽管如此，所有者或创造者常会通过对思想的表达寻求法律保护。然后按时间顺序，最先进行的固定可能改变一些关系，这种固定被视为真正的保护要求。在法律要求固定的时候，排除思想并非容易之事，思想可能隐藏在固定的作品之中。

1.2 实　　例

在许多案例中，如果一部作品看起来似乎与另一作品结构一样，司法机构必须判决是否侵权。不同类型的作品，特别是视听作品，在被翻译或改编时，也会改变它们的表达。法官必须对这些作品加以比较，以确定其是否有相同的构思，这种相似性是否没有超出基本思想。一般来说，这种情况通常会涉及虚构作品，如电影或小说（小说与小说，电影与电影，或小说与电影）。在法国有一个打了很长时间官司的案例，就是关于玛格丽特·米歇尔的小说《飘》

---

❺ Forme mentale exclusivement élaborée par l'intellect; Gaudrat Philippe, Réflexion sur la forme des œuvres de l'esprit: Mélanges en l'honneur d'André Frangon, Paris; Dalloz, 1995, p. 196.

❻ Gaudrat Philippe, Notion d'oeuvre (C. propr. intell., art. L. 111 – 1, L. 112 – 1 and L. 112 – 2), Jurlsclasseur Propriete Litteraire et Artistique, Fasc, 1134. no. 16.

和雷吉纳·戴夫士的《蓝色自行车》之间的关系。在四种不同的场合下，法院分别判决了侵犯版权和不侵犯版权。❼ 这个案子极不寻常，因为两个故事太相似，但发生的时期和地点又完全不同。涉及电影时，法国最高法院是非常严格的，❽ 它提醒人们思想是自由的。除非能够用一种具体的方式证明在概念、特征、布景等方面存在相似的形式特征，否则不能认定侵权的存在。❾

英国在类似的案件中，法官通常会运用思想不受保护的原则，其主要建立在这样一种事实基础之上，思想"与作品的文学、戏剧、音乐或艺术属性不存在联系。如描述一个体系或发明的文学作品，并未授权作者对该体系或创新主张保护。在一部艺术作品中所表达的创新性概念，也同样适用"，❿ 进一步解释就是，"版权法不保护思想的原创性，而是思想表达的原创性"。⓫ 但这并非是绝对的排除，因为在某些特定的情况下，思想"可以充分地代表作者的技巧与劳动，并得到版权的保护"，⓬ 然后思想成为作品的实质部分。确切地说，这种情况下，我们认为思想不再是受保护的一种思想，而是一种内部表达。霍夫曼在吉尔德设计师（Designers Guild）案中，这样阐述："一般来说，对于艺术性作品，复制的思想越抽象和简单，越不可能构成实质的部分。从作者在技巧和劳动上贡献的意义上说，原创性倾向存在于表现基本思想的具体细节，版权法会保护好狐狸而不是刺猬"。⓭

思想的保护更为独立，这种情况也比较有趣。例如在法国，法院拒绝保护选美比赛规则。⓮ 在另一个案件中，他们又必须决定是否应当保护克里斯托的包装作品。最初，如果一张照片展示了克里斯托包装的一座巴黎桥——新桥，法院会谴责摄影师未经授权拍摄一个已经固定的真正的作品。⓯ 但随后，在第

---

❼ Cour de cassation, 1st Civil Chamber, 4 February 1992：D. 1992, 182, note Gautier Pierre – Yves; Légipresse 1992, no. 97 – 111, p. 143, Versailles Court of Appeal, 15 December 1993; RIDA, April 1994, p. 203.

❽ La Totale case, Cour de cassation, 1st Civil Chamber, 5 July 2006, no. 04 – 16, 68. unpublished.

❾ It is mandatory de préciser, de facon concrète, quelles earactérustiques de forme originals dans la conception des deux oeuvres et de leurs personnages ainst que dans le developpement de l'action, étalent semblables.

❿ High Court, Chancery Division, 27 and 28 February, 7 – 10, 13 – 17 and 20 March, 7 April 2006, Baigent v. Random House Group Ltd（Da Vinci code）.

⓫ University of London Press v. University Tutorial Press, Chancery Division, 13, 14, 18, 19, 26 July 1916.

⓬ Kenrick &Co. v. Lawrence &Co.（1890）25 QBD 99.

⓭ Designers Guild Ltd v. Russell Williams（Textile）Ltd［2000］FSR 121（CA）；［2001］FSR 113（HL），no. 122.

⓮ Cour de cassation, 1st Civil Chamber, 25 November 2005, Dalloz, 2006 jsp, p. 517, note Tricoire Agèns.

⓯ Paris Court of Appeal, 13 March 1986：Dalloz, somm. 150, note Colombet Claude.

二年，另一个法院这样判决，这种不同于建筑的、以艺术方式完成的包装不是克里斯托的财产。⑯ 法院认为，（这种包装）即使用来做广告也是免费的。这两个案子有助于我们理解，版权应从哪里开始，又应在哪里结束。关于电视模板引发了许多诉讼，如果这些模板的内容包含在不公开协议之中，即使把思想转成文字，本身也不涉及版权问题。⑰ 法国最高法院处理了一个特殊的案件：步行道线路的保护。⑱ 法院认为，这种线路，独立绘制且有潜在出版可能，应当得到著作权法的保护。这并不意味着思想可以得到保护，它只是提出了广义的表达概念：可以选择地理特征、自然或人类说明的形式进行表达。这个例子表明，指南手册的固定可以产生对其内容更广泛的保护：包括线路本身。

1.3 可选择的解决方案

版权或著作权法中的思想不存在财产权。即便如此，是否有其他的解决方案？本文是关于版权的分析，无意研究其他类型的法律保护，但我们仍然可以想到三种方式，对思想的创作者进行某种法律保护。

首先，思想是可专利的。发明是针对一个问题的解决方案，可以被授予专利。专利法通过这种方式保护最终的思想，而非结果。只要是新颖且有实用性的发明，就会得到保护，这一观点在一些国家是有效的，如美国专利和商标局允许对商业与游戏方法进行注册。但在欧洲的一些国家，专利法还要求技术的效果，《欧洲专利公约》规定如下：

第52条：可专利发明

（1）任何适于工业应用的具有新颖性且创造性的发明都应当被授予欧洲专利。

（2）但下面所列不被视为第（1）款意义上的发明：

（a）发现、科学理论和数学方法；

（b）美学创意；

（c）从事智力活动、游戏、经营商业的方案、规则或方法，及计算机程序；

（d）信息介绍。

欧共体的所有成员国都是此公约的成员，因此，包含在文学艺术作品中的

---

⑯ TGI Paris, 26 May 1987, Dalloz, 1988, somm., p. 201, note Colombet Claude.
⑰ Paris Court of Appeal, 31 January, Propriétés Intellectuelles, no. 7 p. 158, note Lucas André.
⑱ Cour de cassation, 1st Civil Chamber, 30 June 1998, Revue Trimestrielle de Droit Commerciale 1990, p. 390.

从思想到固定：保护作品的视角

思想不可专利。在文学艺术领域中，来自想象的一般思想依然可以自由使用。一方面，不管怎样，想要证明一个抽象思想的新颖性几乎是不可能的。另一方面，如前所述，以文学方式对技术发明的描述，不能得到对所得产品或方法的保护，这也解释了为什么大多数开发软件的公司希望他们的产品能够在欧盟范围内得到专利保护。[19] 他们认为，以版权保护软件其实并不合适，因为它没有保护他们的投资。[20]

其次，思想可以合法地成为合同的标的。债权人就是创作者，他来阐述他的思想，债务人就是潜在的使用者，他要承诺自己对这一思想保密。至于其他信息，艺术思想可以包含在不披露协议中，尤其是电视节目和电影经常适用这种保护。但这只是一种相对的保护，当普通公众通过作品的实施了解了这一思想后，它也就不再具有效力……除非每个使用者都签订了合同！

最后，即使没有公约，在某种情况下，也会涉及思想使用者的责任。与财产法不同，这种程序允许发明人起诉未授权的使用者，这种程序就是反不正当竞争，但各国内容有所不同。1883年3月20日《保护工业产权巴黎公约》第1（2）条在一个世界范围的一般水平上认可了这种保护方式，该条规定："工业产权的保护旨在……抑制不公平的竞争"。在欧盟，这一权利通常被视为竞争法的一部分。多数情况下，发明者的困难是证明使用者的过错。最重要的问题是：如果该客体受知识产权法保护，对思想的使用为什么会产生不公平？法国的许多诉讼都由此产生，因为一旦案件中被告篡取了他人的部分劳动或名誉，法院就会予以认定，这种侵权叫作"寄生状态侵权"。[21]

2　从表达到固定

欧盟的大多数司法体系对于版权或著作权的保护并不要求固定。表达是以这种或那种方式为他人所感知的外部形式，一些表达可以直接获知（绘画），另一些通过使用一些传统的符号标记进行表达（文学与音乐），多数情况下很容易由一个形式转到另一个形式（音乐、建筑……），这种分类并非总是与固定相联系。而且，将固定作为独立形式或注册的必要要求，也是《伯尔尼公约》坚决禁止的问题，公约第5（2）条明确规定"权利的使用及形式不受制

---

[19] 欧洲议会和欧洲理事会关于计算机实施发明可专利性的指令的建议，COM（2002）92 – C5 – 0082/2002 – 2002/0047（COD）.

[20] See the practice of clean room that allows preserving the software material without copyright the code.

[21] Passa Jérome, Contrefacon et concurrence déloyale, Parise: Litec, 1990.

于任何形式"。欧共体的指令也从未提及关于固定方面的要求。事实上，除照片和计算机程序外，欧盟法没有明确界定受保护的作品，对于作品唯一的要求是"作者自己的智力创造"。㉒ 尽管如此，固定作为作者的一项权利还是被经常提及，固定或拷贝是再现作品的一种主要方式。规定固定的一般要求，就意味着每一个创造者必须有自己的出版商！固定的确有些模糊不清，但事实上，它多数情况下属于权利的范围，而不是一个准入要求。

首先要解释一下，对于固定的无差异性是欧盟法的基本原则。其次，某些特殊国家在特定情形下可以作出固定要求，最后我们可以得出的结论是，固定是证明创造的一种方式，固定作为一种证据形式，可以保证版权有效性。

2.1 固定无差异性

一般而言，成文法与判例法都没有要求，以一种传统方式、一种对于作品的保存及传播更为便利的方式演绎一部作品。如西班牙法规定作品可以"任何方式进行表达，无论有形或是无形"，㉓ 瑞士法也规定，一个创造不必为了得到保护，而必须以有形的方式加以固定。㉔ 传统和永久的固定越来越不是成为作品的必需条件（必须能固定在视网膜上才属于视听作品是例外！㉕）。在历史上，即使是在法国也同样，版权法与著作权法显然都与书面形式相联系。㉖ 一直以来，印刷术是传播作品的主要方式，但版权与著作权都不仅仅是经济权利。著作权是人权的一部分，这已经为1948年12月10日《世界人权宣言》所认可。其第27（2）条指出："任何人对由于他所创作的任何科学、文学或美术作品而产生的精神的和物质的利益，有享受保护的权利。"这就意味着作者身份是主要的要求，而并未要求作者的出版意愿以及通过固定或其他形式对作品加以利用。

按照法国法，固定要求似乎与精神权利是完全不相容的。作者拥有披露权，即他有权决定公众使用其作品的方式，无论使用的条件是什么。㉗ 事实上，原创作品无须固定也可以客观存在，一方面有自生作品的创作，如演讲或

㉒ 关于摄影作品，see article 6 from Council Directive 93/98/EECof 29 October 1993 版权及有关权保护期间的一体化，计算机程序的同样定义：article 1（3）from Council Directive 91/250/CEE of 14 May 1991 关于计算机程序的法律保护。

㉓ Spanish Copyright Law 1987, article 10.

㉔ Article 29, §1, of the Federal Law on copyright and Neighbouring Rights of 9 October 1992："作品，无论是否以有形媒介加以固定，都可以因其创作得到版权法保护"。

㉕ 表达这一想法是为了将法国复制权与代表权之间的分歧降到最低。

㉖ Law of 19–24 July 1793. 但第一部保护作者的法国法与戏剧表演有关（13–19 January 1791）。

㉗ Article 1., 121–2, French Intellectual Property Code.

音乐的即兴创作。另一方面有一些不能永久固定（空切、冰雕），也不是最后形式（草图）的作品。法国巴黎一审法院的两个判决确定了一项原则，按照这一原则，一个作品，其本身就应当得到保护，即使没有以一种有形方式进行固定。拉康（Lacan）案㉘涉及的是一个著名法国精神分析学家雅克·拉康所做会议报告的出版。法院确认，口头演讲本身就可以得到保护，无须以任何有形方式加以固定。因此，作者或其继承者可以反对出版。类似的还有巴斯（Barthes）案㉙，罗兰德·巴尔特教授的合法受益人反对出版其兄弟的一个口头演讲。法院判决，如果未经权利所有人同意，将教授口头演讲放在书中出版构成版权侵权，并确认口头演讲本身可以得到保护。在其他国家的法律中，也有同样的解决方式，规定著作权保护无须任何形式要求。

立法机构对固定要求的观点，会在关于香味或香水的特别案件中涉及。大多数欧洲国家不将香味作为版权作品保护，法国与荷兰例外。在任何地方还没有听说关于保护香味的诉讼，并不等于如果碰巧发生了这种需要作出判决的案件，香水就不会被保护。在法国，尽管最高法院㉚拒绝将香水作为艺术作品加以保护，理由是香水仅是特定的技术秘密。但在一审法院㉛和上诉法院㉜，仍然认可香水可以作为作品得到保护。法国版权法保护以某种形式表达的、源于智力活动的原创作品，香水是智力活动的结果，是一种嗅觉形式的原创作品，因此能够得到法国版权法的保护。荷兰法律给出了非排他的作品列表（和法国一样），且保护标准也与法国类似，荷兰最高法院㉝判决，香味可以得到版权法的保护。英国版权法对保护作品作出的是排他式列表，香味不在保护之列，这或许就从英国版权法上排除了对香味的保护。

但关于香味的保护却引起了关于固定与证据的讨论。香味可以被视为固定在香水的液体上，香味与液体是同体的。香味的固定不是其可为版权所保护的

㉘ TGI Paris, 11 December 1985, Dalloz 1987, somm, p. 155, note Colombet Claude.

㉙ TGI Paris, 20 November 1991, RIDA 1992, P. 340, note Kerever André.

㉚ Cour de cassation, 1st Civil Chamber, 13 June 2006, RIDA, October 2006, p. 349, Dalloz 2006, jurips., p. 2470, note Edelman Bernarrd, Revue Trimestrielle de Droit Commerciale 2006, p. 587.

㉛ For example TGI Bobigny, 28 November 2006, Revue Lamy du Droit de l'Immateriel, 2007/25, no. 833 and 834, note Laborde Anne – Sophie; TGI Pairs, 28 November 2007, L'Oréal v. Parfums Eurolux.

㉜ Paris Court of Appeal, 26 January 2006, RLDI 14/2006 no. 399, note Laborde Anne – Sophie; Com. Comm. Electr. 2006, comm. 39, note Caron Christophe; Revue Lamy du Droit de l'Immateriel, April 2006, p. 286. Paris Court of Appeal, 14 February 2007, Revue Lamy du Droit de l'Immateriel, 2007/25, no. 807, L. Costes Lionel; Aixen – Provence Court of Appeal, 13 September 2007, Lancôme v. SA Argeville, Dalloz 2007, p. 354.

㉝ Cour de cassation, 1st Civil Chamber, 16 June 2006, Propriétés Intellectuelles, 2007, p. 7, note Cohen Jehoram Herman.

障碍，正如一些民法法系国家并不要求固定才能取得版权保护，因为它可以说香味固定在了液体上面。也正因如此，香味版权保护的反对者，法国最高法院并没有提出缺少固定这样的质疑。㉞ 但当你嗅到香味时，它就不再固定，这个事实或许会成为原创性评价和证明版权侵权的障碍，这种情况下的保护也会变得没有效用。㉟ 但确认香味可以成为作品的判决克服了这些困难，虽然在最初的诉讼中情况并非如此。㊱

虚构作品的情况也很有趣。首先，虚构作品都十分流行，商业利用也越来越发达。其次，虚构作品千变万化，一种固定形式不能描述所有的创作。这种作品既包含外在有形表现（画、演、写），也包括心理方面，用单独的一种固定形式来体现整体的创作是不可能的，按照一种固定形式不能为作品提供有效的保护。

我们注意到，越来越多的作品不需要传统的固定就可以用来传播。基于非物质化形式的发展，大多数利用作品的形式不再需要载体。固定的问题在网络世界中毫无意义，数字形式和广播已成为通用形式，"单一来源"的概念对于手机和多媒体很真实，如果保留下来复制件，也只是技术上的或暂时的。这也是2001年5月22日欧共体版权指令为网络临时复制行为规定强制性例外的原因。㊲ 但如果我们站在创作者的一边，我们也会注意到，数码设备和网络为创作者提供了越来越多的工具去复制作品。固定只是一种映像，不再解决传统的出版问题，世界范围内的权利内容都要适应技术带来的变化。甚至版权不再是复制的权利，而只是控制大多数作品的使用的一种可能性。因为《伯尔尼公约》在基本条款中规定了排他权，才出现了这样的发展。㊳ 这种变化意味着权利的范围，特别是要求规则已经进行了调整，因为出版不再是一种必要形式，固定也成为比以往任何时候都不合理的标准。

如果版权保护原则可以没有任何固定要求而存在，现实中实施的大多数情

㉞ Gautier Pierre - Yves, Propriété littéraire, PUF, 2004, no. 38; Pollaud - Dulian Frédéric, ' le droit d'auteur', Economica, 2005, no. 153.

㉟ Sirinelli Pierre. Propriétés Intellectuelles, 2004, p. 909.

㊱ Paris Tribunal de commerce, 24 September 1999: Communication Commerce Electronique, April 2000, p. 20, note Caron Christophe; Petites affiches, 3 march 2000, no. 45; TGI Paris, 26 May 2004, L'Oréal v. Bellure, JCP G2004, II, 10 144, note Brugutere, Jean Michel; Propriétés Intellectuelles 13/2004, p. 907, note Sirinelli Pierre: Dalloz 2004, jurisp., 2641 note Galloux jean - Christophe.

㊲ Article 5（1）Directive 2001/29/EC of the European Parliament and of the Council of 22 May 2001 关于信息社会版权及有关权特定方面的一体化："例外与限制条款 1. 第2条提及的临时复制行为，是短暂的或偶然的，且技术程序的整体或实质部分，其唯一目的是使……"。

㊳ 《伯尔尼公约》第9（1）条："本公约文学、艺术作品的作者享有授权复制作品的独占权，无论以任何形式"。

况还是需要固定，无论固定在一过程中何时介入。当要求固定时，我们就会了解主要的问题，是否固定的只能是前面的一个，还是产生诉讼的未授权固定就可被视为足够充分。

2.2 作为要求的固定

按照《伯尔尼公约》的条款，将版权与固定相联系是可以接受的。第2（2）条规定："本公约各成员国可以通过国内立法规定所有作品或任何特定种类的作品如果未以某种物质形式固定下来便不受保护"。如前所述，欧共体指令对于此要求并未作出任何明确规定。最初，版权国家，尤其是英国要求固定，以作为提供保护的传统证据。版权是推动传播的力量，而非以创作过程为基础，从这一点上看，在保护与固定之间有着天然的联系，因为出版是作品传播的最主要方式。由于版权内容的变化，与固定的联系也变得越来越弱。在现代创作与传输过程中，计算机科学无处不在，许多作品的阐述和出版不再需要任何传统的固定方式，尤其是数码照片、计算机图形或动画。

按照英国的版权法，受保护的作品需要以某种有形的方式进行固定，[39] 但实践中的差异并没有我们看到的理论差别那么大。如伊索尔德·让德罗所指出，对于传统作品，两大体系并没有太大的分歧，但在特殊情形下，分歧确实存在。[40] 原因就是固定的定义十分便于落实，它可以是表达的任何有形媒介，几乎所有的形式都可以被接受，无论是可以直接感知，还是需要一种设备或仪器。固定应能够直接理解，此外，再无其他要求，且有形的形式也不意味着法定的永久物质化，即使载体或符号是短暂的，也能够被认可。但固定应是足够稳定，以能够使作品被获知，有形的表现更加容易被证实，不久前，出版的要求刚刚从标准中被取消。[41] 即便英国保留着固定的要求，我们还可以引用亥伯龙（Hyperion）一案："……书面乐谱或唱片上的固定并非存在版权的音乐本身，例如，没有道理认为，一个人的自发唱歌、口哨、一群人即兴创作的哼唱的录音，无论是否配有乐器，都不应视为版权意义上的'音乐'。[42] 总之，所有欧洲国家，无论是否要求固定，似乎都得出了同样的结果：版权作品指能够以有形方式复制的作品，应易于以一种或其他方式复制或出版。因此，正如法国法院所判决，更多情况下，要求是一种能够获得形式的能力。[43]

---

[39] Sterling J. A. L., World Copyright Law, London: Sweet &Maxwell, 2003, no. 7, 07.

[40] Gendreau Ysolde, Le critère de fixation en droit d'auteur, RIDA 1994, no. 150.

[41] Great Britain Copyright, Designs and Patent Act 1988, art, 17, ss 2 and 6.

[42] Sawkins v. Hyperion Records Ltd [2005] EWCA Civ. 565.

[43] TGI Paris, 2 October 2001, Légipresse, March 2002, no. 189, p. 23.

另一个需要强调的问题是固定的个人责任问题。我们回到法国会议的案例，我们是否可以得出结论认为，如果没有符合以有形方式进行固定的要求，口头演讲就不能得到版权保护？英国《版权、外观设计与专利法》第3节第2段规定，若要从版权保护中受益，作品必须可以"录制、书面形式或其他形式"。因此，一个口头演讲只有以不同的方式进行了固定（速记、录音……），才能够得到保护。"即使录音是由其他人而非创作者完成（无论是否有其许可），❹ 也满足固定要求"。由此，我们可以得出结论，教授进行的口头课程一旦被固定，就可以在英国得到保护，无论是否得到作者的允许。但在实践中，作者什么情况下可以维护其垄断权呢？完成这种未授权复制是向公众直接传播的时候，还是用来做演讲样本的时候？因为英国版权法并未特定化由谁来确定固定，这样一来，冒用者既可以得到保护也可以对其加以运用。美国版权法没有作出这样的解释，它要求只有授权的固定（或自我实施的固定）才能够获得保护，❺ 但大多数州认可即使没有固定也保护表演行为的原则。

过于强调固定的重要性可能产生两个麻烦。一是所有权可能会被授予录制作品的人，使其意外地得到财产权，且它可能误导我们将复制件的所有人当做作品的所有者。而且，这种情况也可能在作者与其所有人之间产生冲突。附属物随其主物，这在版权法尚未得到证实，无论他的权利是什么，复制件的所有人不能享有受保护作品的权利。❻ 二是它使我们很难区分受保护作品与以有形方式固定的表演，并辨别谁是真正的所有人。如巴黎上诉法院在2004年判决的有关魔术的类似案件，❼ 即使表演与作品以同样的方式保护，所有人也是不同的。

2.3 作为证据的固定

不能证明即失败。无论取得版权保护的要求是什么，一旦侵权，权利所有人必须证明作品的真实性并行使优先权。司法的现实是，证明是自由的，所有证明的方式都是可行的。照此方式，证明固定就变得十分有趣，特别是当复制件是用一种耐用材料制成的时候，这有时也是要求固定的最重要原因。固定的

---

❹ Bently Lionel and Sherman Brad, Intellectual Property Law, Oxford: Oxford University Press, pp. 79–80.

❺ US Copyright Act, §, 101.

❻ For instance, Vaux le Vicomte gardens are not an necessary property of the company to whom the castle belongs. Paris Court of Appeal, 11 February 2004, PI, July 2004, no. 12, obs. Lucas Andre.

❼ Paris Court of Appeal, 17 December 2003, Comm, Comm, Electr., May 2004, p. 27.

要求就是为了确保行使版权的作品的识别性，[48] 但固定不会那样严格，按照《伯尔尼公约》第5（2）条的规定，禁止要求这种形式。法官拥有自由裁量权去判断是否构成了固定，并以此确定作品的创作日期，多数情况下，固定的日期就被视为创作产生的日期，并开始版权保护。

如果没有任何形式，即使在广义之下，也不能被视为固定。法官无法对两个起诉的作品进行比较，仅凭证词不足以证明假冒的存在。由权利所有人控制但完全缺乏固定或者仅被告提交的非法固定，都会在版权确认过程中产生困难。版权仅在理论上存在，权利持有人无法使其版权获得尊重。这一解决方法在其他国家也有实施，如因传统上对精神权利给予高水平保护并赋予创作极高价值的法国。法国巴黎上诉法院驳回了一个教师的诉讼请求，他的一个学生复制并出版了他的心理学教程。法官认为，作品没有有形的形式，由于缺少固定，法院不能对口头课程与著作进行比较。[49] 即使在不将固定作为一项原则要求的国家，在特殊情况下，也需要将其作为证据，如德国的视听作品或法国的舞蹈作品、巡回演出及哑剧等情形。[50] 由于这些国家多为著作权体系，这常被作为证明要求，而不是其有效性的要求。[51]

如前所述，将固定要求作为一个要求还是一个证据的问题，已经影响了信息技术。事实上，一般的计算机与网络可以提供多种方式进行录制或留下作品的痕迹。在我们的数字世界里，可以使用计算机创作或传播越来越多的作品，权利所有人证明创作的真实性也越来越容易。况且，我们也可以运用越来越多的工具对网络进行监管，并甄别出未授权使用的行为。

---

[48] Gendreau Ysolde, Le critère de fixation en droit d'auteur, RIDA 1994, no. 159, P. 178.

[49] Paris Court of Appeal, 17 December 2003, Comm, Comm, Electr, 2004, comm. 51, 2e esp, note Caron Christophe.

[50] Article 1., 112 - 2, 4, French Intellectual Property Code.

[51] Paris Court of Appeal, 17 December 2003, Propriétés Intellectuelles, 10 January 2004, p. 537, note Sirinelli Pierre.

版权的期间

依福斯·戈比雅克　布奇利特·林德纳
约翰 N. 亚当斯[*]

概　　述

1952 年《欧洲人权公约》第一议定书第 1 条规定了对私有财产权的保护，它规定：

任何自然人与法人都有权自由使用自己的财产。除因公共利益，或依据法律及国际法基本原则规定外，任何人不得剥夺其财产。

但前款规定不得以任何方式损害一国实施类似法律的权利，只要其按照公众利益或保证税收或其他款项或罚金的征收，为控制财产使用所必需。[❶]

这些条款保护无形财产的利益，如专利和其他知识产权。[❷] 它们包含三个原则：

(1) 合理使用财产；
(2) 剥夺财产的规则应受制于某些特定条件；
(3) 缔约国均有权按照公共利益控制财产的使用。[❸]

从上述规定可以看出，若改变版权的保护期间时，不能以剥夺所有者版权期间未到期部分的方式进行。

---

[*] 依福斯. 戈比雅克撰写法国相关部分，布奇利特. 林德纳撰写德国相关部分，约翰 N. 亚当撰写英国有关的部分。我们感谢维迪安小姐的协助，她帮助收集信息，并对本文加以校对。

[❶] Human Rights Act 1998 Schedule1.

[❷] Smith Kline & French Laboratories v. The Netherlands Case 12633/87, 66 DR 70, 79 (1990).

[❸] Sporring and Lonroth v. Sweden A52 para 61 (1982). See Harris, Boyle and Warbrick Law of the Convention on HUMAN Rights, Butterworths, 1995, p. 517.

1 法　　国

规范知识产权的诸多欧洲指令改变了一些国内的权利，也包括法国。

法国已经尝试了新权利和新保护，它们随着科学的发展而出现并需要得到保护，1985年7月3日的立法中出现了邻接权。软件与数据库保护构成知识产权的一部分，这是一种双重模式，是版权也是一种特殊的权利。在知识产权相关的问题之中，立法机构制定的权利期间出现了问题。

版权期间伴随着众多的修订案不断增加。1793年法将期间由死后5年增加到10年，然后在1810年2月5日法中增加到20年，1866年7月14日法中增加到死后50年，此后一直到1957年3月11日。在1985年7月3日法中，法国立法机构将期间延长到作者死后70年，但只适用于音乐作品。继1993年10月29日指令后，在1997年3月27日法中，法国立法机构将所有作品延长至作者死后70年。这一指令确实延长了版权的期间，将其从作者死后50年延长至70年。在适用指令之前，各国保护期间各不相同，德国已经规定作者死后70年，而法国则仅适用于音乐作品，按照《伯尔尼公约》第7条最低限度的规定，对其他作品适用作者死后50年的期间。伯尔尼联盟的成员国已经选择适用一个更长的保护期间，欧盟一体化也因此在指令中作出了更高程度的保护。

1997年3月27日实施指令的法国法涉及了版权、邻接权、软件和间接数据库，因为这些都有可能为版权所保护。指令第13条要求成员国在1995年7月1日之前实施，法国并未遵守。那时多次出现法律的冲突问题，怎样解决法律的过渡问题并号召保护已经落入共同领域的作品？各国可以自由采取实施指令所必需的方法，法国采取的措施是为了确保尊重已经取得的权利。它试图在权利所有人的利益间寻求一种平衡，但仅体现在一份不清晰的草案之中。

我们首先来评析一下法国版权期间的增加（第1.1节），然后分析一下1985年和1998年作为过渡措施制定的新权利保护期间（第1.2节）。

1.1　法国版权期间的增加

版权保护期间

70年期间

在法国，很有必要提及其只涉及了经济权利的期间，作者的精神权利期间仍然是永久拥有的。

按照1993年10月29日指令前言第5段的规定，延长作品寿命，以70年的期间替代50年是合理的。知识产权法典L.123-7条确认了这一期间：保护期间为作者有生之年，加上死后70年，死后为其继承人受益。这一条适用于所有可以承袭的权利，包括主要是为原创作品作者利益规定的追续权、复制权及代理权。从作者死亡当年年末开始，70年期间之后作品进入公有领域，任何人均可使用。

特殊情况

在某些情况下，起始点不是作者死亡的日期。

合作作品保护期间的起始点没有变化，按照知识产权法典L.123-2条第1段的规定，从"最后一位合作者"死后计算。第2段对该条进行了补充，规定对于视听作品，期间也是最后一位合作者死后起算，但视听作品合作者的列表现在是受到限制的。只有下列合作者可以加以考虑：导演、编剧、对话作者及作曲者。应当指出这份详尽的列表，与知识产权法典L.113-7条中出现的所谓视听作品合作者的列表并不相符。在该条中，改编者有所谓合作作者的地位，而这一点在L.123-2条中并未提及。

至于汇编作品和匿名作品的期间也增加到70年，自出版后第二年1月1日起算。如果作者不再匿名，则适用一般规则。如果匿名或汇编作品自创作之时起70年内未出版，知识产权法典L.123-3条授权初次出版作品所有人25年的保护期间，从出版后第二年1月1日起算。

关于作者死后出版作品的制度也进行了改变（知识产权法典L.123-4条）。如果作品出版是在作者死后的70年之内，则适用L.123-1条的一般原则，如果出版发生在此时间之后，则权利的保护期间为出版后第二年1月1日起55年。

增加版权期间的效果

法国实施指令较晚，相应地，它没有规定1997年3月27日法律实施之前发生的侵权的刑事程序，这是为了尊重法国关于刑法无溯及力的宪法原则。这一推迟导致1995年7月1日法只有部分溯及力效力，关于期间规定适用的日期，刑事条款在1997年3月28日生效，即1997年3月27日法律被发布的那一天。在此之前，拥有权利的第三方完全可以忽略关于著作权恢复的条款，且在法国法第16条第3段中，1995年1月1日显然已经取代了指令所设想的1995年7月1日。这一细节造成了法律解释上的问题，并在1997年7月3日的公报上进行了改正。

权利的恢复

随着时间的推移，立法的一体化也造成法律间的冲突。对于那些已经进入公有领域，作者去世期间在 50~70 年的作品会发生什么呢？这些作品再次受到保护了吗？1866 年已经出现了这样的问题，当时保护期间改到作者死后 70 年。法国学派的著名代表帕塔耶和普耶赞成权利的恢复。指令采纳了权利的恢复，使作品可以在某种条件之下得到保护，同时要求成员国尊重这些已经取得的权利。这种恢复的保护引起了许多问题，按照指令第 10.2 条，法国实施法宣称，如果已经落入公有领域，则只有在 1995 年 7 月 1 日至少在一个成员国内得到保护的作品，才能够在欧盟其他成员国内再次得到保护。

再次得到保护作品的出现会对第三方造成什么影响？1997 年 3 月 27 日法第 16 条规定了这种恢复的保护，有必要对这一条款加以分析。

但在解决这一问题之前，我们必须阐述一下法国在 1997 年 3 月 27 日法中明确未删除的战争延展。

战争的延展问题：法国的例外

法国保留了战争的延展（原文），这一问题是那些坚持保留延展的人和那些赞成将其删除的人之间争论的核心。围绕这一点展开论战的原因在于，知识产权法典未删除这些法条的现实，因为保留不同期间，这种延展也保留了下来。

通过 2007 年 2 月 27 日的两个判决，法国最高法院澄清了对此问题采取的观点，法院否决了对 70 年期间的战争额外扩展，战争的延展包含在 70 年之内。法官按照欧洲立法诠释了内部权利，同时遵从了协调成员国间立法的意愿。

但战争的延展问题并未绝对消失，按照指令关于已取得权利的规则，仍然保留着某种例外。指令第 10.1 条规定："如果一个保护期间，比本指令规定的相应期间长，且其在第 13（1）条规定的日期之前已经在成员国内使用，本指令不缩短在该成员国内的保护期间。"

有必要提一下被称为"为法国而死"的作者作品的情况，其规定在知识产权法典 L. 123 – 10 条。该条涉及的是那些因战争失去生命的作者，"为法国而死"必须在死亡证书上标明。这种情况下的作品不再受一般原则的约束，在作者死后 70 年期间上再加 30 年期间。指令前言第 9 段中关于尊重已取得权利方面规定，如果一个人在 1995 年 7 月 1 日还有 30 年期间的权利，他可以继续受益于期间的延展。如果在 1995 年 7 月 1 日 30 年的期间还没有开始会如何呢？我们需要适用 2007 年 2 月 27 日最高法院判决中的解决方法吗？如按照蒂博朗克勒农先生❹的观点，这些已授权给为法国而死的作者的延展不能在立法

---

❹ Impression soleil couchant……pour les prorogations e guerre, Com. Com. Elect. no. 7, July 2007, Study 17.

的一体化中有所例外。但与其他作者一样，蒂博朗克勒农对与战争期间相关的延展表示了某种犹豫，这种延展会有利于作者继承人，因作者过早死亡，不能继续进行创作而为其带来的经济损失进行补偿。最高法院对于这种类型的延展并未给出一个结论，我们不能认为这个问题在一个方向或从其他方向上已经得到解决。

由此也会产生某种令人诧异的观点，由于对于既得权利的尊重会导致保护期间的差异。同时，对于完美立法一体化的热望在短期内恐怕还是一个乌托邦。

让我们回到尊重既得权利与权利恢复的结果上来。

尊重既得权利

按照指令的建议，法国严谨地尊重既得权利，1997 年 3 月 27 日法第三部分 16 条对这种过度权利进行了规范。所有在 1997 年 3 月 27 日法生效之前所谓的合法利用行为无可厚非，但已使用处于公有领域作品的第三方继续使用作品的时间，就要比欧盟其他成员国的时间长，因为其届满期不是 1995 年 7 月 1 日，而是 1997 年 3 月 27 日。

实施法规定了一种强制性许可，允许第三方从 1997 年 3 月 28 日起连续使用一年。有人认为，这个额外的期间是为了让作品的权利持所者与有权使用作品的第三方有时间进行协商，但实际上它常被理解为保护恢复的一种阻碍。这一年的延展期也适用于衍生作品的利用。

对于视听作品，也规定了有利的制度，主要指 1997 年 3 月 30 日前制作的，在电影作品公共注册处作为改编作品合同标的进行了注册的视听作品。权利所有者们不能与该注册发生冲突，他们仅有取得报酬的权利。另一个例外是关于编辑合同：依据与作者签订的合同条款，如果编辑被授予法定期间的保护，权利的延展并不等于合同的延展。但存在一项例外，一项使这一原则落空的例外：没有目前编者转让的同意，作者不能授权给其他编者。

下面我们研究一下关于 1985 年与 1998 年设立的新权利保护期间的过渡期措施。

1.2　法国新权利保护期间的多样性

1985 年 7 月 3 日法设立了邻接权与软件权利，1998 年 7 月 1 日法为数据库设立了权利，已经在特定时间开始适用，笔者将研究相关问题。

尽管数据库似乎属于邻接权，但笔者会分别阐述，因为法国立法者将其作为特殊权利进行规范。

邻接权

1985年7月3日，法国议会一致通过了一项立法，依据邻接权，授予表演者（连同表演者的精神权利）、音像制品制作者及视听传媒公司财产性权利。

因此邻接权含有精神权利，尽管法律没有特别明确，这种精神权利是永久性的。邻接权财产性权利的期间是50年，从演出第二年公历1月1日起算。为了不会发生精神权利在财产性权利届满之前终止的情况，表演者精神权利与作者精神权利一样具有永久性。

知识产权法典L.211-4条规定，表演权邻接权的保护期间是50年："从表演作品、制品或节目首次向公众展播当年第二年的公历1月1日起算"。随着时间的推移，设立邻接权的1985年法出现了适用上困难，这些困难在艰苦的筹备工作中已经出现，而且，文化部长认为，只有1935年之后进入公众领域的产品或服务才能不予以保护，需要补充的是，这些权利只是用于法律生效后的实施。如果已经为此权利进行了支付，就应当认定不需要进行第二次支付。

1997年3月27日法并未对邻接权的保护期间进行重大变更，实施法第11条规定，保护期间仍然保持为1985年以来的50年。尽管如此，该法增加了知识产权法典的新L.211-5条，一个关于不是欧盟成员国所有者的邻接权保护期间问题。该条规定："根据法国为缔约国的国际条约的规定，不是欧盟成员国国民的邻接权所有者可以享有其所属国规定的保护期间，但这一保护期间不能超过L.211-4条规定的期间"。如果外国法规定了短于50年的保护期间，适用该法，如果外国法规定的保护期间更长，则保护期间仅限于50年。

根据1985年法，保护期间的起始应为单独的一年，即视听公司的作品、制品或节目首次进入公众表演传播的次年1月1日。一方面，表演创作时间并不重要，即使音像制品在前面提到的进入公众传播之前已经完成了50年以上也不重要。另一方面，按照实施法，50年保护的起算日为下列日期后次年的1月1日：

● 表演者的演绎之日。但如果表演在第一段界定的期间内，通过有形样本或向公众传播的方式使公众可得，则表演者的财产权利在首次出现这些事实次年的1月1日后50年届满；

● 唱片制作者对声音序列的首次固定之日。但如果在第一段界定的期间内，唱片通过有形样本的方式可以为公众所获得，则唱片制作者的财产权利在这一事实次年的1月1日起50年届满。如果没有公众可取得的复制件，该权利在首次向公众传播后次年的 1 月 1 日起算，50 年届满；

- 无论是否有配音，系列影像为音像制作者首次固定之日。但在第一段界定的期间内，录像带可以通过有形样本或公众传播的方式已为公众可得，则音像制作者对录像带传袭的权利在这些事实首次发生次年的 1 月 1 日起 50 年届满；

- 视听传播公司节目首次向公众传播之日。

数据库：两种保护与两种保护期间

数据库的保护始于 1983 年 11 月 9 日法国最高法院对 *Microfor* 案的判决。为执行关于数据库保护的 1996 年 3 月 11 日理事会与欧洲议会的 96/9/CE 指令，法国在 1998 年 7 月 1 日 98－536 法中实施了法律保护。1998 年 7 月 1 日的法国法通过版权与特殊权利机制保护数据库，这或许没有满足版权法的一般标准，因为权利的实现必须有人力、技术与金融资源的实际投入。

版权授予作品传统的精神权利：披露作品、保持作品完整以及反对在无权利人授权时，整体或部分、再现或复制作品的财产权的排他权。数据库的翻译、改编或改造也同样适用。关于数据库，版权授予的保护只涵盖了数据库的结构，而不是数据本身。通过特别权利加以保护可以使数据库制作者受益，即那些依据知识产权法典 L. 341－1 条"承担最初相应投资风险"的人。这种对制作者的特别权利保护是独立的，特别权利实施与版权或数据库及其组成部分上其他权利的实施彼此独立。这种数据库制作者的特别权利保护仍然要遵守一定的条件，其重点在于投入，这种权利禁止对数据库的内容抽取或再次使用。

按照特别权利制度，知识产权法典 L. 342－5 条授予 15 年的保护期间，这种数据库的权利从数据库制作完成时起生效。知识产权法典 L. 342－5 条第 2 段规定，当数据库在 15 年保护期内已为公众所得时，"权利在数据库首次为公众可得之日次年 1 月 1 日起 15 年届满"。最后该条第 3 款规定，如果数据库是一个新实质性投入的主题，其保护从该新投入做出次年 1 月 1 日起 15 年届满。

对于版权所授予的保护，数据、及/或数据的选择、及/或结构，如果它们是原创的，就会得到版权的保护。保护期间是作者死后 70 年，知识产权法典 L. 112－3 条规定了版权保护数据库的条件。如果材料的选择或安排构成智力创造，就会提供版权保护。

如果数据库被视为汇编作品，其结构与内容就会从出版之日起次年 1 月 1 日起算保护 70 年。我们可以回顾一下汇编作品，它是"编辑它的自然人或法人创作的作品，参与其创作的不同作者的个人贡献合并于其所构想的整体作品之中，将每个作者的努力在做创作的作品中不可能分离为单独的权利"（知识产权法典 L. 113 – 2 条，第 3 段）。

如上所述，实施 70 年保护期间的 1997 年 3 月 27 日实施法规定了涉及期间法律冲突的规则，继续适用尊重既得权利的实施法第 16 条一般条款是适当的。

1998 年 7 月 1 日法第 8 条，保护 1983 年 1 月 1 日后完成的数据库，但这些数据库必须满足知识产权法典第三部分第四编规定的条件。第 8 条最后一段规定了保护溯及适用的条件："保护的适用不应损害在法律生效之前所作出的协议或行为"。15 年保护期间的起点定在 1998 年 1 月 1 日，以前的数据库可以按照前面的条件，法律溯及适用。

软件的保护

保护软件的想法在 20 世纪 70 年代才渗透到欧洲理念之中，这种接受极为困难，原创性问题也分裂为多种观点。为了结束这种不确定性，在 1985 年 7 月 3 日的立法中，补充了 1957 年 3 月 11 日法的许多观点，做好了承认以版权保护软件的准备。

这种形势是软件工业的需要，也是版权的实用主义趋势的结果。从这一视角，我们可以更好地理解版权一些重要原则的改变。由于它们是由一个或更多的雇员所创作，软件之上的财产权及其文件依法应为雇主所有，如果这些创作是"履行他们的职责或者遵循雇主指令"完成。这一规则损害了另一原则，即作者对其作品保有的财产权，无论约束其与雇主或客户的是一种什么样的雇佣关系（知识产权法典 L. 111 – 1 条，第 3 段）。依据知识产权法典 L. 121 – 7 条，软件的作者不能反对权利受让人对软件的修改，只要这一修改未损害其尊严或信誉。

原知识产权法典 L. 123 – 5 条，来自 1985 年 7 月 3 日法，限定软件的财产权期间为创作完成时起 25 年。有人将软件与实用美术作品作了对比，因为《伯尔尼公约》为实用艺术品规定了这一期间。1994 年法执行了 1991 年指令，将对软件的保护回到作者死后 50 年的一般原则上。在今天的 1997 年 3 月 27 日法中，软件适用版权保护机制，保护到作者死后 70 年。

关于软件保护的恢复问题，协调保护期间的指令第 10.2 条规定，如果进入公众领域的软件至少在一个成员国内仍然受到保护，它就可以重新获得保护。为尊重既得权利与公众利益，法国实施法第三部分第 16 条规定了一些例外，但未特别提及软件的制作，这就需要适用笔者前面研究的涉及版权权利的规则。

现在可能注意到，软件的保护期间依其创作日期和规范法律有所不同，这种期间方面不一致的原因是，先后承继的法律会对软件保护问题给出不同的答案。

1957年3月11日法确定财产权保护期间为作者死后50年，随后1985年7月3日法在第48条中确定了软件保护的25年期间，该条后来成为知识产权法典L.123-5条。第66条规定了1986年1月1日生效的条款，1986年1月1日之前的创作，涉及1957年法的软件，保护期间是作者死后50年；1986年1月1日之后创作的软件，保护期间为自创制时起25年。

1994年5月10日法在规定计算机程序的法定保护时，修改了软件的保护期间，在第9条中撤销了该法来源于1985年7月3日法中的规定。你可能注意到其回归到了一般原则，回归了作者死后50年的保护期间。知识产权法典L.123-5条的改变也产生一个明显的法律冲突，一个到1993年还受到保护的作品能够重新得到保护吗？协调保护期间的指令在第10.2条中规定，一个在一成员国内一直受到保护的作品，如果它在另一成员国内得到了保护，就应当按照指令规定的新的期间重新得到保护。第10.3条特别规定，指令应当理解为"不损害第13（1）条中规定日期之前履行的任何实施行为"。很明显，指令将规范第三方既得权利保护的责任留给了成员国："成员国应制定必要的条款保护第三方的特定既得权利"。

法国实施法在第16条中规定了必要的措施，它把涉及法律发布日之前涉及侵权的刑事诉讼放置一边，于1995年7月1日法律生效日前，对既得权利的保护再次得到确认。进入公众领域的那些作品只要它们仍然在至少一个成员国内得到保护，就可以重新得到保护。16条规定了从法律生效时起1年的期间，在这段期间内，如果该利用在这一日期之前已经合法产生，则所有者的权利不能与作品的利用发生冲突。因此，除1994年5月10日法之前创作软件的情形外，该法规定的软件保护期间为作者死后50年。

你或许认为，软件权利的保护期间是每个新指令中特别涉及的主题。协调版权及邻接权保护期间的1993年10月29日指令，对权利期间规定了一个总括的机制，保护期间延长至作者死后70年。指令规定了权利的暂时问题，实施法再次以妥当的方式尊重了既得权利。如果在法律生效之日仍然至少在一个欧盟成员国内得到保护，1996年已经进入公众领域的计算机程序可以重新获得保护，适用作者死后70年的保护期间。关于1997年3月27日法16条涉及的软件过渡条款，我们可以回到之前对版权进行的分析上。

软件的保护期间问题并不十分令人担忧，因为它覆盖了计算机程序的预期寿命，且关于软件的权利期间仅涉及财产权，精神权利仍然是永久的权利。

2 德　国

德国自 1871 年起才以独立国家的形式存在，在此之前 1815 年是由几个独立地域松散联结在一起的德意志联邦政府，及其后的北德意志联邦政府。这些地域之中有几个在 19 世纪早期已经制定了版权法，如 1837 年 6 月 11 日关于科学艺术作品财产权保护的普鲁士法。❺

1870 年 6 月 11 日，北德意志联邦政府制定了关于文学作品、插图、音乐作曲及戏剧作品著作权法，其在 1871 年新建立的德国中适用。随后 1876 年 9 日与 10 日的两部法，分别对美术作品与摄影作品保护进行了进一步的补充。自 1871 年起著作权及后来邻接权的保护期间经历了几次的改变，作者能否在每次改变中连续享有其文学与艺术财产权，我们将在下面对这些作品进行研究，包括适用于摄影作品及邻接权的期间。

2.1 一般作品

多年来，作品的一般保护期间从 1870 年著作权法中的作者死后 30 年，增加到 1965 年著作权法的作者死后 70 年。下面笔者会对作者在多大程度上受益于期间的延展加以详细研究。

2.1.1　1870 年 6 月 11 日法

1870 年 6 月 11 日法对作品规定了作者死后 30 年的一般保护期间，这一期间在 1837 年 6 月 11 日的普鲁士法中已经存在了。1841 年德国联邦大会对其进行了延展，适用于德国联邦的所有其他地域，主要是为了保证将歌德与席勒的作品保护到 1876 年。❻

2.1.2　LUG/KUG

著作权立法随后进行了修改，1870 年法被 1901 年 6 月 19 日文学与音乐作品著作权法❼（LUG）所取代，这部法在 1902 年 1 月 1 日生效。1907 年 1 月 9

---

❺ 参见德国著作权法简史，World Copyright Law, 2nd edtion, 2003, paras. 1.12 and 2.18; Schricker – Vogel, Urheberrecht, 3rd edtion, 2006, Einleitung, notes 66 et seq.

❻ Schricker – Vogel, ibid., Einleitung, notes 68.

❼ Gesetz betreffend das Urheberrecht an Weken der literatur und der Tonkunst of 19 June 1901, published in RGBI, 1901, P. 227.

日又制定了艺术作品与摄影作品著作权法（KUG），❽ 于1907年7月1日生效。LUG 与 KUG 在1910年又都进行了进一步的修订。❾❿

除摄影作品外，LUG 第29条与 KUG 第25条继续适用了1870年法的30年保护期间，但 LUG 第29条规定的保护期间的届满要符合两个条件：作者死后已满30年和自作品出版起已满10年。在实践中，这一规定会导致对未出版作品的无限保护，这一点在1965年制定的《著作权与邻接权法》中才作出补救。⓫ 按照 KUG，版权既可以授予自然人，在某些情况下也可以授予法人，30年的保护期间在第一种情况下从作者死亡时起算，第二种情况从作品出版之日起算（KUG 第25（2）条）。

LUG 与 KUG 规定的保护也适用于在生效日时已经存在的作品（LUG 第62条，和 KUG 第53（1）条），立法者又进一步规定，按照已被取代的先前条款对合法复制作品的投资者利益给予保护。LUG 第63条规定，此处允许但禁止依 LUG 条款禁止的复制件生产，如果生产是在1902年1月1日 LUG 生效之，已经开始的，可以继续生产并发行复制品。生产这些复制件的设备仍然可以继续使用，直到6个月的期限届满，即直到1902年6月30日，这与 KUG 第54条的规定类似。

立法者试图在两种利益之间寻求平衡，一边是作者在期间延展中所拥有的利益，一边是在期间延展之前确信可以自由利用，并已经利用的实施者的利益。

2.1.3　1934年12月13日延长著作权保护期间法

在1934年12月13日延长著作权保护期间法中，作品的保护期间延长至50年，该法在1934年12月20日生效，⓬ 在其第1条中，分别对 LUG 第29条和 KUG 第25条加以修正。

依据该法第2条的过渡规定，所有在1934年12月20日前尚未进入公领域的现有作品都可以从期间的延展中获益。

对于在法律生效前已经缔结的版权合同，第2条使用了下面比较矛盾的规

---

❽　Gesetz betreffend das Urheberrecht an Weken der bildenden Künste und der Photographie of 9January 1907，RGBI，1907，P. 7.

❾　Law of 22 May 1910，RGBI，1910，P. 793.

❿　For a review of both the LUG and KUG see Ladas，The international Protection of Literary and Artistic Property，1938，Vol. Ⅱ，pp. 1026 et seq.

⓫　Schricker – Vogel，Urheberrecht，Kommentar，3rd edtion，§64，note 54.

⓬　Gesetz zur Verlängerung der Schutzfristen im Urheberrecht of 13 Decber 1934，published in RG-BI. 1934Ⅱ，p. 1395.

则：一方面，如果著作权已经被全部或部分地转让，这种转让，如果不确定，则不能覆盖所延展的保护期间。另一方面，如果作者的权利已经被转让或许可，另一方当事人保留支付合理报酬使用作品的权利。最初，就怎样理解和在实践中适用这些矛盾的规则方面，有许多争议，现在这一问题已为联邦最高法院（BGH）所解决。联邦最高法院的判例法对这一条款进行了解释，如果不确定，即如果合同中没有明确地表示这一意图，法律允许受让人/被许可人按照与作者的合同约定，在延展期间内继续使用作品。❸ 尽管如此，该法第2条也被视为作者友好条款，这种继续使用所支付的报酬必须足够充分。联邦最高法院采取这样的观点，如果考虑到新情况，在延展期内使用作品所支付的报酬已经不充分，就应增加最初协商的报酬。❹ 法院由此在作者利益与合同相对方利益之间取得平衡。

2.1.4 1965年9月9日著作权与邻接权法

经历法律实质改革后，在1965年9月9日制定的新著作权与邻接权法（UrhG）❺ 中，作品的一般保护期间最终被延展至70年（参见UrhG法第69－1条）。规范作品保护期间的UrhG第64至第67条及第69条在1965年9月17日生效，而其他大多数条款要在1966年1月1日生效。这样做的原因就是为了使1915年作品的作者能够从延展期间中受益，否则，这些作品有效期可能在1966年1月1日已经届满。

依据UrhG第129（1）条，70年的保护期间适用于所有在1965年9月17日（作品保护期间条款的生效日期）仍然受保护的作品。这就意味着在1915年仍然在世作者的作品，会从1965年的期间延展中受益。

如果在UrhG生效前，版权已经被转让或许可，UrhG第137（2）条规定了一项合同解释原则：如不确定，对于已经受让或许可的权利，视为转让人或许可人仍可以从期间延展中受益，但一般来说不包括UrhG规定的新权利（UrhG第137（1）条）。"不确定"指合同没有规定一个固定期间内转让或授权，例如，如果一个合同约定在版权期间内授权，就是UrhG第137（2）条意义上的不确定，这种情况就可以适用合同的解释原则。❻ 如果受让人或被许可人从期间延展中受益，则有义务为作品的使用支付充分的报酬。这种情形下会

---

❸ BGH GRUR 1975，495 – Lustige Witwe；BGH GRUR 2000，869，870 – Salome III.

❹ BGH GRUR 2000，869，871 – Salome III.

❺ Gesetz ber das Urheberrecht und verwandte Shutzrechte of 9 September 1965, published in RGBl, I 1965, P. 1273 – UrhG.

❻ BGH GRUR 1975，495/496 – Lustige Witwe.

推定，如果作者知道有更长的期间，就会要求更高的报酬。如果那时知道延展的期间（UrhG 第 137（3）条），就会协商更高的报酬，如果支持这一推定，这种报酬就应当支付。

UrhG 第 137（2）~(4) 条中的规则因有利于使用者而非作者，在法律原则方面已经受到批评。[17] 尽管如此，UrhG 第 129 和第 137 条中包含的模式几乎毫无例外[18]地在整个法律中保持下来。这意味着，一般而言如果作品在延展时仍然有效，则享受期间的延展，通常作者是受益人，除非著作权已经被许可，这种情况下，被许可人有权通过支付报酬继续使用作品。

和 LUG 与 KUG 一样，UrhG 也允许完成复制件的生产，如果复制行为在 UrhG 生效前是被允许的且已经开始生产。这样的复制件和那些 1996 年 1 月 1 日前已经存在的复制件可以自由传播，而无义务向权利所有者支付报酬（UrhG 第 136 条）。

最后，依据 LUG 第 29 条，已经死亡作者的未出版作品具有特殊性，除作者死后 50 年外，还可以从出版后的 10 年保护期间中受益。其结果是，未出版作品版权的存在或许不会届满。如果已逝作者的作品在 1965 年 9 月 17 日前出版，LUG 第 29 条继续规范其保护期间（UrhG 第 129（2）条）。但对那些已逝作者在 1965 年 9 月 17 日之前尚未出版的作品，将适用新的著作权与邻接权法。为了避免对未出版作品的意外永久保护，[19] 立法者在 1965 年制定了新的法律制度：UrhG 第 64（2）条中规定的从出版之日起享有的 10 年保护期间，是指已逝作者在 1965 年 9 月 17 日之后出版，处于保护的第 60 年与 70 年之间的作品。尽管在 1995 年执行欧盟指令时，取消了这一条款，但在计算年代较老作品的保护期间时仍然是有用的，因为不考虑它，可能缩短在 1995 年 7 月 1 日已经开始的保护期间（UrhG 第 137f（1）条）。此外，立法者在 1965 年制定进一步的规定，目的是照顾出版者对在保护期间内没有出版的已逝作者作品的利益：UrhG 第 71 条授予在著作权保护期间届满后首次出版作品的出版者，享有自出版之日起 25 年的邻接权。

2.1.5　1990 年德国统一条约

1990 年 10 月 3 日德国统一后，德国立法者面临着保护期间领域的又一个

---

[17] Schricker – Katzenberger, op cit., §137, note 12; se also observation of BGH in Salome III, GRUR 2000, 869, 870.

[18] See §137a UrhG.

[19] Schricker – Katzenberger, op cit., §64, note 54.

挑战。1990 年 8 月 31 日统一条约第三章，[20] 与附件 1 相关的第 8 条使 UrhG 在前民主德国（GDR）地域得以适用，同时，前民主德国法失效。

依据统一条约第三章，附件 1 第 1 条，联邦德国的 UrhG 条款适用于在统一生效时存在的作品。依前民主德国法，作品的一般保护期间只是作者死后 50 年，而联邦德国法为作者死后 70 年。如此一来，在条约生效前作者逝世超过 50 年的作品，在民主德国或许已经处于公众领域，在类似的作品在联邦德国仍然受到保护。比较保护期间的适用，对源自民主德国的作品，联邦德国授予满 70 年的保护期间，而源自联邦德国的作品在民主德国只有 50 年期间。这就会导致这样的情形，所有的德国作者对于同一作品，在德国另一部分却有着不同的保护期间。为了不再持续这种糟糕的情形，德国立法者决定不适用 UrhG 第 129 条的一般规则，按照 UrhG，要求所有作品仍然按照前民主德国法规定进行保护，反而是考虑到例外情形和巧妙地协调保护期间的目的，立法者允许保护的恢复。成果是，统一条约第三章附件 1 第 1（1）2 条规定，即使在依据民主德国著作权法保护期间已经届满的情形，也可以适用 UrhG。相应地，在 1990 年 10 月 3 日还没有落入公众领域作品，可以依 UrhG 得到 70 年剩余期间的保护。由此，统一条约实现了前民主德国地域作品保护的恢复。

至于恢复保护中享有的利益，统一条约第 3 条基本遵循了 UrhG 第 137 条中使用的基础模式：如果已经授予使用权，如不确定，但在支付充分报酬的情况下，认为被许可人可以从恢复保护中受益。

统一条约也保护那些在 1990 年 7 月 1 日之前，已经开始合法实施行为者的利益。统一条约第 2 条规定，合法使用可以在 1990 年 10 月 3 日之后继续，但要支付充分的报酬，特殊情况例外。既得权利的保护不适用于 1990 年 7 月 1 日后的实施利用行为，因为在此期间，使用者应当能够充分意识到，他的使用行为是非法的。1990 年 10 月 3 日前已经完成的行为，在任何情况下，都受前民主德国著作权法的规范。

2.1.6 1995 年 6 月 23 日的著作权法第三次修订

1995 年 6 月 23 日著作权法第三次修订的目的是，[21] 在德国法中执行欧盟

---

[20] Vertrag vom 31. August 1990 wischen der Bundesrepublik Deutschland und der Deutschen Demokratichen Republik über die Herstellung der Einheit Deutschlands（Einigungsvertrag）of 31. August 1990, published in RGBl, 1990, p. 885.

[21] Urheberrechtsanderungsgesetz of 23 June 1995, published in RGBl, I 1995, p. 842, in force from 1 July 1995.

的期间指令㉒。期间指令规定了作品的作者死后 70 年保护期间的欧盟一般原则,这在德国 1965 年法中已经制定。尽管如此,过渡条款对于著作权也很重要。如在其他保护期间改变的情形下,新规定适用于在 1995 年 7 月 1 日仍然受保护的作品(UrhG 第 137f(1)2 条)。这一规则有两个重要的例外。

首先,新规定的适用不能缩短在 1995 年 7 月 1 日仍然受保护作品的期间。在这种情况下,1995 年 6 月 30 日生效的法律规定将规范保护期间,这一规定在实践中很重要,尤其是对于那些最初按照 LUG 第 29 条㉓进行保护的已逝作者未出版的旧作品,以及旧电影作品。㉔迄今为止,电影的保护期间从合作者中的最后一位作者去世之时起算。执行期间指令后,合作者中只有选择确定后的一些人(主导演、剧本作者、对白作者和音乐,尤其是电影配乐作曲者)享有保护期间。这就导致,如果以前确定为合作者中的任何一人活得比四种合作者久,就会缩短保护期间。

其次,按照统一条约中的示例,欧盟期间指令规定了 UrhG 第 137f(2)条中的权利恢复。在欧盟层面上恢复的目标是,通过 EU/EEA 尽可能快地实现保护期间的一体化。因此,1995 年 7 月 1 日的德国著作权法可以适用,即使作品保护期间已经在 1995 年 7 月 1 日前届满,这与德国法规定一致,只要在那个日期作品在欧盟其他成员国内仍然受到保护。由于作者死后 70 年的保护期间自 1965 年起已经存在,权利的恢复与德国最初保护的摄影作品客体是相关的,与邻接权领域也是相关的,这些权利笔者将在下面的 2.2 与 2.3 节中进行更加详细地研究。

如果恢复保护,依据 UrhG 第 137f(3)条有益于作者;但如果在保护期间延长之前,已经将使用权授予第三方,如无疑问,视为第三方将从版权期间延长中受益,但要支付合理使用费(UrhG 第 137f(4)条)。因此,UrhG 第 137 条中确立的模式要遵循欧共体期间指令实施。

如果实施行为在 1995 年 7 月 1 日之前合法进行,这种使用可以在原有意图范围内继续,但在 1995 年 7 月 1 日以后,要为进行的使用行为支付合理使用费。这一规则应当依据欧洲法院在 *Carosello v Butterfly* 案㉕中的判决加以严格解释,依据法院的观点,与取得权相关的规则不必对阻止新保护期间的适用有

㉒ EC Council Directive 93/98/EEC of 29 October 1993 harmonising the term of protection of copyright and certain related rights, O. J. L 290 193 – 11 – 24, pp. 9 et seq. , now superseded by the codified version in Directive 2006/116/EC 2006 – 12 – 27, pp. 12 et seq.

㉓ Please rfer to setion 2. 1. 4.

㉔ Schricker – Katzenberger, op cit. ,§64, note 40.

㉕ European Court of Justice C – 60/98, GRUR Int. 1999, 868.

整体的效力。这就要求，使用者善意相信作品处于公有领域。但指令在官方杂志上出版后，当然就不会再承认这种善意。㉖

2.2 摄影作品

2.2.1 1965年前摄影作品的保护

1876年1月10日，德国制定了关于反对非法复制、保护摄影作品的法律，无论是否具有原创性，所有摄影作品都可以受到保护，从出版之日起享有5年保护期间。㉗

随后，我们前面提到的1907年1月9日的KUG保护了摄影作品，尽管要求原创性。保护期间是从出版之日起10年，或者如未出版，为作者死后25年（KUG第26条）。这一保护适用于所有在1907年7月1日生效日时仍然受保护的摄影作品，对于实用艺术作品，以同样方式保护既得权利（KUG第54条）。㉘

1940年5月12日法修订了KUG第26条，将保护期间从出版之日起10年延长至25年，期间的延展覆盖所有在该日仍然受保护的摄影作品。对于未出版作品，作者死后25年的保护期间没有改变。

2.2.2 1966年后摄影作品的保护

1965年9月9日的著作权法使摄影作品的法律制度发生重大变化，主要体现在两种摄影作品之间的区别上，一种是依据UrhG（NR.5）第2条作为摄影作品享受保护的原创摄影，一种是依据UrhG第72条作为邻接权保护的非原创摄影。这种区别最初在理论上比实践中更容易找到，UrhG第72条规定，对摄影作品授予的保护，包括其保护期间，比照适用于非原创摄影。

UrhG第68条中规定的摄影作品保护期间，基于UrhG第72条，也适用于非原创摄影，自出版后享有25年保护期间。如果没有出版，从完成摄影时起保护25年。

因此，与前面的KUG相比，非原创摄影不仅从著作权降级到邻接权，而且未出版作品的保护期间，无论是否是原创，也明显缩短。按照KUG，未出版的摄影享有作者死后25年的保护期间，按照UrhG，是制作完成时起25年。按照UrhG第129（1）条，由于这种新的较短的期间适用于所有在1966年仍

㉖ Wandtke and Bullinger – Braun, Praxiskommentar zum Urheberrecht, 2002 § 137f, note 11.

㉗ Gesetz Betr. Den Schutz von Photographien gegen unbefugte Nachbildung of 1876–1–10；关于巴伐利亚法进一步细节，see Schricker – Vogel, op cit § 72, note 2.

㉘ See supra under section 2.1.2.

然受保护的作品，新规定可能导致保护程度的严重降低，这引起了宪法的关注。

联邦宪法法院，在关于遭受了类似命运的音像制品固定表演的判决中，[29] 认为无论从著作权到邻接权的降级，还是对保护期间的缩短，都不与宪法相矛盾。但法律修改前已经开始运行的保护期间起始点变化，被认为与宪法不一致。为了对这种情形加以补救，立法者在1972年制定了关于可溯及性效力的新条款 UrhG 第135a条，规定如果已经有一个保护期间在1966年1月1日已经进行，新的保护期间只在法律生效时起开始，即1966年1月1日。按照新规定，有可能缩短保护期间。[30] 这意味着从制作时起25年的保护期间只能从1966年1月1日起开始，而不是从1966年之前摄影实际制作之日起开始计算。

1985年立法取消了 UrhG 第68条，对摄影作品统一适用作者死后70年的保护期间。[31] 新期间适用于所有到1985年7月1日保护期间尚未届满的原始摄影（UrhG 第137a（1）条），法律也包含一项法律解释原则规定，如不确定，延长的期间属于作者（UrhG 第137a（2）条）。因而，就摄影作品而言，法律背离了 UrhG 第137条的基本模式，包含这样一种推定，保护作者利益优于保护被许可人利益。[32] 背离基本模式的原因是从出版之日起25年到作者死后70年保护期间的重大延展，这就意味着，如果作者的合同相对方当事人想要从延长的期间中获益，就必须重新进行谈判协商。

非原创性的摄影仍然保留出版或制作之时起25年的保护期间。同时，立法者为纪实性摄影创制了一个特殊的子范畴，此类摄影从出版或制作完成时起保护50年（UrhG 第72（3）条）。从25年到50年期间延展没有特殊的过渡规定，由此建议通过类比的方式适用 UrhG 第137条。[33]

因此，摄影的保护期间有三种不同的规则：摄影作品为作者死后70年，有历史纪实的非原创性摄影自出版或制作完成时起50年，其他所有非原创性摄影自出版或制作完成时起25年。

1990年10月3日统一条约生效后，这种形势变得更加复杂了。因为民主德国自1966年起，对摄影作品授予作者死后50年的保护，结果是，1941年出版的摄影可以享受延长期间，UrhG 对源于民主德国的摄影适用出版或制作时

---

[29] BVerfGE 31, 275 – Schallplatten.
[30] Gesetz zur Andrung des Urheberrechtsgesetzes 1972 – 11 – 10, BGBl. I 1972, p. 2081.
[31] Author's right Amendment Law of 1985 – 6 – 24, BGBl. I 1985, p. 1137.
[32] Explanatory Memorandum, BT – Drucks. 10/837, p. 22.
[33] OLG Hamburg GRUR 1999, 717, 720 – Wagner Familienfotos; Schricker – Katzenberger, op cit., § 137a, note 4.

起25年的最初期间就可能导致保护期间的缩短。因此，1960年以前出版的摄影作品，依据联邦德国法在1985年期间延展到70年之前保护期间届满。但源于民主德国的，在1941年1月1日与1959年12月31日之间出版的摄影作品，非依联邦德国法，而是依民主德国法已经得到保护的，则依统一条约可能使这一领域的权利丧失。这种情况没有得到适当的救济，有人指出，依宪法精神的法律解释，应当使前民主德国作者受益。[34] 但对于非原创摄影没有提出任何异议，因为民主德国只给予其出版后10年的保护期间，要短于联邦德国授予的25年保护期间。

尽管如此，在欧盟统一指令自1995年生效执行后，相关于摄影作品的情形在具体实践中有所改进。对于在德国保护期间已经届满的摄影作品，只要其在1995年7月1日仍然在欧盟其他成员国中受到保护，则权利就可能复活。由于许多其他国家对于摄影作品授予了更长期间的保护，在该领域中，恢复保护仍然具有相当重要的实际意义。

对于非原创摄影，执行法撤销了对于历史纪实摄影的特殊保护，对所有非原创摄影适用自出版或制作完成时起50年的保护期间（UrhG第72（3）条）。因此，在邻接权领域，各种不同的摄影之间不再存在差别，所有非原创摄影享受自出版或制作时起同样的50年保护期间。然而，对于非原创摄影，在1995年7月1日已经届满的保护不能恢复，因为法律在UrhG第137f（2）2条中，对此方面的恢复没有作出明确规定。[35]

2.3 邻接权

邻接权首先出现在德国法中，规定在1965年9月9日的新著作权法中。著作权与邻接权之间有着相当大的差别，邻接权保护期间短是最重要的差别之一。下面笔者会研究更详细地研究除已经探讨过的非原创摄影外的，关于邻接权具体类别保护期间的发展。[36]

2.3.1 一般概述

1966年1月1日生效的著作权法中规定，邻接权保护某些编辑、非原创摄影、表演者与活动组织者，及电影、音像制品制作者和广播组织。自1998

---

[34] Schricker – Katzenberger, op cit., §64, note 72; Dreier and Schulze, Urheberrecht, 2rd edtion, 2006, Vor, note 6.

[35] Schricker – Katzenberger, op cit., §137f, note 3; Dreier and Schulze, ibid, §137f, note 8; OLG Dusseldorf GRUR 1997, 49, 50 – Beuys Fotografien.

[36] See supra under section 2.2.2.

年1月1日以来，数据库制作者的特别权利也被作为邻接权加以保护。

1965年规定的邻接权保护，只覆盖了1966年法生效日之后创作的客体（UrhG第129（1）2条）。之前存在的邻接权客体，即使在1966年1月1日之前受到保护，也只能按照新规定进行保护。因为只有固定在音像制品上的摄影和表演，可以依据之前可适用的LUG得到保护，其他已存在的邻接权客体不能在该日得到保护。相应地，只有先前存在的摄影和表演可能依据新规定得到保护。至于其他的邻接权类别，只有1966年1月1日或其后创作的曲目能够得到保护。特别是在1966年之前，法院依反不正当竞争法和基于人格权，对音像制品制作者、广播组织或活动组织者❸给予的保护，不能推定其是UrhG第129（1）条要求的保护，❸ 这就导致了下面更复杂的情形。

在这种情况下，有必要提及1990年10月3日生效的统一条约在邻接权领域的特殊重要性。由于前民主德国的著作权法对邻接权一般只有10年的保护期间，邻接权的客体从统一条约第三章附件1第1（1）2款规定的复活保护中，获得极大受益，因为联邦德国当时有25年或50年更长的有效保护期间。❸

2.3.2 表　　演

依LUG表演已经得到保护，按照1910年5月22日修订的LUG第2（2）条，表演被授予所谓虚拟的"改编版权"，对固定音像制品上表演的表演者与当时改编作品之人，授予类似的保护，因此表演类似于改编。制定的条款有利于音像制品制作者的利益，保护他们反对对已固定表演的非法复制。立法者推定，表演者或许会将类似的权利转让给制作者。❹ 因此，表演者比照作者，可从作者死后50年期间的保护中受益。

1965年制定UrhG时，表演者的著作权依据UrhG第134～135条转化为邻接权。在非原创摄影未出版的情形下，这对于保护期间就会产生严重的后果。因为UrhG第129（1）条规定，新法的条款适用于1966年1月1日时仍然受到保护的邻接权客体，UrhG第82条规定的表演自录音出版或制作完成时起较短的25年保护期间，代替了LUG作者死后50年的保护期间。因此，所有1940年以前进行的表演或许会立即落入公有领域。联邦宪法法院❹认为，对表

---

❸ RGZ 73, 294 – Schallplatten, BGHZ 37, 1 – AKI; BGHZ 27, 264 – Boxprogramme.
❸ Schricker – Katzenberger, op cit., § 129, note 17; Dreier and Schulze, op cit., § 129, note15.
❸ 关于重新统一条约的进一步细节，参见2.1.5节，及关于摄影作品的2.2.2节。
❹ Ulmer, Urheber – und verlagsrecht, 2nd edtion, 1960, pp. 17 et seq.
❹ BVerfGE 31, 275, 292 etseq – Schallplatten.

演者保护从著作权到邻接权的降级，及较短的保护期间等没有触及宪法问题，但保护期间起始点的改变是一个问题。如在非原创摄影中已经阐述的，从而促成了 UrhG 第 135a 条的制定，规定 25 年的保护期间只能从 1966 年 1 月 1 日起开始计算。

1990 年，在较老曲目的期间要届满之时，立法者将保护期间由 25 年延长到录音出版或制作时起 50 年。❷ 延长的期间不仅适用于新的表演，也适用于 1990 年 7 月 1 日修订法生效之日前已经存在的表演，只要在 1991 年 1 月 1 日，表演或表演唱片出版的 50 年尚未用完（UrhG 第 137c（2）条）。在其他情况下，如果未确定，认为实施权的被许可人或受让人可以从期间延展中受益。这种情形下，必须支付充分的报酬，因为推定如果双方当事人知道保护期间会延长，就会商谈更高的费用。

1995 年，表演的向公众传播被增加为一个新的保护期间起始点。如果它早于出版之日，结果是 50 年的保护期间或许会从自向公众表演之时起算。❸

2.3.3 音像制品

从 1966 年 1 月 1 日到 1995 年 6 月 30 日，音像制品可以从出版，或如未出版，则从制作完成时起的 25 年保护期间（UrhG 第 85（3）条）。1995 年 7 月 1 日，欧盟期间指令在德国实施时，该期间最终延长至 50 年。

依据 UrhG 第 137f（1）2 条，延长的期间适用于所有在 1995 年 7 月 1 日仍然受保护的音像作品，这意味着只有 1970 年后发布的音像制品能够受益于期间的延长。但我们必须记住，在大量成员国中，如英国，音像作品不能受到较长期间的保护，其无期间比较适用的规则。结果是 UrhG 第 137f（2）条中规定的恢复保护在音像制品领域有着重要的实际意义，期间的延长使制作者受益，除非如果未确定，权利被转让或许可，由转让人或被许可人享受延长的期间，支付充分的报酬（UrhG 第 137f（3）条和第 137f（4）条）。UrhG 第 129 条和第 137 条制定的基本模式在这种情况下也得到了遵循。

在德国法执行欧盟期间指令时，期间再一次发生细微的改变。❹ 自 2003 年 9 月 13 日以来，音像制品的公众传播也触发了除出版及制作完成外的期间起算点。这一新的起始点适用于所有 2002 年 12 月 22 日时，还没有进入公有

---

❷ Produkpirateriegesetz 1990 – 03 – 07，BGBl. I. 1990，P. 422.

❸ Urheberrechtsanderungsgesetz 1995 – 6 – 23，published in BGBl，1995，p. 842. in force from 1995 – 07 – 01.

❹ Gesetz zur Regelung des Urheberrechts in der Informationsgesellschaft 2003 – 9 – 10，BGBL 2003，P. 1774.

领域的录音制品。甚至在2002年12月22日~2003年9月13日落入公有领域的录音制品也可能从恢复保护中受益（UrhG 第137j（2）和（3）条）。

2.3.4 出版物

UrhG 对两种出版物规定了邻接权保护：依 UrhG 第70条的科学性编辑和 UrhG 第71条的逝后作品编辑，任何一种情况下的邻接权由出版者享有。

在这两种情况下，原来10年的保护期间在1990年被延长到25年，期间从出版之时起算，如果未出版，从完成之时起算。对于逝后作品的编辑，保护期间从出版之时起算，或自1995年后，从版本向公众传播之时起算。

UrhG 第137b条规定，在1990年产生的期间延长适用于所有在1990年1月1日时仍然受保护的出版物。如果实施权被转让或许可，法律规定如不确定，认为转让或许可可以在延长的期间连续进行，可见，这里遵循了UrhG第129条和第137条中体现的基本模式。

2.3.5 数据库

在1998年1月1日生效的信息与通信服务法中，将数据库制作者的特别权利进一步规定为邻接权，该权利自数据库出版或制成时起保护15年的期间。㊺ 这一保护适用于所有1998年1月1日或之后创制的数据库，也包括1983年1月1日至1997年12月31日间创作的数据库。这些数据库的保护期间从1998年1月1日起算，2012年12月31日终止（UrhG第137 g（2）条）。这种特殊保护制度的目的是为一些旧的数据库授予充分的保护期间，否则它们或许已经进入公有领域。㊻

2.3.6 其他邻接权

在UrhG第87（3）条和第94（3）条中，最初分别为广播组织和影片制作者授予25年的权利保护，直到在1995年实施欧盟期间指令被延长至50年，过渡条款仍然是权利恢复保护的UrhG第137条。但权利恢复在实践中的重要性在每一种情形下是不同的：对于在其他成员国1995年7月1日存在广播的较长期间保护，可能会导致恢复保护，另一事实是，并非所有成员国都有对于影片制作者的邻接权保护，这种情形下的权利恢复就远没有广播更重要。尽管如此，这两种情况下的期间延长都会使在1995年7月1日仍然受保护的广播和影片受益。

㊺ Article 7 IuKDG 1997 – 07 – 22, BGBI. I 1997, P. 1870.

㊻ Mestmacer and Schulze – Haberstumpf, AL 32, July 2002, §137a UrhG, note 2; Dreier and Schulze, op cit., §137g, note 4.

结　　论

　　前面所阐述的，德国期间保护的版权法无论什么时候进行改变，立法者都尊重这样一条基本原则，即在改变期间时，当时已经进行的保护期间不应当被缩短。因此，除涉及摄影和考虑到保护既得权利原则，联邦宪法法院设定的邻接权外，总体上而言，版权所有人不会被法律剥夺其相应作品未到期部分的权利。

　　如果保护期间按照德国法被延长，作品通常会从期间延长中受益，只要它在延长的期间内仍然有效。这就意味着，如果一部作品落入公有领域，除非在两种例外情况下，它通常不会被重新保护：第一，德国统一条约为使按照前民主德国著作权法保护的作品受益制定的恢复保护。第二，遵循统一条约中的模式，欧盟期间指令也在欧盟层面上规定了恢复保护的条款，这在1995年的德国法中已经实施。

　　关于期间延长对既存版权合同上的效力，德国法一般支持被许可人，摄影作品保护期间在1985年由出版或制成之时的25年改变为作者死后70年是例外。在大多数情况下，如果不确定，认为被许可人有权从期间延长中受益，但通常需要支付充分的报酬。

　　最后，德国法中，包括考虑那些已经合法使用作品之人利益的条款，和保护之前制定或恢复的邻接权客体的条款，通常允许他们在满足支付充分报酬的条件后，可以继续实施。

　　综上，可以看出，当保护期间发生变化时，在复活保护或延长中获益的作者与那些已经获得既得权利或/和合法利益者之间，德国立法者总是试图对其进行利益上的平衡。

3　英　　国

概　　述

　　自1952年英国的版权法制定以来，已经经历了几次修订，但都坚持保护私人财产权的这一基本原则。虽然这很公平，也与英国的条约义务相一致，但必须说，这也导致了极为复杂的情形，这一点笔者将在该篇论文阐明。这需要考察不同种类的作品。

3.1 原创文学、戏剧、音乐与艺术作品

3.1.1 文学、戏剧和音乐作品

1996年1月1日后，对于文学、戏剧和音乐作品，无论出版或未出版的，[47] 基本版权期间是从作者死亡当年年末起算70年。[48] 这些条款适用于既存的版权作品[49]（如1996年1月1日前版权即存在的作品），[50] 也适用于1996年1月1日后才首次适合版权保护的既存[51]作品，[52] 以及1995年12月31日前版权在英国已经届满，[53] 但到1995年7月1日仍然在欧盟成员国依版权及有关权法[54]受到保护的既存作品，这样的作品版权取得恢复保护。[55] 恢复版权的所有人是版权届满之前的版权所有者，[56] 如果依据1988年法规定的版权届满日期，晚于新规定届满的日期，版权依照较晚的日期存在。[57]

这就意味着在1996年1月1日以前大量在英国仍处于公有领域的作品，又重新获得了版权，版权恢复情形要求特殊的对待，这一点笔者将在下面研究。如果版权期间延长，版权期间少于1988年法规定完整期间的所有者不会受益；因为版权的延长只是版权恢复的一部分，[58] 1996年1月1日之前的版权所有者可以是任何情况恢复的所有者。[59]

对于作者去世时尚未出版的作品，在1988年法生效之前（1989年8月1日），版权可以无限连续。依据1956年法，版权可以连续存在，直到从下列事件发生当年年末后50年，以最先发生的事件为准：[60]

（1）出版；
（2）公众表演；

---

[47] SI 1995/3297 Reg 16 (a).
[48] S.12 (2) 作为版权及表演者权期间条例1995的修正，SI 1995/3297（版权期间条例）。
[49] Ibid. Reg 16 (c), subject to Reg 15 (1).
[50] Defined in ibid. Reg 14 (1) (b).
[51] Defined in ibid. Reg 14 (1) (a).
[52] Reg 16 (b).
[53] Reg 16 (d). 这会影响期间会在1995年12月31日届满的任何事。参见 RSC O 3r 2 (3) and note 3/2/7.
[54] 如不是专利、注册外观设计、保密信息，但取得为注册外观设计保护。
[55] Reg 16 (d).
[56] Reg 19 (1).
[57] ibid. Reg 15 (1).
[58] Ibid. Reg 18 (2).
[59] Reg 18 (1).
[60] Copyright Act 1956 s. 2 (3).

(3）为公众销售进行的作品录音；

(4）广播或包括在有线节目中的作品。(61)

《爱德华七世夫人的国家日记》的版权，就成为非常成功的商业客体，尽管作品写作于20世纪早期，形成版权的日期却是1977年，因为其在1977年前并未出版，版权50年期间从该年年末起算。(62) 这一作品即构成文字作品，也是艺术品，笔者会在下面研究艺术品的版权期间。依据1988年法的过渡期间条款，作者去世时未出版作品的版权，(63) 在法律生效时的1989年末起50年届满。(64) 但需要注意，1989年8月1日之后，1996年1月1日之前创作的作品，如果未出版或者匿名，仍然具有潜在的无限版权。(65) 这个问题笔者会在下面研究，这显然一个疏忽。

版权期间规则并未明确这些作者去世时未出版作品的过渡性规定，但如前所述，规定了版权应当持续存在，直到依1988年法规定届满的日期。(66) 因此，如果这个日期晚于版权期间规则规定的版权届满日期，版权所有人就会由此获益。(67) 因而，伊蒂丝（Edith Holden)，《爱德华七世夫人的国家日记》的作者，在1920年去世，存续期间就是1956年法中规定的期间，(68) 及1988年法中规定的过渡条款。如此一来，版权期间将在2027年届满，即从出版之年年末起算50年后。如果她在1945年去世，原则上，她的作品或许可以受益于作者死后70年的一般原则，版权会持续到2015年年末。(69) 但按照1988年的过渡条款，它会在2027年届满，即1977年出版当年年末后50年。版权期间规则第15(1）条的效力是，版权所有人可以从1988年法规定的较长保护期间中受益，因此版权将在2027年届满。

如果一部文学、戏剧或音乐作品一直未出版，即使是退回到19世纪，由那时去世的一位著名作者所著，它的保护期间也会在2039年届满。(70)

杰姆·巴里先生《彼得·潘》的情况比较特殊：尽管按照1956年版权

(61) 增加1984电缆与广播法 s. 57 Sch 5 para and Sch 6.

(62) 1956年法第2（3）条。

(63) 1956年法第2（3）条中未列入的已经完成作品。

(64) 1988年版权、外观设计与专利法 Sch 1 para12（4）（a）。

(65) 见下文，出版开始起算有限的期间。

(66) Reg 15（1).

(67) Reg 15（1).

(68) 未触及未出版作品，版权不确定，但一旦其出版具有效力，期间起算，作品享受出版之日其50年的保护期间。i. e. 1977 – 1956Act s. 2（3).

(69) “现有版权作品”被界定为，版权在条例建议之前已经存在的作品。

(70) 50年从1989年末起算 – 1988年法 Sch . 1 para. 41（3）及期间条例，第15（1）条。

法，它的版权应在1987年12月31日届满，(71) 但它在公共表演、商业性出版、广播及有线传输播放中享有持续收取使用费的权利。(72) 版权期间规则的效力当然是恢复任何情况下的版权，(73) 由于按照1988年法第16节恢复版权享有的权利，要比按照1988年法附件6中享有的权利更加广泛，因此考察这一作品中权利恢复的效力也许仍有重大参考意义。因为他于1937年去世，可以享有70年的一般版权期间，在2007年年末届满。

3.1.2 艺术作品、可知作者（摄影和雕刻除外）

我们再次有必要考虑一下，版权在1996年1月1日之前是否仍然存在。按照1956年法，无论是否在1957年1月1日出版或存在，版权期间都是从艺术家去世当年年末起算通常为50年。(74) 但对于文学、戏剧和音乐作品，按照版权期间规则对1988年法(75)的修改（1988年《版权、外观设计与专利法》的过渡条款第1段第12（2）（a）条未指艺术作品），期间将增加到作者死后70年。

匿名艺术作品的情况在下面阐述。(76)

1956年法第10节（1968年外观设计版权法修订）的效力是，将作为外观设计注册的艺术作品保护期间降低到15年，(77) 未注册的外观设计享有完整的保护期间。(78) 1956年法第10节将删除对已注册外观设计提起侵权诉讼权利的效力推迟了15年，现在第10（3）节中规定的期间是25年。(79) 1988年法第51节的效力是撤回对功能性作品的保护，目前按照外观设计权进行保护。(80) 按照过渡条款，类似作品中的版权继续存在，从1989年1月1日起可以执行10年。(81) 版权期间规则并未影响到这一点。

---

(71) Berrie died in 1937.

(72) 1988年《版权、外观设计与专利法》s. 301 and Sch 6.

(73) Reg 12（2）.

(74) 1956年版权法，第3（2）条，第（3）条，第（4）条，Sch7 para2 在建议生效前（1957年1月1日）排除摄影作品。

(75) 1988年法，在作品未知作者情形下，如果在匿名或假名作品期间作者为人所知，参见 s. 12（2）(as amended)。

(76) 参见附录。

(77) 它不会将期间将至15年，15年后，仍然具有效力，它没有侵犯一部作品的版权，可以在期间内做任何事情。如果相应的外观设计已经依据1949年外观设计法在该时间前立即注册，进入外观设计版权保护范围，延及所有相关外观设计及物品。1956 Act s. 10（3）(asamended).

(78) Amp Dtc v Utilux Pt3' Ltd [1970] RPC 397，[1970] FSR 162 (CA)，[1972] RPC103，[1971] FSR 572 (HL).

(79) 1988 Act Sch 1 para 20（1）.

(80) See s. 213.

(81) Sch 1 para 19（1）-1994年8月1日后可用许可权，ibid sub-paras（2）and（3）.

当前问题的重要性是,当作品在工业上实施时,期间降到 25 年的事实。第 52 节规定如下:

(1) 本节可以适用,如果一项艺术作品已为版权所有人通过许可实施,且

(a) 通过工业程序制作物品,依本部分不能作为作品复制件对待,且

(b) 在英国或其他地方,销售这些物品。

(2) 物品首次在市场上销售当年年末起 25 年期间届满后,作品可以进行任何复制,关于此物品所做的任何事情,都不侵犯作品的版权。

(3) 如分节 (1) 中提及的情况,艺术作品只有部分被实施,分节 (2) 的内容仅适用于该部分。

这一规定的效力是,尽管作品中的相关艺术品版权可以在作者死后 70 年内存续,但其他人仍然可以自由复制已经被工业应用的那部分。结果是,工业应用艺术品的有效期间是第 25 年,从首次进入市场当年年末起计算。该节适用的条件是,产品在 1989 年 8 月 1 日后如前面第 52 节提及的那样进入市场。[82] 因此,《爱德华七世夫人的国家日记》的版权不受其影响。某种程度上讲,自 1989 年以来,并没有出现包含特定实用艺术作品的物品。

3.1.3 可知作者的摄影

为确定版权是否在 1996 年之前即已经存在,我们有必要看一下之前的规则。

1957 年前制作的摄影(无论是否出版),可以自制成完成当年年末起,享受 50 年的保护期间,并可以一直延续到 1956 年法生效之后。[83] 对于 1957 年 5 月 31 日之后制作的摄影,保护期间是其首次出版当年年末起算 50 年。[84] 而对该日之后制作的未出版摄影,有不确定的版权,受制于 1988 年法的过渡条款,版权会在自 1989 年年末起 50 年届满,即 1988 年法生效的那一年。[85] 按照 1988 年法的过渡条款,1989 年 8 月 1 日前存在版权的已出版摄影的保护期间是作者死后 50 年。

如果 1988 年法过渡条款的效力,是某种程度上延长了未出版摄影的保护期间,超过作者死后 70 年(从 1989 年 8 月 1 日起的 50 年是一个更长的期

---

[82] Copyright Designs and Patents Act 1988 Act Sch 1 para 20 (2).
[83] See Copyright Act 1956 Sch 7 para 2 and s. 3 (3) and (4).
[84] Copyright Act 1956 s. 3 (4) (b).
[85] Sch 1 para 12 (4) (c).

间），版权所有人(86)可以从期间的延长中受益。(87) 如果作者死后70年能提供一个更长的期间，所有者也可从新的期间受益，如版权在1996年1月1日之前已经存在。(88)

上述规定不适用于电脑制作摄影，(89) 它的保护期间从作品制成当年年末计算50年。(90)

3.1.4 可知作者的雕刻

根据1911年法和1956年法，已发表雕刻作品的保护期间是作者死后50年。(91) 但如果雕刻作品在作者去世之前未发表，版权持续存在到发表当年年末起50年。(92) 否则，未发表的雕刻享受持续版权。1988年法第12（2）（b）节表1中告诉我们，版权可以连续存在，直到按照1956年法规定的期间届满。如果期间已经开始计算，就按照1956年法第3（4）节中规定50年期间（因为作者去世后已经出版）。但没有任何规定明确未发表雕刻作品，由此看来，未发表雕刻还是可以享受持续版权。版权期间规则中规则15（1）的效力持续了这种异常。

适用作者死后50年期间的雕刻作品，可以从期间的延长中获益，(93) 但如果作品所有人依据前法享受了更长期间的保护，版权期间规则保留这种从更长期间中的获益。(94)

3.1.5 使用匿名或笔名的作品、文学、戏剧、音乐或艺术作品（不包括摄影但包括雕刻作品）

对于一个理性的人来说，匿名作品是没有充分的证据可以用来辨别作者身份的作品，(95) 确定其在1996年1月1日是否存在版权的规则如下：作品在1957年6月1日之前还是之后出版，从作品首次出版当年年末起算50年期间。(96) 依据1988年法（修订之前），是从公众可得的当年年末起算50年期

(86) 1988 Act Sch 1 para 12（6）.

(87) The Copyright Act 1956 s. 4（3）. 金钱委托摄影作品的版权归属，1988年法保持了这一立场。

(88) Ibid. Reg 15（1）.

(89) See 1988 Act s. 12（7）as amended by SI 1995/3297.

(90) Ibid.

(91) 1911 Act s. 3，1956 Act s. 3（4）.

(92) 1911 Act s. 17（1），1956 Act s. 3（4）（a）.

(93) 1988 Act s. 12（1）and（2）as amended by SI 1995/3297.

(94) Reg 15（1）.

(95) Copyright Designs and Patents Act 1988 s. 57.

(96) 1956 Act Sch 2 para 1.

间。[97] 在文学、戏剧或音乐作品中的"公众可得"包括向公众表演、广播，或出现在有线节目中。对于艺术作品，包括公众展览，或包含在电影中向公众展示，也包括出现在广播或有线节目中。[98] 按照1988年法的过渡条款，如果作品在1989年之前出版，依据1956年法版权届满时，则期间届满。[99] 但对于当时未出版作品的期间，是从1988年法生效的那一年，[100] 即1989年，或者从为公众可得那一年年末起算50年期间。[101] 规则中规定的新期间是从作品制作完成当年年末起算70年，或者如果作品在此期间为公众可得（与1988年法规定是同样含义），[102] 则从公众可得当年年末起算70年期间。[103]

在1989年8月1日与1996年1月1日之间完成的匿名作品看来可以享受持续版权。1996年之后完成的匿名作品，按照1988年法第12（3）节（修改后），期间是作品完成当年年末起算70年，或者如为公众可得，则从当年年末起算70年。1988年《版权、外观设计与专利法》附表1第12（3）（b）段只适用于1989年8月1日之前完成的作品，这一疏忽显然是源自1988年法第12（2）节最初的起草不当。[104]

当然，如果在某日期作品作者的身份得以确定，将适用正常的作者死后70年的保护期间。[105]

3.1.6 匿名或笔名的摄影

如前所述，1957年6月1日之前出版的摄影享有从其制作当年年末起算50年的保护期间，无论摄影是否匿名都同样适用。[106] 这一期间被1988年法第12（3）节（依版权期间规则修订）延长到70年，只要作品满足了在规则16中制定的要求。[107] 在1957年6月1日至1989年8月1日期间出版的摄影作品，享有自出版当年年末起算50年的保护期间，[108] 现在通过1988年法（修改后）

---

[97] 1988 Act s. 12 (2).
[98] 1988 Act s. 12 (2) (a) and (b) before amendment.
[99] 1988 Act Sch I para 12 (3) (a).
[100] Sch 1 para 12 (3) (b).
[101] Sch 1 para 12 (3) (b) proviso.
[102] 1988 Act s. 12 (5) as amended.
[103] Reg 5 (1) and 1988 Act s. 12 (3) as amended.
[104] 只是涉及"为公众可得权"期间，而非创作日。
[105] Reg 5 (1) substituting a new s. 12 (4).
[106] 1956 Act Sch 7 para 2 and s. 3 (3) (a).
[107] See section 3.1.1 supra.
[108] 1956 Act s. 3 (4) (b).

第12（3）节增加到70年。如果是相关的未出版摄影，按照1956年法，[109] 无论是何时完成，或者按照未修改的1998年法未为公众可得，[110] 则保有持续版权。因为1988年法第12（3）节附表1中排除了摄影，又未包含其他处理条款。对于1989年8月1日后完成的摄影，第12（2）节适用，不影响未出版摄影。1996年1月1日后完成的匿名作品受第12（3）节（修改后）及其附件制定规则的规范，[111] 这显然是一个疏漏。

3.2 衍生作品

3.2.1 录音制品（不包括电影配乐）

（1）1957年6月1日之前制作，从制作当年年末起算50年。[112]

（2）1957年6月1日之后制作，从首次发行当年年末起算50年。[113]

在1957年7月1日后，但在1989年8月1日之前制作的未出版录音制品，享有1989年年末起算50年的保护期间。[114] 按照版权期间规则修订的1988年法，规定了录音制品完成时起50年的保护期间，或者如果发行，从发行当年年末时起50年期间。[115]

3.2.2 电影作品

为了确定电影是否受1996年1月1日版权法保护，下列规则适用。需要注意的是，1911年法发布之前制定的电影规则不同，在此处不加以研究。

对于在1957年6月1日之后，1989年8月1日之前完成的制作，电影作品受1956年法保护，版权持续存在：如果依据1960年电影作品法第二部分（1938年电影作品法第三部分）是可注册的，从注册时起；如果不必注册，版权自出版发行时起存在，分别从注册或发行当年年末起保护50年期间。[116] 1988年法对于从注册或出版发行时起50年期间届满的电影作品，保留其原有

---

[109] 1956 Act s. 3（4）（b）.

[110] 1988 Act（unamended）s. 12（2）applicable 1 August 1988 to 1 January 1996；s. 12（3）substituted for s. 12（2）after 1 January 1996.

[111] 制作之日起70年。

[112] 1956 Act Sch 7 para 11 and id s. 12（3）.

[113] 1956 Act s. 12（3）.

[114] 1988 Act Sch 1 para 12（5）（a）.

[115] 1988 Act s. 13A（2）（b）as amended by SI 1995/3297.

[116] 1956 Act s. 13（3）（a）and（b）（as amended）. 1957年6月1日之前，影片作为摄影作品和戏剧作品进行保护，对配乐有独立的保护，与第3.2.1节中阐述的录音制品相同。应当记住目前为止与公布仍然相关，许多影片不再出售或出租给公众，这种影片或许不是1956年版权法第13（10）条意义上的"公布"，它们在1911年法中还没有涉及。see ibid. s. 1（3）.

的法律地位。[117] 按照1956年法，未出版、未注册版权的，电影作品持续受到保护。[118] 但1988年法过渡条款的效力是，除电影出版发行，自其出版当年年末起50年的情况，保护期间从1989年8月1日起50年起届满。[119]

版权期间规则的效力是，自下列人员中最后一人死亡发生当年年末起，70年版权保护期间届满：[120]

（a）主导演；

（b）电影剧本的作者；

（c）对白的作者；

（d）音乐，特别是为在电影中使用的音乐的作曲者。

如果上述人员中一人以上的身份是可知的，一人或以上的人员身份是未知的，在此部分中其中最后一人的死亡被解释为最后一位身份可知的人死亡。[121] 如果上述人员的身份全部不可知，保护期间从电影制作完成当年年末起70年，如果此段期间电影通过向公众演示、广播或有线节目或服务为公众所得，保护期间从为公众所得时起70年。[122]

这些规定与电影作品中版权所有权的变化是相联系的。[123]

3.2.3　版权期间规则中的电影配音

版权期间规则的效力是，前部分关于电影作品版权延展规则规定适用电影配音。因1995年规则修改的1988年法第5B（5）节规定，“在本部分不影响任何作为录音存在于电影配音中的版权”。[124] 但第5B（2）节规定，电影中的配音依法律第一部分的目的，应作为电影的一部分。如果适用5B第（2）节，电影的展示包括在电影中播放音乐，及不在电影中播放配乐。[125] 对于某种程度上是从先前电影中摘取的录音，则版权不存在。[126] 规则26规定，电影配音待遇的新规定适用于1996年1月1日即存在的配音。电影作品的版权所有人从即日起拥有任何既存配音的版权所有人的相应权利，但这种权利不能损害作为

---

[117] 1988 Act Sch 1 para 12（2）（e）.

[118] 1956 Act s. 13（3）（a）and（b）.

[119] 1988 Act Sch 1 para 12（5）（b）.

[120] 1988 Act s. 13B（2）as amended by SI 1995/3297.

[121] 1988 Act s. 13B（3）as amended by SI 1995/3297.

[122] 1988 Act s. 13B（4）and（6）.

[123] Copyright Designs and Patents Act 1988 s. 9（2）（ab）as amended by SI1996/2967.

[124] As to this see section 3. 2. 2 supra.

[125] 1988 Act as amended by SI 1995/3297 s. 5B（3）.

[126] 1988 Act as amended by SI 1995/3297 s. 5B（4）.

录音制品时该录音制品中版权所有人的任何权利。[127]

广　　播

依据 1956 年法，电视或广播节目保护期间：从广播完成时起当年年末起 50 年。[128] 1988 年对此并未改变，但额外规定，在有线传输的情况下，从作品首次在有线传输中广播当年年末起 50 年。[129] 版权期间规则并未影响此规定，但规定了如果广播作品的作者是非欧共体成员国国民时的期间比较。[130] 这种情况下，如果其本国期间没有超过欧共体国民可以适用的保护期间，作者享有其本国法规定的期间保护。[131] 此处的伏笔是，这样一个期间比较的适用，可能会使英国违反其国际条约义务。[132]

3.3　版权的恢复

保护期间增加到 70 年，显然会对那些依赖版权期间届满的人造成一些问题，例如，生产带有绘画性质物品的行为，现在或许会发现他们技术上侵权了。规则 24（1）相应规定：

如果在版权恢复的作品中存在任何版权所限制的行为，只要支付了合理的使用费，或版权裁决机构同意或在协议中默示确定的报酬，应当视为已为版权所有人所许可。

这种法定许可也延及那些，虽然在 1996 年 1 月 1 日不涉及限制性行为，但希望这样做的人。在这种情况下，若要利用这种法定许可，必须将此意图通知版权所有人，声明其想要开始这样行为的时间。[133] 如果没有作出通知，则这种行为视为未许可。[134] 一旦作出通知，必须交付上述说明的合理使用费。

结　　论

上述仅是对这一复杂主题的简要说明，鉴于对 20 世纪 20 年代、30 年代及 40

---

[127] Reg 26（2）.
[128] 1956 Act s. 14（3）. 1956 年法之前，广播没有独立的版权。
[129] 1988 Act as amended s. 14（2）（formerly s. 14（1））.
[130] 1988 Act s. 14（3）as amended by SI 1995/3297.
[131] Ibid.
[132] S. 14（4）of the 1988 Act as amended by SI 1995/3297.
[133] Reg 24（2）.
[134] Reg 24（3）.

年代物品怀旧的流行，许多1956年前物品中的版权是否存在，通常也很重要。

我们必须记住，每一幅卡通的新绘图片都有自己的版权，它等同于一个新的艺术作品。(135) 因此，多年来艺术的类型在不断变化，含有新版权的新绘制卡通为老作品赋予了新的生命，但要受前面所提到警告的约束。(136)

(135) See lnterlego AG v Tyco lndustries lnc [1988] RPC 343; Ultraframe (UK) Ltd v Eurocell Building Plastics Ltd, Eurocell Profiles Ltd [2003] EWCA Civ 1805.

(136) 例如将最近的“米老鼠”画像与早期的对比，就很有启发。

附录：关于英国版权法上版权期间规则效力的表格展示

原创作品

文学、戏剧和音乐作品（可知作者）

（1）作者有生之年出版的作品	
1995年7月1日时，在另一个欧共体成员国提供版权保护，出版日期并不重要	作者死后70年(137)
（2）作者死亡时未出版的作品	
在1957年6月1日至1989年8月1日出版的	如果比作者死后(138)70年时间更长(139)，则为出版时起50年(140)
在1989年8月1日未出版的	如果比作者死后(141)70年更长(142)，则为1989年年末(143)起50年
其他未出版作品	作者死后70年(144)

艺术作品，可知作者（摄影与雕刻作品除外）

无论何时创制、出版或未出版，均为作者死后70年(145)

作者可知的摄影作品（不包括所产生的计算机程序）及雕刻作品

（1）已知作者的摄影	
1957年6月1日以前制作	制作当年年末起50年(146)，或者如果更长，(147)为作者死后70年(148)
1957年6月1日至1989年8月1日期间发表	发表当年年末起50年，(149) 或者如果更长，(150)为作者死后70年(151)

(137) Post mortem auctoris (after the death of the author). Copyright vesigns and Patents Act 1998 s. 12 (1) unamended, now s. 12 (2) as amended by the 1995 Regulations.

(138) 1956年版权法 s. 2 (3), 1988Act Sch 1 para 12 (2) (a).

(139) Reg 15 (1).

(140) 1988Acts. 12 (2), as amended by the 1995 Regualtion.

(141) 1988Act Sch 1 para 12 (4) (a).

(142) Reg 15 (1).

(143) 1988 Act s. 12 (2) as amended by the 1995 Regulations.

(144) 1988 Act s. 12 (2) as amended by the 1995 Regulations.

(145) 1988 Act s. 12 (2) as amended by the 1995 Regulations.

(146) Copyright Act 1956 Sch 7 para 2; 1988 Act Sch i para 12 (2) (c).

(147) 1988 Act s. 12 (2) as amended by the 1995 Regulations.

(148) Reg 15 (1).

(149) Copyright Act 1956 s. 3 (4) (b).

(150) 1988 Act s. 12 (2) as amended by the 1995 Regulations.

(151) 1995 Regulations, Reg 15 (1).

续表

1957年6月1日后制作的，至1989年8月1日未发表的	从1989年年末起50年(152)，或者如果更长，(153)为作者死后70年(154)
其他摄影	作者死后70年(155)
（2）已知作者的雕刻作品	
作者死后，但在1989年之前发表的	发表当年年末起50年(156)，或者如果更长，(157)为作者死后70年(158)
作者去世前发表的	作者死后70年(159)
始终未发表的	1989年年末起50年(160)，或者如果更长，(161)为作者死后70年(162)

匿名或者笔名的文学、戏剧、音乐或艺术作品（不包括摄影但包括雕刻作品）

1989年8月1日之前出版	可为公众可得之年年末起70年
1989年8月1日后为公众可得的	可为公众可得之年年末起70年(163)
未出版或未为公众可得的作品	
1989年8月1日前即存在但未出版的	从1989年年末起50年，(164) 或从制作完成时起70年，(165) 以较长期间为准(166)
1989年8月1日至1996年1月1日期间制作	不确定的可能期间(167)
1996年1月1日后制作	从制作完成当年年末起70年(168)

---

(152) 1988 Act Sch 1 para 12（4）（c）.

(153) 1988 Act s. 12（2）as amended by the 1995 Regulations.

(154) 1988 Act s. 12（2）as amended by the 1995 Regulations.

(155) Copyright Act 1956 s. 3（4）（a）；1988 Act Sch 1 para 12（2）（b）.

(156) 1988 Act s. 12（2）as amended by the 1995 Regulations.

(157) Reg 15（1）.

(158) 1988 Act s. 12（2）as amended by the 1995 Regulations.

(159) 1988 Act s. 12（2）as amended by 1995 Regulations.

(160) Reg 15（1）.

(161) Copyright Act 1956 s. 3（4）；1988 Act Sch 1 para 12（4）（b）.

(162) 根据1956年版权法 Sch 2 para 1 自出版之年年末起50年。1988 Act s. 12（3）（b）as amended by the1995 Regulations.

(163) 1988 Act s. 12（3）（b）as amended by the 1995 Regulations.

(164) 1988 Act Sch 1 para 12（3）（b）.

(165) 1988 Act s. 12（3）（b）as amended by the 1995 Regulations.

(166) Reg 15（1）.

(167) 1988 Act s. 12（2）（unamended）仅界定“为公众可得”作品的期间，而不管作品创作日期。因此根据条例15（1）条对这种作品存在潜在的无限保护。而且这些作品不会被已为1995条例修改的1988年法所卡住，因为该节对这种行为没有溯及力。

(168) 1988 Act s. 12（3）（a）as amended by the 1995 Regulations.

匿名或笔名摄影作品

已出版或为公众所得的作品	
1957 年 6 月 1 日之前发生	发生当年年末起 70 年[169]
1957 年 6 月 1 日至 1989 年 8 月 1 日之间发生	为公众所得当年年末起 70 年[170]
1996 年 1 月 1 日后发生	为公众所得当年年末起 70 年[171]
未出版或未为公众所得的作品	
1957 年 6 月 1 日之前制作	制作当年年末起 70 年[172]
1957 年 6 月 1 日至 1989 年 8 月 1 日之间制作	1989 年年末起 50 年[173]或制作当年年末起 70 年[174]

衍生作品

录音制品（电影配乐除外）	
1957 年前制作	制作当年年末起 50 年，[175] 或在届满期间之前发布的,从发布当年年末起 50 年[176]
1957 年 6 月 1 日至 1989 年 8 月 1 日之间制作并出版的	出版当年年末起 50 年[177]
1957 年年后制作，至 1989 年 8 月 1 日未出版的	1989 年年末起 50 年[178]

---

[169] 依据 1956 年版权法（Sch 7 para 2）是 50 年期间，并为 1988 法（Sch I para 12（2）（c））第二部分所保留。已为 1995 条例修改的 1988 年法，期间延长到制作完成后 70 年。

[170] 依据 1956 年版权法（Sch 7 para 2）和 1988 年法（Sch I para 12（2）（c））是 50 年期间；依据已为 1995 条例修改的 1988 年法 s. 12（3）（b）条，延长到 70 年。

[171] 依据已为 1995 条例修改的 1988 年法 s. 12（3）（b）条，延长到 70 年。

[172] 依据 1956 年版权法（Sch 7 para 2）和 1988 法（Sch I para 12（2）（c））是 50 年期间；依据已为 1995 条例修改的 1988 年法 s. 12（3）（a）条，延长到制作时起 70 年。

[173] 1988 Act Sch I para 12（4）（c）.

[174] 依据已为 1995 条例修改的 1988 年法 s. 12（3）（a）条，延长到 70 年。

[175] Copyright Act 1957 Sch 7 para 11；1988 Act Sch 1 para 12（2）（d）；ibid. s. 13A（2）（a）as amended by the 1995 Regulations.

[176] 1988 Act s. 13A（2）（b）as amended by the 1995 Regulations.

[177] Copyright Act 1956 s. 12（3）；1988 Act Sch 1 para 12（2）（d）；ibid. s. 13A（2）（d）as amended by the 1995 Regulations，推定"公布"包含在"发行"之内。

[178] 1988 Act Sch 1 para 12（5）（a）which is longer than the period provided by ibid. s. 13A（2）（a）as amended by the 1995 Regualtions which is 50 years from when made，thus the old duration is preserved by Reg 15（1）.

版权的期间

续表

1989 年后制作	录音制作当年年末起 50 年，或如果在该期间发布的，从录音发布当年年末起 50 年

电影作品
［必须注意，在 1911 年法发布之前制作的有不同的电影规则，此处不涉及］

1957 年前制作	作为摄影和戏剧作品加以保护❿（参见摄影和录音制品）
1957 年 6 月 1 日后制作的： —如依据 1960 年电影作品法第二部分（1938 年电影作品法第三部分）可注册的 —如果不可注册	—从注册当年年末起 50 年⓳ —从注册或出版当年年末起 50 年⓴
至 1989 年 8 月 1 日未出版⓲的电影作品	1989 年年末起 50 年⓳
1989 年后制作的电影作品	制作当年年末起 50 年，⓴ 或如果在该期间发布的，从发布当年年末起 50 年⓵

版权期间规则中的电影作品规则

⓱ Copyright Act 1956 Sch 7 paras 14，15 and 16.
⓲ Copyright Act 1956 s.13（3）（a）as amended by the Films Act 1985 s.7 andSch 2 and 1988 Act Sch 1 para 12（2）（c）.
⓳ Copyright Act 1956 s.13（3）（a）as amended by the Films Act 1985 s.7 andSch 2 and 1988 Act Sch 1 para 12（2）（c）.
⓴ 关于与影片相关发布的含义，参见前 3.2.2 节。
㉑ 1988 Act Sch 1 para 12（5）（b）.
㉒ 1988 Act s.13（1）（a）.
㉓ 1988 Act s.13（1）（a）.

	续表
1996年1月1日后制作的电影作品，在该日后首次适合版权保护的；既存的版权作品，在该日前版权期间已经届满，但仍然在欧共体其他成员国受保护的作品。	从下列人员最后一人死亡发生当年年末起70年： （a）主导演； （b）剧本作者； （c）对白作者； （d）音乐，特别指为电影中使用及创作的音乐作曲者。[186] 　　如果上述人员中一个以上的人身份可知，且一人以上身份不可知，该分节中的规定过于他们之中最后一人死亡解释为最后一位身份可知的人死亡。[187] 如果以上所有人员的身份均不可知，保护期间为从电影制作时当年年末起70年。[188] 或者如果在此期间，电影通过向公众展示、广播或有线节目或服务的方式为公众可得，保护期间为为公众可得当年年末起70年。[189] 相应地，如果1996年之前规则规定期间长度，比目前规则要长，则保留较长期间。[190]

版权期间规则下的电影配音

版权期间规则的效力是将之前部分中设定的电影版权延长规则，适用于电影配音，包括在1996年1月1日已经存在的，及其后创作的。

广播	
1957年之后的电视、录音或有线传输	从广播首次制作或节目首次包括在有线节目服务中当年年末起50年[191]
版式设计	
已出版编辑的版式设计	从该编辑首次出版当年年末起25年[192]

---

[186] 1988 Act s. 13B (2) as amended by the 1995 Regulations.

[187] 1988 Act as amended by the 1995 Regulations.

[188] 1988 Act s. 13B (4) (a) as amended by the 1995 Regulations.

[189] 1988 Act s. 13B (4) (a) as amended by the 1995 Regulations.

[190] Reg 15 (1).

[191] 1988 Act s. 14 (2) as amended by the 1995 Regulations which reproduce 1988 Act s. 14 (1) un-amended and Sch 1 para 12 (6).

[192] 1988 Act s. 15 not amended, 提及了版权及邻接权指令（SI 1996/2967 Reg. 9）中的发布权。

精神权利的期间

1988 年《版权、外观设计与专利法》规定了四种精神权利:

（1） 确定作者或创作者身份的权利;[193]

（2） 抵制贬损作品的权利;[194]

（3） 反对对作品虚假署名的权利;[195]

（4） 特定摄影及电影作品隐私的权利。[196]

只要作品中存在版权,（1）（2）和（4）项权利即存在,禁止对作品进行贬损的权利可以连续存在至一人死后的 20 年。

---

[193] Ibid. s. 77.
[194] Ibid. s. 80.
[195] Ibid. s. 84.
[196] Ibid. s. 85.

著作权、所有权、维基权：21世纪的版权

杰里米·菲利普斯[*]

概　述

本文首先将版权法一般的原理方法和一些特殊思考加以对比，这些特殊思考和一般原理不同并对特殊情形研究有所变化。然后以维基为例，解释维基是什么，它是否适合成为我们所理解的欧盟版权法的客体，它是否可以成为规范数据库特别权利法的例外客体。在确定版权意义上的作者时，我们必须明确这些问题，以检验对维基的创作者们精神权利的可适用性。最后本文提出这样的问题：欧盟委员会对于维基的明显沉默是一种积极的沉默还是消极的沉默？得出结论认为，这种解决方式可作为避免维基不确定法律地位所引发法律之争的一种方式。

当然，本文的大部分是思辨性，并没有丰富的欧盟各国立法或学者写出相关的参考建议。维基已经产生越来越多的问题，如关于其内容的准确性，以及相关政治控制而非与知识产权相关的考量等。就像早餐桌上的大象，维基是如此庞大的一个企业，不容忽略。本文研究的基础是，维基百科只是诸多维基中的一项，它的独特性和吸引人的特性并未为该类别的其他流派所共享。

海水与火焰

所谓版权，由许多长期形成的系列规则组成，因时间、地域和长期所接受的实践而认可。版权从一系列的特别授权转变为规范的法律授权体系，这已经

---

[*] 作者对 Sergio Balana，JoelBarry，CathyGellis，JordanS. Hatcher，PaulPedley，C. E. Petit 和 MatthewTaylor 的协助、批评与指正表示感谢。

著作权、所有权、维基权：21 世纪的版权

过去了三百年，❶ 由一些发达国家主导下签订的影响遍及全球的《伯尔尼公约》，也已有了一个多世纪的历史。❷ 就像原子钟表盘上刻录的不可阻挡转瞬消逝的时光，电影院中的电影、电视里的肥皂剧、书店里的书籍、公共场所播放的背景轻音乐、千万条快乐吱喳声的手机铃声一样，它们都表明包括版权许可、转让、许可费分配在内的无形进程，永远不会停止。

现实则截然不同。就目前来说，当今没有一个学科的前瞻性值得一提，除非有一个学科能够提出陌生而不可预测的一般性理论。与人类活动相关的版权无所不包，正因如此，制定在所有活动领域普遍适用的基础理论和基本原则，同样面临着越来越多的挑战。

版权与活动领域多样性的程度具有相关性，如此一来，我们每个人都要被迫成为专家。我们的教育和专业知识也要更加细微，以用来思考、鉴别和分析各种不同的类别。于是，对各种论题的综合、对比、分析形成永无休止的往复循环。从适当的距离看，版权是一个清晰、安宁的领域。❸ 从更近一些的距离观察，它又是各种不同类型吸收彼此能量与原始输出同时，彼此排斥、建立联盟、消亡或被毁灭的一种工具。

版权今天这种紧张和动荡的特征为争论提供了一个借口，由于学者们和实务专家们对这些问题不断地重新讨论，使普通人吃惊地发现，他们也需要再重新考虑。面包师制作糕点之前不会为面粉或水的含义去烦恼，建筑者砌墙的时候，也不会为搞清"砖""泥灰"或"石膏"的概念而庸人自扰。但 300 年前，在所谓的版权降生后，知识产权律师即使是在解决最简单问题的时候，也会对他们所引用概念的含义和界定而争论不休："以版权还是著作权来标明这种法定权利合适？""因为它是什么，还是因为它是某一特定程序的结果，而受到版权保护？""什么人是作者？""谁可以拥有合法受保护的作品？"

这些问题并非在真空中存在，它们是一种有多个选项的问答手册，必须详述在认真思考基础上对一种新的媒介适用现有法律、原则，或对一种旧媒介施加新方法的各种情形，以此使事实上或合法受到保护的作品得以传播，或在其

---

❶ 1709 年安娜法首次规定了作者在大不列颠的版权（包括现在的苏格兰与英格兰地域）。

❷ The only countries that signed the Berne Convention in 1886 were Belgium, France, Germany, Haiti, Italy, Liberia, the Netherlands, Spain, Switzerland, Tunisiaand the United Kingdom. 其中几个国家所拥有的权力和占有的土地都超出欧洲。

❸ 关于版权的灵活系统性分析，see Guido Westkamp, Changing mechanisms in copyright's ontology - structure, reasoning and the fate of the public domain, Guido Westkamp (ed.), Emerging Issues in Intellectual Property (Edward Elgar, Cheltenham, UK and Northampton, MA, USA, 2007).

上进行录制。21 世纪首先应当考虑的这种媒介就是维基。❹

本文会对维基加以详细研究，但并非为其与著作权的联系以及应属于哪一种新的作品分类、产生何种法律效果这类问题寻求答案。因为在不同司法管辖区域内，各地方版权法、合同义务及违法责任的规定差别巨大。本文只是就维基究竟应是何种类型，力求提出问题，并尽可能将其置于欧盟法的框架之内研究。

维基是什么？

维基这个词并非是法学术语。本文认为，它应当被理解为"允许使用者集体添加或编辑的一个网址或一种类似的在线资源"。❺ 作为一种记录、纠错、交流信息的方式，维基的发展是被称为"web2.0"现象的突出特征。"web2.0"不是一个专门术语，甚至还有些人质疑它是否存在。❻ 但对本文而言，这一术语可被理解为"网络社区与主机服务（如社交网址、维基和分众分类）的可感知第二代"，其目的是促进创新，合作及使用者之间的分享。❼

维基的阅读者和参与编辑的人知道，它可以被感知为一种基于屏幕的二维形态。屏幕展示是记录的全部或更多时是其一部分激活的结果，其全部则由电脑光盘或其他存储媒介上的电子记录所组成。

从建立数字权利管理机制的视角看，维基截然不同，❽ 虽然在它们的结构中包含安全、限制访问软件。在版权保护作品被发送给终端用户时，数字权利管理利用安全软件控制它们的属性和范围。而维基利用安全软件是为了使现在

---

❹ 根据在维基百科的登陆，维基首次安装是在 1995 年（［EB/OL］.［2008 – 01 – 24］. http：//en. wikipedia. org/wiki/Wiki）. 但目前为止对于维基作者欧洲仍然缺少关注。For example, the chapter of Simon Stokes' enjoyable Digital Copyright Law and Practice (Hart, Oxford, 2nd edition 2005) 提到版权与网络技术没有提到维基。The same is true of Frank Gotzen (ed.), The Future of Intellectual Propertyin the Global Market of the InformationSociety：who is going to Shape the IPR System in the New Millennium? (Bruylant, Brussels, 2003), Patricia Akester, A Practice Guide to Digital Copyright Law (Sweet & Maxwell, London, 2008) as well as the other works cited elsewhere in this chapter. 谷歌搜索术语"维基版权"［EB/OL］.［2008 – 01 – 24］. http：//www. wikiservice. at/gruender/wiki. cgi? Copyright_ in_ Wikis.

❺ ［EB/OL］.［2007 – 12 – 12］. www. tvb. org/multiplatform/Multiplatform_ Glossary. asp.

❻ Nate Anderson, Tim Berners – Leeon Web 2. 0：nobody even knows what it means, Ars Technica, 1 September 2006,［EB/OL］.［2008 – 01 – 22］. http：//arstechnica. com/news. ars/post/20060901 – 7650. html.

❼ ［EB/OL］.［2007 – 12 – 12］. http：//en. wikipedia. org/wiki/Web_ 2.

❽ 最近实践中对 DRM 的评论，see Christopher May, Rights Management：the Problem of Expanding Ownership Rights (ChandosPublishing, Oxford, 2007).

或未来的作者（他们可能也是用户）能够无障碍地完善作品。

至于有多少维基正在被使用，它们事实上或理论上的市场价值是多少，还没有确定的评估。有人指出，截至2009年，❾ 50%的公司会利用维基作为"作品合成工具"。作为促进家庭工作者们的合作方式，可以使项目中的成本降低，也可以使退休的工作人员继续保持活跃。我们仍然处于维基的发展阶段，在这一阶段，许多记者只是偶然发现了它，在许多公众对其一无所知的情况下发表评论。因此，可以推断出，关于维基渗透出的困难实际的数量暂时还不会很大。

维基适合版权吗？

本文不打算回顾以往对连接创作者及其创作的权利是否适用"版权"或"著作权"的长篇累牍的讨论。❿ 在维基的领域里，这样的讨论有些意义。

因为它并非是对另一作品本身的复制，其构成内容也可以被复制，而且非常适于进行复制，如此，它就符合传统普通法框架中版权法意义上关于原创作品的规定。普通法律师对著作权的问题没有太多困扰，他们很轻松地认为"值得复制，就值得保护"，维基就是这种范例。⓫

传统著作权的民法法系律师，就会对它的创作方式进行特别的关注，尽管它具有作者作品的外在表象。它会以有形的或至少可记录的方式表达作者的意愿吗？如果可以，它就是作者的原创性行为，司法管辖机构就应当给予其法律保护。民法法系认为授予香水及其香味以著作权保护是可能的，⓬ 却对事实数

---

❾ Brad Kenny, Seven Strategies for Implementing a Successful Corporate Wiki, Industry Week, 25 January 2008, citing a study by the Society for Information Management's Advanced Practices Council (APC) [EB/OL]. http://www.industryweek.com/ReadArticle.aspx? ArticleID = 15682&SectionID = 2.

❿ 关于数字时代中自然法对作者适用的著作权理论相关讨论，特别是关于所谓"多媒体"创造，see Tanya Aplin, Copyright Law in the Digital Society (Hart Publishing, Oxford, 2005), at 26 – 31. See also William Patry, 1 Copyright (vol 1, St. Paul, Minnesota, West, 2007), ch.1, 美国与英国的版权历史发展。

⓫ This sentiment was first expressed by Peterson J in University of London Press Ltd v. London Tutorial Press Ltd [1916] 2 Ch 601, 610.

⓬ See eg Sergio Balana, L'industrie du parfum àl'assault du droit d'auteur…fumus boni iuris? Propriétés InteIlecmelles 16, July 2005, 254, and Urheberrecht für Parfums, (2005) GRUR. Int, 12 and La protecion del perfume por el derecho deautor. Comentario a la Sentencia de la Cour d'Appel de Paris de 25 de enero de 2006en el caso L'Oreal c. Bellure, (2006) Revista de Propiedad Intelectual, 22.

据列表❸的保护犹豫不决，甚至包括对最初的计算机软件。❹

如果民法法系的律师找到了创作行为的价值，但一旦发现维基具有一种完全合成的属性，他就会立即终止对它的保护。大量创作者的工作，或许根本没有特定或确定个体的属性反映，它更像是一面任何人都可以接近的巨大的墙壁，长长队伍中的每一个路过者都可以写上几句，是一种由无数语句不断累积形成的文学珊瑚礁。它的现状和特点是由在特定时刻这些累加物的最新属性所决定的，而更早些落下的累加物性质已经模糊了：它是可以被复制的作品，但它确实是著作权意义上的作品吗？

现代欧洲知识产权法并没有试图去解决这些争论，而是提出了进一步的法律结构。其中一种结构是寻求解决或绕开传统版权/著作权的争论，建议在更高、更普遍的意义上施加保护，而不仅仅是保护维基的文本。另一种结构，指出内容为个人条目的聚合，不具有作品的完整性，建议放在版权/著作权范围之外，当然也应当对其加以保护。❺ 这两种法律结构都令人困惑地使用了同样的名字——数据库权利，都通过同样的文件，即所谓的数据库指令，❻ 融入当代国内法之中。❼

简言之，数据库指令规定了两种权利。第一种是版权，第二种是特别权利。尽管在同样的法律条款可以平行适用到版权与特别权这一点上，与版权类似，在概念、实践和商业术语上还是有很大的不同。指令规定的两种权利都是与数据库有关的权利，因而，"数据库"的定义代表了对与维基有关的这些权利的进一步讨论、比较的共同出发点。

在数据库指令中，将"数据库"界定为"以一种合成或有逻辑体系的方式编排的独立的作品、数据或其他材料的集合，任何个体都可以通过电子或其

---

❸ 关于民法的清晰论述，see P. Bernt Hugenholtz, Protection of compilations of facts in Germany and the Netherlands, Egbert J. Dommering and P. Bernt Hugenholtz (eds), "事实作品的保护" (Kluwer, Deventer, 1991).

❹ 联邦法院首次要求，作为计算机程序版权保护的条件，与既有程序相比有个性化存在，在工程程序方面，作者的能力相当大地超越普通程序员的一般水平。The rigour of its earlier ecisions in Inkttssoprogram [1986] 17 IIC 681 and Betriebssystem [1990] 22 IIC 723was later abated in Buchhaltungsprogramm [1993] CR at 752 et seq.

❺ 关于版权与著作权传统在传统版权客体与数据特别权利之间重叠的紧张关系，is illuminated by reading John Adams, "版权原创性：解决数据库问题的方式？", in Paul Torremans (ed.), Copyright Law. Handbook of Contemporary Research, (Edward Elgar, Cheltenham, UK andNorthampton, MA, 2007).

❻ 没有与泛欧洲未注册外观设计权类似的泛欧洲数据库权规定纳入到欧盟法 by Council Regulation 6/2002 of 12 December 2001 on Community Designs.

❼ Directive 96/9/EC of the European Parliament and of the Council of 11 March1996 on the Legal Protection of Databases.

他方式获得"。**⑱** 这个定义可适用于维基，人们认为它的确通常是这种情况，尽管并非所有情况都是。维基将分离的创作编辑起来，通常可以被视为一种"数据库"，除非这种编辑对源文件以一种非常微小、添加变化的形式进行，这就不能称其为"独立"，因为它们不能单独存在，只是它们周围的内容以维基的方式添加了一些意义。

作为版权作品的维基

既然已经界定了"数据库"的定义，维基显然可以在这一定义范围之内，至少一般情况下可以，来分析一下，指令如何规定版权法保护下的数据库范围。第3条精确地解释了哪些作品可以得到保护，第4条确定了谁有权享受保护带来的利益：

第3条　保护的客体

1. 依照本指令规定，凡在其内容的选择与编排方面体现了作者自己的智力创作的数据库，均可据此获得版权保护。本规定是判定一个数据库能否获得版权保护的唯一标准。

2. 依据本指令对数据库的版权保护，不延及数据库的内容，也不损害这些内容本身所具有的任何权利。

第4条　数据库的作者

1. 数据库的作者是创作数据库的自然人或一组自然人，或者是在成员国法律允许的条件下，由该国法律规定作为权利人的法人。

2. 在汇编作品获得法定认可的成员国，其经济权利为版权持有者所有。

3. 由一组自然人共同创作的数据库，其专有权归这些人所共有。

从第3条中，我们可以看出，欧洲议会和欧洲理事会站在了公民和公众的一边。数据库是"作者"自己创作的作品，这一术语强调了能够被司法机构授予法律保护的个人创造的重要性。但同时，这些重要的机构指导立法偏离了最初的客体，它们的注意力由作者创作的作品转向有效"管理整洁办公室"的作品：以一种系统化、井井有条的方式对没有任何创造力的原材料进行编排，使每一条数据都可以独立取得。这就是能将大量事实沿着信息高速路，刷进整洁容器的街道清扫车，然后给这种街道清扫车贴上"作者"的标签。

更重要的是，如假定标准的公众可访问和可共同修改的维基就是第1条一

---

⑱ Directive 96/9, Art. 1.

般意义上的"数据库",我们就可以用"维基"来替代"数据库"。然后,重新阅读第 3 条,"维基是在其内容的选择与编排方面体现了作者自己的智力创作的数据库,应获得版权保护"。

就会有这样的问题。许多人对维基通过对一个到下一个文本的内容-形式的改变来贡献力量,如果每一个参与者的添加都"在维基内容的选择与编排方面",作为一个整体包含在维基之内,还能说作品是可保护的数据库吗?对于英语读者而言,这种概念的语言和表达方式都显得笨拙和不清晰,它看起来好像有这样一种推理,具体如下:

i. 存在这样一个数据库(第 1 条意义上的);

ii. 这个数据库是作者自己的智力创造;

iii. 数据库构成作者自己智力创造的理由是,他选取或安排了数据库的内容;

v. 由于作者通过选取或安排内容创造了数据库,数据库可以得到版权保护;

vi. 数据库的版权保护不延及所选取或编排的内容,因为它不依赖"内容的内容"而存在,而是有赖于通过电子或其他方式可获得的选取或安排这一事实。

这些至少告诉我们,对维基客体"数据库是一个产品"的保护,是智力创造的结果,此种创造就是将维基做成一个母体,信息可以添加进去,也可以通过它恢复原有的信息。

但是按照数据库的保护范围,所保护的内容不仅仅是一位作者智力创造的结果,而是数据库本身的内容。因此,第 5 条规定:

第 5 条　受限制的行为

对可受版权保护的数据库的表达,数据库的作者享有从事或授权他人从事下列行为的排他权:

(a) 采取任何方法,以任何形式对数据库的全部或部分制作暂时或永久的复制件;

(b) 对数据库进行编译、改编、整理以及其他改动;

(c) 以任何形式向公众提供数据库及其复制件,当权利人或经其许可将复制件首次在欧共体销售之后,则控制该拷贝在欧共体内继续销售的权利将穷竭;

(d) 将数据库向公众传播、展示或表演;

(e) 将(b)中所指行为的结果进行任何复制和向公众发行、传播、展示或表演。

对此,将维基作为版权下的数据库,与作为文学作品的"汇编作品"的保护之间有这样的分析:[19] 作者可以利用自己的智力创造在特定的体系内对一组独立作品加以编排,即使他不是其中任何一个作品的作者。但在实施版权所限制的行为时,如果汇编中的一系列独立作品被以同样的方式放在一起,就侵犯了汇编作品的版权,作者可以请求强制执行。

作为特别权利的维基

数据库指令规定了比版权低的保护水平,将数据库作为数据的汇编,而非原创智力创作进行保护。此种保护的法律基础是认可了普通法版权保护哲学,即认为值得复制的客体值得保护,而非承认创作者的自我表达以及创作技能。它不需要像专利、商标、外观设计一样进行登记,但也不是版权。它被巧妙地称之为特别权利,因为其与一般知识产权不同,充其量就是"北欧编目规则中一个无人爱的私生子",而且尚在欧盟委员会的政策实验室中进行培育。[20]

特别权利保护的客体是什么呢?指令第7条规定:

保护的客体

1. 数据库应表明在数据库内容的获取、检验或展示方面,有定性与/或定量的实质性投入……

4. ……第一款应当适用,不管该数据库是否符合版权或其他相关权利的保护条件。而且,不管该数据库的内容是否符合版权或其他权利保护的条件也是有效的,也应当适用。依据第一款所规定权利对数据库的保护,不应损害存在于数据库内容中的权利。

显然,保护这一客体并非基于传统民法法系钟爱的智力创造,而是由三件实质性事实所引发的客体:获取所需的投入,验证所需的投入,展示所需的投入。无论这一简单规则最近是否被忘却,它已经被法院从过度智力保护和超出合理化的丛林中拖拽出来,表明它绝对没有与精妙的知识财产商业世界产生共

---

[19] 关于系列作品的文献汇编 see Kevin Garnett, GillianDavies and Gwylim Harbottle, Copinger and Skone James on the Law of Copyright (Sweet & Maxwell, London, 15th edition, 2005), at 3.23 to 3.26.

[20] Estelle Derclaye 关于数据库运作模式的最新精彩解释: Database sui generis right: the ned to take the public right of information and freedom of expression into account, FionaMacmillan (ed.), New Directions in Copyright, No. 5 (Edward Elgar, Cheltenham, UKand Northampton, MA, 2007).

鸣。指令的措辞明确表达了保护这种客体的意图，只要其由以下构成:㉑
(1)已经做出投入；(2)添加价值或实质内容的非作者行为；(3)一种数据库。

这对维基意味着什么呢？在所有的维基都是数据库的前提下，我们可以将第7条中"数据库"的词语替换为"维基"，它就变为"维基应表明在数据库内容的获取、验证或展示方面，有质/或量的实质性投入……"

与前面依据第4条讨论的授予版权的数据库不同，特别权利数据库权不要求作者的创造行为，因此不必要去界定作者。特别权利只要求存在一位"制作者"。这种构建性而非创造性的主体，在指令的实质性条款中并未加以界定，但在序言的重述41中解释为："发起并承担投入风险的人；……这就在制作者的定义中特别排除了分包商"。㉒

这一定义将"制作者"这一专门术语（发起及风险承担着）与实际制作者区分开来，实际制作者就是指令中所保护的，整合"以一种系统或清晰的方式对独立作品、数据或其他原材料进行编排，且可以通过电子或其他方式获取的编辑作品"的人。但适用到维基，无论内容的制作者在质或量方面贡献了多少条目，即使他完成了全部的内容，是可依据第3条授予版权数据库的智力创造的提供者，但他都不会成为法律意义上的"制作者"，因为他不是商业性质数据库的发起人和风险承担者。

维基是传统的非数据库版权作品吗？

表面上看，维基可以成为作品，它由一些传统的字母、数字、符号组成，具有传统文学作品的外观。到目前为止，维基始终通过个体作者互动参与并提供信息的方式，填入、修改和更新，因此，它看起来符合多作者作品的原型。

通过作者创造性行为进行的人事代理是当下的标准，并不存在技术上的原因，不能通过纯粹机械或自动的方式修改维基，如通过选择计算机程序用最新的数据替换原有数据（如替换法律条款的数字排号，用已婚的名字替代单身时的名字，替换为已经转换为非殖民模式的国家、城市的名称）。维基内容更

㉑ 参见4个不联接但相关的案例，Cases C - 203/02, British Horseracing Board Ltd v. William Hill Organization Ltd [2005] ECDR 1; C - 444/02, Fixtures Marketing Ltd v. Organismos Prognoskikon Agonon Podosfairou [2005] ECDR 3; C - 46/02, Fixtures Marketing Ltd v. Oy Veikkaus AB [2005] ECDR 2; C - 338/02, Fixtures Marketing Ltd v. Svenska Spel AB [2005] ECDR 4.

㉒ 国家立法对这一点有所充实：因此英国1997年数据库权利与版权条例中，没有排除分包商，仍然要求6个分部，以确定数据库一个或更多的制作者身份。

新的本身就是按照自动规律编辑的产品，一方面通过"协助编辑"，即个人编辑运用程序帮助他准备要编辑的内容；另一方面通过机器不间断地检查维基的内容，校正语法和句式，创建链接以恢复遭到的故意破坏。㉓ 如果机器修改的幅度很大，并产生了可以客观上被初步判断符合版权保护的客体，一些司法机构也已经承认这些能够产生版权的作品，将其归为非作者性的行为。㉔

谁是作者？

作者的概念、对一个或多个作者的鉴别，这方面已经形成了大量的有影响的论著。㉕ 但在欧盟内，对于谁是作者，或者是否可以将作者或其他当事人认定为版权的法定所有人（考虑到第三方的地位，作品创作后，在运用法律原则之时或随后，剥离了作者作为所有人的权利），却仍然没有一个官方一致认可的观点。

"作者"这一术语并未在国际法或任何欧盟法律规范上加以界定——只有一个明显的例外，所以开放给各成员国政府加以确定。在原创数据库的版权方面，96/9 号指令第 4 条将"作者"界定为"创作数据库的一个或一组自然人，如果成员国立法允许，法人可以作为该法定权的持有人"。

但这一例外并非真实的例外，因为它并不是一个能够真正简易化的定义：授予成员国对数据库的作者加以选择，这里维基是一个很好的例子，可以是创作维基的自然人，这些自然人的雇主，也可以是维基委托的独立一方，或者可以是树上的猫咪。

抛开维基模式下受版权保护数据库的作者问题，讨论一下写作并粘贴到维基语料库内容的作者。"合作作者"概念与维基的关联度最强，因为任何已完成的维基文本内容，都有被几个作者加工或再加工的技术上的可能性，其产生的结果无法检测出每个个体所做出的努力。合作作者也有自己的问题，如果 A 写了一个文学作品，星期一的时候粘贴在维基上，星期二 B 对这个作品作了实质性的修改，而星期三的时候，C 根本不知道存在的早期文本，又改回了 A 最初粘贴的文本形式，那么最终文本的作者就值得讨论了。星期一的一个读者偶

㉓ 协助编辑与使用机制 [EB/OL]. http://en.wikipedia.org/wiki/Wikipedia: Bots（accessed 29 January 2008）.

㉔ 参见 1988 年英国《版权、外观设计设计与专利法》第 9（3）条："如果文学、戏剧或艺术作品由计算机创作产生，作者为创作作品必要编排之人"。

㉕ 对于著作权概念的法律、经济及哲学方法更广泛调查，包容普通法与大陆法的传统，see LiorZemer, The Idea of Authorship in Copyright（Ashgate, Aldershot, 2007）and thesources cited there.

然在星期四又重新浏览了维基的同一页面，他根本不可能知道这明显是同一的文本已经是历经了三个作者创作行为的成果。A 或许很惊异地听说 C 主张自己是那篇文本的作者，因为没有相反的证据，C 确信是自己所创作。而最可怜的还是 B，他的创作努力是对原文本进行了动态的修改，但这种努力所引起的结果就是激发了 C 的创作行为而已。

这些作者身份、创作性努力的性质与程度具有不确定性，它们经常处于在"加工中"，总是在变化，绝不是静止的。在这个问题上，勒拉·泽默的极端观点就显得颇具吸引力。勒拉·泽默这样论述：

> 我赞成在版权创作过程中的公众作者角色，这一角色被大大地忽略，并被认为理所当然。我想大胆地引入并发展一个社会法律论点，建议每一个版权企业中设立一个公众财产权。❷❻

在维基（如维基百科）这样如此流行的情况下，创作者的数量激增，❷❼ 鉴别每一个作者身份的重要性就逐步消失。我通常感觉，这就是为了给勒拉·泽默的论文提供一个典型的例证。❷❽

作者行为什么时候产生？

在独立创作的示例方面，国内版权法发挥了很大的作用，也很容易适用：因为我们目前已经形成的法律原则本身，就是引导对独立作品加以保护，它们在一个特定时间点由独立的作者所创作。比较复杂的情况就是承认存在版权，在独立作品由多个作者完成时，认可其中的一位，这可以通过一个简单的原则加以解决：如果在最终完成的作品中，各个作者的贡献可以分别加以界定，它们就会被视为一组独立的作品，每一个作者都有独立的版权。但如果各个作者的努力无法被明确梳理，作品的界限根本无法界定，也可能尽管可以界定，只有通过聚合在一起才能成为受版权保护的作品。这种情况下，作品就是合作且不可独立作者的作品，所有权以及保护期间都要考虑这种不可分离的特性。

但法律并未以同样的自信发展到其他复杂的领域。例如，当一个作品明显

---

❷❻ Ibid., vii.

❷❼ 2008 年 1 月中旬，维基作者数量超过 75,000，是目前世界上最庞大的连续创作的作品，The current figure can be checked on http://en.wikipedia.org/wiki/Wikipedia：About.

❷❽ Zemer 采用了法学学者的复古方法寻找论文的基础，在约翰洛克著作中，该书 2007 年出版，提出并批评了传统作者—出版商—公众—购买者模式。"网络空间""网络""web2.0""维基"这样的术语不会在其索引中找到。

是上文描述的合作作者,但这些作者如果分别在不同的国家完成作品中各自的相关部分,会发生什么呢?在涉及维基问题时,这是一种极为普遍的情况,因为网络无国界,它可以融合不同的创作并形成一个独立的作品,且拥有全球的读者群和作者群(如维基百科)。由于无论在欧盟还是国际范围,都没有一个一体化的法律规则对作者加以界定,我们可以假定,存在 A、B、C 联合创作的作品,这些受人尊敬的作者分别是欧盟成员国 X、Y、Z 的居民。依据 X 国法,这显然是合作作者的作品,A、B、C 是合作作者。依据 Y 国法,A 首先粘贴到网上的原创作品,应被视为 A 拥有独立版权的单独作品,而按照此种视角,B 和 C 各自添加的努力不足以被认定具有原创性。依据 Z 国法,B 的贡献不够充分,但 C 进一步修改的努力并未产生合作作品,而是两个独立的作品,因为 A 和 C 的贡献是可以进行界定的。X、Y、Z 国的法律可以成为适用作者与所有权问题的法律吗?还是应该适用主办维基的美国法律?

作者和精神权利

所谓的"经济权利",可以确定所有权人控制版权利用市场的能力,无论这个市场是能够创造商业产品的真实市场,还是决不会出现版权贸易的虚假市场。除经济权利外,还存在一系列的精神权利。这些权利联系作者与作品权利的基础是作品与创作行为之间的联系,基于其完全的人格属性,这些权利可以被放弃,但不能在贸易过程中进行转让。主要的精神权利有:

● 被识别为某作品作者的权利(即使在政治性的时代,也用"署名权"来隐喻这一权利,而不论作者的性别);

● 反对他人对作品修改权,这会因为其被认为是修改作品作者而受到某种损害;

● 确定作品为作品的权利,而非筹备草稿或从最终作品中提炼出来的大纲;

● 恢复权,从作者认为任何不适当、不满意利用作品的形式恢复原状的权利。[29]

精神权利原则对于维基的适用充满困难。前文中,笔者至少已经鉴别了以下问题:

---

[29] 有时用 the droit de repentir (right to repent) 这一术语。

- 正如在版权与著作权体系之间存在通过经济权利的利用确定适合保护客体方式上的差别。在界定因精神权利构成作品时，也存在类似的差别。我们还不清楚这两种传统体系是否会照同样办法对待维基，还是将保护一致性和作者精神权利完整性的需要分开。❸⓪

- 维基的作者贡献是明显的，维基是一个独立的作品，且分别署名。它也可以是没有个人署名、有多个个人署名或无署名的独立作品，在每一种情况下，只要有，都可以在某种程度上适用保护作品完整权。在英国，如果多个作者的维基以"参考文献汇编作品"方式加以发布，即使存在可以加以界定和未加修改的部分，不存在被授权的作者。❸①

- 在英国，成为一部作品作者的权利，必须依法进行"主张"，否则不能得到强制执行。维基是否没有被排除出这个权利的范围，仍然不清晰，因为并未发现其为"参考汇编作品"。维基原创作品或修改部分的作者清楚的是，要拥有权利，就必须对权利加以主张。

- 对一个维基，可以有多个作者获得编辑权利，这也会产生这样的问题，就是放弃反对贬损作品权的可能性。相反，作者之间共同理解的默示含义是，不会作出这样的非合意性修改。

- 也会提出这样的问题，是否任何人在阅读多个作者的维基时，有必要假定，一个有署名的努力建立了这样一种暗示，就一个条目而言，所创作的作品事实上是署名作者的独立且未修改的作品。

- 反对既定修改作者与寻求施加修改作者，所主张的"表达自由"之间存在冲突，维基则为这种冲突提供了完美的媒介。❸②

- 传统上认为，不必禁止诸如对句式拼写、标点校正这种编辑式的修改，其与作者的精神权利并不冲突。但在维基这种情况下，这种接受是否同样有效，或如果有效，在多大程度上有效。

- 确定作品何时完成的权利，在典型的多个作者的维基情形下，相关性和范围都是不确定的。

- 撤回权，在传统版权作品利用的情况下，这或许是最不重要的一项。

---

❸⓪ 确定作品是否适合精神权利保护的示例 see Stina Teilmann Justification for Copyright: the evolution of le droit moral in Fiona Macmillan (ed.), New Directions in Copyright, vol. 1 (Edward Elgar, Cheltenham, UK and Northampton, MA, USA, 2005).

❸① Copyright, Designs and Patents Act 1988, s. 79 (6) (6).

❸② 关于冲突 See Leslie Kim Krieger Bar – Am, (The moral right of integrity: a freedom of expression), in Fiona Macmillan (ed.), New Directions in Copyright Law, vol. 2 (Edward Elgar, Cheltenham, UK and Northampton, MA, 2006) at para. 3.1.4.

但相反，如果一个作品或许有临时短暂的利益，作者或许想要出版并修改其已经粘贴的文本，或从维基主办方处完整地撤回这一文本，在维基环境下，撤回权就可能成为最为重要的精神权利。[33]

作者和伪精神权利

除一般的精神权利外，一些国家的国内法还保护其他的权利，有时也称其为精神权利，在定义上，这些权利并非为作者所持有的权利。以下两种权利与维基明显相关：

● 反对错误地归属作者身份的权利，它通常被错贴作品作者身份的作者行使；

● 肖像创作的委托者控制或禁止该肖像版权所有人展示、复制、发行或表演等任何限制性行为的权利。

按逻辑分析就是，在任何情况下，作者都可以反对其完成作品的扭曲或复制，他可以通过作为原创作品作者主张精神权利，也可以作为非作者行使反对作品的修改的伪精神权利。

总的观点：欧盟机构要告诉我们什么？

如前所述，"Web2.0"和维基都不是专门术语，无论在欧盟的一级或二级立法中，都无法找到关于它们的规定。即使当今无处不在的"因特网"这一术语，这种获取和传播维基的方式，也没有在任何欧盟版权相关指令或信息社会立法中加以应用。欧盟法要遵守所谓 WIPO 因特网条约的规定，它们中都没有包含"因特网"这一词语。

在许多成员国内，也存在同样沉默：

● 对法律的现状持有一种满足感；

● 在维基时代，对于修改或调整的需要，缺少法律一般原则和特定细节方面的意识；

● 在不断推动对现有状态调查的情形下，认识到法律改革的可能性，却仍然没有结束这种调查的长期萌芽阶段；

---

[33] 作品可以从维基中撤回，但它并不会真正消失，"它的电子印迹会保留在网络空间，可以为一个或多个私人领域设施所持有，它们能够保留当前网页的旧版本，以及不存在网页的内容"，如何恢复显然已经消失网页的证明，see Reed Executive plc and Reed Solutions plc v. Reed Business Information Ltd, Reed Elsevier (UK) Ltd and Totaljobs.com Ltd [2003] RPC 12。

- 意识到需要进行一些修改和调整，但同时缺少对必要变化性质与程度的评价；
- 在反方游说组织有说服力的建议前仍然冷眼旁观，虽然两种方式冲突，但可以同样有效地推动法律制度的修改。
- 在技术迅速发展的时代，目前形势仅是一个临时的阶段，可能形成任何形式的法律改革，也存在阻挠其继续发展的风险。

何种纷争？

在写作之时，维基仍然在期待欧盟版权或者数据库特别权利的首次立法。法院还没有审理关于维基侵权、盗版或剽窃方面的指控；还没有发出相关指令；在流行媒体的头条上，还没有出现关于公正的愤怒或公正受损方面的报道；成熟的律师仍然在资料室中保持沉默，还没有与权利持有人利益的分类进行斗争；还没有商业会议的组织者发布鲜明的广告，尖锐地宣布这是维基时代。在这样的时代没有客户愿意，让一个没有全面接受训练的法律建议者去解决复杂的维基作者与所有权问题。维基能像多媒体 CD 一样，没有一丝商业冲突痕迹的出现或离开吗？

人们传统解决冲突的方法是，授予许可并对实际或潜在冲突达成一致进行解决，这可以帮助维基的股东们免受官司的纠缠。以当下流行的维基百科为例，通过上传到维基上的文本内容，每一位投稿人都同意按照 GNU 自由文档许可向公众许可，[34] 没有地理上的限制，使用这些成果不需要得到同意，只要适用互惠原则，对其他人给予同样的授权即可。如果这种许可使用的成果在线进行，就要链接使用材料的阅读者后返回维基百科资源库。[35] 这种安排为可能的使用者或被许可者提供了安全，除非是标准术语的使用随着时间的推移发生了变化：无论维基对于内容使用的陈述多么动听，维基内容的使用者都不希望被告知，这可能是内容上载时已存在的术语，而非他想使用之时的术语，这会决定其与一个或多个版权人之间的关系。

如果维基内容的可能用户不遵守与内容复制、传播或其他使用相关的获取

---

[34] http://en.wikipwdia.org/wiki/GNU_Free_Documentation_License, section 1of which（定义的可适用性）"根据其中规定的条件授权世界范围、免费许可，无期限使用作品"。

[35] （per Jordan S. Hatcher）按照 GFDL 文本的观点，维基本身承认由于 GFDL 并非为维基所做，并不清晰。链接被认为是在使用者必须引用的主要作者思想基础及文本历史之上；最容易的方式是与维基百科链接，但也有可替代的方式实现同一目标。

及传播条件，他就必须寻求其想要使用内容的维基作者的批准，这样他们就可以得到那些特别条件之外的许可。对原创作者及随后修改内容作者的身份鉴别，可以通过明确的署名协议或通过软件的使用完成，利用软件回溯并允许一层一层地解开维基内容。但生命有限，版权的日常清理极为单调，个体最终进行侵权诉讼（或受到现代是非责难）的风险必须接近无穷小。

按照共同创作机制进行作品许可还不适宜维基，目前为止它存在的前提条件是独立、静止的作品，这些作品的作者能够被界定，几乎在一切方面内容也是不可变的。为了避免怀疑下面两种情形，即没有作出版权保护请求，或者作品纯粹致力于公众领域，对这种机制的适应，不应极大地发挥版权律师的创造性才能。

在无法达成一致、阻止界定作者的精神权利，以及同意未授权使用的条款被滥用或忽略的情况下，还可能产生纷争。如果欧盟单一的商品与服务贸易市场并未明显受到危险，欧盟成员国的国内法律也没有非常急迫的一体化要求，可以预测欧盟委员会和欧洲议会就不会加以干预。那么，保护维基创作者和贡献者，建立一个清晰稳定法律机制的想法，就必须来自世界知识产权组织本身。在本文写作之时，这种情形既没有要马上进行，似乎也没有可能发生。

经济权利

安斯加尔·奥利

1 概 述

在公众眼里,版权已经从一个技术性比较强的主题进化为有着共同利益的话题,特别是版权与公共领域之间的关系,已经成为大西洋两岸争论最大的问题。❶ 权利持有人害怕在数字环境背景下失去对作品的控制,他们成功地推动了持续稳定地加强版权保护。另外,使用者的权利意识也不断增加,他们担忧版权或许会阻碍而不是激励创造。这种争论大部分限制在本文讨论的另一些内容范围之内。❷ 这些争议包括应被版权保护的客体、充分的版权期间、例外与限制、技术性措施,及作品的新形式,如数据库。另一些问题如精神权利,和反映版权体系与著作权体系传统区别的原始所有权。❸

---

❶ An overview of the current debate is given by the contributions in GuibaultLucie and P. Bernt ltugenholtz (eds) (2006), The Future of Public Domain, Alphenaan den Rijn: Kluwer; Hilty, Reto M. and C. Geiger (eds), (2007), Impulse für eine europfäi sche Harmonisierung des Urheberrechts/Perspectives d'harmonisation du droit d'auteurell Europe, Berlin, etc.: Springer; see also Geiger, C. "Constitutionlising" Intellectual Property Law? The Influence of Fundamental Rights on Intellectual Property in the European Union, (2006) 37 IIC 371; Hilty, RetoM., Sündenbock Urheberrecht? in Ansgar Ohly and Diethelm Klippel (eds) (2007), Geistiges Eigenttnn und Gemeinfreiheit, Tübingen: Mohr Siebeck pp. 107 – 44; Lessig, Lawrence (2001), The Future of Ideas, New York: Random House.

❷ See the four puzzles identified by Julie E. Cohen (2006), Copyright, Commodification and Culture: Locating the Public Domain, Guibault andHugenholtz (supra, n. 1), pp. 121, 122.

❸ On which see Davies, G., The Convergence of Copyright and Authors Rights – Reality or Chimera? (1995) 26 IIC 1995, 964, 969 et seq.; Ellins, Julia (1997), Copyright Law, Urheberrecht und ihre Harmonisierung in der Europäi ischen Gemeinschafi, Berlin: Duncker & Humblot; Strowel, Alain (1993), Droit d'auteur et copyright: Divergences et convergences, Bruxelles: Bruylant; from an economic perspective Koelman, K. J. Copyright Law and Economics in the EU Copyright Directive: Is theDroit d'auteur Passé? (2004) 35 IIC 603.

经济权利

本文研究的版权法领域似乎都是多少存在些争议的方面。典型的经济权利，特别是复制权、传播权和向公众表演权，都是版权思想中的实质性内容。在版权发展史相当早的时期，它们就已经得到了认可。今天，这些权利规定在国际条约之中，突出代表是《伯尔尼公约》《世界知识产权组织版权条约》，❹以及欧盟的一些指令，尤其体现在信息社会指令第 2～第 4 条之中，❺ 这些规定为争论留下了空间。经济权利领域是版权与著作权体系在很大程度上已达成一致的领域，即使那些使用者权的坚定促进者，也承认凡是没有彻底废除版权的法律体系，都会赋予作者以经济权利。

对于欧共体立法中授予经济权利的一些条款，无论在欧盟法院对其进行解释，还是在国内司法机构实施的过程中，都会以同样的理由揭示其重要程度，尽管一些问题的解释还没有完全确定。然后，我们可以发现出现了一些更基本的问题，值得进行更深一步的讨论，其中一些问题笔者会在第三节重点阐述。

2 共同之处

2.1 复制权

复制权是版权的典型核心权利。❻ 早在 1710 年的安娜法中，❼ 就已授权作者对其作品"印制与复印的独占自由"。类似的条款也可以在 1793 年法国版权法❽及 1837 年葡萄牙版权法❾中找到。最早的版权法规只是规定了反对复制方面的保护，后来将版权扩展到"以任何方式对作品的复制"（《伯尔尼公约》

---

❹ WIPO Copyright Treaty (WCT) and WIPO Performances and PhonogramsTreaty (WPPT).

❺ Directive 2001/29/EC of the European Parliament and the Council of 22 May 2001 on the Harmonisation of Certain Aspects of Copyright and Related Rights in the Information Society, OJ L 167/10 of 22 June 2001 (hereinafter Infosoc Directive).

❻ 参见委员会绿皮书：Copyright and Related Rights in the Information Society (1995), COM (95) 382 final, p.49："复制权是版权及有关权的核心"。

❼ An Act for the Encouragement of Learning, 8 Anne c. 19 (1710).

❽ Lucas, André and Henri‐Jacques Lucas (2006), Traité de la propriété littéraire et artistique, 3rd ed., Paris: Litec, paras 7, 8.

❾ §2 of the Act; see the reprint in (1988) 107 UFITA 190.

第 9（1）条）。⑩ 在欧共体层面上，复制权首先在软件⑪、数据库⑫及邻接权⑬（在信息社会指令第 2 条规定一般复制权"水平一体化"之前，一项技术通常指"垂直一体化"）⑭ 领域进行了一体化。信息社会指令第 2 条规定："成员国应提供排他权，禁止以任何手段任何方式授权直接或间接、临时或永久、整体或部分的复制"。目前为止，进展平淡无奇：复制权的基本要素在所有版权体系国家似乎都是一致的，基本无任何争议。但有两个问题还是值得注意的。

第一，是比较突出的一点，与大陆著作权体系相比，第 2 条并未区分版权与邻接权。⑮ 复制权不仅授予作者，也可以授予表演者、录音制品制作者、电影导演及广播组织。就表演者和广播组织而言，欧共体法对第一次固定权和对固定授予复制权进行了区分，第一次固定权规定在出租权指令第 7 条，对固定授予复制权构成普通复制权的一部分。对于这种立法技术，无论在形式上还是实质方面都遭到了反对。对区分第一次固定与复制权的批评并不是随意的，⑯欧共体法将一个独立的权利分割成了两份。对于所有类型的复制权都可以用一项"横向"权利条款进行规定，这种简化的规范，要比其他更复杂的规范有价值。⑰ 就权利的实质性而言，"复制"的含义一方面不同于作者的作品，另一方面也不同于产业作品。作者可以制止任何对作品的复制，产品制作者仅可

---

⑩ 《伯尔尼公约》历史显示，关于复制权通用协议的安全领域，和例外争端的雷区并非相距甚远。由于对例外条款有不同的国内观点，在 1967 年斯德哥尔摩文本的《伯尔尼公约》才明确包括了通用的复制权；see Walter, Michel M., in Michel M. Walter（ed.）（2001），Europäisches Urheberrecht, Kommentar, Wien, New York：Springer, lnfo – RL, para. 47；Reimer, D. and E. Ulmer, Die Reform der materiellrechtlichen Bestimmungen derBernerübereinkunft, GRUR Int. 1967, 431, 433.

⑪ Article 4（a）of Council Directive 91/250/EEC of 14 May 1991on the legal protection of computer program, OJ L 122/42 of 17 May 1991（hereinafter Computer Program Directive）.

⑫ Article 5（a）of Directive 96/9/EC of the European Parliament and the Councilof 11 March 1996 on the Legal Protection of Databases, OJ L 77/20 of 27 March 1996（hereinafter Database Directive）.

⑬ Article 7（repealed by the Infosoc Directive）of Council Directive92/100/EEC of 19 November 1992 on the rental rights and lending right and on certain rights related to copyright in the field of intellectual property, OJ L 346/61 of 27November 1992（hereinafter Rental Right Directive）. 同时修改后的新文本已经通过：Directive 2006/115/EC of 12 December2006, OJ L 376/28 of 27 December 2006. 除非特指，本文参考均指修改后 2006 年文本。

⑭ On this terminology see Bechtold, Stefan, in Thomas Dreier and P. BerntHugenholtz（eds）（2006），Concise European Copyright Law, Alphen aan den Rijn：Kluwer, Information Society Directive, introductory remarks, note 1；Walter, Michel M., in Walter（supra, n. 10），Stand der Harmomsierung, note 3.

⑮ 在国际层面上，这种区别来自著作权与有关权以不同的法律文件规范的事实。see article 9 BC on the onehand and articles 7, l0, 13 Rome Convention（RC）；7, 11 WPPT on the other hand.

⑯ Article 14 TRIPS does not draw this distinction, but see articles 6, 7 WPPT.

⑰ See Bently, Lionel and Brad Sherman（2004），Intellectual Property Law, 2nd ed., Oxford：Oxford University Press, p. 136.

以制止对固定的复制。录音制品的制作者不仅可以禁止同样的复制，[18] 还可以禁止未经授权的类似的数字化复制，甚至包括那些声音或速度已经发生改变的复制，[19] 当然他们不能禁止没有使用录音作品的复制。确定部分复制是否构成侵权的标准也有所不同，录音的取样就是一个典型的例子。[20] 许多国家的法院都曾为其版权保护的门槛进行过争论，特别是在只使用了原始作品数个音符的情况下。[21] 对于著作权，检验的标准是抽取的部分本身是否能够得到版权保护，[22] 这个标准涉及一个质的变化。几个采样的音符一般不会侵犯著作权，因为其抽取的内容实在太少。[23] 但对于产业者权，就不存在一个如原创性或独创性方面的质的要求。因此，抽取的部分是否可以得到版权保护，对其没有任何意义。一些作者认为，对录音制作者禁止采样的保护实际扩大了为作者提供的保护，因为对于什么是最低门槛根本没有法律上的依据，[24] 同一时期的美国司法机构对这种观点表示支持。[25] 但似乎还有更好的观点，就是存在保护门槛，只是确定的标准有所不同。由于录音制品权只保护投资，因此可采用纯经济的标准，如果会使录音制作者的投资处于危险境地，部分复制就属于侵权。在复制者与原始录制品制作者存在竞争时，就属于这种情况，[26] 因为采样是一种创造性的技术，可以产生出全新的没有直接竞争的作品。这种区别和一般事实是，授予著作权利比保护纯粹的投资要强，这一点被第 2 条采纳的"横向"立法技巧掩盖了。

---

[18] See von Lewinski, Silke, in Gerhard Schricker (ed.) (1997), Urheberrecht auf dem Weg in die Informationsgesellschaft, Baden – Baden: Nomos, pp. 253 et seq.

[19] See Vogel, Mat'tin, in Gerhard Schricker (ed.) (2006), Urheberrecht, 3rd ed., München: Beck, §85, note 42.

[20] On which see Häuser, Markus (2002), Sound und Sampling, München: Beck.

[21] See for the US: Bridgeport Music, Inc. v. Dimension Films, 410 F. 3d 792 (6thCir. 2005); for Germany: OLG Hamburg GRUR Int. 1992, 390 – Tonträ gersampling.

[22] For German law see BGH GRUR 2002, 799, 800 – Stadtbahnfahrzeug; Loewenheim, Ulrich, in Schricker (supra, n. 19), §2, note 66; for English law see Designers Guild v. Williams [2001] FSR 11 at para. 26 per Lord Hoffmann; Bently andSherman (supra, n. 17), p. 182.

[23] See Loewenheim, Ulrich, in Schricker (supra, n. 19), §2, note 122.

[24] Kohn, A1 and Bob Kohn (2002), Kohn on Music Licensing, 3rd ed., Englewood Cliffs: Aspen Publishers, pp. 1486 et seq.; Schack, Haimo (2007), Urheberrecht, 4th ed., Tübingen: Mohr Siebeck, para. 624; Schaefer, Martin, in ArturAxel Wandtke and Winfried Bullinger (2006), Urheberrechrsgesetz, 2nd ed. München: Beck, §85, note 25.

[25] Bridgeport Music, Inc. v. Dimension Films, 410 F. 3d 792, 801 (6th Cir. 2005): Get a License or do not sample.

[26] OLG Hamburg GRUR Int. 1992, 390, 391; Häuser (n. 20, supra), p. 111; Hoeren, T., Nochmals: Sounds von der Datenbank – zum Schutz desTonträgerherstellers gegen Sampling, GRUR 1989, 580.

第二，复制的概念并非如乍一看那样界定得如此清楚，㉗ 第 2 条仅阐明了权利延及"直接或间接的、临时或永久的"复制。这一规定就可能产生这样的争议，复制权是否适用于计算机屏幕上或记忆程序中的临时复制？㉘ 与计算机程序指令第 4（a）条及大多数司法机构的主流观点一致，第 2 条规定，在计算机自由获取存储内容的临时复制，属于复制权范围。㉙ 权利持有人与数字环境中正常使用作品的使用者之间利益冲突的解决方法，就是转向抗辩：信息社会指令第 5 条对某种版权作品的暂时复制，予以豁免。这种解决方式更具有技术性，而非规范性：㉚ 每一种固定，无论从经济角度看有多么不相关，它也是一种复制。批评者指出，这种结果会产生歧视。在普通环境下，阅读一本书显然不属于版权规制范围，而在数字环境下，若要接收一部作品，某种形式的复制就必不可少。㉛ 而且，复制这一概念的广义定义会产生复制权与向公众传播权的重叠，这使得对权利的厘清更加困难，因为复制权通常由集体管理组织进行管理，而公众访问权则不是。㉜

即使不考虑暂时复制问题，复制的概念仍然为进一步的解释留足了空间。有这样一个特定的核心含义：影印一本书和对 CD 进行数字化复制，毫无疑问是以技术方式进行的同一类复制，都在权利范围之内。然而，除去这些比较清晰的部分，仍有一些领域保留着不确定性。信息社会指令提供的唯一指导，就是在重述 9 和 11 中的"异议有利于被告"解释原则。㉝ 但这项原则本身也存在问题，笔者会在下面详细探讨。㉞ 欧盟法院的目标是对信息社会指令术语确立统一的欧共体法律解释，㉟ 法院还没有机会去澄清"复制"的概念。目前为

㉗ "复制权"定义是绿皮书表达目标之一（supra, n. 6），p. 51.

㉘ On this discussion see Loewenheim, Ulrich, in Schricker（supra, n. 19），§2，notes 20 et seq.; Lucas, André and Henri – Jacques Lucas (2001)，Truité de la propriétélittéraire et artistique, 2nd ed., Paris: Litec, paras 241 et seq.

㉙ Bechtold, Stefan, in Dreier and Hugenholtz（supra, n. 14），Information Society Directive article 2, note 3（b）; Bently, Lionel, in Dreir and Hugenholtz（supra, n. 14），Computer ProgramDirectivearticle 4, note 2（c）.

㉚ See Hugenholtz, Bernt et at. (2006)，The Recasting of Copyright & Related Rights for the Knowledge Economy, Final Report ［EB/OL］. ［2008 – 01 – 06］. http：//ec. europa. eu/internal_ market/copyright/docs/studies/etd2005imd 195recast_ summary_ 2006. pdf.

㉛ Ibid. p. 54 with further references.

㉜ Ibid. pp. 54 et seq.

㉝ 重述 33 指出："版权及有关权的任何一体化都必须以高水平保护作为基础"，重述 11 提出需要"版权及有关权的严格有效体系"。

㉞ lnfra, Section 3. 3.

㉟ ECJ, 7 December 2006, case C – 306/05, SGAE v. Rafael Hoteles SL,［2006］ECR I – 11519 para. 31 with further references.

止，还没有欧共体的法律标准确定，何时的部分复制会构成侵权。它的共同点是版权保护表达而不保护思想，[36] 但也是众所周知的难于区分。[37] 在未授权的续集中，对小说中虚构情节的使用和少许的引用，是德国联邦最高院主张的表达，[38] 还是一种思想？在三维情境下对作品的二维复制是否构成版权侵权？[39] 对于建筑图纸似乎取得了一致，[40] 那么对于其他的技术施工图纸、化学公式，甚至基因密码的详细描述又应当怎样保护呢？[41] 如果版权保护作者的技术构思，而不是它们的实现，专利法的基本原则就会受到威胁。即使在美学创造方面，版权也不保护"专有技术"等。点描法和十二音校法的音乐都不能取得版权，[42] 按照菜谱做顿美餐或者烘烤一份蛋糕也不会构成版权侵权。[43] 但复制作品与自由使用思想之间的界限，仍然具有不确定性，欧共体法至今仍未对改编权实现一体化，这也使这个问题进一步复杂化。因此，区分改编与自由使用的任务是否留给了各成员国，改编权，或者至少其中一些改编是否属于复制，这些问题依然不很清晰。[44]

网络对复制权概念提出了新的挑战，特别是关于链接和编辑。仅仅是超链接本身并非是复制，只是使复制成为可能，[45] 但小图片已经产生争议。应当将它们作为超链接，因为它们仅是指向另一个网址，并推定版权所有人予以认同。但德国法院[46]对这一观点并未认同，认为这是对原始作品缩小比例的复制。

---

[36] TRIPS 第 9（2）条、WCT 第 2 条，及国内版权法体系有不同的表达两分法的方式。如在德国法中，传统的区别，但同时已为法院和大多数学者所摒弃，是形式与实质之间；see Ulmer，Eugen（1980），Urheberund Verlagsrecht，3rd ed.，Berlin，Heidelberg，New York：Springer，pp. 119 et seq.

[37] 从英国法视角看困难与可能的标准，Cornish，William R. and David Llewelyn（2007），Intellectual Property，6th ed. London：Sweet & Maxwell，paras 11 – 07 et seq.；德国法视角 Loewenheim，Ulrich，in Schricker（supra，n. 19），§2，notes 53 et seq.

[38] BGH GRUR 1999，984 =（2000）31 IIC 1050 – Laras Tochter.

[39] 参见英国 1988 年法第 17（3）条："与艺术作品复制件相关的包括对二维作品制作三维复制件，对三维作品制作二维复制件"。

[40] For British law see Copinger and Skone James on Copyright（2005），15th edLondon：Sweet and Maxwell，para. 7 – 64；for French law see Lucas and Lucas（supra，n. 8），para. 240；for German law see Loewenheim，Ulrich，in Schricker（supra，n. 19），§16，note 7.

[41] An issue which，according to Cornish and Llewelyn（supra，n. 37），para. 11 – 24，deserves anxious consideration.

[42] Schack（supra，n. 24），para. 166.

[43] Bently and Sherman（supra，n. 17），p. 134；Cornish and Llewelyn（supra，n. 37），para. 11 – 24.

[44] 大多数成员承认突出的改编权，其他成员则认为改编是复制权的分项。see Hugenholtz et al.（supra，n. 30），p. 53.

[45] 关于对链接是否等同于"公众可访问"的更多争论，see infra，Section 2. 4.

[46] OLG Hamburg，GRUR – RR 2004，313 =（2004）35 IIC 478 – thumbnails.

2.2 发行权

发行权是控制市场和作品有形载体流通的权利。在一些情形下，它可以对复制权起到补充的作用，如复制行为发生在境外，或侵权复制品的来源不可知的情况下。发行权在许可中非常重要，它可以据此限定特定的发行渠道，允许所有人某种程度上的价格歧视。而另一方面，它的致命弱点就是，它只是一种经济权利，要受到权利穷竭的限制。

独立发行权的概念比信息社会指令第4条更有争议，出租权指令第9（2）条和相关的欧共体法规[47]会让我们相信这一点。与WCT[48]和WPPT[49]不同，《伯尔尼公约》缺少关于发行权的特殊条款，[50]发行权对一些欧洲体系国家来说还比较陌生。在法国和比利时，法学理论家认为，复制权已经包括足够广泛的权利，足以使作者控制对每一份复制品的商业利用。[51]比利时现在已经规定了发行权，[52]但法国在这方面仍然没有修改其版权法，[53]他们认为复制权已经保护了所有指令中授予的权利，但法国在法典中规定了权利穷竭原则。[54]一些评论者对最初没有被明确认可的权利却要遭受穷竭表示吃惊。[55]

信息社会指令第4条没有直接界定"发行"，但它阐明，这一权利适用于"对公众通过销售或其他方式进行的任何形式的发行"。出租权指令略有不同，第9（2）条使用了"可获得"这一术语作为"发行"的近义语。根据德国版权法第17条，发行意为提供原件或复制件，并使其流通的行为；英国1988年《版权、外观设计与专利法》第18节界定为"将作品向公众发布"，是"进入流通的复制，而不是先前的进入流通"。这样就把其基本含义和分界的情形进

---

[47] 计算机程序指令第4（c）条，数据库指令第5（c）条。

[48] Article 6 (1) WCT.

[49] Article 8 I, I2 1 WPPT.

[50] But see article 14 (1) and article 14bis (1) BC. Walter (in Walter, supra, n. 10, Info – RL, note 58) however draws on the Belgian and French doctrine of droit de destination 关于《伯尔尼公约》第9（1）条中的复制权是否包括发行权。

[51] See the fundamental study by Gotzen, F. (1975), Het bestemmingsrecht van de auteur, Bruxelles: Larcier, p. 397, and Lucas and Lucas (n. 8, supra), para. 247.

[52] Janssens, M. – C., Implementation of the 2001 Copyright Directive in Belgium, (2006) 37 IIC 50, 52.

[53] Lucas – Schloetter, A., Das französische Gesetz über Urheberrecht und verwandte Schutzrechte in der Informationsgesellschaft vom 1. August 2006, GRURInt. 2007, 658, 660.

[54] Article L. 122 – 3 – 1 Code de la propriétéintellectuelle.

[55] Lucas, A. and P. Sirinelli, La loi n°2006 – 961 du 1eraout 2006 relative audroit d'auteur et aux droits voisins dans la société de l'information: premiéres vues surle texte promulgueà l'issue de la censure du Conseil constitutionnel, (2006) 20 Propriétés lntellectuelles 297; Lucas – Schloetter (supra, n. 53) at 660.

行了区分，信息社会指令第4（2）条的含义就清楚了，原件及复制件的第一次销售，以及所有权的转让，如以赠与或交换方式进行的转让，都属于发行。但信息社会指令第4条以及出租权指令第9条并没有对出租和出借是否属于发行的一种方式这一问题加以确定。换言之，发行权与出租、出借权是否会产生重叠？出租权指令的最初目的在于明确区分两种权利，发行权限于无期限限制的转让。(56) 这些语句在最后文本中被删除，因为一些成员国，如德国更多认为，出租与出借权属于发行权的某种形式。(57)

最近德国与意大利版权法在实用艺术品保护的差别引发了两个案例，突出了涉及发行权概念的两个问题。第一个案例是，著名的包豪斯设计家维尔姆·瓦干菲尔德设计了一款台灯，一家意大利公司在网上进行销售。这种台灯在德国受版权法的保护，但在意大利却可以自由售卖。广告在意大利用德语向德国消费者发布，可以自己到意大利取货——意大利一直是德国偏爱的度假胜地，也可以发货。德国联邦最高法院认为，这种要约已经触犯了德国版权法保护，(58) 要约与实际销售是不同的行为，两者都可能侵犯发行权。依据德国版权法第17条，很难将发行权的解释延伸到对复制件的要约。而信息社会指令第4条并没有明确提及许诺销售行为，按照法院的观点，法院按照重述4、9、11对条款的解释，会产生更有利于加强和给予广泛保护的影响。事实上，在这种情况下，版权所有人的利益受到了严重影响，因为要约实际针对的是德国市场，目的是为了规避德国版权法。这个判决看起来似乎还令人信服，第二个案例则是试图进一步扩展发行权限制的一个例证。一家公司在意大利购买了勒·柯布西耶设计扶手椅和沙发的仿制品，然后把几件家具带回了德国，放在橱窗里招徕顾客。德国联邦最高法院决定向欧盟法院要求初步裁定，(59) 咨询第三方对复制件的使用或者单纯地在橱窗里展示这些复制品，是否构成对发行权的侵犯。法院本身倾向于这样区分：认为展示不构成发行，但允许第三方使用则落入发行权的范畴。法院认为，第4（1）条的措辞允许作出这样的解释，且信息社会指令重述9和11也可得出这种结论。但欧盟法院认为，这一解释扩展了对发行权的限制。(60) 发行意味着转让所有权，认为单纯地展示或者允许他人使用复制品，而并未取走即为“发行”，可能会过分地限制了对所购买复制品合法

---

(56) Von Lewinski, Silke, in Walter (n. 10, supra), Vermiet - und Verleih - RL, article 9, note 4.

(57) See § 17 of the German Copyright Act.

(58) BGH GRUR 2007, 871 - Wagenfeld - Leuchte.

(59) BGH GRUR 2007, 50 - Le Corbusier - Möbel.

(60) ECJ, 17 April 2008, case C - 456/06, Peek & Cloppenburg KG v. Cassina SpA. The ECJ drew on article 6 (1) WCT，将发行界定为“为公众可得……通过销售或其他所有权转让”。

使用的权利。

信息社会指令第4条权利穷竭原则与计算机程序指令第4（c）条、数据库指令第5（c）条、出租权指令第9（2）条的规定略有不同。(61) 只要权利持有人或者经其同意，原件与复制件的发行权在欧共体内进行了第一次销售及其他形式所有权的转让，其权利就已穷竭。这一规定明确了权利穷竭的地域范围，一方面，废除了国内穷竭，而是倾向于欧盟范围内穷竭。在这方面，第4（2）条是与欧盟法院保持一致的结果，欧盟法院认为，国内穷竭与货物自由流动原则（欧盟条约第28条）(62) 不符。知识产权的地域性与内部市场的理念不符，只要受地域限制知识产权还存在，欧共体穷竭原则至少限制了其成为国内市场价格歧视的工具，而非基于内部市场合理性的外部限制。另一方面，第4（2）条与重述28相关规定解读了国际穷竭的原则，欧盟法院在雷泽迪斯肯（*Laserdisken*）案件(63)中确认了这一解释。法院不仅提到了条款的明确措辞，也分析了信息社会指令第5条，第5条授予成员国在版权例外与限制方面的自由裁量权，但并不包括权利穷竭。法院认为，关于权利穷竭的不同理论会导致对内部市场的扭曲，这一推断极为可信。建立内部市场的目标是废除国内穷竭代以欧盟内穷竭的极具有说服力的理由，但其本身其实并非是支持或反对国际穷竭的理由。如果成员国国内穷竭的制度不同，内部市场可能会被扭曲，因此，欧共体法需要一个统一的解决方式，但国际及欧共体范围穷竭的判决仍然要留给知识产权法律及政策。虽然在商标法领域有着良好的国际穷竭实践，(64) 但版权理论却更加倾向反对国际穷竭。如果版权的目标旨在激励作者及投资者，繁荣作者的创造性成果，就没有理由不允许权利持有人运用版权，将其作为国际价格歧视的工具。

在欧盟层面上另一个未被澄清的问题是，在发行链中穷竭发生的时间，特别是分销体系会产生这样的问题。原则上，权利持有人只要能够对发行的类型

---

(61) An inconsistency worth reotifying：see Hugenholtz et al.（supra，n. 30），p. 55.

(62) ECJ，20 January 1981，joined cases C－55 and 57/80，Musik－Vertrieb Membran v. GEMA，［1981］ECR 147；ECJ，17 May 1988，case 158/86，Warner Brothers v. Christiansen，［1988］ECR 2605；ECJ，24 January 1989，case C－341/87，EMI－Electrola v. Patricia，［1989］ECR 79；see also the Green Paper（supra，n. 6），pp. 45 et seq.

(63) ECJ，12 September 2006，case C－479/04，Laserdisken v. Kulturministeriet，［2006］ECR 1－8089，para. 24.

(64) Which the ECJ has not accepted. In its judgment of 16 July 1998，case C－355/96，Silhouette/Hartlauer，［1998］ECR 1－4799 欧共体法院决定支持商标法在欧共体范围内的穷竭。1998年之前，国际穷竭原则在英国与德国商标法中占优势。see Ohly，A，Trade Marks and Parallel Importation－Recent Development in European Law，（1999）30 llC 512 with further references.

加以明确区分，就可以对发行许可加以限制。典型的情形如对一本小说的一般编辑与特殊作品的集合编辑间的区别，[65] 最近的例子是 OEM 软件许可，这种许可允许硬件生产商提供配有标准软件的电脑。如果软件生产者授予生产软件光盘的"复制权"，并可以将其销售给批发商，但条件是只能将光盘转售给硬件生产商，在这种情况下会怎样？按照计算机程序指令第4（c）条和信息社会指令第4（2）条，在第一次销售时就会发生穷竭。一旦复制者。将光盘卖给批发商，权利就已经穷竭，如果批发商违约，将光盘销售给零售商或者终端用户，权利也不会恢复。[66]

最后一个问题是，信息社会指令第3条和第4条对有形复制件的销售和计算机软件或其他文档在线传播进行的区分，这个问题涉及权利的多样性问题，笔者会在下面加以探讨。[67]

2.3 出租与出借权

出租与出借权是欧盟立法机构针对所有类型作品，授予所有权利持有人的第一个经济权利。这似乎有些令人吃惊，因为在欧盟 92/100/EC 指令（已为 2006/115/EC 指令所替代）[68] 实施前，出租与出借权的原则基础和司法管辖都是存在争议的。只有某些欧洲国家版权法，对某些特定类型的作品明确授予了出租权。在一些国家，出租权实为更规范的经济权利所覆盖，如发行权或用途权，这也使权利穷竭成为最难解决的问题。如果像德国法一样，权利穷竭原则的适用没有例外，权利持有人就会对复制件失去在第一次销售时阻止未授权出租行为的权利。但如果按照信息社会指令，权利穷竭原则就无法适用，因为权利持有人可以控制所有复制件的出租。

在版权政策方面，就出租权的授予有一些合理的观点。因为出租的复制件会产生额外的经济回报，作者也可以进行分享。出借则不同，指令将其界定为无商业利益的取得，并不会创造额外的经济价值，但它会造成密集使用复制件的结果。因此，制定司法管辖出借权的 92/100/EC 指令，是最饱受争议的一个问题。[69] 2006/115/EC 指令第6条对这种批评做出了妥协：成员国在向公众

---

[65] See Bently and Sherman（supra, n.17）, p.138; Schricker, Gerhard, inSchricker（supra, n.19）, Vor § § 28 ff., note 55.

[66] BGH GRUR 2001, 153 – OEM – Versionen.

[67] Infra, Section 3.2.

[68] Supra, n.13.

[69] See von Lewinski, Silke in Walter（supra, n.10）, Vermiet – und Verleih – RL, note 5.

出借方面可以降低对独占权的保护，也可以用责任原则替代第3条的财产规则，(70) 但作者仍然有权主张得到报酬。成员国甚至可以更进一步，“确定特定的类型”使其免于支付报酬（第6（3）条）。一些成员国倾向于对所有的公立图书馆给予支付报酬的豁免，欧盟法院最近也对这种观点予以认同。但法院认为，法律的规定很明确，豁免必须限定于特定的类型。(71)

信息社会指令旨在实现全面的一体化。但成员国并没有义务规定一项特定的出借权，否则为了确保出租与出借权不在第一次销售时穷竭，他们就必须对本国关于权利穷竭方面的规定进行修改。(72) 另一方面，欧盟法院认为，成员国不应对额外的产业者授予出租权，如音像制品制作者。(73)

2.4 向公众传播权

版权法另一个重要组成部分是公众表演权，准确地说就是向公众表演、弹奏或展示作品的权利。初看这些权利似乎是信息社会指令第3条规定的“向公众传播权”的一部分。法国和德国体系对以有形方式使用作品的权利和广义的向公众传播权加以区分，向公众传播权的解释要与这种区分保持一致。出租权指令第8（2）条对这一观点也予以支持，规定如果表演在录制时，就是为了向公众传播，就要授予表演者同样获取报酬的权利。这种情况下，向公众传播就可以在广义上加以理解：它既包括对在现场播放地（如在俱乐部里播放）人们的直接传播，也包括对能够在别处听到录音人们的间接传播。(74) 但信息社会指令重述23表明，这或许是一种误解：传播权要被限于所有对不在传播原始发生地公众的传播，如在线传播、广播和向他地的转播。按照《伯尔尼公约》和WCT，这一术语也区分了在表演地对现场观众的表演，(75) 以及在不同地

---

(70) See on this distinction with respect to article 8（2）of the Rental Right Directive Koelman（supra, n. 3）at p. 611.

(71) ECJ, 6 July 2006, case C－53/05, Commission v. Portugal, ［2006］ECR 1－6215; ECJ, 26 October 2006, case C－36/05, Commission v. Spain, ［2006］ECR 1－10313; ECJ, 11 January 2007, case C－175/05, Commission v. Ireland, ［2007］ECR 1－3; see also the related judgement in case C－198/05, Commission v. Italy, ［2006］ECR 1－107.

(72) 首次销售发行权的完全穷竭将与出租权冲突, see ECJ, 22 September 1998, case C－61/97, Egmont et al. v. Laserdisken, ［1998］ECR 1－5271, para. 21.

(73) ECJ, 13 July 2006, case C－61/05, Commission v. Portugal, ［2006］ECR 1－6779.

(74) See yon Lewinski, Silke in Walter（supra, n. 10）, Vermiet－und Verleih－RL, article 8, notes 17, 18.

(75) Article 11, 1 lter and 14（1）（ii）BC.

点、甚至不同时间向成员国公众进行的作品传播。⁷⁶ 结果是，在一体化层面上，形成在现场传播和不在现场传播之间的显著区别。

就在线传播和广播而言，欧共体法更加接近一体化。第一，信息社会指令确立了公众可得权：作者、表演者、制作者和广播组织可以享有通过互动的方式提供作品或其他客体的权利，使有需求的公众可以在他们自己选定的时间和地点获取。第3条也产生了这样的问题，也一直是数字技术早期争议极大的问题，就是数字化传播是否是发行的一种方式，或者说它与广播更为接近。这一规定也说明，向公众传播不必同时达到公众的所有成员。第3条还留下一个问题供开放讨论，即在进行实际下载的时候，提供或转播作品的行为，是否是两种可以分别引发版权独立保护的不同行为。⁷⁷ 第二，第3（1）条为作者提供了向公众传播的充分权利，但只授予商业制作者以公众可得权。出租权指令、卫星与电缆指令对信息社会指令在这方面进行了补充，在关于表演者、音像制品制作者和广播组织的向公众传播权方面进行了协调。尚未解决的问题是，广播权与公众可得权的界定，在网播和播客的情况下造成很多困难。⁷⁸

另外，表演、朗诵或展示的权利至今还没有实现一体化协调，特别是关于数据库方面。⁷⁹ 这种不一致有些令人意外，产生的原因就是，信息社会指令的目的在于在欧盟实施 WCT 和 WPPT，⁸⁰ 指令第3条紧密遵循 WCT 第8条，也排除了表演权。尽管有这样的背景，从体系的角度看，目前的情形并不令人满意。⁸¹ 首先，在表演权的需求方面，几乎没有争议，在大多数版权法国家发展的早期，就已经对这一权利予以认可。而且，在《伯尔尼公约》中也遵循了此权利。因此，不存在什么令人信服的理由，将这一权利排除出一体化的内容。但这种一体化并没有使法律的现有状态作出太大改变，因为大多数成员国都要受到《伯尔尼公约》的约束，而授予向公众表演权，欧盟法院或许能在个案基础上使表演权的概念得以发展。其次，在对典型的表演，如朗诵或演出作品的类型还没有协调的时候，将表演权与数据库一起协调似乎有些令人奇

---

⁷⁶ See Dreier, Thomas, in Dreier/Hugenholtz (supra, n. 14), WCT, article 11, note 1; Senftleben, Martin, ibid., WCT, article 8, note 2; Walter, Michel M., in Walter (supra, n. 10), Info – RL, note 68.

⁷⁷ In favour of this view Schack, H., Rechtsprobleme der Online – übermittlung, GRUR 2007, 639, 640 et seq. with further references; against this position Bullinger, Winfried, in Wandtke and Bullinger (supra, n. 24), §19a, note 12.

⁷⁸ Hugenholtz et al. (supra, n. 30), pp. 56 et seq.; Schack (supra, n. 77), at p. 641.

⁷⁹ Article 5 (d) Database Directive.

⁸⁰ See recital 15 and Walter (supra, n 10), note 78.

⁸¹ For the following arguments see Walter, Michel M., in Walter (supra n. 10), Info – RL, note 79.

怪，这事实上也很难向公众进行表演。再次，信息社会指令第 5 条规定的一些限制和例外可以适用于各种表演，最典型的例子就是第 5（3）（g）条，允许在宗教仪式上使用作品。

　　表演权和向公众传播权的共同之处在于公众与私人之间的界限是非常难于划分的。许多欧洲司法管辖区的法院必须确定，什么时候这种表演或晚会是公共的。宾馆和医院房间、监狱狱舍或建筑里公寓的电视、收音机的信号转播是否是"向公众传播"。[82] 一些版权法试图对这一概念加以界定，如德国版权法第 15（3）条规定，除非接收人分享的是个人链接或者亲自与表演人进行的联系，否则表演是公共的。在 1995 年委员会绿皮书中明确表达了界定"向公众传播权"的意愿，[83] 信息社会指令第 3 条并未作这样的规定。但它依旧起到了协调的作用：它促使欧盟法院尝试自己进行独立的欧共体法律解释。在信息社会指令生效之前，欧盟法院将这个问题留给各成员国内法院解决。[84] 尽管按照卫星与电缆指令第 1（2）（a）条，第 1（3）条和第 2 条允许欧盟进行解释，但信息社会指令与卫星与电缆指令不同，其目标在于实现整体的一体化，以及创立内部市场的法律确定性。[85] 因此，欧盟法院就承担着明确界定公共与私人之间界限的任务。当然，向潜在的不确定电视观众传播，属于向公众传播，[86] 这也同样适用于电视或收音机信号在商场、饭店、酒店大堂及其他公共区域的转播。但当节目转播到酒店房间时，情况就有所不同，因为从客人的角度看，房间绝对是其私人区域。[87] 尽管如此，欧盟法院认为，在酒店房间的转播构成向公众传播。[88] 这主要有三点依据：第一，重述 23 重申了"有利于作者"的原则：权利应当从广义上进行理解。第二，法院强调的是累积影响：酒店房间提供的是短暂停留，大量的酒店客人累积起来会构成"相当大的数量"。第三,法院对针对《伯尔尼公约》的世界知识产权组织指南这样解释，授权广播其作品的作者只同意个人公众或听众接收广播。一旦转播到酒店房间，就会

---

　　[82] 关于这一点在英国、德国、法国案例的评论，see Bentlyand Sherman（supra，n. 17），pp. 140 et seq.；Lucas and Lucas（supra，n. 8），paras 282 etseq.；yon Ungern – Stemberg，Joachim，in Schricker（supra，n. 19），§15，notes 78 et seq.

　　[83] Green Paper（supra，n. 6），p. 54.

　　[84] ECJ, 3 February 2000, case C – 293/98，Egeda v. Hoasa，[2000] ECR 1 – 629，para. 25.

　　[85] 重述21（关于复制权）。

　　[86] ECJ, 6 June 2005, case C – 89/04，Mediakabel v. Commissariat voor de Media，[2005] ECR 1 – 4891，para. 30；ECJ, 14 July 2005, case C – 192/04，Iagardére Active Broadcast v. SPRE et al.，[2005] ECR 1 – 7199，para. 31.

　　[87] Hugenholtz et al.（supra，n. 30）考虑从隐私法中纳入定义到版权法的公私区分，这些标准在涉及私人版权侵权时，很有帮助。在涉及无私人领域的贸易运转行为时，用处不大。

　　[88] ECJ, 7 December 2006, case C – 306/05，SGAE v. Rafael Hoteles，[2006] ECR1 – 11519.

有相当大数量的公众能够观看或收听到。法院的判决与早期几个国内判决的结果一致[89],对酒店房间内的电视传播,构成对作品具有实质性经济意义的使用。酒店所有人能够从使用中获得收益,因为房间如果没有电视,平均价格段之上的房间就不会再有市场,作者由此获取额外的报酬就是合理的。不难预见,SGAE 案只是欧盟法院需要进一步明确"向公众传播"概念的第一个案件而已。

另一个颇具争议的问题是,粘贴超链接到可以获取作品的网站,是否也能构成向公众传播。德国联邦最高法院认为,当链接可以深入到新闻网站上的文章时,不构成这种传播。[90] 法院指出,目标网站的运营者保有对可获得作品的完全控制权,超链接只是一种参照,类似引用。也不存在第二位的责任,因为目标网站的运营者自己可以通过网站使文档能够下载,而使公众可得,不同司法管辖区内的作者也认同这个看法。[91] 在涉及集合超链接到存储在其他计算机上 MP3 文件的情况时,荷兰、瑞典和挪威法院则不太宽容,依据的原则基础也有所不同。瑞典法院认为,超链接属于向公众传播。[92] 挪威最高法院[93]和阿姆斯特丹上诉法院[94]则依据第二责任理论,适用于目标网站的非法内容及粘贴超链接人员的知识。这就突出了一个问题,即哪一种方式可能部分地阻止了有效一体化:虽然在某个阶段,欧盟法院有机会对超链接是否构成向公众传播进行判决,第二责任原则也还没有实现一体化,这在下面会详细探讨。[95]

2.5 追续权

在艺术史上,总会看到这样的故事,贫穷的年轻艺术家们卖掉了他们知名的音乐作品,随着他们名气的增加,作品的价值也在不断上升,而文学作品被复制或者音乐作品被表演、录制或广播,而画家或雕塑家不能从复制或未来的表演、广播中获取收益。在没有权利穷竭的版权环境下,每一次转售或许都构

---

[89] Cour de Cassation (France) of 6 April 1994, [1994] RIDA 367 – CNN; BGH (Germany) GRUR 1994, 45 – Verteileranlagen.

[90] BGH GRUR 2003, 958 = (2004) 35 IIC 1097 – Paperboy;又见初审法院 2003 年 2 月 13 日布鲁塞尔判决, Google Inc. v. Copiepresse SCRL, [2007] ECDR 5 at paras 99, 100.

[91] See Bemly and Sherman (supra, n. 17), p. 146; Ott, Stephan, Urheber – und wettbewerbsrechtliche Probleme yon Linking und Framing, Stuttgart etc.: Boorberg, pp. 321 et seq., 330.

[92] Swedish 15 June 2000, B 413–00, GRUR Int. 2001, 264 – Olssons Links.

[93] Supreme Courtof Norway 27 January 2005, (2006) 37 IIC 120, paras 58 etseq. – napster, no.

[94] Amsterdam Court of Appeal 15 June 2006, BREIN v. Techno Design, [2006] ECDR 21, but see the judgment of the Rotterdam District Court of 22 August 2000, Algemeen Dagblad et al. v. Eureka hlternetdiensten, [2002] ECDR 1.

[95] See infra at Section 3.1.

成一次新的版权范围内的发行行为。但是原件第一次销售权利用尽，就剥夺了画家或雕塑家在后期发行中分享利益的机会。长期以来，许多欧洲大陆法版权律师一直认为，这是不公平的。法国是第一个通过追续权帮助作者的国家，[96]使其有在艺术品原件的转售中获取报酬的权利。其他一些欧洲大陆司法管辖区遵循了法国的这一做法，[97]《伯尔尼公约》也鼓励成员国赋予这一权利。[98]

追续权在两个方面与上述讨论的权利不同：第一，对追续权是否是经济权利存在疑问。[99]它或许根本不是一项财产权利，艺术家不能禁止这样的销售，他们只能主张版税。依经济术语，追续权不是一项财产规则，而是一项责任规则。[100]它与允许使用作品的财产权例外相近，条件是支付使用费。[101]原则上讲，关于追续权是否是经济权利，[102]仍有不确定性，精神权利[103]、有关权[104]或特别权利都不属于这种类型。[105]处理追续权的正确观点是，它是一种经济权利。[106]它显然为作者带来了经济利益，就这点来看，其是有利于作者，而非使用者的经济权利。确切地说，这种权利补偿了作者在第一次销售中的发行损失。

第二，尽管所有关于解释的问题很详细，复制权、发行权与向公众传播权的合理性不存在异议，而追续权却遭到强烈的反对。在英国，它的首都引领着欧洲的艺术市场，却强烈反对以额外的税费对艺术销售施加负担。因为伦敦的主要竞争者，纽约和瑞士，并未认同追续权。英国拍卖者很担心艺术市场会因而移向那些对它们更为有利的地方。因此直到最近，英国、爱尔兰、澳大利亚和荷兰也没有授予追续权。当然，法律的这种状态并不令像约瑟夫·博伊斯这样的艺术家满意。约瑟夫·博伊斯在德国联邦最高法院的一个著名案例中失

---

[96] See Lucas and Lucas (n. 8, supra), para. 422.

[97] See the comparative studies by Doutrelepont, Carine (1996), Le droit et Fobjetd'art, Brussels: Bruylant; Katzenberger, Paul (1970), Das Folgerecht im deutschen und ausl? ndischen Urheberrecht, München: Beck.

[98] Article 14ter BC.

[99] See Lucas and Lucas (n. 8, supra), para. 426: Le droit de suite a bien du malà trouver place dans la palette des droits d'auteur.

[100] On this difference see n. 70, supra.

[101] 参见信息社会指令第5 (2) (a), (b), (e) 条。

[102] The French Code de la propridtd intellectuelle lists the droit de suite amongthe economic rights (droits patrimoniaux), see article L 122 – 8.

[103] 关于该观点的争论主要是该权利既不能转让也不能放弃。参见出租权指令第1 (1) 条。

[104] See the classification by Bently and Sherman (supra, n. 17), p. 317.

[105] See the classification by Cornish and Llewelyn (supra, n. 37), para. 13 – 45.

[106] See Katzenberger, P., Die europäische Richtlinie fiber das Folgerecht, GRUR lnt. 2004, 20, 22; Lucas and Lucas (supra, n. 8), para. 426.

利，他的一件作品被一位德国收藏家在伦敦拍卖会上销售。(107) 法院判决，适用保护地法律的规则，(108) 英国版权法，尽管其不保护追续权，应当予以适用。同时，对欧盟公民来讲，《伯尔尼公约》第14条(109)设定的互惠原则被欧共体法不歧视原则所取代。(110) 这就需要呼吁欧盟有共同的解决方式，并因此在2001年制定了追续权指令(111)。

追续权指令是追续权支持者与反对者之间的妥协。第4条确定的税费随销售价格的增加而降低，且上限是12500欧元。与之前大多数成员国法相比，指令在两个方面有所不同，它规定了给艺术家转售价格的固定比率，(112) 而且不控制销售的最高限额。指令也为成员国留下一些自由裁量权，第一，成员国可以自由确定不超过3000欧元的最低销售价格。德国保留了它的严格标准，设定最低价格为400欧元，(113) 而爱尔兰则宽松得多，设定最低价格为3000欧元。(114) 有意思的是，法国和英国在这方面相差不太远，英国是1000欧元，(115) 而法国是750欧元。(116) 第二，如果销售者从作者处取得作品距离转售前不超过3年，成员国可以排除价格低于10000欧元的转售行为。这一条款主要是为购买一些不出名作者作品的美术馆利益而制定，(117) 尽管文本中并未作出这样的限定。(118)

---

(107) BGH GRUR 1994, 798 = (1995) 26 IIC 573 – Folgerecht bei Auslandsbezug. See also Katzenberger, Paul, Deutsches Folgerecht und ausländische Kunstauktionen – Zur Anwendbarkeit und zum räumlichen Schutzbereich des § 26 UrhG bei grenzüberschreitenden VeräuBernngen von Kunstwerken, GRUR Int. 1992, 567 ff.

(108) 同时，这一原则已为欧洲议会与理事会864/2007号指令第8（1）条所修改（2007年7月11日），关于非合同义务的法律适用，(Rome II)，OJ L 199/40 of 31 July 2007.

(109) 《伯尔尼公约》第14ter（2）条规定："只有在作者本国法律承认这种保护的情况下，才可在本同盟的成员国内要求上款所规定的保护，而且保护程度应限于被要求给与保护国家法律所允许的程度。"

(110) See ECJ, 20 October 1993, joined cases C –92/92 and C –326/92, Phil Collinsv. hntrat, [1993] ECR 1 –5145.

(111) 欧洲议会与理事会2001/84/EC指令，2001年9月27日，关于艺术作品原始作者受益的追续权，OJ 272/32 of 13 October 2001.

(112) 6% in Portugal, 5% in Denmark, Finland, Germany, Greece and Sweden, 4% in Belgium, France and Spain, see Katzenberger, P., Harmonisierung des Folgerechtsin Europa, GRUR Int. 1997, 309, 314.

(113) 欧共体（艺术家追续权）2006年条例（S. I. No. 312 of 2006），Reg. 5（2）.

(114) 德国版权法第26（I）条。

(115) Décret no. 2007 –756 du 9 mai 2007 pris pour l'application de l'article L. 122 –8 du code de la propriété intellectuelle et relatif au droit de suite, article R. 122 –4.

(116) The Artist's Resale Right Regulations 2006 (S. I. 2006 No. 346), Reg. 12 (3) (b).

(117) 指令重述18.

(118) 这就是为什么Bently和Sherman（前注17第319页）将这种豁免的利用视为"特别思维方式"。

英国利用了这一例外[119],而德国和法国则没有。第三,追续权是可继承的,但对于指令生效之前未授权追续权的成员国,只从 2012 年 1 月 1 日起提供作者去世后的保护。[120] 英国已经利用了这种可能,而爱尔兰实施规则的规定则比较简单:"艺术作品原件的追续权在作者有生之年存续,但在死后终止"。[121] 在 2011 年之前,[122] 爱尔兰还有时间对这一条款加以修改。[123]

总之,指令对各方都做出了政治上的妥协,结果是无论追续权的支持者和反对者都不十分满意。[124] 这种新授予的权利是否会对伦敦的艺术市场产生重大影响,它是否保证画家与雕塑家获取公平报酬的权利,还要拭目以待。委员会足够坦诚,明确承认指令的不确定性:在 2009 年之前,会对指令的效果加以评估。[125]

3 批评分析

3.1 评析:欧共体法律与未决问题

与精神权利不同,版权与相关权的经济权利,在相当大的程度上实现了一体化。早期的指令只是在特殊客体方面,如计算机软件和数据库,通过国内法的类似性对"纵向一体化"产生影响,而信息社会指令则实现了横向的一体化:它确立了成员国授予作者与某些商业制作者复制权、发行权和向公众传播权的义务。批评者认为,这种成就与期望相比还差很远,[126] 因为这些权利已经或多或少在成员国内法中得到了全部认可,也已为先前的国际法所保障。而且信息社会指令第 2 条与第 4 条的措辞模糊,条款本身几乎没有发挥一体化的任

---

[119] Reg. 12 (4).

[120] Article 8 (2) and (3) of the Directive.

[121] Reg. 10.

[122] 条例将被更为全面的知识产权法规中的系列规定所替代. see Gibbons, G., Droit de suite: praisefor Irish minimalism, (2007) 29 EIPR 163, 165.

[123] 爱尔兰条例的另一个突出特征是只授予欧盟和欧洲经济区公民,这似乎很难与指令第 7 条及《伯尔尼公约》第 14ter (2) 中实质互惠要求的国民待遇一致。

[124] See on the one hand Duchemin, V., La directive communautaire sur le droitde suite, (2002) 191 RIDA 117; Katzenberger (supra, n.106) at p.21; Schack (supra, n.24), para.451, on the other hand Cornish and Llewelyn (note 37, supra), para. 13 - 46; Gibbons (supra, note 122); Hughes, S., Droit de suite: A Critical Analysis of the Approved Directive, (1997) 12 EIPR 649.

[125] 指令第 11 条。

[126] Hugenholtz, P. Bernt, Why the Copyright Directive is Unimportant, and Possibly Invalid, (2000) 22 EIPR 499, 501.

何效果。信息社会指令的最重要影响，至少在经济权利范围方面，使欧盟法院一步一步澄清了版权法的一些基本概念。如果法院能够认真承担这项任务，版权法或许会成为欧盟私法方法论的典范，实现欧洲大陆律师熟悉的成文法定义与普通法熟知的谨慎分析的完美结合。(127) 这样，我们即使不是先知也可以预见，一些年或者十年以后，复制权、发行权或向公众传播权将会彻底“欧洲化”。

但欧盟机构还没有充分实现经济权利一体化的目标，有两种经济权利还没有成为一体化的目标。第一，与《伯尔尼公约》不同，欧共体法对在表演地现场表演的公众表演权仍然保持着沉默。因此，在音乐会上的音乐表演、朗诵诗歌或者电影院播放电影，还只是由国内法加以规范。欧共体法的这个差距可由《伯尔尼公约》弥补，尽管如此，在实践中的影响有限，从体系的角度看，这仍然是一种缺憾。第二，“横向一体化”并没有延及改编权，只是在计算机软件和数据库方面实现了一体化。(128) 在这方面，欧共体法再次留下一个差距，并由《伯尔尼公约》进行了弥补，公约第 12 条规定了改编权。(129) 事实上，所有欧盟成员国的国内法都承认改编权，又承担着国际义务，它或许也不会成为欧共体对该权利加以一体化的重大障碍。它与保护作品完整权相关，欧共体法关于计算机软件和数据库的修改条款表明，改编权实质上是一种经济权利，欧盟制度有可能就此实现一体化，而不涉足精神权利的雷区。

欧共体法另一令人不满意的方面是，关于经济权利的相关条款分散在几个不同指令之中，只能通过对立法不同方面的仔细研究后才能浮现整体印象。虽然有逻辑性的体系是德国式要务，但将所有经济权利条款在一个指令之中实现法典化，显然会增强法律的确定性。委员会似乎是要推延这项任务，留给欧盟版权法的最终法典化，目前则只是政治争论和学术活动的论题。(130)

在欧盟版权法法典化的道路上，经济权利与侵权法一般原则重叠的领域将是一个主要的挑战。尤其是欧洲对于第二责任的基础理论和范围并未形成一致

---

(127) 阐述民法与普通法方法之间的衔接思想 Langenbucher，K.，Argument by Analogy in European Law，(1998) 57 CLJ 481，and Ohly，Ansgar (1997)，Richterrecht und Generalklausel im Recht des unlauteren Wettbewerbs – ein Methodenvergleich des deutschen und des englischen vnd des deutschen Rechts，Köln，etc.：Carl Heymanns，pp. 315 et seq.

(128) 计算机程序指令第 4 (b) 条；数据库指令第 5 (b) 条。

(129) 所有欧盟成员的国内版权法都规定了改编权，see Dreier，Thomas，in Dreier/Hugenholtz (supra，n. 14)，BC，article 12，note 2。

(130) 关于这些举措及批判性评价，see Hugenholtz etal. (supra，n. 30)，pp. 218 et seq.；see also Hilty，R.，Intellectual Property and the European Community's Internal Market Legislation – Copyright in the Internal Market，(2004) 35 IIC 760；Schack，H.，Europäisches Urheberrecht im Werden'ZEuP 2000，799.

的意见，如网络提供商、网络论坛，像 YouTube，粘贴到侵犯版权网址的超链接的责任等。荷兰 *KaZaa* 案[131]和美国格罗斯特（*Grokster*）案[132]就是这方面的例子：在什么情况下，软件发行者会因为授权的点对点文件分享使用，而承担版权侵权责任？与这一问题相关的是技术利益与有效版权保护需要之间的冲突，技术的进步可能会被过于宽泛的侵权责任所阻碍。目前欧盟法只确定了一些边缘问题：信息社会指令规定，只提供能进行传播的有形设备本身不属于第 3 条意义上的传播，[133] 电子商务指令[134]限制了单纯管道、缓存和主机的责任。除这一广义的框架外，由成员国确定第二责任的适用条件。[135] 一些版权法，如1988年英国《版权、外观设计与专利法》包含了详细的第二侵权条款。[136] 而另一些法律体系，如德国适用侵权法的一般原则。德国法在这方面对损害赔偿诉讼与禁令救济的适用进行了区分。损害赔偿责任大多遵循适用于刑法中的协助与教唆原则，禁令是为了禁止那些具备必要条件可能为侵权负责的人。[137]但在最近的判决中，法院似乎更倾向于考虑当共同侵权人致损时的那些违反谨慎义务的人，[138]但谨慎义务的不同范围和理论基础仍然存在相当大的争议。[139] 由于这一问题与一般侵权法有着密切的关系，在欧洲又有非常大的差别，若要在这一问题上推进一体化恐怕非常困难。

3.2 制定版权法：精确性与灵活性

欧盟一体化的明确任务之一就是法律确定性，这在信息社会指令中的几个

---

[131] Supreme Court of the Netherlands, 19 Dcember 2003, case C – 02/186HR, Buma v. KaZaA, [2004] ECDR 16.

[132] MGM v. Grokster, 545 US 913, 125 S. Ct. 2764 (US 2005); 关于美国版权法中的二级侵权, see Hays, T., (2006) 28 EIPR 617 and (2007) 29EIPR 15。

[133] 信息社会指令重述 27。

[134] Directive 2000/31/EC of the European Parliament and of the Council of 8 June 2000 on certain aspects of information society services, in particular electronic commerce, in the Internet Market, OJ L 178/1 of 17 July 2000.

[135] See the comparative overview by Daly, M., Life after Grokster: Analysis of US and European Approaches to Filesharing, (2007) 29 EIPR 319; Spindler, G. andM. Leistner, Secondary Copyright Infringement – New Perspective in Germany and Europe, (2006) 38 llC 788.

[136] Sections 22 – 6.

[137] See Spindler and Leistner (supra, n. 135), at pp. 796 et seq.; Leistner, M., "Von Grundig – Reporter (n) zu Paperboy (s)" – Entwicklungsperspektiven derVerantwortlichkeit im Urheberrecht, GRUR 2006, 801, 802 et seq.

[138] BGH GRUR 2007, 890 at para. 22 – Jugendgefährdende Medien bei eBay.

[139] See Köhler, H., Täter und Störer im Wettbewerbs – und MarkenrechtZur BGH – Entscheidung "Jugendgefährdende Medien bei eBay", GRUR 2008, 1; Ahrens, H. – J., 21 Thesen zur St? rerhaftung im UWG und im Recht des GeistigenEigentums, WRP 2007, 1281.

重述中都已予以指明。(140) 但版权法的法律确定性恐怕要付出极高的代价才能得以实现：草案的精确性越高，体系的灵活性越小。基于版权法总是追随技术的发展，随着技术进步的加速，灵活性的解决方案就更为重要。许多在版权法已确立的根深蒂固规则，都是对类似技术缓慢发展渐进反应的结果。在数字化世界，技术发展的速度太快，以至于立法无法跟上它的脚步。不仅去年的技术在今年就毫无希望地被淘汰，网络也产生了快速发展的新型商业模式，迫使版权法要迅速做出反应。点对点文件共享、个人网络视频录制、Youtube 网络论坛、谷歌搜索都是典型的例子。

信息社会指令和许多国内版权法试图尽可能精确地确定版权法的例外与范围的努力，都遭遇了不断地批评。胡根豪特兹说："在动态年代，信息社会需要的最后一件事，是凝聚在未来岁月中的硬性规则"。(141) 托马斯·德雷尔在一篇关于通过提供个人网络录像侵犯版权的论文，贴切地加了这样的标题："关于结束界定的界定"，(142) 认为德国版权法的精确定义导致了目前这种随意状态的结果。两位作者都主要考虑了例外，在广播与提供公众可得权(143)之间划定界限的困难，就是技术发展或许超越所有立法努力的一个典型示例。

信息社会指令和许多国内版权的主要困扰是，授权的灵活性规定与特殊措辞的版权例外之间的不对称性。(144) 用非常普通的语言界定经济权利，举例说，极端的研究者或许试图将第 2 条"复制"的定义降低到"复制意味着任何形式的复制"，重述也规定：应当从广义上界定经济权利。此外，信息社会指令中对经济权利的一体化列表绝不是穷尽的：成员国保有按照《伯尔尼公约》的条款，授权改编权和向公众表演权的自由。另外，第 5 条对列举的版权例外规定得更加具体，对例外的列举是穷尽的。欧共体法既没有照搬美国模式，规定合理使用原则，(145) 也没有规定一个无所不包的条款。只要新的发展有这种需要，或许会允许成员国设立新的例外。按照信息社会指令第 5（3）（o）条，这种没有明确规定情况下的版权作品使用，如果在国内法中规定了例外，且规

---

(140) See recitals 4，6，7，21.

(141) B. Hugenholtz (supra，n. 126)，at p. 501.

(142) Dreier，Thomas (2005)，De fine - vom Ende des Definierens? - ZurAbgrenzung von Münzkopierem，Personal Videorecordem und Serverdiensten，in Hans - Jürgen Ahrens and Jochen Bornkamm (eds)，Festschrift für Eike Ullmann，Saarbrücken：Juris，p. 37.

(143) See supra，at section 2. 4.

(144) This issue is analysed in detail by Förster，Achim (2008)，Fair Use - Ein Systemvergleich der Schrankengeneralklausel des US - amerikanischen Copyright Act mit dem Schrankenkatalog des deutschen Urheberrechtsgesetzes，Tübingen：Mohr Siebeck.

(145) 从大陆法视角分析合理使用原则，see Förster，ibid.

定了类似使用，也只能在不是非常重要的情况下得到允许。因而，德雷尔和胡根豪特兹所批评的形式主义的消极结果并非均匀分布。大多数小说的利用形式可为指令中规定的经济权利所覆盖，而成员国如果不是这种情况，也可以自由进行应对，信息社会指令排除了对新例外的认可。

谷歌书籍搜索项目[146]是很好的例子，这个项目意欲对所有的图书馆加以数字化，可以通过网络搜索各种文本。如果搜索成功，并不给使用者一份完整的文档，而是目录索引及文本的简要片段。如果书籍仍然受到版权法保护，作者及出版商不同意，这一数字化就等于未经授权的复制。在美国，几位作家[147]认为这些复制应被视为合理使用，特别是谷歌并未提供完整的文本，因此也不存在与印制者及书籍销售商之间的竞争。不管这一说法是否合理，这个案件突出了广义框架下的经济权利与狭义界定的例外之间的不对称性：数字化当然是一种复制，但由于信息社会指令中没有适用这样的例外允许书籍搜索项目，对于仍然处于版权法保护的书籍来说，就不存在合法的基础。即使每个人都认同这一项目会提供极有效用的搜索工具，并符合社会期望。

权利穷竭原则是另一个例子，并在有形贸易世界得到发展。它在计算机环境下得以发展，只要对有形复制件贸易的限制穷竭有合理的理由。与此同时，作品已经很容易实现在线，文件通过网络的销售已经成为书籍和CD销售的替代方式。信息社会指令起草之时，这种发展还没有这样明显，指令的起草者充分意识到了这种在线文件贸易发展的可能性，但他们没有充分意识到，这种数字化数据的离线贸易会接连地被在线贸易取代。新的商业模式就像"二手"软件[148]的销售一样，已经不能清晰预测。尽管如此，信息社会指令明确排除了

---

[146] An outline of this project is available at http：//books. google. corn/intl/en/googlebooks/about. htm. KubisS. 基于德国法关于该项目与版权法一致性分析，'Digitalisierung von Druckwerken zurVolltextsuche im Internet – die Buchsuche von Google（Google Book Search）imKonflikt mit dem Urheberrecht'，ZUM 2006，370；Ott，S.，Die Google BuchsucheEine massive Urheberrechtsverletzung? GRUR Int. 2007，562；for US law by Constantino，M.，Fairly Used：Why Google Book's Project should Prevail under the Fair Use Defense，17 Fordham intell. Prop. Media & Ent. LJ 235，267 ff. et seq.（2006）；Romman，K. H.，The Google Book Search Library Project：A Market Anaysis Approach to Fair Use，43 Hous. L Rev. 807（2006）；Tushnet，R.，Copyright and the Role of Institutions in a Peer–to–peer World，53 UCLA L Rev. 977，1019（2006）.

[147] See the references supra，n. 146.

[148] The legal analysis of which is intensly disputed in German law，for copyright infringement LG München I MMR 2007，328；Schack，H.，Rechtsprohleme derOnline–Ubermittlung，GRUR 2007，639，644；against infringement Hoeren，T.，Derurheberrechtliche Erschöpfungsgrundsatz bei der Online–übertragung vonComputerprogrammen，CR 2006，573，both with further references.

复制权和向公众传播权的权利穷竭,⑭ 以及离线贸易与在线贸易之间的歧视。⑮ 有一些支持和反对此种歧视的激烈争论,在此不再重复。问题是信息社会指令切断了这种争论,在有形贸易世界可以合理解决利益冲突的方式,要在数字化世界中同样发挥重要作用,事实或会证明这并不合适。

3.3 解释版权法:有利于作者还是公平的竞争环境?

版权法必须面对平衡三方利益的艰难任务:作者利益、商业制作者利益和一般公众利益。作者与商业制作者,如出版商和录音制品制作者,一般对于强而有效的版权保护有着共同的利益。但这两者也会有不同的利益,特别是在确定作者公平报酬的时候。公众的利益也不一致。一方面有人认为,除确保给予作者公平报酬外,版权主要是为了激励创新。在这方面,强版权保护会加强文化的多元性,进而为公众利益服务。另一方面公众的利益在于获取作品,可能是为了特殊的目的,如评论、研究或教育,也可能是单纯因为大家希望得到最佳交易。

在当下版权法的争论中,一个备受批评的问题是这些利益是否平衡,或者是否在出现疑问时,总是作者利益占优。历史上版权法的发展,至少在欧洲大陆,为承认著作权进行了奋争,任何主张对版权进行合理保护的人,都必须强调作者的利益,因为长期以来天平并未向他们倾斜。这种斗争的结果就是有利于作者原则的确立,许多版权法制度通过这种或那种方式认可此原则。⑮ 在信息社会指令中,在重述中也清楚地规定了这一原则,重述 9 规定"版权与相关权的任何一体化必须建立在高水平版权保护基础上,因为该权利对于智力创造至关重要"。重述 11 补充,"对版权及相关权保护严格有效的体系,是确保欧洲文化创造力、创作的必要来源和保护艺术创作者、表演者独立尊严的重要方式之一"。重述 4、10、12、21、22、23 也强调了对权利给予高水平且广泛保护的需求。至今,对作者、其他权利持有人与使用者利益进行平衡的目标,只是在重述 31 中有所提及。因为重述为解释提供了重要指导,欧盟法院和国内法院在解释信息社会指令第 2~第 4 条时,对重述加以借鉴,就不足为奇。如前所述的有利于作者原则,及重述中的演绎,成为对"向公众传播权"和"发行权"概念进行广义界定的主要依据。

---

⑭ 信息社会指令第 3(3) 条。

⑮ See the analysis by Heinz, Stefan (2006), Urheberrechtliche Gleichbehandlung von alten und neuen Medien, München: Beck.

⑮ See, for example, Lucas and Lucas (supra, n. 8), para. 256: De plus, ladémarche fait prévaloir les intérêts de l'auteur sur ceux de l'exploitant, conformémentà la tradition du droit frangais.

有利于作者、权利持有人的解释原则,在版权保护扩张、过分保护不断加强的背景下,是否依然合理?第一个可能的论据是,有利于作者原则是财产权的逻辑后果:如果立法授予财产权,为确保其效力,应对权利给予广义解释。但这一观点并不令人信服,从经济视角看,知识产权的权利范围是一个复杂的问题;[152] 不存在有利于广泛权利的推定。所有的知识产权法律师都熟悉一种联系,就是创造力水平与保护范围之间的联系:与对商标、专利给予广义保护一样,原创作品需要广泛的保护,但几乎没有原创性的作品就只能得到狭义的权利。并没有这样的一般原则,财产权就仅仅因为其是财产权,就应得到广义的解释范围。第二个可能的论据是,版权的合法性要求广泛的权利。这似乎与重述11一致:版权加强了创造性、保护作者的经济利益和作品完整,因而较强的版权保护会更好地实现这些目标。但这一观点有失偏颇,如重述31所阐述,版权必须保持不同权利持有人与一般公众之间的利益平衡。实施这种平衡不能限制对版权例外的解释,而且有必要确定版权的保护范围。

尽管要对有利于作者原则进行详细讨论或许需要一篇专题的论文,但可以认为,有更好的理由用"公平竞争环境"术语代替这一原则。在对版权法进行解释时,不应有任何利益想当然地优先考虑。当然版权最初授予保护的原因必须加以考虑:版权法若要有意义,它必须有效。在每个个案中对广义保护进行解释有很好的理由,SGAE判决就是一个例子:在判决酒店房间的电视节目转播是否是向公众传播权并需要取得权利持有人许可时,有很大的争论。但"对作者存有疑问"这一争论并未对这一推理施加任何作用,比起依据"存有疑问"原则,法院应开放地没有偏见地权衡支持与反对的理由,并以此实现一种确定的结果,即质疑情形不会再出现。

4 结论:未来的路径

经济权利看起来似乎是版权一体化领域争议最小的部分。毫无疑问,复制权、发行权和向公众传播权是版权法的实质内容,目前在"版权乐观主义者"与"版权悲观主义者"[153]之间的争论主要关注的是其他一些论题,如版权期间、版权例外、技术性措施等,就不奇怪了。版权的经济权利在相当大程度上

---

[152] See, for example, Merges, R. P. and R. R. Nelson, On the Complex Economics of Patent Scope, (1990) 90 Columbia L Rev. 889.

[153] These apt terms are used by Goldstein, Paul (1994), Copyright's Highway: The Law and Lore of Copyright from Gutenberg to the Celestial Jukebox, New York Hill and Wang, p. 15.

实现了一体化，大部分欧共体法在之前的国际条约和国内版权法中也是存在的。

本文重点论述了三个问题。第一，经济权利的广义成文法定义在术语的一体化方面几乎没有任何成绩。目前为止，许多解释上的问题仍然存在，答案也主要在国内法院判决和学术文章中能够找到。一体化的主要负担或许要由欧盟法院来承担，对一些概念实现欧洲化，如复制、发行、向公众传播，这些在个案基础上，目前还没有清晰的欧盟法轮廓。长期看，欧共体法模糊的法律概念或许会降低法律的确定性。如果法院认真对待这一任务，版权法或许能够成为弥合民法与普通法方法论的示范。第二，就经济权利而言，欧盟法典纠正不同指令的不一致性以加强法律确定性的时机已经成熟。在这种情况下，纯粹的版权概念会比一般私法相关的问题，如第二侵权原则，更加容易一体化。第三，信息社会指令重述 31 正确校正了作者、其他权利持有人和使用者之间利益的平衡，以及结构开放的定义与指令中对例外的狭义界定、倾向作出有利于作者利益的"有利于作者原则"的解释之间的不对称性。

在对版权进行扩展保护和逐步关注过度保护的环境下，这种有所偏见的方式对版权怀疑论者是有利的。版权保护必须是有效的，立法与解释应当为作者、制作者和使用者等确保公平的竞争环境。

精神权利[*]

威廉·高斯黑德

1 现代著作权法的形成

1.1 作者权利和著作权的传统

根据对文化信息法律保护的不同,现代社会可分为两个体系:民法/大陆法体系和普通法/著作权体系。❶ 随着时间的推移,以及在15世纪印刷术的引进,这两种体系在西欧的国内法中循着各自的轨迹发展,其最初只是影响可供

---

* See for a general overview S. Str6mholm, Le droit moral de l'auteur 1, 11, Ill (Norstedt & S6ners, Stockholm, 1966 - 73); Elizabeth Adeney, The Moral Rights of Authors and Performers (Oxford University Press, Oxford, 2006). 在此篇论文中将不单独论述表演者权。

❶ 从学科术语角度,在本文"版权法"这一术语通常同时被用于两大传统的一般表述。由于此种原因,"版权法"这一概念,在此处被视为一种特指的变体,以规制源起于西欧文化框架下的人文交流,其很大程度上是为了保护文化信息在传播过程中的使用。版权(法)同时也是经济权利和精神权利的统一。Comp. E. W. Ploman and Clark Hamilton, Copyright – Intellectual Property in the Information Age (Routledge & Kegan Paul, London, Boston and Henley, 1980); F. W. Grosheide, Auteursrecht op maat (Kluwer, Deventer, 1986) with an English summary; idem, Paradigms in Copyright Law, in Brad Sherman and Alain Strowel, Of Authors and Origins (Clarendon Press, Oxford, 1994), pp. 204 – 33. See on this also generally among others Alain Strowel, Droit d'auteur et Copyright, Divergences etConvergences (LGDJ, Brussels and Paris, 1993); Jane Ginsburg, A Tale of Two Copyrights: Literary Property in Revolutionary France and America, RIDA No. 147 (1991), p. 125; Adolf Dietz, The Place of Copyright Law within the Hierarchy of Norms: the Constitutional Issue (ALAI, Paris, 2005 – Exploring the Sources of Copyright), www. afpida. org and Paul Edward Geller, International Copyright Lawand Practice (seminal), volume I (§ 2) (Matthew Bender). See for a different view Elizabeth Adeney, The Moral Rights of Authors and Performers: An International and Comparative Analysis, Oxford University Press, Oxford, 2006, supra, note 1, p. 5 (no. In. 15). In my view, her thesis that the 18th – century commonly agreed natural law basis of copyright law forms an argument against the separation of both traditions is not convincing, since it only exposes that Enlightenment copyright was perceivedas a property right.

印刷的文化产品（如文学作品和艺术作品）。

但按此方式，多年来版权法在西欧大陆和不列颠群岛形成了截然不同的传统。在法国和德国的著作权体系中，作者作为自然人的身份渐渐地占据了核心地位，而英国的体系却朝着倾向出版商权利的方向发展。换句话来说，一个体系关注的是知识产品的创造者，另一个体系关注的是作品。与创造者和作品之间区别密切相关的另一个差别在同一时期出现，即作为著作权保护无形客体的作品和作为有形载体复制品的区分。此种区分对于精神权利的确认至关重要。❷

长期以来，这两种版权传统都同样保护着作者的经济利益或商业利益。正是由于对经济利益的关注，19世纪下半叶，国际文化产品贸易的扩张成为促成各国版权法在国际上统一的主要原因之一，其结果是1886年订立的《伯尔尼公约》。❸ 从法律或教条的观点来看，正是对于经济利益的承认，使版权能够作为一项独立的财产权转让给第三方，以此实现著作权人利用的目的。

1.2 权利行使的方法和救济手段

由于《伯尔尼公约》的订立，现代版权法确立了自己的地位。尽管公约希望尽力在意识上保持中立，但显然，其设计上具有明显的欧洲大陆著作权法人格主义特征。我们不应否认《伯尔尼公约》在促进国际版权法统一运动中取得的成功，但在公约制定之初，认知社群之间从来都未达成过一致。本文关于精神权利的论述，主要通过对两种观念的分歧举例论述和展开。

首先，依据基本的国内著作权法，制定保护作者的特殊国际法律制度并非能够得到所有人的认同。有观点指出，对于作者个体利益的关注，忽略了同样重要的一般公众利益。关于分歧的辩论，导致了所谓权利方法和救济方法的并行。这种观点认为，救济方法优于权利方法，在特定的问题中，它能够考虑到

---

❷ How crucial this is can be illustrated by the English case of Donaldson v. Beckett (1774) 2 Bro. P. 129, Burr. 2408. In that case the then existing common law copyright was reduced to being merely the right of first publication by the House of Lords. According to L. Ray Patterson and Stanley W. Lindberg, The Nature of Copyright (The University of Georgia Press, Athens and London, 1991), p. 165, (w)hile the House of Lords was sympathetic to the rights of authors, its concern for the power of the book sellers override compassion……If the Lords had separated the ownership of the work from ownership of the copyright, it would have been possible for them to have recognized the moral rights of the authors as distinct from the economic fights of the bookseller.

❸ S. Ricketson, The Berne Convention for the Protection of Literary and ArtisticWorks：1886 – 1986 (Kluwer, Deventer, 1987); Sam Ricketson and Jane C. Ginsburg, International Copyright and Neighbouring Rights (Oxford University Press, Oxford, 2005).

对个体利益和整体利益进行平衡的最有效方式。❹

其次,另一个与国际版权体系的划分相关的问题:即著作权法依作者人格还是依立法者行为成立之间的划分。民法法系的国家持作者人格权观点,表明其朝人格主义的方向发展。普通法系的国家持立法行为观点,表明其关注的是知识产品而非作者。《伯尔尼公约》对此并未表明立场,同时包容了两种版权传统。值得提及的是,《伯尔尼公约》允许各国根据本国国情加入最符合本国国内法条款的公约文本,并且可以对所适用的公约文本加以保留。公约的这一举措,一方面使得拥有不同法律文化的国家均可遵循《伯尔尼公约》,但另一方面,也导致形成了一个复杂、不稳定的国际法律机制。

对于版权法的法律性质,《伯尔尼公约》确定了其财产权属性:以适合作品复制件得以流通的方式进行保护。在统一的法律机制内,版权法同等地保护所有作品,禁止在未授权情形下对其加以利用,在内容、客体、商业或非商业应用方面没有任何差别。这是著作权法运行的决定性因素,有一项突出的例外,本文会对其进行讨论。即使如此,在未来的一百年内,这种例外也不会从本质上改变《伯尔尼公约》的结论。但下述两种相关的社会现象,将会在20世纪下半叶影响版权法的稳定进程:

(1)工业化世界和非工业化世界间关系的变化;

(2)工业化世界隐藏代码的变化,尤其是从工业化时代到信息化时代的变革。❺

第二种现象更有意义,未来将证明下列隐藏代码社会性、变化性成分有着决定性的意义:科技的发展、传播范围的扩张、福利国家的创建以及相关文化参与的增加、意识形态实用主义的主导地位、短期内的政治妥协以及法律的方法。

1.3 个体权利与公共权利

版权中个体主义的概念——版权法保护的是个体作者在其作品中的财产权利——在19世纪开始发展,并在《伯尔尼公约》中得以巩固,直至19世纪20年代没有太大变化。事实上,直至今天,个体主义概念依旧占据主导地位。然而,由于最近更多公共角度的版权法研究方法,有必要说明,后一种方法早在19世纪20年代就已有所表现。在那一时期,尤其是处于君主制的德国,法

---

❹ 有趣的是,以普通法为基础的美国版权法通过援引美国宪法的第1章第8款表述版权法中的公共利益:"为促进科学和实用技艺的进步,对作家和发明家的著作和发明,在一定期限内给予保障。"

❺ Comp. A. Toffler, The Third Wave (Pan Books, 1981).

律十分强调作品的公共权利和社会地位。❻ 对著作权集体和社会属性的坚持，与两次世界大战间的民族主义和社会主义思想相融合，整体利益凌驾于个体利益之上。考坎斯基先生在1933年撰写的文章揭示了当时的新思想：

> 我们生活在这样一个时代——社会法则渐渐取代过时的个体主义体系。没有比在"一战"时期，以及"一战"完全结束的时候，更能显示个体主义概念的不堪一击。❼❽

在欧洲大陆，公共意识的兴起也导致了法国和德国在学说上的两极分化，下面所引用的德布尔先生1934年的文章表明了这种对立：

> 国家社会主义者的法律观念以人民的整体性作为基础……所有的私法，包括版权法在内，均是具有社会性质的法律，法国理念则以个体权利为基础，这也是德国和法国在法律理念上的基本差异。❾

在那一时期法国与德国各自的代表性研究基础上，阿德尼提出，德国学说保护的核心是作品而非作者。作品成为一项产品的原因源于创作的集体主义观念，认为社会集体使作者得以创作其作品，作者负有为社会集体的利益而创作的权利和责任。毫无疑问，这种集体模式，尤其在社会主义国家得到奉行，版权被视为一种文化交流的管理工具。直至1980年，艾米尼斯库在其文章中依旧遵循着这一模式：

> 版权及邻接权应作为激励创作活动的手段，进一步为社会主义公民教育做出贡献，特别是东德法中的继承人……，能够利用所有文学、艺术或科学作品的广泛影响，并促进技术进步，传播人文主义思想，保护和平与友谊。❿

尽管集体主义观念在法国也具有一定影响力，但法国当时的主流观点依然

---

❻ 此发展与魏玛共和国（1919~1933年）的建立时间相一致。魏玛共和国：自第一次世界大战后德国组建的第一个民主制的政府形式，成员包括社会民主党和右翼温和派，其民主体制是借鉴瑞士和美国的混合形式的体制。

❼ D. M. Kauschansky, Evolution des Autorrechts, die moderne Auffassung über die sociale Funktion der Erzeugnisse geistiger Tätigkeit und die Förderung des, faktischen Schatzes des Autors, UFITA1933, p. 24.

❽ Adeney, supra, note 1, p72. (no 3. 08), p. 100 (no6. 14), observes that the period indicated of course followed the Russian Revolution and encompassed the fascist reign in Germany and Italy.

❾ H. O. de Boor, Der NSJ - Entwurf und die Urheberrechtsreform, UFITA 1934, p. 413. Comp G. Michaelides - Nouares, Le droit moral de l'auteur, (ArthurRoinsseau, Paris, 1935).

❿ Y. Eminescu, Aktuelle Probleme des Urheberrechts der Europäischen sozialistischen Länder, GRUR Int., 1980, p. 387. See also H. Puscher, Copyright in theGerman Democratic Republic, Journal of the Copyright Society of the USA, 10 (1976), p. 19; B. Pankin, Copyright as Part and Parcel of Cultural Policy, UCB1982/4, p. 32. Comp. Plowman and Hamilton, supra, note 2, pp. 27 - 8.

是个体主义。❶ 值得指出的是，在很少有精神权利争论的普通法系国家中，两次世界大战时期的这些思想找到了——安德尼（Adeney）称其为——一个"直接的和相应的受众……尤其是在美国"。❷ 这种积极的接受可以理解，因为普通法对版权法采取工具主义方法。有趣的是，两次世界大战期间的发展，与《伯尔尼公约》中精神权利上从未间断的争论一致。在本文第2.1节，将会阐述此发展是否会对其造成影响。同时，在该论文还将关注先前提及的版权法中共有情形的实际恢复，这与精神权利和人权问题直接相关。

在《伯尔尼公约》早期，一方面从个体主义的视角探讨版权法，但另一方面却只保护作者的经济利益，这一事实也是《伯尔尼公约》具有明显模糊性的一个证明。早在19世纪和20世纪初，法国、德国的学说以及法院判决就已经明确地接受了将作者利益作为人格权利加以保护的思想，显然这预见了后来的所谓"作者的精神权利"。

1.4 精神权利和人权

为了更好地理解精神权利和人权间的关系，我们首先应大致了解一下人权与知识产权间的关系。

在这方面可以分为两个学派。第一个学派坚称人权和知识产权（被视为保护个体的经济利益）之间存在根本冲突，因为对知识产权强法律保护与人权义务不相一致。为了克服两者的紧张关系，有人建议，人权应优先于知识产权。第二个学派则认为，人权和知识产权寻求的是同一目标。一方面通过界定私人垄断权的合理范围激励创作者和发明人的积极性，另一方面也保障了公众获取知识产品的充分渠道。后一观点认为，人权和知识产权事实上是相容的，尽管在保护和公众获取中需要维持平衡。❸ 由此，我们可以得出这样的结论：第一个学派认为不能将精神权利视为人权，而第二个学派认为事实上这完全可能。在后一情况下，要求在私法背景下以水平关系权衡人权（如言论自由）和另一种权利（独有的精神权利）的复杂实践。

---

❶ Adeney, supra, note 1, p. 85 (no. 350).

❷ Ibid.

❸ Lawrence R. Helfer, Human Rights and Intellectual Property: Conflict or Coexistence? Minn. Intell. Prop. Rev. 47 (2003), p. 47; idem, Human Rights and Intellectual Property: Conflict or Co-Existence? Netherlands Quarterly of HumanRights, 22, 2004/2, p. 167; Comp. Mpasi Sinjela, Human Rights and IntellectualProperty Rights – Tensions and Convergences (Martinus Nijhoff Publishers, Leiden, 2007). See also M. Vivant, Authors' Rights, Human Rights? RIDA No.174 (1997), p. 60; A. Dietz and A. Frangon, Copyright as a Human Right, Copyright Bulletin, 1998, 17, p. 7 (32 – 3); C. Geiger, Droit d'auteur et droit du public à l'information. Approche de droit comparé (Litec, Paris, 2004).

精神权利　IP

目前，占主导地位的版权法一般原则将精神权利视为人权，遵循了第二个学派的观点。确实，自20世纪下半叶起大量国际人权方面的法律文件得到广泛传播，这些法律文件不仅规定了缔约国确保对有形资产和无形资产给予充分保护的谨慎义务，而且其中的某些文件即使没有明确规定也隐含地表达了这样的观点，即使没有既存国内法的规定，个体也有权直接反对政府授权，以便授予他们与已完成作品中既存权利有关的创作权（并且排除其他人以确保认可）。因为，否认一个人的创作权即是违背了他所享有的人权。为此，一些国际法中制定了类似的条款，如1948年《世界人权宣言》（UDHR）第27条、1966年经济、社会和文化权利国际公约（ICESCR）第15（1）条、1976年公民权利和政治权利国际公约（ICCPR）第19条、1950年和1952年《欧洲人权公约》（ECHR）第1条，以及2000年《欧盟基本权利宪章》（欧盟宪章）第17（2）条。1986年《伯尔尼公约》成员国缔结的《欧洲联盟神圣宣言》中有一项重要的规定，它宣称：

著作权是以人权和正义理念为基石的。作者作为美好、愉悦和学术的创作者，他们在其作品中的权利值得被认可，并且得到有效的保护，无论是在其国内，还是世界上所有其他国家。❹

至今仍会混淆一个事实，尤其是在民法体系术语中，精神权利也被称为"人格权"，产生混淆的原因是很难确定人权原则中的人格概念。对于版权法，最好的解决方法似乎是，指出人权的权利群和其他促进、保护人格权的法律措施。使用这种方法，其核心是人类潜能的最大化和自我实现。

最后，从理论的角度上有必要说明，版权法中精神权利的法律性质在二元论观点和一元论观点之间有着显著的区别。依二元论观点，经济权利和精神权利性质不同，经济权利是作为财产权，精神权利则是作为人格权。依一元论观点，尽管经济权利和精神权利被视为著作权的不同方面，但推定两者具有绝对的不可分离性。❺

---

❹ 然而，这种个人主义造成了协调上的无所适从，即一方面精神权利具有私法上的权利特征，另一方面，因将精神权利描述成人权而使其成为公法中的一部分。Comp. Daniel Friedmann and Daphne Barak‐Erez, Human Rights in Private Law (Hart Publishing, Oxford, 2001); Kirsten Sellars, The Rise and Rise of Human Rights (Sutton Publishing, London, 2002). Human fights thinking in copyright law has been favoured by international developments in the field of human rights generally as will be seen in Section 2.2.

❺ 法国版权法遵循二元论观点，德国版权法则遵循一元论观点。See on that distinction H. J. Ahrens et al., Festschrift Willi Erdmann (CarlHeymans, Verlag Koln, 2002).

2 精神权利国际保护的发展

2.1 《伯尔尼公约》

从整个 19 世纪到 20 世纪初，法国和德国为条理清晰的精神权利原则奠定了基础。其所发展的并非仅是孤立的理论，还与法院对作者利益的保护有着高度的一致，甚至立法者也在这方面做好了准备。因此在这一时期，很多精神方面的利益得到认可，成为受保护的权利，如发表权、撤回权、确认身份权、保持作品完整权和阻止滥用权。但与法国和德国的发展相反，在英国上议院破坏了作者的普通法版权后，对于普通法系思维方式来说，这样一种观点完全不可思议，即认为作者将经济权利转让给使用者后，还能够用某种精神权利或为保护某种精神利益，而否定使用者已经获得的财产权。

但法国和德国的发展，并没有在各自国家内立即转化为对精神权利的充分立法保护，而其他一些国家，无论在欧洲内部还是外部，却已经很早就制定了精神权利的基本法规，如哥伦比亚（1885）、法属摩洛哥（1916）、黎巴嫩（1921）、叙利亚（1921）、瑞士（1922）、罗马尼亚（1923）、意大利（1925）、波兰（1926）、捷克斯洛伐克（1926）、葡萄牙（1927）、芬兰（1927）、俄国（1928）、中国（1928）、南斯拉夫（1929）和挪威（1930）。显然，这些精神权利体制至少部分借鉴了法国和德国的思想。这种立法努力的重要性就在于，在 1928 年对调整《伯尔尼公约》精神权利的内容展开激烈争论时，伯尔尼联盟的部分成员国已经可以在这方面提出具体的建议。[16] 但我们注意到，自 1886 年公约签订以来，无论《伯尔尼公约》中以何种形式规定精神权利，都始终会在几届代表大会连续展开讨论。[17] 如早在 1900 年，（国际文学和艺术协会 ALAI）就已致力于制定一部包括署名权、反对修改权、反对公开展览修改作品权等精神权利条款在内的著作权示范法。1927 年，ALAI 建议《伯尔尼公约》成员国应当制定关于精神权利的正式部署。《伯尔尼公约》文本中关于精神权利的思想尤其在两次世界大战期间显现出来，[18] 在那一时期，这种思想与当时德国著作权学说中出现的公共方法相融合。德国作者霍夫曼在

---

[16] See Richetson and Ginsburg, supra, note 4, vol. 1, ch. 10.

[17] Richetson, Ginsburg, supra, note 4, paras 10.02 – 10.13. Adeney, supra, note 1, p. 88 – 100 (nos 504 – 509).

[18] Ricketson and Ginsburg, supra, note 4, referring to the general report of Main Committee I of the Stockholm Conference 1967, Document 5/247; Records 1967, vol. I, 1159.

精神权利 **IP**

1928年罗马召开的《伯尔尼公约》修订会议上作如下报告：

在罗马会议上，第一次果断地提出这样一个观点：出版作品中的集体利益应当与作者的权利处于同等地位。因此，根据此观点，对这两组利益的平衡是，且一定是，立法者的使命和《伯尔尼公约》的目标。

尽管如此，在1928年的修订会议上，精神权利的进步完全是由支持个体作者权利的成员国促成的。普通法体系国家的代表最初毫不妥协地加以反对，但在讨论结束后，却在所有成员国一致认可的基础上达成了某种妥协，认为以英国法律体系为代表的普通法一直以来都保护着尊严、荣誉和名誉方面的人格权。能够进一步达成这种妥协的原因是，民法法系国家并不特别关注普通法国家对精神权利制度的遵循。[19] 因此第6条之二被加入了《伯尔尼公约》，条文如下：

（1）作者版权独立，即使在上述版权转让之后，作者仍有权主张其作品的作者身份，并享有反对对上述作品进行任何歪曲或割裂，或有损于作者声誉的其他损害的权利。

（2）作者身份的确定——在此身份下权利得以行使——由各国国内立法加以保留。为保护这些权利而设的赔偿方式由提供保护国家的法律加以规定。

包括普通法国家在内所有出席大会的成员国，均批准了此项修订案。普通法国家以这样的设想为根据，即认为它们的国内立法与公约一致，无须实施修订。这种设想的依据是，公约成员国从一开始就已经接受这样的事实，成员不必在版权框架内保护精神权利，各国（如英国）可以自行决定采纳和/或适用的其他保护方式，如以诽谤提起诉讼。

精神权利目前是《伯尔尼公约》中必不可少的一部分，但这并不意味着第6条之二能够涵盖所有问题。例如，公约对权利期间（永久或定期）、作者去世之后权利的行使和侵权的救济方式就只字未提，都留待公约成员国国内法加以规定。[20] 公约也没有对精神权利受益人的概念作进一步规定，但其暗示只有自然人，即真实意义上的实体作者，才能成为受益人。[21]

1928年发布文本的第6条之二将此问题搁置了20年，直至在下一届布鲁

---

[19] Acts de la conférence réunie à Rome du 7 mai au 2 juin 1928（Rome Actes）（Bureau de l'Union Interntionle la Protection des（Euvres Littérires et Artisyiques 1929），pp. 291 - 2；Adeney, supra, note, p. 111（nos 6. 53 - 6. 54）.

[20] Ricketson and Ginsburg, supra, note 4, paras 10. 11 - 10. 13；Adeney, supra, note 1, pp. 122 - 4（nos 6. 57 - 6. 59）.

[21] Ricketson and Ginsburg, supra, note 4, ibidem；Adeney, supra, note 1, p. 115（no. 6. 33）.

塞尔举行的《伯尔尼公约》修正会议上，精神权利议题才再度被提上议程。那时，普通法国家对精神权利的态度比20年前更加敌对。英国再次充当了这些不情愿国家的代言人，宣称版权法只调整作者的经济利益。因此，布鲁塞尔会议并没有取得显著的改进。在第6条之二中增加的是作者去世之后的效力（不长于著作权期满，即50年的经济权利），根据国内法规定的适用条件，由上述有限的继承人行使。

在两次世界大战期间，关于国家文化利益精神权利保护的争议在布鲁塞尔会议上再度被提起，而同时——在本文第2.2节将会对此论述——战后的个人主义倾向已经在世界范围内得到发展。但由于下述问题：（a）明确指出什么是文化上可受保护（的作品）是不可能的，（b）这种保护不仅是私法上问题，也属于公法领域，这些争论再度使《伯尔尼公约》无法成为文化名作的守护者。[22]

对第6条之二扩展的最后一次努力，是在距布鲁塞尔会议近20年的1967年斯德哥尔摩修订会议上实现的。在对文化客体的权利期间和保护上出现了同一争议，但对于现存法律而言没有带来任何实质性改进。因此，自1948年来，第6条之二条文表现如下：

（1）独立于作者版权，即使在上述版权转让之后，作者仍保有主张其作品作者身份的权利，并享有反对对上述作品进行任何歪曲或割裂或有损于作者声誉的其他损害的权利。

（2）就《伯尔尼公约》所许可的成员国立法而言，前款授予作者的权利，在他死亡后可以继续维持，至少至权利期间届满前，并可由得到上述立法授权的自然人或机构予以行使。该款所提及权利行使条件的确定由公约成员国国内立法进行规范。

（3）保障本条所授予权利而采取的补救方法，由保护要求提出国的法律加以规范。

尽管如此，应当说自1967年起，此观点可谓是备受质疑。原因是多年来，在国际层面上已达成一致的结论，精神权利应当得到保护。事实上，世界上大多数国家的版权立法中均规定了精神权利条款，包括受普通法影响的非洲和亚洲发展中国家，也包括受民法法系影响的欧洲中部和东部的原社会主义国家。然而，有一些障碍至今仍横亘在《伯尔尼公约》和其他国际法律文件对精神

---

[22] Ricketson and Ginsburg, supra, note 4, ibidem; Adeney, supra, note 1, p. 143（no. 7. 38）.

权利的真正协调统一的道路上，笔者将在第 2.2 和第 2.3 节中对此进行论述。㉓

2.2 《世界人权宣言》及其附录

在布鲁塞尔会议对《伯尔尼公约》进行修订的同一年（1948 年），在华盛顿起草和批准了《世界人权宣言》。《世界人权宣言》的第一份草案（所谓的汉弗莱草案）并未包括享有受保护的知识产品利益的权利。直到随后的草案（卡森草案）被通过，新的条款才得以认可。新条款主张，所有艺术、文学、科学作品的作者和发明人，除因其创作可获得报酬外，还可以保留其作品和/或发明的精神权利，此权利不会消亡，即使此作品或发明已成为人类的公共财产。最后文本最终形成了《世界人权宣言》的第 27（2）条，内容如下：

2. 人人对由于他所创作的任何科学、文学或美术作品而产生的精神的和物质的利益，享有受保护的权利。㉔

对一些人而言，对"精神利益"的保护显然就是指精神权利所保护的利益。然而，法国坚持推进的人权含义都被大会接连否决了。大多数成员国认为，著作权是一项私法上的经济权利，而非公法上的人权。因为经济权利被视为一种财产形式，已经为关于财产权的条款所涵盖。㉕

但大致从 1966 年经济、社会和文化权利国际公约（ICESCR）签订后，情况发生了改变。㉖ 依查普曼的观点，一般意义上的知识产权和特指的版权应当被视为人权，因为起草者将经济、社会和文化权利国际公约第 15（1）条的三个条款，视为本质上是相互关联的。认为创作者（作者和发明人）的权利是

㉓ 值得一提的是，1948 年和 1967 年《伯尔尼公约》新增了 2 个条款：第 10（3）条和第 10 条之二，蕴含了精神权利内涵。However, as has been noted by Ricketson and Ginsburg, supra, note 4, para. 10.46, it may be contended that these provisions are distinct, rather than derivative of Article 6bis.

㉔ Article 27 (2) should be read in conjunction with paragraph 1 of the same provision on participation in cultural life, and with Article 17 (1) (2) on the protection of property. The Universal Declaration of Human Rights, GA Res 217A, 3UN GAOR (183rd plen mtg), UN DOC A/Res/217A (1948).

㉕ Adeney, supra, note 1, pp. 132 – 3 (nos 7.08 – 7.12). As is well known, the wording of Article 27 (2) is directly derived from the American Declaration of the Rights and the Duties of Man, made by the Ninth International Conference of American States, OASRes XXX, OAS Official Record, OEA/Ser L/V/II 23, doc 21 rev 6 (1948).

㉖ UN, International Covenant on Economic, Socidl and Cultural Rights, adopted on 16 December 1966, 993 UNTS 3 (entered into force on 3 January 1976), GA Res 2200 XXI, 21 UN GAOR Supp. No. 16 at 49 UN Doc A/6316 (1966). See A. Dietz in G. Schricker (ed.), Urheberrecht (2nd edn, Beck, Munich, 1998), p. 254, stating that Article 27 (2) UDHR is now considered to be the international and human rights basis for domestic moral rights protection. Idem Adeney, supra, note 1, pp. 149 – 50 (nos 7.57 – 7.59).

文化自由、文化参与和科学进步的基本前提，而非仅仅是创作者自身的价值体现。对于版权法的功能，查普曼的观点是为维护文化的繁荣，版权应当促进文化的参与。因此，她反对将版权法视为纯个体主义的观点，她认为这并不意味着要进一步减少公共利益。由此可见，她并未将版权视为一项绝对权，而将其视为一项附条件的权利，此权利应有助于社会的共同福利。㉗

对于知识产权法（尤其是版权法）中的人权内涵，从一种更保守的视角来看，可以从联合国人权事务高级专员在 2001 年对与贸易有关的知识产权中的人权协定影响所作的报告中得出判断。㉘ 总之，依《世界人权宣言》第 27 条，该报告承认，ICESCR 要求其成员国制定这样一种知识产权法律体系，能够在促进一般公共利益和保护作者和发明人对信息化产品的利益间维持一种平衡。但问题是如何维持这种权利平衡，㉙ 这一问题的答案可以在 2005 年《经济、社会和文化权利国际公约》第 15（1）条的一般评注（GC）17 中找到。㉚ 文件指出，上述条款中对于人内在尊严与价值的推断，与知识产权法认可的大多数法定权中的创作者权（和其他人权）不同。它指出，与知识产权不同，人权是基本权，不可转让，一般属于个人或由个人组成的团体，而知识产权，首要是国家对创新和创造的一种激励方式。㉛ 评注中强调，第 15（1）条对创作者精神利益和物质利益的保护范围，并不必须与国内法或国际条约对知识产权的规定相一致。㉜

但显然评注对版权法规则中与精神权利相关的人权资格作了一个例外规定。事实上，精神权利和人权均可被视为人的基本法定权利。㉝

2.3 TRIPS 和 WIPO 版权条约

如第 2.2 节所述，尽管在国际层面上对版权法中精神权利的可保护性达成了一致，它们却并没有成为在 WTO 和 WIPO 得到积极发展的领域。首先讨论

㉗ Audrey R. Chapman, Implementation of the International Covenant on Economic, Social and Cultural Rights, Discussion paper, UN E/C 12/2000/12, 3October 2000, paras 23 – 8.

㉘ UNHCR Committee on Economic, Social and Cultural Rights, The Impact of the Agreement on Trade – Related Aspects of Intellectual Property Rights on Human Rights, Report of the High Commissioner, 2 June 2001, E/CN 4 Sub. 2/2001/13, p. 5.

㉙ Ibidem.

㉚ UNHCR Committee on Economic, Social and Cultural Rights, General Comment 17 adopted on 21 November 2005, E/C 12/2/2005/GC/17.

㉛ GC, supra, note 31, part 1; para. 6. See for an analysis of the different properties of human rights and intellectual property rights. General Comment 17.

㉜ GC, supra, note 31, para. 2.

㉝ Ibid.

精神权利

WTO，然后谈 WIPO，是因为 1994 年 WTO 的 TRIPS 早于 1996 年《世界知识产权组织版权条约》（WCT）。㉞ 但这种排序并非理所当然，因为 WTO 对知识产权的干预是最近才开始的。它表明了 WTO 在国际贸易体系中存在与包括版权在内的知识产权相关的利益。阿德尼指出，因为 TRIPS 的显著经济成果，人们或许希望其能包含精神权利，但情况并非如此。㉟ 尽管 TRIPS 要求与《伯尔尼公约》大多数条款保持一致，但于 TRIPS 第 9 条明确排除了《伯尔尼公约》第 6 条之二授予或衍生的申请权，这可能是由于 TRIPS 与精神权利间的根本不相容性引起。TRIPS 致力于促进和加快信息产品的商品化，以增进文化领域的跨国贸易，而精神权利妨碍了国际贸易的顺利进程。雷克斯顿和金斯伯格对 TRIPS 第 9 条是否包含了比《伯尔尼公约》第 6 条之二中提及的署名权和身份权更多的精神权利提出质疑。他们认为，如果《伯尔尼公约》第 6 条之二并未包括发表权或公布权，却在《伯尔尼公约》中的其他条款中找到依据，如成员国无法适用此项权利，则可能会产生 TRIPS 下的争端。㊱

尽管在过去十年中，国际知识产权法律问题在 WTO 中处于主导地位，但 WIPO 对特定版权法也持续推出了新规。1996 年 WIPO 公布了 2 个重要的新条约，即前面提及的 WCT 和与之相关的《世界知识产权组织表演与录音制品条约》（WPPT）。㊲ 尽管 WPPT 第 5（1）条可被解读为授予表演者一项身份权方面的精神权利，WCT 对此却并无任何规定。但苏德拉认为，WCT 第 8 条规定了传播权，这就暗示了对精神权利的认可。该主张显然指出这样一个事实，一些法规中的发表权或传播权（如法国）具有精神权利的属性（法国知识产权法典第 L. 121 − 1 条）。

㉞ WTO, Trade Related Aspects of International Property Rights 1994（enteredinto force 1 January 1995, http://www.wto.org/english/docs_e/legal_e/final_e.htm; WIPO, Copyright Treaty 1996, WIPO Collection of Laws for Electronic Access, http://www.wipo.org.

㉟ Adeney, supra, note 1, pp. 150 − 151（no. 760）. See for a different readingof Article 9（1）TRIPS Mira T. Sundara Rajan, Moral Rights and CopyrightHarmonisation: Prospects for an "International Moral Right"? 17th BILETAAnnual Conference（Amsterdam, 2002）p. 6, http://www.bileta.ac.uk/02papers/sundarajan.html, stating that the effect of that provision is only to exclude the application of the TRIPS dispute settlement mechanism on moral rights issues. Be that as it may, another reason why it is not likely that TRIPS can serve as the basis for a moral rights claim is the fact that in its Preamble, in para. 4, intellectual property rights are expressis verbis considered as private rights, and as a consequence exclude moral rights from being viewed as public law – based human rights.

㊱ WIPO 和 WTO 于 1995 年签署协议，强调基于合作上的相互支持关系的重要性。WIPO Collection of Laws, note 36.

㊲ WPPT 将不再赘述。值得一提的是，WIPO 条约没有与 WTO 文件（如 TRIPS）一般的权力或效力，但它们可以在知识产权法方面为国际和国内法律制度提供有影响力的指导。

3 欧盟的精神权利保护[38]

3.1 欧共体法律

目前还不存在关于版权法的全面的欧共体法律。最初的事实是——欧盟没有制定出一部整个欧盟范围内的版权法，因为其在这一领域缺乏直接的权限。在欧盟内部，协调版权法各个方面的七部指令，就是建立在欧共体条约条款基础之上。欧共体条约授权欧盟，对关于商品与服务自由流动（第45条、第47（2）条、第55条）以及内部市场建立（第95条）的成员国相关法律加以协调。因此，欧盟内的版权法基本上是建立在地域性（国际）原则基础之上的成员国国内版权法。目前欧共体的观点是，实践并未表明，（此方面）一体化的缺失对内部市场的运作不利，这一点对于经济权利和精神权利同样适用。因此，欧共体并没有任何进一步一体化的计划，而宁愿准备对现存欧盟指令加以调整，以提高欧盟现行法的适用性。[39] 就精神权利的一体化而言，欧共体条约的当下立场让人吃惊。因为1995年《伯尔尼公约》绿皮书——认为在信息社会中，相互作用环境下的精神权利是至关重要的——已经对于日益急迫的精神权利问题展开了辩论。考虑到其他6部欧盟指令均未涉及精神权利的问题，欧共体条约相信"有必要检测目前这种一体化的缺失，在新的数字环境中是否仍然是可接受的"。[40]

欧洲审判法院早期在柯林斯（phil Collins）案判决中，对版权客体和邻接权进行描述时，曾作出下列论述："那些权利的特定客体，如国内法所规定，就是确保对持有者的精神权利和经济权利加以保护。"判决中继续阐述：

文学艺术财产所授予的专有权，就其本质而言，会影响到货物和服务贸

---

[38] Sundara Rajan, supra, note 36, p. 7 - 8.

[39] EC, Working paper on the review of the EC legal framework in the field of copyright and related rights, 2004. It seems that at present the EU prefers updating EU law by Recommendations instead of reworking Directives, on which see Frank Gotzen, Le droit d'auteur en Europe: Quo Vadis? Quelques conclusions apres la transpositionde la directive d'harmonisation dans la soci6t6 de l'information, RIDA 2007/211, pp. 3 - 60 (56 - 8). Comp. Thomas Dreier and P. Bemt Hugenholtz, Concise European Copyright Law (Alphen a/d Rijn, Kluwer Law International, 2006), p. 2 (Introductionsub. 4).

[40] EC, Green Paper, Copyright and Related Rights in the Information Society, Brussels, 19.07.1995, COM (95) 382 final, Section VII, Moral Rights, pp. 65 - 8 (67). 这一结论明确反驳了欧盟委员会工作性文件在版权和相关权利领域对欧共体条约法律框架的复审声明，声称在那时对于精神权利保护的统一并无明显需求。

易，以及社会中的竞争关系。因此，法院一贯主张，尽管有国内法的规定，这些权利也应遵守条约的要求，并包括在其适用范围内。㊶

然而，尽管欧盟在政策层面上引用了承诺，但在精神权利的一体化方面至今仍未取得任何进展。不仅七部指令没有解决这一问题，最适合这样做的一部指令信息社会指令也没有解决这一问题。在信息社会指令中，仅在其重述19中提及了精神权利，如下：

权利持有人的精神权利应依据其成员国国内立法和《伯尔尼公约》《世界知识产权组织版权条约》《世界知识产权组织表演和录音制品条约》的条款行使。上述精神权利不在此指令的调整范围内。㊷

迪茨考察了信息社会指令包含"……21世纪版权法基本内容的完整体系"的序文，对该方面的第19条重述条款根本未作提及。尽管他补充了第11条重述来解释此重述条款：

……即使信息社会指令未包含上述精神权利，也涉及了捍卫创造性人才的独立性和尊严的要素。㊸

迪茨补充道：

通过这种方式，精神权利保护值得在这些准宪法的欧盟条款中得到更为明确的涉及。这样的重述是合法的，因为版权或著作权利的保护已经成为国际公法上的一项人权。㊹

但迪茨先生的观点似乎有些理想化，也没有以实体法为依据。即使是最近《欧盟基本权利宪章》（2006）这样的宪法性文件，在第17（2）条中也仅仅规定："知识产权应当受到保护。"㊺ 由此看来，精神权利规范并不属于欧共体

㊶ ECJ Joined Cases C-92/92 and C326/92, 20 October 1993, Jur. 1-5145, paras20 and 22.
㊷ 这些指令包括如下：91/250/EEC指令：关于计算机程序法律保护的指令；92/100/EEC指令：关于出借出租权以及在知识产权领域与版权相关的权利的指令；93/83/EEC指令：关于适用于卫星广播和有线电视转播版权和相关权利一体化规则的指令；93/98/EEC指令：统一版权和其他相关权利保护期间的指令；96/9/EC指令：关于数据库法律保护的指令；2001/29/EC指令：关于信息社会下的版权和相关权利特定方面一体化的指令；2001/84/EC：关于作者基于自身利益的对其原创艺术作品的追续权指令。其中计算机程序指令明确声明只调整软件的经济权利（第29条）。期间指令声明此指令实现的统一并不适用于精神权利（第21条）。相似的还有数据库指令，规定数据库上的精神权利属于创建它的自然人所有，明确提出上述精神权利不在指令调整的范围内（第28条）。
㊸ Dietz, supra, note 2, p. 64.
㊹ Ibid.
㊺ Dietz, supra, note 2, p. 65.

法律的领域。总之，德赖尔和胡根豪特兹对于精神权利的实际地位作了如下精确的描述：

……除对特定客体进行一体化外——如计算机程序和数据库——其目标还在于消除对单一市场运作具有实质性负面影响的既存差别，并阻止发生新的差距。同时，应当维持高水平的保护，以保护投资和鼓励创新……。

尽管版权的其他领域也未实现一体化，委员会目前认为，在实践中没有任何迹象表明内部市场已经出现问题。因此，除附件中的观点外（即相关权领域保护的受益人的标准，不仅对内部市场产生影响，还与欧盟和其成员国对《世界知识产权组织表演和录音制品条约》的支持有关），目前委员会没有进一步加强一体化措施，而是计划对既存指令作一些小的调整，以促进欧共体法律在版权领域的运作和统一。[46]

联盟专注于促进盟国的经济利益，这并不奇怪，欧盟的版权政策也明显关注于经济方面。

3.2　欧盟主要司法管辖区内的精神权利

若对欧盟精神权利规范的实际状态加以描述，就需要按照三大主要欧盟司法管辖区法国、德国和英国的规则，对相关的主要问题加以大致阐述。

法　　国

早在 1992 年的知识产权法典（CPI）中，精神权利的术语就被用于形容作者的非经济专有权。[47] 这一术语指广义上的原则，而非提供具体的特定规则，那些问题留给法院按照法律原则的指引加以解决。然而，其实际地位遵循着法律原则和判例法的法律发展，在 18 世纪革命时期已经开始，在 1957 年著作权法令中第一次得到立法上的确认。值得一提的是，精神权利在法国的发展并没有受到《伯尔尼公约》的太多影响。

对于精神权利的性质，制定法条款中的规定并非是其有效性的必要前提，而仅仅是通过法律对于作者人格可保护性的确认。因此，从《世界人权宣言》和《经济、社会和文化权利国际公约》意义上来说，精神权利被视为人权。也就是说，精神权利不应当被视为保护商业和文化利益的手段，这样一种宽泛的方式与权利的性质不相容。然而，人们普遍认为，精神权利可能被用于

---

[46] Dreier and Hugenholtz, supra, note40, pp. 2 - 3（nos 3，4，6）.

[47] Code de la PropriétéIntellectuelle（Intellectual Property Code），Loi（Law）no. 92 - 957 of 1 July 1992（CPI）.

（或被误用于）商业等目的。㊽ 法国法设计的无限期保护，超出了仅保护作者人格的精神权利，而且趋向于将其影响力向文化领域扩展。㊾

从理论的观点看，法国著作权法遵循二元论。因此精神权利（在法规中居于第一要位；第1章：精神权利——知识产权法典 L. 121-1/L. 121-9 条）与经济权利是区别对待的。前者（前文已述）被视为人格权利，后者则被视为财产权利。二元论尤其可通过保护期间的差异得到验证：无期限和作者死后70年保护期。

精神权利可通过作者的作品得以行使，知识产权法典没有彻底全面地对其进行列举和分类。法典（L. 121-1 条）将作品的含义表述为思想的所有作品，但并未这样表述作者的定义，只是从程序方面加以处理。知识产权法典规定的精神权利表现为如下四种：

- 归属权（L. 121-2 条）：表明作者姓名、明确声明作者身份的权利；
- 发表权（L. 121-2 条）：唯一有权决定作品何时首次加以利用的权利；
- 撤回权和反悔权（L. 121-4 条）：允许作者重新考虑其作品和其与作品关系的权利。即使作品已出版，也可通过阻止（进一步）再版、发行和代表行使其权利，但需要对发行商进行赔偿。
- 尊重权（L. 121-4 条）：主张尊重作者的荣誉、名誉和作品本身的权利，作者有权反对和阻止对作品的任何修改。

精神权利是不可转让的、不可剥夺的（L. 121-1 条）。作者死亡后，权利转移至作者的继承人或遗嘱执行人，但作者及其继承人不能将其加以转让（无论基于何种法律文件），任何放弃精神权利的协议无效。㊿

德　国

和法国一样，德国的精神权利主要源于 19~20 世纪国内学说和判例法的发展，高于国际法律文件（如《伯尔尼公约》）的保护要求。与法国规定不同，德国的术语（作者的人格权）在 1965 年著作权法令（UrhG）中得到了详

㊽ A. Lucas and H-J. Lucas, Traité de la propriétélittéraire et artistique (2nd edn, Litec, Paris, 2001), para. 387.

㊾ A. Lucus and H-J Lucus, supra, note 49, para. 428.

㊿ See for a general overview of moral rights protection in France, André Lucas and Pascal Kamina, France, in Geller, supra, note 2; Adeney, supra, note 1, pp. 163-215 (nos 8.01-8.178). In France, as in some other European countries, in addition to the traditional moral rights mentioned, the resale royalty right (droit de suite) is also recognized as a moral right.

细的定义和规范，并仍可由法院通过进一步司法解释加以修订。(51)

将著作权的经济属性视为德国宪法第 14 条意义上的国内法财产权概念，这一点已得到广泛认可，但德国宪法第 1 条、第 2 条将精神权利视为人格权。显然，经济和精神上的专有权在《世界人权宣言》和经济、社会和文化权利国际公约中都视为人权。尽管其人权属性可以使其从理论上存在，而不依靠成文法，著作权法令仍然被视为精神权利的一般渊源。和法国一样，它也认识到了行使精神权利的商业影响。(52)

从理论主义观点看，德国著作权法遵循的是一元论，其推定经济权利和精神权利紧密相连，这两项专有权具有绝对不可分性。这在著作权法令的第 1 条、第 2 条进行了详细的规定：授予作者就其与作品及其利用的智力和人身联系得到保护的权利。

著作权法令第 2（1）条对作品的含义作了规定。该款包含了对可能成为作品的非穷尽清单。为了取得作品资格，需要个人的智力创造。著作权法令第 2 条和第 11 条明确规定，需要有与作者/作品的联系，只有这样，作者的智力创作和人身利益才会受到保护。作品的人格属性要求强调，只有自然人才有资格成为作者，并获得精神权利的保护。这一人格标准与著作权法令第 7（1）条中对于作者作为作品的创造者的定义相一致：只有自然人才能成为作者。

在著作权法令中，列举了下述精神权利，条款主要规定在第一部分第12 ~ 第 14 条，以第 25 条、第 39 条和第 42 条为补充：

- 发表权（第 12（1）条）：将作品向公众公布的权利；
- 发行权（第 13 条，及第 107 条）：发行权首先要确认的是作者姓名与作品的所有形式紧密相连；第二，它允许作者选择一个艺术性的名字或符号，或笔名，或不署名；
- 反对歪曲和损害的权利（第 14 条）：反对歪曲或更改的权利，无论是对作品本身或其有形体现；
- 使用权（第 25 条）：允许作者向拥有作品原件或复制件的人要求（不意味着将作品交还给作者）复制和类似行为。
- 反对更改的权利（第 39 条）：适用于拥有使用权的作品持有人对作品的更改；

---

(51) Gesetz über Urheberrecht und verwandte Schutzrechte (Urheberrechtsgesetz) of 9 September 1965 which came into force on 1 January 1966 (UrhG).

(52) G. Schricker (ed.), Urheberrecht (2nd edn, Beck, Munich, 1998), p. 7 (Schricker); p. 254 (Dietz); p. 1255 (Vogel).

• 撤回权（第42条）：因观点改变而撤回作品的权利，可对抗正在行使使用权的任何人，但不能对抗拥有作品有形实体的人，也不能对抗基于法定许可及其他权利的使用人。

精神权利在作者死亡70年后终止。这些权利是否是（不）可让与的，这个问题还在讨论中。按照第29（1）条的规定，包括精神权利在内的著作权本质上是不可转让的。然而，允许授予（商业）许可，而这至少包括某些精神权利，如反对更改的权利。精神权利也可以通过继承的方式传承。(53)(54)

英　国

英国在1988年《版权、外观设计和专利法》（*CDPA*）引入了精神权利条款。尽管在18世纪和19世纪早期，欧洲大陆的精神权利思想很大程度上受到英国哲学的影响，普通法中的版权承认作者的人格权，但在英国，直到20世纪晚期精神权利的概念才得到发展。英国法对作者精神权利的保护，提供了合同法或普通法的救济手段，例如将其视为侵权行为（如秘密信息的泄露、诽谤以及其他）。

鉴于1928年《伯尔尼公约》罗马修订会议上认为英国的普通法版权内容与第6条之二相一致，从那以后，无论是法律原则还是法院判决，没有任何精神权利利益发生问题的迹象(55)。英国1956年制定的版权法中，立法者也未涉及精神权利，对与此相关的任何行为均未规范。1986年白皮书中首次包含了精神权利，这一白皮书最终形成1988年版权、外观设计和专利法的第4章第77～第89节。

版权、外观设计和专利法遵循的是一元论，它所提供的保护有严格的限制，不能干预经济权利的主导地位。精神权利在概念上不具有财产权的特征，而是一种纯粹的成文法权利。其侵权被归类为违反成文法义务的侵权行为（版权、外观设计和专利法第103（1）条）。无论是人权思想还是（国际）国内文化或消费者利益，均未显著促成英国的精神权利立法。

版权、外观设计和专利法案第77～第89节规定了如下精神权利：

• 身份权（第77～79节）：这一权利（也被称为署名权和归属权）授予

(53) R. Moufang, Urhebervertragsrecht, in Festgabe für Gerhard Schricker zum60 Geburtstag (Beck, Munich, 1995), pp. 571 –97.

(54) See for a general overview of moral rights in Germany, Adolf Dietz, Germany, in Geller, supra, note 2; Adeney, supra, note 1, pp. 217 –76 (nos9. 01 –9. 205).

(55) 这是与其他普通法系司法管辖区如澳大利亚、加拿大和美国的法律发展相对比而得出的。Adeney, supra, note 1, p. 375 –385 (nos13. 27 –13. 65).

在发表作品上，标明作者或导演者身份的特权；

● 保持作品完整权（第 80~83 节）：这一权利确保了作者可以反对他人对作品的贬损，即通过编辑、增加或删减内容，或未做更改但将作品与作者可能会反感的其他内容而进行的改变。

● 反对错误归属权（第 84 节）：反对将他人识别为作者的权利；

● 隐私权（第 85 节）：这一权利仅涉及照片或电影的使用——需要确保的是这一使用不仅需要取得版权人的授权，也需要得到饰演者的授权。这一权利在 1956 年版权法中已规定。

反对贬损作品权和反对作品错误归属权是自动行使的，但表明作者或导演身份权必须进行主张，这似乎与《伯尔尼公约》中对程序的禁止相抵触。

精神权利不可转让他人，但可以被放弃。第 95 节详细规定了，作者去世之后在何种条件之下，哪些人可以经授权行使精神权利。表明作者或导演身份权和反对贬损作品权在版权作品保护期间内存在，即作者去世后 70 年。反对作品错误归属权在作者去世 20 年后终止（第 86 条）。[56]

3.3 评价：从分散原则到一致的原则与实践？

通过对欧盟精神权利保护实际状况的评估，可以得出下面的结论，真正的欧盟精神权利法遵循了 19 世纪、20 世纪精神权利法律发展的轨迹。尽管在欧盟成立后，现代欧盟的精神权利法依然由《伯尔尼公约》的基本原则所决定：接受民法法系和普通法法系的版权体系的共存，在国内法的实施方面确立了地域性原则。这种情况在 1994 年 TRIPS 和 1996 年《世界知识产权组织版权条约》制定后，也并未改变，因为这两部国际法律文件均未对精神权利作出规定，也同样未对精神权利和人权的关系加以规定。尽管在联合国难民署一般规定的附注 31 提到的一般评论 17 中将精神权利视为人权，且欧盟内大多法律采取此立场，但无论是欧盟的立法文件还是欧洲法院的判例法，均未将精神权利作为人权来对待。事实上，最适合作此规定的欧盟法律文件，2001 年的信息社会指令，也将这一议题交由成员国国内法进行规定。

因此，精神权利规范依旧是一个国内法议题。但国内法之间也具有差异，不仅存在两个既存的版权体系轨迹，即使在各自版权体系内，也存在差异。一方面，不仅法国和德国在精神权利上规定不同，另一方面英国和爱尔兰也是如

---

[56] See for a general overview of moral rights in the United Kingdom, LionelBentley and Bill Cornish, United Kingdom, in Geller, supra, note 2. Adeney, supra, note 1, pp. 387 – 440 (nos 14.01 – 14.193).

此，而且法国和德国、英国和爱尔兰在各自规定上也互不相同。

显然，正如欧共体所表明的，这里的主要问题是这些差异是否是相关的，如果相关，在何种程度上彼此相关，它们是否阻碍了欧盟内部市场的进程。其所指出的第一个差异涉及署名权，在英国和爱尔兰的普通法法律体系中，这种权利必须加以主张。而在欧洲大陆的民法法系中，这一权利源于作品的创造。不同的规定还包括对于精神权利的弃权可能性（与此相关的是转让经济权利的可能性），这在民法体系中是不可能的，但在普通法国家则完全可能。因此依英国法，保持作品完整权可被放弃，使广播组织、音乐制作人或书籍出版商能够坚持将权利的放弃作为广播、制作或出版的条件，从而无须作者同意将作品销售给第三方，或者进行任何形式的修改。这两个差异给予英国企业家相对于欧洲大陆对手以不公平的优势，而后者则被迫尊重这一权利。

这一优势扭曲了内部市场。这一点可以举例阐述，1988 年，荷兰的一家法院拒绝了塞缪尔·贝克特阻止一场饰演者全为女性的《等待戈多》演出的请求，这样一场演出在法国会被禁止。很明显，这一情况会导致对欧盟内部贸易的限制：或者贝克特的某些演出作品只能出口，或者作者拒绝对所有精神权利保护较弱国家的出口，以免在作品的完整性上做出让步。(57) 这可能与欧共体工作文件附注 41 提到的内容相冲突，欧盟显然有统一精神权利保护的需要。这种一体化将会矫正重大失衡，并极大增强社会的创造力和文化多样性。

但还应注意到，尽管在精神权利领域确实存在一些法律障碍（这些障碍可能过度地妨碍在内部市场行业利用受保护著作权内容的能力），而这显然还取决于什么可以被视为此种障碍的观察视角（和利益）。因此，从出版商、媒体和通讯公司的角度，对于欧盟司法管辖区内缺乏弃权的规定，就是过时的、不必要的，甚至与健康娱乐产业的良好运行适得其反的。(58)

最后这一点强调的是，无论欧盟还是在国际层面——无论以何种形式，我们都无法完全预测一体化的精神权利法规对文化和经济的影响。在这方面森德拉准确地作出了下面的阐述：

> 一项国际精神权利不仅可能产生无法预测的经济影响，还可能产生模糊的文化后果。精神权利来自于这样的文化环境，个体艺术家创造力被珍视为人类

---

(57) J. Arnolds, The Moral Right of the Author, ALAI 1993, referring to the case Pres. Rechtbank Haarlem 29 April 1988, AMI 1988, No. 4/83; S. Brut de Béton andJérome Lindon, 3ème Chambre du Tribunal de Grande Instance de Pads, 15 October1992, RIDA 1993 No. 155.

(58) Comp. International Communications Round Table (ICRT), Response to ECGreen Paper on Copyright and Related Rights in the Information Society, Section VII: Moral Rights (1995).

创造力的终极表现。这一文化模式可能普遍有效，因为不同文化传统可能优先考虑不同种类的创造力表现，支持集体创造而不认可财产权（这对于归属权而言是一项严重的挑战），甚至将特定声誉让渡给匿名的艺术作品。[59]

因此，我们还有大量的问题需要分析并加以研究。

---

[59] Rajan, supra, note 36, pp. 7–8.

精神权利之保护作品完整权

雅克·德·威拉

1 引 言

尽管到目前为止,作者的保护作品完整权或是作者的其他精神权利,❶ 还没有在欧盟知识产权一体化议程中占据优先地位,但在欧盟的一些司法管辖区经常发生有关这些权利的诉讼❷,这些案件也一直吸引着欧盟内部❸抑或欧盟

---

❶ 这类精神权利,见 W. Grosheide 本书中所撰写内容。

❷ 如最近在建筑师和德国政府之间就有关柏林主要火车站内建筑物的纠纷,柏林上诉法院在 2006 年 11 月 28 日作出了支持建筑师请求的判决。Ref. Az,: 16 O240/05 (not in force), ZUM 2007, 424. On this dipute, see C. Thies, Eigentumerkontra Urheberinteressen. Der Fall "Berliner Hauptbahnhof", UFITA 2007, 741; J. Hillmer, Berliner Hauptbahnhof – Kathedrale fur den Verkehr. Urheberrechtsprozess gegen die Deutsche Bahn, Kunst and Recht (KUR), 2006, 113.

❸ See Carine dourtrepont, le droit de l'auteur et le droit communautaire, Analyse en droit comparére en droit européen, Bruxelles/paris 1997; A Metzger, "Europaissches Urheberrecht ohne droit moral?" status quo und persektiven einer Hrmonisierung es Urheberps? nlichkeitsrechts, persektiven des Geistigen Eigentums und Wettbewerbsrechts, Festschrift für Gerhard Schricker zm 70. Geburstag, Munich 2005, 455; see also the forthcoming book Moral Rights, Kevin Garnett and Gillian Davies (eds), London, 2009; Agnés Lucas – Scholetter, droit moral et droit de la personnalité, étude de droit compare francais et allmand, Aix – en – province 2002; Elisabetta Bellini, Moral Right and Droit Moral: A Matter of Paradigms, 204 Revue Internaionle du droit d'Auteur [hereafter: RIDA] (April 2005), 3; Jan Roéen, Werbeunterbrechungen von Spielfilmen nach schwedishe Recht ein Testfall für das droit moral? GRUR Int, 2004, 1002; JanRosen, Authors Moral Rights in Modern Media, Urheberrecht im informationszeitalter, Festschrift für Wilhelm Nordemann zum 70. Geburstag am8. Januar 2004, Munich 2004, 681; David Vaver, Moral Rights yesterday, Today and Tomorrow, 7 nternational Journal of Law and Information Technology (1999), 270. http://ssrn.com/abstract = 915083.

之外❹学者的关注。结果是，即使在互联网时代，作者和（可能更重要的）其他权利人（例如邻接权人）的经济和财产利益仍然处于最前沿，因为它们受到（仍猖獗的）在线盗版的威胁。但如果认为在欧盟保护作品完整权仅是一个纯粹学术利益的抽象论题也不正确，事实上，即使精神权利的本质，特别是保护作品完整权，不具有经济属性，精神权利依然能对经济产生重要的影响❺。

基于此，依据本文的目标，评估当代精神权利中保护作品完整权在欧盟是否得到正确地对待，目前为止其是否适合进行一体化，未来是否会对推进一体化具有价值，是非常有意义的。为实现这一目标，首先有必要评估其现状（见第2节）；其次讨论可能采取的措施（见第3节）；最后，针对保护作品完整权未来一体化面临的挑战，提出一些观点（见第4节）。

2 现　　状

在国际层面，精神权利中的保护作品完整权源自《伯尔尼公约》第6条之二，规定（在相关部分）"独立于作者的经济权利，即使在上述财产权利转让后，作者仍有权反对……对上述作品的有损其声誉或名誉的任何歪曲、割裂或其他更改，或其他相关的贬损行为。"❻ 这个条款的前提是，违反保护作品完整权会对作者的名誉或声誉产生负面影响。相对于该条款所能提供的低水平保护而言，国内立法则能够提供更广泛的保护。❼

在此基础上，欧盟一些国家的国内版权法中，通过规定对作品完整权的保护不需要表明会对作者的名誉或者声誉造成损害，扩大了对作品完整权的保护。原则上讲，这种保护方法应该被合法化，因为保护作品完整权的精神权利

---

❹ See Elizrbeth Adeney, The Moral Rights of Authors and Performers: An International and comparative Analysis, Oxford, 2006; Cyril P. Rigamonti, Deconstructing Moral Rights, 47 Harvard International Law Journal 353 (2006) (who questions key dogmas of European moral rights theory); Maree Sainsbury, Moral Rights and their Application in Australia, Sydney 2003.

❺ Metzger, 464 f.; such impact can particularly be felt with respect to violationsof the right of integrity in connection with cinematographic works; see the examplesand cases cited by Metzger, 465.

❻ TRIPS 第9 (1) 条明确将精神权利排除在其范围之外，（然而在《伯尔尼公约》第6条中所授予的或由其派生的权利方面，成员国并没有此协定下权利或义务"）。

❼ 本文的目的并不在于对成员国的保护作品完整权的现状进行全面介绍。for such presentation, see Doutrelepont, 255, and the report moral rights in the context of the exploitation of works through digital technology (2000) commissioned by the EU Commission's internal market directorate – general (dated April 2000), available at: http://ec.europa.eu/internal_market/copyright/docs/studies/etd1999b53000e28_en.pdf (hereinafter: the Report).

能够以一种精确的方式保护作者的创造性成果。也就是说，保护作品完整权能确保作品的原貌与作者的创造一致，其他任何人都没有权利对作品作出改动，不论这些改动对作者的名誉或是声誉产生积极的还是负面的影响。❽ 但这种自由裁量的特点，可能同时阻碍和破坏或许与保护作品完整权相冲突的第三方合法权益。基于此，一些国内版权体系（其中最为著名的是德国版权体系），通过使用一种平衡权利人和第三方之间竞争利益的制度来解决这一问题。❾

2000年4月欧盟委员会的内部市场总署委托进行的"数字技术环境下实施作品的精神权利"调查中显示，❿ 欧盟不同成员国中对作品完整权的保护水平存在巨大差距。⓫ 该报告得出的结论是"尽管在欧盟成员国间，尤其是英国和欧洲大陆国家之间的法律，对该问题的规定存在巨大的差距，但迄今为止似乎并没有具体的证据表明它对内部市场造成了任何不利影响"，⓬ 同时该研究也指出，权利持有人显然对欧盟内任何有关精神权利一体化的方案都十分关注，因为他们害怕这些统一措施会降低并削弱欧盟内对于精神权利的整体保护（使其成为可放弃的权利）。⓭ 然而，人们在法律文献中提倡和呼吁一项更具干预性的方式。⓮

其结果是，即使在欧盟版权法保护体系内，精神权利的重要性已经在欧洲法院柯林斯案的判决中得到承认（应当指出的是，欧洲法院在判决中仅涉及保护作品完整权，并没有涉及其他精神权利），⓯ 但认为目前为止还不存在一体化的需要。

在2001/29号指令⓰重述19中确认了这种方法，指出"权利人的精神权利应该根据各成员国的立法和《保护文学和艺术作品的伯尔尼公约》《世界知

---

❽ Vaver, 271 (noting that according to this approach, which is the one applicable in continental Europe, the author should have recourse against those who present the work differently from the way the author originally intended).

❾ 倡导采用基于这种平衡方式的体制，见 A. Dietz, The Artist's Right of Integrity under Copyright Law – AComparative Approach, IIC 1994, 177.

❿ See the Report, supra note7.

⓫ 尤其是法国精神权利的保护体制（且尤其是对保护作品完整权）和英国及爱尔兰实行的不保护体制之间的差距。

⓬ Report, supra note7, 224.

⓭ Report, supra note7, 225.

⓮ See Doutrelepont, 576; Metzger, 471.

⓯ See judgement of ECJ, C92/92 and C 326/92, §20:;"按照国家立法的目的，这些权利是要确保对所有者的精神权利和财产权利进行保护。对精神权利的保护使作者和演绎者能够对抗那些有损于其名誉和声誉的作品歪曲和修改。"

⓰ Directive 2001/29/EC of the European Parliament and of the Council of 22May 2001 on the harmonisation of certain aspects of copyright and related rights in theinformation society, OJ L 167, 22.6.2001, p.10.

识产权组织版权条约》，以及《世界知识产权组织表演和录音制品条约》的条款行使。精神权利仍在本指令范围之外。"❶ 尽管几年前，在《信息社会版权及相关权绿皮书》中明确表明，对于精神权利威胁是一个极为重要的问题（包括保护作品完整权），这种消极的方案依旧得到了采纳。❶

3 一体化可能存在的问题

首先，欧盟没有对保护作品完整权一体化的明显需求，因为欧盟内该权利的不同保护范围（除了我们在后文中将讨论的一些具体问题）并没有对内部市场的运作产生重大影响。❶

关于建筑师作品完整权的示例，可以证明缺少一体化的需要。尽管这是一个复杂而具有挑战性的问题，❷ 建筑师和建筑作品所有者之间，关于行使保护作品完整权产生的法律纠纷，并不要求欧盟内的一体化解决方法，因为就纠纷性质而言，由产生纠纷的建筑作品所在地（且在成员国内）排他管辖。这些客观地理位置在一个成员国内具有唯一性，各成员国版权法对建筑师作品完整权的不同保护水平，会影响"内部市场的顺利运作"❷ 这一说法，就值得怀疑（即使不同的规定会影响建筑师的决定，因为建筑师会考虑其建筑作品所在成员国对作品完整权的保护是否充分，从而确定其实施活动的成员国）。

---

❶ See also the unambiguous wording of Recital 20 of the Directive2006/116/EC of the European Parliament and of the Council of 12 December 2006 on the term of protection of copyright and certain related rights (codified version of the Council Directive 93/98/EEC of 29 October 1993 harmonizing the term of protection of copyright and certain related rights)："应该说明的是，这个指令并不适用于精神权利"。

❶ European Commission Green Paper of 27 July 1995 on Copyright and Related Rights in the Information Society (COM (95) 382 final), para, 1, 4, 5.

❶ For a discussion of the general conditions required for justifying a harmonization at the EU level as applied to moral rights, see Doutrelepont, 566; see also Metzger, 466 – 9.

❷ See T. E. G Prinz, Das Änderungrecht des Baueigentümers an urheberrechtlich geschützten Bauwerken im deutschen, schweizerischen, französischen undbelgischen Recht, Bielefeld 1994; B, C, Goldmann, Das Urheberrecht an Bauwerken, Urheberpersönlichkeitsrechte des Architekten im Konflikt mit Umbauvorhaben, GRUR 2005, 641.

❷ Recital 7 of the Directive 2001/29.

尽管这个观点说明了保护作品完整权尚未一体化的正当性，但是也应该考虑，笔者接下来将要讨论保护作品完整权的某些方面[22]在整个欧盟是否需要进行一体化。

3.1 播放电影作品过程中的广告插播

在成员国的国内版权立法中，已将在播放电影作品过程中的广告插播视为对保护作品完整权的侵害。[23] 要求一体化的原因之一是最近通过的欧洲议会2007/65/EC 指令和欧盟理事会 2007 年 12 月 11 日修正的 89/552/EEC 指令，对成员国中有关电视广播活动已经生效的法律、制度和行政行为条款进行了协调。依照第 11 条的规定："成员国应该保证，如果在节目过程中插播电视广告或者电话销售，在考虑自然间断、停留时间和节目性质的基础上，节目的完整性和权利人的权利不会受到侵害"（着重强调）。根据 2007/65/EC 指令的第 11 条第 2 款，播放的电影作品至少间隔 30 分钟才能被广告打断一次。可以看出，先前的规定更侧重对作者的保护，[24] 因为其规定的间隔时间是 45 分钟。[25] 从这个角度来看，可以认为由于现在的期间变得更短，而加大了保护作品完整权面临的威胁。

---

[22] 避免由于作者因保护作品完整权受到侵害而起诉困境的一种简单方法是，在一开始就赋予这些作品中有创造性成果的第三方以版权（例如其被雇佣者）。这样一来，精神权利的分配问题就变得非常重要。因为这个问题不仅仅在讨论保护作品完整权时谈到，在本书其他论文还将继续更多讨论，此处不再进一步说明。

[23] See the decision of the Swedish Supreme Court of 18 March 2008 in the case TV4 AB v. Claes Eriksson and Vilgot Sjöman (see the summary, http://www.roschier.com/monthlybriefs/TMC/8April2008/8.4.2008_HTML.htm#IPR%20Artical%201); for a recent overview of case law in selected national copyright laws (Italy, France, Germany and Sweden), see the articles of Rosén, supra note 3; see also Karl – NikolausPeifer, Werbe- unterbrechungen nach italienischem, deutschem und internationalenRecht, Bielefeld 1997.

[24] 2. 电视电影的传播（除了连续剧、纪录片），电影作品和新节目可以至少 30 分钟被电视广告或电话购物打断一次。儿童节目如果节目的计划时间被安排得超过 30 分钟，可至少 30 分钟被电视广告或电话购物打断。电视广告和电话购物不应在宗教节目期间插播。

[25] This is still the case of the European Convention on Transfrontier Television of the Council of Europe (text amended according to the provisions of the Protocol (ETS No. 171) which entered into force on 1 March 2002), see Art. 14 para. 3: The transmission of audiovisual works such as feature films and films made for television (excluding series, serials, light entertainment programmes and documentaries), provided their scheduled duration is more than forty – five minutes, maybe interruptedonce for each complete period of fourty – five minutes. A further interruption is allowed if their scheduled duration is at least twenty minutes longer than two or more completeperiods of fourty – five minutes.

按照重述，不难理解 2007/65/EC 指令的目标是通过限制电影作品的中断，守护"欧洲电视的特性"。㉖ 但是，同样依此重述，指令也赋予广播组织在插播广告上更多的灵活性，但"不能过度削弱节目的完整性"。㉗ 这是两种冲突的目标，一个要保护"欧洲电视的特性"（无论这意味着什么），而另一方面要赋予广播组织更多灵活性，这根本无法解决电影作品完整权的保护问题，因此这个问题仍然没有实现一体化，并处于一种不确定状态。指令中关于电影作品播放过程中允许每 30 分钟进行一次广告插播的规定，加强了这种不确定性，尽管有"权利人的权利不得受到损害"这样的条款（第 11 条第 1 款）。㉘ 指令没有确定，这种广告插播是否构成对保护作品完整权的违反，因此这一问题在欧盟仍然没有得到统一。它没有具体规定什么情况下"权利人的权利受到损害"，这有利于（甚至是必不可少的）广播组织，其可以避免在成员国一个或多个司法管辖区内，与权利人的协商或陷入代价高昂的纠纷之中。这意味着，广播组织的交易费用很重要，且具有阻碍性。㉙

因此，2007/65/EC 指令并没有阐明，每隔 30 分钟对正在播出的电影作品进行广告插播，是否构成对电影作品中保护作品完整权的精神权利侵害，也没有规定如果构成侵权，什么会作为救济手段（是否会导致禁令救济或者其他经济上或非经济上的救济？）比如，在广告前后插入权利人对反对广告插播的弃权声明，能否解决问题？明确这一点，有助于促进欧盟

㉖ 重述 58："指令是为了保护欧洲电视的特殊性，只要广告能适当地在节目之间插播，因此限制了对电影作品和为电视制作的电影的打断，以及对一些仍然需要特定保护的其他种类节目的打断。"

㉗ 重述 57："如对观看者而言，由于新科技的使用，如个人数字录像机以及更多可选频道的出现，使规避广告插播更具可能性，关于以保护观看者为目标插播广告的具体规定就显得不合理。该指令不应增加每小时可以播放广告的数量，而应该在插播没有侵害作品完整性前提下，赋予播放者更多自主权安排插播。"

㉘ See a similar wording in art. 14 para. 1 of the European Convention on Transfrontier Television: Advertising and tele－shopping shall be inserted between programmes. Provided the conditions contained in paragraphs 2 to 5 of this article are fulfilled, advertising and tele－shopping spots may also be inserted during programmesin such a way that the integrity and value of the programme and the rights of the rights holders are not prejudiced.

㉙ See the recommendations for the implementation of the Audiovisual Media Services Directive (November 2007) of the Fédération Européenne des Réalisateurs del'Audiovisuel (Federation of European Film Directors)："如果在电影作品和视听作品中允许广告插播，那么条款的实施要提出，因为要考虑到作者的精神权利，赋予播放者插播广告的自由，并不意味着授予所有权利。因此，播放者需要通过与作者进行协商并订立合同而获得授权，无论是在生产还是播放环节。"[EB/OL]. http://www.ferainfo.org/documents/RecommendationsImplementationAMSDirectiveEN28.11.2007.pdf.

内部广播与电影作品的利用,且不会过度威胁权利人的作品完整权。[30] 指令一方面允许插播广告,另一方面却没有就这些插播是否侵害了作者的保护作品完整权作出规定,这的确显得尴尬。因此,我们不知道,一项重要的适用因素悬而未决,却将自由裁量权留给成员国的规则,会对一体化产生何种影响。

3.2 对精神权利保护作品完整权的放弃

在一体化方面应该考虑的另一问题,与作品完整权放弃的有效性及可实施性相关。[31] 对于作者是否可以,在何种程度上可以,在合同中提前放弃保护作品完整权的问题,在法学界[32]引起了争论,各成员国几乎采取了截然不同的解决方案。一个极端是,在英国版权法中,对精神权利(包括保护作品完整权)的放弃没有任何限制,认为都是有效的。[33] 另一个极端是,法国法律[34]——毋庸置疑——更注重对作者的精神权利的保护,将保护作品完整权的放弃视为无效,最近在法国最高法院的一个判决中,对此又加以确认。判决指出,保护作

---

[30] 摘自由法国政府委托撰写的一篇认为精神权利可能会阻碍国际视听作品和合作生产的报告: Rapport du groupe de projet PIéTA (Prospective de laPropriété Intellectuelle pourétat stratége), Quel systéme de propriété intellectuellepour la France d'ici 2020? 2006, at 53 (available at: http://breese. blogs. com/pi/files/Rapport_ PIéTA_ 2006. pdf): des difficultés liées au droit moral peuvent aussi surveniren particulier en liaison avec des problémes de cession de droits, dans le cadre decoproductions audiovisuelles internationales, par exemple concernant la cession globale d'oeuvres futures ou bien la spécification des domaines de cession. L'exercice dudroit moral se révéle en effet de plus en plus souvent difficilement compatible avec desconsid6rations d'exploitation commerciale, dés lors que les exploitants font face à unbesoin croissant d'adaptation à un contexte changeant. En ce sens, s'il doitêtre considéré comme 16gitime du point de vue de l'ayant droit en tant que personne individuelle, il pose dans l'ensemble des problémes croissants sur le plan économique.

[31] For a discussion, see Doutrelepont, 286.

[32] See A. Metzger, Rechtsgeschäfte über das Droit mora detuchen und franz? sischen Urheberrecht, Munich 2002.

[33] S. 87 of the UK Copyright, designs and Patents Act 1988.

[34] Art. 121 – 1 of the French Code de la PropriétéIntellectuelle of 1 July 1992.

品完整权的不可放弃性是法国法律的一项公共政策原则（公共秩序），㉟ 这让人联想到关于着色的著名休斯敦（huston）案，要求给予同等的强保护。㊱

基于此就引发一个问题：那些在英国版权法下合法有效，而在法国被禁止的关于保护作品完整权的放弃，在法国是否被认为违反了保护作品完整权？是否可以在法国法院启动这一诉讼？

这个问题很明显涉及了国际私法下版权法和合同法的规定。㊲ 因此可以把这个问题放在欧盟新的国际私法规则的法律框架下分析，尤其是欧洲议会和欧洲理事会于2007年7月11日制定的非合同义务法律适用的第864/2007号条例，该条例包含了一个涉及知识产权并且同样适用于版权（也因此适用于精神权利）的特别条款。㊳

根据第8条的规定，"因侵犯知识产权引起的非合同义务的法律适用，应

㉟ Decision of the French Cour de Cassation, Chambre civile, 1 of 28 January 2003 (case 00 – 20014) holding that:

Vu l'article L. 121 – 1 du Code de la propriétéintellectuelle, ensemble l'article 1174 du Code civil;

Attendu que l'inaliénabilitédu droit au respect de l'oeuvre, principe d'ordrepublic, s'oppose à ce que l'auteur abandonne au cessionnaire, de faqon préalable et générale, l'appréciation exclusive des utilisation, diffusion, adaptation, retrait, adjonction et changement auxquels il plairait à ce dernier de procéder;

Attendu que MM. X ... et Y ..., respectivement auteur et compositeur de lachanson'n va s'aimer' ont, par contrat du ler octobre 1983, cédé aux sociétés Televis edizioni musicali et Allione editore les droits d'exploiter directement et d'autoriser des tiers à utiliser tout ou partie de cette oeuvre, paroles et musique ensemble ou séparément, en théme dominant ou secondaire de fond sonore de films, ou de toute représentation, théatrale, radiodiffusée, télévisée, publicitaire, ou autreencore, même non mentionnée, avec possibilité corrélative d'ajouts h la partition etmodifications même parodiques du texte; qu'en 1997, à l'issue d'attributions etsous – attributions de gestion des droits faites par la soci6t6 Polygram Italia, successeur de la société Televis, et d'autorisations et sous – autorisations consentiespar la société Allione, ils ont prétendu discemer une contravention au respect del'oeuvre dans la sonorisation d'un film publicitaire consacré aux restaurants Flunch, utilisant la mélodie de leur chanson, substituant'n va fluncher' à'n va s'aimer', et diffusé sur plusieurs chaines francaises de télévision;

Attendu que pour dire licite la renonciation globale et anticipée à laquelle seramenaient à ces égards les diverses possibilités stipulées à la cession, la cour d' appel a retenu que la clause qui les énoncait, exempte d'ambigu? té, précisait les laisserà l'initiative du cessionnaire, 'selon son jugement, qui ne pourra pasêtre contesté'et prévoyait une contrepartie financière, de sorte que les auteurs avaient d6fini paravance les limites de l'exploitation de leur oeuvre, et n'ali6nant nullement leur droitmoral, l'avaient exercé en toute connaissance de cause; qu'en statuant ainsi, elle aviolé le texte susvisé.

㊱ RIDA 1991 (149), 197.

㊲ On the issue of copyright and conflicts of law, see the chapter by P. Torremans in this book.

㊳ Recital 26: Regarding infringements of intellectual property rights, the universally acknowledged principle of the lex loci protectionis should be preserved. For the purposes of this Regulation, the term "intellectual property rights" should be interpreted as meaning, for instance, copyright, related rights, the sui generis right forthe protection of databases and industrial property rights.

该适用申请保护地的法律"（第 1 款），同时第 3 款特别规定，"第 14 条规定的协议不能贬损该款的法律适用"，这就意味着合同双方当事人对法律的适用不能自由选择。

在这种情况下，无论是否可以依英国法放弃保护作品完整权且放弃有效，法国都可以作为申请保护地法得以适用，并认定放弃行为无效（至少广义看英国版权法是允许的）。即使没有该款规定，法国法律仍然可以作为一项公共政策加以适用（公共秩序）。㉟ 从这个方面来看，欧洲议会和欧洲理事会关于合同义务（罗马Ⅰ）法律适用的条例，包含了有关外国强制法或法院所在地公共政策适用的相关条款。㊵

在任何情形下，如果不探究关于精神权利法律冲突这些复杂问题的更多细节，㊶ 保护作品完整权放弃的条件和范围，就会在某种程度上为内部市场的正常运转带来困难。成员国之间对保护作品完整权可放弃水平的分歧，可能会有碍甚至是阻止在欧盟内部的版权作品的跨界利用，而这样的跨界利用在如今的网络数字时代正变得越来越普遍。㊷

同样，一些成员国为保护作者制定了将作者视为国际版权合同弱势当事人的规则，以避免保护较弱的外国规范被选为版权合同的适用法，这种法律选择的实质是回避高保护水平成员国国内法的实施。㊸ 这也说明了，一些国内立法为外国作者的精神权利提供更为广泛的保护，从而确定在国际的背景下保护精

㉟ See the French Anne Bragance case，RIDA 1989（142），301（被雇佣的美国代笔者放弃其分配权在美国法下是合法的，而依法国法应当行使这种分配权，因为放弃这种权利被认为违反公共秩序）。

㊵ See Regulation（EC）No 593/2008 of the European Parliament and of theCouncil on the law applicable to contractual obligations（Rome I）of 17 June 2008.

第 9 条规定"那些强制性条款，即对于一个国家而言对公共利益，如政治、社会、经济起着重要作用的条款，只要属于他们的调整范围，不论那些合同中根据相关规定而做出的约定如何，都要适用强制性法律的约束"；另外，关于保护"法院所在地公共政策"问题的第 21 条规定到"任何国家规定的任何特别条款只要与法院所在地的公共政策（公共秩序）明显冲突，就不得适用"。

㊶ See Klaus Skrzipek，Urheberpersönlichkeitsrechts und Vorfrage，BadenBaden 2005.

㊷ See also A. Metzger，supra n. 3 at 465，die technischen Möglichkeiten des grenzenlosen Vertriebs digitaliserter Inhalte in Datennetzen lassendie Forderung nach einem einheitlichen euopäischen Rechtsrahmen fur die fragen des Werkschutzes und der Namensnennung umso dringlicher erscheinen）.

㊸ 引人关注的是，德国关于管理版权合同的新规则中，给作者财产权利提供最小程度保护，规定这些条款不能通过合同当事人对法律的选择性适用而被规避，但这一规定在德国的适用性不大（see § 32b of the German Copyright Act）；on these new rules in an international perspective，see Reto M. Hilty and A. Peukert，Das neue Urhebervertragsrecht im internationalen Kontext，GRUR Int. 2002，643.

神权利的重要性。㊹

从这个角度看，要考虑这样的风险，对放弃保护作品完整权的有效性和可实施性，依一成员国法可能是有效的，却可能因另一个国家保护性规则的适用被推翻。这会影响内部市场功能，并最终促成在欧盟层面上的合法化。

3.3 保护作品完整权的实施

保护作品完整权的执行也可能潜在地被一体化。㊺ 为了确保在违反保护作品完整权时，能够有适当且有效的执行机制，就会出现这样的要求。㊻ 欧洲议会 2004/48/EC 指令和欧洲理事会 2004 年 4 月 29 日发布的关于知识产权执行的指令，包含了对精神权利的实施（包括保护作品完整权），因为它覆盖了包括委员会条款和相关成员国国内法在内的知识产权的所有类型。㊼ 但是，该指令并没有规定任何关于精神权利实施的特别规则，尽管它规定，侵权的赔偿数额应该将"侵权对权利人造成的精神损失"考虑在内，㊽ 精神上的损失很可能是由于违反精神权利而造成。

知识产权侵权的适当法律救济问题，不仅适用于精神权利（当然包括保

㊹ See for instance § 121 para. 6 of the German Copyright Act providing for protection of moral rights over works created by foreign authors irrespective of the place of first publication of such works; see also Section 1. 2 of the French Law 64 – 689 of 8 July 1964 which was applied in the Huston decision of the French Cour deCassation (RIDA 1991 (149), 197). 无论作品第一次发表地点在哪个国家，该文学作品或艺术作品的完整性在法国都不会受到影响。

㊺ See also Doutrelepont, at 579.

㊻ It should be recalled in this respect that art. 6bis para. 3 of the Berne Convention provides that "由本条所赋予的为了保护权利而采取的一些救济手段应该受到提出请求所在国家的法律约束，"这些方式应该在这个国家被视为可以实施。

㊼ Recital 13: It is necessary to define the scope of this Directive as widely as possible in order to encompass all the intellectual property rights covered by Community provisions in this field and/or by the national law of the Member State concerned.

㊽ Art. 13 para. 1 provides that "当立法机构设定损害赔偿时，应将所有适当方面考虑进去，如负面的经济影响，受害者受损利益、侵权者获得的不法利益，在某些情况下的非经济因素，如对权利人造成的精神损害……"

护作品完整权），也是影响所有类型知识产权的一个论题。㊾ 在任何情况下，侵害保护作品完整权所产生救济的性质和范围必须加以仔细分析，因为发现保护作品完整权被侵害时自动赋予禁令救济，可能威胁到潜在的法律权益。这种情况下，关注作品的性质就具有意义，可以避免因为违反保护作品完整权而导致的重大投资损失。这方面值得注意的是，法国和德国的版权法可能为精神权利，尤其是保护作品完整权，提供了最具保护性的体制，但它们也把保护作品完整权的范围限定在视听作品范围内。㊿

对侵害作品完整权的一种适当救济方式是将侵害作品完整权上（视听作品）的作者名字删除，而非禁止对这些作品进行利用。这种救济方式能够确保作者的名字不与这些作品联系在一起，作者拒绝与作品创新有任何方面的联系。同时让这些作品又能够继续被使用（能够保留作品创新中的财产、人力投资和成果）。㉑英国1988年《版权、外观设计和专利条例》中已经实施这一制度。㉒

㊾ This issue has been hotly debated with respect to the conditions of injunctive relief since the widely publicized decision of the US Supreme Court in the case eBayInc. v. MercExchange L. L. C., 126 S. Ct. 1837 (2006), which discussed the equitable conditions for obtaining injunctive relief under US patent law and which conflicts withthe more protective approach which results from some EU regulations as shown by the Nokia v. Wärdell ECJ decision (case C – 316/05); for a comparative discussion, see A. von Mtihlendahl, Enforcement of Intellectual Property Rights – Is Injunctive Relief Mandatory?, IIC 2007, 377; for a broader policy view on this debate, see R. EPStein, Two Minds on Injunctive Relief, New Technology Policy Forum, International Herald Tribune, August 15, 2007, available at: www.ft.com/cms/s/2/8e7a66a2 – 4blO – 11 dc – 861 a – 0000779fd2ac. html.

㊿ 见德国版权法第93条第1款，它限制了保护作品完整权遭受不当待遇，并要求权利所有人应充分考虑制作者的地位；同见法国版权法的第121条第6款和第121条第7款，这些条款也同样限制了视听作品作者的保护作品完整权。((1) Die Urheber desFilmwerkes und der zu seiner Herstellung benutzten Werke sowie die Inhaberverwandter Schutzrechte, die bei der Herstellung des Filmwerkes mitwirken oder deren Leistungen zur Herstellung des Filmwerkes benutzt werden, können nach den § §14und 75 hinsichtlich der Herstellung und Verwertung des Filmwerkes nur gröblicheEntstellungen oder andere gröbliche Beeinträchtigungen ihrer Werke oder Leistungenverbieten. Sie haben hierbei aufeinander und auf den Filmhersteller angemesseneRücksicht zu nehmen); see also arts 121 – 6 and 121 – 7 of the French Code de laPropri6t6 Intellectuelle which also limit the scope of the right of integrity for authorsof audiovisual works.

㉑ 无论作品是否受版权的保护，既有规则是，即使艺术家明确授予了另一方合理修改的权利（如，一部小说或一部舞台剧被卖出以改编成电影），并不能否认艺术家是修改版本的作者，即使被修改后版本远不同于原来的版本。Granz. v. Harris. 198 F. 2d 585, at 589 (2d Cir. 1952) (footnote omitted).

㉒ S. 83 para. (2) of the UK CDPA 1988："在侵害第80条授予的权利（反对对作品进行侵害的权利）诉讼中，法院可能会，如果法院认为当时情形下这是恰当的救济方式，颁布禁令条款，除非撤诉。在这些可能会经过法院同意的条款中，将会使作者或导演与作品分离。"

3.4 保护期间

另一个问题也得到了考虑，即保护作品完整权的保护期限是否需要在欧盟进行一体化。㊷ 这个问题曾在版权和相关权保护期间一体化指令的准备工作中被提及，㊸ 但后来被放弃。㊹ 尽管对于保护作品完整权保护期限缺乏统一规定，是否会真正影响内部市场的运作这一问题还不确定，但依旧有很多倡导将其一体化的呼声。㊺

国内版权制度对精神权利保护的特殊规定，尤其是法国版权法下对精神权利的永久性保护规定，㊻ 在外国评论者间引起关注（至少为之侧目）。法国最高法院最近审判的一个案子很好地说明了这一点，该案涉及维克多雨果撰写的世界名著《悲惨世界》的续集。据皮埃尔·雨果（维克多雨·果的继承人之一）的说法，续集侵犯了维克多·雨果的保护作品完整权，并向法国法院提起了赔偿诉讼。2007年1月30日，法国最高法院判决：财产权利的保护期满后，不应该对著作作品续集的自由创造进行过分限制。这一判决推翻了基层法院作出的该续集侵犯保护作品完整权的错误判决，要求该案重新作出判决。㊼

除了法国体制的特点以及对于精神权利的永久性保护外，对于是否在欧盟内实现保护作品完整权保护期间一体化，仍然不确定。一体化的理由是，可以限制原始权利人（即作者）死亡后，权利继承人对保护作品完整权的滥用行为。确实发生了作者的继承人依靠对精神权利保护（尤其是保护作品完整权），无合法理由禁止第三方对于他们已故父母作品的使用。㊽ 但这种一体化

㊷ 《伯尔尼公约》第6条之二的第2款在这方面留下了一些灵活性的规定："根据前款给予作者的权利，在其死后至少应保留到财产权期满为止，并由向之提出保护要求的国家本国法所授权的人或机构行使。但在批准或加入本条约时其法律未包括保证作者死后保护前款承认之权利的各国，有权规定这些权利中某些权利在作者死后无效。"

㊸ Council Directive 93/98/EEC of 29 October 1993, repealed and replaced byDirective 2006/116/EC.

㊹ For an account of this, see Doutrelepont, 574.

㊺ Doutrelepont, 579.

㊻ 法国知识产权法第121条第1款。

㊼ Vu les articles L. 121 – 1 et L, 13 – 1 du code de la propriété intellectualle ensemble I'article 10 de la Convention de sauvegarde des droits de I'homme et des libertés fondamentales；
Attendu que la "suite" d'une oeuvre littéraire se rattache au droit d'adaptation；quesous réserve du respect du droit au nom et à l'intégrité de l'oeuvre adaptée, la libertéde création s'oppose à ce que l'auteur de l'oeuvre ou ses héritiers interdisent qu'unesuite lui soit donnée à l'expiration du monopole d'exploitation dont ils ontbénéficié [EB/OL]. http://www.courdecassation.fr/jurisprudence_ publications_ documentation_ 2/actualite_ jurisprudence_ 21/premiere_ chambre_ civile_ 568/arrets_ 569/br_ arret_ 9850. html.

㊽ On the relationship between copyright law and inheritance law under Germanlaw, see Christoph Clement, Urheberrecht und Erbrecht, Baden – baden 1993.

的困难是，或许会影响到版权法以外的法律领域（例如继承法）。

4　保护作品完整权一体化外的未来挑战

　　跳出欧盟一体化问题，保护作品完整权在欧盟（或者在全球范围）面临的最大挑战是，这种权利可能成为作者在作品上滥用权利的方式，因而缺少正当性。这种风险会上升，因为精神权利的神圣化会导致过度保护，这样做是错误的而且会适得其反，[60] 这一点已被广为诟病。[61]

　　在这种背景下，确保保护作品完整权能被作者合理行使，并避免被法院和立法机构所拒绝，就成为一种挑战。因为在其他权利人的合法利益面前，再去保护这种权利就显得过于极端。"精神权利"这个词本身会让公众对这些权利产生潜在的误解，认为与那些"非精神权利"（例如权利人或第三人的财产权利[62]）比较而言，"精神权利"应该得到更多的保护，因为精神权利具有更普遍的精神意义和道德性。在此基础上，德国术语，作者人格权，就显得更少有误导性、更为合适，这个术语会避免词语本身所传递的令人误解的信息。

　　除了术语方面的因素外，保护作品完整权的命运似乎还依赖于，法院和作者是否以一种合理的方式运用这一权利。很不幸，这的确是一个富于挑战性的任务，因为它要求明确判决侵害保护作品完整权的客观理由，尽管违反保护作品完整权具有高度的主观性（且依赖于艺术家的主观感受）。

　　但艺术家和作者自己对于确保保护作品完整权被合理行使，也要有极大的兴趣，如果他们想要获得法院和立法机构的认真对待。结果是，那些为了从作品使用者处获取额外报酬而使用所谓的被视为侵害保护作品完整权的"达摩克利斯之剑"的作者，不占优势。因为这种精神权利的行使会导致权利的滥用，不应该受到保护（使用一项权利的目标并不是设计该权利的初衷）。此

---

　　[60] 这种方式从国际角度来看，对法国非常不利。因为法国在保护精神权利采取的是十分专断并且无灵活性的规定，这种规定削弱了法国在国际层面的影响力；see the Report, supra note 7, 78（Même en matière de droit d'auteur, cependant, la France se Comporte assez souvent de façon peu crédible car relativement dogmatique, par exemple en ayant tendance à sacraliser le droit moral de l'auteur）.

　　[61] See Patricia Loughlan, Moral Rights（A View from the Town Square）, Media & Arts Law Review (2000), 1 [EB/OL]. http：//www. law. unimelb. edu. au/cmcl/malr/51 l. pdf. "在具有个性的艺术品中支撑概念的理念，像造物者制作的、神似的肖像以及对人工艺术品的迷恋，这些精神权利构成了对作品的尊重，使其远离了现实生活中的实际使用。艺术家们的精神权利甚至涉及了改革、文化和政治权利。"

　　[62] 从术语视角，下一个问题是这种权利是否应当作为非精神权利加以对比，以确认"精神权利"的术语被视为不适当。

外，作者也应意识到，对保护作品完整权的过度保护会在某种程度上损害其创作利益，因为创作过程很大程度上是基于艺术家们对于现有受到版权保护素材的再次使用。所以，作者不应该一方面对自己的作品行使如此广泛的保护作品完整权，同时又有使用第三人创造作品的宽泛权利（而不存在对先前作品精神权利造成侵权的风险），而且不承认这是一种完全矛盾的态度。简言之，作者对于建立一个能够诚信、合法行使精神权利和保护作品完整权的体制有着浓厚的兴趣。

对保护作品完整权的合理使用意味着，保护范围将很大程度上取决于当前案件所处的特定情形。从这个角度，应当呼吁保护作品完整权应该在适用中保持灵活性，❻❸ 其保护应依不同案件，由法院依不同因素来加以分析。

法庭首先应考虑作品的性质，因为针对诗歌、美术作品或实用作品所提起的侵害作品完整权的诉讼，不能以相同的方式加以评估（例如一个计算机程序，在相关的司法管辖区内有特殊的规定，保护性较弱）。❻❹ 同样，作品的创作条件也应被列入考虑范围。如一项作品是基于合同而创作（委托作品或职务作品）或者这个作品是集体创作作品的一部分，这对于作品完整权的保护范围也会产生影响。考虑到该作品所涉及的第三人的合法权利（如雇主和其他权利人），也会对保护进行限制。影响作品完整权保护范围的另外一个因素是，可能产生侵害作品完整权的使用方式。如果一本书的出版商不允许以任何方式对计划出版的书进行改动，而将书改编成电影就必然默示了，为了改编成电影时需要对书进行一些改动。类似的，退一步来说，舞台剧的导演在导演舞台剧过程中应该有一定的创作自由。同样，对一个作品的恶搞，本质上就意味着对被恶搞作品的作品完整权的侵害。从这个角度上说，作品完整权的保护范围必然取决于作品的使用方式。

基于此，美国版权法❻❺中规定的合理使用条款界定作品完整权保护范围的

---

❻❸ Dietz, 182; see more generally J. de Werra, Le droit à l'intégritéde l'oeuvre (thesis of the University of Lausanne), Berne 1997.

❻❹ See for instance art. 121 – 8 of the French Code of Intellectual Property.

❻❺ 《美国版权法》第107条（相关部分）规定：
判断某一行为是否构成合理使用的因素应该包括：
使用的目的和性质，包括这种使用是具有商业性质还是为了非盈利的教育目的；
有版权的作品的性质；
同整个有版权的作品相比所使用部分的数量和内容的实质性；
这种使用对有版权的作品的潜在市场或价值所产生的影响。

要素列表，可能成为欧盟在作品完整权一体化立法中的一部分。⑯

因此应考虑，是否有必要列出可能的标准作为法院在判决侵害保护作品完整权的诉讼标准，并在整个欧盟的层面上进行统一。但这种方式是否能够成功尚未可知，因为在此种要素列表的内容方面，各成员国之间存在巨大分歧，很难得到统一，而目标又是设置一套标准作为法院裁判的基础。成员国们坚持将自己国内每一个特别案例和例外⑰都列入这个标准之中，造成这个标准包含了各种各样的因素，以至于不可能成功达成一体化。由此类推，对于2009/29指令第5条中包含的复制排他权的一系列（相当长）选择性例外，也被指缺乏一体化，反映了各国国内立法中包含的不同特定例外。⑱这种情况下，建议（甚至是没有希望）这种方式就显得不现实，所以判决侵犯作品完整权的权力仍然保留在成员国国内立法机构，或者更有可能是司法机构手中。

最后，尽管保护作品完整权的特定方面可以在整个欧盟层面⑲实现一体化，但是这项权利本质上仍然由成员国的司法机构加以确定。因此笔者希望，同时也将是保护作品完整权在未来遇到的最大挑战，司法机构应谨记，不能忽视保护作品完整权，因为它也许是作者最核心的权利，考虑到它的最终目标是确保作者创作的作品以其希望的方式展示给公众。

---

⑯ See Dietz, 187（指出"可以想象，在欧洲理事会内部对精神权利利的统一规定可以利用这种方法，而这样的规定现在并不存在，甚至没有被提议［美国版权法里第107条有相关因素的规定］"）。

⑰ For instance, the exceptions to the protection of the right of integrity under the UK copyright regulation, see S. 81 UK CDPA 1988.

⑱ See Bernt Hugenholtz, Why the Copyright Directive is Unimportant, and Possibly Invalid, EIPR 2000, 501 (available at: http://www.ivir.nl/publications/hugenholtz/opinion-EIPR.html).

⑲ Such as the ones discussed in Chapter 3 supra.

版权保护作品中的处置权：转让权与许可权

安德烈亚斯·拉梅什*

1 简介：版权的使用权

与其他类型的知识产权一样，版权也通常被视为一种"消极的权利"，即一种只能阻止他人使用的权利。[1] 然而，这种看法有些言过其实。例如，同样情形下，拥有一块土地不仅能够阻止入侵者进入，还可在土地之上种植庄稼或建造楼宇。版权也同样是一种积极的权利，不能仅将其降为侵权的一部分。至少在英国，[2] 版权毫无疑问作为一项财产权，具有所有财产权概念上的特征，无论其内在还是外在都有相应的表现。[3] 外在表现为财产权持有人与第三人间的关系，是一种排他权，表现为侵占/侵权的诉讼形式。其内在方面是财产权的内容与实质，是一种使用权：是所有权的权能，如占有权、使用权、管理权、收益权，或让渡权，[4] 这些所有权的权能是由财产对象的有形特性决定的（如果有的话）。[5] 版权的财产权标的是无形的，[6] 是法律创造出的抽象概念，应当具有符合其特性的法律权能，即表明非占有的各种使用类型，特别指通过

---

* © 2008, Andreas Rahmatian.

[1] W. Cornish and D. Llewelyn (2007), Intellectual Property: Patents, Copyright, Trade Marks and Allied Rights, London: Thomson/Sweet & Maxwell, 6, 501.

[2] CDPA 1988, s. 1.

[3] A. Rahmatian (2006), The Property Theory of Lord Kames (Henry Home), International Journal of Law in Context, 2 (2), 177–205, at 182.

[4] A. Honoré (1961), Ownership in Antony G. Guest (ed.), Oxford Essays in Jurisprudence (First Series), Oxford: Oxford University Press, pp. 107–47, at 112.

[5] Rahmatian (2006), 187.

[6] 纯粹无形意为财产客体是法律创造的抽象概念，如不同于空气，尽管无形，其有有形的存在。关于纯粹无形财产，see also M. Bridge (2002), Personal Property Law, 3rd ed., Oxford: Oxford University Press, 6.

转让或许可使用时的权利行使。❼ 本文主要解决的就是版权财产权的内在方面：即转让或许可形式下的使用权。

如下文所示，在既定的司法管辖范围内，转让或许可权的内容由版权的定义所决定。作为财产的客体，与著作权国家相比，版权国家的版权有着不同的特点，版权国家的专有权比著作权国家更占有优势，这些不同的特性决定了所有权权能，及由此产生的使用类型。因而，著作权的特定组成部分，或作为整体，是不可转让的。要阐释这种限制，许可有着重要的作用。

所有这些问题的解决依照以下小节进行安排。首先，将会探讨版权与著作权的不同方法保护体系，以及它们在权利授予、转让与行使方面对法律机制的影响（第2节）。其次，第3节将会解决转移与许可的版权转让形式，包括履行合同的内容与形式。最后，将会探讨通过精神权利、不正当竞争法与弃权，对转让与权利行使进行的限制。最后通过对转移与许可合同法考察，及在版权转移与许可领域欧盟一体化计划可能面临问题的一般考量，结束本文内容。

2 著作权与所有者权：著作权权利划分与权利转让的财产权特性

众所周知，版权与著作权体系之间在理论上有着根本的不同，但在现实的商业实践中，不同概念通常会产生相似的结果。在这个体系中，这种理论上的差别对于权利使用（版权/著作权）的法律框架有着惊人的重要影响，版权/著作权体系的概念确定性直接决定了转移/许可的规则。作为论述版权保护作品权利体系原则的基础，应首先讨论版权与著作权的基本概念原则。其次，我们会发现，除在结构上外，有关转移/许可规定的结果并不相类似，即使在商业实践中也是如此。

英国版权法体系可以作为欧洲版权法体系的例证。在英国，如果一项创作构成原创作品（按照英国版权法❽的分类），并以某种永久方式进行了记录，就会受到版权法的保护。"原创"的意思是只有一个人在创作作品中投入的独立技能、判断、劳动和努力，能够得到保护，如果技能与努力是（从其他来

---

❼ A. Rahmatian (2003), Contracts Infringing Intellectual Property Rights, Intellectual Property Quarterly, 4, 411-44, at 423, 430.

❽ 英国 CDPA 1988 年, ss. 1, 3-8：文学、戏剧、音乐、艺术作品、录音制品、电影、广播、排版设计。

源复制）衍生而来，则无法得到保护。❾ 这是英国版权法的核心：按照版权法的含义，"作品"不需要具有任何文学或艺术方面之造就，也不需要以任何方式反映制作者或作者的个性特色。按照版权法的理论，❿ 对于表现在劳动产品或作品中的技能与劳动（其可加以限制⓫），版权保护只是潜在的，不必是实际存在的经济价值。作为财产权的合法性基础，⓬ 这一理解方式恰好完全与约翰·洛克的劳动论相符合，⓭ 在版权的（历史上的）判例实践中也确实援引了洛克的理论，⓮ 但我们必须将洛派论题视为英国版权法在现实上的一种合理猜测哲学假象。

版权保护并不针对创作活动或任何形式的艺术构思，没有创造性的作品也可以得到保护，但只能以与下列产品同样的方式进行保护，⓯ 如计算机程序⓰、铁路时刻表汇编⓱、街道示意图、⓲ 商品目录单、⓳ 足球联赛的联票、⓴ 以及其他这类生活中的普通商品，都是没有任何艺术创造或反映制造者个人特性的示例。一般性原则是如果作品源于作者自身的技能与劳动，具有潜在的经济价值，作为对制造者的鼓励就值得保护。他人对作品的复制，就表示复制来源具有可保护的价值。㉑ 这种保护理念与欧洲大陆反对盗用和竞争者免费搭乘的不

---

❾ University of London Press v. University Tutorial Press［1916］2 Ch 601, 608 - 9; Iadbroke (Football) v. William Hill［1964］1 WLR 273, 278, 281,［1964］1 AllER 465, 469, HL. Recent instructive example with regard to musical works Sawkins v. Hyperion［2005］EWCA Civ 565, paras. 16, 31, 82 - 5.

❿ A. Rahmatian (2005), Copyright and Commodification, European Intellectual Property Review, 27 (10), 371 - 8, at 373.

⓫ Ibid. There is, however, a de minimis rule, see Cramp v. Smythson［1944］AC329.

⓬ Locke (1988［1690］), (ed. P. Laslett) Two Treatises of Government, Cambridge: Cambridge University Press, chapter V, §§27 - 36, 45, at pp. 287 - 92, 299etpassim; see also Rahmatian (2000), Non - assignability of Authors' Rights in Austria and Germany and its Relation to the Concept of Creativity in Civil Law Jurisdictions Generally: A Comparison with UK Copyright Law, Entertainment Law Review, 11, 95 - 103, at 96.

⓭ 适用于无形财产的劳动理论有特定的缺陷。see L. Becker (1977), Property Rights. Philosophic Foundations, London: Routledge, & Kegan Paul, 33, 37.

⓮ Miller v. Taylor (1769) 98 ER 201, 220, 231.

⓯ Rahmatian (2005), 373.

⓰ CDPA 1988, s. 3 (1) (b).

⓱ Blacklock v. Pearson［1915］2 Ch 376.

⓲ Kelly v. Morris (1866) LR 1 Eq 697.

⓳ Purefoy v. Sykes Boxall (1955) 72 RPC 89.

⓴ Ladbroke (Football) v. William Hill［1964］1 WLR 273.

㉑ The rough practical test that what is worth copying is prima facie worth protecting by Petersen J. in University of London Press v. University Tutorial Press［1916］2 Ch 601, 610.

正当竞争法类似㉒（寄生性竞争㉓）。这一概念在英国并不存在，㉔ 部分原因是版权、假冒、广告和商业描述法已经基本覆盖了这一领域。英国版权保护的突出特点是对商业性版权作品的经济保护，如录音制品、电影、印刷设计等版权作品，并未将原创性作为版权保护的必要条件，但要求作品并非复制而得。㉕ "原创性"与"非复制"的差别在于，有关的商业作品甚至不满足适用作者版权（文学、戏剧、音乐、艺术作品）既存的低保护门槛。㉖ 而这些与任何技能水平和劳动不相关的作品制作，被认为具有充分的潜在经济价值，而值得保护。

版权保护的概念对于版权转移与许可规则有着重要的影响。一旦对创造加以保护，版权则将此创作转变为财产，这是目前这种保护的必然特性。㉗ 通过此种方式，版权将个人创造，如一首诗、一张列车时刻表、一首乐曲等，转变为法律承认并规范的抽象概念：财产。这种抽象概念的形成，使法律能够将反映人类思想智力成果的独特理念，结合不同的形式及产品，整合为一个独立的体系：法律无法"理解"一首诗歌、一幅画作或者一个电脑程序，但它可以理解到形成概念后的抽象财产权客体，与作品有形表现形式有关的个人财产（撰有诗句的纸张）和知识产权（纯粹的无形财产），此处特指与智力创作（表达思想的诗歌）相关的版权。㉘ 知识产权保护的客体是已经形成作品的技能与劳动，财产保护就是承认自我技能与劳动的经济价值。对受版权作品保护影响的财产权概念加以发展，也会形成知识产权的一种法定类型：描写北苏格兰的日落不再是一首诗歌，而成为文学作品的抽象、典型的财产规范范畴。此种财产化的固有特点是商品化：智力创造成为一种商品，与其他货物及替代物

㉒ A. Kamperman Sanders（1997），Unfair Competition Law – Some Economic Considerations, in A. Sterling（ed.），Intellectual Property and Market Freedom, London: Sweet and Maxwell, pp. 133 – 61, at149; Rahmatian（2005），372。

㉓ 目前比较相关实施反竞争实践的一组案例参见，e. g. for Austria: OGH OBl. 1995, 116 – Schuldrucksorten（根据不正当竞争法（UWG）第1条禁止对布图形式的直接复制，根据澳大利亚著作权利体系不符合对著作权的保护），德国与瑞士情形类似。

㉔ Cornish and Llewelyn（2007），423.

㉕ CDPA 1988, ss. 5A（2），5B（4），8（2）. 对广播的要求类似，侵犯其他广播版版权的广播没有版权（s. 6（6））。

㉖ C. Bently and B. Sherman（2004），Intellectual Property Law, 2nd ed., Oxford: Oxford University Press, 106.

㉗ CDPA 1988, s. 1. 显然，版权是财产权，是一种可修改的规范性决定，而非根植于自然法或其他任何基本精神原则的结果。

㉘ Rahmatian（2005），373.

一样可以进行交易，特别是可以进行财产的转让。㉙

依据英国版权法体系，受版权保护的作品可以通过转移的方式进行自由转让，㉚ 因为版权保护的成果就是使创作成为财产的一种类型，其特点即为可转让性。㉛ 此外，没有进行彻底转让的财产可以通过授予许可的方式加以使用，类似的有形财产领域是房屋的租赁或许可。㉜ 其基本原则是，版权的第一所有人是版权财产的制作者或者创作者，㉝ 某些令人混淆的版权术语也将其称作"作者"。㉞ 但第一次转移将作者从所有权中分离出来：转移后，版权授予给受让人，而不再属于作者。例外情形是，雇员在雇佣工作中的作品，版权自动授予其雇主（除有相反协议），㉟ 且无需转移行为的介入：这种情形下，作者与所有权从一开始就是分离的。

在英国版权法中，精神权利是新近引入的概念。㊱ 在进行版权作品交易时，精神权利在该体系中的从属地位就显得尤为明显：无论何种情形下，如果它可能干扰交易，就会受到限制，最直接的方式就是放弃精神权利。㊲ 不管是否有这种交易能力，一个精明的受让人都会将版权转让与放弃精神权利结合在一起。因而，精神权利在版权体系中没有太多实际的意义，在版权的转移与许可交易中则几乎被忽略掉。

㉙ 术语"异化"包括所有超越"转让"技术含义的历史和社会经济后果，在当下无法讨论，异化是通过不断增长资本主义要求的无障碍转让财产方式，确立个人财富的能力，与封建特权体系对立，异化是一种疏离。（here: the author's estrangement from the works created by him/her), especially in Marx's conception. On the latter, see S. Gordon (2003), The History and Philosophy of Social Science, London: Routledge, 330.

㉚ The CDPA 1988, s. 90 (1) says instructively：版权作为个人或动产，可以通过转移进行转让。

㉛ National Provincial Bank v. Ainsworth [1965] AC 1175, 1233, 1247. 可转让性不是财产权的必需要求，但财产权的可转让性和商品性是英国法中的实质性要素。See, with regard to land in particular, K. Gray and S. F. Gray (2005), Elements of Land Law, 4th ed., Oxford: Oxford University Press, 120, and on the inherent circularity of definitions of property rights, ibid., at 127 – 8.

㉜ Rahmatian (2000), Non – assignability of Authors' Rights in Austria and Germany and its Relation to the Concept of Creativity in Civil Law Jurisdictions Generally: A Comparison with UK Copyright Law, Entertainment Law Review, 11, 95 – 103 at 97。

㉝ CDPA 1988, s.9 (1). 这一术语在适用作曲者、画家、影片制作者、计算机程序员、数据库制作者时，是令人困惑的。它可能会让人联想到不适当的内涵，即作者应是一个艺术家，而不是版权法上的相关标准。

㉞ CDPA 1988, s. 11 (1). 关于著作权与所有权，参见 J. Phillips 的著作权、所有权、维基：21 世纪的版权。

㉟ CDPA 1988, s. 11 (2).

㊱ Cornish (1989), Moral Rights under the 1988 Act, European Intellectual Property Review, 11 (12), 449 – 52, at 449.

㊲ CDPA 1988, s. 87.

在著作权体系国家中则情况大有不同。对于其著作权法而言，精神权利不再仅仅处于一种附属地位，其无疑是著作权体系的基础，是版权最初能够得以保护的主要原因。❸ 因而，著作权主要是一种人格权，❸ 并由此产生作者的经济权利。在历史上的启蒙运动时期，❹ 伴随着对公民自由的捍卫与发展，❹ 这些作者的人格权就是作者和艺术家们不断提升自我认知的产物。在法国大革命之前，作者的权利已经被视为一种"自然的权利"，❷ 最初，法国著作权中的财产权因素并未与后来演变为精神权利的人身因素有太大的分离。两种权利作为一体存在，❸ 直到19世纪后期才出现这样的学术理论，即应考虑到精神权利的特殊性，将其作为著作权体系中的特殊部分。❹ 德国较早时期已在哲学上发展了人格权概念，并很快将其适用于是否能够成为著作权的争论之中。早期作品是1785年坎特撰写的《转载作品的不合法性》，其内容后来也包含在1797年他的作品《道德的形而上学》之中，❺ 后来费希特和黑格尔追随了人格与所有权理论。❻ 但在知识产权历史上，那些将这种理论适用于新型法律框架之下的人物，则不太为人所知，如爱德华·甘斯、利奥波德，❼ 以及奥托·冯·基尔克。❽

现代著作权保护标准的重点放在人身权方面，这与版权体系理论有着重大的差别。一部作品只有在具有作者的标记或印记时，才具有原创性并得到著作

---

❸ Rahmatian (2000), 97–8.

❸ Compare A. Lucas and H. -J. Lucas (2006), Propriété Littéraire et Artistique, 3rd ed., Paris: Lexis–Nexis/Litec, 33–4.

❹ An instructive example of what would later become problems of moral rights is a latter by Voltaire to Rousseau of 30 August 1755, Voltaire, Francois – Marie Arouetde (1957), Correspondence (ed. T. Besterman) (May – Aug. 1755), Vol. XXVII, Les Délices, Genéve: Institut et Musée Voltaire, 230–32.

❹ A. Strowel (1993), Droit d'Auteur et Copyright, Bruxelles/Paris: Etablissemems Emile Bruylant/Librairie Généale de Droit et de Jurisprudence, 92–4.

❷ Strowel (1993), 136.

❸ Also Le Chapelier's famous statement of 1791 refers to property: La plus sacreé, ... la plus personelle de routes les propriétés est l'ouvrage, fruit de la pensée d'un écrivain. See Strowel (1993), 90. 但我们不能低估财产（经济因素）和品质（人身因素）的双重属性，这是作者的独特属性，其与英美财产观念形成鲜明对照。

❹ Strowel (1993), 490–91.

❺ On Kant's major points of argumentation, briefly Rahmatian (2000), 98 n. 36.

❻ F. Kawohl (2002), Urheberrecht der Musik & Preussen (1820–1840), Tutzing: Hans Schneider, 80–92.

❼ Kawohl (2002), 96–100.

❽ Strowel (19931, 517.

权的保护，（L'originalité s'entend de l'empreinte de la personnalité de l'auteur(49)），(50)作品上这一带有人格属性的标记是作者创造性努力的结果。(51) 法国著作权法没有直接界定“原创性”，(52) 而是留待法院判决或其他原则加以解释，德国法则明确指出，只有具有“个人智力创造”(53) 的作品才能享受保护（Schöpferprinzip(54)）。澳大利亚法特别阐释了其基本理念，指出受保护的作品必须具有“显著的智力创造”。(55)“显著的”一词稍有过时，其实际措辞为“特有的”，它原来的意思是“适当的”“有特点的”，今天的含义趋向于“有特性的、特殊的、非同寻常的”。在著作权体系中，原创性这一基础性概念强调的是：若获得保护，作品必须标明有作者独特人格特质的印记。(56) 实质著作权反映的是人类智力创造，邻接权（录音制品、广播、表演者权的保护等）(57) 的概念不在此权利之内，而在该权利之外。正如在版权体系，原创性不等同于新颖性，也不一定要达到很高的标准，(58) 但它与版权体系不同的是，要求一定程度的创造性，因而其保护门槛要比版权体系高（这种门槛在每个私法管辖体系中也不尽相同(59)），这在计算机程序保护中尤为明显。(60) 因此，欧共体软件指令中规定在欧盟范围内适用统一的原创性标准，也表明了著作权体系所发挥的影响。(61)

---

(49) Lucas and Lucas (2006), 72, with examples of different phrasins of that principle in case law in n. 63, e. g. Cour de Cass. 1re civ., 1. 7. 1970: D. 1970, 734: tempérament et style propre de l'auteur; Cour de Cass. Ire civ., 13. 11. 1973: D. 1974, 533: empreinte du talent créateur personnel.

(50) J. A. L. Sterling (1998), World Copyright Law, London: Sweet & Maxwell, 254.

(51) Strowel (1993), 401.

(52) CPI 1992, Art. L. 112-4.

(53) §2 (2) UrhG 1965: Werke im Sinne dieses Gesetzes sind nur persönliche geistige Schöpfungen.

(54) E. g. U. Loewenheim in G. Schricker (2006), Urheberrecht. Kommentar, 3rded., München: C. H. Beck, §7 n. 1; R. KraBer (1995), Urheberrecht in Arbeits-, Dienst-und Aufiragsverhältnissen, Friedrich-Karl Beier et al. (eds.) Urhebervertragsrecht Festgabe für Gerhard Schricker zum 60. Geburtstag, München: C. H. Beck, pp. 77-115, at 79.

(55) 1 (1) UrhG 1936: Werke im Sinne dieses Gesetzes sind eigentümlichegeistige Schöpfungen auf den Gebieten der Literatur, der Tonkunst, der bildendenKünste und der Filmkunst.

(56) Rahmatian (2000), 97.

(57) E. g. Lucas and Lucas (2006), 695; G. Schricker, Einleitung, n. 27, in G. Schricker (2006), Urheberrechto Kommentar, 3rd ed., Mtinchen: C. H. Beck.

(58) Lucas and Lucas (2006), 73, 75. 如德国“小硬币”的概念也反映了这一原则，see Sterling (1998), 260; Schricker in Schricker (2006), Einleitung, n. 30.

(59) 英国比美国保护水平低的比较：Feist Publications Inc. v. Rural Telephone Service Co. inc. 499 US 340; 111 S. Ct. 1282.

(60) Germany: BGH 9. 5. 1985, (1985) GRUR 1041 - Inkassoprogramm.

(61) 理事会关于计算机程序保护的91/250/EEC指令，第1（3）条：……一定意义上源于作者自身智力创造。

著作权国家对于创造性的"原创性"要求已经淡化，但在现实中仍然存在矛盾。㉒

以人格权为基础的著作权体系的另一效果是，它一般不愿授予雇主自动享有雇员在雇佣过程中创造作品的权利（这种权利只在有限例外情形下授予），㉓也没有"雇佣作品"这样的一般原则，㉔作者才是著作权的所有者或持有者。㉕因而，尽管原则上依据雇佣合同的默示或者明示义务，可以要求雇员授权，但使用权必须由雇员另行授予。㉖在德国，作者与著作权之间的联系非常紧密，甚至在欧共体软件指令㉗中，涉及雇员制作的软件方面的所有权条款，仍然未按照盎格鲁—撒克逊体系中的纯粹"雇佣作品"原则得以执行。雇主通过独占许可合同，才能依法取得计算机程序的所有经济权利，理论上讲，他仍然可以取得源于雇员作者的权利。㉘

在著作权保护体系中，精神权利反映了作者作为个体人的重要性，理论上讲，作者的精神权利高于经济权利的行使。除最重要的精神权利外，署名权和保护作品完整权在《伯尔尼公约》（第6条之二）中也得到体现，㉙著作权权利体系还承认其他一些精神权利（各司法管辖区有所不同）。一些国家内可以直接有效地实施著作权，包括转让或许可，如与实质经济权利密切相连可以控制作品命运的发表权（droit de destination），㉚其与著作权本身及复制件上的有

㉒ See examples in Lucas – and Lucas (2006), 77 et seq.

㉓ P. B. Hugenholtz and L. Guibault (2002), Study on the Conditions Applicable to Contracts Relating to Intellectual Property in the European Union, Study for the European Comnfission's Internal Market Directorate – General, Study Contract No. ETD/2000/B5 – 3001/E/69, available at: http://www.ivir.nl/publications/other/contracts.html (accessed 20 November 2007), 24 – 5.

㉔ Strowel (1993), 29.

㉕ E. g. Germany, §7 and §11 UrhG 1965 see Loewenheim in Schricker (2006), §7 nn. 1 – 4 and Schricker in Schricker (2006), §11 nn. 1 – 2. On authorship and ownership, see also Chapter 8.

㉖ E. g. in Germany, §43 UrhG 1965，因此，关于许可的一般规定也适用于雇佣合同中的作品，但可能由于雇佣合同的性质而受制于不同的规则。这种情形参见 KraBer (1995), 86, 88, 90 et seq. See also Rojahn in Schricker (2006), §43 nn. 1, 22, 23. For employment contracts in Austria, see e. g. OGH 19. 10. 2004, 4 Ob 182/04z – Schutz von Werbemitteln – Diensmehmerwerke.

㉗ Council Directive 91/250/EEC of 14 May 1991 on the legal protection of computer program, art. 2 (3).

㉘ See §69b UrhG 1965, and Loewenheim in Schricker, §69b nn. 11 – 12; KraBer (1995), 99. 原则上，符合精神权利的著作权要素仍然保留给雇员。该规则在实践中受到限制，因为雇员作者的权利在解释上受到限制。Loewenheim in Schricker §69b nn. 13 – 14.

㉙ 即使在英国，精神权利自1988年后也已纳入版权法。CDPA 1988, ss. 77, 80.

㉚ France: CPI 1992, art. L. 121 – 2.

形表达❼（droit de destination），❼ 都密切相关。其他相关的精神权利是反悔权（droit de repentir，❼ Rückrufsrecht wegen gewandelter überzeugung，❼ 作者改变主意的权利，撤回已发表作品的复制件），以及在特定情形下有形作品为他人拥有的作品可得权（droit d'accès àl'oeuvre）。❼

  法国的著作权体系对精神权利与经济权利进行了区分。❼ 这种划分并不特别，在其他国家也已存在，如德国、奥地利，甚至在英国，即将权利在形式上分为精神权利与经济权利。但区别是法国强调结构方面的重要性，瑞士法❼也如此，即著作权的二元论。❼ 根据这一理论，明确精神权利与经济权利是独立的概念，共同形成著作权的双重权利类型。以实例加以说明，法国的精神权利不仅不可转让（人格权在任何情况下都不具有可转让性），而且享有永久期限。❼ 而经济权利则有有限的使用期限，❼ 其主要依据的是欧共体期间指令。❼ 经济权利可以与精神权利相分离，无论经济权利的全部或部分转移都是可行的。❼ 相反，德国与澳大利亚的著作权法坚持一元论，这似乎出自奥托诉吉尔克（Otto v. Gierke）案，❼ 将经济权利与人格权，署名权与经济方面的权利，作为著作权不可分的整体，经济权利是基本人格权的证明。❼ 由于经济权利与精神权利纠结在一起，不能被分离出去，在德国❼与澳大利亚❼，著作权的转

---

❼ 根据奥地利 UrhG 第 29 条，在特定情形下，对著作权许可权的弃权与该组规定密切相关。也包括在 §41 German UrhG 1965（因不使用召回许可权），see also H. – P. Götting（1995），Urheberrechtliche undvertragsrechtliche Grundlagen, in Friedrich – Karl Beier et al.（eds.），Urhebervertragsrecht. Festgabe für Gerhard Schricker zum 60. Geburtstag, München: C. H. Beck, pp. 53 – 75, at 74.

❼ Strowel（1993），131，495.

❼ France: CPI 1992, L. 121 – 4.

❼ Germany: §42 UrhG. See Gbtting（1995），75.

❼ France: CPI 1992, art. L. l 11 – 3. On the catalogue of moral rights, see Strowel（1993），496.

❼ CPI 1992, art. L. 111 – 1; Lucas and Lucas（2006），187.

❼ F. Dessemontet（1999），Le Droit d'Auteur, Lausanne: Centre du droit de l'entreprise de l'Université de Lausanne. at 136.

❼ Lucas and Lucas（2006），35，37.

❼ CPI 1992, art. L. 121 – 1.

❼ CPI 1992, art. 123 – 1.

❼ 理事会关于版权及特定有关权保护期间一体化指令 93/98/EEC。

❼ CPI 1992, art. L. 131 – 4. The same applies in Switzerland, Art. 16（1）URG1992.

❼ Strowel（1993），99 – 100，517，Schricker in Schricker（2006），Einleitung, n. 70.

❼ Schricker in Schricker（2006），§11 n. 2，Vor §12 nn. 6 – 13. Compare also Götting（1995），64 – 5 and reference to Ulmer's famous tree metaphor in n. 47.

❼ §29 UrhG 1965.

❼ §23（3）UrhG 1936.

移是不可能的，经济上的类似效果只能通过独占许可取得。(87) 一元论体系的另一个结果是，由于对著作权作为整体加以保护，在受保护的期限上，精神权利与经济权利具有同样的保护期限。(88)

这些阐述说明，在英国版权法环境下，可以发现经济权利与精神权利之间只存在理论上的区别，(89) 英国法奉行的是绝对的二元论形式，(90) 所有版权完全由经济权利构成，而精神权利事实上仅仅是一种不相干的装饰，因为其根本不成其为版权的一部分。如上所述，“经济性”版权是一种无限制形式的财产权，但在著作权国家则有着复杂的情形。在德国和澳大利亚的一元论体系内，精神权利与经济权利相互依存，很难完全转让著作权的财产权地位，具有自成一体的知识产权特性，既有财产权的特征，也有（具有经济价值的）人格因素。(91) 在英国，仅有财产权的个性化解释有一元化版权体系的特性。知识产权（或所有权）这一术语是历史就有的，(92) 无形著作权可能成为一种财产权这一想法，在德国学术界从未取得过一致的认可。(93) 不过旧术语的重要性似乎在不断提升，(94) 毫无疑问这是受版权国家经济影响的原因，尤其是美国。德国法强调的重心非为受保护的作品，而为作者本身。(95) 法国在概念上加以分离的二元体系，使财产权的定义更为容易，著作权事实上就是知识产权，尤其指文学与艺术作品财产权。然而，普通法中关于“财产权”的一般定义与法国法的“财产权利”有很大差别，虽然这一点常被忽略。(96) 现代法国法，在此方面仍然保持着最初的 1791 与 1793 年著作权法传统，将著作权作为具有产权属性的财产权。(97) 这种观点主要为法院所支持，在学术界则存在更大的分歧。(98) 著作权国家并没有像版权体系国家那样，对人类思维创造实现完全的财产化/商业

---

(87) 这一问题将在下文第 3 节加以详细阐述。

(88) Germany：§64 UrhG 1965，Austria：§60 UrhG 1936.

(89) E. g. Sterling（1998），279，306.

(90) Cornish（1989），449.

(91) Strowel（1993），101；Götting（1995），66.

(92) Kawohl（2002），72，77，93.

(93) 这部分是因为财产的理念是作为一种有体物 . see Götting（1995），56. This idea of property is also reflected today in the definition of property（i. e. things）in §90 BGB. See also Schricker in Schricker（2006），Einleitung，n. 69.

(94) Schricker in Schricker（2006），Einleimng，n. 11.

(95) Schricker in Schricker（2006），§1 n. 2.

(96) Strowel（1993），123. On the multifaceted meanings of property in English law，see Rahmatian（2006），180 er seq.

(97) CPI 1992，art. L. 111－1.

(98) Lucas and Lucas（2006），23－8.

化及类型化。

在既有体系中，有关著作权的建构方式，或者作为纯粹的财产权，或者是绝对衍生经济权利的人格权，这不仅会影响对作品保护前提的原创性的解释，也会影响转移与许可的有效性与特性，以及作者可以保留的权利。

3 版权转让的形式：转移与许可

3.1 转让与许可的区别与本质

转让是指著作权/版权的全部或部分转让，并会影响所有权的变化。在许可的情形下，所有人在一定地域范围内，在一定期间内就其权利的特定类型加以授权，通过这种方式允许他人行使其原本限制行使的权利，但不发生所有权的转让。[99] 许可或者一系列独立许可的组合可能会穷尽所有行使权利的形式，所有人只是空留所有权。尽管如此，此种形式的许可与基本所有权之间在理论上的差别，仍具有一定意义，特别在一元论著作权体系，它强调人格权属性与著作权的不可让与性。因经济方面不能以著作权的个人方式进行对待，就排除了转让的可能性，许可被视为作者不可转让所有权的一种负担，[100] 覆盖了著作权，是经济权利与精神权利的整体。在一元论体系中，许可被视为作者创作的独立使用权，而不是既存使用权的临时或部分转让，这也会影响被许可方作为所有权持有人的地位。[101]

尽管理论上两种情形严格地彼此分离，转让与许可在商业上的结果并没有实质上的不同。[102] 特别是在广泛的独占许可情形下，实际上类似于转让。包含一定期间后权利还原条款的转让，其与独占许可极为接近。一些司法部门承认，转让与许可在事实上具有相似性，在两者之间加以区分极为困难。[103]

3.2 转移与完全转让的可行性

在英国，将版权视为可自由转让的财产权，自然也允许版权的转让。合法

---

[99] Compare Hugenholtz and Guibault (2002), 2J3.

[100] And the burden comes to an end with the end of the licence, see in Austriaexplicitly § 26 UrhG 1936：许可终止后，经济权利"重新获得先前效力"。

[101] Rahmatian (2000), 99, and n. 42 ~ and infra under Section 3.

[102] Rahmatian (2000), 102.

[103] E. g. France, see infra, Section 3, and Lucas and Lucas (2006), 430; U. Suthersmlen (2000), Design Law in Europe, London: Sweet & Maxwell, 150.

版权所有权的转让需要有转让人或其代表的书面签署,如果没有满足这些形式上的要求,该转让在法律上无效。[104] 除书面形式外,没有其他特定的形式要求,只要在一般的表述中可以推断出含有版权转让的意图,该转让就是有效的。[105] 一份意图依外国法律转让英国版权的外国文书,必须依据英国法履行形式上的要求,但如果这份外国协议依其本国法无效,那么版权转让也无效。[106] 版权是一种权利动产[107],但其与一般权利动产不同,完成转让不要求通知任何第三方。[108] 法律上无效的转让可以产生衡平法上的效力:典型的情况是,一个有缺陷的法定产权转让可以解释成为转让合意,并产生衡平法上版权转让的效力,只要其有对价支持,就是可执行的。[109] 衡平法上的有效性对未来版权的转让而言,或许只是一个普通原则,但依据1988年英国版权法第91(1)节的特别规定,允许未来版权的转让,只要采用了书面形式:一旦产生版权,它将被赋予受让人。但对于与一项既存版权有关的未来权利(出租权),适用合同法关于转让的一般原则:这种未来权利的转让在法律上无效,但其可能作为一份转让协议产生衡平法上的效力。[110] 依据1988年英国版权法第90(2)节,对于专属于版权所有人的特定类型权利的部分转让,或者只在版权的部分保护期间转让,都是可允许的。[111]

以二元论为基础的著作权体系允许经济权利的全部或部分转让。[112] 英国法中法定的可分割所有权的概念及衡平利益,在民法体系中没有相同的概念。在法国,无论是否有偿,表演权与复制权的财产性权利可以自由转让。[113] 对"表演"和"复制"的适用使转让权显得比它实际上有更多的限制,因为这两个术语构成了实施权的通常表现。[114] 是否要求书面形式则依据合同的类型:表

---

[104] CDPA 1988, s. 90 (3).

[105] K. Garnett (2005), Copinger and Skone James on Copyright, 15th ed., London: Sweet & Maxwell, 5-84, at 249 with references and examples.

[106] Peer International Corp v. Termidor Music Publishers Ltd. [2003] EWCACiv., para. 7; Copinger (2005), 5-69, at 243.

[107] Orwin v. Attorney-General [1998] FSR 415, 421.

[108] Copinger (2005), 5-82, at 249.

[109] Ibid., 5-73, at 244.

[110] Performing Right Society Ltd. v. London Theatre of Varieties Ltd. [1924] AC1; Copinger (2005) 5-105, at 259, 5-110, at 262, 5-179, at 293.

[111] 关于由于部分转让而产生的不同地域间版权拆分问题,原则上是可能的。Copinger (2005), 5-99 at 255, and below in the context of exclusive licence, where the same problems occur.

[112] 法国的部分转让规则, CPI 1992 alt. L. 131-7.

[113] CPI 1992, art. L. 122-7.

[114] As set out in CPI 1992, arts. L. 12_ -2 et seq.

演、出版、音像制品制作合同和免费的表演授权，必须按照著作权法采取书面形式；在其他情形下，则依照法国民法典相关条款是否有可能的形式要求，(115) 与著作权合同的基本法律概念一样，也是合同转让及合同形式一般原则。(116) 精神权利不能转让，但可以继承。(117) 在比荷卢联盟国家有同样情形，书面文件对于转让的效力和证据来说，一般是必要的。(118) 意大利情况类似，(119) 著作权体系对于未来作品的转让持谨慎的态度。而在法国，未来作品的全部转让是无效的，(120) 但转让一项未来的，不可预见的使用形式是有效的，只要转让非常明确，且合同允许从新型使用权中分享利益。(121) 在意大利，可以发现许多类似的情况。(122) 比利时禁止未来权利的转让，卢森堡允许，而在荷兰，关于未来权利转让有效性的观点则有所分歧。(123)

德国与澳大利亚的一元论著作权体系禁止整体转让著作权，任何此类转让无效，(124) 唯一认可的著作权转让形式是死后继承。(125) 如果著作权的使用权要授权给所有人之外的他人，只能通过独占或非独占许可的方式。

3.3 许可、许可类型与形式要求

在许可情形下，并没有让渡财产权，被许可方的法律地位依据与许可方的合同确定。相反，如果是财产权权益的转让，则受让人获得财产权，并可以再次转让。(126) 许可可以是一项、几项或者所有的经济权利，可以是独占的，也可以是非独占的。独占许可授予被许可方的权利可排除包括许可方在内的任何人，(127) 被许可方的法律地位与受让人很接近，只有合同内容可以确定双方当事人的意图是转让权利还是授予许可。(128) 在英国，要求独占许可采取书面形式，

---

(115) CPI 1992, art. L. 131 –2.

(116) Lucas and Lucas (2006), 433.

(117) CPI 1992, art. L. 121 –1.

(118) Hugenholtz and Guibault (2002), 46, 48.

(119) Ibid., at 94 –5.

(120) CPI 1992, art. 131 –1.

(121) CPI 1992, art. 131 –6.

(122) Hugenholtz and Guibault (2002), 96.

(123) Ibid. at 49 –50.

(124) Germany: §29 (1) UrhG 1965, Schricker in Schricker, Vor §§28 et seq. nn. 17 –18. 这适用于经济权利的转让，Austria: §23 (3) UrhG 1936.

(125) Germany: §§28 (1), 29 (1) UrhG 1965; Austria: §23 (1) UrhG 1936.

(126) E. g. Copinger (2005), 5 –201, at 300.

(127) Compare in UK, CDPA 1988, s. 92 (1).

(128) Copinger (2005), 5 –202, at 301. “转让”与“许可”表达同一种意图，但也不是绝对的。

并由许可方签署,[129] 独占被许可方取得类似受让人的法律地位,但只有可转让的权利才能被授予独占许可。[130] 同转让一样,独占许可的被许可方可以自己的名义起诉和行使类似的权利。[131] 对于许可方随后进行的交易,所有的被许可方都可以得到某种保护:如果许可方转让了其版权,受让人受限于许可,除非受让人是善意的,没有得到任何通知,并支付了充分的对价。[132] 对于受版权保护的作品,可以从其交付的环境中推导默示许可的存在,如法院会支持,即使缺少进一步的因素,建筑设计的委托方享有复制此设计(建造该建筑)的默示许可。[133]

按照德国与奥地利的一元论体系,权利只能以许可的形式授予。两个国家均承认转移部分的许可或全部权利的许可,[134] 独占许可(德国:ausschließliches Nutzungsrecht;[135] 奥地利:Werknutzungsrecht[136])与非独占许可(德国:einfaches Nutzungsrecht;[137] 奥地利:Werknutzungsbewilligung[138]),这都是基于作为著作权中一部分的经济权利(德国:einfaches Nutzungsrecht;[139] 奥地利:Verwertungsrechte[140])而授权。但由于著作权强调人格权属性,独占被许可方的法律地位要弱于英国法。在澳大利亚,作者保留诉讼的地位,[141] 德国亦是如此,[142] 尽管法律对此未明确规定(这些区别在实践中是有限的,因为作者可以邀请

---

[129] CDPA 1988, s. 91 (1).

[130] 其尤其与经济权利的地域分裂相关,或者通过转让或者是独占许可的方式,如在英国,转让或独占许可只授予在英格兰(而非英国整体)的权利,或许无效。see Copinger (2005), 5–204, at 303.

[131] CDPA 1988, s. 101.

[132] CDPA 1988, s. 90 (4).

[133] Blair v. Osborne & Tomkills [1971] 2 QB 78, CA. But see Stovin–Bradford v. Volpoint [1971] Ch 1007, CA. See also Cornish and Llewelyn (2007), 508.

[134] Germany: §31 (1) UrhG 1965, Schricker in Schricker (2006), §31 n.7; 奥地利: §24 (1) UrhG 1936.

[135] §31 (3) UrhG 1965, Schricker in Schricker (2006) ~ 31 n.4.

[136] §24 (1) UrhG 1936.

[137] §31 (2) UrhG 1965.

[138] §24 (1) UrhG 1936.

[139] §31 (1) UrhG 1965.

[140] §14 (1) UrhG 1936. The British equivalent of the Austrian §§14 et seq. UrhG 1936 would be the acts restricted to the copyright owner, CDPA 1988, ss. 16 et seq.

[141] So expressly in the Austrian §26 UrhG 1936. 这并非是一元体系唯一的特征,荷兰法中有类似的规则,如荷兰版权法27条。see Hugenholtz and Guibault (2002), 58.

[142] German BGH 17.6.1992, [1993/94] IIC 539 – Alf. See also Schricker in Schricker (2006), Vor § §28 et seq. n. 48. This view (which follows Schricker) is, however, controversial in Germany.

被许可方加入诉讼,即使在英国,如果是非独占被许可方,⑭³也可以这样)。而且,独占被许可方有独立的诉权,⑭⁴原则上,他可以将作者排除出所授予的经济权利,但不能阻止作为许可方的作者行使这些权利。⑭⁵许可的内容,不论其为独占许可还是非独占许可,均由合同及其条款来决定。⑭⁶只有特别许可要有形式上的要求,如在德国,与未来作品有关的许可⑭⁷或迄今尚未知使用形式的许可,⑭⁸此两种许可要采取书面形式。在德国⑭⁹与奥地利,⑮⁰许可是可以转让的,但两国一般都要求要有作者的同意。许可的受让人取得许可,承担许可转让人(许可方)应当履行的义务,⑮¹转让人与受让人对于所转让的义务,对作者承担共同连带责任。⑮²许可的可转让性或许有些令人吃惊,但如果你认可这样的事实,在许可中授予的使用权事实上是新的权利,而且是概念上可分离的并可以转让的实体,虽然创造出了经济权利(作为不可转让著作权中的一部分),你会发现这在著作权的概念框架下并没有冲突。

二元论体系显示,著作权法很少包含关于权利处置方面的条款,如瑞士。瑞士的二元体系允许经济权利的转让,⑮³但关于转让、许可等任何可能的转让方式,没有再进一步的原则规范。瑞士的著作权法隐含了民法典中合同法的一般条款,⑮⁴根据一般合同法规则,转让要依据一般合同法条款发生效力(无论

---

⑭³ zee e. g. CPR 19. 1 and A. Zuckerman (2006), Zuckerman on Civil Procedure. Principles of Practice, 2nd ed., London:Thomson/Sweet & Maxwell, at501. (又见 CDPA 1988, s. 102 (1),关于独占被许可方:如果版权所有人与独占被许可方诉讼同时发生,合并审理要求),欧洲大陆国家的相关民事诉讼法典有关于合并审理的相应规定。

⑭⁴ See, for Germany, Schricker in Schricker § 2006, Vor § § 28 et seq. n. 48, § 31 n. 5 (Negatives Verbotsrecht, eigenes Klagerecht).

⑭⁵ Germany:§ 31 (3) UrhG 1965; Austria:§ 26 UrhG.

⑭⁶ Germany:§ 31 (5) UrhG 1965; Austria:§ 26 UrhG 1936. On the special rules of contractual interpretation for author's rights contracts, see infra under Section 3. 4.

⑭⁷ Germany:§ 40 (1) UrhG 1965; in Austria, the corresponding § 31 UrhG 1936 does not require writing.

⑭⁸ Germany:§ 3la UrhG 1965 (in force as of I Jan. 2008). 在2007年修改之前,规定涉及未知未来作品使用一起无效, § 31 (4) UrhG 1965 in its old version.

⑭⁹ Germany:§ 34 UrhG 1965, 必须提及对转让的同意,不是许可转让的基础合同。进一步的转让仍然可能,但仍要要有作者的同意, see Schricker in Schricker § 34 n. 5, 7.

⑮⁰ Austria:§ 27 (1) and (2) UrhG 1936.

⑮¹ Germany:§ 34 (4) UrhG 1965; Austria:§ 27 (3) UrhG 1936.

⑮² 在德国,如果作者没有明确表示同意转让,就是这种情况。(§ 34 (4) UrhG 1965). 在奥利地,连带责任建立在许可转让方责任基础之上,作为受让方义务的保证。

⑮³ Swiss § 16 URG 1992.

⑮⁴ See F. Dessemontet (1999), Le Droit d'Attteur, Lausanne:Centre du droit del'entreprise de l'Université de Lausanne, 563. Dessemontet (1999), 566.

版权保护作品中的处置权：转让权与许可权

是通过许可的方式还是转让的方式），在转让经济权利的情形下，⑮ 已经出现了特定的合同类型。如出版合同，在民法典中就有特别的规定。⑯ 出版合同的基本原则是，权利只能转让给出版社，因其某种程度上为履行合同义务所必需。⑰ 至于转让的形式是许可还是转让，法律未加以规定。在比利时、荷兰和卢森堡，法律同样简洁：只是说明经济权利可以依据普通合同或独占合同加以转让或授权。⑱ 瑞典（二元体系国家）确保精神权利的不可剥夺性，⑲ 但对经济权利的可转让性则预留了立法空间：作者的权利（人身权利除外）可以全部或部分转让，⑳ 在全部转让、部分转让与普通许可之间仍然有所区别，普通许可仍然是可利用的，最为普遍的授权方式，但这些区别在瑞典似乎只是术语上的问题。㉑ 以上表明，在二元体系下，转移受到许可还是转让形式的影响，只是一个技术上的问题，而非实质问题，因为一旦造成经济权利与精神权利概念上的分离，使用权的实际授权形式就要留给合同的双方当事人来决定。在法国，转让与许可的严格分离，显然也仅是基于私法的一般规则作为概念存在的，与权利实施合同中经济权利（作为著作权的一部分）转让的范围并不相关。事实上，是否在转让之外存在"许可"这样一个概念都是存疑的。㉒ "转让"一词意味着大部分权利已经转让给受让方，转让与许可的差别是被视为一种程度而非实质。㉓ 相反，在英国与德国司法管辖这两个极端的例子中，转让与许可形成了明显的差别。在英国，由于版权是一项基本上不受约束的财产权，其使用与转让主要遵循财产权转让的一般规则，特别是销售、赠与、租赁等方面的规则。而在德国，由于一元论对于转让的排斥，决定了构成转让定义的前提，以及与之相关的转让与许可的区别。物极必反。

---

⑮ Arts. 380 et seq. Obligationenrecht (Code des Obligations).

⑯ Dessemontet (1999), 566.

⑰ Art. 381 (1) Obligationenrecht (Code des Obligations).

⑱ Hugenholtz and Guibault (2002), 47.

⑲ 瑞典著作权法第3条。

⑳ §27 (1) Swedish Author's Rights Law, see M. Levin and A. Kur (1995), Urhebervertragsrecht in ausgewählten Ländern: C. Skandinavien – unter besondererBeri. icksichtigung Schwedens, Friedrich – Karl Beier et al. (eds.), Urhebervertragsrecht. Festgabe für Gerhard Schricker zum 60. Geburtstag, München: C. H. Beck, pp. 725 – 69, at 732.

㉑ Levin and Kur (1995), 732, 735 – 6.

㉒ Lucas and Lucas (2006), 430.

㉓ Lucas and Lucas (2006), 432: Eh somme, il importe peu qu'un contrat d'exploitation soit dénommé cession ou licence. see also the discussion in the 1st edition (1994) at 397.

3.4 关于经济权利实施许可或转让合同及在不同司法领域的内容

转让与许可的实际内容有赖于双方当事人在合同中实际达成的协议，就此方面而言，各个司法领域还是极为类似。但各个版权/著作权法对于在谈判期间及授权后所赋予作者的最初持有人地位，在不同的体系有着相当大的差别。❹ 在英国情况最为简单，不存在关于版权合同的特殊法律，主要的依据是合同法的一般原则，在关于实施合同内容方面，几乎没有超于合同法一般原则之上的解释推定和极少的强制性规则，如相反不利解释原则。❺ 尽管如此，仍然有对于合同交易的限制：如果存在对贸易的不合理限制❻或不适当影响❼，则相关的合同条款不具有可执行性。❽

如果我们审视一下德国与奥地利的著作权法体系，就会发现情况大有不同。在这种法律体系下，在谈判中确定对作者的保护，有着实质的作用，之后才会授予使用权（由于是一元体系，唯一的可能是许可的形式）。在德国，有著作权合同法，是独立的部门法，❾ 其法律依据是德国著作权法❿和一项规范出版合同的法规，⓫ 以及德国民法典的辅助程序。这些条款中包含了努力增强作者法律地位的几项规则，其中最重要的是 1965 年德国著作权法第 31（5）节的合同解释的限制规则，及"转让目的"原则，目的解释方法的特殊形式总体上作为适用于德国著作权法的普遍原则。⓬ 如果在使用权授权中，双方当事人没有明确地确定使用权的类型和范围，使用权的范围要依据双方在授权中

---

❹ 下面并不解决集体组织、集体交易及强制许可安排，这些权利值得单独一篇论文加以论述。See Chapter 16 of this book and, for the UK, briefly, Cornishand Llewelyn (2007), 513, for France, Lucas and Lucas (2006), 557 (droits d'auteur), 767 (droits voisins).

❺ Cornish (1995), Urhebervertragsrecht in ausgewählten Ländern: A. Gro Bbritannien, Friedrich – Karl Beier et al. (eds.) Urhebervertragsrecht. Festgabe für Gerhard Schricker zum 60. Geburtstag, München: C. H. Beck, pp. 643–84, at 656.

❻ The principle case is A. Schroeder Music v. Macaulay [1974] 3 All ER 616. But see also S. Panayiotou v. Sony Music Entertainment (UK) [1994] EMLR 229.

❼ Gilbert O'Sullivan v. Management Agency and Music [1985] QB 428; Elton John r. James [1991] FSR 397.

❽ Cornish and Llewelyn (2007), 514–17.

❾ Götting (1995), 54 et seq.

❿ §§28 et seq. Germany UrhG 1965.

⓫ 德国出版合同法 2002 年修订，大多数条款非强制性。see G. Schricker (2004), Efforts for a Better Law on Copyright Contracts in Germany – A Never – Ending Story? International Review of Intellectual Property and Competition Law, 35 (7), 850–58, 850.

⓬ Schricker in Schricker (2006), §31 nn. 31–2, 34, 36 et seq.; G6tting (1995), 72; Schricker (2004), 853.

所设想的目的的加以确定。❼ 这条规则可以通过对其他因素的解释加以补充，如授权的类型（独占或非独占许可）、使用权的目的与范围，及对使用人的限制与禁止（情形）。转让目的的原则在奥地利或瑞士法没有明确的规范，但瑞士法院和规则中已采用这一解释原则。❼ 奥地利最高法院极为赞同此原则。❼ 奥地利法中也存在对其他特殊情形的解释条款：在缺少明确合意的情形下，使用权合同不能延及翻译权、以其他方式修改作品的权利及对作品的复制、广播和录制广播的权利。❼ 德国法对于目前尚未知的使用类型，给予作者3个月内撤销授权的权利。这是一项强制性的权利，❼ 在授予未来作品许可的领域也存在类似的规则。❼ 作者有获得公平报酬的普遍权利。❼ 特别是，在授权与所获报酬间出现重大失衡的情况下，作者有权将这种合同条款变更为对其经济方面更有利的条款。例如有事实证明，他（她）的作品在经济上取得了意想不到的成功。❼ 依据德国法，如果缺少特定的合意，被许可方并非有义务自动实施使用权。❼ 但如果被许可方不实际实施被授予的权利，德国著作权法授权作者可以撤销这一实施许可合同，这一权利是强制性的，且不能放弃。❼ 奥地利没有关于报酬问题的一般性规定，❼ 但对于作者的撤销权有潜在较强的保护：如果被许可方完全未使用其实施权，或者以损害作者利益的方式实施，作者通过通知的方式就可以撤销一份独占许可合同。如果被许可方在14日内无任何反对意见，则该通知当然发生效力。❼ 所有这些权利设计不仅是为了保护作者的

---

❼ See e. g. BGH GRUR 2002, 248 – Spiegel – CD – ROM. As to the limits of this rule, see e. g. BGH 10. 10. 2002, [20021 34 IIC 702 – EROC III. For an English translation of the provision in §31（5）UrhG 1965, see Hugenholtz and Guibault (2002), 80.

❼ Dessemontet (1999), 596.

❼ OGH OB1 1997, 38 – Buchstützen; OGH 21.3.2000, 4 Ob 77/00b – FürKatalog und Folder. GRURlnt. 2001 -2, at 186; OGH 19.10.2004, 4 Ob 182/04z – Schutz von Werbemitteln – – Dienstnehmenverke; Hugenholtz and Guibault (2002), 40with further references.

❼ §33（1）UrhG 1936.

❼ §31a（1）and（4）UrhG 1965, in force as of 1 Jan. 2008. the right is subject to provisions in §3la（2）and（3）. 作者也有权依据 UrhG 1965 第32（c）条获得报酬。

❼ §40 UrhG 1965. 作者和被许可方有6个月通知期（强制规则），可以在5年内撤销。On the formality rulesofthis provision, see supra under Section 3. 3. Similar rule in Austria, §31 UrhG 1936.

❼ §32 UrhG 1965, 特别是 §36 UrhG 1965 中的执行规则。

❼ §32a（1）UrhG 1965. See Schricker (2004), 854. 但大量所谓"最佳销售者"的规则极大地限制了它的适用，实践中的重要性也很有限。see Götting (1995), 73. Begium has a similar bestseller clause, see Hugenholtz and Guibault (2002), 56.

❼ Gbtting (1995), 74.

❼ §41 UrhG 1965.

❼ Hugenholtz and Guibault (2002), 40.

❼ §29（1）and（4）UrhG 1936. See also Rahmatian (2000), 10t, for further references.

经济利益，很大程度上也是作者人格权的一部分，尤其是精神权利。⑱ 在以精神权利为主的情形下，作者的实施权还有额外的保护规则，笔者将在下面加以讨论。⑱

法国的著作权法在管理实施权合同（有效的许可形式）内容方面，有着大量的详细规定，⑱ 本文只能探讨其中几项一般规则。⑱ 法国法对于实施权合同有着一般解释原则，⑱ 合同中转让的表演者权并不隐含复制权。相反，权利内容中任何权项的任何转让都被视为限定于合同中所指定的实施模式，这就是限制性解释原则（1992年知识产权法典 L. 122 – 7 条）。⑲ 另一项主要原则是禁止未来作品权利的全部转让原则，这样的转让无效（1992年知识产权法典 L. 131 – 1 条：未来作品的全部转让无效）。⑲ 在 1992 年知识产权法典 L. 131 – 4 条与 L. 132 – 5 条中，⑲ 关于作者报酬比例的一般原则方面也有大量的条款，包括计算规则⑲与特殊合同的报酬条款。⑲ 法国版权法对出版合同、表演合同、视听制品合同及广告委托合同规定了详细的原则，⑲ 这些规则解决了下列问题：合同类型的定义、关于未来作品条款的有效性、作者报酬、受让人实施义务、保证条款与内容、合同的终止，以及受让人进一步转让权利须有授权等原则。民法典中合同法一般原则下的辅助原则，对于法国著作权法的规定也发挥着补充说明的作用。⑲ 在作者的精神权利中，也有权利影响着经济权利的实

---

⑱ 在德国，精神权利并不能覆盖所有的人身权，德国法承认对个人姓名的保护（§12 BGB），该规则的进一步发展，一般的人身权利主要建立在普通私法基础上，see H. Köhler (2003), BGB Allgemeiner Teil, 27th ed., München: Verlag C. H. Beck, 310 – 13.

⑱ Under Section 4.

⑱ CPI 1992, Art. L. 122 and Art. L. 131, and specific types of contract in Arts. L. 132 et seq.

⑱ See Lucas and Lucas (2006), 429 et seq. and, for an overview in the English language, Suthersanen (2000), 150 and Hugenholtz and Guibault (2002), 64.

⑱ 表演者权和复制权是著作权权利持有人通常使用的一长串列表中的保护伞形条款。see CPI 1992, Art. L. 122 – 2, L. 122 – 2 – 1, L. 122 – 2 – 2, L. 122 – 3.

⑲ Lucas and Lucas (2006), 454.

⑲ Lucas and Lucas (2006), 450. 有两个例外条款，L. 132 – 4 条：在特殊情况下，作者可以授予出版商出版未来作品的权利；132 – 18 条：作者的专业机构可以授权娱乐机构表演未来作品；also Hugenholtz and Guibault (2002), 67.

⑲ Lucas and Lucas (2006), 462.

⑲ CPI 1992, Art. L. 131 – 4, L. 131 – 5 et seq.

⑲ E. g. CPI 1992, Art. L. 132 – 6 (publishing contracts).

⑲ CPI 1992, Arts L. 132 – 1 to L. 132 – 17 (publishing contracts), Arts L. 132 – 18 to L. 132 – 22 (performance contracts); Arts L. 132 – 23 to L. 132 – 30 (audiovisual production contracts), Arts L. 132 – 31 to L. 132 – 33 (commission contracts for advertising).

⑲ E. g. expressly in CPI 1992, Art. L. 132 – 2 subsection 3.

施，特别是撤销权，笔者将在下面讨论。[197]

4 转让与实施的限制：精神权利、不公平竞争、弃权

4.1 精神权利与实施合同

在英国版权法体系中，精神权利（如果没有弃权的话）扮演着非常边缘的角色，对于经济权利的实施几乎没有影响，[198] 而在一些著作权国家中，精神权利对实施合同却能够产生相当大的影响。在德国，如果作者改变了对作品的想法，就有权从被许可方处撤回实施权，如此，被许可方便不能再期望用最初的授权形式利用其作品（1965年德国版权法第42条，撤销权的确定）。[199] 作者对被许可方保留这项权利，不能通过合同被放弃或者加以排除，[200] 这一原则是著作权保护精神权利原理与基础的最典型体现。但其在实际中的应用是有限的，因为作者实施这一权利必须对被许可方给予合理的补偿，而这常常超出作者的财力。[201] 法国法中有一条类似的规则——重新考虑或撤销权（1992年法国知识产权法典 L.121-4条），[202] 法规明确规定，这项权利延续至作品出版后，即使发生了实施权的转让也可以行使，但实施这项权利的前提是对受让人进行充分补偿。瑞士与奥地利法中都没有"撤销权"，[203] 但1936年奥地利版权法第29条的解约权[204]在这种情形下也可适用，因为如果作者面对他不再支持的作品的连续出版，其利益也会遭受损失。

在实施合同的有效期间，一些重要的精神权利会对其产生影响。如在相关的出版合同中必须遵守作者署名权，[205] 一些司法机关对该效力规定了的特定义务，这超出了精神权利的一般规则，[206] 该权利时常会被修改或放弃。[207] 在此领

---

[197] Under Section 4.
[198] See supra under Section 2.
[199] Dietz in Schricker (2006), §42 nn. 1-3.
[200] §42 (2) UrhG 1965, Dietz in Schricker (2006), §42 n. 28.
[201] §42 (3) UrhG 1965, GiStting (1995), 75, Dietz in Schricker (2006), §42 n. 32.
[202] Lucas and Lucas (2006), 363-4, 511.
[203] Dessemontet (1999), 631.
[204] See supra under Section 3.4.
[205] France: CPI 1992, Art. L. 121-1; Germany: §13 UrhG 1965; Austria: §20UrhG 1936; Switzerland: Art. 9 URG 1992.
[206] So in France, CPI 1992, Art. L. 132-11.
[207] See e.g. Switzerland, Dessemontet (1999), 631, also France, CPI 1992, Art. L. 132-11 (3).

域，作品完整权[208]尤为重要，有可能导致限制被许可方或受让人的实施。为了实现相关合同中的适当使用，作者也必须同意进行必要的修改。一些著作权法中明确规定前提条件，[209] 另一些则假定前提条件，但加以限制：即使已经授予实施权，作者仍然能够制止对其声誉有损害的（对作品的）的毁损行为。[210] 法国法在具体的实施合同（出版合同）中强调作品完整权：出版商对作品的任何变动，都必须取得作者的书面授权。[211] 对于特定类型的作品，相关的精神权利也有所限制。[212]

一些法定特权也会影响权利的实施，通常会在（但不必然）许可或转让形式中得到授权。一种是为实施著作权获得作品的权利，另一种是一些司法管辖区规定的保护作品免于破坏的权利。作者的获取作品权在法国法[213]与瑞士法[214]中均有规定，依瑞士法，获取权（包括瑞士法的作品展览权中）可以被放弃。[215] 瑞士法亦明确规定反对在某种情形下对相关作品所有权人作品完整性的破坏，这也可以视为保护作品完整权的特殊例子。[216]

上面阐述的权利反映了一个总的原则，在著作权体系中，特别是瑞士与比利时法强调，作者可以独自决定作品的发表，[217] 作者保有对作品及其复制件命运的控制，特别是对于作品使用的控制，即使是在授予实施权之后也是如此。这一权利在效果上是一种经济权利，而在本质上是一种精神权利。[218]

4.2 不公平竞争与转让的限制

许可的拒绝或授予都是欧盟法的反竞争实践问题。由于这些问题在别处已

---

[208] France：CPI 1992，Art. L. 121 －1；Germany：14 UrhG 1965；Austria：§21UrhG 1936；Switzerland：Art. 11 URG 1992.

[209] So Austrian author's riht law in §21（1）UrhG 1936.

[210] So Switzerland：Art. 11（2）URG 1992. 明确允许滑稽模仿，第11（3）条，尽管这不可能属于转让范围。

[211] CPI 1992，Art. L. 132 －11. Lucas and Lucas（2006），511.

[212] E. g. in France：CPI 1992，Art. L. 121 －5（视听作品），Art. L. 121 －7（软件），see Lucas and Lucas（2006），362.

[213] CPI 1992，Art. L. 111 －3，but with significant restrictions.

[214] Art. 14 URG 1992.

[215] Dessemontet（1999），226，632.

[216] Art. 15 URG 1992. Dessemontet（1999），229 －30.

[217] E. g. in France：CPI 1992，Art. L. 121 －2.

[218] Strowel（1993），132 －3.

经得到论述,[219] 此处只作简单评论。在 Magill 案中,[220] 出现拒绝给予已发布电视节目单版权许可的问题,欧盟法院认为,拒绝发放许可相当于滥用优势地位,违反了《罗马条约》第 82 条的规定,法院允许对此种滥用行为给予强制许可的救济。不过,拒绝许可行为本身并非滥用行为,除非在特定情况下,拒绝许可不能被视为对许可本身的拒绝,而是独占权的行使构成滥用行为。[221] 这些特定情形必须与版权的"实质作用"加以对比,即为作品中的精神权利提供保护,并确保创造性努力的经济回报。[222] 如果版权的行使与其主要作用不符,欧盟法就会介入以恢复货物的自由流动与自由竞争。[223] 欧盟法院对于精神权利的强调(版权包括精神权利,这种利益的保护是版权的主要成分,在界定版权"实质功能"时必须加以考虑[224])非常有意思,似乎更多是一种以著作权利为基础的方法,因为欧盟法院在制定欧盟法中作用与权力可以产生某种一体化的效果。但显然,欧盟法院对精神权利在版权实质功能中重要性方面的观点,与版权法体系有着极大的分歧。

与竞争法相关的另一方面是地域划分问题,通过部分转让或许可寻求划分统一市场,这违反了自由竞争与货物自由流动的基本原则(《罗马条约》第 81 条)。[225] 对于划分国内市场有影响的协议,如包含某种地域限制的转让与许可,会产生阻止、限制欧盟成员间竞争的影响。[226] 与竞争法相关的典型情况是,强迫被许可方只能以限定的和既定的方式实施许可,[227] 或者与集体管理组织签订转让与许可协议。[228]

4.3 弃 权

弃权是对权利处置的一种限制,因为其可以使所获得的授权丧失。此处的

---

[219] 本书第 22 篇论文。

[220] Radio Telefis Eireann and Independent Television Publications Limited (Intellectual Property Owners Inc. intervening) v. E. C. Commission (Magill TV Guide Limited intervening) (Joined Cases C 241 – 242 ~ 91 P) [1995] 4 CMLR 718, ECJ.

[221] Ibid., para. 40.

[222] Ibid., para. 71

[223] Ibid., para. 76.

[224] Ibid., para. 73 (emphasis added).

[225] Copinger (2005), 5 – 99 at 255.

[226] E. g. Miller hlternational Schallplatten GmbH v. E. C. Commission (Case19/77) [1978] 2 CMLR 334, ECJ, paras. 14 – 16.

[227] ECJ 193/83 [1986] 3 CMLR 489 – Windsurfing (a patent licence case).

[228] Several cases came before the ECJ, including: [1971] OJ L134/15, [1971] CMLR D35, ECJ – Gema; C – 402/85 – Basset v. SACEM [1987] 3 CMLR 173, ECJ.

问题不是版权或著作权中精神权利的弃权，这在不同的司法机构已倾向于认可，但要符合条件，只要弃权并非是无所不包的。[229] 此处的问题是许可方或转让人能否"放弃"经济权利的问题，即在签订部分转让[230]或许可合同后放弃这些已经授权的经济权利，[231] 其有别于受让方或被许可方的既得权利。这种对版权的"弃权"或"放弃"，在私有财产法中等同于对动产的破坏，通常在所有权范围内。在英国法中，版权放弃的问题并未被充分地加以研究，但如果有对该效力不容置疑的证据（通常很少见），[232] 法院通常会接受弃权。一般认为，许可方或转让方的行为不能以减损授权的方式行事，[233] 但如果行使弃权/放弃是未被放弃的精神权利的结果，事情就会变得更加困难。但如果存在基于精神权利的召回权，就必须考虑到对被许可方经济利益的赔偿义务，这就会极大地降低这种权利的实际意义。[234]

5 转让与许可的合同视角

篇幅有限，不能讨论更多，只谈一个需要注意的问题，即转让与许可领域大概是版权法/著作权法中最依赖国内私法，尤其合同法的一个部分。这种差异是实质性的，只有对所涉及的一般私法加以仔细研究，才能深入到国内私法体系的核心，竞争法仅是做了一个有限的概述。转让与许可都属于合同，或者构成实施合同的一部分。因此，涉及合同形式、当事人缔约能力与合意、错误、涉及质量与目的的术语与条件、合同责任、权利的撤销与终止、恢复原状与不当得利的一些规则，要根据问题所在的法律体系加以适用，有时要运用著

---

[229] Hugenholtz and Guibault (2002), 29（放弃精神权利：概述），76（德国），63（法国），47（比荷卢经济联盟），38（奥地利），94（意大利），126（英国）。关于德国，又见 Dietz in Schricker (2006), Vor § §12 et seq. n. 28.

[230] 转让后的弃权不能影响受让的权利，但在部分转让的情形下，对未转让部分的放弃可能使已转让的部分无用处。此外，在一些国家（法国）权利的授予只能使用转让的形式，不能用许可，参见前文第 3 节。

[231] 如作者想"放弃作品使其免费"，严格说不是弃权，而是对经济权利商业价值的有效解构，复制许可与一般公众许可，GNU 许可等。关于这些许可参见，"有效合同还是不可执行文件：版权许可的合同有效性"，EuropeanIntellectual Property Review, 26 (8), 331–9, at 331, 337.

[232] Copinger (2005), 6–85, at 364.

[233] See Copinger (2005), 45–232 at 319, on the principle of non-derogation from grant, although in the different context of the right to repair by a licensee; British Leyland Motor Corp. Ltd. v. Armstrong Patents Ltd. [1984] FSR 59 l.

[234] 见前文第 4.1 节。

作权法中的特殊规则进行补充。[235] 这表明，知识产权法仅是很小的专业领域，如没有一般私法的支撑则无法存在。[236] 当涉及知识产权权利的行使时，知识产权法几乎无法提供帮助：它规定了知识产权的定义、创造与保护、处理这些权利的形式方面规则，但使知识产权具有经济价值的基本原因——实质际的合同交易，则根据情况留给普通法或民法体系中的民法规则。鉴于此，如果想保留一定合理比例（国内法），任何关于欧洲范围内法律一体化的愿望都会大大降低。

因而，在相当的一段时间内，对于外国版权或著作权，以及相关的转让与许可合同，在不同的欧洲司法区域的适用法必须由国际私法加以确定。[237] 这种情况下仍存在问题有在不允许版权转让国家对外国版权转让，如在德国进行英国版权转让合法性的界定。假定适用国法律适用主张保护地或权利授予地法律，[238] 在德国的英国（版权）转让就要受制于德国法，[239] 对发生转让效力的独占许可的转让也会在德国法的限定下最大限度地进行重新解释[240]。[241]

6 结论：欧洲权利转让的一体化？

我们是否应当尝试在欧洲范围内，实现版权/著作权转让或许可法的一体化呢？在目前的讨论中，欧盟法，尤其是体现一体化形式的规则与指令，还没有发挥其重要的作用。这一现象很关键，而且并非偶然。一项关于版权/著作权合同的指令，如果超出了一般原则不可能实施，这样的指令似乎对当下的实质问题没有什么指导。[242] 国际版权公约有同样的情形，特别是《伯尔尼公约》：

---

[235] Compare Lucas and Lucas (2006), 433-4; GOtting (1995), 55; Schricker inSchricker (2006), Einleitnng, n. 31.

[236] 参见本书第18篇论文的进一步论述。

[237] See e. g. P. Torremans (2005), Authorship, Ownership of right and Works created by Employees: Which Law Applies, European Intellectual Property Review, 27 (6), 220-24, at 220, Katzenberger (1995), 225, and Chapter 18 of this book.

[238] 反对法源地位现在似乎成为一种主流观点（德国），参见 P. Katzenberger (1995), 国际私法和版权权利条约. in Friedrich - Karl Beier et al. (eds.), Urhebervertragsrecht. Festgabe für Gerhard Schricker zum 60. Geburtstag, München: C. H. Beck, pp. 225-59, at 241. For France, see e. g. Cour de Cass. 5. 3. 2002 - Sisro, [2002] 34 IIC 701. In Austria, under §43 (1) Private International Law Act (IPRG). 涉及知识产权的合同准据法是授权保护国法。

[239] Compare Katzenberger (1995) 057-8.

[240] According to the principle in §140 BGB (Umdeumng).

[241] Rahmatian (2000), 102 with further references.

[242] On earlier projects in this respect with particular reference to Germany, see e. g. Katzenberger (1995), 230.

它并未包含转让、许可或相关合同规则的一体化或强制性条款,㉔㊂ 任何这方面的草案也都不可能取得国际上的一致同意。《伯尔尼公约》几乎没有涉及权利的行使,它显然将涉及版权处置方面的规则留给了各国的国内立法。㉔㊃ 欧盟在信息社会指令㉔㊄中的版权框架规则方面取得了进展,特别是第 5 条。但有人认为,版权领域许可行为(例外与限制)的一体化努力也许是失败的,因为依第 5(2)条、第 5(3)条所列的例外其仅仅是选择性的,而非强制性的。㉔㊅ 规范转让、许可与相关处理版权结构的法律、合同法显然并未引起指令的重视。㉔㊆

  这些例证说明,如果没有现存国内版权/著作权体系及其相关合同法/私法的剧烈震荡,实现欧洲范围的版权/著作权及实施合同的一体化是不可能的。最近的一体化努力仍是有限,对于版权领域例外与限制的界定,也被证明并不令人满意(也是游说导致形成一些不切实际诡辩、复杂规则的好示例)。若想在实施权方面的一体化产生任何实质的影响,就需要深入到版权/著作权分支的核心。如前所述,现存问题如是否可以授予或者转让所有的权利,以何种形式(转让还是许可),转让形式上的区别是否具有实际意义(二元体系中没有太大的问题),可转让性应适用何种限制,作者在授权后可以进行何种干预等,这些问题都与各著作权/版权体系的版权保护哲学本质有着千丝万缕的联系,任何强制性的一体化规则都必然损害另一种类型的版权保护体系。如果它意味着必须妥协,则是对于双方而言。或许只有能够压倒与转让/许可合同及实施合同的相关一般私法规则庞大的特殊规则体系,才能完成这样的一体化,虽然在欧盟范围内整体私法规则一体化的目标几乎是不可能实现的。实现一般私法规则的欧盟一体化或许也是最不可取的,虽然有一项"欧洲民法典"的学术研究项目作为起点,确实存在的"欧洲合同法"的事实,但这并未给此提议提供任何进一步的可信性。这些项目通过忽略不同的法律思想状态,对不同的欧洲司法领域的知识产权麻木不仁,尤其是忽略了普通法与大陆法的认识

㉔㊂ Katzenberger (1995), 235.

㉔㊃ Berne Convention (Paris Act 1971), art. llbis and art. 14bis. S. Ricketson and J. Ginsburg (2006), International Copyright and Neighbouring Right. The Berne Convention and beyond, 2nd ed., Oxford: Oxford University Press, 376.

㉔㊄ 欧洲会议与理事会关于信息社会版权及有关权特定方面一体化指令 2001/29/EC。

㉔㊅ Hugenholtz (2000), Why the Copyright Directive is Unimportant, and possibly Invalid, European Intellectual Property Review, 22 (11), 499 – 505, at 50 l.

㉔㊆ 第 9 条及重述 30:该指令中涉及的权利可以转移、转让,或依据合同许可转让,但不能对关于版权及有关权的相关国内立法造成损害。

论划分，这些问题在此不加以探讨。㊽ 我只想说，这种方式实际上是伪装成欧洲国际主义的返祖性国家主义的表达。知识产权法或商法专业领域，如处理版权/著作权或者实施合同问题，不应该成为以商业权宜性与有效性为借口，允许发展大规模法律一体化项目的理由。

㊽ See e. g. P. Legrand, Against a European Civil Code, Modern Law Review, 60（1）, 44 – 63, at 47, 51, 53 et passim.

例外的问题：重塑通往文学、音乐与艺术作品地域性之门的要素

玛丽克里斯汀·詹森

简　　介

大多数你不能做的事

在某种情况下
总会有例外

教师最能够
打破这些规则
只要是在学校中
为了教学

科学家
或者工程师
也有复制一两份作品的
余地

还有一些其他的例外：
为盲人录音，或者
为老兵或者盲人
表演

但我不是律师，
别依赖我
找别人去问

例外的问题：重塑通往文学、音乐与艺术作品地域性之门的要素

两三个更好❶

正如在上面简单的小诗里写的，鉴别法律允许的使用行为并符合法定例外条款变得比较困难。随着对"超版权权利"的规定，❷ 在在线使用的情况下，实施例外条款要求更多的思考，这甚至变得不太可能。❸ 总之，与独占权相关的条款在几十年中还是相当清晰，但对于限制与例外条款而言则未必。❹

本文的目标是对欧盟在限制与例外领域已经取得的成绩，进行批判与反思，并对未来加以展望。结果发现，大量的例外条款可能通过成员国法的差异被用来逃避版权责任。笔者希望对这些问题加以集中讨论，这与目前欧洲在例外条款方面一体化的不利局面相关。

通过对上面小诗的进一步阐明，笔者希望详细论述目前版权体系氛围萎靡不振的现象，这也会不可避免影响其限制与例外体系。当代版权领域不仅非常博大，而且相对于其他知识产权领域而言，范围也非常难以界定，❺ 版权似乎成了一个"囊括一切"的概念。❻ 版权不仅包括金宝汤罐头、崔西爱敏皱巴巴的床、小便器、品脱冷冻血、还包括一些普通用具、咖啡机等器具、贝克的自

---

❶ Except from Copyright in Verse [EB/OL]. http://jergames.blogspot.com/2006/07/us-copyright-code-in-verse.html.

❷ Notion used by P. Jaszi (2005), Public Interest Exceptions in Copyright: A Comparative and International Perspective, Paper presented at the conference Correcting Course, Rebalancing Copyright for Librarians in the National and International Arenas, 5–7 May 2005, Columbia University, New York City, http://correctingcourse.columbia.edu/paper_jaszi.pdf, accessed 10 January 2008 at 17 to refer to the protection system for technological protection measures (TRMs).

❸ R. Hilty (2004), Copyright in the Internal Market, IIC, 35 (7), 760–75, at 767, alluding to article 6.4.4 InfoSoc Directive. As used hereafter, InfoSoc Directive refers to Directive 2001/29/EC of the European Parliament and of the Council of 22 May 2001 on the Harmonisation of Certain Aspects of Copyright and Related Rights in the Information Society, OJ L-167/10.

❹ 术语：交换使用"例外"与/或"限制"，它们的含义都是对版权的限制，但与独占权合法实施有关（既包括所有例外条款，也包括要支付使用费的法定许可）。

❺ 数世纪来一直对不被保护的思想与信息加以区分，并界定可以保护的客体，事实证明这极为困难。这一体系确立了原创性要求，但这一定义非常简洁，适用范围很广。See e.g. B. Edelman (1995), The Law's Eye: Nature and Copyright, in Sherman, B. and Strowel, A. (eds), Of Authors and Origins, Oxford: Clarendon Press, 83.

❻ W. Cornish (2004), Intellectual Property. Omnipresent, Distracting, Irrelevant? Oxford University Press, 45; T. Riis and J. Schovsbo (2007), Users Right: Reconstructing Copyright Policy on Utilitarian Grounds, EIPR, 29, 1–5, AT 1; H. Laddie (1996), Copyright: Over-strength, Over-regulated, Over-rated, EIPR 18, 253; C. Geiger (2006), The Three-Step Test, a Threat to a Balanced Copyright Law, IIC, 37 (6), 683, at 695; A. Adams (2005), The Road to the EUCD, dissertation submitted to the School of Law, University of Reading, http://www.personal.reading.ac.uk/~sis00aaa/publications/LLMThesis.pdf, accessed 10 January 2008, at 2.

行车、工业机器等类似发明。最近版权保护的扩展（为技术措施规定的特别权利）更强化了这种版权无处不在的感觉。尽管后面的讨论超出了目前对于版权范围的分析，但对于突出一些紧迫的需要还是非常重要的，反映版权应延展到何种程度，而又不至于失去其基本的合理性，同时保护权利持有人与例外受益人之间的利益平衡。

1 再探欧盟的限制与例外

1.1 国际背景

例外条款的法律构成与版权制度本身一样古老。[7] 回顾国际背景，最古老的条约——1886年9月9日缔结的《伯尔尼公约》，其第7条为例外情形铺平了道路，允许报纸或者类似报道新闻事件的复制，以保证新闻自由。[8] 在该条约的较早版本中，处理例外与限制的条款还比较稀缺。[9] 显然，版权例外并非条约起草者最关注的问题，作为严重妥协的结果，那些已经被接受的条款在范围上受到严格的限制，或者在对待上缺乏相关的系统性。

尽管如此，毫无疑问，版权例外在一开始就是作为版权的实质部分而存在，《伯尔尼公约》会议的筹备负责人努马·卓兹在当时的发言中，对此也加以了确认：

以本人的观点，必须考虑这一事实，即对于绝对保护的限制，对公众利益是非常重要的。如果对某种特定复制没有保留，这种不断增长的需要可能永远不会得到满足，同时也可能造成一些混乱。[10]

尽管处于当年那个年代，即使在今天，这一陈述也像在1886年一样，仍

---

[7] C. Geiger (2006), Copyright and Free Access To Information: For A Fair Balance of Interests In A Globalised World, EIPR 28 (7), 336, at 367 (where the author takes us back to the age of Enlightenment).

[8] S. Ricketson and J. Ginsburg (2006), International Copyright and Neighbouring Rights. The Berne Convention and Beyond, Oxford: Oxford University Press, 796.

[9] There was also article 8 – currently 10 (2) – in relation to the reproduction of works for educational or scientific purposes, which, however, left ample discretion to the national legislators; see e.g. Ricketson and Ginsburg (2006), supra, 789; R. Xalabarder (2007), Online Teaching and Copyright: Any Hopes for an EU Harmonized Playground? Torremans, P. (ed), Copyright Law. A Handbook of Contemporary Research, Series Research Handbooks in Intellectual Property, Cheltenham, UK and Northampton, MA: Edward Elgar, 373 – 401, at 377.

[10] Numa Droz in an address to the members of the conference, quoted in WIPO 1886, Berne Convention, Centenary 1986, Geneva 1986, 195; see also Ricketson and Ginsberg (2006), 756.

例外的问题：重塑通往文学、音乐与艺术作品地域性之门的要素

然具有价值。何根认为，它可能在《伯尔尼公约》序言中构成非常有价值的一部分，⑪ 但不幸的是那时并没有序言。⑫

为了确保现有标准的一体化及保护水平国际化的最低标准，《伯尔尼公约》已历经数次修改，⑬ 这其中考虑到了技术进步带来的新挑战及对新权利的认识。但自 1971 年最后一次修改以来，再进一步推进版权的保护水平已经非常困难。事实上试图改变《伯尔尼公约》几乎不可能，这部分是由于发展中国家的反对，⑭ 以致后来利用 WTO 的 TRIPS 挽救这一局面，⑮ 对所有的知识产权提出更高标准。1996 年 WIPO 最终及时将版权列入数字化轨道，大多数工业化国家，包括欧盟，已经就版权及对表演者、录音制品制作者进行广泛保护提上日程。

《伯尔尼公约》缺少对于例外问题的修订似乎表明，起草者并不是特别关注例外。⑯ 在目前的文本中，《伯尔尼公约》对例外达成一系列妥协，分散在各部分之中。⑰ 如其在序言中表明的，《伯尔尼公约》的宗旨是"以尽可能高效与一致的方式保护文学与艺术作品作者的权利"。即使在认为需要修订的时候，如许多国内法已经制定关于（新）表演权的特定例外，但由于每个国家都像保护本国银行⑱里的金条一样捍卫者本国的传统，这种同意充其量在大会报告中达成一个轻描淡写的关于"轻微例外"的陈述。⑲ 尽管如此，对何根来说，这一推断被视为"首次认识到，《伯尔尼公约》的封闭式列举界定限制过

---

⑪ H. Cohen Jehoram (2005), Restrictions on Copyright and heir Abuse, EIPR 359. See also T. Vinje (1999), Copyright Imperilled, EIPR, 21 (4), 192, at 207, observing that such a mediating role between rights and public interest iscentral to copyright's mission.

⑫ 序言知识增加了最后修改的文本（1971 巴黎文本），未提及已经制定的例外条款，见下文 WCT 序言。

⑬ Revisions took place in Berlin in 1908, Rome in 1928, Brussels in 1948, Stockholm in 1967 and Paris in 1971.

⑭ Cornish (2004), supra, at 3.

⑮ TRIPS，1994 年 4 月 15 日。

⑯ 1967 年斯德哥尔摩及 1971 年巴黎修订大会主要涉及对发展中国家的特殊规定，以便支撑公约的全球影响；2004 年 WIPO 知识产权研究第 265 页。

⑰ See articles 10 (rights of quotation and use for teaching purpose), 10bis (press usage), 11bis (conditions fo the exercise of broadcasting and other rights), 13 (2) (reservations on the exercise of mechanical reproduction rights) and for developing countries, 30 (2) (b) and Appendix.

⑱ Cohen Jehoram (2005), supra, at 360.

⑲ This is what happened at Brussels Conference in 1948. See WIPO 1886, Berne Convention, Centenary 1986, Geneva 1986, 181 for the famous statement by general reporter Marcel Plaisant on the possibility available to national legislations to make what are commonly called minor reservations with reference to examples such as religious ceremonies, military bands and the needs of child and adult education. Plaisant also notes that these reference are just lightly penciled in here in order to Stockholm Conference in 1967. For more details on this minor reservations rule, see Ricketson and Ginsburg (2006), 830.

于狭窄"。⑳《伯尔尼公约》的最大改变是1967年的斯德哥尔摩文本,㉑ 在该文本中,设计了其自身逻辑,即所谓的三步检测法,㉒ 并被插入公约第二部分第9条的条文(复制的独占权)之中。这一检验法已经成为各种不同条约及欧盟指令、国内立法中的实质组成部分。在某些方面,或许不是书面上的,谈判方关于例外问题的协商似乎正朝着更开放的方向前行。另一方面,不可否认,这一检测方法在不同方面也存在争议,但这超出了笔者目前研究的范围。㉓ 没有争议的是,尽管规定国家在考虑新型例外条款时,拥有自由空间,三步检测法显然为国家立法者在创立例外条款的自由方面设定了参数。

在邻接权领域,从《罗马公约》第15条中可以推定,它规定了四种选择性例外的详尽列表:特别是,第15条允许缔约国就私人使用、新闻报道的简短摘录、广播组织利用自身设备时的短暂固定、为教育和科学目的的使用规定了例外。㉔ 但这些条款在《伯尔尼公约》中并非都被界定为相应的限制。㉕ 此外,第二段包含了版权法所允许例外的一般条款。

1996年通过了两个世界知识产权组织的条约,这是版权史上的又一个里程碑。可惜的是,尽管它们得到广泛赞誉,并被视为数字化挑战的解决方案,

---

⑳ Cohen Jehoram (2005), supra, at 361.

㉑ 会议期间,尽管徒劳,进行了许多努力形成例外条款的列表. For more details, see Ricketson and Ginsburg (2006), supra at 761; P. B. Hugenholtz et al., The Recasting of Copyright & Related Rights for the Knowledge Economy, Final report, Study contract, European Commission DG Internal Market Study, no. edt/2005/im/dl/95, at 66, (hereafter referred to as IVIR report (2006)).

㉒ 欧盟国家立法机构应当允许在特定情形下对这些作品进行复制,只要这种复制与作品的国内利用不冲突,而且不会合理损害作者利益。

㉓ For comprehensive analysis of this test, see M. Senftleben (2004), Copyright Limitations and the Three–Step Test. An Analysis of the Three–Step Test in International and EC Copyright Law, Information Law Series 13, The Hague: Kluwer Law International; see also S. Dusollier (2005), Droit d'auteur et protection des oeuvres dans l'univers numérique – Droits et exceptions à la lumière des dispositifs de verrouillage des oeuvres, Brussels, BE: Larcier, 438; C. Geiger (2007), From Berne to Ntional Law, via The Copyright Directive: Dangerous utations of the Three–Step Test, EIPR 486; Ricketson and Ginsburg (2006), supra at 769; R. Hilty (2007), Copyright Law and Scientific Research, Torremans, P. (ed.), Copyright Law. Handbook of Contemporary Research, Series Research Handbooks in Intellectual Property, Cheltenham, UK and Northampton, MA: Edward Elgar, 315–54, at 344; T. Dreier and B. Hugenholz (eds) (2006), Concise Commentary of European Copyright Law, The Hague: Kluwer Law International, 42; A. Lucas (2001), Le triple test de l'article 13 de l'Accord ADPIC, Festschrift Adolf Dietz. Urheberrecht Gestern – Heute – Morgen, München: Verlag C. H. Beck, 433. On the meaning of the various prongs of the test, see the decision of the WTO Dispute Settlement Body in the IMRO case (Doc. WT/ DS 160 / R). Finally, see also, infra, Sections 1.3.2 and 1.3.3.

㉔ See more details in F. Brison, The Rome Convention, Dreier and Hugenholtz (2006) supra, at 140 and Ricketson and Ginsburg (2006), supra, at 1216.

㉕ IVIR report (2006), 61 noting, at the same time, that the WPPT has solved this problem.

WCT 和 WPPT 在限制与例外方面并未做出更大的进步。这两个所谓的"网络条约"在两个段落中限制自身，[26] 只是反复重申利用三步检测法来确定是否允许限制与例外。[27] 随后而来的是一致声明，允许缔约方"以国内法在数字化环境中适当推进限制与例外"，并"在数字网络环境中设计适合的新例外与限制"。[28] 对于当前的研究，有趣的是 WCT 与 WPPT 序言部分，认可"如《伯尔尼公约》中倡导的，维持著作权与公众利益，特别是教育研究与获取信息之间平衡的需要"。例外与限制的正当性不再限于努马·卓兹的陈述，而是深深嵌入到国际化背景之中。

总之，缔约国有自由空间遵循《伯尔尼公约》、TRIPS 和网络条约规定的例外条款，只有《伯尔尼公约》第 10 条中允许引用的例外是法定例外。[29] 尽管如此，国际标准还是有一些共同点。首先，例外条款应当遵循三步检测法，尽管目前对其重要性似乎还不存在完全的一致；其次，不同版本均建议与例外相关的条款应当排除任何商业性利用。最后，依《伯尔尼公约》的限制理论，在大多数司法管辖区内，根据已为普遍接受的定义，例外规定因限制了独占权的范围，应当对其进行狭义解释。[30]

1.2 欧盟与版权例外

简短的历史阐述表明不仅国际协定很难对这一问题提供充分的规定，而且所有的例外与限制在各种可能方式中是比较微妙的一个问题。对于欧盟委员会而言，目前的这些巨大差异是非常大的困难，各国关于例外条款的不同措辞与范围，多是反映了这个国家的文化传统与实际利益。[31]

---

[26] 在 WCT 中，依据该条约及《伯尔尼公约》，已对这些权利授予例外。

[27] 《伯尔尼公约》9 (2) 条，该标准适用于复制权，而 WCT 第 10 条包括条约及公约中的权利，仅对《伯尔尼公约》规定方面，这些规定与 TRIPS 第 13 条重叠。后者规定持续构成可通过 WTO 争端解决机制的最重要规范。For more details on the TRIPS provision, see C. Correa (2007), Trade Related Aspects of Intellectual Property Rights. A Commentary o the TRIPS Agreement, Oxford: Oxford University Press, 134 – 55.

[28] See more details on this statement in Correa (2007), supra, at 143.

[29] Ricketson and Ginsburg (2006), supra, at 783; Dreier, in Dreier and Hugenholtz (2006), supra, at 44; Cohen Jehoram (2005), supra, at 364.

[30] Cornish (2004), supra, at 46; D. Lipszyc (1999), Copyright and Neighbouring Rights, Paris: Unesco Publishing, 223; Riis and Schovsbo (2007), supra, at 4; Cohen Jehoram (2005), supra, at 360; A. Lucas (1998), Droit d'auteur etnnumérique, Paris: Litec, 171. For a critical analysis of this belief, see Burrell, R. and Coleman, A. (2005), Copyright Exceptions. The Digital Impact, Cambridge: Cambridge Studies in Intellectual Property Rights, Cambridge University Press, at 180.

[31] For an overview of these differences, see B. Higenholtz and D. Visser (1995), Copyright Problems of Electronic Document Delivery, Report to the Commission of the European Communities, Luxembourg, 1995.

在下文，笔者将简要阐述欧盟委员会构建的维持版权所有人与广泛公众利益之间的平衡，其从 1988 年 6 月启动一体化的进程，以及发布的关于"版权与技术挑战"绿皮书。㉜

我们知道，那个年代发展的版权体系已经与当今世界有很大不同，现实已发生了根本变化。首先，多媒体、通讯渠道与设备的发展形成网络时代，㉝ 同时，这一体系必须对已经改变的文化、经济、法律和社会价值认知给予回应。其目标，除激励创新外，也应期望版权体系能够激励经济增长、就业与投资。㉞ 在这种背景下，就很难期望立法者提出一个简单的规则就能够平衡所有版权参与者的利益。任何解决方案都很容易成为被批评的目标，必须承认有时是事后诸葛亮，在过去取得的成就中寻找缺点当然更容易。

但回顾历史，首先必须强调其所取得的积极成绩，这更为适当。毫不夸张地说，自 1988 年以来，欧盟委员会在有关版权的国家立法一体化方面做出了巨大的努力。第一个成果是 1991 年 5 月 14 日关于保护计算机程序的理事会指令发布，㉟ 随后 10 年，在版权领域相继出台了 6 个版权指令。其中 4 个包括了非常详尽的独占权例外，大多是法定例外。鉴于我们正在讨论的这个主题，对所有这些规定给予概览，尽管不能穷尽，但还是很必要。

1991 年的软件指令规定了大量适用于软件领域㊱的例外，至今仍然具有充分的影响。㊲ 在 1992/2006 出租权指令㊳中，第 10（1）条列举了几个关于邻接权的例外，这些都具有选择性。㊴ 在第二部分，这一条款允许成员国进一步规定给邻接权与作者同样的例外。㊵ 在这一指令中，给予了权利持有人独占的

㉜ COM（88）172.

㉝ Cf. Cornish (2004), supra, at 41：网络正在推倒摇摇欲坠的版权产业，出版的栅栏，录音制品的保险库，影视作品的堤坝，广播的巴士底狱，各自独立突出，计算机的新城堡。

㉞ 后十年版权的各种改变都是经济因素在推进，毫无疑问，这些商业利益促进了欧洲委员会的利益觉醒。

㉟ OJ L 122 of 17 May 1991.

㊱ See, in particular, article 5.1 (necessary acts by lawful acquirer); article 5.2 (making a back-up copy), article 5.3 (using the program for observation and testing) and article 6 (decompiling it for purpose of interoperability).

㊲ See Recital 50, in fine, InfoSoc Directive："计算机程序指令第 5 条、第 6 条确定了可适用于计算机程序的独占权"。

㊳ 92/100 号指令给予特定邻接权的出租与出借权为 2006 年 12 月 12 日 2006/115/EC 12 号指令所取代。这些指令对既存表演者、音像制著作权及广播组织权利予以承认，该指令中列举的这些例外条款对于这四组均适用。

㊴ 该列表与《罗马公约》第 5 条基本相同（see, supra, text accompanying footnote 24）。

㊵ 与该条款一致，它基本接受了信息社会指令第 5 条，我们会在下文予以讨论，也可以适用于邻接权领域，甚至有些重合. See S. Bechtold 'Directive 2001/29/EC', in dreier and Hugenholtz (2006), supra, at 370.

公共出借权，成员国有权对这一独占权的性质加以限制，但这种限制不能剥夺欧共体作者获得报酬的权利。在这一指令的第二部分，商业性音像作品向公众进行广播或传播时，授予表演者和制作者关于广播和公众传播的独占权被获取同等报酬权所取代。[41] 在1996年3月11日的数据库指令中，[42] 与例外相关的条款散见于两部分之中。在指令的第二部分，第5条和6条列举了成员可以使用版权保护数据库上的法定例外与选择性例外。[43] 第8条和第9条关于特别权利的规定，可以发现类似的例外，尽管这个比较详尽的选择性例外并未包括版权情形下传统例外的可能性。[44] 这些限制条款仍然有效，且并未为信息社会指令第5条所替代或者修改。[45]

正所谓，条条大路通罗马。在欧盟，关于例外与限制的任何讨论，都不可避免地会指向信息社会指令及其第5条，笔者在下一节中会重点探讨这一问题。

1.3 信息社会指令第5条还是"不统一之路"[46]

1.3.1 2001年5月22日信息社会指令

信息社会的发展不仅促进国际组织，也促进欧盟调整版权及邻接权领域的规范。但此处不讨论导致信息社会指令发布的事件。[47] 与其相关的文件是1995年"信息社会版权及邻接权"绿皮书[48]和1996年的续绿皮书，[49] 它们分别是这种广泛讨论的发起文件和成果。讨论主要针对欧盟委员会对技术革新和新

---

[41] See also the related article 12 of the Rome Convention.

[42] Directive 96/9/EC, OJ L 77/20 of 27 March 1996.

[43] 任何情况下都包括使用者的自由，如果未获取数据所必须，且以正常方式使用内容第6.1条。进一步，该条允许选择性地维持或规定与非电子数据有关的复制权，包括为私人、教学研究目的，为公共安全、行政、司法程序或其他使用要得到国内法授权。

[44] This more restrictive approach can be explained by the fact that the exclusive right to prevent extraction and re-utilization only applies to substantial parts of a database. Hence the producer of the database can never prevent the use of non-substantial parts (article 8.1) except in cases of repeated and systematic extraction and/or re-utilization (article 7.5 and 8.2).

[45] See article 1 (2) (a) of the InfoSoc Directive.

[46] Title inspired by J. Brinkhof (2007), Over "The Desire for Harmonisation" en "The Avenue to Disunity", Zit de Nederlandse octrooirechtspraak wel op het juiste spoor? Bijblad Industriële Eigendom, no. 565.

[47] For an overview, see Adams, supra; see Hilty (2004), supra, at 761'A. Dietz (1998), The Protection of Intellectual Property in the Information Age – The Draft E. U. Copyright Directive of November 1997, IPQ 335. A Ross (1999), The Future of EU Copyright Law: The Amended Proposal for a Directive on Copyright and Related Rights in the Information Society, Communications Law, 4 (4), 128; S. von Lewinski (1998), A Successful Step towards Copyright and Related Rights in the Information Age: The New E. C. Proposal for a Harmonisation Directive, EIPR 135.

[48] COM (95) 382.

[49] COM (96) 568.

经济现实应充分回应的新途径。这些文件促使委员会发布了1997年10月10日的提议，并为协调版权及有关权方面规则而修改了1999年5月25日提议。(50) 但正是在这种空前的游说努力(51)之后，这些建议案才促成了最终的信息社会指令。(52) 这一指令的目标是双重的，它的目标首先是规范版权与邻接权规则，使之与1996年世界知识产权组织条约保持一致。其次，在此基础上，进一步实现版权实质方面的水平一体化。毫无疑问，该指令是欧盟版权一体化历史上的转折点，(53) 笔者接下来会讨论关于其第5条规定的例外问题，结果令人失望。

1.3.2 信息社会指令第5条规定的简要介绍(54)

信息社会指令第5条明确表达了欧洲社会关于例外的一般性观点，其目标在于守卫"不同类型受保护客体的权利持有者、使用者之间权利与利益的平衡，并对成员国制定的现有例外和限制，在新数字环境下加以创新评价"。(55)

第5条适用于版权及相关权保护的所有客体，计算机软件和数据库例外。(56) 正如重述32所指出，第5条在信息社会指令已经实现一体化的复制权、公共传播权和发行权方面，(57) 对限制规定了穷尽性列举，成员国可以在国内立法中加以规定，不允许添加或者规定第5条列表中未包含的例外。(58)

从正规观点看，第5条通过5个分节制定了相当透明的结构。它连续地规

---

(50) COM (1997) 628 def. and COM (1999) 250 def. respectively.

(51) See, in particular, Adams (2005), supra, at 37 (describing the whole genesis in detail); see further Gotzen (2007), 35; IVIR report (2006), 214; Bechtold in Dreier and Hugenholtz (2006), supra, at 343; P. B. Hugenholtz (2000), Why the Copyright Directive is Unimportant and Possibly Invalid, EIPR, 11, 499, at 501.

(52) 指令本身已经是几种努力的成果，此处不赘述。See e. g. J. Reinbothe (2001), Die EG - Richtlinie zum Urheberrecht in der Informationsgesellschaft, GRUR Int., 733; P. Sirinelli (2001), La directive "Société d'Information": apport réel ou fictive au droit d'auteur? Commerce éléctronique et propriété intellectuelles, Publications de I' IRPI, no. 20, Paris: Litec, 95; M. Hart (2002), Copyright in theInformation Society: An Overview, EIPR, 58, at 61; Bechtold in Dreier and Hugenholtz (2006), supra, at 343.

(53) F. Gotzen (2007), Copyright in Europe: Quo Vadis? Some Conclusions after the Implementation of the Information Society Harmonisation Directive, RIDA, 211, 3, at 7.

(54) 关于更多不同例外条款阐述, see, in particular, Bechtold in Dreier and Hugenholtz (2006), supra, at 371.

(55) Recital 31 InfoSoc Directive.

(56) See, supra, Section 1. 3. 1 and infra, footnote81.

(57) 指令第2~4条并非解决了所有独占权问题，第5条对精神权利、出租出借权、授权卫星或电缆转播权没有影响，有争议的是改编权和公众表演权；IVIR report (2006), 63。

(58) 该使用例外，即依第5.3.(o)条（见下文，脚注139），国内法存在的未确定例外条款可以删除或修改。

定了一个强制性例外（5.1），复制权的4个选择性例外（5.2），复制权和公共传播权的15个选择性例外（5.3），以及对发行权适用之前所列所有例外的可能性（5.4）。最后，5.5分节重申了一般义务，(59) 即所有例外都应当按照三步检测法确定其合法性。但“重申”一词在欧共体文本中，并不完全正确，它偏离了《伯尔尼公约》、世界知识产权组织条约和TRIPS中的相应内容。在这些条约中，检测的指定人是国内的立法者。通过使用例外“只能在特定情形下加以适用”这样的措辞，指令是要建议第5条不仅是欧共体也是国内的检测标准，以便使其能够在成员国法院加以适用，(60) 但对这种观点目前存在很大质疑。欧洲法院对这两种可能解释的更多阐述得到更多支持，有几个国家已经开始适用这一标准，(61) 而其他法院和评论者仍然拒绝这种方式。(62)

通过对第5条分析，可以发现：第一，对于短暂、偶然、临时复制行为，它们一般受技术影响且没有独立经济意义，是复制权的法定例外。这些行为一般都能满足这些条件，这种例外还包括浏览、兑付行为。(63) 其他项例外是选择性的，指出欧盟承认并保留成员国对这一敏感问题的规范权。根据重述13的观点，这种决定令人遗憾且影响巨大，因为“对于某种行为例外与限制的既存差异，对版权内部市场的运作有着直接的消极影响”。在一部分更令人困惑的阐述中，重述31承认，“如果考虑到作品的跨界使用和跨界行为的进一步发展，这种差别就更加显著。为了确保内部市场的正常运作，对这种例外和限制应进行更加统一的界定”。有人认为指令已经为克服这些障碍做出了努力，第5条的规定也是穷尽性的，但这种说法仍然有些牵强。如前所述，它只意味

(59) Reinbothe (2001), supra, at 740. For the sake of completeness, we recall that the three – step test is also – although not always consistently – incorporated in all other Directives dealing with limitations (Software, Rental and Database Directives). For further details on the differences amongst them, see IVIR report (2006), 69 – 70.

(60) See Gotzen (2007), supra, at 26：首先是这一解释与法院一定程度的监督权的区别，其次是法院可以不检查立法机构是否与三步检测法相符，且可以分析诉讼人按三步检测法行为，现在是一个国内法律规定。

(61) See, for instance, the deision of the French Cour de Cassation of 28 February 2006 in the Mulholland Drive case (Auteurs & Media, 2006, 177). In the Netherlands, the test was further applied by a lower court (Tribunal of The Hague, 2 March 2005, (2005) Computerrecht, 143); for comments on these decisions, see Geiger (2006), IIC, 684 (footnote 3).

(62) See e. g. Senftleben (2004), supra, at 256 and 280; S. Dusollier (2005), L' encadrement des exceptions au droit d' auteur par le test des triosétapes, IRDI, 212, at 214.; Cohen Jehoram (2005), supra, at 363; Gotzen (2007), supra, at 23 – 8; Bechtold in Dreier and Hugenholtz (2006), supra, at 382. For a balanced approach, see Geiger (2006), supra, at 683. For a recent update of the discussion, see Geiger (2007), supra, at 486.

(63) Recital 33 InfoSoc Directive.

着，作为一项规则，除这些明确在列表中的例外条款外，成员不允许再适用任何其他例外。

1.3.3 信息社会指令第 5 条在成员国的执行

根据信息社会指令第 12 条，欧盟委员会必须根据数字市场的发展提交一份第 5 条适用情况的检测报告，该研究交由荷兰信息法研究院承担。[64] 除对广泛一般性与时事性问题的政策性考量外，该份内容广博的报告还包括信息社会指令在不同成员国执行情况的调查，这项内容与玛丽女皇知识产权研究院合作完成。[65] 笔者要指出的是国际著作权杂志倡议的，出版成员国就三个事项执行情况的简报，[66] 此简报由戈岑整理得出综合性结论。[67]

这些评论确定，[68] 就第 5 条而言，成员国的立法处于一种"无序"的状态。[69] 并未实现重述 32 中表达的目标，即"成员国应当对这些例外与限制实现一致性的适用"。这一调查结果涉及的唯一例外是关于暂时复制的强制性例外，已经得到相当正确的实施，这并不令人吃惊。[70] 第 5 条第（2）～（4）节选择性条款规定的所有其他可能性，吸引了大多数成员国制定了新的例外。戈岑指出，法国、比利时、荷兰已经增加了 6 项例外，其他一些国家也用新的例外补充了原有列表，包括意大利（4 项）、德国与西班牙（2 项）、奥地利、希腊

---

[64] Hugenholtz et al. (2006), supra.

[65] G. Westkamp (2007), Part II of Study commissioned by the European Commission in response to tender MARKT/2005/07/D, The Implementation of Directive 2001/29/EC in the Member States (hereafter referred to as the Westkamp report), www. ivir. nl/publications/guibault/InfoSoc_ Study_ 2007. pdf, accessed 15 January 2008.

[66] RIDA, no. 202 (October 2004) contains reports from Germany, Austria, Denmark, Greece, Italy, Luxembourg and the UK; RIDA, no. 206 (October 2005) contains reports from Belgium, Ireland, the Netherlands, Portugal and Sweden and RIDA, no. 210 (October 2006) contains reports from Spain, Finland and France.

[67] Gotzen (2007), supra, at 2. Other interesting overviews (whether or not covering the whole InfoSoc Directive), can be found in Brown, I. (ed.) (2003), Implementing the European Union Copyright Directive, by – country report from 2003, www. fipr. org/copyright/guide/, accessed 10 January 2008; EUCD Review and Implementation Wiki (2007), wos 4, network of European copyright experts from civil society, http://eucd. wizards – of – os. org/index. php/Main_ Page#25_ current_ EU_ members, accessed 10 January 2008 and U. Gasser and M. Girsberger (2004), Transposing the Copyright Directive: Legal Protection of Technological Measures in EU – Member States. A Genie Stuck in the Bottle? papers. ssrn. com/so13/papers. cfm? abstract_ id = 628007, accessed 10 January 2008 (this latter study essentially focuses on technological protection measures).

[68] For further details about the transposition of article 5 in the national copyright law, I refer to the excellent aforementioned reports.

[69] Gotzen (2007), supra, at 14 – 16.

[70] Westkamp report (2007), supra, at 12. 该报告中指出了对文本范围与理解上的模糊性，偏离了解决问题的正确方向。

和瑞典（1项）。[71] 葡萄牙走得更远，在保留原有例外的同时，它采纳了欧洲列表中的所有可能性。当然，这些数字不能说明太多，应当根据现有例外对其进行考虑。在这方面，显然大多数成员国不仅扩大了列表的例外范围，而且抓住机会对现有例外的条件，进行了修改和扩展。

至于三步检测法，成员国中规定的实施政策同样喜忧参半。一些国家在本国法中小心地避开了对文本的重复，[72] 而另一些国家则在再版权法中包含[73]或维持[74]了信息社会指令第5条的全部或部分文本。[75]

最后，与报酬和赔偿问题相关的主要（如果不是大多数）差异仍然继续存在。笔者记得三项复制权例外的条件是，权利持有人应当得到公平的补偿，或对法律允许的使用应给予充分的赔偿，这种情形就是社会机构进行的复印、私人复制例外。但成员国可以自由确定如何履行这一义务，[76] 并决定是否对所有相关例外保留或指定一种报酬体系。[77] 值得指出的是，这方面只有极少数国家更新了现有法律。在欧洲可以粗略划分出四个体系，范围包括从"提出请求"的可能性到许可机制的特殊形式（集体或个人），或者对有形载体、设备及（或）大量其他使用者的版费制度。[78]

1.3.4 主要批评

第5条未满足一体化的要求。笔者认同许多评论者的观点，第5条很大程度上未实现一体化的目标，而且整个例外体系严重缺乏一致性。[79] 作为实现国

---

[71] Gotzen (2007), supra, at 16. The author further reports that only Denmark, the United Kingdom, Finland and Ireland have not introduced new exceptions.

[72] German, Austria, Denmark, Sweden, the United Kingdom and Finland.

[73] Greece, France, Italy, Luxembourg and Portugal and Ireland (partly).

[74] Spain, Belgium (but only in relation to certain exceptions, which only adds to the confusion).

[75] For more details, see the Westkamp report (2007), supra, at 48-9; Geiger (2007), supra, at 486.

[76] 但与私人复制有关的例外条款，施加了一些限制（考虑适用技术性措施与否的公平补偿），进一步论述建议参考本书中内容。

[77] Recital 36 InfoSoc Directive. Where compensation is provided, exceptions thus take the form of statutory licenses.

[78] For more details, see Westkamp report (2007), supra, at 49-50.

[79] Bechtold in Dreier and Hugenholtz (2006), supra, at 369; Gotzen (2007), supra, at 19; F. De Visscher and B. Michaux (2006), Le droit d'auteur et les droits voisins désormais dans l'environment numérique, Journal des Tribunaux (Be), 2006, 133, at 144; M. C Janssens (2006), Implementation of the 2001 Copyright Directive in Belgium, International Review of Industrial Property and Copyright Law, 2006, 50, at 62; Hilty (2004), supra, at 765 (with more reference in footnote 28); H. Cohen Jehoram (2001), Some Principles of Exceptions to Copyright, in Festschrift Adolf Dietz. Urheberrecht Gestern – Heute – Morgen, München: Verlag C. H. Beck, 381-8, at 387; M. Hart (1998), The Proposed Directive for Copyright in the Information Society: Nice Rights, Shameabout the Exceptions, EIPR, 169.

内法合理化目标指令的一部分，第 5 条令人失望，例外条款无论在性质还是数量上，都存在相当大的差异。

首先，既存但有分歧的例外体系（软件和数据库）仍然保留原样，这一事实促成了这种批评。目前这些机制的应用与可相互组合的创作（文学作品、计算机软件和数据库）关联，不可避免地导致了不一致和差距。⑧⓪

批评者的第二个理由是，成员国可以"随意挑拣"大量的选择性例外。⑧①第 5 条由一些不能忽略的情形随意组合而成，而非依据清晰合法理由允许的特定使用列表。这种情势是许多激烈争论的结果，包括政治交易、对游说压力的妥协等。⑧② 欧盟委员会的最初目标是将例外列表限制到最低程度，穷尽列表。⑧③可惜欧共体立法者不够强大，无法承受来自成员国的压力，他们试图强化既有规定的结果是增加了大量的例外条款，从最初建议案的 7 个到最终文本中的 20 多个。

最后，第 5 条中的这种不确定体现在许多条款的措辞上，如此就在一些重要的领域留下许多可替代性的方式。这些条款的模糊和不清晰性需要各个成员国确定版权大多数例外的附带条件和范围，这样在国内层面的执行水平就出现了巨大差异，⑧④成员国间的进一步的差别，很可能出现在各地方法院未界定术语适用水平的方面。即使是欧洲法院，除一个例外条款外，对于所有选择性例外的性质，可能也没有能力调和这些分歧的观点。⑧⑤ 因此，在未来的若干年，我们要在一个"没有障碍的内部市场"运作中，自相矛盾地面对各种不同的解决方法。

如例外陷入"钳形运动"，第 6 条会扭曲传统平衡。⑧⑥ 下一个影响第 5 条的重要问题涉及第 6 条，特别是在其第 4 节中确立的复杂机制，其讨论了技术

---

⑧⓪ 短暂复制的例外不适用于计算机程序与数据库。For other examples, see IVIR report (2006), 215. See also p. 64, where this situation is qualified as the 'biggest source of inconsistency in the regime of limitations on copyright.

⑧① IVIR report (2006), supra, at 66 and 213.

⑧② See supra, footnotes 51.

⑧③ Hugenholtz (2000), supra, at 502.

⑧④ See supra, Section 1.3.3.

⑧⑤ In line with the decisions in SENA/NOS (6 February 2003 – C – 245/00) and SGAE/Rafael Hoteles (7 December 2006 – C – 306/05). 欧共体法院可能会坚持，指令中使用的特定定义，如"公平使用费"和"公众传播"，必须给予一致的解释，对每一个成员国在自己地域内确定最合适的标准，以确保……与欧共体概念相符。(quote from SENA case). Cf. Promusicae v. Telefonica de Espana (29 January 2008 – C – 275/06) (Member States can, but are not required, to order ISPs to disclose personal data about subscribers suspected of online piracy).

⑧⑥ Cf. Cornish (2004), supra, at 62 (footnote 54).

保护措施与独占权例外之间的交叉问题。

通过技术性措施的法律保护，赋予了权利持有人（工业(87)）新的武器，可以使他们以一种前所未有的方式在网络上控制内容的使用。这些条款起草的背景是在网络时代早期，版权所有人必须为控制对其作品的未授权使用而抗争，技术性措施被视为应对无数挑战的唯一解决方案。他们的祈祷在国际立法者及(88)信息社会指令第 6 条的欧洲立法者处成功得到了回应，国内法层面要执行后者的规定。欧洲规定的适用范围超出了国际义务，对所允许的使用有可能加以控制，(89) 因此第 6 条的规定会使这些例外变得无意义，只要它们能够被技术措施所封锁。考虑到这种对例外体系的灾难性影响，已经有人反复并正确地提出建议，限制条款的传统版权规则在这一新法律管辖范围不再适用。(90)

最令人担忧的是，当通过技术性措施利用或获取作品时，实践中应当如何实施这些例外这一问题并没有清晰的解决方案。欧洲立法者在第 6（4）条中规定了一个复杂的解释，却使问题对于国内立法者、版权持有者和使用者更加复杂。当需要实施例外条款时，权利持有人取代立法者被委以提供获取该内容必要措施的“任务”。(91) 这种解决方法默示了一种重大的政策翻转，会严重破坏版权的平衡，因为权利持有人不会在意或关注例外体系所追求的价值目标。添加到第 6（4）条的第四段中明确声明，允许例外条款受益人获取的义务在“经要求”才能取得内容方面并不适用，这似乎给予了权利持有人削弱重要使用者自由的法定许可。

---

(87) Hilty (2004), supra, at 764.

(88) 对与电子信息管理有关保护工具的反规避条款和措施规定在 1996 年 WCT 第 11 – 12 条及 WPPT18 – 19 条。

(89) Dusollier (2005), supra, at 162.

(90) See e. g. Hilty (2007), 319; Jaszi (2005), supra, at 17; Cornish (2004), supra, at 6; J. Litman (2001), The Breadth of the Anti – trafficking Provisions and the High Moral Ground, Adjuncts and Alternatives to Copyright, New York: ALAI 2001, 456; K. Koelman (2000), A Hard Nut to Crack: The Protection of Technological Measures, EIPR, 22 (6), 272, at 279; Vinje (1999), supra, at 196; S. Dusollier (1999), Electrifying the Fence: The Legal Protection of Technological Measures for protecting Copyright, EIPR, 285.

(91) 对以不同方式实施义务的评论，see Gotzen (2007), supra, at 41; N. Braun (2003), The Interface between The Protection of Technological Measures and the Eercise of Exception to Copyright and Related Right: Comparing the Situation in the United States and in the European Community, EIPR, no. 11, 496, at 501.

2 未来的前景:构建一个"统一的路径"

2.1 起始点

上面讨论受益人进行救济的替代解决提议是一项冒险的任务。现在所有成员国已经成功地将信息社会指令中的一些义务转化为国内法,让它们重新检测其例外体系,看起来几乎不可能。另外,一些成员国指出,其目前的机制不能充分地对技术的稳定进步和新市场变革加以回应。[92] 而且,自从信息社会指令颁布以来,欧盟委员会也不断进行着一体化的努力。[93] 因此,最终对失去的机会以及现有例外体系的未来路径有所反映,并不显得奇怪。笔者并非试图拿出一个已经准备就绪的解决方法,而是对目前不完善之处提出一些解决思路,以此为更加深入的讨论抛砖引玉。[94]

2.2 一些准则

2.2.1 修改体系的目的是以透明的方式矫正平衡,实现全面一体化

任何与例外有关新干预措施的核心和终极目标,都有三层含义。

第一,应当合理规划例外体系的地位,这或许对下面第 2.2.4 节提出的欧盟内部一体化的极端匮乏有所补救。这种努力同样有助于解决欧盟在国际版权组织的舞台上,不能明确表达的"欧洲地位"问题。[95] 尽管如此,笔者并不认为欧盟所做的努力都是徒劳。尽管成果相当有限,信息社会指令第 5 条仍然在不同成员国内对例外创设了一种"自发性的一体化"。国家之间有了更多共同

---

[92] 参见如"版权例外条款咨询"程序,已在英国知识产权局启动(2008 年 1 月 8 日)主要与版权例外条款改革有关。(for more details, see http://www.ipo.gov.uk/consult-copyrightexceptions.pdf, accessed 12 January 2008). Also in Germany the Bundesrat identified on 21 September 2007 a need to start to work on a Third Basket (the third law for the regulation of copyright in the Information Society) as soon as possible.

[93] See infra, footnote 153.

[94] 早在 2006 年 IVIR 报告中,与例外条款有关的潜在与实际问题进行了罗列和讨论。除第 5 条规定的独占性外,例外条款的选择性,对于合同缔结、限制、合法使用者定义缺少指导,我们在后面应当加以解决。这份报告还涉及了暂时或偶尔复制的问题(p.68)、三步检测法(p.69)、合理使用费与公平补偿(p.70),以及关于私人复制例外条款的分歧(p.73)等。

[95] Hilty (2004), supra, at 775. Currently, the EU has to account for 27 national options, which of course seriously weakens its negotiation position.

的限制条款，对例外的相关问题与定义，也比之前有了更多的交流。[96] 这种情况就会使我们比1990年末时更容易实现目标，对前文提及的一些缺陷进行救济。

第二，许多新的立法措施应对权利持有人与公共利益之间的平衡重新加以评价。正如我们在概述中所指出，过去10年中，对独占权的不断扩张使人们感到一种"莫名的不安"。[97] 这种变革与发展相伴而行，之前建立的平衡受到了威胁。改变目前的例外体系，建立一种恢复平衡的解决体系显然势在必行，尽管尚不是绝对必要。[98]

第三，立法机构应当更加致力于版权规则的透明度。现代版权法有些过度智能化，偏离了现实。[99] 就如我们小诗中提到的"去问三两个律师"，可能也不够。使用者能够理解版权体系背后的"意义"，这很重要，它是一种平衡机制，可以加强对规则的遵守。[100] 这一目标可以通过一种间接的方式实现，即达成两个首要的目标：一个是更大程度的一体化，另一个是在不同的利益间实现更好的平衡。

2.2.2 该体系应放弃例外条款的穷尽封闭列表方式

2001年，欧洲立法者对例外选择了一种长而穷尽的封闭列表方式，所起草的许多条款缺乏灵活性，或者是技术性较强的语言。结果就是在世纪之交出现"影印"情形，这种方法不仅有重大的缺陷，而且"危险而短见"。[101] 随着技术在网络环境的快速变革，个人例外的含义和影响出现持续不断的波动，[102] 这也是很多评论家痛恨第5条列表长度的原因，仅仅是在列表中增加新的例外，显然不能解决问题。

基于以上原因，[103] 应当放弃封闭式的列表，取而代之更加灵活的体系，使其能够在当代信息社会中，对不断出现的新型商业模式、创新性使用和紧急情

---

[96] 参见成员国关于以上问题实施的不同报告，与最初例外条款相反，大多数国家增加了新例外条款，并重新起草更好遵循指令的条件与方式。See, supra, section 1.4.3。

[97] See, supra, Introduction.

[98] Cf. Hilty (2007), supra, at 351, 强调了"快速调整的急迫需要"，并建议（至少）废除第6.4.4条，制定新的例外条款，以保证对科学及相关知识信息的获取。

[99] See, infra, the example given in relation to the application of the teaching exception (Section 2.2.4)

[100] 今天的任务要比马克吐温1903年写《对上帝只有一件事可能：在地球找到任何意义的版权法》时更艰难。See also the famous statement by J. J. Rousseau (si on veut qu'on respecte la loi, il faut faire qu'on l'aime). See more details in M. C. Janssens (2004), Transparantie in het auteursrecht: een brug te ver? AMI (NL.), 2004/6, 205.

[101] Hilty (2004), supra, at 766. 必须承认，这种选择有了成绩，最重要的是在哪种使用可以从之前授权得到豁免上，为权利持有人及用户提供了法律确定性。

[102] Hugenholtz (2000), supra, at 502; Vinje (1999), supra, at 194.

[103] 反对封闭式列表的几个文化中的原因，see IVIR report (2006), supra, at 66.

况，做出快速的反应。[104] 在下文中，笔者提出一项建议，包含强制性例外（其中一些具有紧要性特征）和与"窗口条款"连接在一起的穷尽式选择性条款体系.

2.2.3 合理使用非一种替代性选择

对于一种封闭穷尽式例外体系，一种明显的替代方式是提供一套开放性的适用标准，与合理使用体系类似。合理使用概念具有一定的客观优势，可以对版权侵权提供较为灵活的抗辩，允许特定的例外，为考虑案件的特殊情况留下更多余地，而且可以适用于新的（不可预见）变革。另一方面，合理使用综合考虑了四项实质性因素，[105] 形成一个从未停止去挑战的相当复杂的概念，包括知识产权专家。这些因素仅仅是一些指导性准则，法院在特定案件中，享有使其适应特殊情势的自由。总之，在合理使用体系中，使用者对于何种使用允许进行，何种不允许，可能更加不知所措。[106] 因此，笔者很支持反对单纯采纳合理使用概念的主流观点。

2.2.4 列表中应包含更多的强制性例外

为实现有价值的一体化，使例外条款尽可能在成员国实现一致性适用非常关键。只要容许版权在不同国界间保持差异，一个真正无障碍的一体化市场就必然有缺陷。[107] 当今跨越欧盟的使用者必须使自己熟悉欧盟 27 个不同司法管辖区的版权法，这对于数字环境下的使用者而言，尤其如此。教育或科学目的的使用例外就是许多示例之一，触及了无法实现一体化的痛处。我们可以想这样一个示例，一位教授扫描了教材上的部分内容，复制了一些电子文档，把它们上传到大学的网络服务器上，让选课的同学复制（无论在家还是校外）并

---

[104] Cf. IVIR report (2006), supra, at 217. See also P. B. Hugenholtz and R. L. Okediji (2008), Concerning an International Instrument on Limitation and Exceptions to Copyright, Final Report, http://www.ivir.nl/publications/hugenholtz/limitations_ exceptions_ copyright. pdf. 44.

[105] 法官在解决合理使用争端时，使用下列要素：版权作品的性质、抽取部分的实质性与比例，以及使用对潜在的市场的影响。See more details on http://fairuse.stanford.edu/.

[106] Jaszi (2005), supra, at 2.

[107] 显然"地域性"问题代表最重要的障碍，目前为止，欧盟立法机构未触及版权地域性问题，而且 IVIR 报告正确指出解决这一问题的必要性，因为显然在欧洲单一市场与版权规则之间存在冲突（IVIR report (2006), supra, at 212 – 14 and 218）. See on the issue also Torremans (2007), Questioning the Principle of Territoriality The Determination of Territorial Mechanisms of Commercialisation, Torremans, P. (ed.), Copyright Law, A Handbook of Contemporary Research, Series Research Handbooks in Intellectual Property, Cheltenham, UK and Northampton, MA: Edward Elgar, 460.

在图书馆允许的前提下得到这些资料,以便进一步学习。⑱ 所有这些事情发生之前,教授、学生及相关的教育机构都要仔细地审查欧盟内每一个国家的法律,以便确定这种对于受保护作品的使用,在未征得许可的情况下是否被允许。即便是一个简单的考试,也可能适用这些条款,要表明所有这些行为都得到许可,几乎是一个"不可能完成的任务"。国内规定不仅在范围上不同,也包含了各种不同的复制模式、作品类型、使用目的,以及与数量、排序、前提条件有关的限制性条款。⑲ 如果立法者同时还要寻求全面一致性和(更高)教育领域的欧洲模式,并繁荣在线学习系统,允许如此多差异的存在就会构成欧盟内部的矛盾。因此,对于具有跨国或跨界效果的一些例外,应当赋予其强制性的效力。

如果在整体内部市场运作例外条款列表内容仍不清楚——这或许要求更深入的研究——显然,一个简短的强制性列表将会提供一个比有许多选择性例外的冗长列表的更好解决方法。⑩ 考虑到过去的经验,我们不能期望过高。传统上,相对于对权利持有人采取经济激励措施的影响,限制条款反映了社会对作品利用的需要和满意度评价。⑪ 尽管如此,我们追求的终极目标是实现欧洲版权体系的统一,⑫ 就必须放弃法律利益及公共利益的概念构成必须与各国特殊性一致的看法。⑬ 这一点在1980年末欧洲一体化进程的初始时期,完全可以理解,即使在国际背景下,也具有其合理性。但随着欧洲市场的逐步趋同,我们也应不断前行,以调和不同的观念。至少例外问题对于当今无国界的多元文化经济而言,非常重要。"社会"和"经济影响"不断成为欧洲决策的重要事项,例外合理性的定义和价值观,也要从"欧共体视角"平等地加以审视。

---

⑱ 2006年S. Ernst与D, Haeusermann在欧洲五个司法管辖区对可比较案例的探索,Teaching Exceptions EuropeanCopyright Law – Important Policy Questions Remain, Der*km*an Cènter for Internet & Society Research Publication Series, No. 2006 – 10, http://papers.ssrn.com/sol3/papers.cfm?abstract_id = 925950, accessed 23 January 2008. See in this respect also Xalabarder (2007), supra, at 373.

⑲ 事实上,情况更为复杂(不透明),如与信息社会指令一致,允许按照不同条件,以教育、科学目的、私人复制、复印的例外、引用与传播为前提的使用。

⑩ J. Corbe (2005), La transposition en droit belge de la directive droit d'auteur dans la société de l'information, RIDA, October, no. 206, 4, 55.

⑪ IVIR report (2006), supra, at 59.

⑫ 在这方面,实现未来欧洲版权一体化,还有很多障碍,see IVIR report (2006), 218. Cf. Gotzen (2007), supra, at 59. For some interesting thoughts on how to proceed, see Hilty (2004), supra, at 774 –5.

⑬ 在这方面,要相信不同版权族群的背景也代表着关于例外范围与性质的不同考量,它们都应当对此平等加以考虑。see Burrell and Coleman (2005), supra, 201.

最后，为了实现一体化和透明度的目标，应以精确的语言界定强制性例外，尽量不要给国内立法者留下空间，尤其要排除其在重要领域运用替代性方法的可能性。尽管这种方法缺少灵活性，但它会相应地增加确定性，也会鼓励使用者实施一些如依开放式规定不会进行的行为。

2.2.5 强制性例外条款列表应区分有约束力与无约束力例外（双轨体系）

在前十年中，笔者已经提出怎样给权利持有人有力的工具，使用专业术语控制对作品内容的获取。[114] 这种控制可依合同条款取得，特别是标准许可和电子合同，由权利持有人向使用者施加义务。在这种情形下，如果协议涉及不受保护的内容或版权垄断所豁免的使用者，这种控制就会超出版权范围之外。[115] 我们如果认真地对待传统例外条款，就必不可少地要对这一问题重新加以审视，尝试解放目前受制于技术或合同的例外条款观念，考虑新的平衡问题。[116]

解决技术性障碍或偏离法定例外合同签署问题的方式之一是将这些例外转换成为强制性规则，[117] 即主张为某些例外条款赋予强制特性，这一主张目前看来就是一种"无人睬的呼声"，[118] 但笔者还是要为这一建议给出充分的理由。[119]

在欧洲版权法中，对于合同条款能否凌驾于版权限制之上这一问题，尚未

---

[114] See, supra, Section 1.4.4 (second part).

[115] 最近几年，国会正确解决了关于版权体系对信息、文化与科学遗产获取滥用方面的问题，这些改革对整个版权体系也有着影响，造成了这种萎靡不振。See in this regard Hilty (2007), supra, at 332; Geiger (EIPR, 2006), supra, at 366; Cornish (2004), supra, at 50 and 55; Cohen Jehoram (2005), supra, at 364; IVIR report (2006), supra, at 67; J. Ginsberg (1999), Copyright or InfoGrab, in L. Blauch, G. Green and M. Wyburn (eds.), A LAI Study Days, The Boundaries of Copyright, Australian Copyright Council, 55; Vinje (1999), supra, at 194. See also British Academy, Copyright and Research in the Humanities and Social Sciences. A British Academy Review, 2006, 15 and several contributions in Proceedings of the ALAI Congress of 2001, New York; Columbia University School of Law, 2002.

[116] Cornish (2004), supra, at 65–6; Vinje (1999), supra, at 200 and 207; Dusollier (2005), supra, at 532.

[117] 制定统一版权合同法的其他方式，参见 Hilty (2004)，前注第772页。

[118] Although I am not the first to raise this idea. See also Vinje (1999), supra, at 195; Dusollier (2005), supra, at 507; Riis and Schhovsbo (2007), supra, at 1. Contra: Cohen Jehoram (2005), supra, at 364.

[119] 顺便提一下，我自己的国家已经取得相关的解决经验。比利时确实是关于此问题有着明确规定的唯一成员国，授予所有版权例外条款以强制性效力（需求服务互动除外）。M. C. Janssens (2000), Implementation of the 1996 Database Directive into Belgian Law, International Review of Industrial Property and Copyright Law, 52, at 61; Corbet, supra, at 53; Dusollier (2005), supra, at 503; Janssens (2006), supra, at 59; Gotzen (2007), supra, at 44. This should also be the case in Portugal and, to a certain extent, in Denmark (Westkamp report (2007), 11).

得到解决。而且在这方面,也几乎没有立法或相关的判例。[120] 信息社会指令对于例外条款的优先待遇持抵触态度,首先,在第 9 条中确认"指令不损害合同法中的特定条款"。[121] 其次,重述 45 指出,第 5(2)~5(4)条中涉及的例外和限制条款,不能阻止合同关系中的定义,以确保只要国内法允许,就可以给权利持有人以合理的补偿。即使指令没有指出,不能(或不应)给予例外条款强制性待遇。第 6.4 条在处理技术性保护措施与例外条款间相互关系时,在其第 4 款中消除了所有猜疑,它规定在"经请求才能获得"的情形下,只有合同条款能够作为签订合同当事人之间的法律。

另一方面,如果回顾一下之前的欧共体法,会发现对特定例外条款给予强制性的提议,并不像最初看起来那样具有革命性。计算机程序指令就有三个先例:第 9(1)条禁止合同改变三种特定的例外条款,[122] 类似的,数据库指令第 15 条也明确,任何与第 6(1)条(使用者合法获取或使用数据内容的必要行为)及第 8 条相悖的合同条款,均为无效。因此,尽管信息社会指令对这一点保持了沉默,但值得一提的是,计算机程序指令和数据库指令却同时规定了其充分的效力。

在笔者看来,欧共体立法者应重新开放讨论,并尽力对制定这样一种条款的可能性达成共识,当合同排除强制性规定列表中的特定例外条款时,可以利用该规定对其加以阻止。这种基本假定还要求更多的思考,因为这是一项精细的任务,它涉及对应该被赋予强制性特征的个体例外条款的选择,[123] 以及对强制性条款适用的措辞。[124] 其后是欧洲立法者怎样能决定转变对(非)强制性例外条款地位的几种想法。[125] 我们应当意识到重要的是对这种使用的基本社会价值,而非一些游说组织的利益,加以充分考量。欧洲指令中包含的许多例外条款确实是对某些行为的妥协结果,因此,应当努力超越纯粹某个人或某国家利

---

[120] Bechtold in Dreier and Hugenholtz (2006), supra, at 370; Vinje (1999), supra, at 195 and 207. As Cornish notes, there even seems to be little inclination in general to disallow contractual terms that purport to override exception; Cornish (2004), supra, at 62. See also Cohen Jehoram (2005), supra, at 364.

[121] See also Recital 30, in which the European Commission confirms the importance of preserving contractual practices.

[122] 该条规定,任何与第 6 条或第 5(2)~5(3)条中例外条款相反的合同规定无效。

[123] 对于没有约束力的例外条款,使用者可以依一般的法律原则获取救济,如竞争法或消费者保护法。

[124] 由于排他的地位,这种例外条款应当适当分配。我的观点是它们的适用范围应当精确界定,排除任何商业性利用的可能,这与三步检测法完全相符,在第二部分未给予重要性的规定中应在更广的范围内对其加以考虑。

[125] 如前所述,我并非要将所有该列表或其他列表中的所有例外条款个体化。

益的观念，选择应主要基于例外条款的基本目的。㉖ 我们知道，目前承认的许多允许的使用，有着广泛的合理性原因，不应同等看待所有的例外条款。㉗ 一般而言，例外条款的目标在于与社会利益相适应，包括基本权利与自由（如隐私权和表达自由）、对公共利益的担忧（如保存具有历史文化价值的资料），到实践解决方案（如克服市场失灵）。但还有一些其他因素也应给予合理的反映，如例外条款对独占权的影响或它们对特定（数字化市场）的影响。㉘ 因此，例外条款不是只保护使用者的利益，还要在保护独占权基础上，维护持续的平衡。

在进行更深入探讨之前，有理由推定列表将包含服务于强大公共利益之上的例外条款，如对新闻报道或引用的例外。事实上，后一种例外在《伯尔尼公约》中已经属于强制性条款，㉙ 欧洲立法者在信息社会指令中没有以一种有约束力的形式对其加以规定。应当对这些使用给予强制性待遇，以保护基本权利，如自由演讲与表达的权利。㉚ 这一列表还应包括保护公共安全、教育、科学或对于保护历史文化遗产（文化与艺术博物馆）非常必要的使用。在这些情形下，因其强制性的特征，可能不需要对各种可能的使用给予特惠待遇。因此，需要对各种不同情况下不同类型的使用加以区分。㉛ 最后，考虑到欧共体法律的一致性，这一体系需要对其他指令中的例外条款加以整合，无论其是否在有约束力的条款中，还是在考虑其他特殊情形的独立章节（如计算机程序）之中。

㉖ Let us not forget that this process of differentiating between exceptions is already known form the Software and Database Directives.

㉗ 其已经成为一些突出出版物关注的问题，我的目的并非探讨激活每一种例外的原理。See, in particular, L. Guibault (2002) supra, which is devoted to this subject. See also IVIR report (2006), supra, at 59; T. Dreier (2007), Regulating Competition by way of Copyright Limitations and Exceptions, Torremans, P. (ed.), Copyright Law. Handbook of Contemporary Research, Series Research Handbooks in Intellectual Property, Cheltenham, UK and Northampton, MA: Edward Elgar, 232, at 234; S. Dusollier (2005), supra, at 466.

㉘ Vinje (1999), supra, at 194; P. B. Hugenholtz (1997), Fierce Creatures, Copyright Exceptions: Towards Extinction? keynote speech, IFLA/IMPRIMATUR Conference, Rights, Limitations and Exceptions: Striking a Proper Balance, Amsterdam, 30－31 October 1997, http://www.ivir.nl./staff/hugenholtz.html, accessed 25 January 2008, at 12.

㉙ See, supra, footnote 29.

㉚ Vinje (1999), supra, at 196; Dreier (2007), supra, at 235.

㉛ 显然该规定允许图书馆用户对作品的批发复制，过于广泛。显然这不是为了保存目的的图书馆或博物馆限制复制的情形, S. Ricketson (2003), Wipo Study onLimitations and Exceptions of Copyright and Related Rights in the Digital Environment, WIPO Document SCCR/9/7 of 5 April 2003, at 76.

为了保持一致，立法者在考虑强制性特征时，还应更进一步规定，要禁止法律允许却被技术设备所阻止使用的行为。这种决定或许还远不能实现，因为从长远看这意味着技术性措施的一种消亡，因此笔者认为应谨慎考虑这一想法，期待进一步的研究。[132]

2.2.6 这一体系应包括类似"窗口条款"选择性例外的穷尽列表

前文建议认为，例外条款体系不应是封闭的，以避免它变得落伍或僵硬。为了解决这一问题，有两种可能的解决方法。或者由欧洲立法者对选择性例外条款起草第二份列表，以考虑到国与国之间的差异程度；或者它对自身加以限制，起草一份更通用且不封闭的规范。[133] 我们一体化的主要目标和最近执行信息社会指令第5条的经验表明，即使是选择性的条款，也可能产生一种"自发性"的一体化效果，[134] 因此，笔者更倾向于第一种选择。

笔者建议，欧共体立法者应设计一种选择性列表，主要包括不会对多地域实施产生影响的使用。[135] 不规定其非穷尽性特征，[136] 这一列表可能通过"窗口条款"确立一种额外的灵活性，这种条款允许成员国根据特定的条件，[137] 或考虑到当地的政策，对国家社会发展给予更适当的回应。这种规定不能与合理使用概念相比较，也不受限于信息社会指令第5.3条的祖父条款。笔者已经指出前者的缺点，[138] 后一种解决方法不足以使立法者应付不可预见的局面，因为其为三种叠加的条件所限制，大大减损了其影响。[139] 某种程度上，所提议的条款或许会因增加并/或维持一些纯粹的国内法例外条款，而具有自由裁量权，或者成为立法者适用的"最低水平的合理使用"。这种"合理使用"的效果应否被扩展到法院，或者"窗口条款"是否允许成员国委任法院对豁免加以授权，甚至将现有豁免类似运用到新的情形，这些问题仍然难于回答。同理在阐述下

---

[132] P. Samuelson (1999), Intellectual Property and the Digital Economy: Why the Anti‑circumvention Regulations Need to be Revised, Berkeley Tech. L. J., 14, 519, at 547 and Geiger (2006), supra, at 371 have also advanced this idea. See further Dusollier (2005), supra, 543 proposing an in‑between solution, which was adopted, for example, in Belgium and whereby the circumvention of technological measure in order to benefit from and exception is not actionable (Westkamp report (2007), supra, at 132).

[133] This latter solution is proposed in the IVIR report (2006), supra, at 217.

[134] See, supra, Section 2.2.1.

[135] 包括与公共场所宗教仪式、军队有关表演的使用。

[136] Such an unlimited open‑end solution would probably be more harmful to the goal of harmonization.

[137] 这一权限要受制于一定条件。新例外条款不能损害或阻碍已经包含在法定许可列表中的例外，它们完全符合三步检测法。

[138] See, supra, Section 2.2.3.

[139] 一般将该条款称为"祖父条款"，因为它覆盖各种未界定的情形，只能用于与例外相关的国内规定，只覆盖类似使用，这种使用不具有太大重要性，不会影响欧共体内货物与服务的自由流通。

面的三步检测法时，目前的答案还是倾向于否定。

2.2.7 该体系应施加有约束力的一般性最低要求

在国际框架中设定的三步检测法，必须是能够适用于所有例外条款的伞状规定。根据目前的讨论，❶⓿ 立法者必须澄清检测法在强制性方式下的适用。笔者尽管看起来法院对三步检测法的直接适用是允许更大灵活性的一种手段，❶❶ 但这种法律的不确定性必然带来某种风险。对某种程度上采纳窗口条款的提议，笔者目前对直接适用三步检测法的可能性持否定观点。27 个成员国中有无数的法院，会导致不断形成欧洲内部例外条款体系的异质性，这就会极大损害一体化目标。

作为第二位一般规则，应明确要求，一个例外条款可能涉及的受保护内容，应当是可以合法获取的。依信息社会指令第 5 条，合法使用的条件仅适用于临时或短暂复制的强制性例外。这一规定无法明确，该例外或其他例外条款是否也适用于侵权复制，目前在此方面存在多种可能性。例如，一些国家将复制的合法性作为首要条件（德国❶❷），而另一些国家则认为，在明显缺少法律确认的情况下，不可适用该条件（比利时❶❸），或者给予裁判者及法院以自由的决定权（法国❶❹）。因此，有必要对该要求达成一致性的解释。尽管对之前指令中类似定义的含义存有争议，❶❺ 这种努力不应该产生无法解决的问题。❶❻《伯尔尼公约》第 10 条给予的解释或许提供了很好的出发点。❶❼

---

❶⓿ See, supra, Section 1.3.2.

❶❶ Geiger (2006 IIC), supra, at 694.

❶❷ "第二篮子"版权改革在 2008 年 1 月 1 日生效，通过对非法来源复制的禁止，限制了私人复制的可能性，因此，只允许原始复制。

❶❸ 关于例外的规定仅施加了一般要求，作品应为合法公开。在比利时，主要原则认为该条件与作品复制件的合法性无关，只与作品被公开的精神权利有关。M. C. Janssens (2006), Commentaar Artikel 22, F. Brison and H. Vanhees (eds), Hommage à Jan Corbet. La Loi Belge sur le droit d'auteur, Brussels: Larcier, 117, at 121.

❶❹ E. g. Cour de Cassation, criminal division, 30 May 2006 (no. K 05 – 83.335 F – D).

❶❺ 合法使用者或合法取得者的定义不是新欧共体版权法。遗憾的是，计算机程序、数据库及信息社会指令中的相关文本各不相同，有不同的术语（lawful acquirer, lawful user and lawful use）。See more details on these differences in IVIR report (2006), supra, at 71 – 2. See also V. Vanovermeire (2000), The Concept of the Lawful User in the Database Directive, IIC, no. 1, 172.

❶❻ 另一方面，我并不想降低实施的特点，它会触及精神权利考量，以及考虑未出版或未公布作品的必要性。

❶❼ See Dreier, in Dreier and Hugenholtz (2006), supra, at 44: "一部可为公众所得的作品，如果公众能够得到，获取的可能性或者通过权利持有人授权或者经法定许可"。

例外的问题：重塑通往文学、音乐与艺术作品地域性之门的要素

尽管笔者的提议还很不全面，应当制定一些更有约束力的规则覆盖报酬及补偿问题。但笔者在支持强制性例外条款重要性时，应当明确其中一些条款在法定许可形式之下加以解释，包括权利持有人提出的报酬主张。这一问题涉及很多极富争议的讨论，仍然扎根于各成员国不同法律体系之内，也是目前分歧的主要来源。❽ 近几年中，欧盟委员会始终致力于这一问题，❾ 笔者也限定自己只涉及该问题的重要性及与共同市场的相关性。

结　论

网络及其相应产品（如先进的手机网络）已经相当大程度上改变了版权世界的规划。这一革命从发生之日起，版权的未来就被以各种方式进行预测。一些人为其准备棺椁，而另一些人则为其复活和强大而奋争，目前来看，后者占据优势。

笔者不怀疑应对作者与其他创作者的智力创造提供必要的保护，"确保对知识产权的稳定保护"❿ 仍具有极端重要性。但这一目标不应忽略监管独占权与例外条款间平衡机制的需要，这在版权体系中是根深蒂固的，对于其合法性及可信性有着重要的意义，⓫ 显然，数字化环境要求对独占权范围加以重新界定。但正如笔者前文所阐述，目前追求这一目标的方式，实际上是在朝偏向给予强保护，并强化权利持有人垄断权的方向发展。⓬ 这就急迫需要矫正平衡，重新评估例外条款的范围，并承认其具有强制性特征。欧盟委员会对版权领域

---

❽ See, supra, Section 1. 3. 3. in fine.

❾ 参见关于私人复制例外与的范围及现有补偿体系的研究与调查［EB/OL］. http：//ec. europa. eu/internal_ market/copyright/ levy_ reform/index_ en. htm.

❿ Press release European Commission, 3 January 2008（委员会认为需要更强欧洲在线音乐、电影、游戏更多友好消费者单一市场1p/0085/5）.

⓫ See Fifth Recital to the WCT; Gotzen (2007), supra, at 52; Gorrea (2007), supra, at 135; Riis and Schovsbo, (2007), supra, at 2; Senftleben in Dreier and Hugenholtz (2006), supra, at 89; IVIR report (2006), supra, at 59 and 212; Jaszi (2005), supra, at 16; L. Guibault (2002), Copyright Limitations and Contracts. On Analysis of the Contractual Overridability of Limitations on Copyright, The Hague：Kluwer Law International, 109; Vinje (1999), supra, at 192, 194, 200.

⓬ Adams (2005), supra, at2. See also Burrell and Coleman (2005), supra, at 1887, 认为在各级讨论中没有充分代表用户的利益。

的新问题非常积极,❸但以实现更大程度的一体化并对信息社会指令失误加以救济的一种方式做出回应,则仍是一种挑战。❹

委员会应当如何着手?经验告诉我们应当以替代性(软法)法律文件,如建议,来取代指令或条例。这些文件有助于为这些短时间内无法达成妥协的问题,铺平道路。但由于这些文件缺少法律约束力,笔者不确信它们能够成为对例外条款实现一体化的最佳方案。❺尽管对运用指令存在实际的批评,❻如果仅仅是为了反驳现有构建欧洲版权一体化蓝图努力正失去活力这种观点,并让我们追求确立版权领域统一内部市场这样的梦想,则就应继续"巧妙"利用这种文件。

---

❸ See e. g. , the Recommendation on online management of music rights, issued in October 2005 (2005/737/EC – OJ L 276, 21 October 2005, 54/OJ L 284, 27 October 2005, 10); the many consultations and studies on the scope of the private copying exception and existing systems of compensation (http: //ec. europa. eu/internal_ market/copyright/levy_ refform/index_ en. htm); the Digital Libraries Initiative with the communication from the European commission of 30 September 2005. i2010: Digital Libraries, COM (2005) 465 final, http: //ec. europa. eu/information_ society/activities/digital_ libraries_ en. htm, and the Communication from the to the EuropeanParliament, the Council, the European Economic and Social Committee and the Committee of the Regions on Creative Content Online in the Single Market of 3 January 2008, COM (2007) 836 final. This later document is accompanied by a Commission Staff Working Document (SEC (2007) 1710 – 3 January 2008), which provides a good overview of challenges and initiatives that will be addressed by the Commission in the coming years.

❹ 显然,现在有必要克服对欧盟立法机构关于一般版权,特别是条约中阐明的例外条款,立法权限的反对。更多参见:IVIR report (2006), supra, at 221 and Hilty (200), supra, at 762 – 3 and 770.

❺ Cf. IVIR report (2006), supra, at 217.

❻ 参见前注,第211 – 12页,解释了之前的指令在时间、公共资金及其他社会成本所付出的相当大花费,以及对成员国立法机构的严重负担。

私人复制版费与版权技术保护：
两种冲突逻辑的不适相处

斯福林·德索利　卡洛琳·克尔[*]

概　　述

关于数字版权作品保护的技术救济产生出许多问题。有些问题得到了详细的讨论，如技术性措施法律保护的适当范围、技术性保护措施与例外条款之间的关系。[❶] 在立法及学术领域还出现了一些其他问题，如技术性保护措施的交互性，或技术措施对正常利用作品的禁止。对于这些问题的讨论不多，主要体现在2001年5月22日关于信息社会版权一体化的欧盟指令中，要求成员国在确定与私人复制例外相关的版费制度时，应考虑技术性保护措施的发展。

最初对于技术性保护措施与私人复制版费之间的联系更像是一个逻辑性且纯粹的技术程序。当技术设备阻止制作复制件时，对制作这种复制件进行赔偿的可能性，就失去其合法性。由于隐藏在技术模式中的作品不再允许对其进行复制，这种情况会使大量的私人复制消失，相应地，对权利持有人造成损害的大量版费赔偿，也会随之消失。

但技术性保护措施的应用与私人复制版费水平并非严格的连通器，在实践

---

[*] 本文成果来自比利时经济部委托的研究项目，主要是对版权技术性保护措施与私人复制版费体系的考量。本研究于2007年12月完成，尚未发表。

[❶] On the technological measures in copyright, see S. Dusollier, Droit d'auteur et protection des oeuvres dans l'univers numérique, Bruxelles, Larcier, 2nd edtion, 2007; E. Becker et al. (eds.), Digital Rights Management – Technological, Economic, Legal and Political Aspects, Berlin, Springe – erlag, 2003.

中执行这一特定规则时会产生很多困难，这在第一阶段被称为"逐步取消条款"。❷ 就好像试图表明反复制机制定义的发展，或许意味着对版费制度的逐步放弃。本文主要目的是分析技术性保护措施反对复制与版费制度的欧洲规则，并强调两种不同逻辑的内在矛盾。

首先回顾欧洲背景下私人复制及版费制度的运作基础（第 1 节），然后对所谓"逐步取消条款"及其特征进行评析（第 2 节），逐步取消条款面对技术性措施及版费制度时，也会产生一些复杂的问题（第 3 节）。在本文的最后一部分，笔者会提出一种方法，对版费制度下技术性措施的现状给予充分考虑，同时关注作者及其他版权和相关权权利持有人的利益与权利（第 4 节）。

1 私人复制与版费制度

1.1 版费制度的起源

早在 20 世纪 50 年代，复制方法方面的技术程序就产生了私人复制例外条款。❸ 从最初的文学与视听作品到最后的音像作品，复印、录音设备技术的进步，使利用者能够对作品进行复制并轻而易举地获得，而且质量极佳。版权所有人很快在这种轻松复制与版权作品最终用户发挥的作用中，感觉到了对作品商业实施的威胁。

在私人领域复制引发的案件可以提前到 1955 年德国最高法院审理的一个案例。❹ 尽管在德国法中规定了对私人复制的有限例外条款，法院依然认为，在新技术发展的环境下，这样的例外条款需要加以重新考虑。它回顾说，作为一项原则，版权没有在使用者私人复制的门槛前停滞，但在这一领域内，私人保护却成为行使版权的障碍。这一判例促使德国的立法者制定新的例外条款，既考虑到在私人领域对作品的复制，也考虑对个人使用加以严格限制，这种做法很快为其他国家所遵循。

---

❷ See C. MaCreevy, Address to the EABC/BSA Conference on Digital Rights Management [EB/OL]. [2015 – 10 – 12]. http://ec. europa. eu/commission_ barroso/maccreevy/docs/speeche/2005 – 10 – 12/eu-am_ en. pdf（15 January 2008）.

❸ On the history of and the rationale for the private copying exception and the levies, see B. Hugenholtz, L. Guibault and S. Van Geffen, the Future of Levies in a Digital Environment, Amsterdam, Institute for Information Law [EB/OL]. [2008 – 01 – 15]. http：//www. ivir. nl/publications/other/DRM&LEVIES – report. pdf >.

❹ BGH, 1955 – 06 – 24, Mikrokopien [1995] GRUR, p. 546. see also, BGH, 1964 – 05 – 29, personlausweise, [1965] GRUR, p. 104.

值得注意的是，因为这些复制发生在使用者的私人领域，作者的确认权显然有些力不从心。作者阻止使用者复制行为及为此种复制授权收取报酬的实际不可能性，意味着必须承认作者的权利受到了限制。

私人复制例外条款的合法性主要基于作者与使用者就私人复制达成交易的不可行性，这方面的市场失灵。私人领域也是成为立法例外条款的原因，因为只有外来的控制方式（尽管是一种相当不合作的方式）能够恢复作者对私人复制行为的控制。

许多欧洲国家通过版费制度补偿版权人因为例外条款产生的经济损失。这种版费制度在使用者取得的空白媒介及复制设备上收取费用，作为对在这种介质或者设备上复制的一种间接补偿。在最近关于版权信息社会的欧洲指令中，要求规定了私人复制例外条款的成员国通过版费的形式为这样的复制提供合理的补偿。❺ 除推断与建议外，这种为私人复制设计的版费制度并没有在欧盟取得一致，尽管朝此方向做出了努力。版费的基础（其征税的媒介和复制设备）、数量、必须支付版费的人以及密匙和方法，在各国之间都有较大差异。❻

从经济角度来看，确立版费制度是允许为作者和其他权利持有人基于私人复制获取版费收入，鉴于复制权根本没有产生效果。现在私人复制的报酬是一些作者，特别是表演者收入中很重要的一部分，而正常来讲，这种报酬应该仅是其版权报酬来源的额外部分。

1.2 版费制度的特征

版费制度的目标并非为权利人持有人就其作品的私人复制提供直接的报酬，事实上，也不能将版费看作实现私人复制的经济价值对应物，它仅仅是一种较为微弱的替代。

在私人使用领域，税费制度被设计为全球性补偿制度，是对作品及其他客体因复制独占权受到的限制进行补偿，是为权利持有人因失去垄断及例外条款而造成的全球损害寻求大致的补偿。

---

❺ S. Bechtold, Directive on the Harmonisation of Certain Aspects of Copyright and Related Rights in the Information Society, T. Dreier and B. Hugenholtz (eds), Concise European Copyright, The Hague, Kluwer law International, 2006, p.373.

❻ For a comparative analysis of existing systems of levies in national laws, see S. Martin, Summary of the National Reports on the Questions Concerning the Regime of Private Copying in the Analog Domain, Creators' Rights in the Information Society, Proceedings of the ALAI, September 2003, Budapest, KJK – Kerszov Legal and Busnisss publisher Ltd., 2004, p.206; W. Wanrooij, Remuneration Systems for Private Copying; ibid., p.371.

直接报酬（通过独占实施权获得）和间接补偿（在实施垄断权被阻断时介入）之间的差别，有很多影响。

它解释了版费制度只是一种大致的公平形式，不能使作品被复制的每个作者得到其所主张的精确报酬。收取的数额因阻止私人复制权被抑制而取得合理性，这就使权利持有人可以与权利受到限制的作者、制片人或表演者一样得到补偿，而绝非由于对作品或其他客体进行了有效的私人复制。

使用者在购买一张空白媒介或录制设备时要支付版费，版费分别从其可能进行的每份私人复制品中抽取。因此这种版费在销售或进口这种相关媒介或设备时，就已被征收，版费总额依据使用者使用此种原料取得的复制品数量，而分别加以确定。❼

但作品使用者已经支付版费的事实并非授予了他们复制的"权利"，这种法定特权（为避免使用模糊的"权利"术语❽）源于规定了私人复制权例外的版权法本身。比利时和法国司法机构最近确认了这一点，拒绝依据支付版费授予使用者私人复制的"权利"，❾ 且使用者即使没有利用媒介和设备进行复制，也无权对其已经支付的费用要求补偿。通过支付版费，使用者实际上是参与了在特定地域范围内进行的，对所有私人复制进行补偿的一个体系。

最后，尽管独占实施权是一种个体性权利，版费的水平通常由所有利益相关者集体协商加以确定。由此可以得出结论，税费的收取和再分配也需要集体管理，通常通过集体管理组织来代表该项权利被补偿的所有受益人。

这种类似报酬的来源，仅作为因法律认可的私人复制对权利持有人造成损害的一种补偿进行解释，而无法在法律允许的个体复制中体现，其来源于所有版权作品使用者进行私人复制行为所造成的全球性损害。

版费的补偿性质在国际及欧洲法律框架内得到确认。

在国际层面，版费制度意在保持与《伯尔尼公约》的三步检测法一致，《伯尔尼公约》要求成员国提供的例外条款不能不合理地损害作者合法利益。版费制度的确立被认为是对这一要求提供了答案，通过提供经济上的补偿消除

---

❼ 这与适用空白媒介录制能力的版费率并不一致，也会产生公平问题。能够制作更多私人复制的使用者以一种更宽的方式对源于例外条款造成损害进行的补偿，确实是公平的。

❽ L. Guibault, Copyright Limitations and Contracts: An Analysis of the Contratual Overridability of Limitations on Copyright, Information Law Series, The Hague, Kluwer law International, 2002, p. 90.

❾ In Belgium, see Civ. Brxelles (ecss), 25 April 2004, Auteurs et Msdia, 2004, p. 338, note S. Dusllier. In France, see Paris (4ch chamber A), 2007 - 04 - 04 (Mulholland Drive), Communication - Commerce Electronique, May 2007, 34, note C. Caron.

作者受到的损害。❿ 对于立法者而言存在一个问题，评估他们施行的每一个例外条款造成的损害并确立版税或其他形式的补偿制度，如果这种损害仍未得到补偿，这种制度或许就不合理。

关于信息社会版权的欧洲指令除明确包含了三步检测法外，特别强调将版费制度作为对私人复制行为的补偿。第5（2）条允许成员国规定私人复制的例外条款，同时要求进行相关的补偿。重述38规定这样的公平补偿可以采取以补偿权利持有人受到损害为目的的"报酬机制"。重述35通过规定"一种价值标准在确定补偿的形式与水平时，也可能对有些权利持有人造成损害"，扩展了版费制度的补偿性质。

在前面欧盟指令和国内法提及"公平报酬"的时候，2001年指令已经开始借助"补偿"这一术语。⓫ 欧洲法院在2003年2月6日的一个决定中，⓬ 解释了表演艺术家和制品人关于唱片广播享有公平报酬权的概念。法院指出，公平报酬的概念应"依据92/100指令的目标……虑及在表演艺术家与制片人在特定音像制品广播中获得报酬的利益，与第三方能够将唱片进行广播利益之间基于合理条款，以实现适当的平衡"。判例法认为，出租出借权与邻接权指令规定的报酬权本身没有补偿的性质，其构成对唱片使用行为的直接报酬。虽然大多数欧盟法使用了"获得报酬权"而不是"公平补偿"的术语，仍然无法得出关于私人复制版费制度的清晰定义。然而，欧洲法院强调报酬的公平属性，版权例外条款覆盖的使用应依据"贸易中的使用价值"进行估价，⓭ 这样就使得"公平报酬"的定义更加接近补偿的定义：法院提及的使用价值标准与2001年指令中提及的潜在经济损害标准相呼应。

版费制度的水平应该反映使用例外条款的范围，从作者控制下取得使用的豁免数量越多，切断这种权利应该获得的全球性补偿就越高。尽管如此，版费并非这种使用的报酬，也不等同于复制的确切经济价值。版费制度不能解释为为复制品本身或复制行为提供的经济上的价值对应物。

---

❿ M. Senftleben, Copyright, Limitations and the Three‐Step Test‐Analysis of the Three‐Step Test in the International and EC Copyright Law, Information Law Series, The Hague, Kluwer law International, 2004, p. 237.

⓫ "私人复制的报酬权"术语在比利时和法国使用。

⓬ ECJ, 2003‐02‐06, Stichting ter Exploitatie van Naburige Rechten (SENA) V. Nederlandse Omroep Stichting (NOS), C245/00, Rec. ECJ., 2003, p. 1251, §36.

⓭ 同上，第37页："如委员会指出使用费是否代表对商业唱片使用的考虑，特别为广播的目的，是基于贸易中使用的价值"。

1.3 私人复制例外的革命

在 20 世纪 90 年代早期，新技术进步以双倍的速度向私人复制例外发起挑战。一方面，制作数字复制作品的能力在每个人范围内都得到提升，使用者可以轻易地以低成本进行高质量的复制。当复制以数字化形式进行的时候，私人复制可能比类似的其他复制对版权人造成更大的经济损害。另一方面，技术性保护措施的出现（TPM）又阻碍了内容的复制，目的是恢复作者对私人复制领域的控制。权利持有人最近对其作品利用重新取得的控制，使得一些人宣称，例外条款已经失去其公正性，应该在私人复制上恢复复制权。

另外，前所未有的大规模复制及在技术上实现的复制权，可能导致对所有例外条款的抑制。尽管在信息社会有关版权及邻接权方面一体化指令的制定过程中，已经做出有关此方面影响的一些提议，第 5（2）条最终保留了一个选择性的私人复制例外条款，包括私人及类似复制，用来平衡权利持有人与使用者之间的利益。❹

然而，保留例外条款的条件是法律规定了公平的补偿，且后者考虑到了对私人复制有实际影响的技术性措施的可能应用，私人复制版费与技术性措施之间的关系又被称为"逐步取消"规则。❺

2 逐步取消规则

2.1 合法性与法律框架

版费制度与技术保护措施对特定作品适用的共存，产生了一个实际问题，当一项技术保护措施附于一作品的复制件，因此能够禁止复制时，这样的作品就不可能再进行私人复制。在全球的范围内，反复制机制的开展，很可能降低

---

❹ T. Bell：Fair Use v. Fared Use：The Impact of Automated Rights Managements on Copyright's Fair Use Doctrine, NCL Rev., 1998, vol. 76, p. 584；M. Einhorn, Digital Rights Management and Access Protection：An Economic Analysis, Adjuncts and Alternatives to Copyright, AIAI Congress report, 13 – 17 June 2001, New York, AIAI – USA, Inc., 2002, p. 94；A. Strowel, Droit d'auteur et copyright – divergences et convergences, Bruxelles and Paris, Bruylant/LGDJ, 1993, P. 646（承认技术进步可能解决交易成本问题，允许对资源许可机制替换为强制许可机制）。

❺ J. Reinbothe, The Legal Framework for Digital Rights Management, Brussels, 2002 – 02 – 28；J. Samnadda, Technical Measure, Private Copying and Levies：Perspectives on Implementation, Tenth Annual Conference on International Intellectual Property Law & Policy, Fordham University School of Law, 4 – 5 April 2002.

使用者私人复制的数量，全球范围内的版费制度补偿了在私人领域对复制品控制的缺乏，技术保护措施恢复了这种控制，不论私人复制是否具有合法性。

征收版费被认为是，对版权所有者因其无法阻止的复制而遭受损害时的补偿，但复制品的数量下降时，版费数额并没有随之发生变化，这并不公平。版费制度反映了由于授权使用者的例外条款，在独占权领域之外进行复制的数量。相应地，即使该制度建立在粗糙的公正基础之上，也不是对作者以独占权获取报酬的精确反映，版费应当相当于权利持有人在全球范围内受到损害的大致估量。

当技术性保护措施有效阻止了私人复制时，使用者认为他们支付的版费变得不公正了。应当对以下两种假设加以区别，一项技术系统完全阻止了使用者制作作品的复制件，或者它允许支付报酬时复制。在第一种情况下，技术性保护作品的使用者或许感觉，在取得空白媒介或设备时支付的版费，是为完全无法获得的复制品而支付。在第二种情况下，他则为同一个复制品支付了两次。所有这些情况，版费制度可能在使用者的心里会造成不当支付或双重支付的印象。在两种情形下，私人复制例外条款造成的损害降低，或者由于无法进行实际上的复制，或者由于复制并未损害已通过技术措施支付报酬的版权所有人，损害已被后者内在化。

这种反对激发了信息社会版权指令中的所谓逐步取消条款，要求成员国在他们要建立的补偿制度体系中，考虑到适用技术性措施与未适用技术性措施的私人复制限制。在指令处理私人复制例外的第5（2）条及重述35和39中，强调了技术性措施的应用与版费的关系。大多数欧盟成员国已经将这一条转化为本国法律，但很少有国家开始在版费制度中真正有效地考虑技术性措施。[16]

2.2 逐步取消规则的特点

我们首先应强调不应把逐步削减规则理解为废除版费制度的理由，但它确实被一些利益相关人败坏了名声，特别是一些电子制造企业。逐步取消条款无论在长期还是短期，都不要求成员国废除其版费制度，事实上，相对于版费制度，指令也并没有更偏重技术性保护措施。

在最近的介入中，欧盟官员确认，与"逐步取消"术语的表面含义相反，其最终目标并非对版费制度逐步加以抑制。[17] 按照这些介入内容，逐步取消条款的目的是取消对信息社会内容服务的经济发展障碍。新技术给予零售商设计

---

[16] 比利时的典型例外始于为解决版费与TPM间的关系设计一个适合的方法。

[17] MeCreevy, op. cit.

分配机制的方式，这些机制建立在对所提供服务更精练的定义基础之上。因此这些服务包括了服务所能够实现的作品复制件。按照委员会的观点，版费制度的共存可以威胁这些服务的吸引力，因为当要求进行支付或阻止复制而出现时，使用者认为他们在购买空白媒介或设备时已经进行了支付。

因此，逐步削减规则不应作为版权及邻接权所有人因担心失去版费报酬，而选择技术性保护措施的激励。我们已经注意到，数字化私人复制可能会由于技术保护措施的发展而失去法律的保护，因为这些措施可以"治愈"例外条款带来的市场失灵。依我们的观点，欧盟的立法者并未采纳这一选择。同样，禁止复制的技术性机制不应抑制版费，复制的排他权不会仅仅因为技术保护措施使用而恢复并超出例外条款。情况应该是这样，权利持有人或会被迫以加锁的形式发布自己的作品，以避免例外条款的应用，然后重新获得更多的复制权。私人复制例外条款仍然存在，即使这种存在会被技术锁所限制，这种干预只会影响版费的征收。

2004年欧盟通讯委员会关于版权管理的指令也强调，"就目前执行的现状，数字版权保护（DRMs）没有提出一个确保平衡相关利益方的解决方案，包括作者、其他权利持有人和那些合法使用者、消费者和相关第三方（图书馆、服务提供商、内容创建者）的利益，数字版权保护本身不是版权制度的替代者，它在设置参数时，或者是为了版权保护，或者是为了传统立法中适用的限制与例外"。❶❽版费制度保护的不同利益表明，在受保护作品及其他客体上应用的技术性措施，不过是确定私人复制版费方式和水平的一个因素而已。

备份及双重支付的概念常用来描述逐步削减规则，❶❾确实是一种极大的误导。"支付"这一术语是指对一项已经确定使用行为的直接报酬，而版费如前所述，则并非如此。版费的直接原因不是一个特定使用者制作复制件的权利或特权，而是版权法私人复制例外条款造成的损害，必须做出补偿。附随于作品的技术性保护措施不是抑制版费的理由，它们只是改变了损害的程度，影响集体征收版费及版费范围的合法性。因此，版费制度中对数字化作品保护的考虑，意味着对私人复制合法化而造成损害的评估，及其在技术保护环境下的修改。这种对实施私人复制进行的全面评估，在评价技术保护措施对版费制度的影响时，是一项重要的因素。

---

❶❽ 委员会给理事会、欧洲议会、欧洲经社委员会，关于内部市场版权及有关权管理的2004/261号通告。

❶❾ Bechtold, op. cit., p.375; Hugenholtz et al., op. cit., p.32.

3 逐步取消规则带来的一些难题

技术性保护措施的发展使私人复制效率更高，也同时给与此相关的版费制度带来相当多的困惑。两种不同的逻辑确实存在冲突，使技术性保护与对私人复制的补偿之间的简单交互，也实施得极不稳定。

版费制度依赖大致公正的原则：以公平的补偿平衡权利持有人受到的损害。除非在全球的、近似的、集体的角度，否则这种评估毫无意义。它不会为每一份复制件向版权所有人支付报酬，征收版费的基础是一种任意的选择，尽管表现出来的是与复制行为的一种惯常联系，私人复制报酬与实际实施的复制行为并不直接相关。

反之，技术性措施则应用到单个的作品复制件及个体使用行为之中。当复制在已经支付了版费的特定空白媒介或设备上进行时，一项反复制机制就会阻止或反对对这种复制行为收取报酬。在某种程度上讲，技术性措施存在于独占权实施之内，这种独占属性与版费制度设计的权利补偿性质相悖。

两种机制在很大程度是相悖的：分别是对所遭受损害的集体补偿机制（版费制度）相对于个体损害的授权或禁止机制（技术性保护措施）；潜在的复制（版费）相对于有效进行或禁止的复制（TPM）；需要为潜在但未证实的使用负责的设备或介质相对于技术性保护措施的有效实施与运作。

这两种冲突的逻辑造成很多困惑，这也使得协调技术性保护措施与版费制度更加困难。

3.1 在其他影响私人复制的因素中考量 TPM

首要问题是版费制度的出发点。基于对合法私人复制造成的潜在损害，版费的征收原则上要建立在对损害评估的基础之上，尽管只是大致的损害。这就解释了为什么在特定、潜在复制手段的媒介和设备之上征收的版费，依据国家及这种媒介及设备复制能力的大小，征收的不同费率。

确定技术性保护措施对这种全球性版费制度的影响，或许意味着一种评估，一种在损害方面对复制的技术性禁止造成差异的评估。在实践中，应当存在两种评估，一种发生在技术性保护措施之前，一种发生在技术性保护措施之后。

但这种评估应当考虑到损害的变化，即对私人复制实际能力有实际影响的因素。技术性保护措施不仅作为复制的直接禁止方式介入，也属于利用受保护内容商业模式广泛变化范围。私人复制多样化将会发生，这不只是目前技术性禁止的结果，也由于其他多种原因。例如，由于复制变得越来越容易且成本低，私人复制行为在数字化环境中不断增加，可复制的内容也越来越丰富。相反，一些商业模式可以降低使用者复制的数量，如通过在需要的时间和地点提供作品，降低作品永久性复制件的价值。

技术性保护措施将迫使私人复制品的数量降低，如果我们对数字化发展带来的变化进行更复杂的分析，就很容易产生矛盾。通过限制一个人考虑报酬或依技术性措施重新获得独占权，适用逐步取消条款，或许会鼓励将报酬逻辑加到版费制度之中，就会难于管理。

3.2 关注作者与表演者利益的需要

数字化权利管理是版权人用来有效监督和管理其作品利用的机制，作者可以要求对作品的每一次使用、每一份复制件支付报酬。逐步取消规则暗示，当要求使用者对复制行为支付报酬时，如果使用者已经通过版费进行了支付，这种要求就是多余的，版费制度应当将数字版权保护的管理与支付纳入考虑之中。

作者或表演艺术家中的一些人并不热衷数字版权保护技术。大多数情况下，这些最初的权利所有者已经向制片人或其他作品及表演的利用者，放弃了他们的权利。所有与实施有关的决定，包括技术性保护措施的应用，已经超出他们本身的控制范围之外。因此，通过技术性保护措施重新获得的对作品利用的控制，并非有利于作者或表演者，这似乎很不公平，因为经济权利已为他人所控制。

但一些国家认为，作者和表演者作为版权协商中的弱势一方，是私人复制例外条款补偿的主要受益人，主要方式是通过授权其对私人复制公平报酬的不可放弃权。

如果你获取作品时已经支付了报酬，在进行复制时再支付版费就是多余，如果他们没有通过数字版权保护措施得到一分钱，特别是在权利不可放弃的时候，就不会消除权利持有人私人复制补偿权遭受的损害。即使在作者依法有权放弃收取私人复制报酬的权利时，数字权利措施管理的报酬只会对无权取得这种报酬权的经销商有利。

我们或许支持这样的观点，作为存在技术上复制可能性对应物的使用者报酬确实对版费制度具有影响，但条件是能够证明此种报酬确实利于，至少是部分，私人复制补偿权的持有人，可以是制片人、作者或者表演者。否则，就会对权利持有人存在损害，且无法通过技术性保护措施得以补偿。

这就会造成一种困难，对于已经支付了两次的使用者来说不公平，而且无法知道谁是复制报酬的最后接受者。这再次表明，保护作品技术性措施的发展或许更有利于那些实施者和传播者，而非创作者本身。

为了解释消费者中产生的这种不公平观念，逐步取消规则决定，无论谁实际上享有了通过技术性保护措施获得的报酬，版费应当显示对复制件的任何双重支付。这或许与对作者的保护相冲突，而作者保护既是版权制度（更加支持作者的权利）也是版费制度的核心。

更好的解决方法是，坚持将作者与对其作品技术性措施适用相联系的必要性，以便他们能从利用这种制度收取的报酬中有效获益。从长期看，通过技术性保护措施收取的报酬只部分为作者所享有，你可能认为这种支付对版费是多余的。尽管不完美，在法国版权法上可以找到一个很有价值的例子，其中一个条款要求在作者与制片者的合同中，对依赖技术保护措施利用作品的可能性必须进行清晰约定。[20] 遗憾的是，这一规定并未包含任何处罚或救济。但它概括确定了这一惯例，在版权合同中，技术性管理模式中的实施报酬应该在作者与作品的制片人或传播者之间公平分配。

鉴于没有证据表明私人复制有重大降低，如果不关注作者的充分利益，集体补偿或许就会消失，并为创作内容独占性的增加留下空间，报酬仅为作品的利用者所享有。这或许会加速没有任何作者的著作权版权革命，也经常为版权学者所谴责。

3.3　版费或技术条件下的私人复制范围

版费制度补偿了由于使用者私人复制行为造成的损失，为法律所允许。这一制度提供的某种程度补偿，对于作者、制片者和表演者来说，仅限于私人复制的例外条款。它的影响不应当超出法律所界定的例外范围，这就意味着，版费制度不能为不包括在例外领域内的复制行为提供补偿。

版费制度不为非法进行的使用或复制提供补偿。[21] 这看起来也许不公平，因为作品的版权所有人并未授权复制，或者在这种情况下也很难以合法理由实现强制措施。如在 P2P 网络情形下，[22] 这种情形要比合法私人复制更为恶劣，

---

[20] Article L. 310‑9 of the French Intellectual Property Code. See A. Lucas, and H. ‑J. Lucas, Traité de propriété littéraire et artistique, Paris, Litec, 2006, 3nd edition, p. 600, n. 873.

[21] A. Lucas, Observations to the Summary, Creators' Rights in the Information Society, op. cit., p. 605. Hugenholtz et al., op. cit., p. 32.

[22] 这个示例并未指出，当从点对点网络环境中下载作品时，复制应当被给予何种待遇。对于这些私人复制例外的可能适用仍然是个刁钻的问题，国与国之间差别很大，例外条款在版权法中规定的方式也不同。

至少私人复制还可以得到某种形式的补偿。版费集体征收的无歧视性和全球范围内的估价，掩盖了确立版费与合法复制之间的困难关系，造成这种结果的原因是，版费制度是基于私人复制行为进行的粗略估价。

相反，禁止或控制复制行为的技术性保护措施是可以确定且有明确界限的，对于技术性保护措施所授权或阻止内容的分析可以更加精确。换言之，版费制度是对估计的复制数量加以大致调整，不存在对真实复制及使用者使用行为评估的可能性。技术性保护措施的作用并不针对所有的有效复制行为，而是对系统内部可以确定的复制行为，因此更加容易采取措施。

考虑技术性保护措施对私人复制的影响时，第一步应当确定，其所禁止或者允许的复制是否属于复制的法定例外范围。事实上，认为技术性保护措施可以阻止复制行为，可以将私人复制从权利持有人遭受的整体损害中扣除，并降低版费的水平，这样的结论显然并不充分。原因是，技术性保护措施一般隶属于更大的技术性或商业模式之下，特别是那些能够使复制行为具有不同法律意义的数字化发展模式。

例如，在线取得一件数字作品时，都会要求使用者物化其购买行为，无论发生在计算机硬盘、CD，还是其他介质及设备上。与硬拷贝提供给使用者的类似作品的取得相反，只要涉及数字化作品，使用者就必须制作自己的作品复制件。可以说，这种第一次固定行为是版权意义的复制，但这是一种版权持有人授权的复制，包含在了作品获取者已经支付的总体价格之内。当这种复制为技术性保护措施所允许时，不需要任何费用。这就要考虑降低在全球范围内征收的版费标准。但是，这种复制不是征收版费的私人复制，因为它有权利持有人的复制授权。严格意义上讲，它不是私人复制，只是一种作品以有形方式进行的必要体现。

这对于数字网络上取得作品的许多第一次固定当然是正确的，对于后期的复制也同样适用，这些复制对于正常利用作品必不可少。占有音乐 CD 的使用者可以在不同的设备上听取 CD，在线获得作品也需要制成不同的复制品，以便可以在不同的设备上听取。尽管属于私人复制范畴内的行为，难道所有这些复制都要通过版费获得关于私人复制的补偿吗？

一些作品的使用者，他们本身并非版权法或者作品禁止的对象，在复制作品的时候，这样的复制不应被合法化吗？这在当代版权讨论中已经有所反映：固定的短暂技术性行为，是应该包括在作品的正常利用范围内，通过例外条款合法化，如欧盟立法者做的选择；还是如许多著名学者所主张的，将其作为超出作品公共利用的行为。[23] 当为作品正常利用所需时，允许对数字作品的临时复制，受这一例外条款影响。一些国家，如法国和比利时，[24] 已经要求技术性措施必须尊重使用者对作品的正常使用。这些新的规定尽管仅限于技术性保护措施的使用，却为版权法引入了新的概念，即作品的正常使用，这可能构成对私人复制例外条款进行重新评估的基础。

事实上，逐步取消规则假定，技术性保护措施可以控制所有技术性固定，且发生在私人领域的都是私人复制，这就会导致重新确定版费水平与版权所有人实际损害之间的差异。事实上，我们应考虑，将使用者合法取得作品正常使用进行的复制合法化，不再设定版费制度。因为它并未加重版权所有人遭受的损害，甚至不应当将它们视为私人复制。在执行欧盟指令中的逐步取消条款时，我们应当记住这一点。

4 版费制度中技术性保护措施的实际考虑

笔者已经设想了逐步取消规则，当技术性保护措施遇到版费时，就会遇到它的关键原则和问题。可以提出应被遵循的方法，在版权机制中考虑到技术性措施的存在。

4.1 逐步取消机制的触发点

2001年5月22日的指令考虑到版费与技术性措施之间的关系，对成员国提出了三种模式要求。在第5（2）条中，作出了关于"作品及相关客体上技术措施的应用与非应用"的解释，指令的重述35暗示了技术性保护措施的"使用程度"，而重述39则更充分，认为有效的技术性措施应当是可以适用的。这三种不同的模式有着不同的意义。

字面上看，"作品及相关客体上技术措施的应用"标准似乎暗示，已经在作品上附随技术性措施的版权所有人，不能再从这些作品的报酬权中获取利益。[25]

---

[23] Lucas and Lucas, op. cit., p. 205, . 245; J. Spoor, The Copyright Approach to Copying on the Internet: (over) stretching the Reproduction Right, in B. Hugenholtz (ed), The Future of Copyright in a Digital Environent, he Hague, Kluwer, 1996, p. 78; B. Hugenholtz, Caching and Copyright: The Right of Temporary Copying, EIPR, 2000, pp. 482 – 93.

[24] For the analysis of the relevant Belgian and French provisions on normal use, see Dusollier, op. cit., 2d edtion, p. 560.

[25] Hugenholta et al., op. cit., p. 42.

由此，技术性保护措施的应用标准在实际执行中会产生较为严重的问题，因为它要求证实，版费制度管理下国内市场上发行的每一份作品上都存在技术性措施。此外，既然作品的所有复制件都是通过多种途径，而并非通过单独的渠道进行传播，就意味着可能只有一些人依赖而另一些人则并不依赖技术性保护措施。技术性保护作品的这样一种详录几乎无法实现，因为有时即使是作者也不了解其作品上已经应用的技术性保护措施，也很少和这种应用进行联系，这主要由平台内容提供商们进行运作。

最重要的事实是，关于逐步取消规则的解释与版费制度的全球性补偿性质并不一致。事实上，这种全球性性质只是给私人复制个体行为可能性待遇提供了一种解决方法。面对这种个体控制及对该行为收取报酬的不可能性，除了集体机制外，没有直接的报酬机制能够为私人复制行为提供一个对应解决办法。因此，使用者购买空白媒介时支付的复制作品的版费，与特定作品的作者通过体系收取的总额之间，并没有个体的经济联系。正是缺少这样一个直接的经济联系，相应地在作品的作者与复制作品的使用者之间也缺少合法的个体联系，前者并不是后者复制其作品并支付版费的债权人。因此，在版费制度下，通过降低使用者复制作品支付的版费，取代确定作品上技术性保护措施的存在，与集体性的特征相冲突，也很难实现。

由于这种逻辑的不现实性，在版费制度中考虑技术性保护措施，应当指技术性保护措施的"使用程度"，这在欧洲文本中有所提及。[26]

谈到技术性保护措施的使用程度，除对作品的应用外，还指对技术性措施在受保护作品上使用程度的评估。在实践中，通过使用程度评估技术性措施的应用，主要涉及在版权作品利用市场上部署使用技术性措施统计方法的运作。在一些经销模式中，被保护免受复制的作品越多，版费水平就应当越低。

对不同版权作品市场中技术性保护措施现状分类评估的方法，（主要由音乐作品市场、音像作品市场、文学作品附属市场、视听作品及其他作品市场），可以实现对不同使用程度的微调。

这种分类方法的公正性有以下原因。首先，它与技术性保护措施的策略一致，每种既定作品的技术性保护措施通常是统一的，对每种特定作品采取不同的传播方式。其次，技术性措施应用的分类评估，对于事实上证明这种应用在作品所有利用总量中降低了私人复制消费机制的相关份额也是必要的。在两种情况下，保护传播的技术性措施很可能实现了私人复制总体数量的降低（如在无法控制的使用领域），这就是受保护作品的来源取代了不受保护作品来

---

[26] Ibid.

源，而且必须是私人复制的重要来源（在部分或完全为技术保护作品代替之前）。因此，衡量每一类作品的保护机制及传播很有必要，尽管这种替代现象只会在每一类作品内部发生。例如，一个应用于文学作品传播中的技术性措施，明显不能代替录音作品的传播机制。

最后，这种分类方法与市场的相关性源于这样一个事实，在不同类别作品间收取版费时，它允许整合每一类作品内部技术性措施的差异。不同类别作品间的技术性措施使用有所不同，在不同类别作者之间收取版费的分配，应当反映既定类别的技术性措施策略。

综上，我们可以说，对逐步取消规则的第三种解释应当加以提倡。[27] 它将援引指令重述 39 建议："在应用私人复制的例外或限制时，成员应考虑到技术与经济的发展，在有效技术性保护措施可用时，特别考虑到与数字化私人复制和报酬相关的机制"。

但该重述的目标显然是例外条款本身，确实与第 5（2）（b）条中要求的公平补偿确定没有联系。这种可用性标准的不相关性是因为，技术性保护措施可用性本身不可能限制例外条款的使用以及之后的损害。因此，也不能对版费有所降低。

但最重要的是，一个可用但没有使用的技术性措施不会造成版费的过度支付。技术性措施对于版权所有人来说，对其作品是可用的，但并没有有效地附随于作品之上，就不能阻止对作品的复制，或者对复制报酬的管理。单凭技术性保护措施的唯一可用性，逐步取消规则明确解决的两种假定就绝不会发生。此外，在这种选择可行的时候，选择这一标准会激励版权所有人以技术保护的模式传播作品，因为如果不考虑实际求助于技术性措施，他们就会失去版费收益。

4.2 技术性措施对于私人复制例外条款的影响

欧洲指令要求，在管理版费机制时，应将技术性措施考虑进去，但它并未界定哪一种技术性措施应当加以考虑。显然，只有对私人复制例外条款有影响的技术性措施才会被考虑，这种影响可能是直接的，也可能是间接的。

一些技术性措施对于例外条款的运用具有直接的影响，它能够禁止实现任何私人复制或者限制它们的数量，最直接的例子是 DVD 或者受保护音乐 CD 上嵌入的反复制模式。音像作品、HD - DVD 或者蓝光的新一代数字化模式也含有反复制设置，这些设置可以设为只允许一次复制。这种对允许复制数量的

---

[27] Hugenholtz et al., op. cit., p. 44.

限制降低了私人复制的可能性,尽管要比完全禁止复制的技术性措施在程度上略低一些。通过限制或禁止复制行为,这些技术性措施传递了作者对复制的控制。因此,私人复制例外条款在全球范围内的运用及被版费补偿的损害都会由此降低。

但是,技术性措施也会对例外条款造成一些间接性影响,这有时并不明显,首先的假定是,技术性措施阻止了作为使用者复制对应的支付。

大多数情况下,技术性措施隶属于作品传播和获取作品价格管理的整体体系,如在平台下载音乐、视频点播服务或者计次付费模式等。

从使用者的角度看,他向零售商支付的部分价格可以作为对复制可能性的补偿,这种复制—报酬模式是逐步取消条款解决的第二种假定。已为复制支付了报酬的使用者,在购买空白媒介或设备支付版费时,显然出现了重复。因此,这种技术性措施的使用应当使版费征收的数额降低。因此在2001年欧洲指令的一个重述中取消了这一点,规定:"如果权利持有人已经通过其他形式得到支付,例如作为许可费的一部分,就不应再要求特别或独立的支付。"[28]

这种关于私人复制版费的效力在两种方式下适用,一方面,使用者支付的价格或许并非其最终实施私人复制的相应支付,而是获得作品的固定价格,无论对作品如何处置。使用者所支付报酬与私人复制之间的某种联系,应是能够考虑机制允许的这种对私人复制有效补偿费用的联系,而不是简单地为了得到作品或首次获取作品。另一方面,如前所述,作品销售商收取的报酬,即使是部分,也不可能返还给有权得到私人复制报酬的版权所有人。这种情况下,如果没有补偿,复制行为仍然可能对版权所有人造成损害,即使使用者认为他已经为复制支付了报酬。对于这种使用形式,版权所有人通过许可得到的使用费,只包括在线销售作品可以得到的报酬,而不包括私人复制。

利用技术性措施而降低版费水平的结果,与逐步取消条款的基本原理并不一致,逐步取消条款只要求考虑能为作者或其他权利持有人提供补偿的支付。

这种不一致性也与版费制度的自身逻辑有关:如果技术性保护措施不允许作者得到使用其作品的相应报酬,这一技术性保护措施就没有传导对私人复制行为的控制,也没有理由降低他们可以从版费制度中得到的报酬,这种降低只有在作者遭受的损害也同样降低的时候才具有可行性。

当作品销售的商业和技术模式降低私人复制的吸引力和价值时,就会产生第二个间接影响。利用版权作品的新技术模式为实施作品提供了前所未有的可能性,作品能够被倾听、观赏,可以选择时间或者地点等等。例如,作品的计

---

[28] Recital 35.

次付费使消费者可以在任何时候使用作品,不需要得到一份永久性的复制件。一些数字电视可以使广播节目在不同时间数次播放,甚至可以点播,或者提供对接服务,可以为使用者推迟观赏节目的时间。㉙

所有这些模式对例外条款的间接影响,反映了这样一个事实:其可以通过时间转换、格式转换或可携带等原因降低私人复制的兴趣。为使用者利用作品提供更多选择模式时,就会减少使用者私人复制的数量,他可以在任何时间(录制节目过后观看),或者在不同的地点(可携带)或以不同的格式(格式转换)得到作品的不同复制件。总之,随着私人复制数量的降低,整体的损害也在降低,这或许也证明了版费支付的正当性。

这些技术保护措施的类型,尤其是包括在这种模式之中的技术性保护措施,应当对版费制度的构建产生影响。

4.3 其他应考虑的因素

在考虑技术性保护措施对版费制度的影响时,除其使用程度、对私人复制的直接与间接影响这些关键性因素外,还有其他几个相关的因素:

● 消费模式的替代品,即将技术性保护措施适用于一种模式,其没有对私人复制有影响的技术性保护措施的传播应当在版费制度中予以考虑,其条件是使用技术性措施的媒介或传播模式并非仅是反对复制的不被保护模式,而是取代它们。手机特定内容服务的发展是一个例子,它经常利用技术性保护措施阻止将内容转到另一件娱乐设备之上。假设这些服务是用来购买手机设备上的内容,就会假定㉚它们不会成为传统不受保护电视服务的替代物,因为手机服务和传统电视服务满足的完全是不同用户的需要。受保护手机服务的发展对于视听内容用户进行复制的全球数量,没有任何影响,只要传统电视服务的消费没有因此种发展而缩水。

● 应当注意,如果技术性保护措施的替代影响受限于同样受保护的反对复制的消费模式(如受保护的 HD–DVD 很可能取代 DVD 模式),技术性保护措施对版费制度的影响,也可能被阻碍。这种对受保护服务或媒介的必要取代暗示着一项技术性保护措施应当成为私人复制来源服务或媒介的替代。收音机广播就是这一主张的例证,尽管数字化收音机服务已经取代了不受保护的类似

㉙ 服务提供商将时间固定到一段有限的时间(如 2 小时),这种互动性来自中断程序的技术上可能性,通常这可以通过将程序临时录制到机顶盒的硬驱动上实现,应当指出,这一特征意味着这种技术系统也代表着前面提到的对例外条款的直接影响(控制用户进行其允许的复制 TPM)。事实上也可以这样认为,对程序的录制构成私人复制,对于电视服务的订购包括这种录制服务。

㉚ 但这种假定应当通过消费调查加以确定。

收音机，例外条款的降低使用不会发生，因为后者不再是复制的重要来源。

• 权利持有人实施指令第6（4）条采用的自愿措施：指令第6（4）条鼓励权利持有人允许私人复制，尽管有技术性保护措施的存在，也鼓励成员国建立对使用者授予此种特权的机制。当权利所有人和成员国采取了这样的适当措施时，就会产生私人复制，即使其最初被技术性保护措施禁止并控制了作品的发行。在这种情况下，对作品复制恢复的可能性就会对版费补偿的损害形成反面的影响。

• 版费基础（如提交版费的录音设备和/或空白媒介分类的发明）的定义可以结合这样的事实，即一项技术性保护措施包含在这种媒介或设备之上。如此，要求包含技术性保护措施的设备或媒介为私人复制提供补偿，或许就是完全不可能的。例如，一个受内容服务提供商约束的随身听设备，就完全不可能在设备上复制所有下载内容。在该种内容服务范围内进行的所有复制都是通过技术性保护措施加以禁止或给予补偿的，如果设备的复制特征在不受保护内容上无法适用，人们就会推定，版费应排除这种设备。

• 空白媒介或录音设备取得的变化：由于反复制技术性保护措施的运行，降低了对作品实际复制的可能性，版费水平也相应降低。因此，某种程度上讲，技术性保护措施对版费的影响是自动的，❸ 降低这种空白媒介上的版费是多余的。而同样的推断对于录音设备则不正确，因为大多数情形下，除复制外，它们还有其他的功能。对于大容量的存储设备（如外部硬盘）也不适用，因为购买到的大量单元很少受实际复制数量的影响。

结　　论

要逐步取消规则履行其所有承诺的困难在于它移植于本来就脆弱的根基。私人复制是数字化环境中版权领域最具挑战性的领域之一，但由于政治上的原因，欧盟信息社会指令并未触及这一问题，它的目标是解决其中一些挑战，并给出充分的答复。

国内法中很难完成对版费制度的改变，这丝毫不令人吃惊。其中的主要障碍或问题是，技术性措施非由版权所有人所实现，大多数情况下仅由数字内容的发行者进行，当然也不会由作者或表演艺术家完成。这一系统是用来监督作品的使用，而越来越少用来禁止复制，而是允许它们要求报酬，降低复制的需要，或者监督制作很难称其为私人复制的第一次固定。

---

❸　所有物品平等，因为空白媒介的销售能够因其他原因增加。

基于以上原因，不能说技术性措施已经接管了版费提供的补偿，已经通过取代它完全恢复了纯粹的复制独占权。由版费确保补偿的运行领域，如果作者无权实施自己的权利，与对后者的控制可以推定通过技术模式更多地互相关联在一起。逐步取消条款理所当然认为，技术会从根本上占有版费所留下的空白领域，这既过于简化，也是一种误导。

对于保护作品和其他客体的技术性保护措施真正加以考虑，要求的首要措施是对数字化环境中的私人复制进行有效评估。这会使包含在例外条款范围内与范围外复制行为间的差别，变得更加细微。

对正常使用的概念也应当加以调查，以期建立版权法中新的例外条款。只要按要求对作品正常使用，允许对作品的复制，这一新的例外条款可能使所有正常使用作品的行为合法化，而无论它们采取的路径和可能产生的技术性复制。根据三步检测法，这样的复制不必提交版费，因为它们没有对版权所有人造成任何损害，只是对其已经支付报酬并合法取得作品正常利用的结果。在私人复制领域，还有其他复制行为可能对权利持有人造成损害，这仍然需要通过版费加以补偿。只有在对数字复制进行重新评估之后，我们才需要调查技术性措施对第二种类型复制的影响，并在版费制度中加以考虑。

对作品的数字化应用，以及通过版费对作者与表演者支付报酬领域的问题，我们应当再进行更深入的思考。正如德雷尔曾清晰地指出："无论如何，作者对利用作品所得收益的充分参与问题，不能与版费及数字版权保护问题相分离。"[32] 消费者与电子业生产企业正在极力抑制或降低版费，但不能损害原创者的利益。

逐步取消规则缺少对私人复制及作者利益的适当考虑和分析，或许仅仅是对误诊疾病的治疗。

---

[32] T. Dreier, Summary, Creators' Rights in the Information Society, op. cit., p. 588.

版权与相关权的集体管理：一体化机制努力的成就与问题

玛丽亚·梅塞德斯·弗拉波尼

概　　述

在欧盟委员会看来，版权法的许多实质方面已经实现了一体化，为了推进形成真正的内部市场[1]，需要对尚未实现一体化的权利管理方面的规则和条件给予关注[2]。我们探讨这些规则和条件问题时，需要从集体管理组织入手，这些集体管理组织传统上不仅有权负责特定类型受保护作品的行政管理，而且在目前版权法一体化进程中发挥着积极而具有影响力的作用。[3] 基于这种特殊的作用，人们对涉及集体管理组织方面权利规则的一体化可能采取的举措期望很高。但启动不同形式一体化程序的特点仍具有很大的不确定性，这些程序应当与集体管理组织的特征一致，以确保它们能够在欧盟范围内依共同的或可比较的标准进行运作。这一行动在欧盟层面上已经启动，但不可否认，只要版权法的地域性仍然普遍存在，[4] 即使受版权保护的作品通过网络平台进行跨国使用，集体管理组织依然是很难进行一体化协调的领域。

目前集体管理一体化的水平通过不同的公众干预手段取得。一方面，欧盟委员会竞争总署经常参与，以促使欧盟委员会作为地区竞争管理者行使权利并

---

[1] 归鲍特、路易斯、凡·高派（2006），"欧盟内的集体管理"，版权与相关权的集体管理，Kluwer Law Internationd，海牙，118页。
[2] 欧盟委员会（2004），"内部市场的版权与相关权管理"。
[3] Dietz, A. (2004), European Parliament Versus Commission: How to Deal with Collecting Societies? International Review of Intellectual Property and Competition Law, p. 817.
[4] Lüder, T. (2007), The Next Ten years in E. U. Copyright: Making Markets Work, Fordham Intellectual Property, Media and Entertainment Law Journal, 18, 13 – 14.

作出一些决定；另一方面，内部市场总署也做出了贡献，在促使欧盟委员会在其权限范围发布一些法律文件方面发挥了影响和作用。❺

为了对正在进行一体化的领域进行令人满意的概括，有必要考虑两个主要影响音乐作品和录音制品集体管理权利的倡议。在分析欧盟委员会取得的成绩与效果之前，应将一体化问题置于适当背景下分析，考虑到集体管理作为机构所具有的个人权利管理无法实现的效率。下面笔者会对集体管理组织的起源和发展加以阐述，然后简要评论作为执行版权工具背后集体管理组织的出现及赞誉的经济争论。本文第一部分给出了集体管理组织控制市场的地位所引发问题的实例。

本文第二部分主要论述互为代表协议，这是一种市场提供的满足多地域多类型节目许可需求的传统方式。本文将会对这种方式如何成为应对新技术挑战最受欢迎的手段进行论述，这些分析会考虑由国际唱片业协会同步广播协定圣地亚哥协定和巴塞罗那协定正式通知引发的问题。对国际作者作曲者联合会协定（CISAC 协定）的抱怨，提供了关于管理组织传统方式是否同时切实适应在线与非在线使用问题进行讨论的机会。最后评论支持戛纳延期协定，并将会考虑如何监管管理组织之间的合作方式，以适应实施版权保护作品的商业方面的一体化。

本文第三部分将分析在欧洲层面出现的一体化表现，特别是内部市场总署做出的立法努力。由于缺少解决诸如此类集体管理权等方面问题的欧盟指令，欧盟委员会决定着手几项倡议，检测准确监管干预的机会。最终发布了 2005 年 10 月的建议，目前将发生效力，对涉及欧洲体制内当事人产生了不同的反应。除通过竞争法对集体管理组织采取的监督努力外，委员会采纳引入条例措施的导向，为这些倡议的批评性分析提供了一些指导。最后，对欧盟委员会行为产生的争议和欧洲议会对建议的相关批评，也会为未来集体管理一体化提供有用的指示，不仅包括对音乐作品的使用，还包括所有可能依赖集体管理组织行为的文化产业。

集体管理在欧洲的出现与变革：传统与现代的混合

在欧洲，版权法或著作权法授予了权利人独占权，传统上为实现这种权利的充分行使，出现了由集体管理组织实施的集体性管理，这是文化、社会与法

---

❺ On the possible colliding effects of this co–habitation, see KEA, European Affairs (2006), The Collective Management of Rights in European – The Quest for Efficiency, p. 19.

律传统加强的结果。❻ 有人称,"如果没有咖啡馆里法国作曲家的故事,任何音乐作品的版权都是不完整的"。❼ 这个故事要追溯到1847年,有两位作曲家,保罗和维克多,和一位词作者恩斯特碰巧聚在一个叫作"里斯"的咖啡馆。当时咖啡馆里的一个乐队正演奏着他们的作品,但从未付给过他们任何报酬。作为缺乏金钱认可的平衡措施,他们拒绝为在咖啡馆中的消费买单。咖啡馆所有人起诉了他们,但在法庭审理中,他们胜诉。而且按照他们所提出的要求,咖啡馆所有人还要向他们支付所演奏音乐的报酬,以作为补偿。这三个作者取得的胜利为法院提供了这样的先例,规则应当有利于音乐在公众场合被演奏的艺术家。该案后不久,在1850年,作曲家建立了自己的组织,就是"作家、作曲家、音乐家协会(SACEM)"。❽ 这个故事为集体管理上了非常有意义的一课,但也指出,由于权利持有人获取报酬权利范围的扩大,许可、监督使用、收取费用、发放许可费的传统方式要经常加以反省,这很正常。

经济文献中的解读

版权及相关权管理制度在特定国家,以及作品的特定范围内得到了发展,在阐述导致这种发展的经济合理性时,经济学家通常会提及管理组织出现的历史。事实上,尽管管理组织在适用规则及国内执行的水平上存在很多差别。为什么在大多数国家,不仅在欧洲,而是包括全球,集体管理组织的发展最终走了类似的路径,提出这个问题是有法律意义的。按照交易分析理论,答案在于,在单一机制内管理权利持有人权利的类似利益会产生规模与范畴经济。❾ 尤其是,对于所有人群体的版权集体管理可以提升效率,成本要远低于同一组所有人通过个体方式进行权利管理的成本。❿ 只要考虑一下单独版权作品权利

---

❻ Ficsor, Mihály (2002), Collective Management of Copyright and Related Rights, WIPO, Geneva, p. 16.

❼ Frith, Simon (2004), Music and Media, Frith, Simon and Marshall, Lee, Music and Copyright, Edinburgh University Press, Edinburgh, p. 171.

❽ Ficsor, Mihály, op. cit., 19. Daniel Gervais (2006), the Changing Role of Copyright Collectives, Gervais, Daniel (ed.) (2006), Collective Management of Copyright and Related Rights, Kluwer Law International, The Hague, p. 15.

❾ For an overview of the economics of collecting societies, see Towse, Ruth and Handke, Christian (2007), Economic Analysis of Collective Management of Copyright, Ediciones Autor, Madrid.

❿ Stanly B. M., Kirby, S. N., and Salop, S. C. (1992), Economic Analysis of Collective Management of Copyright, Virginia Law Review, 78, p. 383.

管理的成本，再考虑一下这样一部作品在世界范围内的价值，这点就非常明确。⑪ 如果再考虑问题的另一面，关于集体管理所产生的效率更加具有说服力。即在没有集体管理的情况下，由于进行交易的过高成本，就可能发生不会进行实际交易的风险。这就意味着，如果没有集体管理，每个权利持有人都有独占权去禁止他人未经其同意缔结交易合同，音乐作品的权利就可能经历"反共有的悲剧"。⑫ 因此，这样一种合作机制对于避免完全的交易缺失和相关社会成本的流失是必要的。

经济理论也说明，权力在少数人手中的聚合会带来一些成本（包括预期的与真实发生的），需要将这些成本与其他替代性运作成本加以比较。如果适用权利持有人的个体直接管理方式，在当今建立集体管理组织的时代并不可行。它意味着，没有集体管理组织，相关成本必然高于由代理人负责履行权利并捍卫被代理人及公司利益所产生的成本。然而，市场和规则也必须寻找一些能够使后者成本最小化的方法，⑬ 以确保报酬能够最大限度地返回给组织的成员。国家和地区的机构已经进行并且仍然在继续寻找着这些方法，以校正集体管理经常出现的一些市场失误行为。

选择最佳的外部控制方式：国家授权与地区授权

国家权力机构所实施的公共权力控制可以实现集体管理组织的最高效率，如确立强制性规则，为获得批准向政府机构交税，确立指定机构解决集体管理组织与成员内部之间，及集体组织与使用者外部之间发生的纠纷。⑭ 这只是其中一些已为国内版权法或者其他特定措施所规范的方面，并直接适用于这些特定国家的国内集体管理组织。在欧洲内部，遵循一体化竞争法原则，不同国家的竞争法允许以更多形式控制国内管理机构。鉴于各种控制要素已既定，如果要求按照对版权法大多数重要内容一体化的方式，实现集体管理组织在欧洲的一体化，对这种呼吁有所质疑也是合理的。为了回答这个问题，比较一下集体管理组织最初出现时与当代运作特征很有帮助。集体管理组织是在作品向公众

---

⑪ Katz, A. (2005), The Potential Demise of another Natural Monopoly: Rethinking the Collective Administration of Proforming Rights, Journal of Competition Law and Economics, 1 (3), p. 545.

⑫ Katz, A., op. cit., p. 559.

⑬ Towse, Ruth and Handke, Christian, op. cit, pp. 20 – 22. Suthersanen, Uma (2000), Collectivism of Copyright: te Future of Rights Management in the European Union, Barendt, E. and Frith, A., The Yearbook of Copyright and Media Law, Oxford University Press, Oxford, p. 22.

⑭ See Diet, A. op. cit., p. 819.

表演时被赋予管理权的,但时至今日,世界上任何地方都可以通过网络利用作品,它们之间的区别很明显,人们希望能够找到迅速有效的解决办法。⓯

　　2004年欧盟委员会指向在线使用产生的情形,指出集体管理组织已经与下面这些服务极为相关:(1)具有跨越国界的性质;(2)能够提供给其他成员国国家或居住在其他成员国的居民;(3)通过集体管理组织之间的互为代表协议进行提供,在这些协议中无论在地域、国籍、居住地等方面都包含有一些限制条款,对提供的服务进行限制。⓰ 关键问题是,目前集体管理组织已具有超越其本国地域的影响。通过互为代表协议,他们可以使用超出其本国国界的曲目作品,可以在自己司法管辖地域内管理外国作品的许可事宜。考虑到这些方面,委员会认为,集体管理组织不应实施本应绝对处于一国政府监控之下的事务。因此,欧盟权力机构必须采取一些措施,改变传统市场结构和通常实施的外国许可费管理方式。这已为《欧共体条约》第12条(禁止基于国籍进行的任何歧视)与第49条(禁止对自由提供服务加以限制)所规定。在实施必要的自主权标准中,委员会认为:"成员国可以在其地域内,依其版权法单独实施规制集体管理组织的国内行为,但不包括跨境提供服务的有关行为,"⓱ 显然,这是有必要要求欧洲权力机构加以干预的领域。对于干预的必要性,委员会指出,在线音乐服务确实需要特别的规范,"因为市场没有对跨境许可及跨境使用费的分配提供有效的结构,一系列的合同限制,阻止了作者和其他权利持有人就跨境服务寻求最好的集体权利管理,这并未得到市场的校正。"⓲ 考虑到矫正这种情形的需要,声明欧洲权力机构采取的行动要通过《欧共体条约》的条款加以合法化。下面会分析目前为止欧盟委员会已经采取的措施,既包括委员会以欧洲竞争授权机构身份,也包括发挥调解功能所采取的一些措施。要调查欧盟已在多大程度上实现了一体化,以便确定是否实现了内部市场的有效目标,仍需要更多的努力。⓳

　　⓯ Lüder, T., op. cit., pp. 16 – 18.

　　⓰ European Commission, Study on a Community Initiative on the Cross – broader Collective Management of Copyright, 7 July 2005, para. 1. 5. 1.

　　⓱ Study (2005), para. 1. 5. 2.

　　⓲ Study (2005), para. 1. 5. 3.

　　⓳ On the respect of legitimization of legislative action in the process of harmonization of collective management, Guibault, Lucie and van Gompel, Stef, op. cit., pp. 140 – 47.

版权与相关权的集体管理：一体化机制努力的成就与问题

一体化方向的竞争法行动

在欧洲，竞争法原则与《欧共体条约》第81条和第82条是多年来国家与地区机关对集体管理机制采取行动的唯一方式。[20] 版权的地域性和集体组织行为的国家内涵，绝不允许产生过度均化的运作标准。许多情况下，国内管理机构在其特定地域内已经实施了对集体管理组的一些控制方式。多年来只有欧盟竞争判例法以一种协调的方式有效影响集体管理组织。

第82条传统上用来解决集体管理组织与成员及使用者之间的特定类型行为。在禁止滥用独占地位过程中，竞争法处理了一些出现问题的集体管理组织行为，包括在其地域内的事实垄断行为，以及无论对权利持有人还是使用人，它都享有单方面确定提供服务的条款及条件的自由。在将集体组织作为普通企业加以管理方面，相关判例法表现了重要进步，这可以确保它们按照建立良好共同市场的目标和原则行事。[21] 长期以来，GEMA案中为反对滥用成员条件施加的处罚，[22] 及Tournier案[23]中对使用者应收费用所做的详细解析，都已成为对有滥用行为的集体管理组织的强有力威慑，也是向权利持有人与使用者保证，他们的集体管理组织会对权利管理执行更为有效的措施。

另一方面，欧盟委员会对集体管理组织事务的介入，还表现在处理了集体管理组织之间的关系。可以说，近年来委员会的监督促进了集体管理组织在增进作品跨界使用方面的一体化，特别是被许可方不是在一个管辖区内，而是两个或多个管辖区内需要取得多作品许可方面时的一体化。委员会更为关注集体管理组织起草在线使用新许可方法方面的合作，不可避免，这种合作是条约第81条所关注的问题。第81条禁止可能影响成员间贸易的企业间协议、企业间联合的决定及相关实践，它们的目标或效力是阻止、限制或扭曲欧共体市场内部的竞争。[24] 本文分析了当下集体管理组织间合作的范例，这已受到欧盟委员

---

[20] Study (2005), para. 1.5.3.

[21] 特别是，判例法将集体管理组织排除出可以委托条约第90（2）条意义中的一般经济利益服务的企业，因此只有在这种规则的适用不阻碍转让给它们特定指责的履行时，才受竞争规则的约束（Case 7/82, GVL v Commission, [1983] ECR 483 para. 32)，因此竞争规则完全适用。

[22] European Commission Decision of 2 June 1971 (Ⅳ/26760 – GEMA), [1971] OJ L 134/15.

[23] Case 395/87, Ministère Public v Tournier (ECJ), [1989] ECR 2521.

[24] For an analysis of Article 81, see Jones, Alison and Sufrin, Brenda (2008), EC Competition Law (3rd edition), Oxford University Press, New York, p. 121. for the applicability of Article 81 to reciprocal representation agreement, see the Notice by the Commission on Guidelines on the applicability of Article 81 of the EC Treaty to horizontal cooperation agreement (OJ C 3/02 January 2001).

会的审查。这表明竞争机构的作用不是简单地阻止反竞争行为的消极影响，还要确定数字环境下新许可解决方法的主要因素。

处于审查下的多作品及多地域许可

判例法指出，互为代表协议并非当然违反法律：

国家版权集体管理组织之间的互为代表协议关注音乐作品，它们在各自负责的地域内，彼此之间给予另一组织成员版权音乐作品公众表演的必要授权。这些授权要遵守特定的条件，并与授权地域内的法律适用保持一致。这些合同具有双重目的，与版权国际条约中禁止歧视的规定保持一致，使所有的音乐作品，无论其来源于何处，在同一成员国内对所有使用者适用同样的条件。版权集体管理组织要依赖在版权集体管理组织运作地的组织，以使其作品在另一成员国内得到保护，同时不必加入到该组织与使用者的网络合同及当地监管安排。这样一种方式本身并非违反条约第85条的限制竞争。㉕

在这种情况下，许多已经起草的合同，及随后按照不同的利用方式进行的修订，㉖ 都是处于庞大组织，如BIEM和CISAC的监督之下。

IFPI联播协议

2000年11月，国际唱片业协会（IFPI）联播协议由国际唱片业协会提交给欧盟委员会审议，国际唱片业协会代表来自包括欧盟内与欧盟外几个国家的唱片生产商集体管理组织。为与17号指令第14条一致，国际唱片业协会正在寻求豁免证明或者欧盟条约第81（3）条的豁免。协议范本可以使每一个参与的集体组织对属于合同对方录音制品的联播授权，或者在主张同等报酬时收取这一费用，㉗ 费用依据"目的国"原则计算。特别是多作品多地域的联播费，必须以之前确定的国内费用为基础，在合计时，成为对合同当事人均有效的全球许可费。欧盟委员会认为，这种计算费用的方式存在第81（1）条规定的限制竞争效果。欧盟委员会对此批评指出，协议不可能区分以下两者的差别：即分配给权利持有人使用费考虑的费用因素与集体管理组织执行不同指派任务收取行政管理费的费用因素。事实上，收取同样的管理费并不会反映管理任务的

㉕ Joined cases 110/88, 241/88 and 242/88, Frandcois Lucazeau and others v Société des Auteurs, Compositeurs et Editeurs de Musique (SACEM) and others [1989] ECR 2811.

㉖ Lüder, T. op. cit., p.41.

㉗ Commission Decision, 8 October 2002 (OJ L 106/62, 30 April 2003).

不同经济含义,每一个管理组织在特定国家内可能要承担不同的成本。

协议当事方认为,全球许可费标准构成对于维护成员国的利益是不可或缺的。一方面可以接受如果每一方当事人都能够授权多地域多作品的许可并确定自己的许可费,就可能激励低成本拿到最大可能的市场份额,即使这种服务以较高固定沉入成本却相对较低边际成本运转。另一方面,也会激励消费者进行"选择采购",从收取低成本许可费的集体组织那里取得许可。最终的结果就是,所有的合同当事人都会降低费用,这就会相应地对返给权利持有人的报酬带来消极影响。集体组织没有理由成为协议中的一部分,因为协议不保护它们对这种可能性的反对。㉘

问题是对这种协议取得的效率要冒多大的固定价格风险,才能加以平衡?通过对费用构成水平的改变是否能够消除这种风险? 2002 年 4 月,协议当事方同意对已经通知的协议进行修改,提议在向使用者征收许可费时,对许可费与行政管理费分别加以区分。㉙ 以这种方式,授权多作品多地域许可的集体组织按照与其他集体组织事先确定的许可费因素,收取汇总后的费用,并反映提供管理服务实际成本的自身管理费。委员会对这一修改比较满意,认为修改后的协议范本模式在相关产品的实质部分不会消除竞争,因此满足了条约第 81 条(3)条与欧共体协定第 53 (3) 条的共同条件。

圣地亚哥协定

圣地亚哥协定主要涉及规范表演权集体管理组织间互为代表关系的双边协定标准。这些集体管理组织通过各种技术,如网上直播、数据流和在线音乐点播,在世界范围内提供在线音乐作品的公众表演。协定规定使用者可以通过两种方式获得许可,一种是从内容提供商使用网址所在国的集体管理组织处获得,内容提供商运用的语言主要是该国语言;另一种是从内容提供商组建公司所在地的集体管理组织获得。依据协定,意味着使用者不能按照自己的选择自由确定从哪个集体组织处获得许可,而必须通过其国内集体管理组织(经济居住地条款),这一点在与第 81 条的兼容方面引起了关注。㉚ 协定的首次修改是在 2001 年 4 月,随后其被许多集体组织所接受,而不仅仅是欧共体内部的集体组织。许多集体管理组织决定加入并运作一站式商店来授权在线许可。

㉘ Ibid. at 79 – 80.

㉙ 案件不仅解决了"多地域许可协议涉及的复杂问题,也提出了建立集体管理内部良好治理原则的需要"(Guibault, L, and van Gompel, Stef, op. cit., p. 136.)。

㉚ Groenenboom, Margreet (2005), Improving Cross Border Licensing Practices for Online Music Stores – The European Commission's view, INDICARE Monitor, 2 (7), p. 16.

2004 年委员会基于所收到的对最初通知回应的评论发布了反对声明。反对声明强调，"经济性居住条款的既存问题及其可能产生的消极影响，会阻止市场向不同方向发展，阻碍每一个参与的集体组织所享有独占权的具体化，"[31] 反对声明控制了协定的发展。只有 BUMA（荷兰音乐管理组织）和 SABAM（比利时作家、作曲家与出版商协会）对委员会提出的问题进行了承诺，保证不成为包含经济性居住条款在线表演权许可协议的一方。[32] 而圣地亚哥协定没有进行更新。

BIEM 巴塞罗那协定

2002 年 2 月，欧盟委员会收到了 BIEM（机械复制权利管理与常设登记国际协会）成员缔结标准双边协定的通知，该组织代表并协调机械权集体管理组织的活动。该协定标准形式建立在机械权集体管理组织间已存的互为代表协议基础之上，主要修改是包括了以电子方式（包括网络如万维网广播、在线音乐传输的流动及下载行为）利用音乐作品。协定范本中要求许可必须由使用者所在地的集体管理组织授权，这与圣地亚哥协定的规则中运用的措辞类似。这些内容也出现在 BIEM 巴塞罗那提议案中，委员会不愿接受其中的消费者分配条款，认为它可能会形成对市场的划分。协定未被更新，迫使产业寻找其他的替代方式，集体管理组织也很遗憾，除了回到地域对地域的许可形式外，别无选择。[33]

最近反对 CISCA 的程序

CISCA 是国际作者与作曲家协会联盟，CISCA 协定中包含了由 CISCA 提议的合同。作为联盟成员之间缔结的互为代表协议范本，它主要涉及表演权所包括的每一种版权类型利用的集体管理。2003 年 4 月，欧亚数字音乐广播组织（music choice plc）对其投诉后，委员会在 2006 年发布一项反对声明，主要集中在协议范本中一些网络特别待遇、音乐的卫星与电缆转播与欧共体条约第 81 条及欧洲经济区协定第 53 条的兼容性方面。第一个关注的问题是"成员条款"，依此条款，缔结互为代表协议的集体组织，在没有另一集体组织同意的情况下，不能接受具有另一集体管理组织所在国内国籍的公司、个人或其他协会成为会员。[34] 第二个关注的问题是"地域性条款"（或前文提及的经济居住条款），

---

[31] Notice, C 200/11, 17 August 2005, at No. 6.

[32] Ibid.

[33] See CISAC Annual Report 2004 at 36, and Gilliéron, P. (2006), Performing Rights Societies and the Digital Environment, bepress Legal Series. Working Paper 1436.

[34] Notice, C 128/12, 9 JUNE 2007, 5 (1).

商业用户只能从当地的集体管理组织取得许可。㉟ 这就使得集体管理组织在其商业用户所在的特定地域内,拥有授权的独占权且限定了许可在特定地域内的有效性,即使是网络、卫星或电缆转播也是如此。协定的地域性㊱特征是其与圣地亚哥协定和巴塞罗那协定的区别之处,其主要目的是发放多地域多作品许可。

CISCA 反映了传统互为代表协议文件对当下需求的有效调整,即寻求不再限定于特定地域内实施许可的需要。这种现代化需要在委员会的持续关注下已得到解决,协定当事方也给予了承诺。关于"成员条款",CISCA 承诺不再建议有关欧共体集体组织间互为代表,已签约的集体组织答应从他们的双边协定中删除与范本中独占性条款有同样、类似或者相同影响的条款。㊲ 关于"地域性条款",CISCA 承诺不再建议 EEA 组织之间授予独占性权利,已经签约的集体组织承诺,在合同范本中删除与双边协定类似或有同样影响的条款。㊳ 在"地域划定"方面,集体管理组织答应,或者直接通过欧共体许可表演权,或者按照一定条件,强制每个签约且满足了特定数量标准㊴的集体组织向网络服务、卫星或电缆转播授予多作品多地域许可。

关于第二部分涉及欧盟委员会管控作用举措的讨论,已经得到了明确。就竞争规则方面的问题而言,"非基于类似互为代表协议"㊵ 是基于协议中包含的一些限制性条款。依此,问题并非在于互为代表协议,是在于界定这些协议实际运行机制时集体组织所附加的条件。

某些商业情形的竞争问题

戛纳延展协定

2003 年 2 月,环球音乐公司就大出版商与机械版权集体组织在 2002 年缔结的一份协定,向委员会提出了投诉,这些集体组织主要管理和发放音乐作品及在有形载体上录音复制的许可。被投诉协定是对 1997 年签署且 2000 年到期的类似协定的延展,主要涉及集体管理组织就其提供服务能够向成员征收管理费的最大化问题。

通过中心许可协议(19 世纪 80 年代中期发布),录音公司可以得到一份单独许可,不针对单独地域,仅对欧共体整体有效。根据彼此间的互为代表协议,每个集体组织都要为使用了别人作品的其他相关国内机械集体组织支付使

㉟ Ibid., at 5 (2).
㊱ Ibid.
㊲ Proposed commitments under Article 9 of Regulation 1. 2003' (7 March 2007), at 4.
㊳ Ibid., at 3.
㊴ Ibid., at 5 (Ⅳ).
㊵ Press Release accompanying the Statement of Objections, MEMO/06/63 (7 February 2006).

用费。由于 BIEM 和 IFPI 代表成员缔结合同的一致性协商体系的建立，使用者与机械集体组织之间可以协商的许可程度受到了限制。在考虑戛纳延展协定中提出的限制时，我们应注意，许可中商业条款进行协商的自由程度已经受到限制。对于能够实际提供交易最低限度灵活性的要素施加进一步的限制是有害的，因它可能进一步一致化集体组织与其使用者间的联系基础。

两个条款因其与欧共体条约第 81 条及欧洲经济区协定第 53 条的兼容性方面引起关注，出现在委员会的初步评价中。[41] 一方面，第 9（a）条强行禁止集体组织对录音公司给予回扣。它规定"集体组织收取的既定使用费及其他费用，对于成员是确定的。任何集体组织在任何情况下不得给予录音公司费用，或者以回扣、降低费用及任何其他形式（通过一次总付、服务条款或使用费降低或价值返还的方式）接受费用，除非相关成员以书面形式表示同意。"[42] 这一条款的目的是就有关集体组织成员产生的收入增加透明度，不能通过某种"赠与"策略予以返还。该条款并未完全禁止能够得到授权的回扣，如从行政管理费中支出，但它还是限制了商业的适用性。该条款使得录音公司完全不可能得到回扣，除非得到相关利益方的同意，而得到这种同意实际上并不可行，尤其在录音公司希望拿到一揽子许可，或者捆绑作品许可的情形下更是如此。

另一方面，第 7（a）（i）条被认定为"不竞争条款"，它规定，"集体组织应当正确地进入所谓的商业活动，这些商业活动只能为促进集体组织成员的利益而进行，在任何情况下不得损害成员的利益。它们不应是出版商或录音公司进行的活动，除非使用的是少量文化基金，这种文化基金主要是从事或支持成员的作品制作录音，没有这些基金这些录音制品就不会问世。而且这种文化基金只有在非营利性质情况下才被允许，除非出版商或其他权利持有人向该集体管理组织特别授予了实施权。集体组织不得以任何重大的方式行使许可方与被许可方双方的权利"。该条款显然有通过消除市场竞争因素而使行业结构具体化的意图，但其认为，集体组织想将其活动多样化并开始在音乐出版领域或像录音公司一样行为，这样的想法很奇特。尽管我们必须承认，集体管理组织在音乐行业拥有较高地位。例如，它们可以和一些重量级用户进行协商，而这对于个体权利持有人则根本不可能实现，因此，集体组织对于市场均衡有着重要影响。集体组织向录音公司或出版商运营实体一样转型，必须加以慎重考虑。制定第 7（a）（i）条的部分原因是出于直觉，集体管理组织的一些成员，

---

[41] Market Test Notice, OJ 122/2 (23 May 2006).

[42] Commission Decision, 4 October 2006, (Case Comp/c2/28, 681 – The Cannes Extension Agreement), No. 27.

版权与相关权的集体管理：一体化机制努力的成就与问题

如一些大型出版商，不希望集体组织与其竞争使用这些来自实施成员作品的经济资源。但普遍认为，成员缴纳的费用并不是用来资助和支持集体管理组织作为出版者或录音公司活动的唯一来源。

由于这两个条款有可能形成反竞争的影响，协定当事方进行了承诺。修改了第9（a）条，允许回扣，但条件是它们不能降低集体组织成员的收入，如所建议的一样，它们可以由行政管理费支出。[43] 第7（a）（i）条一并被删除。[44] 结果，委员会对承诺表示满意，按照欧共体第1/2003号条例第9（1）条，使其具有法律约束力，并终结了该诉讼。

在该成果及上述分析的其他案例基础上，我们可以看到委员会对于集体组织涉及集体组织间所有合作方式的审查，并对相关商业事项的几个方面施加了重要影响。基于此，竞争法不再是一体化的外围法，而是非常重要的部门法。它对于未来集体许可新形式的发展会连续发挥影响。

关于版权与相关权管理的规范努力

欧盟委员会除介入以执行竞争法中规定的原则外，还采取另一套举措解决集体管理组织的管理问题，以实现集体组织工作机制方面一体化。对这些举措的分析可以分为不同的阶段。首先是预备阶段，它承认提出集体管理组织运行标准的需要，并界定采取行动的适当领域为地区层面。在这一初始阶段，欧盟委员会发布了绿皮书（1995）。该文件成为启动系列举措的平台，包括一个听证会和允许欧洲机构从当事方获取信息的咨询程序，直接面对迅猛发展技术所带来的挑战。第二阶段始于2004年，欧洲议会通过一项决议，欧盟委员会通过一份通告，在界定集体管理组织权利一体化改革的目标，及为实现这些目标采取的方法方面，发挥了积极的作用。第三阶段是委员会通过调查方式形成了实际的策略，并以建议的形式正式寄给相关当事方，第三阶段与欧洲议会的一份文件相辅相成，组成一份决议，以限制建议的效力。

目的声明：预备阶段

信息社会版权与相关权绿皮书[45]于1999年7月19日发布，对集体管理组织问题给予了特别的阐述。[46] 文件中讨论最相关的问题涉及新类型作品权利管

---

[43] Commission Decision, NO. 44.
[44] Commission Decision, NO. 45.
[45] Green Paper, (COM (95) 382 final), p. 70.
[46] Guibault, Lucie, and van Gompel, Stef, op. cit., p. 118.

理带来的挑战，如多媒体作品，它的法律含义在绿皮书时期还没有被当时的法律文件充分对待。它强调在版权及相关权领域面临的困难之一是对多媒体作品的行政许可，更准确地说，是使用者在界定应从多个权利持有者中的何人获得许可时所遇到的困难。❹ 对于这种困难，制定一种新形式强制许可的呼声较强。但在1995年绿皮书中坚持，通过集体组织进行的权利行使仍然应当以自愿为主导。另一方面，如果以界定为目的确立一个单一进入标准，就可以为使用者提供帮助。认为给使用者的必要信息规定"是可能的，如果逐步引入共同运作的不同集体组织，组合的数据库以及确认体系"，❹ 这并不会消除集体组织在特定市场中所确立的作用。至于建立处理多媒体使用信息核心实体的反竞争影响，认为一种集中的机制不必然与竞争规则相冲突，确立一站式服务的总体思路不应被放弃。❹

绿皮书是对集体管理组织展开讨论的起点，并在1995年后通过欧洲机构发布的一系列文件得到了进一步的发展。比较重要的是，在绿皮书之后，在委员会进一步举措中发布了一项策略性决定："转让机制、促进个体许可或集体许可的发展，至少目前，应当留给市场"。❺ 这是建议的方法，尽管委员会又补充指出，仍然需要对集体组织的权利和义务给予更为精确的定义，"特别是在费用的收取与计算、监督机制及竞争规则的适用方面"。❺ 随后，委员会在2000年组织召开了一场公开听证会。在听证会上证明，在细化欧共体范围的许可方面需要部署进一步的工作，其重要性将超过地域许可带来的问题。❺ 因此，不仅需要考虑更集中形式的管理，还要根据新型使用持续不断出现的技术环境重新处理许可范围问题。

制定政策中的积极作用：第二阶段

欧洲议会的决议

采取的真正行动是2004年1月15日欧洲议会通过的决议。❺ 在这份文件

---

❹ Green Paper, p. 72.

❹ Ibid., p. 75.

❹ Ibid., p. 77.

❺ Communication from the Commission, Follow – up to the Green Paper on Copyright and Related Rights in the information Society, COM (96) 586 final, 20 November 1996, p. 26.

❺ Ibid., pp. 26 – 7.

❺ [EB/OL]. http://ec. Europa. eu/internal_ market/copyright/management/hearing – collective – mgmt_ en. htm.

❺ European Parliament Resolution on a Community Framework for Collective Management Societies in the field of copyright and Neighbouring Rights (2002/2274（INI)), OJ C 92 E, 16/04/2004, pp. 425 – 32.

中，欧洲议会强调了集体组织所追求机制目标的重要性，(54) 但也指出了现状中的几方面问题。议会呼吁进行以下几方面改变，概括包括：(1) 为了促进集体管理组织间的合作，应当有共同的工具和可比较的参数；(2) 组织结构、透明度、会计、法律救济的最低标准应当授权给集体组织的成员；(3) 应终止手续费方面的歧视，特别是终止集体组织对外国权利持有人使用费管理的B型协议；(55) (4) 应当确立外部控制和争端解决机制，并在费用上不致无法利用。

总的来说，议会呼吁为集体组织透明度(56)与民主一体化目的采取几项措施，尽管竞争机构在组织滥用方面已经发挥了应有的作用。(57) 在竞争问题上，绿皮书表达的意向与决议采取的方式之间有着密切的联系。两个文件中都明确，竞争机构的作用应保留监督职能，因为“在竞争方面失当的主张或许会造成市场的进一步碎片化，以及权利澄清及反倾销税方面的混乱”。(58)

欧盟委员会的通告

另一份极为相关的文件是与决议同时发布的2004年4月16日欧盟委员会通告，标题是“网络市场中版权与相关权的管理”。在该文件中，委员会针对既存风险，特别是数字环境下的问题提出了更有法律和技术意义的方法。(59) 它顺便从竞争法的角度提及了集体管理组织的问题，但并未进行彻底分析。委员会宣布，这种情况存在“版权框架内建立在内部市场规则与原则基础上的法律方法”。(60) 这种法律方法应当利用集体管理的特性，实现内部市场中集体管理组织的公平市场，包括 (1) 组织建立及地位的规则；(2) 集体管理组织与使用者之间的关系；(3) 集体管理组织与权利持有人之间的关系；(4) 集体管理组织的外部控制。

对于第一点，委员会希望采取措施，确保集体管理组织的建立在所有成员国内需要满足类似条件，如在可以建立组织的人员、机构的地位及效率、运作

---

(54) European Parliament Resolution 2004, No. 28. Adolf Dietz (op. cit., p. 810). 在这方面强调“尽管存在严厉的批评……决议最终理解这种集体管理组织的传统和必要作用，包括他们在文化与社会方面的特殊责任；决议甚至将其视为公共机构的辅助”。

(55) 按照B型协议，“契约组织之间没有支付转移；所有的收入要保留在该国，并按照该国的组织规则使用”。(Ficsor, Mihály, op. cit., p. 83).

(56) European Parliament Resolution 2004, No. 62.

(57) European Parliament Resolution 2004, 18. See also Dietz, op. cit., 817 – 19, and Guibault, Lucie and van Gompel, Stef, op. cit., p. 131.

(58) Explanatory statement to the Resolution 2004.

(59) See Dietz, op. cit., p. 814.

(60) Communication (COM (2004) 261), para. 3.5.

与审计义务的必要证据等方面。[61] 委员会希望在不同成员国确立类似成立条件的项目,看起来非常困难,因为不同地域内的成立条件不仅差别很大,而且扎根于各特定国家的法律传统之中。

对于第二点,即集体管理组织与使用者之间的关系,委员会建议应当明确集体组织有义务公开收入,应以合理的条件发放许可,应为使用者提供适当的机制(仲裁、调停等)对其被要求支付的费用提出异议。[62] 委员会认为,这是促进和保护获取受保护作品的必然要求,但关于必须保证使用者获取作品的说法值得商榷,因为欧洲集体管理组织是权利持有人委托的机构,用以集中管理他们的权利,对其负有信托的义务。这就将讨论引向第三个方面,集体管理组织与其成员之间的关系。

委员会坚持一个集体组织应避免歧视,确保良好的治理、透明度和会计业务的需要。它补充指出,在某种程度上,权利持有人对集体组织授权的期间和范围应当是灵活的,以便于个体管理可以成为一项选择,个体权利持有人可以依赖数字权利管理体系完成可由集体组织履行的任务。但总体上说,集体组织的良好治理对于所有相关利益方都具有最优利益,而增加成员规则灵活度的影响则受到质疑。必须指出的是,竞争机构已经阻止了滥用的继续,加强了成员与集体组织间的联系,[63] 限制了它们的机动性。但过度机动性的风险不可低估,在获得一揽子或捆绑许可使用者要求的法律确定性方面,在集体组织的实际日常运转方面,都不可能有效依赖多数成员的一致。

最后,对于第四方面反映的对集体组织的控制形式,委员会认为外部控制机制在权限、构成及裁决是否具有约束力性质等方面,应具有类似特征是适当的。再次说明,不同法律体系特点使在所有地域内严格执行强大而共同一致立场的改革变得困难。特别是对于外部控制,应当优先考虑不具有攻击性的一体化形式,以便这种行动不会专用来改变既存机制的性质,而是通过来自国内市场和公共机构的鼓励来改进这种机制。

针对委员会在通告中采取的方法,受邀参与咨询程序的107位当事人提交了评论,[64] 这些评论意见提供了多种有价值的见解以及对委员会采纳方法的看法。评论中表达的分歧观点表明,通过制定指令实现集体管理一体化的计划可能会遇到相当大的障碍。尽管如此,委员会的态度是,为了实施通告中突出的

---

[61] Communication, para. 3.5.1.
[62] Communication, para. 3.5.2.
[63] See supra, pp. 22 and 23.
[64] [EB/OL]. http://ec.europa.eu/internal_market/copyright/management/contributions_en.htm.

变化有必要采取法律措施，并成为委员会2005年工作计划的一部分，认为指令是适当的方式："其目的并非是对集体管理组织的所有规则进行一体化，而是施加必要的义务，以加强内部市场的功能，且实施它们不会损害成员国目前的法律机制，为实现这一目标，指令看来是最佳方式。"❻❺ 2005年工作计划指定于2005年10月采纳提议。

第三阶段：形成在线音乐集体管理策略

欧盟委员会的政策选择

伴随2005年7月7日的"关于跨界版权集体管理的欧共体举措研究"，委员会将努力集中在在线音乐服务的跨界管理合法化方面，准确地说，是对无处不在的网络寻求解决方法。❻❻ 委员会发现，适用于跨界许可的可用文件，即集体管理组织间的互为代表协议，没有什么效率。相反，它们阻碍了在线音乐服务市场的发展。❻❼ 这看起来与委员会在另一个场合要求对互为代表协议的CISAC体系作出判断时表达的观点不一致。❻❽ 但委员会按其协调作用，考虑有必要为播放者提供市场无法同时提供的工具，并提出了三种可能的政策选择。❻❾

选择1：不采取任何行动。这一选择被自动放弃了，因为市场无法为跨界许可提供有效的结构。

选择2：消除地域限制与互为代表协议中的歧视条款。这一选择为使用者提供了获得许可的选择，其可以从其愿意交易的任何集体组织，而不必须从其国内集体组织处获得许可，或许会改进互为代表协议的传统文件。这就确保了每一个在国内层面的集体管理组织，既可以作为与作品有关的一站式服务运作，也可以在网络上运作其他集体管理组织的作品。但这种政策的内在风险是，集体管理组织会力求通过降低许可价格，获得最大数量的用户。这必然与集体组织与成员间既存的信托义务相冲突，并最终会导致权利持有人获取使用费用的下降。❼⓿

---

❻❺ Commission Work Programme 2005, Communication from the President in agreement with Vice – President Wallström, 26 January 2005 (COM (2005) 15 final). See also Guibault, Lucie and van Gompel, Stef, op. cit., p. 140. A directive could have provided for a certain level of harmonisation and legal certainty but it would also have avoided time consuming negotiations and the regulatory over – complexity that the adoption of a regulation is generally likely to produce (Roadmaps – Commission Work Programme, p. 35).

❻❻ See Guibault, Lucie and van Gompel, Stef, op. cit., p. 136.

❻❼ European Commission, Study, para. 1.1.4.

❻❽ See supra.

❻❾ Study 2005, para. 3.

❼⓿ Study, para. 4.1.3.

选择3：赋予权利持有人选择权，由他们任命其所选择的集体组织对整个欧盟内的在线用户发放许可。由于权利持有人占有最具吸引力的作品资源，他们的选任会在集体管理组织之间造成竞争，这种政策选择是委员会所钟爱的一种方式，它被认为是"为权利持有人利益管理数字技术的最好模式"。[71] 对于非在线环境，它也是最可接受的长期模式，即使从国内模式转向区域模式的现实时间表或许要求新措施的立即执行。

在给出这三种政策选择的同时，委员会也提供了可能会被任何改革措施所影响的几个方面的分析，如法律确定性程度、透明度、良好治理、文化含义、贸易流、创新和发展的影响，以及对竞争和价格的影响。在显示改革对集体管理组织的未来影响时，研究承认，对于大部分收入来源于外国作品许可的集体组织而言，选择3代表着困难。[72] 但一般认为，选择3并不会当然产生使较小集体组织消失的结果。相反，在集体组织为吸引最具有价值权利持有人而相互竞争的情况下，小集体组织有机会扩大市场的份额，只要它提供服务的效率水平高于大型集体组织。换言之，权利持有人不会简单被集体组织的规模所吸引，而通常考虑的是该组织的高效运作机制。如果他注意到，一个集体组织对成员收取较低的费用，并/或能够在费用分配方面更有效率，他就会决定改变集体组织而跟随效率更高的那一个。在这种意义上，"竞争到最优"机制就会得到鼓励。本文在最后的评论中会指出，从实践的视角看，为什么这一推理会被击破。

"软法"文件：委员会建议

在指令是解决集体管理最适当文件的这种观点得到了坚定支持后，委员会转向详细制作建议，并在2005年10月18日正式发布。建议不排除下一步向制定指令方向的努力，但认为这会需要很长一段时间。

根据欧共体条约第211条，"如果它明确规定了，或者委员会认为有必要"，委员会有权就条约中处理的事项发布建议。但建议并非具有约束力的文件，这一点在第249条中已明确确立。[73] 因而，委员会在对一些举措进行发展时，就要思考通过建议的方式，要在何种程度上建立网络市场中集体管理的公平状态。换言之，一份软法文件是否能够实现在欧洲层面上追求的目标。为了下面的分析，我们有必要清楚认识，建议不可能被当事人在国内法院加以适用，无论以直接的方式或间接的方式。但判例法表明，国内法院在解释既存法

---

[71] Study, para. 3.3.
[72] Study, para. 4.11.2.
[73] Guibault, Lucie and van Gompel, Stef, op. cit., 148. Lüder, T., op. cit., p. 20.

律时，应当对它们加以考虑。[74]

建议的内容包括了对成员国和欧共体范围内版权及相关权管理涉及的所有经济运行方的基本性指导。[75] 文件并未规定要消除互为代表协议体系，而是倾向于采纳竞争最成功、最具有价值权利持有人的集体管理组织的提议（研究中的选择3）。[76] 正是在这种意义上，建议"权利持有人有权委托对运作合法在线音乐服务必要的权利管理，可以选择地域范围，选择集体管理组织，而不论集体管理组织或权利持有人的成员国国籍或居民身份"。[77] 按理说，权利持有人应当具有机动性，只要给予合理通知，就应有权撤回自己的权利。[78] 但要保持随时通知到每一个人（权利持有人、商业使用者，以及彼此间）它所能够代表的作品已经发生变化，这可能会为集体管理组织施加较重的义务。[79] 这是否可行且是否会促进现有的许可体系，仍然值得讨论。法律确定性和作品稳定性方面要进行认真评估，[80] 因为其对于集体组织期望改进的效率以及各方利用该效率的能力方面有着实质的影响。

顺便提及，建议也考虑到了社会与文化演绎方面的问题。建议不改变现有的情形，它只是明确集体组织应当在成员规则中确定是否适用文化和社会演绎。作为一种保护权利持有人的形式，建议坚持应当消除不同类别权利持有人之间任何形式的歧视；作为一种保护使用者的形式，要求成员国提供有效的争端解决机制，这就出现了实践中许可的跨界性和解决这种事务的传统地域方式之间的兼容性问题。一方面，文化演绎怎样能够有益于那些做出贡献但分散在不同国家的权利持有人？也就是说，集体管理组织怎样用文化演绎避免歧视呢？另一方面，考虑到在线许可通常覆盖若干国家，当其中一个国家提出要求时，哪一个争端解决文件能够适用呢？是使用发生地国家，服务提供商营业地所在国家，还是集体管理组织发布许可的国家？这些问题在改革进程中对于涉及的当事方间，还有很大的争论空间，目前为止还没有得出合理的结论。

---

[74] Fairhurst, John and Vincenzi, Christopher (2003), Law of the European Community (4th ed.), Pearson/Longman, London, p. 41.

[75] Recommendation, No. 19.

[76] Groenenboom, Margreet (2005), Commission Recommendation on Cross Broader Licensing: Last Train Boarding Now! INDICARE Monitor, 2 (9), p. 22.

[77] Recommendation, No. 3.

[78] Recommendation, No. 5 (c).

[79] Recommendation, Nos. 6 and 7.

[80] Groenenboom, Margreet, op. cit., Commission Recommendation on Cross Broader Licensing, pp. 22–3. Frabboni, Maria Mercedes (2006), Online Music Licensing: The Calm after the storm, Entertainment Law Review, 17 (2), pp. 67–8.

改革的第一个障碍：欧洲议会决议

委员会的建议遭遇了机构上的障碍，让人失望的欧洲议会于 2007 年 3 月 13 日发布了一个决议，表达了关于委员会采纳软法方法的观点。㉛ 决议以 2006 年 11 月卡特林·列瓦伊提交的报告为基础，㉜ 决议的关键点是对委员会的尖锐批评，认为应当有议会的参与，而委员会却并未这样做，其应当为此负责。决议指出，建议中包含的软法方法有效地回避了民主程序。事实上，建议并不是一份仅对现有规则进行解释和补充的文件，而是超越了这些规则。议会认为，建议已经开始影响市场上的决定，㉝ 对竞争和文化的多元化造成了损害，㉞ 不仅对于所涉及的在线音乐服务，还包括集体管理音乐权的整体进程。㉟ 为了矫正建议造成的失衡，议会邀请委员会对相关利益方进行更为广泛、彻底的咨询，尽可能快地提出"为了规范版权及相关权就跨界音乐服务的集体管理，欧洲议会和理事会共同决定制定灵活框架指令的提议"。㊱ 由此，议会又回到了最初的观点，指令是最适当的文件。

关于建议的内容，决议并未完全反对委员会关于加强权利持有人按照其希望的在线使用选择集体组织的提议（建议选择 3）。但决议更关注的是，鼓励这种灵活性和互为代表协议的消除可能产生的消极影响，尤其是对小权利持有人及本地权利持有人利益的影响，并可能最终会损害文化的多元性和创新。议会设想的关于消除互为代表协议的风险是，大权利持有人会委托大型集体组织，从而形成欧共体范围内的市场供应垄断者，将小集体组织排除在大部分作品管理之外。这对于依赖收入的小集体组织有着消极的影响，尤其会损害那些按照自身规模及作品特征任命国内集体管理者的权利持有人。由此议会排除了

㉛ European Parliament, Resolution on a Community of 18 October 2005 on collective Cross Broader management of copyright and related rights for legitimate online music services, (2005, 10.18), 13 March 2007.

㉜ Report on the Commission Recommendation of 18 October 2005 on collective Cross Broader management of copyright and related rights for legitimate online music services, (2005, 10.18) (2005/737/EC) (2006/2008 (INI)) (A6 - 0053/2007 Final) (the Lévai Report).

㉝ "对建议首次体验表明，新建立的平台将会提供在线许可，该平台由现有集体组织合作运行，共同为出版商或集体组织服务"许可它们跨欧盟实现交易，最近的平台包括英国与德国，另一个是法国与西班牙（Lüder, T., op. cit., p. 56）。

㉞ 关于委员会合法在线音乐服务版权及有关权跨界集体管理建议（2005 年 10 月 18 日）的欧洲议会决议（2007 年 3 月 13 日）。(2005/737/EC) (2006/2008 (INI))，B 与 C 解释声明，Lévai Report，"建议对于版权市场有深远的影响，市场参与者主要在此基础上行为。它会比简单地补充和解释既有规则更进一步，这种影响有规范措施的所有特征"。

㉟ On the implications of the Resolution and further developments, see Frabboni, Maria Mercedes (2008), From Copyright Collectives to Exclusive "Clubs": The Changing Faces of Music Rights Administration in Europe, Entertainment Review, 19, 100.

㊱ European Parliament Resolution 2007.1.

小集体组织离开其原市场获取的专业化，离开以更有效率的方式履行职责获得声誉和用户，还能生存的可能性。[87] 议会认为，只有那些能够成功吸引大权利持有人的集体组织能够最终在市场上立足，而其他组织则会消失。对建议中包含提议的主要批评是，结果可能形成事实上的市场寡头，[88] 无法保护市场上运营的小企业，从而损害文化多元性与创新。议会很自然得出结论认为，应当保留互为代表协议为集体管理组织的主要文件，以便全球的作品都能够得以利用。[89] 为了实现这一目标，对于主要权利持有人与集体组织之间跨越不同成员国直接收取使用费的任何形式的排除指令，都有必要予以禁止，[90] 恢复"目的国原则"基础上的受保护作品消费价格体系。这一特殊方面再次突出了应努力协调开放市场，以改变集体组织在特定地域的垄断地位造成的低效，也突出了确保一体化为集体组织提供公平市场，保护版权法所追求的经济文化目标的需要。由议会的推理可以得出，没有后者的目标，在内部市场，文化产业就会面临以作品数量和质量下降为代价的风险。

结　论

本文分析了欧洲机构就解决在版权及相关权集体管理条款缺少一体化方面所采取的两种不同方法。执行竞争法原则的结果，并未发现能够成为欧洲机构管理内部市场一体化活动的充分支持。而且前文阐述的欧盟委员会与欧洲议会之间的差别，不仅是改革尝试中发现的公开障碍的标志，也是当前一体化程序在明确有效欧洲行动界限时遇到的更基础性的困难。如果对集体管理设计的一体化措施在一些情况下是合理的，就可以消除成员国间法律的差异，这些差异或者为创造或保持了扭曲竞争的条件而负责，或者阻碍了欧共体内部提供服务的自由与货物自由流动，并可以合理地反对给予文化和社会目标的特别关注已经超越了一体化的必要性。[91] 这些方面有可能影响有效竞争，商品和服务的自由流动吗？虽然在欧盟委员会作为竞争机构的活动中，与竞争有关的问题找到

---

[87] 这一问题有争议："欧盟许可平台是作为建议的结果而出现，并未限制国际音乐出版商的财产。尽管对此方面有所担忧，欧盟直接许可在英国音乐出版商独占领域内并未得到发展……为中小型出版商提供的平台随着大音乐出版商一起出现"（Lüder, T., op. cit., p. 57）。

[88] 与建议公开承认促进公平竞争的目标相反，这种行为是潜在反竞争的，它可能导致寡头垄断，市场支配力集中在几个主要权利持有人和少数大型CRMs手中（解释声明，Lévai Report）。

[89] European Parliament Resolution 2007. 6.

[90] European Parliament Resolution 2007. 7.

[91] Guinault, Lucie and van Gempel, Stef, op. cit., p. 142.

了答案，但目前欧洲层面上的方式与商品和服务自由流动原则的要求两者之间的关系，没有那么简单。尽管如此，我们必须承认，解决文化产品经济利用的所有政策都具有重要的文化内涵，因此，对于建议中议会提议的措施，不能因为其过于粗略而置之不理。集体管理的一体化应当考虑到集体管理组织所追求的文化与社会目标，但要知道，即使没有国内集体管理组织的具体参与，这些目标依然可以得到有效保护。

计算机程序的版权保护

乔恩·秉

19世纪60年代的时候，计算机程序是非常高档的计算机配件。这其中有几个原因，其中之一是，这种程序只能在那个写入程序的计算机而不能在其他计算机上运转。这种高水平的语言仍然在制作，❶ 只是适配性降低了。1964年IBM发布了360系统，消费者可以购买小一些的操作系统，如果他们的需要提升，系统也可以升级，这一操作系统取得了相当大的成功。大概是受到被诉为垄断一方当事人的刺激，❷ IBM在1969年决定将软件与硬件解绑。计算机程序可以被单独定价，甚至可以由第三方当事人来提供计算机程序，如此一来，市场上就出现了需要对计算机程序加以保护的显著问题。

当时，美国还没有明确以版权法保护计算机程序。但有几个法院判决，竞相用版权和专利体系来对计算机程序提供知识产权保护。也有人强烈支持第三种可能性，即为计算机程序建立特别权利机制，认为可以设计一种既非版权也非专利权的体制，以适应计算机程序的特殊性。这种特殊性的表现就是它有时会被称为"工业版权"，而程序本身又常被称为"软机器"。

我想讲一件轶事。❸ 在日内瓦世界知识产权组织❹召开的一次专家会议上，❺ 有一天晚上下了场不同寻常的大雪，厚重的雪堆积在世界贸易组织大楼周围。为了能空出停车位，许多临时起意的工具被用来除雪。会上一位苏联代

---

❶ The first version of COBOL was adopted in 1968 by the American National Standards Institute.

❷ The complaint for the case US v. IBM as filed in US District Court, Southern District of New York on 17 January 1968 by the Justice Department. The case was withdrawn on 8 January 1982.

❸ 基于本人所作会议笔记。

❹ 1985年2月25日至3月1日。

❺ 关于计算机程序保护的政府专家建议团。

表团的代表❻以此为基础,将其作为特别权利保护的一种隐喻,"日内瓦很少下雪,我们只能用手边的工具除雪。如果你住在莫斯科,你会希望每年冬天都下大雪,这样你就会有高效而专业的除雪工具。先生们,女士们,我想问问大家,你们认为计算机程序更像日内瓦的雪,还是莫斯科的雪?"❼

世界贸易组织在彼得西博教授的帮助下,❽ 确实开发了1971–77"计算机软件保护的示范条款",但这些条款未被任何国家的国内立法所采纳。示范条款主要受版权法启发,但一些要素与专利保护的内容相似。实践中的情况是,1980年,1976年美国版权法修正案通过,将版权保护延及计算机程序,各种争论也随之终止。一个国家自由地在《伯尔尼公约》及世界版权公约基础上将软件变为文学作品,这使得在一夜间建立一种国际保护机制成为可能。

版权的兴趣几乎完全限于计算机程序,因为保护这些程序拥有市场,有着重大的商业利益。这种兴趣也发现了不同的保护策略,一种是引入不同的设备来执行这些程序,就像将程序称为打印机外配件的插头,找不到这个配件,就无法启动打印机。这就是技术保护措施的开端,后面会对它详细加以讨论。另一种措施是程序只能应用在目标模式之中,为了开发功能性软件以和其他程序互动,就会产生反向工程的规定和规则。版权保护的特征是,允许任何人获取受保护作品中的信息,并且在创作新作品中使用这些信息。软件只能应用在目标模式中的这种做法阻碍了对信息的获取,就会造成某种程度上与版权相异的反应——反向工程。

在其他方面也存在一些兴趣。在1982年世界知识产权组织与联合国教科文组织联合会议上,❾ 关注了"利用计算机系统获取与创作作品产生的问题"。在建议案中指出,如将一部受保护作品上传到计算机系统上,就代表着公约条款中的一种复制。利用计算机创作作品吸引了更多的关注,如作曲家就可以利用计算机作为工具。建议案❿也指出,工具是考虑这种使用的一个视角。

尽管当时(1982年)真正关注利用计算机系统使用文学、音乐或视听作品,但计算机系统还有相当大的限制。一年之前IBM刚推出了个人电脑,第一种模式没有硬盘,只有1.3寸的软盘(的确疲软),存储非常昂贵,就有必

---

❻ Vitally Troussov, Deputy Director of the Patent Examination Department, USSR State Committee for Inventions and Discoveries.

❼ One will find a reference to this intervention, though stripped of the images, in the report of the meeting, paragraph 22, UNESCO/WIPO/GE/CSS/3, 8March 1985, 4.

❽ Swedish Law and Informatics Research Institute, Faculty of Law, University of Stockholm.

❾ UNESCO is the depositary for the Universal Copyright Convention.

❿ Art. 14.

要考虑以较低成本来存储受保护作品的大量数据。20 世纪 80 年代早期，研究重点就放在这种程序，以及最初游戏用的低成本特殊类型软件，特别是那种为低端消费者市场推出的设计平台，也必须为建立受保护作品的市场发展基础设施，这直到 20 世纪 90 年代后才出现。这些发展塑造了网络，为那些法律政策刚刚起步的受保护作品创造了潜在的市场，也为与信息技术有关的知识产权法承诺了一个有趣的未来。

计算机程序

源程序与目标程序

像其他术语一样，"计算机程序"术语是普通语言的一部分，在日常技术性语言基础上运用，当然也具有某种不确定性。概念的核心是，其是可以被计算机加以执行的一种程序。这种程序以一系列与程序性语言形式一致的指令形式存在，其由一组命令的预先定义构成，对它们的语义必须详加界定，以便在计算机上可以启动预定的行为。程序要严格地遵循句法，以便能够被执行或正确地加以执行。程序多种多样，程序员有相当大的自由进行选择。这种程序与数据不同，程序依据数据加以运作，就是运转程序的词语与程序运转文本之间的关系。

下面的图表会用简单的术语介绍程序的不同方面（见图 16.1）。

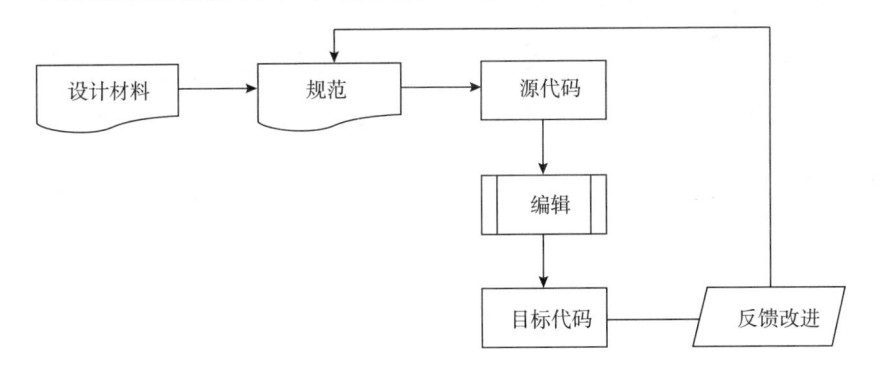

设计材料 → 规范 → 源代码 → 编辑 → 目标代码 → 反馈改进

图 16.1　计算机程序介绍

计算机程序的概念主要集中在源代码形式上，这是以一种高水平语言写就的程序，COBOL 是最传统的语言之一，现在则朝更为现代的语言发展，如 C + + 或 RUBY。在本文中，这不是非常重要。这种程序语言被视为高级语言，暗示着与现有计算机"较高"级别相比而言要"高"。最高水平是程序指令可以被分解到机器相应的组成部分，如电脑中集成电路数百万计的终端晶体管、累加器等等。程序语言可以利用这些可能性开拓出几块特殊功能，然后用指令为其命名，使用这一指令（可以是 SORT），程序员可以调用整块功能。高级程序语言能够被熟悉这种语言的人读懂，就像我们学习代数一样。在高级语言中也有一些要素与普通语言类似，如单词 SORT 的含义与普通语言中该词语的含义相关。但与普通语言相比，程序语言对语义（或理解）有着更加详尽的界定。

高级语言中的程序可以通过另一种程序运行，来替代运行一台电脑所必需的与机器有关的详尽指令，这就被称为编译程序。高级语言的简单语句被激增为高位的原始指令，其结果是可以管理电脑功能的目标程序。编译程序可以检查目标程序的逻辑，并向程序员汇报出现的错误。如果程序员在开发一项程序时编程可以利用反馈来改进程序，这种表现方式就是互用的程序。

如果两种完全相同的源程序由同一编译员进行编程，在程序的源文件与目标文件之间是一对一的关系，结果就是完全相同的目标程序。有时，也会把程序描述为从目标文件到源文件的"翻译"。这种语言的选择并不恰当，因为通常认为在翻译的情形中，译者在选择适当的词语或者段落时，有着某种程度的自由。而对编译者而言，则不存在这种自由，而是在严格规则控制下的一种程序，将其比喻为将拉丁字母转换为机器的摩尔斯电码则更为恰当，每一个字母都被破折号和逗号这种模式所替代。

在目标代码与源代码之间也存在一对一的关系。通过重新编译反向运行目标代码，就会产生源代码，每次通过同样的再编译，运行同样的目标代码都会有相同的源文件。但初始目标代码与再编译目标代码之间没有一对一的文件，在编译过程中，许多选项已经预先确定。几项源代码构造可以产生一项相同的系列源代码指令，编译者就要做出最佳执行程序的源代码。重新编译目标代码，会产生源代码结构的多种可能性。程序员最初组织源程序以便能为人们轻松掌握，重新编译程序可反映出为计算机程序制定的最佳结构，因此这也是对从事理解重新编译源工作人们的挑战。

源文件与目标文件在实践中的关系并未给版权法造成太多困惑。

设计工作的准备

在进行一项程序开发之前，必须有人启动或者拥有创意。同一个人拥有一项非常的创意并且开发出成功的源程序，这样的例子比比皆是。这种情形很寻常，通常是一个组织需要某种功能，然后提出开发程序满足该功能的要求。在程序开发之前，要对这种需求加以实质性描述，并提出建议案等，就是图 16.1 中标明的"设计资料"和"详述"。这些显然不需要编译，也不会产生

运行计算机的系列指令。但按照计算机程序指令中的规定,⓫ 它们也被理解为"计算机程序"(参见前言 7 项):

……该术语包括会产生计算机程序开发的设计准备工作,只要这种准备工作后期产生了计算机程序。

准备工作有两种,区分仅仅是对计算机程序开发进行讨论的普通纪实文学作品准备工作,还是可以作为作品计算机程序保护的准备工作的标准是,"后期是否能够产生"计算机程序。这个标准显然并不明确,它必须包含程序已经被某种形式特定化的情况,如准代码,这时程序员在将其转换为源程序过程中几乎没有选择空间。但在产生一项独立文学作品与一项独立程序之前,应当留有多大自由空间,还要根据具体案例加以确定。

我们还应当关注合作作者的情形。程序员有很大的自由,通过自己的选择在结果程序上留下印迹,但准备工作也可以一种成为派生作品的方式控制程序:程序不能独立于准备工作。这种安排很合理,因为在设计程序人员(产生高级指令)与(以高级指令为基础)程序编码人员之间,通常具有功能上的划分。设计者正是最初提出独到创意之人,指明了功能和互用,而程序则更多是实现这些功能的辛苦努力。理论上,与程序是对指令的改编这一问题一样,设计者与程序员之间的关系看似困难,在实践中,通常将所有涉及的权利交由负责项目的雇主,或通过项目管理合同的方式加以解决(参见下文)。

我们注意到,对设计准备工作的包含明确了这样一点,为了能够进入计算机程序指令范围之内,计算机程序不必是机器可读的。原则上,教材中作为示例的源程序,也是指令保护的程序,尽管在实践中会产生一些具体问题。⓬

原创性

计算机程序指令第 1(1)条规定,计算机程序作为《伯尔尼公约》意义上的文学艺术作品加以保护,这就意味着计算机程序在"文学作品"范畴内,与其他作品一样对待,如教科书或者小说。这看起来或许比较适当,源程序可以文件形式表现并印制出来,尽管和普通语言相比具有结构性且在选择术语时常常重复。但最大的区别是,上述过程中阐述的计算机程序文本被转换为指令,并管理计算机,这是其他文学作品不具备的功能。即使特别依赖代数学的

⓫ Council Directive 91/250/EEC of 14 May 1991 on the legal protection of computer program.

⓬ See infra.

技术文本，或详细界定机器的技术草图，也不具备这种功能，这种作品本身不可能在现实世界中执行任何程序。因此，功能是计算机程序与其他文学作品分类之间最根本的区别，这在指令和国内法中也有相应的解释。

计算机程序指令第13条规定了获得保护的标准：

计算机软件可以得到保护，如果在某种意义上具有原创性，是作者自身的智力创造。在确定适合保护性方面不适用任何其他标准。

这是对一体化的尝试，至少对于计算机程序，如何确定计算机程序提高了成为适格版权"作品"的必要门槛。《伯尔尼公约》本身没有对"作品"术语给予任何定义或规定，尽管在公约的第2（1）条示例中有指导规定。这一标准不仅要求程序不是从其他已有程序复制而来（应是新程序），而且是由其作者所创造。在多大程度上界定"非复制"标准并不明确，但在关于计算机程序指令的报告中，委员会指出，12个成员国需要降低门槛，而3个成员国需要提高门槛。[13]

这一决定释放了这样的信号，德国最高法院对计算机程序的原创性标准解释更加严格，[14] 在执行指令后，在同一法院作出的判决中确认，应当调整门槛。[15] 还需要调整的司法管辖区之一是英国，应当提高门槛，英国接受的是"额头流汗"原则。

实践中很难评价计算机程序的原创性。一个程序通常运用第三方的组成部分，其基本代码之间紧密联系在一起。如何确定作者自身智力创造的贡献，方法与文集类似，有创造力的编辑者就拥有版权。这在实践中通常不会出现问题，经验法则有相当的指导意义：有市场价值的计算机程序，就是版权作品。[16]

在这份说明中，计算机程序表现为系列的指令与能够产生程序的前期设计准备工作，但一项"程序"也具有其他要素。编码可以展示为图解界面，也可以作为技术草图或其他艺术形式加以保护。程序依赖用户使用不同语言沟通的反馈信息，集合系统会提供帮助与协助。对于用户而言，所有这些是一个

---

[13] Thomas Dreier and Bernt Hugenholtz (eds), Concise European Copyright Law,, Kluwer, Alphen aan den Rijn 2006, 217. 在序言第4项中明确表达了一体化的目标。

[14] Bundesgerichtshof, 9 May 1985; see for instance [1985] GRUR 1041, [1986] ICC 681. The case is generally referred to as Inkasso-Programm.

[15] Bundesgerichtshof, 14 July 1993; see for instance [1994] GRUR 39, [1995] ICC 127. The case is generally referred to as Buchhaitungsprogramm.

[16] Formulated by Mogens Koktvedgaard, Danish professor of intellectual property law, refusing to be confused by subtle arguments.

"包"。一般而言，这样的因素在版权术语中不会考虑成为适合作为程序的文学作品的一部分（尽管可以有修改，参见下文反向工程），但这样的因素可以受到版权及相关权的保护（例如，索引或帮助文件可以作为数据库加以保护）。

"程序"是一个系统概念，一项程序可以由数个分程序构成，与其他程序互动，共同提供功能性的服务。确定程序是什么，不仅仅是一个技术问题，还要考虑市场环境，如对于用户而言"程序"意味着什么等。

权利持有人

原创版权持有人：纵向、横向，以及临时合作

计算机程序的作者是：

……创造程序的自然人或自然人团体，或者符合成员国立法，并规定为权利持有人的法人。如果成员国立法认可集体作品，符合成员国立法创造作品的人可以被视为作者。

对于计算机程序与其他文学作品，这没有什么区别。在多数情况下，作者可以很快得到界定，构思并对程序编码的人就是作者。他（她）在协商实施该程序时，拥有独占性权利。

但计算机程序是"工业"版权的一部分，创作环境不同于传统的文学作品。其与开发教科书有些类似，可以是由出版社、几个作者、插画作者，以及现在的网络设计者和程序员启动一个巨大项目。与传统情形的区别总结如下：

- 通常由一个研究机构或较为松散的"项目"组织者启动；
- 对于程序的编码通常制定了详细的描述；
- 通常由数个自然人参与程序编码；
- 有时会购买第三方内容来组成程序；
- 程序开发到出现在市场需要一段时间（有时需要几年的时间）；
- 程序可以通过调整、校正和修改，加以多次维护。

在一些司法管辖区，法人可以是原创版权的持有人。按照欧洲大陆的模式，原创版权的持有人则必须是自然人，图16.2标明了这种情况。

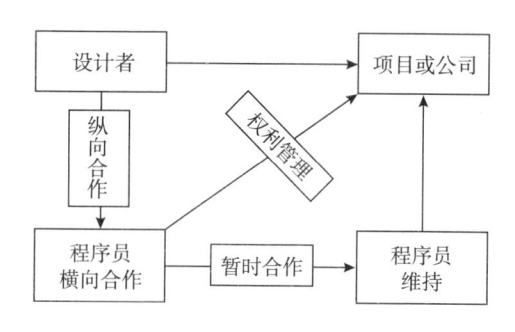

图 16.2　开发程序中的合作

程序的编码可以由几个，甚至更多的人进行运作，一些大的项目把程序分为有若干被完美界定了界面的部分。团体可以在共同项目管理中为其中的模式负责，与其他团体共同工作，成果是"被自然人联合团体"创作的作品，"排他权也应由合作者共同拥有"，见计算机程序指令第 2（2）条。这仅是合作创作的数种情形之一，还存在"横向"与"纵向"合作的可能性。

此处的"纵向"合作是界定程序的设计者与编码程序员之间的合作，这种关系在前文已经简要阐述。

计算机程序的重要特征是它的维护。运用程序方面的经验会反馈回程序设计，实践中程序的复杂性就是与逻辑不一致而产生"错误"，总有改进程序的可能性。在程序的完整运作过程中，总会有新程序或小的硬件设施出现，要求程序与其相互运作，以此加强功能。图 16.2 简要表明了关于修改程序的描述，要求进一步程序反馈。错误可以通过释放集合程序中的一条路径加以改正，这种加强的结果就是一个新"文本"出现。程序会被数次修改，甚至改编，这种变化会增加。程序会数次变化，这种变化就会涉及与最初参与开发完全不同的人员。

成果就是"合作作品"。例如图，它可以包含许多自然人，工作与对程序有贡献的人之间的关系实际相当脆弱。这就需要必要的权利管理形式，通常由研究机构、项目或其他启动程序开发的实体提供。将权利从原创权利持有人处转移给研究机构，然后该机构可以拥有所有的权利并面向市场，进一步与合同者进行谈判。

这种初始权利管理至关重要，如果其中一个原创权利持有人不转让其所拥有的权利，就会成为所有权整体转让机制的隐患，这在实践中完全可能发生。通常会在作品运转的环境下暗含了默示转让，在商业方式下，权利人实际实施的可能性很小。这些情形或是下列冲突示例产生的原因。

雇员向雇主的版权转让

组织计算机程序开发最常用的方式，就是雇佣设计人员、程序员以及其他人共同开发，在雇主与雇员之间就会存在一份雇佣合同。

按照传统工作分类，如果某人被雇佣从事一项工作，如新闻记者，无论是报纸或者其他媒体，所创作作品必须以某种形式与雇主共同分享。在这方面，欧洲国家法律之间有所区别。在一些司法管辖区内，雇主（是法人时也同样）就是原始权利的持有人，而在另一些司法管辖区，原始权利的持有人只能是自然人，即雇员。雇主与雇员之间的关系要受制于合同，适用劳动法，而非版权法。在北欧国家，新闻记者组织机构认为，对于缔结集体协议的联盟权利，立法机构并不适合介入，包括雇主与雇员之间的版权转让。

因此，在此方面并不存在统一的立法背景，尽管如此，计算机程序指令第2(3)条还是在程序方面协调了雇员权利的转让问题。

如果一项计算机程序是雇员按照雇主指令执行职责所完成，除非合同另有规定，雇主对所创作的计算机程序，有权行使其所有的排他性经济权利。

在这种情况下，欧盟法已经实现了一体化，但协调程度非常有限。前文已指出，雇主与雇员之间权利转让方面的法律，在不同司法管辖区内有所不同。即使存在合同安排，也有不同的解释规则，通常是有利于原始权利人（传统观点认为其是合同关系中的"弱者"）。

"计算机程序"这一术语必须按照计算机程序指令加以解释，在语义上并不适用于其他类型作品。基于前文的立法机构"不干预"政策，这种解释是相当严格的，例如其不适用于数据库的设计。"雇员"这一术语也有一定的阻碍，在社会安全法、劳动环境法、税法等不同国内法律中，"雇员"有着不同的定义。特别是"顾问"是否是适格的雇员，解释的空间更大，如在启动开发程序的项目中，一个项目会有相关个体的几个不同发明方式。显然在确定这种付出是否包含在雇佣合同中的职责之内，雇员自己是否能够启动开发这样的程序时，就存在困难。

即使没有更进一步的详细说明，也很明显国内法在这方面的差别很大。但对国内法这些可能性差异的考虑不应当否定这一原则，其对于指导管理计算机程序中的权利同样具有意义：通过适当的合同安排，确立权利管理的实际机制，即将多种权利集中到一人手中。

排他性行为

在确定独占权的对象（计算机程序）、权利持有人之后，我们需要解决下一个问题，即权利持有人保有哪些独占权。

复制权

最重要的独占权利是复制权，计算机程序指令第4（a）条规定：

以各种方式部分地或整体地对计算机程序的永久或临时性复制，在对计算机程序的下载、展示、运行、传输或储存时，都需要这样的复制，此种行为应得到权利持有人的授权……

"复制"应按照《伯尔尼公约》进行解释，但公约并没有任何关于复制的定义。在某种情形下，指令包含的临时性复制也会产生问题。有人认为这一问题在版权指令第2条中得到了解决，[17] 但实际上，这一指令并不适用于计算机程序。[18] 应当考虑作为讨论结果而最终导致适用版权指令的讨论，这可以被看作解决了界定复制永久性必要的表现。显然在纸上、以磁力或光谱媒介进行的永久复制才属于复制，而有一些过程并不属于复制，如镜像中反映的画作。

通过计算机程序制作一个作品，意味着会产生大量的复制。为了在计算机屏上检测一个文本，文本必须从一个储存文件上传输到计算机的核心程序，最典型的是硬盘，其中的表示法可以作为控制电脑屏幕的工具，以展示文本的内容。这种表示法短期存在于 CPU 中，缓冲存储器只占有限的容积（但现代系统可以容纳十亿位元组），而且如果需要，还可以被运行程序所覆盖。这些数据运用技术呈现虚拟内存可以自由出入 CPU，使用者会感受比实际情形大得多的缓冲存储。类似方法也用于网络数据传输，数据包可以被存储在网络中间的节点，以等待后期容量，存储的时间以微秒起算有所不同。

关于短期呈现是否可以成为复制，有着不同的意见。版权指令似乎终止了这种分歧，计算机程序指令也使用了相同的术语来界定复制，认为所有这些示例都适合作为复制。在实践中，这种呈现有三种存留程度：因其极为不稳定不适合作为复制（如镜像一样），计算机系统中的暂时复制以及永久复制。

作者的观点是，尽管存在上述的争论，这一问题依然很明确。它主要源于涉及时间共享的计算机系统，这种时间共享在20世纪80年代非常流行。几个用户可以共享一个主机，使用同一个账户和密码，可以进入同一个大容量存储

---

[17] Directive 2001/29/EC of the European Parliament and of the Council of 22 Mat 2001 on the harmonization of certain aspects of copyright and related rights in the information society.

[18] See art. 1 (2) (a), Copyright Directive.

器，只要数据能够被存储，得到授权的程序大家可以共用。这个过程则似乎鼓励了不诚信的用户，可以通过使用他人的密码进入主机，而这个不诚信的用户使用密码通过操作获得授权的程序，也可能取得存储在大容量存储设备上的数据。这种情况可能不构成版权侵权，因为程序并未被复制，除非我们把这个不诚信用户在终端 CPU 上的临时呈现作为一种复制。否则，就要对这种非法访问适用刑法，毕竟那个年代司法管辖还没有这么先进，管辖区之间也没有如此的合作。

计算机程序指令特别指出，"这种复制"如果对于程序的"下载、展示、运行、传输或存储"是必要的，就是独占权的一部分，其包括典型的永久复制（存储）和上述（下载、展示、运行、传输）意义上的暂时复制，其结果是具有强制排他性的复制权。

此外，计算机程序指令将排他权通过第 4（b）条延伸至：

……计算机程序的翻译、改编、组合或其他改变，以及对此类成果的复制，并不损害改变此程序人的权利……

这就明确了独占权也包含修正作品及衍生作品。大致由于"翻译"这一术语的使用有了这样的解释：从一种高级程序语言翻译到另一种语言，不必与从一种普通语言翻译到另一种普通语言的翻译文本完全一致。程序语言或许彼此相关，但它们都建立在不同的设计原则基础之上。如果一种程序是利用 PROLOG 这样的逻辑语言写成，利用 COBOL 语言规则对其加以展现的过程就不仅仅是一种翻译，更像利用一份详细的说明书开发一个新的程序。正如算法、方法等不能得到保护，这种情况下在两种程序之间也不存在相关的衍生联系。一位评论家警示说，我们必须关注实际上创造出了什么，而不是为了确定是否是复制，看其所使用的术语是什么。

界定意图使用的复制

为了能够在实践中的市场运作，必须对复制的强制排他性加以修正。计算机程序指令第 5（1）条对复制的排他性进行了界定：

在缺乏特定的合同条款时，第 4（a）条和第 4（b）条中所指出的行为不要求权利持有人的授权，只要其符合预定的目的，对合法获得者利用计算机程序是必要的，包括对错误的纠正。

我们会发现，这一条款对于一项偏离合同的规范是次要的，其假定合同当事人之间存在联系，如此也就没有机会进一步讨论计算机程序的合同实践。这些问题从规范主要程序系统开发的详细复杂文件到跨越国境的交易，都有很大差别，除非进行磋商，相关条款主要依据不同的国内法。如果坚持认为计算机程序指令的起草是基于这样一种理解，即交易会涉及存储程序的有形媒介的获取，特别是软盘或光盘，也并非不合理。在计算机程序指令起草之时，通过在电脑上插入软盘执行程序非常普遍，当下技术的发展已使之废弃，媒介只用来将程序传输到拟应用的电脑上，程序上载到电脑的内存也会产生复制。计算机程序指令第5（1）条允许这种复制，因为其与程序意图使用的目的一致。在执行中，CPU上会进行临时复制，因其与预期目的相符，也是被允许的。但如果没有合同的允许，这样的程序复制只能同时进行一次。在有形媒介上获得的复制是原始复制，正是这种复制管理着程序的运用——允许其上载到电脑，因为使用原始购买的复制件与其目的一致。如此，也允许删除上载的程序或者在另一台电脑上重新安装程序，原始复制与复制之间依然保留联系。尽管在"预期目的"方面还有某种空间，但按照计算机程序指令第5（1）条，程序复制权依旧非常有限。

如前所强调，计算机程序指令第5条的界定有赖于当事人之间合同关系的推定，在执行国内法条款时，至少有两种不同的策略。一种是遵循计算机程序指令的推定，规定一项规范计算机程序的许可解释条款——许多国内法已经有关于特殊类型合同的条款，如出版合同或影视作品制作合同。另一种策略是规定计算机程序指令的实质内容，作为权利持有人一般独占权独立于任何合同关系的界限。但在法律没有其他规定时，在某种意义上应依合同且优先适用。这种结果与实践情形极为类似，但在一些特殊情况下，依然存在差别。

备份复制

任何使用计算机系统的人依据经验都知道，存储在本地驱动器上的数据可能会丢失，数据安全的基本原则是要进行备份复制。计算机程序指令允许这种目的的复制（参见第5（2）条）："有权使用计算机程序的人可以制作备份复制，不得以合同进行排除，只要其为利用所需"。

这一原则的重要性可以通过其成为强制权得到印证，此种目的的复制可以由"有权利用计算机程序的人"进行，这就比有"意图使用"人复制权的使用范围更大，其范围限于"合法获取者"。当然，制作备份的权利还包括为日常维护计算机系统提供技术服务的工作人员。

当程序可在一个独立媒介上获取时，为什么还需要备份复制？这个问题并不明确。如果程序在其安装的电脑上丢失，可以像最初安装一样，利用原始复制件重新安装，原始复制件完全可以满足备份复制的需要，程序的使用者在安装程序时有多种选择以满足自己的偏好。如果不能制作备份复制，所有这些特

计算机程序的版权保护

征就会消失。⓳

制作备份复制的权利仅限于我们上面讨论的这个概念——计算机程序。至于对用户而言什么可以视为一个程序，按照严格的术语解释，有很多并不符合计算机程序的要素，如手册、剪贴画集等。对于用户计算机程序只在目标形式下可用，至于用户可以将目标代码的哪一部分作为严格意义上的计算机程序，哪些是具有不同特征的辅助程序，并不存在切实可行的界定方法。因此，条款必须解释为，允许对作为购买程序一部分的所有文件拥有复制权（见图16.3）。

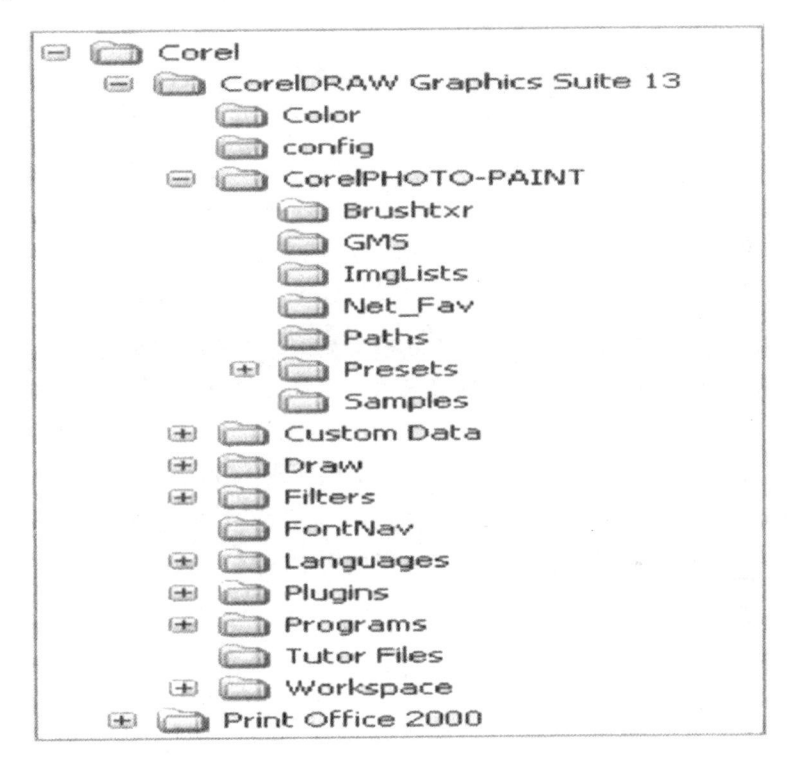

```
Corel
    CorelDRAW Graphics Suite 13
        Color
        config
        CorelPHOTO-PAINT
            Brushtxr
            GMS
            ImgLists
            Net_Fav
            Paths
            Presets
            Samples
        Custom Data
        Draw
        Filters
        FontNav
        Languages
        Plugins
        Programs
        Tutor Files
        Workspace
    Print Office 2000
```

图16.3 与"一"程序相关的文件示例

这一点有额外价值，因为版权指令似乎缺少相应的条款。在某种意义上很

⓳ 英国法院认为，当程序在CD-ROM上可用时，备份并非必需，参见2001年Sony Computer Entertainment Inc v. Paul Owen and others案。这一判决涉及对索尼在游戏模板上强加地域分割进行规避的设备的使用，但Jacob法官在这一点给出了非常笼统的观点。Laddie法官在2004年的Kabushiki Kaisha Sony Computer Entertainment Inc et al v. Ball et. al案中给出了类似观点。但在存有争议的情形下，判决应当给予解释。游戏模板未提供用户设置类型，在文件中表示出需要创建备份复制件，包括程序可以在独立的介质上可用，如光盘。

有趣,就是限制条款对于计算机的某些方面非常重要,并赋予其强制性,这在其他类型作品中并未提及,仅在作品是计算机化形式时才显得重要。对于此类作品,必须依赖合同对日常的备份授予必要的复制权。[20]

计算机程序指令第5(2)条使用了"一份备份复制"这一词语,意味着在任何时候只允许制作一份备份复制。按常规,每天、每周都可以间隔地制作备份。如果只允许制作一份备份,则意味着在制作一份新的备份时,之前所做的备份必须删除。这与数据的基本安全原则相悖,该原则要求在任何时候都应具有几种不同时期的备份,为了降低偶然丢失的风险,还应储存在不同的位置。

作为日常正常备份的依据,必须合理解释该条款,在一定程度上允许计算机程序的复制,这既符合一般性的规则,也符合权利持有人的利益。

如果一份程序的许可失效,就会产生特殊问题。这种情况是,为运行一项程序的某些重要功能,可能小但是必要的功能(如会计),可通过合同达成交易。协商的特定许可合同包括维护安排,为了使程序可用而支付年度许可费。对于一个要求用户适应的大程序来说,这种安排发生变化很普通。随着合同的履行,出现了竞争程序,用户就会停止与第一位提供者的联系,转向其他解决方式,第一个程序的许可协议也随之失效。没有这种协议,就没有权利维持剩余程序的复制,这会置用户于不利的情形,因为取得历史记录时需要这些程序。对于会计记录,大多数国家法律要求类似获取。我们再回顾一下计算机程序指令第5(2)条,认为在合同持续期间,为运行程序需要获取必要数据时,制作与保留备份复制件的权利延伸至有权使用程序的人。

为私人使用的复制

根据版权指令第5(2)(b)条,国内法限制复制排他权的可能性之一是"由自然人为私人使用……进行的复制"。按照计算机程序指令,则不会发现界定复制排他权的类似可能性,这说明其禁止在国内法层面开放对计算机程序"私人使用"的可能性。

计算机程序指令发布后,成了存在争议的问题。司法机构认为,计算机程序极为易于复制,对私人复制排他权的这种限制会造成对权利持有人独占权的实质损害,也不满足《伯尔尼公约》第9(2)条的三步检测法。其产生问题的情形是,个人将工作场所的程序复制到私有手提电脑或家用电脑之上,且游戏领域的市场主要是私人和典型的青少年用户(至少目前如此)。

---

[20] 这一观点并未得到继续执行,显然两个指令对于这一点存在分歧。

版权指令通过后，关于私人复制的一般条款是要求以支付权利持有人合理报酬为前提。但对于该类型的文学作品，为计算机程序确立的机制保留下来，没有对私人使用的排他权进行界定。一些国内法对此进行了明确，只有机器可读形式的计算机程序拥有该权利，教材中印制的程序与其他部分一样受制于复制权的相关不同规定。

程序的分析

计算机程序指令强调（版权法中保护）表达与（不保护）作品思想之间的二分法，这一点在序言中有所提及，在第 1（2）条又加以重复，明确指出"思想和原则"不能得到保护。指令第 5（3）条再次指出，有权使用计算机程序者可以检验，以确定"思想和原则"是程序要素的基础。指令中的这些条款规定得似乎有些夸张，毕竟这种界定是基础版权法的内容，即使没有任何直接的规范，在指令中也可以适用。对这一点进行强调的原因是赋予权利持有人复制权的高度排他性与解码权的关联（见下文）。

发行权

发行的独占权

在计算机程序指令第 4（c）条中，复制的独占权与发行的独占权是相辅相成的"……计算机原始程序与复制件可以任何形式向公众的发行，包括出租"。典型情形是跨越国境提供的复制件销售，也涵盖在这一条款之内。排他权要求程序的每一份复制件都必须经由权利持有人同意后发行。

在消费者市场之外，程序可能在理解其为个人用户配置基础上被提供，这也是一种复制件的发行方式。在重述 16 中将"出租"解释为"在有限的期间内为了营利目的，对计算机程序及其一份复制件的使用"，包括依靠定期支付使用程序的许可协议，通常与"维护协议"共同发生，以保证程序与硬件或其他相关程序的发展保持同步。在与"任天堂"游戏模块相关的一个瑞典案件中，这些销售同时要约以优惠条件从消费者处重新购买游戏，这并未视为对发行权的侵犯。[21]

计算机程序指令未提及向公众出租，这一问题仍然处于指令范围之外（参见重述16）。出租与出借权指令第 3 条[22]明确规定，该指令不对计算机程序指令形成任何损害，而另一方面，这是被排除的唯一条款。出租与出借权指令

---

[21] Yapon AB v. Ekström, [2002] ECDR (14) 155.

[22] Council Directive 92/100/EEC of 19 November 1992 on the rental rights and lending right and on certain rights related to copyright in the field of intellectual property. This Directive has a somewhat broader definition of rental; see art. 1 (2).

第5（2）条中，有一个规定适用于独占性出借权情形，这在国内立法中并未在计算机程序领域得到执行。这种情形下，就需要规定作者的报酬问题。

阐述该条款的基础是，计算机程序是通过某种媒介在市场上可得，如软盘或光盘。同时，程序也可以通过从一个网址下载获取，在这种情形下，购买并不以发行为前提。下载可以实现在购买者电脑上的复制，这种复制并非来自权利持有人的有形转移。通过下载实现的购买，是一项服务的示例（一种电子商务指令中的"信息社会服务"术语）。[23] 依据计算机程序指令，下载的结果显然属于排他权范围内的复制。

权利用尽

计算机程序指令第4（c）条确立了发行权的区域用尽原则，在销售计算机程序的复制件时适用，该份复制件的发行权随之用尽。

复制件必须用于销售。也会有为一方当事人制作计算机程序复制件的其他交易。典型的是许可协议，通过支付一段期间许可费可以利用程序，这不构成对程序复制件的销售。但这种交易的性质不可小觑，应对这种情形的细节加以考虑。

权利用尽只在欧共体，以及欧洲经济区范围内发生，这是欧盟确立权利用尽的基本原则，关于这一问题的一般性探讨不在该简要阐述范围之内。

权利用尽只包括用于销售的复制件。对于成品软件，仅包括在载体之上对程序的原始复制，最常见的是光盘。

有些情况下，购买电脑中包括事先安装的程序，如运行程序和一些基本的办公软件。这种情况下，购买电脑同时也购买了依存于电脑硬盘之上的复制件，这些复制件因为购买行为而发行权用尽，应允许电脑携带同样的程序再次销售。但也会存在一些复杂的因素，如这些程序可以通过在线服务进行更新，如果更新被视为独立的作品（通常是一些重要更新的情形），就不应作为复制件的销售，而是网络提供服务的结果。

这是一项并非易懂的关于权利用尽原则的表述，如前所述，权利用尽不适用于从网址上下载的程序。光盘形式的有形复制是作为备份措施进行提供，可以单独邮寄给购买者，并收取额外的费用。其中的发行权适用权利用尽，可以由购买者不经权利持有人同意销售给第三方，而购买者可以持续享受下载复制件的有利条件。为了避免这种情况，权利持有人就会采取某些技术性保护措施。

---

[23] Directive 2000/31/EC of the European Parliament and of the Council of 8 June 2000 on certain aspects of information society services, in particular electronic commerce, in the Internet Market (Directive on electronic commerce).

以购买现成程序为例，原始复制件中的发行权会用尽，购买者可将其销售给第三方。但复制权并未用尽，与权利持有人没有合同关系的第三方，不当然享受计算机程序指令第5条规定的对独占权的限制。例如，如果第三方购买了带有程序的光盘，想在其电脑之上运用，程序必须上载到电脑的硬盘之上，这就构成了复制。如果没有合同，就会质问计算机程序指令第5（1）条能否适用，因为这一条款可能为合同协议所推翻。但在转售的情况下，权利持有人不可能签订这样的协议。

如前所述，一些执行已经使计算机程序指令的条款成为独占权一般限制的一部分，而非关于合同解释的规定。如使用这种策略，就可以克服上面提及的问题，获取程序复制件的第三方可以在复制权中主张同样的限制。

否则，就必须对计算机程序指令第5条加以解释，使其适用于获取了程序复制件而其中程序的发行权已经用尽的第三方。对于发行权已经用尽的复制件，这与公约版权原则对复制权许可转让的解释稍显不一致。但在很大程度上，权利用尽或许毫无意义，允许未经权利持有人同意向第三方转让复制件，但第三方却处于无持有人同意就无法对复制件进行意图使用的地位。

解码

解码权是版权法的一项发明，其背景可以追溯到20世纪80年代IBM与欧共体之间的那场争议，与微软2007年终结的那场争议极为相似。在两个事件中，冲突都指向一个重要的企业，指向其市场支配力的运用。

根据版权法，授予权利持有人某种独占权。当版权作品发行到市场上时，任何人均可使用作品中的内容，从作品中学习并受其启发，以此为基础创作自己的新的独立作品。确保权利持有人地位的独占权可以进行交易，以获取受保护作品中的知识。对于计算机程序而言，这种（简单的）合理性却不能成立，计算机程序以目标形式出现在市场上，在实践中不能为人类所阅读。

计算机程序作品具有自身的特征。在为某种特殊功能开发一项程序时，开发员总是希望利用另一项程序的功能。举一简单的例子，如果开发程序是为了帮助将挪威语翻译为英语，通过突出一个术语，辅助程序可以在数据库中寻找相应翻译。为此，辅助程序的开发员需要了解，怎样才能与词汇运行程序建立联系，这往往被看作程序与外围域之间的连接问题。具备了连接的知识，其他程序就可以与界定后的程序建立联系，并获得各程序之间的互用性。

互用性看起来令人满意，它促进了竞争，激励了增长。因此看起来对于程序提供者而言，公布程序接口的详述也是有吸引力的，但程序提供者一般不愿这样做，因为不了解接口会提供一些竞争性的保护。

这是计算机程序指令试图解决的问题，也是指令最具争议的条款，这一条款很复杂，在这种情况下，不可能谈论其所有细节，只能试图阐述其大致的轮廓。

首先，该规定只能为开发独立程序的人所适用，这种情况下开发员才会触及解码权，开发员会认为与另一程序的互用性具有价值。如果连接的必要数据已被公布或其他方式可用，就不需要㉔进一步考量，不会引发解码权，解码仅在其为不可缺少的情况下才会发生。

如果解码权是不可缺少的，适用进一步的条件。拟分析的程序必须是合法可用的，只有被许可方和其他有权使用程序复制件的人可以进行解码，且解码作为原始程序的一部分，对于实现互用性是必需的。由于原始程序仅在目标形式下可得，对于解码人而言很难确定哪一部分是必需的：只有可得的部分能够用来确定什么可以解码。

解码的结果可用于获取必要的互用性，不能为其他目的。条款特别强调，解码并非授权开发、营销等"其表达的实质近似"的程序或其他侵犯版权的行为。为了解释清楚这一点，计算机程序指令第6（3）条提到了《伯尔尼公约》，并强调解码权的适用不能"以不合理地损害权利持有人合法利益的方式利用"，或者与计算程序的一般利用相冲突。

因此解码权也被解释为一项较窄的权利，如果一个程序接口上的数据对于开发员是可得的，它就不适用。如果能够适用，仅适用于建立与独立创作程序互用性的必要部分。

在实践中，解码会导致对程序的复制，目标代码通过解码程序的严密规则被转换为源代码形式，这与运行程序进行编辑与解码的原始源代码不会完全相同。这种"冒充的源代码"会产生混乱，需要相当的技巧和时间加以分析。因此，解码并非如最初想的那样能够解决问题。条款会对法律政策产生重要影响：鼓励公布接口说明，并借此排除该条款的适用。

技术性保护措施

根据计算机程序指令第7（c）条，为技术性保护措施建立了特殊的保护。与版权指令有关的数字权利管理与技术性保护措施的争论非常激烈，版权指令第6条中执行了1996年《世界知识产权组织版权条约》（WCT）㉕第11条关于技术性保护措施的规定。计算机程序指令的规定在日期上比该条款要早，版

㉔ 尽管会有一些流言认为，已出版的数据就不再是与程序互动的最有效方式等。

㉕ See also art. 18, WPPT.

权指令排除了该条款（参见第 1（2）(a) 条）。因此，关于计算机程序技术性保护措施的规定与版权指令中更广泛的规则平行适用。

计算机程序指令通过之时，这种保护设施还没有现在配置的这样复杂，最常用的设备是连接电脑与打印机的插销（软件保护器），㉖ 程序会检测到它的存在。如果没有发现，程序就无法实现打印。因为插销很难进行复制，程序就会避免被非法复制。还有一些措施是启动程序时必须使用的软盘、密码等。

计算机程序指令适用于任何方式的占有或传播，这些方式可以帮助"对已用来保护计算机程序的技术设备的未授权删除或规避"。规避行为本身并非违法，该条款的重点是"方式"，这一术语并未被具体化，可能包括"设备、产品或组件"（见版权指令第 6（2）条），但不包括服务。㉗ 规避的对象一般是"技术性设备"，㉘ 这也许算不上是一种限制，因为按照这一术语的意义，任何执行计算机程序的措施都可称之为"技术性的"，而"设备"这个术语则将服务排除在外。

要具备两个条件：第一，被禁止设备的"唯一预期目的"，这一点比后期的版权指令有更强的限制。许多设备可用于规避，但也可能有其他的合法用途，如用于翻译模式。㉙ 第二，行为必须是为了"商业目的"，这就排除了私人的行为，这些行为规避设备获取程序，但没有任何商业目的。

保护期间

计算机程序指令第 8 条规定了保护期间，起始的 50 年与其他作品一样，是一个不确定的日期，主要自作者去世后起算。期间指令第 1（1）条㉚修正了这一期间，适用于所有文学作品，包括计算机程序，将期间改至 70 年。

对于这一规定，没有什么理由需要进一步探讨，如果有，似乎是一个小问题，就是如此久的保护期间对于计算机程序是否合理。理由是这种保护期间对

㉖ 德国案例，法院认为和计算机程序一起销售的软件狗，意图的使用就包括了对软件狗的使用，参考第 5 条限制性行为的界定。它也可以在第 7（c）条的意义上加以讨论。See Oberlandesgericht Karlsruhe 1 October 1996, 6 U 40/95.

㉗ 在一个芬兰案件中，关于如何规避的书面说明，最高法院认为，按照芬兰对计算机程序指令的实施，这不属于回避投入流通的方式。see Adobe Systems Inc v. [A] Software Distribution [2004] ECDR (30) 303.

㉘ See art. 6（3），Copyright Directive.

㉙ This is discussed in Kabushiki Kaisha Sony Computer Entertainment Inc et al v. Ball et. al, [2004] EWHC 1738（ChD）with respect to the 'Messiah2' chip, where Justice Laddie rejected that the chip had any other purpose than to circumvent the copy protection of Sony Playstation 2.

㉚ Council Directive 93/98/EEC of 29 October 1993 harmonising the term of protection of copyright and certain related rights.

于其他类型的文学作品而言是合理的，但对于寿命极短的作品就未必。

但实际上计算机程序的寿命长度也还是一个谜。计算机技术自诞生以来经历了迅猛的发展，有些设备几年内就会被淘汰。计算机程序的令人着迷之处在于，通过修改或功能的加强，往往能在数次变化后依然保有生机。技术的飞速发展，甚至可以使一个程序直接从一代硬件跃至下一代。这种示例不胜枚举，最早的例子是 20 世纪 80 年代早期，为第一台个人电脑设计的程序，目前在市场上仍有一席之地。用来设计管理数据库的程序，最初通过大型磁盘得以实现，至今在一些大型管理机构中仍然可以发现它们的印迹。

若要在实际案例中阐明保护期间的问题，则非常困难。我们可以确定计算机程序第一份版本的初始期间，但在下一个版本出现时，就需要确定终止修改是否满足原创性标准，是否能够成为一份衍生作品，或者是否仅是产生了一些非版权属性的变化。第一种情况的衍生作品，要重新起算一个新的保护期间，这种情况往往会周而复始。最原始的代码在发展过程或许已经失效，原则上这些较早的版本应进入公共领域，但在实践中却难于确定，也没有任何实际意义。

无论怎样，尽管没有任何直接经验，我们依然认为这一保护期间对于计算机程序而言足够长。第一台电子计算机——ENIAC，在 1946 年问世，通过操作它的转换器和一些光缆进行运作。冯·诺依曼结构用来存储程序在逻辑概念中被接纳后，才可能进行独立程序的编写，第一个修改 ENIAC 的存储程序始于 1948 年 9 月。这一程序是阿黛尔·戈德为冯·诺依曼所写，1964 年阿黛尔去世，也许还有其他的程序员在阿黛尔之前去世。有一个事实，非常适于满足好奇心并用以结束本篇文章，那就是：第一个程序的保护期间将持续到 2035 年。

数据库的保护

马蒂亚斯·莱斯特纳

1 简 介

数据库法律保护 96/9/EC 号指令完成了欧盟数据库一体化,❶ 也成为争议的对象。

数据库的传统版权一体化主要基于数据要素的个体选择与安排,相对来说问题不大,❷ 而保护数据库实质投入的新型特别权利,则一直是法学论文批评和饱受争议的论题。这些批评主要强调,新立法会造成信息的垄断权,完全不同于知识产权法的基本原则,或许会置自由竞争与获取信息自由于危险之中。❸ 欧盟委员会 2005 年的评估报告❹最初支持了这种观点,❺ 欧盟委员会认

---

❶ Directive 96/9/EC of the European Parliament and of the council of 11 March 1996 on the legal protection of Database, OJ EC L 77, at 20 et seq.

❷ See on the comparatively less problematic copyright provisions of the Directive and on the changes in this field from a continental European point of view e. g. Leistner, 33 IIC 2001, p. 439, at 446 et seq.: particularly, it has to be pointed of view that the Directive – in contrast to the optional model in the more recent Information Society Directive (Directive 2001/29/EC of the European Parliament and of the related rights in the information society, OJ L 167 of 22. 6. 2001, p. 10 et seq.) – has abolished the exception in favour of digital private copies of database entirely and conclusively; cf. on this and on possible (and necessary) amendments to the Directive in this field also infra, at section 3.2; cf. for a focus on problems of implementation in the UK Derclaye, EIPR 2002, 446 et seq. See on the historical background of harmonization concerning copyright protection for database Hugenholtz, Implementing the Databases Directive, Kabel and Mom (eds), Intellectual Property and Information Law, The Hague/London/Boston: Kluwer Law International 1998, p. 183 et seq.

❸ Cf. very early Mallet – Poujol, 1 Droit de l'informatique et des telecoms 6, p. 10 (1996); Reichman & Samuelson, 1997 Vand. L Rev., p. 51 et seq.; since then cf. e. g. Maurer & Hugenholtz & Samuelson, 294 Science, p. 789 (2001); Weskamp, 34 IIC (2003), p. 772 (801 et seq.)

❹ DG Internal Market and Service Working Paper, First Evaluation of Directive 96/9/EC on the legal protection of Database, of 12 December 2005 [Evaluation Report], available at http://ec.europa.eu/internal_market/copyright/docs/database/evaluation_repot_en.pdf (accessed 7 November 2007).

❺ Cf. Leistner K&R 2007, P. 457 et seq.; Derclaye, 38 IIC 2007, P. 275 et seq.

为，对于经验所得的数据，尽管还不确定，❻ 指令并未实现其主要目标，即通过授予数据库一种新的财产权，激励在数据库方面的投资，以繁荣欧洲数据库产业。据该评估报告，在指令的文本中使用如此模糊的概念（特别是作为保护条件的实质性投资概念），会导致内部市场相当大的法律不确定性。结果欧盟委员甚至考虑撤回整个指令，或至少是特殊权利这部分。❼

在某些既存问题情形下，进一步研究会发现，这种新权利的确可能会潜在地对竞争产生严重的限制。但在一些"正常"的情况下，只要作出一些必要的修正，它仍然是一种有效且可信赖的保护方式。从特别权利角度看，尽管其本身产生了一些法律上的不确定性，相对于成员国间的法律选择而言，在不公平竞争和合同方面，它仍然是一个更可靠、稳定和更加平衡的机制。❽

为了进一步阐述清楚数据库特别权利保护出现的问题，下面的分析主要集中在比较敏感的此种新权利的适用领域问题，并针对这些问题提出可能的解决方案。下面笔者会根据对竞争法严格一致的适用（第2.3节），在判例法中就这种新特别权利的准确客体，找到部分适当的解释和分析（第2.2节），提出指令中一些条款的修改方式（第3节）。主线是具体的界定问题，以及对欧盟数据库保护前景和评估得出最后的结论（第4节）。

2 新特别权利——自由竞争的威胁吗？

2.1 存在问题的情形

尽管这种新权利在某些情况下运转良好（如特定网络服务的保护），❾ 但在其他情况下却产生了问题，主要是独家来源数据情形（数据库的内容无法离开公众领域资源进行独立编制，如对电视节目单、列车时刻表的保护等）。对数据库特别权利的保护确实会限制竞争，特别是在二级市场之内。❿ 这些问

---

❻ Cf. Leistner, loc. cit., at 463 et seq.; Derclaye loc. cit., at 297 et seq.; see also infra at section 3.1.

❼ Evaluation Report, p. 25 et seq.

❽ Cf. Leistner, loc. cit., at 465; Derclaye loc. cit., at 297 et seq.

❾ Cf. for comprehensive further references from German case law Leistner, in Wiebe & Leupold (eds), Recht der elektronischen Datenbanken, C. F. Müller, Heidelberg 2003, Part II B; Leistner, K & R 2007, p. 457 et seq., and for an overview of the situation in Europe the excellent compilation by Hugenholtz et al., The Database Right File, available at www.ivir.nl (accessed 4 December 2007).

❿ See on the effects of IP rights in aftermarkets from a more general recent viewpoint Bechtold, Die Kontrolle von Sekundärmärkten – eine jurisrischen und ökonomischen Untersuchung im Kartell – und Immaterialgüterrecht, Nomos, Baden – Baden 2007.

题已经被广泛地加以讨论，数据库权（最初意在以欧盟模式获得世界范围的保护）成为全球批评的焦点。最近就以下问题产生了激烈的讨论，包括对于普通的客体可能通过版权给予了过度保护，以及在竞争方面会对版权体系产生不利影响等，可以说特别权利是最初的导火索。⓫

由于指令中可保护数据库的概念比较宽泛（任何独立要素的收集，以一种系统化、方法化的方式进行编排，都适合作为数据库保护⓬），特别是界定特殊权利保护的门槛，以及获取、验证或展示数据库内容"质或量"的实质性投入条件不明确。但特定情形下，尤其是这种新权利与仅有的可能产生垄断的信息相关的时候，就会产生对竞争的限制。只要是实质性的，通过连续不断地"更新升级投入"，就可能取得特别权利的无限保护（指令第10.3条），也会增加对竞争的负面影响。因此，对于"更新升级"数据库的保护范围问题必须得到解决。

有人认为，这些问题可以通过提高实质性投入概念门槛的方式加以解决，作为数据库新权利实质部分的质或量概念被利用的范围也会受到限制。⓭ 但高门槛的实质性概念会威胁到指令客体的一体化，因为这种排他性的保护比英国对于数据库的广泛版权保护要窄，在过渡期内对"旧"数据库仍然保留着可适用性。特别是关于保护的条件，与此仅有的标准相比，适用高门槛的保护会导致另外的法律不确定性。⓮

此外，新权利产生的典型相关竞争的问题，按照数据库质或量的实质部分概念的严格解释，很难得到解决。在存在的问题情形中，潜在的竞争者都需要一个大型数据库的实质部分，来建立一个竞争的或全新的产品或服务。因此，仅仅一致要求高门槛保护并不合理，如果限制性更强的保护条件本质上有利于大型数据库的制造者，还可能导致自由竞争的其他问题。至于实质性保护门槛的高度，欧盟判例法的趋势是向更宽泛解释的方向发展，这一点值得肯定。⓯

⓫ Cf. e. g. Lddie, EIPR 1996, p. 253; Hoeren, GRUR 1997, P. 866; Hugenholtz, EIPR 2000, p. 499; Peukert, GRUR Int. 2002, p. 1012; Hilty, GRUR Int. 2003, p. 201; zypries, GRUR 2004, P. 977.

⓬ See for the problems caused by an over – broad definition of database protection in certain specific fields of research and culture Bovenberg, EIPR 2001, P. 361; Galli, 37 IIC 2006, p. 452. 关于试图在国内数据库适用的一般领域，强调对"独立"要素标准的严格解释, see Leistner, 33 IIC 2002, p. 439 et seq。

⓭ 尽管数据库指令第7（5）条也覆盖了指令实质性部分重复及系统性抽取或再利用，如果这种行为与数据库的正常利用相冲突，或不合理地损害了数据库制作者的合法利益，欧洲法院在2004年11月9日的判决中已经明确。Case C – 203/02, BHB v. Hill, [2004] ECR I – 10415, at para. 83 et seq., that to trigger this provision the repeated and systematic extractions or re – utilizations have at least to cover a substantial part of the database in sum.

⓮ See Leistner, 33 IIC 2002, p. 439, at 447 et seq.; similarly Derclaye, 36 IIC (2005), p. 2 et seq

⓯ See Leistner, loc. cit.; similarly Derclaye, loc. cit., at 30

事实上，不增加实质性门槛的高度，只是以竞争为导向的适格保护投资，以及新特别权利特定无形客体的定义，就可以避免大多数数据库特别权利保护对自由竞争产生威胁。关于新权利客体保护条件的定义，也可以用来对数据库实质部分的定义加以解释（如关于特别权利的范围）。此外，通过新特别权利保护的特定无形客体的一致性定义，有助于解决数据库连续更新升级产生的问题，这些数据库目前仍然毫无争议地从其无限期保护中获利。

最近的讨论包括新权利对唯一事实信息获取的限制性，以及导致对竞争产生的负面影响。新特别权利的支持者始终坚持，这种权利并不保护信息，而是在编制信息及其精确陈述时的投入。❻ 这种说法至少在理论上是正确的：新权利的特定客体确实是对数据库的无形投入，只是在像这样的信息要素编制中通过有形的固定有形化了。因此它保护的不是信息，而是数据库制作者特定、明确的成就。❼ 潜在竞争者至少可以自由独立地聚合这些同样的数据。但显然捍卫新特别权利的这些理论有些武断，尤其是它并未考虑独立搜集这些数据是不可能或者完全被禁止的情形。

最典型情况是，在这些数据被创造（而非编制）出来的时候，在这种情况下，数据的独立来源根本不存在。典型的例子是电视节目数据❽、列车时刻

---

❻ See e. g. Koumantos, RIDA 171 (1997), 78, 116; Gaster, Dittrich (ed.), p. 15, at 26; Leistner, Der Rechtsschutz von Datenbanken, C. H. Beck, Munich 2000, p. 144 et seq.; briefly also Leistner, 33 IIC 2002, p. 439, at 451 et seq. In contrast, according to Reichman & Samuelson, op. cit., at 89 the specific subject matter of the new right would be information as such with the result of an over–broad, highly problematic protection. Similarly Oberster Gerichtshof (Austrian Supreme Court), Judgment of 27 November 2001, GRUR Int. 2001, p. 940 – Gelbe Seiten.

❼ See e. g. Koumantos, RIDA 171 (1997), 78, 116; Gaster, Dittrich (ed.), p. 15, at 26; Leistner, Der Rechtsschutz von Datenbanken, p. 144 et seq. (2000); briefly also Leistner, 33 IIC 2002, p. 439, at 451 et seq. Vogel, in: Schricker (ed.), Urheberrecht – Kommentar, 3rd edition, C. H. Beck, Munich 2006, Vor § § 87a ff., pt. 21. Cf. in contrat Oberster Gerichtshof (Austrian Supreme Court), Judgment of 27 November 2001, GRUR Int. 2001, p. 940 – Gelbe Seiten: content of the database, i. e. the complied information as such, as protected subject matter of the sui generis right. The German Bundesgerichtshof (Federal Supreme Court) has meanwhile referred an Art. 234 EC reference question to the ECJ in the decision GedichttitellisteⅡ, which will allow the ECJ to decide on this problem, cf. Case C – 304/07, OJ EC C 211 of 8 September 2007, p. 21 (for the reference question), and GRUR 2007, P. 688 – 90, for the respective Decision of the Federal Supreme Court which unveils the underlying considerations concerning the specific immaterial subject matter of sui generis protection (and showing a certain tendeny against the attitude of the Austrian Supreme Court and in favour of the prevailing opinion in legal doctrine). See further infra 2. 2. 4.

❽ Cf. already Joined cases C – 241/91 P and C 242/91 P, Radio Telefis Eireann (RTE) and Independent Television Publications Ltd (ITP) v. Commission [1995] ECR I – 7430 – Magill.

表⑲或体育赛事⑳的安排与结果。可知,一项大型活动,如电视台、列车公司或公众不同的体育事件或联赛,作为其唯一副产品的数据,无论什么时候产生,都会发生数据创造的问题。理论上这种情形下的数据也可以独立地取得(如通过观察运行的火车),但这种努力或者在经济上不可行,或者太迟了(如体育赛事或电视节目),尤其对于那些意在提供二级产品或服务的公司而言,如电视节目指南或体育彩票服务等公司。

在较早的 *Magill* 案判决中,欧盟法院最早遇到了这样的案例,按照爱尔兰版权法,对广播组织用来阻止综合电视指南独立服务提供商提供服务的电视节目表,给予了广泛的版权保护。在对这种普通数据给予过于宽泛的版权保护后,引来了广泛的批评,欧盟法院希望对这种情形予以救济。㉑ 根据欧共体条约第 82 条(后来的第 86 条),按照特定并相当严格的条件授予了强制许可(很明显它仅是基于该特定案件的特定事实)。㉒

即使在清楚有效的根据基础上授予这种强制许可,㉓ 根据欧共体条约第 82 条,这并不能实际解决新特别权利产生的唯一来源数据问题。这是因为 *Magill* 案的困难处境源于其对版权明显错误的扩张解释,这种基于特别权利适用体系对所创造数据的保护,或许会使这些问题变为对特别权利所保护无形客体概念的典型结构性结果,而且是非常普通的事情。竞争法的适用显然来得太迟,无法在如此活跃的数据库及有关数据库产品市场上,为这种竞争的结构性限制进行救济。

事实上,我们可以从该领域数据库特别权利保护与竞争法适用的关系中,学习到知识产权体系的一般经验:无论何时,在二级市场上结构性地遵循新型知识产权范围和特定无形客体的定义,会产生对竞争的限制,这种问题可以相应地通过对知识产权规定本身的重新界定加以解决(知识产权内部解决)。这是因为知识产权在动态竞争观下不能发挥功能,即以创新竞争取代模仿竞争,

---

⑲ Cf. e. g. LG Köln (Cologne District Court), judgment of 8 May 2202 – 28 O 180/02, MMR 2002, p. 689.

⑳ See the seminal ECJ judgement: ECJ, judgment of 9 November 2004, Case C – 203/02, BHB v. Hill, [2004] ECR I –10425; ECJ, judgment of 9 November 2004, Case C –444/02, Fixtures Marketing v. Organismos Prognostikon, [2004] ECR I –10549; ECJ, judgment of 9 November 2004, Case C –46/02, Fixtures Marketing v. Oy Veikkaus AB, [2004] ECR I –10365; ECJ, judgment of 9 November 2004, Case C –338/02, Fixtures Marketing v. Svenska Spel AB, [2004] ECR I –10497.

㉑ Cf. with respect to *Magill* e. g. Doutrelepont, GRUR Int. 1994, p. 302, at 307.

㉒ See further infra at section 2. 3.

㉓ See further for a revised Art. 82 EC test with respect to compulsory licences for the use of IP rights infra at section 2. 3.

它们事实上会导致完全保守的整体市场。因此，如果一项知识产权的特定结构性解释能够产生这种结果，如对唯一来源数据的保护，如果可能，就必须对这个知识产权的定义或解释加以认真考虑。相反，如果一项知识产权只在特定市场条件下会产生对竞争的限制，如果这种后果依赖于特定的市场结构与情势，在对该市场合理经济分析的基础上适用竞争法，就能够对这种知识产权保护产生的更多例外副作用提供救济（知识产权外部解决）。

在数据库特别权利保护方面，这种差别就会使得唯一来源数据可以通过对特别权利本身的一致性解释得到解决（什么可以称为"知识产权内部解决"，见第2.2节）。但按照特定的市场条件，特别权利保护也会产生对竞争的限制，特别是在准入条件高和网络影响较大的市场，新权利会导致对潜在消费者的封闭情形。因为在特定网络影响和准入条件高的市场上，数据库的概念和结构是数据交换的基础，很容易发展成为一种事实标准。因此，可以说（关于特别权利和版权的）数据库保护与标准的保护也紧密联系在一起。但这种发展并不是这些知识产权的典型结构性结果，只是经过全面经济分析的特定市场条件下出现。关于这种独立市场对竞争的潜在限制，必须在欧共体条约第82条基础上，通过发展强制许可的一致性标准加以解决（"知识产权外部解决"，见第2.3节）。任何其他的知识产权内部解决方法都不太可行，因为既存的知识产权体系并不准备，也不能发展对不同市场的特定经济分析相关的灵活保护概念。

2.2 知识产权"内部"解决：*BHB v. Hill* 案的保护范围与客体

2.2.1 副产品原则

唯一来源数据库是典型的其他主要商业活动的副产品，[24] 唯一来源问题已经引起广泛的讨论，特别是在荷兰法律原则与案例体系之中，主要是将数据库制作者主要活动的副产品排除在保护范围之外。[25] 这一理论在保护上施加了一个相当模糊和不确定的额外主观条件，即数据库制作者主要目的是通过实质性投入制作数据库。但无论指令的文本，还是特别权利的目标，即保护在获取、验证、展示数据库内容过程中的投入，都不支持这一理论。说得严重一些，至

---

[24] See supra at section 2.1.

[25] See for the judgement in the Member State employing and developing the so–called spin–off doctrine e. g. Court of Appeal of The Hague, judgment of 30 January 2001, De Telegraaf v. NOS, [2001] Mediaforum 344; Court of First Instance of Rotterdam, judgment of 22 August 2000, [2000] Mediaforum 87. For the development of the spin–off doctrine in legal writing, cf. e. g. Visser, H. Snijders and S. Weatherill (eds), E–commerce Law, 2003, at p. 106; Derclaye, EIPR 2004, 402 with further references.

少在这种广泛而无差别的适用情况下，这一理论可能完全没有领会为自由竞争保护特别权利的含义。❷ 因为尽管大多数（问题较大的）创造数据确实构成主要商业活动的纯粹副产品，但这并非必然情况；反之，从竞争导向的角度看，并非所有副产品数据库都存在问题。❷ 在德国联邦最高法院 *Michel - Nummern* 案中，涉及一项为集邮爱好者"创造"的唯一来源系统化体系，对所创造发明的唯一来源数据本身的保护，对竞争的系统化体系，特别是对合理使用转位行为，会产生严重问题。结果是，德国联邦最高法院有权拒绝对数据库制作者给予保护，禁止这种程序允许邮票体系数字人工转换的固定、输出及输入结果进入一个竞争程序。但这一结果可能并非建立在副产品理论之上，因为数据库制作者的资本和投资密集性活动是这种系统化体系的发展和进步。而且反过来说，许多数据库副产品在特定二级市场的实施，这种二级市场也未在数据库制作者最初设计投资活动时的视野之内，因而没有理由拒绝以特别权利加以保护。例如一家航空公司自己花钱制作了精准天气❷数据库，决定将许可给其他竞争者，从竞争的视角看，这种利用绝不属于滥用或存在问题。因此，尽管这些数据库属于运营航空活动的副产品，但也应当并能够被授权保护。总之，对于目前特别权利含义存在的突出问题，即对数据库制作者的数据创作活动产生唯一来源数据的适用，更好的解决方法是集中在什么是特定无形客体，即新权利的保护目标问题上。

2.2.2 欧盟法院对 *BHB v. Hill* 案的判决

欧盟法院在 *BHB v. Hill* 案判决中采取的是以严格目的论论证为基础的路线，这种方式已经解决了许多新权利产生的问题。尽管欧盟法院的规则仍需要仔细解释，更重要的是，它没有停留在目前法律原则上，而是进一步回答了关于特别权利保护的未决问题。下面我们会看到，关于特别权利特定客体 *BHBv.*

---

❷ See on possible (and sensible) ways of terminologically differentiating the recently discussed version of different spin - off theories in order to focus the theory on genuinely problematic situations Derclaye, EIPR 2004, p. 402, at 408 et seq. However, these (laudable) attempts to terminologically save the spin - off doctrine by narrowing it down now seem outdated in light of the later BHB v. Hill judgment (supra, at note 20), which has outspokenly (and rightly so, cf. briefly Leistner, 36 IIC 2005, p. 592 et seq.) rejected the spin - off doctrine in favor of a more precise, essentially teleological approach to interpreting the condition of sui generis protection, cf. further infra at section 2.2.3.

❷ Cf. German Bundesgerichtshof (Federal Supreme Court), judgment of 3 November 2005 - I ZR 311/02, GRUR 2006, 493 - Michel - Nummern.

❷ See on the problem of whether the measuring of data in nature can still constitute an eligible investment of the "substantiality" test in the sense of Art. 7 (1) Directive in the light of the ECJ's BHB v. Hill judgment (supra. at note 20), infra 2.2.3.

Hill 案原则的发展和一致性适用，能够解决数据库保护中很多模糊的问题。经过进一步检查，有些问题，如有关原始与升级数据库新权利范围的精确界限问题，在此基础上也可以得到满意地解决。

BHB v. Hill 案中的事实是典型的唯一来源数据情况。英国赛马委员会以赛马表及其他基本组织信息数据库的保护为基础，试图垄断博彩服务领域所需的信息。这一行为很快有了几个效仿者：英国与苏格兰足球联赛在各自的市场中，适用了这种同样的"商业模式"。他们的营销机构、赛程商业公司，宣称其在欧洲范围内拥有对足球比赛赛事表㉙的数据库权。*BHB v. Hill* 案中的关键问题是，在独家赛马信息数据库制作中的投资，是否能够被视为1996年指令意义上的一种实质性投资。

法院明确地抛弃了副产品理论（以其广义形式㉚），以一种极好的且简洁的方式解决了这一案件。㉛ 欧盟法院以一种限制性方式界定了新特别权利的客体（特定的无形客体），根据指令的重述，法院关注的是新权利的目的，即促进数据汇编的制作。因而，对并非直接将已经存在的独立素材集合在一起的那些投资，排除在"获取……数据库内容"的相关投资概念之外。㉜ 尤其是排除了，只用来创造汇编数据库内容素材的投资。这种全面目的论方式的结果是，法院也从数据库投资中排除了对数据库"内容……验证……方面的投资"的表达，这些投资不能服务于检测既存数据库信息准确性与可靠性的目的，而是针对创造数据阶段的验证程序。

欧盟法院发现了一种简洁的方式，解决明显的副产品案例（狭义上㉝）和唯一来源数据问题，就是简单地排除纯粹创造数据的投资。这种解决方式对于

㉙ This situation was the object of the three parallel judgement of the ECJ, Fixtures Marketing Ltd v. Oy Veikkaus C – 46/022（supra, at note 20）, Fixtures Marketing Ltd v. Svenska Spel AB C – 338/02（supra, at note 20）and Fixtures Marketing v. OPAP C – 444/02（supra, at note 20）, in which the Court more or less applied the ratio decidendi from BHB v. Hill to similar facts in these cases.

㉚ See for possible terminological differentiation in literature preceding the rejection through the ECJ, supra（at note 26）.

㉛ Cf. Hoeren, MMR 2005, p. 34; Leistner, JZ 2005, p. 408; more critically Lehmann, CR 2005, p. 15; Derclaye, 38 IIC 2007, p. 275, at 284 et seq.; with more critical comments（特别强调"创造"与"验证"之间的突出差别）（cf. on solutions to this problem infra, at section 2.2.3）, cf. Davion & Hugenholtz, EIPR 2005, p. 113, at 114 et seq.; Masson, EIPR 2006, p. 261, at 266 st seq.

㉜ Foe early approaches ina similar direction, cf. Vogel, Schricker（ed.）, Urheberrecht – Kommemtar, 2nd edition 1999, § 87a, at para. 16; Leistner, GRUR Int, 1999, p. 819, at 825 et seq.

㉝ Cf. Leistner, 36 IIC 2005, p. 592, at 593 et seq.（但强调在一些没有 BHB v. Hill 案明确的案件中，找到区分适格投资与非适格投资知指导因素的必要性）; Leiatner, Kommunikation und Recht 2007, p. 457, at 459 st seq.; similarly Davison & Hugenholtz, EIPR 2005, p. 113, at 114 et seq.; Derclaye. 38 IIC 2007, p. 275, at 284 et seq.（但应当指出涉及新 BHB v. Hill 标准的一些困难）。

特征明显的案例确实发挥了作用，因为典型的唯一来源数据情况都是被数据库制作者创造出来的数据。就是因为这种创造程序，数据库在任何其他地方都无法获取，也因此才使新权利面临问题。

2.2.3 依 *BHB v. Hill* 案标准，可保护投资与不可保护投资之间的差别

但法院的解决方法在一些不如 *BHB v. Hill* 案明细的情况下，也会产生一些问题。因为法院仅将关键性问题（界定可保护的投资）转向了新术语层面。从现在开始（可保护投资与不可保护投资之间）的红线，必须以数据制作程序中两个阶段的区分为基础进行划定。必须区分创造数据的第一阶段与寻找搜集既存独立信息的第二阶段，在典型的案例中，这种区别很容易辨别，如在 *BHB v. Hill* 案中。但对于标准不能明显加以区分的情况，特别是在创造数据投资与搜集数据投资之间，标准的适用就会产生问题。❹ 事实上，在现实中的数据库制作过程中，可能很难划分欧盟法院判决中暗示的不同阶段。而法院所倾向的按比例分析，甚至会使情况变得更加困难。换句话说，未来的权利请求者必须能够准确表明，哪一种投资仅是数据库创作程序中使用的投资，哪一种投资是对之前既存独立数据的收集与展示投资。建议数据库制作者必须交付数据库中独立且精确的证明文件，大概只有大型数据库制作者能够组织好这种证明文件。

对于这一重要新区别标准的解释，作者的观点是，新判例法中标准的"目的论"解释，对于存在问题和争议的情况，如对之前存在数据在性质上加以衡量并隔离的情况，应当予以支持。因此，这种解释应当以对问题的精确分析为指导，即欧盟法院在发展 *BHB* 案新标准中试图解决的问题。事实上 *BHB v. Hill* 案中的问题就是限制竞争的问题，这是涉案数据不可能被竞争者或者其他服务提供商在二级市场上，如博彩服务市场，分别独立地进行搜集导致的结果。对于某种意义上由数据库制作者独立"编制"的数据，这一问题尤为明显，它们在别处无法取得。因此，"*BHB v. Hill* 案目的论标准"的本质是要排除这种新数据体系（完成"编制"或发明）产生的直接投资，但通过测量自然现象（如气象学、地理学数据库）"创造"的数据则适合保护。因为这些数据在自然中可以自由获取，可以独立加以测量，也可以用潜在竞争者的可比较成本加以衡量，而不受之前存在数据库保护的其他数据汇编的任何限制。总之，"*BHB v. Hill* 案目的论标准"，即（被排除的）数据编制（如狭义上的

---

❹ See for numerous examples from different fields of application and for suggestions of sensible distinctive criteria in literature e. g. Masson, Creation of database or creation of data: Crucial choices in the matter of database protection, EIPR 2006, 28 (5), 261-7.

发明）与通过对之前存在信息搜集的测量和可比较程序进行（相关）的数据制作之间的区分，它对欧盟法院术语区别的目的论支撑加以考虑，这或许是对既存问题加以明确的最好解决方法。

2.2.4 *BHB v. Hill* 案对特别权利保护的影响

为了使这一方法行之有效，通过适用和发展这一新标准，解决更多数据库特别权利保护中的问题，将特定受保护无形客体的定义（如在获取、验证、展示之前数据中的投资），转换成为数据库保护范围的相应解释，是必不可少的。这对抽取和再利用行为的定义，甚至对于在不同利用情形下数据库实质部分的定义，也有着重要的影响。就特别权利的特征而言，其是一种通过受保护的数据库有形化保护特定投资的真正的知识产权。其遵循的理念是，投资的努力（不是指数据库的内容[35]）应该得到保护，并可以通过对数据库的利用对投资加以再融资，[36] 对于这种再融资会造成实质性损害的行为，必须加以制止。就是说，抽取或再利用行为并未预先假定所利用的数据是从受保护数据库中直接抽取的。[37] 一种间接的使用，尽管是对数据的重新安排，[38] 也足以引发数据库保护，只要这种使用行为侵害了数据库制作者的特定受保护投资，而这种投资已经以有形的方式加以固定并受到数据库的保护。当然，这种成为问题部分投资的实质性在评估使用行为的实质性部分时，必须是决定性的，[39] 但在评估数据库的实质部分是否被使用时，如按照 *BHB v. Hill* 案关于可保护投资，也自然会对限制加以考虑。因此，实质性部分不一定来自要素本身的价值，数据库内容本身的价值并非是新权利的保护客体。[40] 来自产生这些要素的投资或要素内在价值的数据库实质性基本投资的部分，不能被视为实质性部分。[41] 根据

---

[35] See quite clearly ECJ, BHB v. Hill (supra, at note 20), at para. 72 on the basis of Recitaln46 Directive. See for the prevailing opinion in legal doctrine Koumantos, RIDA 171 (1997), 78, 116; Gaster, Dittrich (ed.), p. 15, at 26; Leistner, Der Rechtsschutz von Datenbanken, Munich 2000, p. 144 et se.; biefly also Leistner, 33 IIC 2002, p. 439, at 451 et seq.; cg. Also the tendency in the Reference Decision of the German Federal Supreme Court in Case C – 304/07, OJ EC C 211 of 8 September 2007, p. 21 (cf. for the decision: GRUR 2007, p. 688 – 90).

[36] See ECJ, BHB v. Hill (supra, at note 20), at para. 45 et seq. on the basis of Recital 42 Directive.

[37] See ECJ, BHB v. Hill (supra, at note 20), at para. 53.

[38] See ECJ, BHB v. Hill (supra, at note 20), at para. 52 et seq.

[39] See ECJ, BHB v. Hill (supra, at note 20), at para. 69 et seq.

[40] Cf. ECJ, BHB v. Hill (supra, at note 20), at para. 72 on the basis of Recital 46 Directive.

[41] See ECJ, BHB v. Hill (supra, at note 20), at para. 72.

BHB v. Hill 案，一部分的"量"[42] 的实质性，必须来自数据库制作者在获取和展示这一特定部分时，所投入的获取、验证或展示投资。[43] 如果能够认真采纳欧盟法院在 *BHB v. Hill* 案中的这些准则，实践中关于"实质性部分"定义的大多数问题，都可以得到满意的回答。首先涉及的问题是，对某种数据的完全独立收集（而非间接地来源于受保护数据库），在特定情形下是否构成对实质部分的抽取和再利用行为；其次，是关于"升级数据库"保护范围的争议问题。

数据的独立搜集与特别权利

关于第一个问题，德国联邦最高法院最近对欧共体条约第 234 条的运用阐明了这一潜在问题。[44] 一位大学的教授和他的助手在雇佣期间完成了关于"1730 年至 1900 年间最知名 1100 首诗"的数据库，这些诗的选择主要基于一个独立的系统，选择与一个影响因子简单（二级）体系相关的一些较大文选，这一系统的影响因子可以对每一首诗的出版频率加以分析。德国联邦最高法院认为，这种对诗加以选择具有的个性化形式的数据库，应当对作者，即开发了这种个性选取系统的教授，给予著作权保护。但同时数据分析本身，以及为数据分析进行的大规模材料的准备，同样需要付出实质的投入。因此，基于对获取和展示这些数据的投资，大学可以作为数据库制作者得到特别权利保护。被控侵权人利用该数据库启发完成了"你必须拥有的 1000 首诗"的选取，其中包含 1720 年至 1900 年之间的 1000 首诗。在选择过程中，被告从请求人数据库中选取了 856 首诗。在期间上，她自己的数据库也是遵循了请求人的脉络，只有（在分析的基础上）一小部分诗由自己进行添加。德国联邦最高法院认为，这种对教授个性化选取努力的利用，侵犯了版权，但在特别权利保护方面则并不明确。因为被告辩称，确实利用了这种选取，但仅仅是作为自己周详思虑后的一种启发，被告数据库中的诗是完全独立编辑完成的。在这样的背景下，德国联邦最高法院将这一问题交由欧洲法院，使其依欧共体条约第 234

---

[42] 主要涉及对"量"的实质性投资的特别与狭义解释。Leistner, JZ 2005, p. 408, at p. 410; for an alternative conception of Leistner, 33 IIC 2002, p. 439, at 452 et seq.; for a comprehensive overview cf. also Derclaye, 36 IIC 2005, p. 2.

[43] See ECJ, BHB v. Hill (supra, at note 20), at para. 71.

[44] Bundesgerichtshof (German Federal Supreme Court), Decision of 24 May 2007, GRUR 2007, p. 688 - 90 - Gedichttitelliste II. See for the resulting (more specific) reference questions Case C - 304/07, OJ EC C 211 of 8 September 2007, p. 21. The opinion of Advocate General Sharpston has been delivered on 10 July 208; it is essentially similar in argumentation and result to the approach submitted here, Because of the editorial deadline it could only be mentioned here.

条作出初步裁定，问题如下：

按照数据库指令第7条，在受保护数据库中采纳的数据，在另一个不同的数据库中加以整合，但如果这种参照其他数据库的抽取也有独有的评价，那么是否构成数据库指令第7（2）（a）条意义上的抽取？这一条款意义上的抽取以（有形）的数据复制为前提吗？

该案中最关键的问题是，被告确实独立进行了诗歌的编辑，既没有直接也非间接抽取所涉原告数据库中的内容。只是使用了数据库对内容的特有选择，这对她自己认为适当的选择的出发点有着重要的启发，但与原始数据库相比，仍然存在一些小的变化。我们要知道，特别权利保护的客体不是数据库的内容，而是在获取、验证、展示这些内容时付出的实质性投入，这是基本原则，以便在受保护的数据库中可以寻得有形的固定。一般认为，（事实上德国联邦最高院在为判决阐释理由时也遵循了这一推理）对诗歌的独立收集是自由的，只要第二个数据库中诗歌并非来源于原告的数据库。

但是依据 *BHB v. Hill* 案，特别权利的无形客体是在进行获取、核实、选择数据库中的数据时投入的努力。*Gedichttitelliste* 案的事实是，诗歌的选择既要求作者的个性化选择（如案中教授），也要求数据库制作者（大学）统计运转个性化体系时的实质性投入。*Gedichttitelliste* 案背后的主要问题，不是以一种间接方式对数据库选择的挪用是否是对个人努力启发的问题，而是直接的有形复制行为是否属于再利用定义范畴之内的问题。具有决定性的问题是，数据库的结构以及它的个性化选择，是否绝对包含在数据库版权范畴之内，或者如果它的完成同时要求个性化理念和运用这一理念的实质性投资，它是否也能够被特别权利所保护。事实上，无论在指令中还是 *BHB v. Hill* 案中均未明确，投入运转一个特定选择体系的努力，不适合作为获取与展示数据库的投入加以保护。由此看来，似乎运转一个特定选择体系的实质性投入，也可能适于特别权利的保护。

特别权利的本质属性是具有排他性的知识产权，这种保护就包含了对源于选择体系实质部分的任何（直接或间接）盗用，只要这种盗用会导致对基本投资的重大损害。以至于建立在自己个性化评价基础上的对别人选取结果的采用，按照 *BHBv. Hill* 案，关键的问题不是这种选取是否构成有形复制行为，而是应把这种行为视为单纯的咨询性使用还是已经构成对数据库整体或实质部分的采用。即采用的部分是否大到足以相当于在原数据库制作者的努力基础之上，创作一个竞争性数据库，并因此"损害了数据库制作者的投入"。既然 *Gedichttitelliste* 案中采取了请求人数据库中几乎大部分基本选取成果，这一问题的答案应是：直接选取不是指令意义上"再利用"含义的前提条件，对数据库实质部分再利用的重要标准是，这种直接或间接的选取行为是否对数据库制作者在"获取、验证或展示"数据库内容所进行的投入存在实质性的损害。[45] 因为 Gedichttitelliste 案从特定期间选取的 1100 首诗，不仅融入了个性化创造，（在直接获取或展示这种特定选取时）也需要相当大的经济投入。如果通过使用大部分选取成果编辑了一个竞争性数据库，就不能否定这种对经济投入的间接盗用。因此，即使是间接采用也可能损害数据库制作者的可受保护投资，并构成特别权利意义上的可诉再利用行为。这一结果也直接源于 BHB v. Hill 案中将特别权利作为一种真正的、排他的知识产权原理，以及这一判决中特别权利所保护特定客体的定义。

特别权利保护的客体不是数据库的内容，对数据的独立性编辑仍然是完全自由的，只是在特定情形下有可能引发数据库的保护。特别是这种情况下，被告利用了数据库制作者可保护投入的其他成果，如为了决定性地指导自己的编辑，实施一项成本极高的选取机制。这种对获取与展示原始数据库数据过程中投入的盗用，就会引发特别权利的保护，即使其是以一种间接的方式运作。[46] 被告只有在仅将数据库及其投资密集的选取作为数个灵感之一，且更多利用自身价值判断完成的真实独立选取的情况下，这种利用才会被视为对实质部分的纯粹咨询性利用，而不会引发数据库特别权利的保护。[47]

"升级"数据库保护的范围与期间

根据数据库指令第 10 条，数据库著作权在数据库发布后 15 年，或如果在此期间内未发布，在制作完成 15 年后，期间届满。但数据库保护期间的定义因另一事实的出现有所削弱，即数据库指令第 10（3）条对每一次进行实质性再投资产生的新特别权利，又额外授予了 15 年的保护期间。[48] 如此，连续升

---

[45] Cf. ECJ, BHB v. Hill (supra, at note 20), at para. 54 et seq. (concerning the freedom of consultative use, on one hand) and at para. 60 et seq. (另一方面涉及对实质部分自由使用的限制).

[46] See ECJ, BHB v. Hill (supra, at note 20), at par. 52 et seq. Cf. also the Opinion of Advocate General Sharpston in Case C–304/07 delivered on 10 July 2008.

[47] See ECJ, BHB v. Hill (supra, at note 20), at para. 54 et seq.

[48] 尽管指令第 10（3）条提及"实质性变化"，决定性因素，尽管用词模糊，是在制作数据库时是否有实质性新投入。如果是这种情况，投入引起的变化范围就不再相关。新投入也可以在未变化部分表现出来，但实质性变化可以是实质性新投入的指示。依据指令第 10（3）条，数据库量的实质性变化是不断累加、删除或改变的结果。这些表明在实践中经常发生的变化，数据库的不断升级，都可以通过保护期间的延长所覆盖。在这种情况下，一旦连续升级的支出被视为实质性投入，就确立了实际上的保护期间。See further Leistner, 33 IIC 2002, p. 439, at 459.

级的数据库就可能被无限期地加以保护。㊾ 至于连续升级投入的实质性，对既存数据库中累积新投入的实质性评估，要与数据库开发时的投入适用同样的标准。事实上，没有理由专门为在既有数据库上的新累积投入保护，设定一个有别于创作新数据投入保护的完全不同的门槛。㊿

改进数据库拥有自己的保护期间，制作者关于这种数据库的保护范围问题，依然存在争议，“新投入的结果”，出现了两种明显不同的建议解决方式。一种方法假定在新的投入完全改变或更新了数据库的情况下，其应当得到保护，且与其各独立部分的保护期间无关。(51) 另一种方法强调知识产权法的保护本质，并因此从受保护客体的定义得出主要结论，其构成 *BHB v. Hill* 案数据库制作者著作权的基础。(52)

显然，按照自由获取信息与自由竞争的观点，整个新升级数据库的保护或许存在问题，因为持续升级的数据库可能会要求整体得到永久保护。(53) 这样看来，界定升级数据库的保护范围还是必要的。尽管欧盟法院没有机会在 *BHB v. Hill* 案及类似裁判中明确这一问题，(54) 最为明智的解决方法依然是保持保护数据库制作者与不要过分限制自由竞争之间的适当平衡，这也同样为特别权利保护客体与保护目标所要求。

相应地，由于特别权利保护的无形客体并非数据库的内容，(55) 而是制作者实际投入付出的努力，任何已有数据库中的实质性新投入都会创设一项新的数据库制作者的著作权，并与已有数据库制作者的著作权一样，拥有包含在数据库中的自身保护期。如此，两个或更多的独立性特别权利就会在一个数据库中形成权利重叠，但必须分别加以对待。特定投入特别权利之一的保护范围，总

㊾ Combeau, 1996 RIPIA 158, 162; Kaye, 1995 EIPR 583, 586; Reichman and Samuelson, 50 Vand. L. Rev. 51, 90 (1997), who however do not separate the real property and the intellectual property levels sufficiently sharply; cf. also Leistner, 33 IIC 2002, 460 et seq.; Derclaye, 38 IIC 2007, p. 275, at 287 et seq.

㊿ See with further arguments Leistner, 33 IIC 2002, p. 439, at 459 et seq.

(51) See e. g. Vogel, in: Schricker (ed.), Urheberrecht – Kommentar, 3rd ed. 2006, § 87a, at para. 42.

(52) See comprehensively on this concept in order to limit the scope of the database right with respect to updated databases Leistner, 33 IIC 2002, p. 439, at 460 et seq., with further references from German legal doctrine.

(53) Cf. also Leistner, 33 IIC 2002, 460 et seq.; Derclayc, 38 IIC 2007, p. 275, at 287 et seq.; cf. also the references supra, at note 49.

(54) Cf. Derclayc, 38 IIC 2007, p. 275, at 287.

(55) Cf. ECJ, BHB v. Hill (supra, at note 20), e. g. at para, 72.

是仅与新数据库中的部分，即投入得到保护的客体相关。㊃

具体而言，这种包含在升级数据库中的捆绑式特别权利的知识产权法保护，指与持续 15 年投入保护有关的数据库部分。*BHB v. Hill* 案中的精神表明，在评估该升级数据库实质性抽取或再利用部分时，不可回避要对这一问题加以考虑。㊄ 保护期间届满也必然应包括在与保护范围有关的数据库"实质部分"的概念范围内。这甚至并不需要对关于所有独立实质性新投入的数据库实质要素进行独立评估，这些投入仍然为数据库制作者的著作权所保护，因为这些投入像过去 15 年一样，仍然得到保护，它们彼此累积在不断更新数据库的单一实体之内。㊅ 在特定的侵权情形下，如一个数据库在之前的 15 年中仍受一个或同一位制作者保护，或者成果首先在该期间内发布，就可以对数据库中的一切投入进行累积统一评估，对此没有异议。㊆ 根据不断升级电子数据库的普遍做法，进行一项单独评估不现实，实际中也很难操作，这一点在数据库指令对"连续变化的累积"新投入的保护中，也加以明确。

由此可以得出结论，对数据库抽取或再利用部分实质性的评估，不同于一般性评估，这种情形适用于发布已经超过 15 年的数据库，一般性评估的检测标准必须忽略保护期间已经届满的那部分投入。这种投入因为不再受保护，也不会再成为数据库的实质部分。至于其他部分，则要对一般原则的适用加以必要的变更。这种解决方式在数据库制作者有价值投入的保护与自由无限制性竞争、自由获取信息中的价值利益之间维持了平衡，它直接源于 *BHB v. Hill* 案判决中对数据库保护"实质部分"概念解释的法律精神。

2.2.5 结　论

综上所述，我们已知 *BHB v. Hill* 案原则的一致适用，有助于有效地"中和"特别权利的负面作用。对于自由竞争，特别权利在很多情况下被认为具有结构危险（特别在单一源数据库的情形）。*BHB v. Hill* 案对于数据库"实质部分"概念解释标准的转换，可以这样一种方式勾画出新权利范围：在对数

㊃ Leistner, 33 IIC 2002, p. 439, at 462 et seq.; similarly Gaster, Der Rechtsschutz von Datenbanken, Cologne 1999, at paras 648–52.

㊄ 但得出这样的结论并不正确，主要原则是限制新数据库制作者改变或添加数据库部分的保护范围，因为非新投入直接客体的数据库部分也可以从这种投入中间接获益，应当是新投入保护意义的实质性。因此，一个新的创新概念，来自能够体现在数据库所有部分中的新投入，包括仍然未发生变化的那部分。See also Leistner, 33 IIC 2002, p. 439, at 461 et seq.

㊅ 投资的价值不会因时间的流逝降低，因为它不与知识产权法的固定保护期间概念相对应。因此，所有后 15 年的实质性投入都可以一种历史的方式加以评估。see further Leistner, 33 IIC 2002, p. 439, at 462 et seq.

㊆ Thus the tendency also in Cornish, 1996 Columbia–VLA Journal of Law & the Arts, p. 1, at 9.

据库制作者必要及有意保护与不过度限制自由竞争之间保持适当的平衡。特别是，在此基础之上，可以适当降低"升级数据库"的保护范围，并对抽取与再利用的概念加以适当解释。

这种典型地结构性遵循过于宽泛的数据库特别权利特定客体的定义，可能对自由竞争构成潜在的威胁，对于这种威胁，按照 *BHB v. Hill* 案，对未来特别权利进行一致性解释，代表了一种有效的"知识产权内部"解决方式。因此，欧盟法院通过在数据库指令文本一致性目的解释基础上对受保护客体的界定，事实上以一种使知识产权与自由竞争相互补充的方式，重新界定了特别权利，至少原则上是如此。

知识产权外部解决方式：*IMSHealth* 案与强制许可

毫无疑问，新特别权利与潜在的事实标准保护更为接近，如果新特别权利会导致对特定市场条件下（高市场准入标准，实施事实标准的结果与交叉影响等）自由竞争的限制，也会产生问题。对于这种情形，通过欧共体条约第 82 条对主要数据库制作者的一致性适用，也发现了外部解决方式。

从 *Magill* 案[60]（以及在 *Bronner* 案[61]中 *Magill* 案标准的重述）、*IMS Health* 案[62]到最近令人惊叹的欧盟初审法院（CFI）[63]作出的微软案裁决，欧盟法院判例法在该领域发展了四要素标准，作为基于欧共体条约第 82 条发放强制许可的条件。第一，向竞争者提供知识产权保护对象的不可或缺性；第二，存在大量消费者需求的新产品；第三，在二级市场上几乎消除了竞争；第四，没有任何合法理由拒绝许可。但在 *IMS Health* 案中，因为许可的"假定市场"条件（因而有效放弃了二级市场的条件），二级市场存在的条件被冲淡了。*IMS Health* 案中新产品标准用一种相对论的术语，仅描述为一种"更好、更有效、安全"的产品标准。[64]对于优势地位的知识产权权利持有人，欧共体条约第 82 条适用范围的延伸值得赞美，它朝知识产权保护与竞争法有效互动及相互作用

---

[60] ECJ, judgment of 6 April 1995, Case C – 241/91 P and C – 242/91 P, RTE and ITP v. commission, [1995] ECR I – 00743.

[61] ECJ, judgment of 26 November 1998, Case C – 7/97, Bronner v. Mediaprint, [1998] ECR I – 07791.

[62] ECJ, judgment of 29 April 2004, Case C – 418/01, IMS Health v. NDC – Health, [2004] ECR I – 05039.

[63] CFI, judgment of 17 September 2007, Case T – 201/04, Microsoft v. Commission, OJ C 269 of 10.11.2007, p. 45 [EB/OL]. [2007 – 12 – 03]. http://eur_lex.europa.eu/LexUriServ/site/en/oj/2007/c_269/c_2692007111enoo45oo46.pdf.

[64] CFI, Microsoft (supra, at note 63), at paras 240 and 656 et seq. Cf. also (on the eve of Microsoft) Leistner, ZWeR 2005, p. 138. at p. 161.

的方向迈进了一步。但对下面的观点也存在反对，即认为四要素标准不再是清楚必要方法论进行的基本考量，因为二级市场的存在条件事实上只是虚拟存在，新产品出现的条件延伸覆盖到几乎所有可替代产品（至少如果无论如何它们是更好的产品）。因此认为，未来关于知识产权更为易懂的二要素标准，应作为不可少的方法加以适用。包括，第一，自身的不可或缺性；第二，不存在拒绝许可的客观合法理由。(65) 基于此种方法论解释标准，尤其是对于想进入市场的竞争者而言优势企业知识产权的不可或缺性问题，也应当依据完全严格的经济分析加以评估，判断是否存在替代竞争的空间（转换消费者的成本作为 *IMS Health* 案考虑的次级要素之一，在此处或许会发挥作用），而不是仅根据抽象的标准，如开发事实标准的合作问题（*IMS Health* 案中次级因素应被放弃(66)）。因此，不可或缺性的条件，应以一种严格的方式加以评估，要考虑到各种可以想到的与经济上的现实可替代方式（特别是开发“围绕”知识产权的可替代性解决方式），并成为该领域适用欧共体条约第 82 条决定性的、严格的过滤器。

即使竞争规定实际上得以严格适用，对于全部竞争法而言，也常常是“太晚”。竞争法诉讼非常困难且成本高，对于一个小数据库市场上的新进入者而言，无法成为诉讼的有效利用工具。我们必须注意，在涉及将竞争法作为数据库保护的一种妥协方式时，一方面是将其发展成为一项标准的倾向，而另一方面则是无限制竞争的需要。因此，不能完全依赖外部规则，这可能付出高行政成本，或许在数据库法内以一种非自愿的许可机制加以替代更具有实际意义，(67) 即利用数据库指令第 16（3）条明示规定的选择。(68) 根据专利法（尽管存在一些差别）强制许可相关规定的经验，也不可过高估计这种条款的效率。同时，也不能忽视植入一项强制许可机制，无论强制许可或许可权的形式如何，都会产生其自身的交易成本，也可能会产生阻碍市场效率的后果。(69) 因此，只有在下一份基于无懈可击方法论经济研究基础上的评估报告表明对 *BHB v. Hill* 案列出的指南进行了审查，尽管存在竞争法的严格适用，仍然可以发现

(65) See Leistner, ZWeR 2005, p. 138. at p. 161.

(66) Ibid.

(67) Such compulsory licenses were included in the earlier Directive proposal of 13 May 1992 (Proposal for a Council Directive on the Legal Protections of Databases, COM 1992/24 final, Brussels, 13 May 1992, OJ 1992, C 156/4 (Art. 8 (1) and (2))).

(68) Kur, Hilty, Geiger & Leistner, 37 IIC 2006, p. 551, at 552, at 554 et seq.; similarly Derclaye, 38 IIC 2007, p. 275, at 296 et seq.

(69) Cf. Kur, Hilty, Geiger & Leistner, 37 IIC 2006, p. 551, at 555 (in note 7).

存在获得信息的严重障碍与数据库市场缺乏有效的竞争时，[70] 这种机制才能适用。

3 欧盟版权一体化机制内的新权利——为阻止数据库成为"超级版权"进行的必要修正

3.1 欧盟委员会 2005 年评估报告

欧盟委员会在 2005 年评估报告[71]中阐明了对数据库指令的强烈反对态度。委员会给出了新的保护文件，反对增加欧盟数据库制作的最初目标，并得出结论认为，特别权利没有"对欧盟数据库创作产生任何主要的影响"，[72] 但得出这一结论的实证基础非常薄弱。事实上，欧盟委员会仅是对比了数据库指令之前时期到今天数据库的绝对数量（依据是 Gale 数据库名录），然后得出 2004 年欧盟数据库生产已经跌落回数据库指令前水平的结论，与美国相比，[73] 欧盟数据库生产者只占有较小的市场份额。显然完全忽略了这样的事实，在数据库指令生效后的第一年，欧盟数据库产业取得了实质的发展。从 2001 年至 2004 年，数据库生产的严重下跌与这段时期的信息产业危机及其他偶然因素相关联。当然，欧盟委员会有权认为，数据库指令的积极影响无法得到证明，委员会也确实基于非常有限事实的选取进行了分析。尽管如此，也没有明显的证据证明，特别权利对于数据库市场造成了损害。[74] 而且，由于数据库指令内容对特别权利的范围和保护条件的模糊概念，[75] 引发了法学上的分歧和法律的不确定性。委员会在强调这种分歧和不确定性造成的行政管理失效时，忽略了法律原本存在的不确定性，在内部市场上的数据库保护就是建立在所有成员国的不同法律保护基础之上，在许多欧洲大陆成员国内，都只是含糊地规定了不公平竞争保护。[76] 就成员国的现状而言，特别是关于以不正当竞争法规范对数据库

---

[70] Kur, Hilty, Geiger & Leistner, 37 IIC 2006, p.551, at 555; slightly more in favor of compulsory licenses Derclaye, 38 IIC 2007, p.275, at 297.

[71] See supra, at note 4.

[72] Evaluation Report 2005, p.24.

[73] Evaluation Report 2005, p.16. et seq.

[74] See Kur, Hilty, Geiger & Leistner, 37 IIC 2006, p.551, at 552; similarly Leistner, Kommunikation und Recht 2007, p.457, at 463 et seq.; Derclaye, 38 IIC 2007, p.275, at 297.

[75] Evaluation Report 2005, p.13 et seq., 24 et seq.

[76] Kur, Hilty, Geiger & Leistner, 37 IIC 2006, p.551, at 552, at 554 et seq.; Leistner, k&R 2007, p.457, at 464; similarly Derclaye, 38 IIC 2007, p.275, at 296 et seq.

不公平复制的判例法，还都非常模糊，这就导致由于自身原因而出现相当多的问题和法律的不确定性。因而，对于新特别权利的成功分析代表了其并非是评价报告中那种非黑即白的绝对性阐述。

因此，报告中表述的第一种和第二种行动选择，即统一撤销数据库指令或者撤回特别权利，这对于未来而言并非是现实的选择。(77) 因为很明显，知识产权保护机制已经变得比以前越来越复杂，紧接着在这一特殊领域会产生对自由竞争以及信息自由冻结效应的风险。之前的分析表明，在欧盟法院 *BHB v. Hill* 案基础上，至少自由竞争体系的结构性危险可以通过对特别权利的合理解释，得到实质性的降低。(78) 这对于在某信息市场上形成事实标准的数据库版权或特别权利保护而产生的市场—结构—依赖性竞争禁止也同样适用：这些情形应通过对竞争法的严格适用进行解决，欧洲法院在 *IMS Health* 案及微软案中，(79) 已经为此做好了铺垫。在这一背景下，撤回特别权利似乎并不必要，甚至事实上是有害的，因为它可能产生原来的“多面”保护，在某种情况下，也可能导致在某些成员国通过转换保护方式而产生强化保护，如通过合同法或不公平竞争。(80)

3.2 对数据库指令的必要修正

仍然应当按照 2005 年评估报告的选择 3，对特别权利进行某种必要的修正，特别是为了促进新权利与获取信息中公共利益的平衡。(81) 除了可能（但不明确需要）对 *BHB v. Hill* 案关于适合保护投资的合理而一致限制进行法律重述外，它还主要涉及关于新权利例外条款，以及欧共体与成员国知识产权体系内

(77) Kur, Hilty, Geiger & Leistner, 37 IIC 2006, p. 551, at 553; see further Leistner, k&R 2007, p. 457, at 464, 指出撤回整个指令或特别权利部分会导致统一市场的法律实质性差异，并潜在造成数据库市场的扭曲；cf also Derclaye, 38 IIC 2007, p. 275, at 297 强调（通过以美国为例的比较方式）可替代性保护文件的畅通使用，如合同，通过技术性保护措施进行的保护和不公平竞争，也可以造成比之前成员国对数据库更加密集的保护。对于欧洲数据库市场特别权利保护影响的经济研究，在此处极为重要。

(78) Cf also Leistner, 36 IIC 2005, p. 592, at 593; Kur, Hilty, Geiger & Leistner, 37 IIC 2006, p. 551, at 553; Derclaye, 38 IIC 2007, p. 275, at 297.

(79) CfKur, Hilty, Geiger & Leistner, 37 IIC 2006, p. 551, at 552 et seq; Leistner, k&R, , p. 457, at 461.

(80) Cf. the references supra, at note 1621.

(81) 事实上大量的利益方支持选择 3，http: //circa. europa. eu/public/irc/markt/detailed_ consultations/liabrary?! =/copyright_ neighnouring/database_ consultation&vm = detailed&sb = Title (2007 - 12 - 03). Cf also Kur, Hilty, Geiger &Leistner, 37 IIC 2006, p. 551, at 553et seq; Leistner, k&R 2007, p. 457, at 464et seq; Derclaye, 38 IIC 2007, p. 275, at 297.

特别权利的界定与定位。[82]

至于特别权利例外条款的内容，必须说明的是，在成员国法的这种列举和确定性选择列表中的可能性例外，甚至比信息社会指令中的选择性例外内容还要狭窄。[83] 特别是在立法程序中有一点似乎被忽略了，特别权利由于其自治性，并不受国内法中确立的关于版权保护作品的限制。[84] 目前最为急迫且存在问题的情况是，许多由政府机构和履行公共职能的私人企业建立的数据收集，也包含在特别权利保护范围之内，尽管在大多数成员国，这种"官方作品"一般排除在版权保护之外，受特殊规则（皇家版权）的调整。在短期内，这个问题可以通过两种方式加以解决，或者将这种公共数据库排除在新权利保护范围之外，理由是按照规则，这种数据库并非建立在可以在市场上获得的实质性投资基础之上；[85] 或者通过类似的方法延展国内版权例外条款。[86] 但第一种解决方法，无法应对私人企业履行公共职能编辑的数据收集情况。因此暂时看，较好且有效的方法是以类似的方式将该领域的国内版权例外条款延展到特别权利。[87] 对于这一问题，德国联邦最高法院已经将两个具体问题提交到欧盟法院，以寻求依据欧共体条约第234条作出初步裁定。[88] 简单地说，联邦最高法院提出，德国版权法的例外条款对于"官方"版权作品是否可以通过类似方式延展适用数据库的特别权利，尽管数据库指令并未规定国内例外条款确定目录中关于数据库的相应例外条款。依据最近的欧共体2001/29号信息社会指

---

[82] CfKur, Hilty, Geiger & Leistner, loc. cit; Leistner, loc. cit; Derclaye, loc. cit.

[83] Directive 2001/29/EC of the European Parliament and of the Council of 22 May 2001 on the harmonization of certain aspects of copyright and related rights in the information society, OJ L 167 of 22.6.2001, p. 10 et seq.

[84] CfKur, Hilty, Geiger & Leistner, 37 IIC 2006, p. 551, at 557; Leistner, k&R, 2007, p. 457, at 465; ibid., GPR 2007, p. 190 – 194; similarly Derclaye, 38 IIC 2007, p. 275, at 297. 事实上，关于知识经济中版权绿皮书，COM（2008）466/3 指出对信息社会欧洲版权的残疾人的例外条款会受到破坏，因为相应的例外条款在数据库指令中的例外目录中无法预见。这进一步支持了这一点，数据库指令至少与信息社会指令的那些条款一致。

[85] In this Direction Vogel, in: Schricker (ed.), Urheberrecht - Kommentar, 3rd ed, 2006, § 87b, para 25; Derclaye, EIPR2004, 402, 408.

[86] Lehmann, 29 IIC (1998), P776, AT 790; Der Rechtsschutz von Datenbanken, Cologne 1999, paras 611 et seq.

[87] CfLeistner, GPR, 2007, pp. 190 – 194 (comprising an English language summary).

[88] Cf case C – 215/07 – Schawe v. Sachsisches Druck – und Verlashaus. OJ ECC 155 OF 7 July 2007, p. 12; for the underlying Decision of the Bundesgerichtshof (German Federal Supreme Court), of 28 September 2006, see GRUR2007, pp. 500 – 502. Cf. for a summary of the case with comments (comprising an English language summary) Leistner, GPR 2007, pp/190 – 194 (comprising an English language summary). Meanwhile, the proceeding have been closed without a result, because the Federal Supreme Court had withdrawn the Art. 234 reference, cf. Decision C – 215/07 of 25 June 2008.

令，允许国内版权法在选择性基础上的这种例外，这一较后的规定明确排除了之前数据库指令的规定。在这一特别敏感领域应尽可能地避免欧共体内的冲突，因此，要允许相关类似的方法。(89) 但遗憾的是，这一提出的问题已经被撤回了，而欧盟法院也同时毫无结果地结束了程序。

但不管怎样，需要指出的是，这种对于最急迫问题的特定解决方法不能掩盖这样的事实，或许只有相当实际的利益，才能够使成员国将适用于版权作品保护的所有例外和限制条款延展到非原创数据库的特别权利。(90) 这一义务应当斟酌措辞，以便在两个领域间建立有活力的联系，在新版权立法中规定限制条款的效力，在合理的条款和情形下，或许会自动适用于特别权利。否则，尽管没有任何原因，对于特别权利的某种偏见就会在欧共体法律体系中长久并固定地存在。如与一般版权法情况相比，在这一领域完全排除数字私人复制（见数据库指令第9（a）条），只要成员国对这一例外条款保留选择的可能性（参见信息社会指令第5（2）（b）条）。而且，对信息社会指令中的一些选择性例外和限制条款应当给予强制性。对特别权利限制条款的一体化，只有在某种程度上成员国必须执行时，才有可能实现。(91) 信息社会指令第6（4）条（也适用于数据库），在特别权利所有人利用技术性措施限制数据库指令所允许行为的情况下，是否为保护执行被豁免使用的实际可能性提供了充分的保证，这一问题也值得进一步分析。(92)

为了确保在内部市场实现一体化目标，另一个需要明确的方面是成员国法中可替代保护方法体系内特别权利的界定，特别是其与不正当竞争法对数据库保护之间的关系。(93) 按照数据库指令第13条，不正当竞争法是不能被其保护性规定损害适用的法律规定之一。这一规定在某种意义上是正确的，原则上，不能阻止不正当竞争法规定的适用。如果认为即使没有满足特别权利的保护规则，例如由于数据库编辑的投入不具有实质性，或者对数据的抽取或利用不具有实质性，按数据库指令第7（2）条的规定也不会被认为构成侵权，(94) 国内法也可以自由规定对数据汇编的额外保护，则完全是一种误解。在判例法中授

---

(89) See further Leistner, GPR 2007, p. 190 – 194;（comprising an English language summary）.

(90) Kur, Hilty, Geiger & Leistner, 37 IIC 2006, p. 551, at 557.

(91) Ibid., Derclaye, 38 IIC 2007, p. 275, at 297. 同时，关于最近在知识经济中版权绿皮书也产生了关于信息社会指令几个例外条款的问题。

(92) Kur, Hilty, Geiger & Leistner, 37 IIC 2006, p. 551, at 557; cf further on this problem Derclaye, 38 IIC 2007, p. 275, at 289 et seq.

(93) Kur, Hilty, Geiger & Leistner, 37 IIC 2006, p. 551, at 557et seq; Similarly Derclaye, 38 IIC 2007, p. 275, at 297.

(94) Kur, Hilty, Geiger & Leistner, 37 IIC 2006, p. 551, at 557et seq.

权这样一种额外、灵活且不可预见的保护"安全网",则显然与数据库指令的目的相冲突,指令的目的不仅是保证最低保护水平,还要在该领域实现一定程度上可行的成员国法一体化,并保证只要没有满足第7条规定的要求,所编辑的数据就可以自由获取❾。从这种意义上说,先占原则缺少附加因素,这对于先占了额外的国内保护数据库权利是极其重要的。只有不公平竞争行为确实是在案件其他方面的基础上做出,才能对数据库复制额外适用不公平竞争保护(如仿冒情形或给予违约对数据的非法侵占等),这些方面尚未包含在欧共体立法者基于数据库指令特别权规定的平衡利益之内。在数据抽取或再利用的类似搭便车不能再利用不正当竞争法保护时,仍然可以适用其他的方面,如从相关公众和其他附加因素看关于数据库来源的混淆风险。❾ 应当添加一些明确的词语对数据库指令进行修正,以反映这种先占方式的法律原则,因为 *BHB v. Hill* 案极大降低了数据库的保护范围,这也可能导致欧洲大陆成员国试图以传统不公平竞争原则弥补这一"保护断裂带"的想法。❾

4 结 论

简言之,新特别权利保护体系在某些情况下有效运作时,有助于恢复内部市场由于不正当竞争法相对不可预见这种保护引起的一些失衡,这种失衡从自由竞争及获取信息视角看毫无疑问产生了相当大的问题。尤其是关于例外的严格规定,后者的发展(通过信息社会指令)使数据库指令成为欧共体版权法体系的外部因素。

但如果解释能够与欧盟法院在 *BHB v. Hill* 案中确立的路线保持一致,特别权利就会取得比目前情况更多的声誉,就应当加以推进。*BHB v. Hill* 案的标准可以作为否定数据库的精确工具,特别是在(单一来源数据)的情形下,新的保护方式已经被证明在数据库市场及某些二级市场上,会对自由竞争产生特有的结构性问题。而且将 *BHB v. Hill* 案原则一致转换为"实质部分"定义的解释,包括保护范围,有助于进一步澄清特别权利的模糊之处,如前面讨论的众所周知的升级数据库的适当保护范围问题。如果本文在 *BHB v. Hill* 案❾基础

---

[95] Leistner, Der Rechtsschutz von Datenbanken, Munich 2000, p. 343 et se.; Kur, Hilty, Geiger & Leistner, 37 IIC 2006, p. 551, at 557et seq.

[96] Leistner, Der Rechtsschutz von Datenbanken, Munich 2000, p. 344 et se.; Kur, Hilty, Geiger & Leistner, 37 IIC 2006, p. 551, at 557et seq.

[97] Kur, Hilty, Geiger & Leistner, 37 IIC 2006, p. 551, at 558.

[98] See supra at section 2.2.3.

上所阐述的指导准则能够被严格适用并进一步加以具体化,因自由竞争体系存在为新权利造成的特有的结构性风险,就可以被有效化解。而其余新权利在特定市场结构条件下对自由竞争额外造成(偶发且依赖市场)的风险,可以通过在这一敏感领域严格适用欧共体条约第 82 条得到有效便捷的救济。[99] 如果能够保证欧共体竞争法的这种严格适用,即使略微超出 *IMS Health* 案及微软案中确立的原则,新权利就会为在内部数据库市场上确立并维持一种自由不被扭曲的竞争秩序发挥极为互补和有益的作用。

关于获取信息的问题,由于与信息社会指令中的广泛选择性例外条款内容保持一致,例外条款被实质性地延展了,应当制定一些具有决定意义的修正案限制新权利的例外条款内容。而且,应当在欧共体及成员国知识产权体系内,对新保护文件中的例外条款进行强制性和系统性规定,成员国的知识产权也应当在指令的文本中进一步加以明确。[100]

如果在预期进程中制定了这些小规模的修正案,数据库指令在几乎成为欧洲版权法替罪羊的同时,也可能发展成为欧洲版权立法的有价值代表,甚至成为灵活国际保护机制的范例,这在最初就已注定。

---

[99] See supra at section 3.2.

[100] See supra at section 3.2.

欧盟版权指令中的法律选择

保罗·陶曼斯[*]

简　介

本书的基本目的是展望欧盟版权的未来,而目前欧盟版权规则的问题是忽略国际私法背景下可能产生的问题。在本文中,笔者简要地阐述了与卫星转播有关的国际私法规则,这些本不该算作国际私法规则,但除了这些,真的没有什么可写。欧盟机构在它的版权指令中根本没有解决国际私法问题,但这些问题非常真实而且需要在欧洲和国际层面上尽快加以解决。我们目前所有的仅是与司法管辖有关的规则,并适用于版权案件之中。罗马条例 II [❶]起源于国际私法,并非从版权视角,但它至少确认了我们已有的规则。

因此,有人提议对现有情形加以厘清,同时指出欧洲立法机构未来可以有效加以干预的领域。

立法现状

如同大多数国内版权法一样,1988 年英国《版权、外观设计与专利法》并未包含真正的法律选择规则。第一部分阐述了对不同类型可以得到版权保护作品的界定,有一些是实体性规则,但也是加到法律选择分析中比较特别的规则。依据这一规则,只有在作品满足了适格的要求,[❷] 通过作者或者首次出版

---

[*] ©2007, Paul L. C. Torremans.

[❶] Regulation (EC) No 864/2007 of European Parliament and of the Council of 11 July 2007 on the law applicable to non-contractual obligations (Rome II), [2007] OJ L199/40.

[❷] S.1 (3) Copyright, Design and Patents Act 1988.

国，才能够授予版权。这就意味着，大体上说，如果作者是英国公民、有住所或者居所，或者如果作品首次在英国出版，作品就能够得到版权保护。❸ 这一体系通过理事会的指令扩大到了其他首次出版或者作者是其国民的国家。❹ 这一体系解决了这样一点，作品是否会在英国得到保护，但立法并未确定哪一部法律来规范这种保护。一部意大利作者创作的作品，首先在意大利出版，应当在英国得到保护，但这种保护应当由英国法还是意大利法规范呢？依据实体规则，1988年英国《版权、外观设计与专利法》规定，"作品的版权所有者拥有……在英国进行下列行为的独占权"。❺ 这表明，这一体系期望其他体系同样保留各自国家的地域范围，但这会超出保护范围吗？

《伯尔尼公约》：法律选择的基础

《伯尔尼公约》并没有仅仅授予国民待遇，第5（2）条添加了公约本身授权的额外实体性权利，在作品来源国的保护层面形成的最低权利规则例外条款就源于此。第5（3）条没有提及与这些作品有关的额外实体性权利，它们的保护水平仍然完全留给来源国的国内立法。在实践中，这些国家可能出现第二级的例外规定，如在英国，并未赋予国际条约以直接的法律效力，个体当事人不能引用公约中的条款，在缺少国内立法时，授予其这些额外的实体性权利。我们了解这一点后，就可以回到这一机制的特定含义之上。

我们会讨论这些问题，如权利的产生、权利的范围、权利期间、权利的转让等等。❻ 但任何关于国民待遇的规则实质上都要受到适用保护国法的约束。任何可替代性的建议都会使在实质上保障国民待遇变得更加困难。因此，在《伯尔尼公约》中并不存在真正的法律选择规则，这就似乎将成员国推向保护国内法之路。笔者的分析部分集中于保护国内法的准确范围。

权利的产生

英国1988年《版权、外观设计与专利法》对于法律适用问题并没有规定

---

❸ Ss. 163-62 Copyright, Design and Patents Act 1988.

❹ 更多关于资格方面的内容参见，P. Torremans, Holvoak and Torremans Intellectual Property Law, Oxford: Oxford University Press (4th ed, 2005), Chapter 10.

❺ S. 16 (1) Copyright, Designs and Patents Act 1988.

❻ In a wide-ranging approach that can be used as a first starting point C. VonBar, Kollisionsrecht, Fremdenrecht und Sachrecht für internationale Sachverhalte iminternationalen Urheberrecht, 108 (1988) UFITA 27, refers for the three latter issues to the law of the country where the right has been used, which is also the approach of the Austrian Private International Law Statute.

任何确切的指导性规则。而笔者之前讨论的确定作品是否能够得到保护的规定，对于哪一部法可以规范这种保护的问题，也没有得到解决。版权的产生可以形成限制竞争的独占权，因此，英国的公共政策指出，将在英国运用版权产生的问题，由英国1988年《版权、外观设计与专利法》进行规范，在英国得到保护。因此，1988年法作为保护国内法加以适用。

关于权利产生的问题，《伯尔尼公约》也会造成保护国法的适用，❼ 这些问题构成版权非契约"财产"部分，❽ 不牵涉任何交易。但哪一个问题与版权的产生有关？❾ 版权产生涉及什么问题？这显然是一个能够成为版权作品的作品概念。版权也会涉及固定及资格的问题，会涉及一些程序，因为权利只有在法令创造它时，它才存在。

受保护作品的类型

《伯尔尼公约》第2条之二允许某些例外的存在，但没有要求成员国必须在本国法中加以规定。关于受保护作品类型的定义，及是否规定某种例外，这些决定权属于成员国及其国内法。❿ 这种差别虽然并不显著，但仍然存在于各成员国法律之中，是否属于作品，属于何种作品的范畴，完全由保护国的法律来决定。

以有形方式固定

仅因为可以归属于某个作品类型的范畴，并不能创设版权，它还要求以某种有形的方式⓫加以固定。《伯尔尼公约》第2条之二将这个问题留给成员国，

---

❼ Holleaux 认为法国最高法院在案例中判决，版权在法国的存在、创作及范围应由法国法作为保护国法进行规范。See Judgement of 22ndDecember of the French Cour de Cassation, Société Fox – Europa v. Société Le Chant du Monde, (1960) 28 RIDA 120, annotated by Holleaux at p. 121 etseq. 简短的判决中提到，在影片中使用音乐的作曲者在 USSR 享有版权，是来源国。这就产生一个问题，来源国法成为准据法，而保护国法只与根据来源国法得到授权的权利执行有关。H. Desbois, Les Droits d'Auteur et le Droit International Privé Francais, inFestschrift G. S. Marikadis, Athens (1966), p. 29 et seq., at 34. The Berne Convention did not apply in this case.

❽ Issues such as whether copyright exists and what its content is in each case are governed by the law of the country where the copyright work is exploited; see K. Siehr's argument in'Das Urheberrecht in neuereb IPR Kodifikationen', 108 (1988) UFITA 9, at 18. 参考奥地利国际私法第34（2）条："无形财产的创造、内容和消除应当依据使用行为或侵权行为发生国的法律，进行裁断"。

❾ See E. Ulmer, Intellectual Property Rights and the Conflict of Laws, TheHague: Kluwer & Commission of the European Communities (1978), at 34 – 5.

❿ Compare in this respect Art 2 (1) Berne Convention and ss. 1 – 5B CopyrightDesigns and Patents Act 1988.

⓫ 这并不意味着作品必须发布，未发布的作品可以有形方式进行固定，如书面作品，可以得到充分保护。

由成员国来决定是否规定这一额外的要求。例如英国，已经确定纳入这一额外的要求，⓬ 而欧盟的其他国家却并未作出这样的决定。⓭ 这一额外要求是否是可适用也是与版权产生相关的问题，因此由保护国法律加以确定。

资格要求

版权产生还需要满足一定的资格要求。《伯尔尼公约》包含了详细的规定，并未给成员国留下过多的自由空间。尽管如此，在成员国国内立法之间还存在细微的差别，仍然由保护国法律确定版权创设必须满足的具体资格要求⓮。

程　序

注册及其他一些程序或许是与版权创设相关的另一个问题，只要《伯尔尼公约》并没有排除关于程序方面的要求。在此需要注意的一点是，第5（2）条中的禁止，只适用于来源于伯尔尼联盟其他国家的作品。例如，成员国可以要求来源其地域内的作品应当注册，适用《伯尔尼公约》第5（3）条的法律是来源国的法律。一位第一次在这样的国家出版作品的外国作者，在版权创设之前必须进行注册，因为保护国的法律是寻求保护的解决权利产生问题的法律。⓯

权利的范围

一旦版权已经产生，了解独占权的内容就极为重要。保护与对竞争的限制能够延展到多大程度？理性地讲，这个问题必然与版权的授权直接相关，由它来精确地确定什么样的作品可以得到授权，因此，这一问题由同一适用法来决定，适用保护国的法律。⓰ 权利实施地的法律用来确定权利是否存在，其内容如何。⓱ 但在1988年英国版权法中对这一问题并没有详细的规定。

这一点在实践中非常重要，因为《伯尔尼公约》并未对保护范围加以严

⓬ S. 3 (2) Copyright, Designs and Patents Act 1988.

⓭ E. g. Belgium. See the Copyright Act: Wet betreftknde het auteursrecht en denaburige rechten, 30th June 1994, [1994] Belgisch Staatsblad 19297.

⓮ For the UK see Chapter IX Copyright, Designs and Patents Act 1988.

⓯ 该案中保护国法与来源国间有着微妙的关系，但此处不再深入阐述。

⓰ See Novello & Co Ltd v. Hinrichsen Edition Ltd and Another [1951] 1 Ch 595 and see also Art 34 para 1 of theAustrian Private International Law Statute, note 8 supra, that contains the same rule and H. Schack, Die grenztiberschreitendeVerletzung algemeinen und UrheberrechtsperstSnlichkeitsrechte, 108 (1988) UFITA.

⓱ See M. Waiter, La liberté contractuelle dans le domaine du droit d'auteur etles conflits de lois, (1976) 87 RIDA 45, at 51 and, for example, see the Judgement of 1 March 1989 of the Arrondissementsrechtbank (Dutch court of first instance) in Leewarden, United Feature Syndicate Inc v. Van der Meulen Sneek BV, [1990] BijbladIndutriele Eigendom 329, the scope of copyright in the Garfield dolls in theNetherlands was determined by Dutch law (law of the protecting country), rather than under US law.

格界定，而只是设定了最低标准。通常来说，版权所有人对作品的复制及向公众传播拥有独占权，而在一些国内立法将传播作品的复制件也作为版权持有人的一项独占权。[18]

权利的范围不仅在解决侵权案件中非常重要，在涉及权利的转让与许可时也同样重要。因为该范围与侵权是平行的，许可范围中出现的问题往往也是侵权案件中的问题。我们很欣慰看到，欧盟的罗马条例Ⅱ法律原则在发生知识产权侵权，尤其是版权侵权时，适用保护国法律，排除当事人任何一方进行的法律选择。依据罗马条例Ⅱ第8条：

知识产权侵权：

1. 知识产权侵权产生的非合同义务适用的法律是所主张保护国的法律。

2. 在单一欧共体知识产权侵权的非合同义务的情形下，可适用的法律应是被诉侵权国家的法律，在任何情况下都不由欧共体法规进行规范。

3. 不得依据第14条的协议对依本条款适用的法律有所贬损。[19]

这一规定清晰地确认了这一点，尽管国内法缺少明确的规定，在该问题上，保护国的法律一般会被作为正确的法律加以选择。当然，这很大程度上是因为这种实际运用的结果与《伯尔尼公约》的原则保持了一致。

笔者会更详细地研究作品范围方面的一些问题。

精神权利

无论将精神权利视为版权的一部分还是一项独立的权利，精神权利所被赋予的精确内涵已经为保护国的法律所确定。[20] 它们或者是版权范畴中的一部分，或者被视为独立的权利，它们在权利产生之时就已自动形成。在这种情况下，出于统一性的原因，接受它们受同一法律的规范是合理的。保护国法律的可适用性已为《伯尔尼公约》第6条之二（3）所确认，它清楚地规定，与精神权利有关的救济方式由保护国法律所确定。每一种精神权利的特殊救济方式都与精神权利本身相关，不能将其与适用法相分离，否则将毫无意义。

精神权利也被视为与作品的作者本人相关联的人身权利。从法律选择的角

---

[18] E. Ulmer, note 9 supra, at 36.

[19] Regulation (EC) No 864/2007of European Parliament and of the Council of 11 July2007 on the law applicable to non – contractual obligations (Rome ID, [2007], 11 July 2007OJ L199/40, article 8.

[20] 《伯尔尼公约》中"权利"一词既包括经济权利，也包括精神权利。see J. Ginsburg, Conflicts of Copyright Ownership between Authors and Owners of Original Artwork：An Essay in Comparative and International Private Law, 17 (1993) Columbia – VLA Journal of Law and the Arts 395, at 405 and see also theanalysis of the John Huston case infra.

度，它们可能被划分为作者人格权法的一部分。在版权方面，可替代的法律是来源国的法律，因为后者的关系与作者更为密切。关于版权实体权利与精神权利的普通法规则建立在作品的商业性利用而非作者的基础之上，从未遵循这一路线，因此，它认为应当拒绝承认这种法律选择方法。

笔者已经讨论了，精神权利应当被视为保护作者抵制对作品滥用基本权利的问题。㉑ 从这个角度看，英国对待精神权利方式是认为其构成公共政策的一部分。这在英国进行诉讼，而保护国法律不是1988年英国版权法的情形下，具有重要的意义。不适用保护国法律，如果在保护国对精神权利的保护标准低于1988年法的标准，法官就要遵从英国关于精神权利方面的规定。需要强调的是，这种方式并未取代法律选择规则及保护国的法律。考虑到公共政策，最终的适用法会在后面的阶段加以考虑。㉒

强制性规则的运行方式不太相同，这些规则是直接适用的，㉓ 不必遵循法律选择程序。不论保护国的法律内容如何，如果是强制性规则，法院所在地关于精神权利的条款就会直接加以适用。这也是法国最高法院㉔在约翰·胡斯顿案㉕中采取的方式。普遍认为，精神权利只有在版权作品被滥用时才开始实

㉑ P. Torremans, Holyoak and Torremans Intellectual Property Law, Oxford: Oxford University Press (4th ed., 2005), Chapter 13.

㉒ See J. Ginsburg and P. Sirinelli, Authors and Exploitations in Private International Law: The French Supreme Court and the Huston Film Colorization Controversy, 15 (1991) Columbia – VLA Journal of Law and the Arts 135, at 139.

㉓ In French legal terminology these rules are referred to as règles d'application imméiate, which characterizes them very well.

㉔ Different decisions were reached at first instance and upon appeal, see Judgement of 23 November 1988 of the Tribunal de Grande Instance de Paris, [1989] 初审判决, Recuml Dalloz Sircy 342 (Jurisprudence), annotated by Audit and [1989] RevueCritique de Droit International Privé 372, annotated by Gautier; Judgement of 6 July1989 of the Cour d'Appeal de Paris, [1990] Recueil Dalloz Sirey 152 (Jurisprudence), annotated by Audit and [1989] Revue Critique de Droit International Privé 706, annotated by Gautier; Judgement of 28 May 1991 of the Cour de Cassation, [1991] RevueCritique de Droit International Privé 752, annotated by Gautier. 该案中，法国法既是保护国法也是法院地法，但都不影响我们的结论，与著作权准据法相关的问题，下文会进一步论述。

㉕ For an in-depth analysis of the case see J. Ginsburg and P. Sirinelli, Authors and Exploitations in Private International Law: The French Supreme Court and the Huston Film Colorization Controversy (1991) Columbia – VLA Journal of Law and theArts 135 (an English translation of the judgement is attached as an appendix); Ginsburg and P. Sirinelli, Auteur, creation et adaptation en droit international privé eten droit interne frangais. Réflectionsàpartir de l'affaire Huston, [1991] 150 RIDA 3see also J. Ginsburg, Colors in Conflict: Moral Rights and the Foreign Exploitation of Colorized US Motion Pictures, 36 (1988–9) Journal of the Copyright Society of theUSA 81 and J. Ginsburg, Conflicts of Copyright Ownership between Authors and Owners of Original Artwork: An Essay in Comparative and International Private Law, 17 (1993) Columbia – VLA Journal of Law and the Arts 395.

行，因此，精神权利的本质不能使后一种方法具有合法性。保护国的传统法及特殊案件中法院所在地的公共政策更为适合。㉖ 同样的法律也适用于所有版权范围构成部分的问题。

英国关于精神权利实体性规定的可适用性有着有趣的含义。一位不在英国居住的外国作者，如果作品首次在海外出版，就不会拥有同样的权利，除非他对权利应受1988年英国《版权、外观设计与专利法》第78条的规定提出权利主张。㉗ 事实是，这种类似主张的要求，无论在作者国家还是首次出版国，都没有听说过。尽管是正确的，这个结论看起来也很怪异，特别是可能会被质疑，英国的主张要求是否与《伯尔尼公约》的无程序规则一致。㉘

广　　播

一般来说，广播作品也是给予版权持有人独占权的一部分。例如，当主张该权利时，应支付在英国计划进行的广播使用费。保护国的法律在我们这个例子中是英国法，用来界定什么是广播，向公众传播作品的法定概念，以及这些计划内进行的行为是否属于定义的范畴之内。㉙ 什么等同于向公众传播作品目的的广播，这一概念应包括实施地的确定，它应当确定广播及向公众传播的地点。只有这一地点发生在英国，计划内的行为才是保护国法律意义的广播及向公众传播。当一些广播可以在多个国家获取时，后一个联结点就特别相关。目前已经有一个协定，考虑关于将发射信号的地点作为广播和向公众传播的地点。㉚

卫星广播

卫星广播给我们带来了更为复杂的问题。广播是发生在信号由基地向卫星发射的上行线路的国家，还是也发生在任何一个接受卫星信号的国家？在这种情况下什么是向公众传播？接收地域一般覆盖许多国家，被确定为卫星的足迹，只是因为技术的原因，特定国家或者部分国家并没有故意进入卫星足迹之

㉖ See J. Ginsburg and P. Sirinelli, Auteur, création et adaptation en droit international privé et en droit interne francais. Réfiectionsàpartir de l'affaire Huston（1991）150 RIDA 3, at 21.

㉗ The exceptions to moral rights will also apply, see ss. 79 and 81 Copyright, Designs and Patents Act 1988.

㉘ 英国法院无权对此加以核实，参见《伯尔尼公约》。

㉙ 这包括广播是否能在保护国接收的决定，是意外的广播溢出，还是故意针对海外保护国的观众。只有后者可以适用保护国法，需要取得该权利持有人的许可。See Judgement of 28 May 1991of the Austrian Supreme Court（Case 4 Ob 19/91），[1992] European Commercial Cases 456and [1991] GRUR Int. 920, see also Judgment of 6 December 1990 of theOberlandesgericht in Graz, [1991] GRUR Int. 386.

㉚ See E. Ulmer, note 9 supra, at 14.

内是否存在问题？

《伯尔尼公约》第1条之二提及了向公众传播的广播，但我们必须转向保护国法律看一下，作为版权范畴问题的一部分，这一原则是怎样转换成国内法的。公约的措辞可能会令人得出这样的结论，即发射地与接收地都是重要的要素。发射地国家的版权法与卫星足迹内覆盖国家的版权法应得到共同的适用，[31] 这就是所谓的"鲍格胥理论"。[32] 相反的理论被称为"发射理论"，英国[33]及整个欧盟目前采用此理论，向公众传播被视为只发生在发射卫星信号的国家。[34]

卫星广播指令规定"通过卫星方式向公众传播，指在广播组织控制下并向其负责的情况下，将载有节目的、意在为公众接收的信号纳入不中断的传播链条，发射给卫星，再由卫星传回地面的行为"。[35] 这条规则的例外是，如果传播发生在不提供最低水平保护的非成员国地域内（第三国）。这种情况下，传播的行为被视为发生在上行线路的基地位于的欧盟成员国内，或者如果在成员国内没有上行线路的基地，则视为在建立主要广播组织的成员国内。[36]

指令中包含的规则不是国际私法规则，但对于法律的选择有着决定性的影响。如果广播发生在，且通过广播指令界定广播只能在一个国家发生，权利持有人才能请求他的独占权。这一国家的法律是权利持有人唯一可以成功进行诉求的保护国法律，或者说这个国家是唯一可以主张保护的国家。按照这一定义，广播不会在任何其他的国家发生，没有任何版权活动，在这些国家不能主张任何版权保护。所以，在某种程度上，上行线路国家的法律可以作为可适用的法，而其他国家的法律则将会在实践中被排除。

---

[31] This approach was taken by the Austrian Supreme Court, Judgement of 16 June 1992 (Case 4 Ob 44/92), [1994] European Commercial Cases 526 and [1994] IPRax 380; see also the Judgments of 30 November 1989 and 27 June 1991 of the Oberlandesgericht in Vienna, [1990] GRUR Int. 537 and [1991] GRUR Int. 925 respectively.

[32] See M. Ficsor, Direct Broadcasting by Satellite and the Bogsch Theory [1990] International Business Lawyer 258.

[33] S. 6 (4) Copyright, Designs and Patents Act 1988.

[34] See G. Karnell, A Refutation of the Bogsch Theory on Direct satellite Broadcasting, [1990] International Business Lawyer 263.

[35] EC Council Directive 93/83/EEC of 27 September 1993 on the co-ordination of certain rules concerning copyright and rights related to copyright applicable to satellite broadcasting and cable retransmission, [1993] OJ L 248/15, article 1 (2) (b).

[36] EC Council Directive 93/83/EEC of 27 September 1993 on the co-ordination of certain rules concerning copyright and rights related to copyright applicable to satellite broadcasting and cable retransmission, [1993] OJ L 248/15, article 1 (2) (d).

权利的例外

对于独占权的限制改变了后者的内容，因此，如果所有与版权独占权内容相关的问题都由保护国法律所规范，权利持有人的权利例外，就构成这个范畴的下一个问题。只有在这些例外条款也被考虑进来时，所授予权利的精确范畴才能够加以确定。例如，权利持有人制作作品复制件的独占权，会被私人使用的例外所限制。此处可以再次看到，侵权与罗马条例Ⅱ第8条中法律解决方法的并行。❸ 其他的例外条款存在于如新闻事件报道、研究与私人使用等。❸ 这些例外条款也同样明显具有对抗版权侵权的作用。

民事救济

民事救济是这一领域的最后一个问题。损害赔偿与禁令的可用性限制了对权利持有人独占权的进一步侵蚀，并使权利有效。这里包含的是由谁起诉的问题；例如，一位被许可方是否可以独立起诉版权侵权，他是否需要依赖权利所有人来处理此事。他们确定了所涉及权利的真正范围，以及应当受保护国法律的规范。❸ 当事人不能利用合同来改变他们所享有的诉权，只要这种改变会对第三方产生影响。❹ 如果保护国法律不是法院所在地法，则传统的程序限制适用。例如，损害赔偿的数量问题要由法院所在地法加以确定。❹

权利的终止

这个问题很重要，因为《伯尔尼公约》只是设定了保护的最低期限，即作者有生之年加50年，❷ 成员国可以在本国立法中自由延长保护期间。欧盟成员国已经利用了这一灵活性，规定了作者死后70年的保护期间作为一般原则，尽管还有一些较短的期间适用于其他类型的作品。❸ 1988年英国版权法❹

---

❸ Regulation (EC) No 864/2007 of European Parliament and of the Council of 11 July 2007 on the law applicable to non-contractual obligations (Rome II), [2007], 11 July 2007 OJ L199/40, article 8.

❸ For a full catalogue of those exceptions under UL law see Chapter 3 (ss. 28–76) Copyright, Designs and Patents Act 1988.

❸ See, for an example in the case law, the Judgement of 17 June 1992 of the German Bundesgerichtshof (Supreme Court), [1993] GRUR Int. 257 and see E. Ulmer, note 9 supra, at 35.

❹ 德国最高法院判决，前注39。

❹ See Cheshire and North, Private International Law, Butterworths (13th ed. 1999), Ch6 and more specifically at 87–8.

❷ 《伯尔尼公约》第7（1）条。

❸ In general see EC Council Directive 93/98/EEC of 29 October 1993 harmonising the term of protection of copyright and certain related rights, [1993] OJ L2909.

❹ Ss. 12 to 15.

为文学、戏剧、音乐和艺术作品规定了作者死后 70 年的保护期间，❹ 而对于如电影❹规定了发行❹之日起 50 年的期间，广播适用录音制品❹或者广播❹的相应期间。因此，保护期间依据所适用法律的不同而不同。

哪一个法律适用版权保护期间的问题变得比较容易回答，应当考虑到版权期间是真正涉及的问题。因此对于这个问题可以表示为如下含义：独占权创设多长时间？这样看，似乎选择与权利产生问题同样的可适用法是合逻辑的，由保护国的法律来规范权利的终止与期间问题。❺ 这种解决方法也非常符合公共政策理念，授权对竞争进行限制的国家只是希望，其立法机构可以确定限制的期间。

我们应当仔细观察一种特殊的情形。成员国立法对外国作品授予的期间是其来源授予的期间，《伯尔尼公约》对这种保护期间的长度加以限制，但允许成员国偏离这一原则。❺ 在适用指令时，英国决定对特定作品的保护期间给予限制，这一限制适用于作品来源国❺而非欧洲经济区❺成员国的作品，以及作者不是成员国国民的作品。❺ 其保护期间由最初保护国法律进行规范，但实体性规则会施加和本国授权作品一样的最长保护期间。这种作品的版权特别保护期间仍然回归其来源国法律规定的期间。

法国以一种类似的方式使用了《伯尔尼公约》开放的选择。巴黎上诉法院规定，美国巴斯特基顿的系列电影如果不再受其来源国美国法律的保护，也无权得到保护国法——法国法的版权保护，无权得到法国法正常保护期间的保护长度。因为它们在来源国不再享有版权，在来源国的连续版权保护是在法国得到版权保护的前提条件。❺

---

❹ S. 12（2）.

❹ S. 13B（2）.

❹ 如果录音在该期间未发布，则从制作完成之年年末起算，see 13A（2）（a）.

❹ S. 13A（2）.

❹ S. 14（2）.

❺ 参见奥地利国际私法第 34 条 1 款，前注 8 包含同样的规则；H. Schack, 前注 16。

❺ 《伯尔尼公约》第 7（8）条。

❺ 规则的第一个分支（来源国）在录音与广播方面没有被限制。

❺ EU 与 EFTA 国家间的合作领域包括知识产权，因此，EU 区可以扩大到 EEA 区域。

❺ 参见 1988 年《版权、外观设计与专利法》第 12（6）条、第 13（A）条，第 13B（7）条，及第 14（3）条。

❺ See Judgment of 24 April 1975 of the Cour d'Appeal de Paris, S. A. Galba Films v. Friedman, S. a. r. l Capital Films, Pernot and Société Les Films La Boétie,（1975）83 RIDA106; the decision was appealed unsuccessfully in the French Cour de Cassation, See Judgment of 15 December 1975, Léopold Friedman v. S. A. Galba Films,（1976）88 RIDA 115, annotated by Francon.

权利的有效性

关于权利有效性的问题，可以通过审查权利产生的标准得到解答。检测方式是权利合法存在时是否考虑了权利产生的标准，如果答案是否定的，则权利不存在，也从未存在，法院经常会遇到这种案件。或者，标准可能在权利存在时满足，但它们现在已经不符合了。这种情况下，权利也不再有效。除保护期间届满的问题外，有关版权涉及后者的情况几乎没有出现过。

与权利产生的密切联系利于在两种情形下适用同样的法律选择，有人建议，有效性的问题应当由保护国法律进行规范。[56]

有效性问题经常在侵权情况下出现，这种情况下被诉侵权人通常会主张权利自始无效，因此就不存在侵权，以此作为抗辩或者进行反诉，这也是构成复杂问题的一个因素。毫无疑问，所有的侵权问题，包括有效性问题，应当由同一法律进行规范。从实践的观点看其确有吸引力，但要对这一观点加以反驳。除去两个问题是在同一程序中出现这一现实，两者之间并没有实质的联系。但正如前所述，在有效性与权利的产生和存在之间有着密切的关联。而且，对于同样的有效性问题，只是因为它是独立产生还在侵权诉讼程序中出现，而适用不同的法律毫无意义。在后一种情况下，权利的有效性应当按照保护国法律作为前提加以确定，有效性问题产生的背景对法律的选择不应产生影响。

著作权、所有者权与雇员创造的作品

版权作品的著作权

著作权可以说是个事实问题，作品的作者就是创作作品的人：作家、画家和雕刻家。1988年《版权、外观设计与专利法》在第9（1）条中就相关问题作了规定，但它并未止于此，随后又提出了一系列法律虚拟。例如，电影的作者可以是制片人或者主导演，而录音制品的作者是它的制作者。[57] 英国法传统上指制片人，而在其他法系则指导演，即使在新形势下，也并非所有的成员国采取同样的方法。按照所适用的法律，不同的人可能被视为作者。[58]

对于著作权问题，有两个法律显然可能被选为适用法。如果说版权的作用是为作者支付报酬，保护国法律是其中一个选项。如果报酬是对竞争进行限制

---

[56] See Ernst Rabel, the Conflict of Laws, Chicago: MichiganUniversity Press (1950), at295.

[57] S.9 (2) (aa) and (ab).

[58] See generally J. Seignette, Subjectbepaling in het auteursrecht, een tochtdoor de jungle van het IPR, [1990] Informatierecbt/AMI 195.

的一种形式，那么对于著作权范围问题，适用授权限制国的法律看来更合理。毕竟在那种情形下，作者是权利的受益人。来源国法律是另一个选择，对于有兴趣在世界范围内实施作品版权的当事人，作者是合同的第一出发点。这种世界性的利用已经越来越普遍，如网络，在世界范围内拥有同一起始点非常重要。如果适用来源国法律对著作权问题进行规范，在不同的司法管辖地域内，对同一作品的同一作者加以界定的合理目标就可以实现，毕竟每一作品只有一个来源国。通常认为，后一种解决方法是更佳选择，(59) 它可以促进作品的国际性利用，消除同一作品在不同国家有不同作者的人为干扰，英国判例法，包括大陆法及公约都没有排除这种适用方式。

著作权的定义不仅常常被用来界定版权的作者，也经常用来鉴别精神权利的受益人。英国1988年《版权、外观设计与专利法》授予作品"作者"身份权及反对贬损作品的权利，如果某人不能被界定为作者，从实体法的角度，他就不能享有精神权利。前面我们已经讲到，精神权利涉及公共政策，基于精神权利的特性，它必须在界定作者后才能实现与公共政策的联系。(60) 与法院所在地法提供的保护水平相比，在来源国法律无法为精神权利实现充分的保护水平时，英国1988年《版权、外观设计与专利法》第9条的规定应当适用。

法国法院在界定电影《夜阑人未静》的作者时，适用了法国法作为强制性规则。按照来源国美国的法律，(61) 导演约翰·胡斯顿并非作者，依据美国法，他无权享有精神权利。法国法院认为，美国缺少对精神权利的保护，这会导致法国法院也被迫放弃对精神权利的保护，这从法国公共政策的角度看则完全不可接受。于是，这一问题通过对法国著作权规则的强制性适用得以解

---

(59) See Judgement of 29 April 1970 of French Cour de Cassation, [1971] Revue Critique de Droit International Priv6 270 at 271; Judgment of 14 March 1991 of the Cour d' Appeal de Paris [1992] La Semaine Juridique 21780 (Jurisprudence); Judgment of 21 September 1983 of the Tribunal de Grande Instance de Paris, (1984) 120 RIDA 156; Judgment of 14 February 1977 of the Tribunal de Grande Instance deParis, (1978) 97 RIDA 179; and see generally J. Ginsburg, Colors in Conflict: Moral Rights and the Foreign Exploitation of Colorized US Motion Pictures, 36 (1988 –9) Journal of the Copyright Society of theUSA 81at 98 –9 and Ginsburg and Sirinelli, Authors and Exploitations in Private International Law: The French Supreme Court and the Huston Film Colorization Controversy, 15 (1991) Columbia – VLA Journal ofLaw and the Arts 135, at 141.

(60) See J. Ginsburg, Colors in Conflict: Moral Rights and the Foreign Exploitation of Colorized US Motion Pictures, 36 (1988 –9) Journal of the Copyright Society of theUSA 81, at 98 –9.

(61) 认为作者精神权利目的适用来源国法律规定加以确定; see Judgement of 14 February of the Tribunal de Grande Instance de Paris (first instance court), Dimitri Busuioo Ionesco v. Sté Metro Golwyn Mayer and Sté Romania Films, (1978) 96 RIDA179. 这一判决在最高法院胡斯顿判决中未得到支持。

决,❷ 确认胡斯顿为作者。这就意味着,他在法国有权得到精神权利的保护。但需要强调的是,胡斯顿规则仅限于精神权利范畴及与精神权利相关的著作权问题。❸ 公共政策并非适用于所有其他类型的问题,著作权问题应适用正常的法律选择规则。❹

版权作品的首个所有权

1988 年《版权、外观设计与专利法》包含了一项关于所有权的实体规则,即作者被视为版权的第一所有人,❺ 判例法从未着手解决与版权第一所有权人相关的法律选择问题。最后在《伯尔尼公约》中包含了关于所有权的一项详细规则。第 14 条之二规定,与电影作品相关的所有权问题适用保护国法律。要理解这一规定的含义,有必要回顾一下历史。公约的最初文本并未包含任何关于所有权的规则,由于大多数国家法律认为作品的创作者就是作者,作者当然就是版权作品的第一所有权人,很少发生共同所有的情况,因此实践中也几乎没出现什么真正的问题。但关于电影作品的版权所有权却有着很大差别,你既可以把目光转向电影的制作者,也可以投向构成作品各个部分的创造者。

在《伯尔尼公约》斯德哥尔摩修订大会上,就这些特殊类型的差别制定了第 14 条之二。对成员国而言,没有明确的迹象表明,它们希望在所有权一般原则基础上,对电影作品规定例外条款,但也没有相反的表示。众所周知,成员国对谁可以成为电影作品的作者并未达成一致意见,在缺少一致的情形下,对于实体法上谁可以成为电影作品作者这一问题,就要从法律选择的视角加以解决。一般规则是由保护国法律规范这一问题,这一原则意味着各成员国都可以继续适用它们各自不同的实体法规则,任何国家都不会做出让步。法律选择规则实际上是确认,并让这种在实体法领域存在的不一致继续保持下去。关于版权首个所有权的一般目的不是必须提出来,但为什么能在所有其他作品中适用的同一规则,立法者却要限制它在其中一类作品上适用?如果是后者这种情况,则提出同样的规则适用于电影作品或许将会足够充分。

我们回顾一下一般规则。哪一法律应当适用于所有权问题?初看起来,似乎在版权授权与授权给谁之间有着非常密切的联系,因此,对于这两个问题适

---

❷ 公共政策趋向作为消极工具使用,排除特定规则适用,而强制性规则的强加适用代替正常可适用的法律。

❸ See J. Ginsburg and P. Sirinelli, Auteur, creation et adaptation en droit international privè et en droit interne frangais. Rèflections à partir de l'affaire Huston (1991) 150 RIDA 3, at 19.

❹ 关于经济权利与精神权利间方法的区别,see also Judgement of 1 February of the Cour d'Appel de Paris, Anne Bragance v. Olivier Orban and Michel de Grèce, (1989) 142 RIDA 301.

❺ S. 11 (1) Copyright, Designs and Patents Act 1988.

用同样的保护国法律应当是合理的。⑯ 这也导致一种情形,在这种情形下与所有作品有关的所有权问题适用单一法律选择规则。

但认为根据最近的分析,这些争论并不足以令人信服,还有其他一些观点将适用法指向来源国法律。⑰ 版权的利用越来越多地发生在国际层面上,例如,文学、摄影和电影作品通过网络进行传播和利用。网络无国界,如果这些作品的第一所有权人将作品授予不同国家的不同使用者使用,它或许会产生大量的实际难题和成本。将第一所有权人与来源国联结起来的法律选择规则或许能够解决这一难题。⑱ 每一个作品都有一个单独的所有权人,后者就可以为在世界范围内利用作品而转让权利,买方也可以更加确定,他是在和真正的权利持有人进行交易。⑲ 如此,对著作权问题与第一所有权人问题适用同样的法律具有合理意义,因为大多数法律体系都有自己的实体法规则用来确定作者是作品版权的首位所有权人。

但允许笔者在这个问题上再加一个因素,在实践中,来源国法原则很可能会使美国的娱乐产业进一步偏离作品在美国首次发行的道路。基于来源国法律,第一次发行会导致跨国作品雇佣原则近乎一致的适用。从政治的角度看,由于对雇佣作品及特定欧洲国家关于作品规定的反感,这一点似乎并不令人满意。公共政策为精神权利找到一条出路,使这个问题得以弱化,但政治问题仍然保留着。有人可能会问这样一个问题,如果考虑到来源国法律方法的实践后果,且考虑到精神权利可以其他方式得到令人满意的解决,赞成保护国法律方法的经济论点,是否会重新获得支持。所以,我们还是应依据法律选择规则,对著作权及首次所有权问题适用保护国法律。

如笔者所述,这个问题在本质上并非完全是一个学术问题。因为尽管大多数法律体系适用着同样的所有权一般规则,在处理共同所有权及与电影、录音制品相关问题方面,不同国家版权制度的条款间还有很大不同。这或许可以成

---

⑯ 承认视听作品,但在《伯尔尼公约》范围之外。See Judgement of 17 June 1986 of the Austrian Supreme Court, Hotel Video, [1986] GRUR Int. 728.

⑰ See also U. Drobnig, Originärer Erwerb und übertragung vonImmaterialgüterrechten im Kollisionsrecht, 40 (1976) RabelsZ. 195, at 198 – 202.

⑱ See H. Schack, note 16 supra, Judgement of 14 March 1991 of the Cour d'Appel de Paris, SARL La Rosa v. St Almax International SPA, [1992] La SemaineJuridique 21780 (Jurisprudence). 法国上诉法院适用了这一方法,即使意大利法是授予公司权利的来源国法律,但法国实体法排除了这一选择。作者是一个公司这一事实不能对抗法国的公共政策。See Judgement of 3 June 1961 of the Cour d'Appel de Paris, Soc. Toho Cy Ltd. v. Soc. Film d'art et Soc. Prodis, (1961) 33 R1DA 112.

⑲ See Ginsburg's annotations under the Judgement of 14 March 1991 of the Cour d'Appel de Paris, SARL La Rosa v. Std Almax international SPA, [1992] La SemaineJuridique 21780 (Jurisprudence), at p. 5.

为欧盟委员会希望介入并协调相关法律条款的一个领域。笔者的分析表明，没有法律选择规则，这样的方式或许不会非常有效，因为这是一个传统上可以由当事人通过合同确定的问题，最为重要的是，所有的参与人都清楚正确的起始点在哪里，也就是所有人都知道他们的权利是什么，并且能够决定对于所有权问题是否需要采用不同的契约方式。

雇员创作作品的版权所有权

如果一项文学、音乐或者艺术作品是由雇员在雇佣过程中完成，1988年《版权、外观设计与专利法》的条款就会不同于首次所有权的一般规则。除非有相反的约定，雇主是版权作品的首位所有权人，而非其雇员作者。❼⓪ 这是一种实体法变化，法规对法律选择问题保持沉默，遵循版权实体法的变化，而对法律选择规则加以改变，这是否明智呢？

当然，对于雇员创作的作品，与雇主—雇员关系之外创作的作品也有可能适用同样的法律选择规则。适用来源地法律的优点是，所有涉及所有权的问题都能够适用同样的法律。但赞成选择保护国法律也有优势，那就是一个国家相关的版权产业总是能够适用同样的法律。这一论点并不正确，因为这种方法对于雇员创作作品的国际利用与实施会产生实际的困难。例如，对一个含有操作指南和使用方法的数码相机说明书，很明显，生产商希望这份说明书能尽可能多地和产品一起进入多国市场。适用保护国法律意味着适用多种不同的法律，因为产品会推向不同国家的市场，且由于不同国内法的存在，生产商销售的说明书，可能在生产国拥有版权，却在许多国家不拥有版权，这种情况显然不令人满意。这也似乎也指出，对于雇员所有权问题应适用来源国法律。

需要考虑的另一个问题是，雇佣合同中设定的雇佣关系。❼❶ 如果雇员保留版权，是版权所有人，权利的利用就会为他带来额外的收入，雇主也会考虑使用雇员所有作品的使用费成本，并影响雇佣合同中给予雇员的报酬。这就与雇佣合同建立了密切的联系，产生了对合同与版权雇佣关系是否适用同样法律的争论。也许这个问题可以被界定为与雇佣有关的合同问题，这种解决方法也解决了突出保护国法的问题。不论作品利用的地点如何，法律总要对所有权问题进行规范，那么在这种情况下应当适用哪一国法律呢？1980年关于适用合同义务法的欧盟条约（《罗马公约》）生效后，对这一问题就不再有质疑。公约第6条允许当事人选择可适用的法律，如当事人未做选择，公约规定适用雇员

---

❼⓪ S.11 (2) Copyright, Designs and Patents Act 1988.
❼❶ See U. Drobnig, note 67 supra, at 202 – 3.

开展日常工作地点的法律。如果雇员在任何国家都没有惯常工作地，则适用雇员受聘营业地所在地的法律。在当事人未对法律进行选择时，或者即使当事人做出了选择，也可以适用规范合同的强制性法律。

一般来说，雇佣关系与雇佣合同的关系比一般所有权原则的联系要更密切一些，相应地，合同特性就更为突出。(72) 1980 年《罗马公约》第 6 条中包含的法律选择规则，应当适用于雇员所有权问题，这一解决方法在澳大利亚国际私法中也作出了规定。(73)

权利的可转让性

此处笔者并不涉及权利的实际转让。在研究权利转让之前，我们需要解决一个先决问题，这一问题首先是权利是否转让。权利持有人能否把权利转让给另一方当事人这一问题，是否包括在授权的权利范围问题之内？法规再一次对这一问题保持了沉默。

可转让性问题与权利的授权相关，而非通过合同方式进行转让。转让与转移都是与什么可以转让相关的问题，如经济权利与精神权利，或单独的经济权利，以及权利的范围。(74) 对这一问题适用合同法，允许当事人按照其意愿选择一个允许权利转让的法律，显然并不合适。因此，可转让性问题应适用规范权利产生和范围的法律，法律选择规则因此得出结论，应当适用保护国法律。(75) 这一解决方法在坎贝尔·肯特立有限公司诉诺博案(76)中得到了支持，在该案中，在可转让性问题依据保护国法律（美国法）被确定之后，合同的适当法律（英国法）得到了适用，用来确定合同是否有效地转让了流行乐曲的版权。在美国版权是否可以被转让就是一个先决问题，这个问题由保护国法律加以确定。(77)

---

(72) See E. Ulmer, Die Immaterialgüterrechte in internationalen Privatrecht, 41 (1977) RabelsZ 479, at 507 -9.

(73) 第 34 条第 2 段：雇员在雇佣关系中产生的无形财产权，规范雇佣关系的冲突规则应为确定雇主与雇员关系的规范。

(74) T. De Boer, Aanknoping in het internationaal auteursrecht, [1977] WPNRNo. 5412, p. 674, at 707.

(75) 与 H. Schack 相反，前注 16，认为来源国法应规范这一问题，因为这或许意味着在每一个司法管辖权适用同样法律，会促进版权作品在世界范围内的商业利用。指出这一建议因为不可行而会被驳回，因为可转让性问题与各个国家的公共政策密切相关。

(76) [1963] 1 WLR 252, at 255.

(77) 在美国判例中会得出类似结果的是巴西合同法。See Corcovado Muxic Corp. v. Hollis Music, 981 F. 2d 679 (2d Cir. 1993).

可转让性问题推定这一事实的重要性，一些法律体系允许权利本身进行转让，而其他一些国家则不允许。例如英国版权法允许转让，[78]而德国版权法则排除任何此类转让。德国只规定了某种授权许可实施的机会，否则构成版权的侵权。相应地，这种观点认为，精神权利是不可转让的，因此也不存在法律选择的问题。[79]

目前为止，我们主要阐述了在权利所有人生存期间通过合同进行的权利转让。但在权利人去世后，也会发生类似的问题。按照国际私法，这缺少实际中的重要性，因为在此方面不同分类体系的规则都极为类似，允许版权及精神权利以可证明的方式进行转让。即使缺少这样一种意愿，法定的转让制度也会加以规定。[80]

到最后的分析，对于权利可转让性问题，无论发生什么情况，还没有理由不能适用保护国法律，[81]尽管需要考虑问题的界限。权利的可转让性仅限于权利是否能够转让这个问题。如果保护国允许权利转移或转让的原则，转让是否发生，依据什么条件发生，则是一个合同法的问题。[82]巴黎上诉法院在安·巴根思诉奥利弗与麦克（Anne Bragance v. Olivier Orban and Michel de Grèce）案中采用了这一方法。[83]安·巴根思协助迈克尔创作了一本书，并将各方面的版权转让给迈克尔，既包括版权的精神权利也包括经济权利，受美国法规范。由于书在法国出版，法国法是保护国法。法国法院认为，按照法国法，精神权利是不能转让的，也不可能通过合同及合同法转让这些权利。相反，按照法国法，经济权利是可以转让的，这种转让按照合同法也是有效的。[84]案件的具体结果如下，安·巴根思在所有作品（法国）上取得作者的身份权，但她没有得到进一步的金钱损害赔偿，因为她已经有效转让了所有经济权利。

---

[78] See s. 90 (1).

[79] See e. g. s. 94 Copyright, Designs and Patents Act 1988.

[80] See e. g. for the United Kingdom ss. 90 (1) and 95 Copyright, Designs andPatents Act 1988.

[81] See Campbell Connelly & Co Lul v. Noble [1963] 1 WLR 252, at 255.

[82] See J. Ginsburg, Conflicts of Copyright Ownership between Authors and Owners of Original Artwork: An Essay in Comparative and International Private Law, 17 (1993) Columbia – VLA Journal of Law and the Arts 395, at 408.

[83] Judgement of 1 February of the Cour d'Appel de Paris, (1989) 142 RIDA 301.

[84] 精神权利方面的公共政策观点在经济权利方面并未涉及，根据法国法即使是特殊安排也不允许。See J. Ginsburg, Conflicts of Copyright Ownership between Authors and Owners of Original Artwork: An Essay in Comparative and International Private Law, 17 (1993) Columbia – VLA Journal of Law and the Arts 395, at 414.

结　论

我们从这一不甚令人愉快的观点入手，即法律选择方面的规定在现有欧盟版权指令中极度缺失。如果在版权领域很难发生法律选择问题，或者如果其他法源能够成为有效的法律选择规则，这一现状就会令人满意。根据《伯尔尼公约》的条款，我们对于现状的分析表明，这种情况并不存在。我们没有在《伯尔尼公约》中发现明确的答案，即使由其发展而来的保护国法律原则可以帮我们走得稍远一些，仍然存在许多不确定和非常突出的问题。

因此，我们急迫需要更体系化和明确的方法。我们已经突出了这一方法的出发点，但解决这一问题仍然需要一个国际条约。由于缺少全球性的解决方法，欧盟希望在这一领域进行立法。现实中，任何版权新领域的活动都不再允许回避法律选择方面的困难。在谈到艺术家追续权问题时，转到日内瓦或纽约的销售就会出现明显的问题。这种权利的制定就会鼓励欧洲所有权人，在日内瓦或纽约进行销售，而不是在伦敦。如果法律选择规则的制定基于这样的原则，只要作品源于欧洲，不论是为了销售而出口海外，还是销售后退出，权利都可适用，就会克服大多数的问题。但在咨询会提出这一决议时，英国政府官员认为，这一想法似乎太复杂，很难向政府和公众加以解释。错过了这一机会，将来也不会避免法律选择的问题。这是欧盟版权领域中切实存在的问题，只有在一系列措施中给予法律选择适当的位置，这个问题才能够被适当解决，这需要拿出一份可接受的解决方案。

版权与其他知识产权的重叠与联系

安东·奎德弗利格

概　述

欧洲法规中的版权重叠问题

一种或几种不同的知识产权都可以累积为版权，使产品获得某种保护，这在版权领域是很常见的情况。❶ 当然，这更多是由于国内知识产权法律体系为这种情形的发生预留了空间。在一些领域，尤其是工业品外观设计，荷兰可被视为重叠问题的试验田，我们举几个荷兰的案例来说明这个问题。

几种知识产权制度同时保护的问题，与哪些领域应当留给公共领域的问题相冲突：因为一项知识产权法的目的是为特定作品及其使用授予独占权，而另一项法律则明确表明让作品为公众自由使用。从实践的角度看，版权领域重叠的主要问题，一方面是版权进入技术领域的自我限制；另一方面，商标法也必须在某种程度上限制进入版权领域，或者限制在版权期间届满后，人为地延长作品保护期间。

版权与其他知识产权的重叠问题，目前为止还没有被欧盟立法机构和判例法过多涉及，但欧洲法院已经对两个重要案例进行了判决。这证明了，如果欧共体没有矫正实践中的问题，这些问题将会矫正欧共体，并为第一种情况提供珍贵的资料。

在第 1 节中，对问题进行概述。第 2~4 节解决与保护范围、保护期间及所有权重叠问题相关的特殊问题。

---

❶ 此处所用"产品"术语指适于几种知识产权制度保护的通用术语。

1 概论：累加与排除

这一节介绍了重叠的基础（第1.1节）以及一种制度排除保护以有利于另一种制度保留自由空间的根据（第1.2节）。

1.1 累加的保护

1.1.1 同时发生是原则

同时发生的含义是一个产品与同样产品或创造，同时成为不同知识产权的客体。所有这些制度都有自己独立、有效的保护理由，符合这些原则对所保护的每一种客体模式的相应要求，出发点不是一项基本原则而是所有潜在制度得到累加适用。如果只适用一种制度，或许就会牺牲其他制度考虑的特殊法律利益。同时牵涉几种利益，这有非常现实的可能性，原则上，为每一种利益相应地赋予几种形式的保护也很正常。只有一般利益与/或知识产权体系要求其存在不同时，才可能不同，笔者将在后面阐述这一点。

1.1.2 基于客体定义产生重叠情况的发明

包括版权在内的不同类型知识产权的关键是其客体的定义。版权客体的定义有着复杂的三层结构："文学艺术作品"的一般术语、示例的开放列表，以及"功能性"原创性标准。

很多国内立法遵循了《伯尔尼公约》中的示例，其在第2.1条中规定适合版权保护的作品为："文学艺术作品"，包括无论采取何种表达方式的任何在文学、科学、艺术领域的作品，并且基于该描述列举了很长的开放列表：著作、音乐作曲、电影作品、绘画作品、摄影作品以及实用艺术作品等。欧盟指令、TRIPS、WIPO在所保护的开放列表中，增加了软件和数据库。

在某种情况下，为了确定作品是否适合保护，适用所谓的原创性标准。后面笔者会详细阐述它所产生的一些特殊问题。在大多数实践中，《伯尔尼公约》的详细列表足以鉴别版权与其他知识产权制度间重叠的大多数情形。

就专利法而言，在工业品外观设计与计算机软件领域也会发生重叠。

如果形状具有艺术性，但（主要）为功能性要求所支配，工业品外观设计领域就会产生冲突。尽管我们相信，大量案件中，美学与功能性特征真正分离的很少，但问题确实存在而且出现了非常复杂的问题（参见第2节）。专利法及其"消极反射"决定了，如果技术性客体不能为专利法所保护，它就根本不应得到保护，而应留在公有领域。在这种情况下，能否排除版权保护的可能性呢？

另外，对于计算机软件，也可能由于存在不同权利持有人产生这样的问题。另一个问题则是关于保护期间。尽管专利法明确的免费领域是在20年专利保护期之后，发明可以为所有人使用，但必须指出，发明表达中"体现"的未受保护专有技术，仍然可以在很长时间内受到版权保护。因此按照专利法逻辑可以本应免费得到的技术成果，却可能因为另外一种知识产权制度的补充保护而受到阻碍。笔者认为，原则上，它违反了体系要求，但它已经为指令的明确条款所支持。

至于实用新型与外观设计法，欧盟指令和条例中界定的外观设计，显然在很多情况下与版权保护的实用艺术品相重叠。对于许多坚持"艺术统一"理论的国家，尤其如此。这一原则适用的结果是，降低或大大降低了版权保护的门槛，允许为大量的外观设计提供版权保护。欧共体的外观设计制度包含排除技术现状的详细条款，此处的问题是，在何种程度上，像与版权接近的外观设计法这样的制度，会影响版权对技术性特征的保护。

商标法保护"将企业的商品与服务区别于其他企业的任何标记"，这意味着大量的图画作品可能得到商标法与版权法的累加保护，同样情形也可适用于商品的外形、包装和某种音乐设计。标题、特征及广告语也可能得到版权与商标权同时保护，这主要取决于不同的国内法体系。尽管原则上版权法与商标法可以和谐共处，但在商标保护被认为是用来对版权期间的人为延长时，也会产生一些困难。另一个问题是，商标法中的技术性排除条款和欧洲法院对其解释的方式，是否对于版权也很重要。最后，同一作品的不同知识产权的不同所有权人间也会产生冲突。

数据采集可以享受版权保护，也可以作为特别权利的数据库保护，主要依据每一种制度的保护标准而定。版权保护与特别权利保护在1996年3月11日的96/9/EC指令❷中得到了协调。特别权利法与版权法显然发挥了相互补充的功能：有意将两者累加在一起。数据库指令第1条界定了数据库的一般概念，作为版权保护与数据库保护的共同客体。尽管如此，两种制度重叠的问题和可能产生的后果，还未得到应有的注意，特别是不同权利属于不同所有人的情况。有人会反对，认为两种制度都对数据库保护的具体方面进行了区分：版权保护主要涉及选择与安排，特别权利主要是数据库的内容。但这并没有阻止竞合现象的出现，笔者下面会加以解释。

---

❷ OJ L 77/20.

总之，版权是知识产权家族中一个拼凑的成员，它似乎总是很容易与别人就作品的保护形式达成一致。尽管如此，也不是所有的作品都适合版权保护，特别是受到累加保护。与其他类别相比，某种作品的特定类别更容易产生竞合保护，外观设计和实用艺术品是适合多数知识产权制度保护的典型例子，许多情况下软件也会产生这样的问题。

1.1.3 版权客体及其原创性标准

对于版权定义的第三层含义，原创性标准，必须加以具体分析。

原创性是一个广义的概念，在解释上也存在一些歧义。在这些不同的解释中，可以区分出两种功能。原创性可以被用来作为确定作品是否在一个特定保护范畴之内的标准，一个文本、画作、照片，都分别有各自满足保护门槛的最低品质要求：某一作品是否达到保护的最微小标准。目前，这一标准主要用于对被保护客体的内部解释：在其接受的作品范畴中，由它来选择那些将被授权，或者不会被授权的创作。在这个意义上原创性是最通常被适用的标准。但是，有第二种方式去运用原创性标准，它也可以服务于版权的外部解释：它来界定原则上属于版权领域的类型或类别。我们对这一功能很感兴趣，第一，在界定版权领域外部解释的框架中，原创性将会被作为版权的"功能性定义"。第二，重叠的情形只能根据功能性定义的具体结果加以界定，而不是根据它的抽象主旨。第三，对于发现重叠情形的现有目的，功能性定义用途有限，但未来将证明它是在冲突情况下确定保护范围的重要工具。第四，将会在关于软件与数据库指令中如何解释特殊的原创性标准，作出一些论述。

原创性、个人表达与功能定义

在大陆法体系中，原创性标准通常或多或少用来界定，作品是作者个人表达这一条件。个人表达标准使我们能够解释版权原理（作者人身权保护）与其客体之间的联系。因为它正是通过包含在作品中个人表达，规定了人身权并加以保护。如果按这种方式理解，个人表达标准可以被视为作品的功能性定义，且不同于版权保护开放列表中形成的一些事实性要求。依其保护制作者人身属性的功能，版权保护载有人身属性标记的创作。按此种方式理解，这一标准可以鉴别一些包含个人表达因素的新类型作品，也可以补充《伯尔尼公约》及国际法规中关于"文学与艺术作品"的开放列表。事实上，在遇到适用版权保护的新类型创作问题时，法院会依靠个人表达标准，或者或多或少适用等同标准。最近关于香水气味适用版权保护的案件，就是一个例子。❸ 在更早之前一些关于软件保护❹案件中，也可以得出这种推断（在国内法或者指令规定清晰的法律基础之前）。这种方式证明了原创性标准对外部解释的重要性：为了允许对计算机软件提供版权保护，这个解释进行了修改，显然，如果仅仅认为可以简单地忽视这个问题，是不可能的。

重叠的重要性

通过强调知识产权的差别，功能性定义的作用是分离而非使领域重叠。一方面是版权法的功能性定义（个人表达作品），另一方面是专利和商标法（发明与区别性标识），明显表现出要清楚地保留各自的不同领域。只有具体适用图标或计算机程序这样的客体时，才会发现不同保护领域的重叠。但在这样的情况中，功能性定义既不会有助于鉴别也不会阻止重叠的潜在原因。从不同理论的视角，两种制度创造了两种不同的独立保护客体，但在实践中，一项权利可能构成自由利用客体的障碍，而另一项权利却仍然可以自由使用，这种结果就是重叠。在数据库领域会发生同样的情况，尽管两项权利被仔细地加以分开，版权保护被授予内容的选择与安排，特别权利则保护不被抽取和再利用的内容本身，在实践中仍然有重叠的问题。

如果这样的功能性定义在确立重叠的情况中没有太大作用，但一旦确立这种重叠，它就是更好地平衡知识产权相关权利的重要工具。

1.1.4 欧盟法中的版权客体

除有关软件、摄影作品和数据库的一些例外条款外，关于版权客体还没有欧共体立法。版权客体一直是立法的议题，主要是为了确保在整个欧共体中，使在一些成员国受到质疑的特定作品得到合法保护，因为委员考虑成员国法律体系适用的原创性或个性门槛人高。因此，软件、摄影作品和数据库基于欧共体法律，得到了版权的强制性保护。需要强调的事实是，它们是按照"降低

---

❸ Cass. Civ. 13 June 2006, Nejla Bsiri – Barbir / Soc Haarman et ReimerChronique du droit d'auteur (André Lucas), Propr. Int. 2006, 442 et seq. ; GRUR Int. 2006, 1039; RCJB 2007, 5 – 23, note Louis van Bunnen; Dutch Supreme Court 16 June2006, Kecofa/Lancome ('Trésor'), JIPL 2006, 756 – 758; GRUR Int. 2006, 951; NJ2006, 585 note Spoor; AMI 2006, no. 14, pp. 168 – 73, see also Marina Foschi, 'Droitd'auteur et parfums', Auteurs et Média 2004, 309 – 17.

❹ Bundesgerichtshof 9 Mai 1985, GRUR 1985, p. 1041stated sufficient room for individual, personal – creative solutions (hinreichender Spielraum für individuelle, eigenschöpferische LösungsmtSglichkeiten), Cour de Cassation ass. plén. 7 March1986, Atari/Valadon (Pachot), D. 1986, p. 405, note Edelman; RIDA 3/1986, p. 136note Lucas: a computer program is an oeuvre de l'esprit as soon as it is original.

的原创性概念"得到保护。❺ 只要它们在某种意义是原创的，就是作者自己的智力创作。"在确定是否能够得到保护时，没有其他的标准可以适用"，❻ 表明在这些定义中，关于适于版权保护最低门槛的高度，原创性标准被作为排他的检测标准，而非用于确定版权领域的标准。通过界定计算机程序为"伯尔尼公约意义的文学艺术作品"，❼ 外部解释的问题已经得到解决。对于当前作为汇编或集合保护的数据库实践，可以参考数据库指令。❽

这一领域的任何欧盟法规，对于该研究几乎没有什么用途。但至少可以表明一件事，没有规则禁止版权与另一种制度的累加保护。相反，几个指令中包含的规则表明，版权保护不会对成员国关于同一客体的其他既存知识产权制度造成损害。❾ 目前为止，欧洲法规支持就以上问题得出这种结论，除非有特别的相反原因，保护制度就会发生累加。

1.2 排除：两个阶段对重叠的处理

概　述

尽管大体上允许保护制度的叠加，但在一些情况下，累加保护并不令人满意。这或许有些令人吃惊，可能一个制度证明对于保护或利用作品是有用的，而另一个制度却显然是允许自由利用。这或许意味着，第一个制度的规则必须做出让步，放弃保护，这种情况被称为"消极趋同"：知识产权或者全部拒绝保护，或者除了被认为唯一能够胜任保护的主要制度外，拒绝任何补充保护。专利法提供了一个在两种意义上涉及消极趋同制度的例子，首先，它在很大程度上❿垄断了代表新技术发明的技术解决方案的保护，没有其他的制度为技术发明提供保护。其次，对于缺少新颖性或创造性、或两者均缺少的技术性方案，排除了专利法保护，而又不允许其他的制度对此涉足。在专利法之外，技术性客体是免费的，这一原则没有例外，或者即使有也极为微小。因此，在这个领域不被保护的"专有技术"，表现了关于免费空间特定领域中所有知识产权制度的消极趋同。

尽管这一排除机制难有现成的例子，在适用时也很难找到一些硬性规则，

---

❺ Waiter, Europtaisches Urheberrecht Kommentar, Springer, Wien and NewYork, 2001, p.1117.

❻ 数据库指令第1.3条、第3.1条，又参见重述 14 – 17；Art.6 期间指令的摄影作品；后一指令提到"作者"拥有反映其个性的智力创造。

❼ Art. 1.1 Software Directive 91/250/EEC.

❽ Recital 13.

❾ Art. 9 Software Directive；art. 13 and recital 58 Database Directive.

❿ 除非国内法体系开放现有保护此模式的可能性。

但我们可以研究这个问题是怎样被引发的。这可以在由两阶段构成的程序中加以研究：首先，必须确定，一个特定的排除仅是一项个体知识产权形成的结果，还是一项压倒一切的基本利益的结果，只有在后一种情况，排除对于其他类型知识产权才是重要的。其次，考虑到具体情况及知识产权的功能性定义，必须确定是否有用于判断施加于自身的压倒性规则存在足够真实的联系，以及是否与其他知识产权制度规则有足够远的退让距离。

1.2.1 重要利益

排除是制度所表达重要利益的结果，它们来自规范竞争及超越个体知识产权水平创新的概念。只有当这些重要利益出现风险时，这些规则才与知识产权相关，它们将作品合法地划在自己的制度之外。例如，专利法要避免对缺少新颖性和创造性的技术成果提供保护，这是一项一般政策，并在专利法之外有所反映。但商标法是要避免对不具有区分企业商品与服务标识的保护，只与该特定制度有关，对替代保护制度没有影响。

实际的市场考虑和竞争的功能性组织是知识产权制度的根基，这些规则通常分散在更多的制度中，或者明示或者默示。例如，如果立法者的意图是只为专利法保留这些技术性成果，那么不适合专利保护的客体就根本不应得到保护，而是处于自由利用领域，经常会发生这样的情况，在几种法律中可以发现痕迹。几个功能性定义的交叉应用有助于鉴别重要利益，并与体系及相互间保持一致解释。版权的功能性定义提供了排除技术性客体的基础，支配着与体系其余部分的相互作用，使得这一解释更有吸引力，更令人信服。因此，关于外部界定的功能性定义解释，经常要依赖于与其他制度功能性定义的合并解释。

法国香水制造商迪奥与埃弗拉（荷兰屈臣氏连锁店的所有权人）之间的冲突，是关于重要利益机制的例子。❶ 在该案中，欧洲法院缩短了版权期间，不允许它超越商标指令第7条设定的边界延展，决定如下：

对于转售商广告中对受保护作品的复制，版权给予的保护，在任何情况下，都不能比在同样情形下给予商标所有人的保护更加广泛。（58段）

在圣诞节前后，实惠的屈臣氏商店向它们的顾客提供了（平行进口）迪奥香水，如清新之水、毒药、华氏、沙丘和Svelte香水。埃弗拉用一种相当小的广告传单描绘了包装和瓶内的香水，这也是迪奥产品使用的广告方式，迪奥诉称广告与迪奥商标的奢华印象不相称，违反了商标指令第7.2条，因为它们

---

❶ ECJ 4 November 1997, case C – 337/95, Jur. 1 – 6013, NJ 2001, 132, note Spoorat 134; AMI 1998, 6 – 8, note Grosheide; Ars Aequi 1997, 640, note Iq. Cohen Jehoram; BIE 1998, no. 41 pp. 195 – 2t2, note Steinhauser; IER 1997, 224 – 9, Parfums Christian Dior/Evora.

改变了商品推向市场后的产品条件,特别是精神条件。关于指令第7.2条的问题,欧洲法院认为:

关于对指令第5条及第7条的适当解释,意味转售商,除可以自由转售商品外,也有为了进一步引起公众对商品商业化注意而使用商标的自由,否则,任何转售都很难进行。

随后,它规定:

商标财产权人不能依赖指令第7.2条禁止销售同种商品转售商对商标的使用。作为商标商品,不必有同样的品质,可以转售商熟悉的贸易领域方式,目的是对这些商品的进一步商业化吸引公众的注意。除非在特定的情形下,以这种目的进行的商标使用行为会对商标的信誉造成严重的损害。

目前,迪奥/埃弗拉(*Dior/Evora*)案仅涉及商标问题。但迪奥在包装与瓶装香水方面也引发了版权的保护。在第六个问题中,荷兰最高法院询问欧洲法院,条约第30条和第36条(现在的第28条与第30条)是否排除了商标或版权所有人阻止转售商进行的商品商业化广告行为,如果转售商损害了商标或者有权获得版权人的奢华品位,是否也是这种情况。法院认为,关于商标权的问题,条约第36条必须以与指令第7条同样的方式进行解释,就像欧洲法院以前所进行的解释一样。❷ 关于版权的问题,欧洲法院最初认为,"版权的商业性利用产生的与其他工业性财产一样的问题",应按照以下加以确定:

……不需要考虑商标权与版权是否同时存在于同一商品之上的问题,在类似这种情况下,在主要程序中,在转售商广告中对受保护作品复制给予的版权保护,无论如何,不能比商标权所有人在同样情况下所享有的权利更广泛。(58段)

与表面现象相反,在这种情况下并非商标法缩短了版权。整体判决使问题更加清晰,权利既要受内部市场货物自由流动这一重要利益的限制,也要受权利用尽原则的限制。法院首次确立,依据这些原则,转售商除可以自由转售这些货物外,还有为商品商业化吸引公众注意目的,自由使用商标的权利,否则任何转售都将非常困难。其次,在特殊的情况下,如果为以上目的的使用严重损害了商标的信誉,则判定适用与上述不同的规则。最后,法院判决,关于权

---

❷ 相应地,"此部分第六问题的答案应是,在对条约第30条与第36条适当解释,商标所有人不能阻止商标的使用,惯常销售同类物品的零售商以该贸易领域惯用方式推销货物,不必要求同质,其目的是为了使商品吸引更多公众的注意力。除非根据既定情形,这种目的对商标的使用严重损害了商标的声誉"(para. 54)。

利用尽，版权的商业利用与其他商业性或工业性财产一样，都会出现同样的问题，欧洲法院作出的判决不会因此有所不同。我们应清楚，版权不会比商标法提供更广的保护，货物自由流动原则与权利用尽原则才会优先于独占权的行使，而不是商标法会优于版权法。

1.2.2 功能性定义对"最密切联系"的评估

如果几种制度同时排除了某种特定的客体，则说明代表了所有制度都予以尊重的重要利益。但不排除会有一种制度表达了自由利用规则，但要存在重要利益，其他制度必须尊重这种排除。特别是一种特定的知识产权制度与普通规范所处理的问题极为接近，而正常情况下这种情形不会为其他制度所考虑时，会发生这种情况。参考我们同事关于国际私法的观点，是最接近原则或者与所发生情形有最密切联系的知识产权制度。前文提及的迪奥/埃弗拉案对这一现象也提供了例证：商标指令第7.2条中的"关键条款"中只规定了特殊限制，但它的影响会延及版权授予的保护范围。

一个制度怎样才是与案件有最密切联系呢？系统性考量再次发挥决定性影响，相对于确定是否存在重要利益，允许排除超越知识产权制度本身的情况，制定法会更有指导性。判断特殊情况下这种利益是否足够强大优先于其他利益时，知识产权中的功能性定义会非常有帮助。它使我们能够去衡量，案件中涉及的利益与独占权所保护的利益之间到底有多密切的关系，能够证明的越多，就越存在最密切联系。

知识产权通常依据功能加以界定，按照其保护的利益，而非有形物。至于版权，并非是你面对的"文学、科学与艺术作品"，适合保护的标准是，作品是否含有作者的个人表达，或者按照几个指令中的措辞，是其自身的创造。至于商标，它不仅是 个标识，它还是欧洲法院[13]通常对其具有的识别[14]企业商

---

[13] Inter alia ECJ 22 June 1976, Case 119/75, Jur 1976, p. 1039, Terrapin/Terranova, no. 6; ECJ 11 October 1990, Case C‐10/89, Jut. 1990, 3711, HAGII, no. 13; ECJ 23 May 1978; Case 102/77, Jur. 1978, 1139, Hoffmann‐LaRoche/Centrafarm, no. 7; ECJ 11 July 1996, Bristol‐Myers Squibb/Paranova no. 44; ECJ 11 November 1997, Case C‐349/95, Jur 1997, p. 1‐6227, Loendersloot/Ballantine; ECJ 18 June 2002, Philips/Remington, Case C‐299/99, Jur. 2002, 1, p. 5475 ff., IIC2002, 849; GRUR Int. 2002, 842; GRUR 2002, 804.

[14] See ECJ 18 June 2002, Philips/Remington, Case C‐299/99, Jut. 2002, I, p. 5475 ff. no. 30: "而且，按照判例法法院观点，商标的实质功能是保证使用者及最终用户对所售商品来源的识别，不会有任何混淆的可能性，区别与其他来源的商品或服务。为了使商标在不被扭曲的竞争中发挥实质性作用，条约希望建立一个保证所有载有商标的商品或服务，在同一能够为质量负责的企业控制之下"(with references to Case C‐349/95 Loendersloot [1997] ECR 1‐6227, paras. 22 and 24, and Case C‐39/97 Canon [1998] ECR 1‐5507, para. 28).

品与服务功能的界定。相应地，地理标志是为了鉴别特定的货物来源，在发生冲突时，主要适用商标法，而判断对公众文化的个人表达时，则适用版权法。

最初，知识产权制度的功能定义表现得比较"内向"，倾向于内部规范，所追求的是在内部揭示独占权本质，而不是将其作为外部更大体系中的一部分。但功能性定义在不同的领域中实施，在适用不同经济与精神准则的经济活动中找到了它们的起源。正因它们来源于条块分割的外部结构，它们被动地反映指令，积极地予以维持，否则将损害这个体系中重要的法律与经济的平衡。体系的根基是实践，迫使法律将不同类别的独占权加以分离。因此对这一基本权利客体概念的学术分析，不能割裂与其基础经济、社会现实的联系。

技术性客体、市场与文化之间的不断渗透，也能够对真实联系的建立造成阻碍。我们以想象"完美趋同"的情形，几个方面利益完全势均力敌，那么，几种知识产权与案件都有着同等强度的联系。完美趋同的情况可能很少发生，但如果发生，就只有等级制度能够解决这个问题了。在完美趋同情况下，哪一种制度可以优先适用，现有的欧盟版权指令还没作出任何规定。但解决下文的技术性排除时，会发现这一规则在等级制度中发挥着相当重要的影响。

建立"最密切联系"是一种法律技巧，没有一堆现成的答案摆在那。在具体的案件中，建立一种与案件有真实联系的制度是非常困难的，当然这也是一种政策的选择。

2 保护范围：版权法中的技术性排除

概述：保护技术性客体的专利法反应与正常抵制

显然，版权法中的技术性排除问题首先与专利法及版权法的重叠有关。与所有重叠情况一样，该问题主要是一个制度中的保护行为是否要屈服于另一制度中主张的公众使用。这种情况下，既然技术性客体可能被版权保护也可能根本不应得到保护，版权显然要为专利法让步。在经济上，专利法与版权法是两种不同的领域，版权在专利领域的介入会有损后者体系中的关键性要素。还有一点应当说明，不同的保护期间（专利申请起20年与版权中的作者死后70年）说明，在专利法领域，发明进入公有领域的经济优先需要比版权领域更为急迫。你或许会增加一个条件，发明必须出版。那么不要忘记技术创造的很大一部分——"专有技术"不被视为发明，是被专利法留给了公有领域。如果用其他知识产权制度来弥补这一差别，就会与立法机关的政策背道而驰。

版权已经将这一强烈系统反应充分内部化。版权一般原则排除了对技术性客体的版权保护，这一原则很清楚，在《伯尔尼公约》中也没有用太多的词语加以表述。即使在规定计算机软件的版权保护时，也并未动摇这一信念，虽然不可否认其具有技术特性：❺ 无法否认，如果软件完全是一种技术性产品，适合版权保护就是这一原则的例外，❻ 但不意味着为了进一步扩展版权领域，❼ 还要进行类似适用。目前这一方式仍然被广泛认可。❽

版权中有关思想与表达二分法的例外仍然很有吸引力。版权保护形式，但不保护内容；保护主观要素，不保护客观要素；保护外观的任意方面，而不保护完全由功能决定的部分。与思想表达二分法的联系，也使技术性排除有可能与 WCT 和 TRIPS 中思想、概念排除联系在一起。❾

尽管说，版权通常不愿意涉足技术性领域，但其对工业品外观设计与计算机软件的规范，在这一点上会不可避免产生紧张关系。至于计算机软件，将依据所有权和保护期间的规定进行处理，笔者这里重点论述工业品外观设计。

术　语

在本文中，"技术的"或"功能的"外观是指外观完全由其需要的技术性功能来确定。因此，外观的改变就意味着会影响其正常功能的履行。大多数情况下，一件有用的物品只有部分，甚至或者只有抽象的方面，在特定意义上是"技术性"或"功能性"的。切利尼充满生机的盐罐具有适合装盐的功能，但就它的全部价值而言，显然远不仅仅是因为其"技术性外观"。

"技术性"这一术语本身也是法律雷区，并受到专利法的关注。我们不涉及这一概念错综复杂的细节，此处只是以普通方式运用。对技术性术语进行限制性解释时，不应考虑排除其可能被作为"功能性"的方面。是否每一件被标有功能的物品都会适用技术性排除是另外的问题。外形特征在法律或商业基

---

❺ 尽管计算机程序对于恢复传统个人表达概念再平衡没有信心，但经济特性与"竞争性环境"使其版权有更加密切联系，如其他信息社会传统客体一样，计算机程序也会被便宜且方便地复制。程序的基本算法（无论正确与否）都可以无限序列表达，这就降低了反竞争保护影响。这也可以更好地解释，为什么软件与其他技术成果相比占有特殊地位。

❻ 尽管关于软件的讨论在 1980 年达到高峰，仍然有人认为，版权现在可能延及整个技术领域。

❼ 对于化学工业使用的动能，没有人认为为了保护数据库保护，适合用所谓版权动能机制保护。参见荷兰最高法院，2006 年 2 月 24 日，Technip/Goossens，IIC 2007，pp. 615 – 22.

❽ See, intr alia, Guido Weskamp, Overlapping Intellectual Property Protection and the Proportionality Principle in International Trade Regulation, in: Intellectual Property Law. Articles on Crossing Borders between Traditional and Actual, Molngrafica series, Intersentia, Antwerpen and Oxford, 2004, pp. 95 – 117, at p. 101 ff.

❾ TRIPS 第 9.2 条规定："2. 版权保护应延及表达，而不延及思想、工艺、操作方法或数学概念之类"。在 WIPO 版权条约（1996 年 12 月 20 日）第 2 条措辞中有同样的排除。

础上，基于市场的考虑或出于标准化愿望，可以是功能性的，但是否这些情况都会落入技术性排除的问题，目前还没有得到解决。⑳

此处理解的技术性外观是具有技术效果的外观。创作这一外观的灵感、创造力或者动机是否有用或具有学术性，则是另一个不同的问题。正如版权只排除完全的功能性，它所排除的目标是产品的形状，而不是大脑中的精神过程。完全由技术性功能控制的外观将被排除保护，无论其发明过程在精神层面多么具有创造力。即使完全的艺术思维产生了未预期的功能性外观，技术性排除仍然适用。

大多数情况下，一件实用品外观只有特定方面对于技术效果是必不可少的。然后需要确定哪些方面是"完全为技术功能性所主宰的"，㉑ 只有这些方面会被完全排除版权保护。只在极少数情况下，外观可能在整体展示时完全被功能性所主宰。如果一定将排除限制在这一范畴之内，就无法实现在功能方面服务于保持自由竞争的目标。

2.1 "超功能设计"挑战

尽管版权中存在明显的技术性排除，一些当代设计似乎总是藐视这一点，功能与形式越来越多地融合在一起。就此点而言，这并不会使版权对所谓"功能设计"的保护受到威胁。事实上，"功能设计"很大程度上是一个美学概念，而不是一个法律或技术术语，它显示了设计的美感极为清晰。它强调功能性，通过滑稽或奢华的设计转移它的注意力，这并不意味设计百分百地为技术性功能所"支配"。相反，许多有用的物品，甚至不可能产生纯粹的功能设计。例如，现在的刀具有很多不同的功能设计，很难想象外观完全由技术性功能所控制的刀具。如前所述，技术性排除限于完全受技术性功能控制的外观，功能设计领域的大多数外观不会受到排除的威胁。以刀具为例，它仍然会触及一些外观的抽象方面：如作为一般和抽象的要求，它必须有个手柄，且切割的部分不适于版权保护。

当代设计表现更加追求形式与功能的"完美"融合，最终结果是，一些

---

⑳ See, with regard to design (!) law, the clear rejection by Annette Kur, EGGeschmacksmusterschutz und Kfz – Ersatzteile – Eine Erwiderung, GRURInt. 1993, 71 et seq., at p. 74; Ulrike Koschtial, Design Law: Individual Character, Visibility and Functionality, IIC 2005, p. 297 – 313, 对基于经济或美学原因，在外观设计法中排除"必要"形状，表示质疑，其应与版权法不同。

㉑ Fernand de Visscher, Quelques réflexions sur l'exclusion de l'effet techniqueen droit des dessins et modéles, Jura Vigilantibus. Antoine Braun, les droits intellectuels, le barreau, Larcier, Bruxelles, 1994, p. 117 et seq., at 130.

顶端设计或许发现自己正面临着技术性排除。尽管这种情况很少，它还是产生了很大的版权困境。因为它意味着，这项制度不能为作者费尽心血的精美作品提供保护。问题是在这种情况下，版权是必须严格遵循欧洲法院施加于商标法之上的"菲利普"机制，还是由形式多样性理论创设更轻缓的制度。在这一点上，技术性排除不仅涉及版权法与专利法的联系，还包括对商标法及外观设计法体系地位的更广泛思考，笔者将审查这两项制度。

2.2 商标法中的严格技术性排除

在商标法中可以找到技术性排除的基础。商标指令第3.1（e）条规定，为了取得技术结果，完全由商品形状构成标记的商标无效。㉒ 这暗示着对物品的限制：功能性形状不能作为商标。这种标记缺少识别力，其是否与商标的功能性定义有联系，指令持中立态度。但在实践中，形状来源于商品本身特性的情况显然很常见，这些外观给了商品实际的价值，第3.1（e）条中提到了另外两种范畴，对于获得技术性结果极为必要的商品外观，已经不能作为指明商品特定企业来源的标记。缺少识别性及第3.1（e）条的排除条款，很大程度上会排除对这些外观的保护，但也并非所有技术性外观都缺少可识别性，不能排除某些通过使用获得识别力的外观。但按照同条第3款的规定，这不会改变外观作为商标的无效性，功能性外观不能成为商标。

在菲利普/雷明顿（Philips/Remington）案㉓的判决中，欧洲法院将技术性排除与阻止通过商标垄断技术外观的重要公共利益相联系，认为它们应当为所

㉒ 第3条，拒绝或无效的理由
1. 下列不应注册，或如果注册应宣称其无效：……
（e）标记由下列排他性构成：
– 商品本身的自然形状，或者
– 取得某种技术效果的必要商品形状，或者
– 赋予商品是指价值的形状；……
3. 商品不应与第1（6）条、第1（c）条或第1（d）条一致拒绝注册或主张无效，如果在适用注册日之前，已经进行使用行为，并取得突出特征。所有成员国可以额外规定，也可适用于在注册日或适用注册日之后取得突出特征。

㉓ ECJ 18 June 2002, Philips/Remington, Case C–299/99, Jur. 2002, I, p. 5475ff., IIC 2002, 849; GRUR Int. 2002, 842; GRUR 2002, 804; NJ 2003, 481, note Spoor; IER 2002, 251–62, note Grosheide; Ars Aequi 2003, 43–9, note Gielen; BMM Bulletin 2002, 188–99, note Ellen Gevers and Daan Teeuwissen; BIE 2003, no. 89 pp. 547–55, note Quaedvlieg, also see Verkade, BIE 2002, Actualiteiten, p. 447; see further Suthersanen, ECJ in Philips/Remington – Trademarks and Market Freedom, IPQ 2003, 257; Karl-Heinz Fezer, Entwicklungslinien und Prinzipien des Markenrechts in Europa, GRUR 2003, 457–69, at p. 468; Menno Heerma van Voss, Vormmerken entechniek, voor en nà Philips/Remington, BMM Bulletin 2002, 182–7.

有人自由使用。法院指出，依据指令第3.1（e）条，被拒绝注册的标记，不能再按照第3.3条通过使用获得可识别的特征（第75段）。它指出，指令第3.1（e）条规定拒绝注册的理论基础是，阻止商标权人通过技术方案或功能特征取得垄断，并得到商标保护（第78段）。欧洲法院指出，指令3.1（e）条追求公共利益的目标，其实质特征是实行技术性功能的外观可以为所有人自由使用。指令第3.1（e）条不允许这样的标记因注册为商标而单独为一个企业服务（第80段）。从这一点看，得出这样的结果很合理，指令第3.1（e）条排除所有的技术性外观："是否确立不能实现同一的技术效果的其他外观，能够克服指令第3.1（e）条中包含的拒绝或无效的基础，这个问题，该条款中没有措辞能够得出这样的结论"（第81段）。"在拒绝这样的标记注册时，指令第3.1（e）条反映了这样一个法律目标，即不允许个体运用注册商标，获得并持续占有与技术方案有关的独占权"（第82段）。

2.3　温和排除：形式多样性理论

在确定外观是否是取得技术性成果所必须这个问题时，比菲利普案中使用标准更为温和的标准是形式多样性理论。它将产品的形状与其他产品的形状加以比较，如果发现市场提供了大量适合于同样功能的外观，结论就是，这一产品的特殊外观不是获得技术性效果所必须的，不应被排除保护。

举例说明这一点。瓶塞钻的螺旋形外观为技术性功能所控制，但有替代的外观也可以解决这一问题。[24] 像法国一些酿酒师就比较钟爱刀片开瓶器，由两片薄薄的金属刀片组成，在软木塞和酒瓶之间推出，通过缓慢的旋转运动就可以拔出软木塞。尽管这种开瓶器的技术部分完全由技术性功能所支配，却有不同种的外观可用，因此不必然产生技术性效果。这种方法的结果是，最初的技术性外观有可能适合版权保护，只要它们不是取得这种特殊效果的唯一方式。因此，它反对菲利普案中效力-导向的评估方式，不考虑任何替代方法，不要求仔细检验特定外观的哪些特殊特征或"方面"不能被改变，没有该外观就会失去履行功能的能力。按照菲利普案，只有物品外观采取美学、任意且变幻无常的形式时，才能可能得到保护。

菲利普规则的外观—导向方法从版权中排除了技术外观，也排除了形式多样性理论的唯一效果—导向方法（见图19.1）。

---

[24] 我们撇开细微差别，尽管软木塞在正常使用中多少等效，两种技术也能看出差异，在拆除旧瓶子木塞时，双螺旋非常好用，而如果用螺旋开瓶器就会崩裂，但用于某种合成木塞时，它的表现并不好。

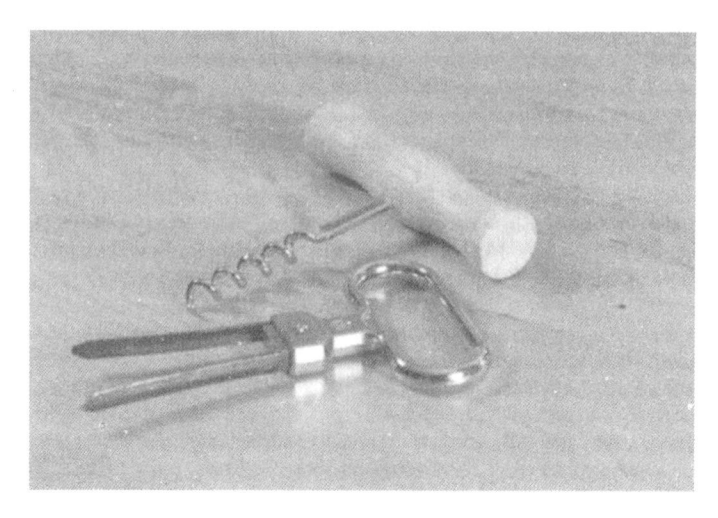

图19.1　开瓶器

在效果—或外观—导向排除之间的冲突，正如笔者所阐述的，目前为止还没有在外观设计法得到解决。

2.4　外观设计法中的技术性排除

外观设计指令第7条（6/2002外观设计条例第8条[25]）包含了技术性排除规则。[26] 很多情况下，尤其是在包含"艺术统一"理论的法系中，版权法可以与外观设计法同时适用，这就有必要检验，后者是否有详细的规则为版权中的排除方式提供指导。

"完全由技术性功能控制"：欧盟法中的独立概念

指令规定了技术排除的一般规则："如果完全由技术性功能控制产品的外形或外观，则不存在外观设计权"。这一规则来源于1949年的英国外观设计法

---

[25] OJ L 003/1 of 5 January 2002。

[26] 第7条外观设计主要由其技术功能和相互关联的设计所决定：1. A design tight shall not subsist in features of appearance of a product which aresolely dictated by its technical function；2. A design right shall not subsist in features of appearance of a product which must necessarily be reproduced in their exact form and dimensions in order to permit theproduct in which the design is incorporated or to which it is applied to be mechanically connected to or placed in, around or against another product so that eitherproduct may perform its function. 3. Notwithstanding paragraph 2, a design right shall, under the conditions set out inArticles 4 and 5, subsist in a design serving the purpose of allowing multiple assembly or connection of mutually interchangeable products within a modular system.

第1.3节，㉗ 同样的规则，做了稍微的变动后，规定在 TRIPS 第 25.1 条最后一句的选择性条款中。㉘

完全技术性功能控制标准的措辞清楚地表明，排除只涉及那些不影响技术功能，即不会改变的外观或外观特征。这与早期版本的目的相符，如果产品的外形与将要履行的技术性功能相关，就会引发技术性排除，没有为外观设计保留空间，㉙ 或者对技术性功能的认识没有为外形的任意特征给予自由，㉚ 这与替代性外观或存在同样效果解决方案不同。至少，没有可行的解释。外观设计法保护实用工业品，为了实用功能设计三维外观不可避免，这至少部分地由功能所决定。尽管对花瓶可以想象一万个外观，但也只能上面开口放花，下面封闭装水。因此，形状上的任意变化是可能的，也是当然的事情。这样的因素适合保护，即使菲利普案中的严格规则在外观设计法中也平等适用。㉛ 这样的任意变化总可能发生，因为绝大多数实用品的外观仅是部分地为其技术性功能所控制。对于大多数产品，技术性排除仅涉及外观的某方面；只有少数情况下，产品的整体外观才面临这样的风险。

但依据英国外观设计法，包括比利时法，存在不同的解释。在英国 *Re Amp/Utilux* 案中，英国上议院对唯一控制标准给出了不同风格的解释。㉜ 在该案中产品电极的外观有着不影响功能的不同形式，但其末端的外观特征"既非在目的上，也未在结果上形成视觉吸引力"。上议院认为，在这种情况下，外观被认为由技术性功能单独控制。尽管这一标准来源于英国法，会排除简单的工业形式，即使外观并非履行其功能所必需，这一解释这似乎既非由于指令的字面措辞作出，也非为技术性排除所追求的利益而施加。在欧洲指令体系中应解决这样一个问题，外观是否符合原创性水平要求。优莱克指出，这也许是

㉗ (3) In this Act the expression "design" means features of shape, configuration, pattern or ornament applied to an article by any industrial process or means, beingfeatures which in the finished article appeal to and are judged solely by the eye, butdoes not include a method or principle of construction or features of shape or configuration which are dictated solely by the function which the article to be made in thatshape or configuration has to perform.

㉘ 成员可以规定此种保护不延及实质由技术或功能性考虑所决定的外观设计。

㉙ See Annette Kur, EG – Geschmacksmusterschutz und Kfz – Ersatzteile – Eine Erwiderung, GRUR Int. 1993, 71 et seq., at p. 74：(...) wenn bei der Formgebuneines Produktes im Hinblick auf die von ihm zu erfüllende technisehe Funktion keinerlei Gestaltungsspielraum verbleibt.

㉚ Art. 9 of the Proposal for a Regulation COM (93) 342final – COD 463, OJ C 29/20 of 31.01.1994.

㉛ Bas Pinckaers, De techniekrestricfie in her modellenrecht en de relevantievan alternatieven, D. J. G. Visser and D. W. F. Verkade (eds.), Een eigen, oorspronkelijk karakter. Opstellen aangeboden aah prof. mr. Jaap H. Spoor, DeLex, Amsterdam, 2007, pp. 257 – 73.

㉜ AMP Inc v. Utilux P. ty Ltd [1971] FSR 572 (HL). Summary in [1972] RPC.

Re AMP/Utilux 案原则的另一个风险。如果将推理反过来，它可以这样理解，即使没有影响功能，外观也不能不同，如果它的目的或结果是为了"形成视觉吸引力"，它就没有为技术性功能单独控制。因此，事实上技术性客体有可能被垄断，并在公共领域中被撤销。㉝

在比利时法中也同样没有确定，外观设计指令第 7 条的技术排除可以与菲利普案作出一致的解释。几位比利时作者，马萨、斯托尔、万尼，发现（目前）在第 7 条中继续适用形式多样性理论没有障碍。㉞ 如果有可替代的方法能够达到同样的结果，㉟ 功能性外观可以保护。而且，总法务官瑞兹·贾博·克洛梅在菲利普案结论中也采纳了这一观点：一项功能性设计可以得到保护，如果能够表明同样的技术性功能可以为另一种形式所实现。㊱ 英国法院同样对排除给予狭义的解释，如果功能性设计不能被另一种形式所实现，则不能适用。㊲

但在法国，法院拒绝了形式多样性理论。㊳ 葛莱菲认为，指令第 7 条没有改变法学体系，予以支持。事实上，我们认为指令第 7 条的措辞更支持法国的观点。

必须适合排除

对于外观设计指令第 7 条第 2 段的"必须适合"排除，没有理由推定，这种排除不可能在版权法中得到同等适用。但不太可能的是，第 3 段创立的关于

㉝ See Ulrike Koschtial, Gemeinschaftsgeschmacksmuster: Kriterien derEigenart, Sichtbarkeit und Funktionalità, GRURInt. 2003, pp. 973 – 82, at p. 978.

㉞ 似乎在比利时一直占有优势地位，而在荷兰比较分散。法院会拒绝将保护范围扩展到外观的技术方面，对它们必须很明显，存在可实现同样效果的替代方式。对于既存的替代方式，事实上如果可以接受，对"完全由技术性功能所支配"物品，通过外观设计法保护整体外观，如果外观设计只部分为技术性功能所支配，排除这种保护就没有意义。See however Heijo E. Ruijsenaars Die Zukunfi des Designschutzes in Europa aus der Sicht des Franzöischen und desBenelux – rechts, GRUR Int. 1998, p. 378 ff., at p. 381.

㉟ Charles – Henry Massa and Alain Strowel, Community Design: Cinderella Revamped, EIPR 2003, p. 68 – 78, at p. 72; Hendrik Vanhees, Het BeneluxmodelBrussels, 2006, no. 68, p. 33. Also see Martin Schlttelburg, Design protection for technical products, JIPL 2006, vol. 1, no. 10, p. 675.

㊱ 外观设计指令为表达拒绝理由使用的措辞并非完全与商标指令一致，这种分歧并非变化无常，鉴于前者拒绝承认完全由技术功能所支配的外部特征，后者排除了对于获取技术结果必要的商品外观构成的标记。换言之，功能性水平必须很大，以能够在判断为拒绝外观设计的理由。所涉及的方面不能是必须的，为了实现特定的技术效果：形成后面的功能。这意味着，功能性设计如果能够表明通过另一种方式可以实现同一种功能，就可以得到保护。

㊲ Landor & Hawa International Ltd v. Azure Designs Ltd [2006] EWCA Civ1285 (CA).

㊳ See the numerous decisions cited in Pierre Greffe and Frangois Greffe, Traitédes Dessins et Modéles, 6th ed., Litec, Paris, 2003, no. 99, pp. 73 – 5.

"必须适合"排除的例外,虽然有第 2 段(标准体系内类似的外观设计服务都适合外观设计法保护),会同样在版权法内适用,只要完全可以推定对此种外观设计的版权保护。指令的重述 15 使这种例外合法化,认为标准产品的机械配件可以构成标准产品创新特征的重要因素,代表重要市场资产,应当可以得到保护。但这一点并不确定,这一政策在特定设计领域会使更长的版权保护期间合法化。

外观设计指令在其余部分的适用制度上,还没有实现一体化。重述 19 规定,"使用受保护外观设计的目的是允许对复杂产品进行修理,以便回复其最初的外形,如果产品包含了这种设计,或外观设计用来构成一个外形已为外观设计独立保护的复杂产品的组成部分"。其余部分是否适合受到版权保护似乎主要是一个政策问题,它并未直接落入技术性排除,但这不意味着经济政策的其他原理可能导致在保护中进行的某种限制。[39]

2.5 "正常情况下的版权":主观作品的检验

如前所述,强大的体系反射禁止版权受到技术性客体的干扰。客体定义的一般法律原则,"文学与艺术作品",暗示了这种分离,应当据此进行理解。功能性定义:"包含作者表达的原创性作品",应当与体系规定的技术性排除同等看待。[40] 事实上,个人表达标准通常被作为排除技术外观的规则加以理解。[41] 具有功能目的的外观要被检验其是否履行了它的功能。如果没有,外观就要修改,以便更好地履行功能。因此,本质上,适用于这种外观的标准,不是它是否是作者对其劳动最完美表达的问题,而是它是否是问题的完美解决。它不依赖作者的主观品味和随意性偏好,而需要对什么是其履行功能的最佳方式进行客观测试。从这个意义上讲,它并不是个人表达。

如果作者在几种可能性之间可以自由选择,个人表达不用重新确立,在某

---

[39] For a 2005 update with extensive literature references see J. Drext, R. M. Hiltyand A. Kur, Design Protection for Spare Parts and the Commission's Proposal for aRepairs Clause, HC 2005, pp. 448 – 57.

[40] G. Schricker, in: Schricker (ed.), Urheberrecht Kommentar, 3rd ed. , AuflageMtinchen, 2006, p. 4,指出技术性排除并未太多遵循版权概念,如版权与专利法体系相互作用一样。

[41] See Fernand de Visscher, Quelques réflexions sur l'exclusion de l'effet technique en droit des dessins et modules, Jura Vigilantibus. Antoine Braun, Les droits intellectuels, le barreau, Larcier, Bruxelles, 1994, p. 117 et seq. , at 128; J. H. Spoor, D. W. F. Verkade and D. J. G Visser, Auteursrecht, 3rd ed. , Deventer, Kluwer, 2005, no. 3. 10 p. 67; F. W. Grosheide, Auteursrecht op maat, Kluwer, Deventer, 1986, p. 213, J. L. R. A. Huydecoper, Originaliteit of inventiviteit? Her technisch effect in herauteursrecht, BIE 1987, 106 et seq. ; A. Quaedvlieg, Auteursrecht op techniek, TjeenkWillink, Zwolle, 1987, pp. 21 – 7; G. H. C. Bodenhausen, 'De rechtmatigheid van technische navotging', NJB 1954, p. 367, note 1.

种程度上，在必须做出选择的外观之间，仍然依赖它们能够各自履行技术性功能的要求。每个独立的外观都是"客观的"，体系要求每人都能够使用这样一种技术性外观。著作权的作品要求有固有的主观性，它们完全依赖于作者的随意性偏好，对其能够适用的唯一检验就是作者的个人判断，而不必参考作者之外的技术性结果。❷ 根据这种解释，版权的功能性定义与体系的要求完全一致，版权的技术性排除能够，并且应当与菲利普案中的解释一致，并继而与整个体系保持一致。

2.6 排除界限的挑战：超功能性设计

假设在大多数情况下，即使功能性设计为设计的随意性选择提供了很大的空间，导致上升为版权保护要求原创性的水平。但应注意到，设计者正努力完全淘汰非功能性的方面。在一些情况下，功能性与随意性的因素变得越来越难以区分。基于本文的目的，称其为"超功能"设计。超功能设计的作者在很多情况下都是顶级设计者，基于非正统的技术方法或者技术性措施的原始组合，对随意性特征的抑制不能阻止这些外观产生强烈的美学效果。在这种情况下，大多数法院倾向不拒绝对这种精致的作品提供版权保护。但技术客体排除的事实又怎样能够得到保护呢？

法院找到几条"迂回路线"。典型的方法由对外观原创性的先验确认和"形式多样"原则适用构成。首先，法官对外观取得的（巨大）美学成就表示赞美，认为它毫无疑问符合原创性标准，没有检验外观特征在多大程度上为技术性功能所支配。随后，他们指出，有用处的末端有足够的替代方式，这不只是为了确定外观的保护不会产生"技术效果的垄断"，也常常被误认为是外观没有完全为功能所支配的充分证据。❸

著名的斯堪的纳维亚 Tripp Trapp 儿童椅可以作为超功能设计典型案例。这种儿童椅非常美观，由漆纯色的榉木制成，❹ 沉稳冷静，并可以伴随孩子的成长不断调整尺寸，考虑到了人类工程学的理念。1972 年的 Tripp Trapp 设计看起来仍然新颖而时尚，它被授予多种奖项并在陈列馆中展出。大概正是这种

---

❷ See also Daniel Gervais, The TRIPS Agreement: Drafting History and Analysis, 2nd ed., Sweet & Maxwell, London, 2003, 指出在 TRIPS 第 25 条中将选择性排除功能外观的外观设计保护，可能与该文本中的"原创性"有关。

❸ As to Tripp Trappchair, an example of such reasoning can be found in (among many others) District Court of The Hague, 4 October 2000, BIE 2001, no. 78 p. 363, Stokke Industries/Jako Trade en Hauck; also see OLG Hamburg 1 November, 2001.

❹ This is the standard version.

版权与其他知识产权的重叠与联系

巨大的赞誉，它也连续被竞争者"围攻"，都希望尽可能和它的示例接近。著名的 Tripp Trapp 椅成为大量侵权的受害者，法院对这种优质设计运用了一种仁慈的方法。按照荷兰法，很长时间内由法院授予版权。2007 年，海牙地区法院❹拒绝遵循这一政策。经过仔细严谨的决定，将 Tripp Trapp 分析为一种完全在技术实用性或（不受保护的）风格选择方面进行解释的产品。在靠背的两侧附加上侧板，坐脚板可以水平地划入，在坐脚板的水平位置，所用材料有特定厚度，选择山毛榉木，低价优质，法院认为这就是出于技术和功能的考虑。简单的线条、白面漆、金属部分清净的光洁度、不采用彩色元素，都是沉稳冷静的斯堪的纳维亚风格。法院认为，"直观化工艺"的选择，仅适当地加以装饰，基本确定了婴儿椅的总体印象。法院发现，设计者运用的最大自由就是"L"型标准的选择，使 Tripp Trapp 外观展示出流动性特征。保护范围因此随之降低，诉讼涉及的四件 Tripp Trapp 仿制品中，只有两件被定侵权。

作为补充说明，转向另一个持续吸引版权注意的案例——卢比克方块。❹这或是相当早的一个超功能设计案例，尽管包含在其外部特征中运用的是数学见解而不是技术效果？卢比克把抽象的理论转换成为令人惊讶的可移动彩色立方体，这是一项真正的设计成就，尽管它没有超越"数学的"功能性。但仍然有人质疑，方块是否是一个（智力）"玩具"，而非工具，究其品质，应不同于普通的有用物品。

卢比克魔方可以水平或垂直扭动，通过交叉扭动不同的平面，方块位置会发生变化（见图 19.2）。

图 19.2　卢比克魔方

---

❹ District Court of the Hague 7 February 2007, Stokke/Fikszo, AMI 2007, no. 13, pp. 99－103, note Dirk Visser, 1ER 2007, no. 74 p. 265, note F. W. Grosheide.

❹ Cb. re Polytechnika Ipari SzovetkezeI c. s. v. Dallas, (1982) FSR 529; GRUR; bzt. 1983, 946; Court of Appeal of Amsterdam, 16 July 1981, BIE 1982, 145; AMR 1982, p. 13, note Verkade.

使用卢比克魔方得到 Seven Towns 有限公司许可（见图 19.3）。

图 19.3　Seven Towns 公司许可的卢比克魔方

虽然少，Tripp Trapp 超功能设计的印象并非孤立的案例；在荷兰最近的判例法中出现了更多的示例。❹ 但在这些案例中，并未拒绝保护。在阐明技术性排除时，如何评价这些反向的解决方式呢？

2.7　"多余的功能性"

如果外观为产品的主要功能提供了明显的优势，则外观中不存在版权。但这是一个单纯的案例。产品也会展示出对产品目的而言的次要特征，或者尽管有些功能目的，但就产品而言没有任何用处。海牙地区法院❽在一个商标案例中，就基于此原因拒绝适用技术性排除。被告主张，大卫杜夫香烟包装的八角形外观，特别添加了稳定性，因此排除出商标保护，因为这种形状对于获取这种技术性效果是必要的。但地区法院认为，这一技术性效果没有取得具体的、相关的优势。

2.8　"模糊的功能性"

在一些案例中更糟的是，产品的目的是可变化且不清晰的。许多产品或多或少在技术规范中表现得"模糊不清"，产品不仅坚硬，而且轻便，小而且便

---

❹　The most interesting example is the caravan step in Pres. District Court of The Hague 19 March 2003, BIE 2004, no. 72, p. 472 (Caravan Step I) and District Court of The Hague 22 December 2004, BIE 2005, pp. 265 - 71 (Caravan Step II). Also see District Court of The Hague 17 October 2006, Howe/Casala, still unpublished; Pres. District Court of The Hague 30 September 2005 and District Court of Den Bosch 6June 2007, Fatboy bean – bag, both published in AMI 2007, pp. 158 - 9.

❽　District Court of The Hague 22 December 2004, B1E 2005, no. 87, pp. 430 - 37 (Davidoff/Cigaronne); 1ER 2005, no. 37, pp. 166 - 74.

宜，易于使用和维护等等。与不同的重量相关联，可以随意分配不同的技术要素，可以设计无限变化的外观，而每一种都被解释为可与相关功能规范结合。但由于这种选择的随意性，也可能被界定为只有美学的考虑（"我们添加这一功能性特征，仅为使产品看起来更稳固"）。毕竟如果设计者喜欢，可以完全放弃包含特定的功能特征。但如果对产品而言，这种功能既未被支配也不明显，这种特征仍然为功能所支配，拒绝保护这种特定设计的原因变弱。如果在特定案例中可以省去这种推理，从更大的视角看有多大吸引力呢？Tripp Trapp 婴儿椅的顶端设计没有模糊功能性：所有的特征都完美地融入一个透明而一致的体系内。

3 保护范围：商标法中实质价值排除

概　述

以上对技术性排除的处理是自我限制的一个示例，版权不允许其延伸到技术成就的生产中去。现在，需要解决相反的情况：其他机制中会包含限制其"溢出"到版权领域的措施吗，在这方面功能性定义是否发挥了作用？本部分具体解决商标法与版权的联系。

商标指令第 3.1（e）条认定："完全由给予商品实质性价值外观构成的标记"无效。

除其他原因外，该规定主要受比荷卢统一商标法影响，排除了对商品实质性价值有影响的外观，而比荷卢的这一规则来自美国相关原则。它表达了商标法的自然反应，商标不能与商品的实质性财产一致。依照（比荷卢）共同政府评论，这一规则的目的是在某种程度上建立一种限制，限制商标保护与来源于版权法及外观设计法保护同时发生的可能性。共同政府评论❹解释，如果"考虑到商品的自然属性，添加商品上富有吸引力的外观会带来极大的重要性，形式选择不适合作为商标给予额外的保护"。例如，为水晶服务加入的艺术形式就不适合商标保护，这与食品工业的产品完全不同。这些评论使得荷兰 *Wokkels* 案❺很容易作出判决，尽管它还认为薯片的价值在于"本质上可食用，

---

❹　Gemeenschappelijk Commentaar der Regeringen, Benelux – Merkenbureauloose – leaf Benelux – Re-gelgeving inzake merken/Réglementation Benelux en matiére dmarques, The Hague 1996, III, i 1 – 12; Van Arkel m. m. v. Limperg（ed.）, S&J no. 47, I, 5th ed. 1996, p. 50 ff.

❺　Dutch Hoge Raad, 11 November 1983, GRUR Int 1986, 126 – 128; NJ 1984, 203, note LWH; BIE 1985, no. 9, p. 23（Wokkels）. Also see Kamperman Sanders, EIPR 1995, 68.

味道及酥脆"。但这是最具有实用性产品的案例，它们的价值是实用属性；因此这一标准，最高法院没有在案件中认识到它，具有非常大的限制性。

Wokkel 的实质价值在于其"可食用性质、味道及松脆感"（见图19.4）。

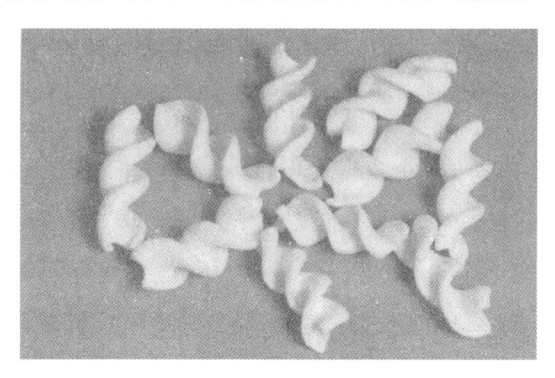

图 19.4 Wokkel 薯片

但在荷比卢司法法院㊿随后进行的判决中，没有阐明实质性价值这一晦涩的标准，㊼法官主要集中在重大吸引力标准上。在巴宝莉（Burberry's Ⅰ）案㊽中，荷比卢法院勉强认可这一规则，只有在商品的本质属性是其外观和形式（通过它们的美丽及原创要素）决定了其市场价值时，商品的突出形式会影响其实质性价值。荷比卢法院一直在为实质性标准作出努力，但它从未真正适用它，在低级司法管辖区中的案例，也极少允许保留它作为抗辩。

比荷卢统一商标法在1971年1月1日生效，但它的准备工作在20世纪60

㊿ Benelux Court of Justice 23 December 1985, Case A 83/4, GRUR Int. 1987, 707 – 11, Anm. Eva Marina Bastian; Ing. Cons. 1986, 75; NJ 1986, 258, note LWH; BIE 1986, no. 54 p. 208, note Van Nieuwenhoven Helbach; RW 1986 – 7, col. 2471 ff. (Adidas Three Stripes); Benelux Court of Justice 14 April 1989, Case A 87/8, GRUR Int. 1990, 863; Ing. Cons. 1989, 89; HC 1991, no. 4, 567 – 70; NJ, 1989, 834, noteWichers Hoeth; BIE t989, no. 90, p. 329, note Steinhauser; Superconfex/Burberry's, Burberry's. I; also see Kamperman Sanders, EIPR 1995, 68, and Frauke HenningBodewig and Heijo Ruijsnaars, Designschutz qua Markenrecht? Das "Burberrys" Urteil des Benelux – Gerichtshof im Rechtsvergleich, GRUR Int. 1990, 821 – 31, at p. 826; Benelux Court of Justice 16 December 1991, Case A 90/4, [1992] 7 EIPR D – 140; GRUR blt. 1992, 552 m. art. HER, p. 505; NJ 1992, 596, note D. W. F. Verkade; JT1992, 617, note De Visscher; BIE 1992, no. 99, p. 379, notes J. H. S; IER 1992, 57, noteDe Wit, Burberry's/Bossi (Burberrys II).

㊼ For a more extensive overview see A. Quaedvlieg, Concurrence and Convergence in Industrial Design: 3 – Dimensional Shape Excluded by Trademark Law, Intellectual Property Law, Articles on Crossing Borders between Traditional and Actual, Molengrafica series, Intersentia, Antwerpen and Oxford, 2004, pp. 23 – 69.

㊽ Benelux Court of Justice 14 April 1989, Case A 87/8, GRUR Int. 1990, 863; Ing. Cons. 1989, 89; HC 1991, no. 4, 567 – 70; NJ 1989. 834, note Wichers Hoeth; BIE 1989, no. 90, p. 329, note Steinhauser; Superconfex/Burberry's, Burberry's I; also seeKamperman Sanders, EIPR 1995, 68.

年代已经开始。在那段时期的市场上，仍然可能对有影响实质性价值外观的商品和一些不重要的商品进行很好的区分。但现在美学与市场财产不断融合，就要对设计给予更多的关注，它对于市场极为重要，今天很多外观为商品带来了实质性的价值。这是延伸到大量商品上的例外，但这显然与欧共体商标文件的根本宗旨相冲突，其目的是开放对商品的外观及包装的商标保护，这明确规定在指令第 2 条和条例第 4 条之中。出现的问题是，是否仍然有实质性价值排除的一席之地。这在文化领域遇到了尖锐的批评，❺ 最终的建议是，在实践中不应将其作为无用的规定予以忽视，建议不要。❺ 法院似乎采取了同样的观点，几乎没有向欧洲法院提出关于实质性价值的任何问题，尽管在一些案例中，涉及外观设计的商标保护条款，提供了这一机会。同时，这不意味着该问题失去了实质的重要性，因为它会经常出现，如在 Benetton/G-star 案❺中导致欧盟法院作出判决时出现的情况。最容易产生诉讼的牛仔裤设计及其已注册的组成部分就非常突出，必须确定实质性价值排除是否适用于时尚物品。

实质性价值中的重要利益

在第一部分，推定知识产权的负向叠加必须通过主要利益得到合法化。为了阐明实质性价值排除的目的，第一步是要找到这种重要利益。我们很容易发现商标法在将保护延伸到商品的技术特征之上的限制，将其作为体系自洁的一项措施。同样的方式可以适用到实质性价值，它是阻止版权届满后人为延长独占权的有力工具。这一点将另行解释。第二，商标保护可为已经进入公有领域的作品授予长期的独占权。第三，会产生保护范围问题，主要是关于风格与思想方面。风格不能得到版权保护，不是没有道理：如果给予其保护，就会抑制文化的发展。但对于风格与思想的模仿，特别通过组合的方式，也能够产生强烈的关联，而且这些关联是能够导致混淆的重要因素，这种混淆又是商标侵权的基础。能够得到界定的重要利益是广泛意义上文化领域的自由发展，但无论怎样，这似乎更接近于一个学术解释，只要（期间与拙劣模仿例外）"反文化"的商标权执行没有造成公众或专家愤怒的示例，在实践中就不具有说

---

❺ Ulrike Koschtial, Die Freihaltebedürftigkeit wegen besonderer Form imeurop? ischen und deutschen Markenrecht, GRUR Int. 2004, 106-t2, at p. 110, withfurther references.

❺ 参见 Annette Kur, 欧洲商标法一体化概观 IIC, vol. 28, 1997, pp. 1-23, V. 17 note 106: "与'额外实质性价值'有关条款的适用于精确含义，是非常模糊的。我的观点是，将其包含如欧盟立法是错误的，最好的解决方式是在实践中将其忽略。在规定可能与 TRIPS 第15（2）条不一致时，似乎更为合理。" 同前，在：Formalschutz dreidimensionaler Markenneue Aufgaben ftir die Markenabteilung des Deutschen Patentamts, DPA 100Jahre Marken~-Amt, Wila Vefiag, Munich, 1994, pp. 175-96, see pp. 192-3.

❺ ECJ 20 September 2007, Case C-371/06 (Benetton G-Star).

服力。

奇怪的是，此时如果说有什么能够促进对实质性价值标准进一步考虑的话，就是商标法本身的发展，特别是其不断增长的对商品外观保护规定的限制性态度。但对此适用的工具并不是实质性价值标准，而是之前制定的更高门槛"显著性"。

在菲利普/雷明顿案❺中，欧共体法院确认，"指令第2条并未对商标的不同种类加以区分。评估三维商标显著性特征的标准，如主要程序中的问题，与适用于其他商标类别的标准没有区别"（第48段）。一年后，在 Linde、Winward、Rado 案❺中，它又增加"在实践中，确定与商标商品外观有关显著性的难度，要比确定字母、图形商标大得多。但这也正解释了为何此类商标会被拒绝注册，但这不等于它不能通过使用而获得显著性特征，并因此依据指令第3（3）条被注册为商标"（第48段）。一年后，在 Mag Instrument 案❺（之前关于包装，在 Henket 案中有同样考虑❻）中，仍然维持对于三维商标不适用不同的标准，欧洲法官规定了进一步的标准："案件中类似产品采用的外观与现有的注册外观越接近，按照第7（1）（b）条被认定缺少显著性特征的可能性越大。只有极大程度与该领域标准或惯例相分离的标记，并满足指示来源的实质功能，才不会被认定缺少该条款意义上的显著性特征"。2006年，欧共体法院规定，商标占有的市场份额，是评价商标是否通过使用取得显著性的一个指标。它补充："这种情况就是，如果一个主要由商品外观构成的商标，会因为没有与该领域标准或惯例相分离，认为显然缺少显著性特征。这种情况下，这种商标可能通过使用取得显著性特征，其所代表的产品在相关产品中，应当具有不可忽视的市场份额"。❻

总之，按照欧共体法院的观点，对于外观的显著性，不会适用不同的标准，这一结果看起来有些歧视，外观取得商标保护变得更加困难。如果结果是在实践中，外观商标成为一种例外，不是保护显著性标记的"正常"分类，我们或许就会想，是否不应该最终提出严格适用的实质性价值排除。尽管目前

---

❺ ECJ 18 June 2002, Philips/Remington, Case C - 299/99, ECR 2002, I, p. 5475ff., IIC 2002, 849.

❺ ECJ 8 April 2003, ECR [-3161, GRUR Int. 2003, 632; GRUR 2003, 514 AnmGert Wiktenberger pp. 671-2; B1E 2004, no. 19, 122-7; 1ER 2003, 241-5, LindeWinward, Rado (Gabelstapler).

❺ ECJ 7 October 2004, Case C -136/02P, ECR I -9165, para. 31.

❻ ECJ 12 February 2004, Case C -128/01, para. 49 (Henkel bottle).

❻ ECJ 22 June 2006, Case C -25/05 P, Storck/OHIM (gold - coloured sweet wrapper with twisted ends).

仅是欧共体法院的实践，它或许在更大范围内与指令及条例保护外观的目标背道而驰。

4 期间与例外

4.1 期　　间

在作者去世后 70 年版权保护期间届满后，商标法是否能够或者应该成为版权保护的补充？对于这一问题并没有一致的答案。显然，一种同时受版权保护的标识，在版权期间届满后，仍然能够得到商标法的保护。另一方面，文学作品必须进入公有领域，它们不应得到商标法的接续保护。尽管期间指令并未对终止保护中公众利益给予特别的关注，不应排除终有一日会要求欧共体法院对此作出规范，明确这种利益是否存在，它是否能够在商标法上具有反应。这会开启重要的新发展，因为有大量的作品处于笔者提及的两个"极端"之间，它们会产生更为复杂的问题。

在文化领域会发现相反的观点，可斯帕·万·温索尔尽管承认对延长保护的效力不会引起共鸣，发现无论在版权法还是商标指令或条例中，也没有发现任何对相反观点的支持，它允许通过商标注册"延长"一种版权。[62]

4.2 例　　外

在版权法或其他知识产权法中，通过例外条款保留的自由利用会产生重叠的问题。版权中例外条款因不同方面的公共利益而产生，[63] 这已为一定的事实所证明，它能够使立法者或法官决定，援引这种例外及限制条款的权利不能通过合同加以放弃，如果其能够通过合同轻易放弃，必然会触发该原则的激烈反应。[64]

版权包含很多详细的例外条款，每一种背后都有各自的公共利益和私人利

---

[62] Caspar van Woensel, Merk, God en verbod. Oneigenlijk gebruik en monopolisering van tekens met een grote symbolische waarde, DeLex, Amsterdam, 2007, pp327 – 54, at 354.

[63] Lucie Guibault, Copyright Limitations and Contracts, Kluwer LawInternational, The Hague/London/Boston, 2002.

[64] Séverine Dusollier, La contractualisation de l'utilisation des oeuvres et l'expérience beige des exceptions impératives, Propriétés Intellectuelles, October 2007, no. 25 pp. 443 – 52; Sfiverine Dusollier, Exceptions and Technological Measures in the European Copyright Directive of 2001 – An Empty Promise, HC 2003, pp. 62 – 75, seep. 64ff.

益，例外条款的主题主要是，特定版权规则或者利益要比其他知识产权具有更优先的地位。尽管例外条款的公共利益已经得到深入研究，但重叠这一领域还没有得到广泛研究，它涉及本文很多在此背景下讨论的具体问题。在确定其他知识产权不应对这种例外条款的利用设置障碍方面，这仅仅是向前进了一步。

计算机程序

对于版权法与专利法对计算机程序的叠加保护，会出现一些问题。[65] 计算机程序指令为特定计算机程序的利用保留了自由，或者直接通过指令第2段及第6段第5条的强制许可规定，或者间接地通过重述17。[66] 尽管万安德和哈泽指向这一事实，专利权所有人在计算机程序上设定全面限制的权利，或许会破坏版权的互用性条款。[67] 吉蒂尼和阿雷佐担心，版权法会使"更多专利法设计的促进竞争的制度归于无效，并且阻碍创新"。[68] 因而，这是来自两个方向的问题。

数据库

可与计算机程序相比的问题是，关于版权与数据库特权利法对数据库的保护。数据库指令第15条提出关于版权与特别权利的重要例外条款，第6.1条和第8.1条规定了合法的使用者。合法使用者正常使用数据库和使用数据库实质部分的权利，不能通过合同排除。否则，所有可能的例外条款在理论上可规定为选择性的，阻碍保护是可想象的。只要依据国内法制定选择性例外条款，第13条允许通过合同将其剔除。德克雷[69]已经指出了这种风险，它会导致重复保护，特别是涉及唯一来源数据时，也会涉及公共利益。但笔者此处解决的重叠问题，主要强调版权与特别权利的重叠是否会导致关于自由利用的冲突，这种可能似乎不能完全加以排除。第6.2（d）条允许成员国对一些限制条款的规定加以选择，如果这些版权的限制条款传统上根据国内法能够得到授权。传统的引用权例外条款在版权中具有极大的重要性，它表明强调信息与自由表

---

[65] See among others, R. Moufang, Patentrecht, H. Ullrich and M. Lejeun (eds.), Der Internationale Softwarevertrag, Frankfurt am Main, 2006, no. 147, p. 134.

[66] 重述17：既然这意味着，下载与运行行为是合法取得程序复制使用所必需，以及纠错行为，不应为合同所禁止。在缺少特定合同条款时，包括当程序的复制件已经被销售时，其他一些使用程序复制件所必需的行为，可与该复制件合法取得意图一致。

[67] J. Weyand and F. F. Haase, Patenting Computer Programs: New Challenges, llC 2005, pp. 647 – 62, at pp. 653 – 54.

[68] G. Ghidini and E. Arezzo, Patentand Copyright Paradigms vis – à – vis Derivative Innovation, IIC 2005, pp. 159 – 73.

[69] Estelte Derclaye, An Economic Analysis of the Contractual Protection of Databases, University of Illinois Journal of Law, Technology & Policy 2005, vol. 2, pp. 247 – 71.

达的公共利益。就数据库而言，这些例外条款确实仅涉及选择与安排的结构。❼⓿ 但这一例外条款的适用会造成与限制性更强的特别权利的冲突，但如果引用涉及落入"数量上实质使用"这一概念下的使用，按照特别权利制度会被禁止，引用权也会被阻止，是否应当排除这种例外条款的适用？给限制性更强的条例以优先权是否合法？

显著标志

上面提到的问题在版权与商标法的相互影响中，也会发生。事实上，正是在这一领域，欧共体法院在迪奥诉埃弗拉案中，作出了重要的判决，上文已经阐述：商标权利用尽的更宽容原则允许延伸适用到版权。这样的例子随处可见，如果一部作品得到版权和商标法的累加保护，成为模仿的对象，可以按照每一种机制的不同评价进行受理。在何种情形下，哪一种会具有优先权呢？

5 所有权

如果在一个或相同物体上赋予独占权的两种重叠保护机制，分别指示了不同的法律主体作为权利持有人，这就非常不切实际，但很可能在多种情况下发生。数据库指令可以作为一个示例。数据库可以享有版权法的保护，也可以享有特别权利数据库的保护。尽管从理论角度看，版权与数据库制度所界定的保护客体不同，这两种客体在实践中却经常是一致的。数据库指令第4条规定了数据库的所有权规则，权利赋予创作数据的自然人，但如果为汇编作品，实施权归持有集体版权者所有。但按照特别权利，根据第7条，保护的受益人是数据库的制作者，重述41界定其为启动并承担投资风险的人。由此，一个或相同数据库上就会存在持有不同知识产权的不同权利人，显然会产生实际的冲突。指令显然并未预见到这种形势，在数据库指令之前，已经在计算机程序领域出现了类似的问题。同样可以想象，对于这种专利权与版权有不同权利持有人的情形，应当适用谁的规则？❼❶

重合在转让情形下还令人满意。在实践中通常发生，标识中的商标权被转让给另一方当事人，但同时可以适用于标识的版权并未在合同中加以提及，尽

---

❼⓿ Recital 35; B. Hugenholtz, Database Directive, Thomas Dreier and BermHugenholtz (eds.), Concise European Copyright Law, Kluwer Law International, Alphen aan den Rijn, 2006, p. 324 under para. 1.

❼❶ See recently Christian Le Stanc, Interférences entre droit d'auteur et droit dbrevets quant à la protection du logiciel: approche francaise (Interplay between Copyright and Patent in Software: French Approach), S. K. Verma and Raman Mittal (eds.), Intellectual Property Rights. A Global Vision, ATRIP Papers 2002 – 03 The Indian Law Institute 2004, pp. 162 – 75, at p. 164 ff.

管双方当事人的本意在于完成标识上所有权利的转让。荷兰最高法院在1992年[72]确定，转让商标权的一方当事人已经放弃了版权。尽管在这种情形的重合还令人满意，转让的情形实际上要比原始权利持有情况更为复杂，当事人似乎有理由有意识地分别持有两种不同的知识产权。还有另一种情况，重合也表现得令人满意，同时存在的不同知识产权在每一份转让合同中分别提及，但忽略了与其有关的形式要求。

---

[72] Dutch Supreme Court, 20 March 1992, BIE 1993, 39 (Laser Vloerplan).

版权法与合同法的联系

路西·吉博

1 概　　述

  合同在版权法中发挥着重要的作用，没有合同，作品的产生及向公众传播都会产生很多问题。事实上，正是合同使作者能够与最适合将其作品进行商业化实施的当事人达成交易，并按照他希望向公众传播的条件缔结合同。作者与出版商或被授权利用作品的其他制作人之间缔结协议，这在很早已经发展起来。这种协议通常采取有利于制作人的权利转让方式，或者独占实施作品的许可方式。近年来，权利所有人开始接受标准合同条款，将作品直接销售给终端使用者。在版权作品大量发行的市场环境下，特别是在数字网络环境下，标准形式合同逐步发挥越来越大的作用。

  在适用缔约自由原则时，双方当事人可以对其同意的内容进行自由协商，实现其最佳利益，确保高效率利用和传播他们的作品。但也会发生这样的情况，严格适用合同自由原则会至少对一方当事人导致不公平的结果。作者被迫转让给制片人相当广泛的权利，包括对现在作品及未来作品，包括以现有及将来发明的方式利用作品，这种情况并不罕见。终端用户也面临着严格许可条款，要放弃依据版权例外条款授予他们的特权。这种冲突主要来源于双方当事人交易地位的不平衡，一方当事人可以将协议的内容施加给另一方，通常是处于不利地位的作者和终端用户。

  欧洲版权法如何处理这一问题？是要欧洲版权法出于降低协议不合理加重另一方当事人的风险，制定合同双方必须遵守的实质或形式上的规范吗？如果答案是肯定的，这些规范是否提供了切实的保护？如果没有，是否仍有空间在欧盟层面上实施这样的规范？

  本文分析欧洲法的现状，一方面是关于作者与制片人，另一方面关于权利所有人与终端用户之间的合同关系。第二节依据这一阐述，检验作者与制片人之间的关系，特别是分析该领域的欧共体法律，分析限制性合同行为所涉及的各种利益，及在该领域所实现的一体化程度。第三节分析作者与终端用户之间的关系，与前一节的结构基本相同：介绍欧共体法律，相关利益，法律空间。第四节作出一些评论。

空间有限，本文不涉及向集体管理组织转让权利的法律，也不涉及适用版权权利持有人，而非作者，之间合同的法律，如读书俱乐部协议、电影播放合同、商业交易合同等。

2 作者与制片人之间的合同关系[1]

很少有作者对自己作品进行商业性制作和传播的情形，为了能够将自己的作品推向市场，他们除了与一些愿意实施和传播这些作品的商业企业，著作、录音制品或软件的出版商，广播与电视的广播组织，电影制品人，美术馆与博物馆，演艺界发起人，以及其他的公有或私有企业签订合同外，没有其他的选择。[2] 作者与制片人之间的关系通常由私人合同加以规范，在合同中，有利于制片人的权利转让构成诸多重要条款之一。

原则上，作者可以依其意愿自由处置其权利，缔结能够使这些权利得到最佳配置、作品得到最佳利用的合同。一份完全按照缔约自由精神缔结合同的前提是，合同是在平等当事人之间以一种自由、自愿协商的程序诚信缔结。但这一前提在今天不再真实存在，[3] 事实上，大多数时候，版权合同并非由平等地位的合同当事人缔结。交易地位、实践经验和技术知识的极端不平等，对作者在缔结合同时表达内容的能力有着极大的影响。[4] 制作人有从作者处获得更广泛转让权利的倾向，认为这种广泛的权利会为他们对作品制作及传播的投资带来更大的确定性。在实践中，只有非常成功的作者才在合同内容方面有充分的

---

[1] This section is based on L. M. C. R. Guibault and P. B. Hugenholtz with thecollaboration of M. A. R. Vermunt and M. Berghuis (2002), Study on the Conditions Applicable to Contracts Relating to Intellectual Property in the European Union, Study commissioned by the European Commission, Amsterdam.

[2] F. Dessemontet (1998), General Report, G. Roussel (ed.), ALAIConference 1997—Protection of Authors and performers through Contracts, Cowansville, Editions Yvon Blais, p. 48. These various people and entities can becollectively referred to as producers.

[3] D. De Freitas (1991), A Study of the Terms of Contracts for the Use of Works Protected by Copyright under the Legal System in Common Law Countries, Copyright, vol. 27, pp. 222 – 3, at p. 257.

[4] J. Ghestin (1993), Les obligations – la formation du contrat, 3rd ed., Paris, L. G. D. J., p. 117; and T. Hartlief (1999), De vrijheid beschermd, Deventer, Kluwer, p. 33.

优势交易地位。更多的情况下，作者会发现他们自己处于弱势的交易地位，必须接受制作人加给他们的一些条款。❺

2.1 欧共体的作者合同法

在欧共体内，有关实施合同还没有实现完全的一体化。❻ 欧洲立法机构仍然限制对权利转让及作者与制作人间合同问题的介入，因为传统上，合同及民事事项完全由国内法所规范，❼ 成员国享有自由就与广播组织、出版商或其他制作者合同的权利转让、构成、实施及解释问题，按照本国法律保护体系制定有利于作者、表演艺术家的措施。

我们在下面第三节会看到，和数据库法律保护指令❽一样，关于计算机程序保护的指令❾通过给使用者的最低授权，解决了合同关系问题。通过对电影或试听作品原始所有权的规范，通过允许成员国确立权利从作者或表演者转让给了视听作品制作人这样的假定，关于公众出借及出租权的指令间接解决了作者与制作者之间合同关系问题。❿ 而且，指令第4条通过给予作者在转让权利时不可放弃取得公平合理报酬的权利，确立了关于受保护内容出租的新概念。使采纳这一条款合法化的事实是，通常简单地确定谁应当是作品的原始权利人不够充分，立法还必须能够确保，第一权利所有人也能够事实上从其权利中获益。⓫

尽管关于将著作权转让给制作者的合同行为，在欧共体层面上没有进行一般的规范，关于确定受保护作品利用方式合同的重要性，在该领域一些指令的

---

❺ P. B. Hugenholtz (2000), Sleeping with the Enemy, Oratie Amsterdam UvA, Vossiuspers AUP, p. 11.

❻ Commission of the European Communities, Communication from the Commission to the Council and the European Parliament on European Contract Law, Brussels, 11July 2001, COM (2001) 398 final, Annex 1, p. 38.

❼ S. Von Lewinski (1996), Vertragsrecht, G. Schricker, E. - M. Bastian andA. Dietz, Konturen eines europ? ischen Urheberrechts, Baden – Baden, Nomos Vefiagpp. 49 – 57, at p. 49.

❽ Directive 96/9/EC of the European Parliament and of the Council of 11 March1996 on the legal protection of databases, O. J. C. E. L 77/20, 27 March 1996.

❾ Council Directive 91/250/EEC of 14 May 1991 on the legal protection ofcomputer programs, O. J. C. E. L 122/42, 17 May 1991.

❿ Directive 2006/115/EC of the European Parliament and of the Council of 12December 2006, on rental right and lending right and on certain rights related to copyright in the field of intellectual property, O. J. C. E. L 376/28, 27 December 2006.

⓫ J. Reinbothe and S. von Lewinski (1993), E. C. Directive on Rental and Lending Right and on Piracy, London, Sweet & Maxwell, p. 65.

文本中都有清楚地体现。电缆与卫星指令❷包含了几个重述，其中提及了合同关系。重述 19 指出，"通过授权在合同基础上获得的权利发展，对欧洲视听领域的创新有着积极的贡献"，"应保证此类合同能够继续履行，如果可能的话，应当在实践中促进其顺利实施"。该指令重述 19 制定了一系列对国际合作制作协议进行解释的原则，欧盟立法者认为，应当按照双方当事人缔结合同时设计的经济目的和范围，对国际合作协议进行解释。但指令并未包含与制作者之间权利分配直接相关的合同解释的特别规则。重述 30 再次确认了促进关于有线转播授权合同的需要，指令中包含的唯一涉及合同的条款是第 12（1）条，要求成员国通过民法或行政法的方式确保，双方当事人以诚信的方式缔结履行与有线转播授权有关的合同，无有效正当理由不能阻止或阻碍其协商。

关于信息社会版权及邻接权某些方面的一体化指令，❸包含了许多关于缔结合约协定的参考，作为确定使用受保护作品条件的方式，但它并没有规范作者与制作者之间的合同关系。重述 30 指出，指令中所规定的权利允许转让、转移或发布授权许可，不应损害与版权相关的国内立法。

总之，版权领域现有指令中的主要条款，对作者缔结作品利用合同几乎没有规定任何保护，也没有包含关于实施合同构成、履行及解释方面的任何规则。它们只是暗示，作者的经济权利可以自由转让给第三方。在一些情况下，这些指令甚至有假定为了特定类别制作者利益而转让权利的效力。民法的一般规则，在某些情况下，对于软化苛刻的限制性协议有一定的作用，但对于制作者相关协议中的作者利益，并不能提供充分的保护。因此，大量的国内立法机构开始利用私法弥补这些缺陷，采取措施保护涉及利用作品合同的作者，就不令人吃惊了。

2.2　限制性实施合同与作者的利益

作者向制作者转让、转移，或通过其他方式转让权利的范围，是涉及作品及表演实施与传播法律关系的重要方面，这样的转让一般涉及创作者的经济权利：关于受保护作品经济利用与传播不可否认的最相关的权利。事实上，没有权利的转让形式或关于实施受保护作品的某种行为许可，制作者每次进行的复制、传播、播放或向公众销售的行为，都会侵犯创作者的权利。创作者对精神权利的实施对制作者高效利用作品的能力，也有一定的影响。因此，制作者可以要求作者不仅要同意转让经济权利，还要放弃某种精神权利。此外，有时还

---

❷　O. J. C. E. L 248/15, 6 October 1993.

❸　O. J. C. E. L 167/10, 22 June 2001.

要求作者放弃法律授予获取报酬的权利，取代独占权。

为了最小化制作者利用其较强不公平优势地位的风险，作者被认为是作品利用交易中的弱者。依据法律，作者有权从权利实施中取得的所有收入中获得收益，如果不能获得这种收益，给作者授予这种权利就毫无意义。除合同法一般原则外，许多成员国实施了大量的特殊措施，在作者和表演者与出版商、广播组织和制片人缔结的合同中保护作者和表演者。这种保护措施包括适用于出版合同的瑕疵规则，如德国20世纪早期法典中规定的，也包括可以在法国、比利时、西班牙和其他著作权传统国家法律中找到的保护作者的重要原则。这些成员国采取的措施包括规范程序、对转让的限制、报酬、合同的解释、转让对第三方影响的规则，以及合同法的一般原则。在适用这些规则以及合同法一般规则时，欧盟内不同成员国法院都一致规定，在"计算机模拟"时期作者与出版商之间缔结的合同，不应涵盖新的电子使用，如在线作品传播权。[14]

2.3 面向欧洲作者的合同法

既存法律关于版权合同方面存在的差距，依据哪一个国内法适用权利的原始分配及国际版权情形下进一步的权利转让，可以导致不同的结果。由于版权合同主要由成员国国内法加以规范，这种差异使内部市场的作品可能有完全不同的效力。几种制度形成的权利转让可能性、一些成员国内权利转让与放弃推定的存在，以及对该领域合约行为适用规则的不同等级，可以产生在欧共体内实施作品与表演的各种效果。

2.3.1 对内部市场的不一致影响

不对相关利益方进行经济调查，仅凭对欧盟成员国版权合同法中既存的差别是否影响内部市场的功能加以评估，是不可能的。直觉上，笔者倾向于认为成员国立法间的差异不会对内部市场的功能产生重要影响。内部市场影响在某种程度被限制的第一个标志是，就笔者所知，如果一个成员国关于版权合同规则的适用在另一个成员国内产生了问题，欧洲法院与国内法院都不必对此案件进行判决。

第二个标志来自这样一个事实，在成员国间对大量重要问题表现一致。例如，对权利转让形式的要求不会产生任何问题，因为大多数成员国要求证明转让或许可有效或无效的某种手续（通常是书面的）。关于合同的实质，双方当

---

[14] For a more comprehensive overview of the protective measures in force at Member Sate level, see Guibault and Hugenholtz, supra note 1.

事人也可以信赖这样的事实，即如果作者同意，大多数国家允许权利随后转让给第三方，除非这种转让构成制作者商业销售的全部或者一部分。大多数国家在权利转让的情形下，不允许权利在特定期间内终止。在版权合同中，依照特定条件和限制，大多数国家也允许作者或表演者对精神权利的放弃。即使在那些版权体系成员国内，法院也被要求或者倾向于以一种限制的方式对权利转让加以解释。版权合同的限制性解释都建立在明示规定基础之上，这些条款规定在一些拥有毋庸置疑权威的原则之中，如"转让目的"原则，或者合同法中一般原则（如诚信原则、公平原则），或者法律有义务保护弱者这样普遍接受的理念。

合同当事人在跨境行为中会面临的最大不确定性源于雇佣创作作品所有权规则、关于权利转让范围、未来作品权利转让能力、实施的未知模式及报酬规则的差异。不确定性来自这样的事实，在一些情况下，作者保护的措施构成合同不能忽视的强制性规则，而在其他一些国家，它们仅是一些默认的规则。为了说明这一点，代表英国作曲家、作词人、音乐出版商及其集体管理组织的英国音乐权协会，给出了下面的例子：

英国法要求转让与独占许可必须以书面形式作出（CDPA 第 92（1）条及第 90（3）条）。相反，按照德国法不能转让版权（UrhG 第 29 条），许可也不能包括任何在授权许可时不存在的利用形式。这一示例表明合同法方面一体化的困难，即使不考虑版权的复杂和精巧特性。此外，据笔者的经验，一直没有这种法律差异已经引起问题的证明。[15]

由于国内法差异造成的法律确定性缺乏可以在某种程度上通过当事人自由选择适用合同的法律而得到补偿，但是，这种自由不可以，也不应当没有限制。1980 年《罗马公约》规范了版权合同的大多数方面，除了如确定著作权和所有权这种明显的非合同问题。尽管规定了某些限制，选择合同适用法的自由是公约的中心内容：强制法规则不可以被排除，优先规则优先适用。国内法关于版权合同的规则是否在何种程度上是适当的，还存在争论，最终仍要由法院来确定。

版权合同法领域立法差异对内部市场限制影响的第三个标志，可以从最近发生的一些讨论中推导出来，这些讨论主要涉及在一般合同法领域采取欧洲行

---

[15] British Music Rights Response to the Communication from the Commissionto the Council and the European Parliament on European Contract Law, London, 24October 2001, p. 2.

动的需要。❻ 几份源自政府机构、商业及消费者团体的文件被提交,用来回应欧盟委员会关于欧洲合同法问题。❼ 一般而言,解决内部市场合同法多样性含义的政府机构坚持认为存在问题,至少可能存在,但只有少数文件提及了具体问题。在商业领域提到的问题是指令实施中的多样性和不同的适用法及司法管辖,这些已证明对跨越国界的贸易有着严重的损害。事实上,即使不是所有指令也是大多数指令的实施导致了成员国间的差异。这样的差异几乎是不可避免的,因为原则上成员国可以按照他们认为合适的方式,自由实施欧盟的指令。有趣的是,关于版权合同既存规则一体化的需要,在咨询期间根本未加以提及。

2.3.2 一体化的范围

考虑到较少的证据表明,在版权合同法领域的立法差异会在内部市场导致重大差异,在这一阶段有关超越欧洲成员国国界版权合同规则的一体化程度很小。基于两个额外原因,这些规则的一体化或许不必要,甚至并不受人欢迎。

第一,任何版权合同法领域的一体化措施必须依赖版权实体法一体化的坚实基础。尽管欧洲立法机关在版权及邻接权法方面取得了重要的成功,如最近制定的信息社会版权与邻接权一体化指令,但法律的一些重要领域仍然没有实现一体化。

显然,版权的两个支柱很重要,并与版权合同领域直接相关:原始所有权与精神权利。除关于视听作品所有权的例外规则外,如果之前没有欧盟层面上尚未一体化精神权利及所有权的类似规则,就想象版权合同法的一体化,如果不是不可能,也是非常困难。权利集体管理形成的版权实施,是在欧盟层面上尚未解决的另一个问题。众所周知,成员与集体管理组织之间签订协议的范围与性质,无论从一个管理组织到另一个管理组织,还是从一个国家到另一个国家都不相同。❽ 换言之,要有效地解决版权合同问题,欧盟立法机构或许必须在更广泛的意义上介入版权法,要么就是承受制定零散而不令人满意措施的风险。此外,任何关于版权规则的进一步一体化都可能如前所述,导致国内层面上执行的类似差异的风险,预期的一体化水平或许也无法实现。

第二,辅助性原则对反对一体化提供了有力的证明。版权合同法的大多数

---

❻ Communication from the Commission to the Council and the EuropeanParliament on European Contract Law,(COM (2001) 398 final), Brussels, 11 July 2001.

❼ See: European Commission, Summary of the responses to the Commission'sCommunication on European contract law (COM (2001) 398 final), Brussels, 29 April, 2002.

❽ See: L. Guibault (1997), Agreements between Authors or Performers and Collective Rights Societies: Comparative Study of some Provisions, Report preparedfor ALAI Canada, Québec, ALAI Canada, p. 84.

方面，事实上都落入国内立法机构的排他权限之内。严格地讲，版权合同是一般合同法的一部分。此外，在许多司法管辖区内，对作者与表演者授予的保护来自劳动与社会法。而且，版权合同法的许多方面，至少部分上，是文化考虑的前提，例如针对不断增加的主导媒体和娱乐大型联合企业保护的独立著作权。目前，除了欧洲涉及的几个领域外，如消费者法、商业代理与电子商务，合同法仍然保留为国内立法机构的对象。[19] 而辅助性原则是纯粹合同法事务的中心要素，在涉及文化与社会政策时具有强制性。考虑到没有真实的迹象表明共同市场的功能迫切要求在该领域内成员国法律的相似性，因此，欧盟立法机构关于版权合同法规则的一体化活动是否与建立欧盟委员会条约第5条一致，仍然令人质疑。

总之，作者合同的问题最好在国内层面上加以解决，因为考虑到相关的文化因素，国内立法机构处于协调版权法规则与合同法规则、劳动法及社会法规则的最佳地位。欧盟委员会也采纳了这一观点，在2004年的欧洲议会与理事会关于内部市场版权及邻接权管理的建议中指出：

当时来看，关于跨越国界版权合同规则的协调程度表现得还比较充分，在委员会的层面上还不需要立即采取什么行动。在这一阶段，从内部市场功能的角度看，国内的发展还没有引起任何特别的问题，尽管如此，委员会还是要对这一问题持续进行审查。[20]

需要强调的是，作者与表演者的代表人为一方与另一方出版商、广播组织或制片人签订的集体协议，试图为各方当事人提供最满意的解决方案。最近的情况表明，这种令人满意的集体协议的达成通常缺少作者保护措施，例如在荷兰。[21] 但有的国家有非常详细的作者保护措施，如法国。[22] 最后还要强调的是，出于对契约自由原则的尊重，版权合同中最为敏感、最重要的问题，总是能在任何类型的立法介入中得到豁免：实际支付给作者与表演的报酬数额。相应地，集体交易大概只保证在确定报酬的水平时，必须考虑作者的利益。

---

[19] Communication from the Commission to the Council and the European Parliament on European Contract Law, Brussels, 11 July 2001, COM (2000 l) 398 final. Annex I of the Communication provides an overview of the Community acquis in the field of contract law.

[20] Communication from the Commission to the Council and the European Parliamentand the European Economic and Social Committee, The Management of Copyright and Related Rights in the Internal Market, Brussels, 16 April 2004, COM (2004) 261 final, p. 13.

[21] See for example: Modelcontract voor auteurs vernieuwd, NRC Handelsblad, 21 May 2002.

[22] G. Vercken (2001), Les accords entre entreprises de presse et journalistes auregard du code de la propriété intellectuelle: quelques réflexions, Lggipresse, no. 187, p. 149.

3 权利所有人与终端用户的联系[23]

越来越多的版权作品通过版权使用合同被推向市场,事实上,建立数字权利管理体系不仅要预先假定技术性保护对版权保护作品的适用,也会带来合约使用,在合同中详细说明对相关被许可内容允许使用者实施的行为。数字网络的互动特征为契约文化的发展创设了完善的前提,通过技术取得及控制复制的适用,权利所有人可以设定特定的条件,有效地使用任何在数字环境下的作品。[24] 但信息社会指令包含了关于技术性保护措施与权利管理信息方面的大量条款,却没有处理数字权利管理体系下的合同使用问题,指令充其量包含了几项鼓励当事人为利用版权作品缔结协议的陈述。由于关于版权及邻接权的指令与相关的国际文件,如 WCT 和 WPPT,都没有规定任何此方面的规则,关于许可合同的特殊规则仍留给成员国来规定。因此,基于契约自由原则是构成欧洲合同法的基石,合同的框架基本依然保持着自愿和市场驱动性。

尽管信息社会指令并未规范终端用户合同的问题,它确实在权利所有人能够向终端用户许可的范围内创设了法律框架。这个框架主要包含了版权及邻接权保护范围的规则,包括对权利的限制及技术性保护措施。这些原则大多数还是默示规则,缔结合同的双方当事人可以自由选择加以排除。这一框架如何影响了在数字权利管理体系下终端用户许可的内容与形式?这些合同要在什么程度上考虑终端用户的利益?大多数合同与指令所追求的一般政策目标是否一致?

3.1 欧共体法律中的终端用户协议

在与版权保护作品相关的终端使用许可合同领域,几乎没有欧共体法律,此领域缺少这种特殊规则,部分基于这样的原因,传统上,合同法规则被认为主要是各成员国的权限,而受许可使用合同条款影响的版权作品,大众市场的出现则主要是近期的现象。欧盟的立法者第一次介入权利所有人与终端用户之间的合同关系,是1991年制定的计算机程序指令。指令第9(1)条规定,"任何与第6

---

[23] 该部分主要基于 L. Guibault, G. Westkamp, T. RieberMohn, P. B. Hugenholtz 等(2007)的文章,关于信息社会版权及有关权特定方面一体化 2001/29/EC 号指令在成员国法中的实施与影响研究,欧盟委员会报告数字化内部市场。

[24] P. B. Hugenholtz (2000), Copyright, Contract and Code: What will Remain of the Public Domain?' Brooklyn Journal of International Law, vol. 26, pp. 77–90, p. 79; P. Goldstein (1997), Copyright and its Substitutes, Wisconsin Law Review, pp. 865–71, p. 867.

条或第 5（2）及（3）条规定的例外条款相反的合同条款均无效"。㉕ 除计算机程序许可实践的不断发展外，关于其他版权客体使用的重要合同实践在那一时期没有发展，以使其他限制条款必要特征的阐述合法化。然而，考虑到数据库条款许可使用大众市场的不断增长，欧共体在数据库指令中制定了类似的条款，第 15 条规定，"任何与第 6（1）条及第 8 条相反的合同条款无效"。㉖

自那时起，各种越来越多的作品按照协议设定的条件传播给大众，特别是在在线环境下。按照这种发展情况，有人或许期望欧洲立法者能够解决版权法与合同法规则之间的关系问题，并对版权的限制予以衡量。信息社会指令几乎未提及缔结许可合同是决定版权作品进行利用的条件，也未提及对所授予的独占权进行许可使用的可能性。在权利的限制方面，重述 45 指出，"第 5（2）、（3）和（4）条中提及的限制与例外条款，不应阻碍合同中规定此种定义，即确保国内法所允许的对权利持有人的公平补偿。"该重述文本引发了一些解释，一些评论家认为，按照重述 45，第 5（2）~5（4）条的限制可以被合同中条款所替代。㉗ 其他一些人则认为，根据该重述，不需要权利持有人授权而实施合法利用的能力，是一个在合同中根据价格进行考虑的因素。合同中必须含有确保权利持有人获得补偿目标的要求，是否就相当于按照作者的意愿不允许无视合法使用的合约，这一点还存在质疑。㉘

在限制条款制定利于非营利的特殊情况中，如公共利用图书馆和档案馆，重述 40 规定，这种限制不应"覆盖在线传输版权作品或其他客体的使用，因此，应促进特殊合同或许可的进行，只要在不失衡的情形下，有利于服务其建立与传播的目的"。正如关于指令提案解释性备忘录指出，这并不意味着图书馆和类似机构不应进行在线传输。但委员会的观点是，"这种使用能够，也应该在合同的基础上加以管理，无论是个体的还是集体管理协议"。㉙ 在实践中，公共图书馆和档案馆的代表和出版商企业的代表，已经在几个成员国就利用版

㉕ 参见指令重述 26：鉴于在正常情形下，依据版权法保护计算机程序不会对其他保护形式的运用造成损害；但任何与第 6 条或第 5（2）及（3）条中规定豁免相反的合同规定无效。

㉖ J. Gaster（1998）, Der Rechtsschutz von Datenbanken: Kommentar zur Richtlinie 96/9/EG mit Erläuterungen zur Umsetzung in das deutsche und österre ichische Recht, Munich, Carl Heymanns Verlag, p. 186.

㉗ S. Bechtold（2006）, Comment on Directive 2001/29/EC, T. Dreier andP. B. Hugenholtz（eds）, Concise European Copyright Law, Alphen aan den RijnKluwer Law International, p. 371.

㉘ M. M. Walter in M. M. Walter（ed.）, Europöisches Urheberrecht: KommentarVienna, Springer, 2001, p. 1064 – 5.

㉙ European Commission, Proposal for a Directive on the harmonization of copyright and neighbouring rights in the information society, 10 December 1997, Brussels, COM（97）628 final, p. 39.

权作品签订了协议,如德国、英国和斯勘地纳维亚国家。

重述53和指令的第6(4)条都规定了技术保护措施的使用,以确保为需求服务的互动提供一个安全的环境。第6(4)条的第一段鼓励权利持有人与使用者之间发展合同行为,它规定"在缺少权利持有人采取的自愿措施时,如权利持有人与其他相关方的合同,成员国应当采取适当的措施,确保权利持有人可以为受益人提供国内法规定的限制与例外……"。考虑第6(4)条的措辞,欧盟委员会似乎更强调把权利持有人和相关方的协商作为手段,以实现其鼓励权利持有人提供对版权实施特定限制的方式。合同协商的方式只有在很容易鉴别使用者的时候,如图书馆和档案馆、广播组织等等,才现实可行。但对于有权依据第6(4)条受益的使用者而言,则并不是必须的,就像希望获得一份私人复制件的私人一样。

指令第6(4)条第4段免除了权利所有人和成员国的义务,不必保证给予所列举例外条款的受益人,通过技术性保护措施实施对版权作品限制的途径,无论这样的作品什么时候,以一种公众成员在自己选择的地点和方式获取作品的方式,基于合同条款为公众所得。

在这一条款中"协商一致的条款"这一术语可以解释为,对使用许可的协商要求。但在实践中,数字网络环境下的大多数国家采取了"要么接受,要么离开"的方式,而使用者对于网络上展示给他们的许可条款,只有接受或者拒绝的选择。这一条款确立了合同协议的使用与适用技术性保护措施之间的优先规则,在涉及合同协议与实施权利限制之间优先权的指令中,还没有确立这样的规则。

立法机关最初的动机表现是,鼓励经济利用者采取一种更为协调和个体化的权利管理方式,指令实际确立的框架是否能够有利于所有的各方当事人的利益,特别是使用者的利益,很值得怀疑。在信息社会指令适用几年后,委员会给出了下面的观察:

> 同时,就它们目前实施的地位,数字权利管理并不代表一种政策解决方式,以确保在相关利益方之间的利益平衡,即作者的利益,其他权利持有人的利益,或其他所涉的消费者、合法使用者及第三方(图书馆、服务提供商、内容创作者……)的利益。因为数字权利管理体系本身并非是版权政策的替代者,可以或者就版权保护,或者就传统立法机构适用的限制与例外条款去设

定一个参数。㉚

3.2 限制性许可行为与终端用户利益

除了限制终端用户就所保护客体进行私人或非营利性使用外，终端用户许可一般还包含对复制、拷贝、传播、公众传播，以及未经权利所有人书面许可改变的禁止。尽管在大多数许可中，使用的措辞并未特别禁止这样的行为，如为教育目的使用作品，或者为引用、新闻、怪诞模仿、私人学习与研究目的使用，任何种类复制或向公众传播的一般性禁止，都可能被这样解释。这种措辞似乎暗示着，在线服务提供的受保护作品，只能为被动的消费者所获得并使用，他们限制自己阅读、听取或观赏所下载资料。但这种假定在实践中并不存在，大众市场上的受保护作品不仅可以为消费者所获取并使用，也可以为专业或半专业使用者获取，如记者、作家、作曲家、实验员、教师等。正如数字环境在不断发展，越来越多的受保护作品将会在线为更多的公众所获取。终端用户不仅是消费者，从措辞的严格意义上，还包括广义的各种类别的使用者。因此，限制性合同条款可能阻碍这样的合法使用，如音乐评论、学习、影评，只简单举这几个例子。㉛ 为了能够实行作品的任何一种合法使用，应当允许终端用户从对版权及邻接权的限制中获益。

在实践中，对版权作品实施的这种控制可能产生几个不令人满意的后果，如阻碍竞争，侵犯使用者的基本权利。当权利持有人想要把他的作品推向公众的时候，他必须以不阻碍竞争的方式进行。正如一位作者指出的，数字权利管理会产生竞争法问题，因为基于版权所有人对其作品所拥有的权利特性，其有在作品上做与不做哪些行为的垄断权。对一首电子歌曲的数字权利管理体系，可以控制它在何种媒介上使用，并阻止它不以另一种方式复制，这似乎都会产生一些问题。㉜ 相应地，对于引用或给予合法目的进行的复制的合同禁止，如评论、批评或新闻报道，如果它导致竞争降低，且许可方表现出反竞争行为，

㉚ European Commission, Communication from the Commission to the Council the European Parliament and the European Economic and Social Committee The Management of Copyright and Related Rights in the Internal Market, COM (2004) 261final, Brussels, 16.04.2004, p.10.

㉛ C. Stromdale (2006), The Problems with DRM, Entertainment Law Reviewvol.17, 1–6, p.4.

㉜ Id., p.4; See also: Organisation for Economic Co-operation and Development, Digital Broadband Content, OECD, Paris, 2005, DSTI/ICCP/IE (2004) 12/FINAL, 13 December 2005, p.53.

这就是不可接受的。㉝

使用的限制性许可也可能影响使用者的基本权利,特别是其自由表达的权利。例如,如果个体许可不能就一项涉及公共利益的事项,提出自己的观点、批评或评论,使用者的自由表达权就受到了影响。大量的法院判决强调,按照《欧洲人权公约》,㉞ 不仅所传递的信息,包括表达形式,都被认为是自由表达保护的内容。一个限制或禁止实施版权法定限制行为的合同条款,实际上剥夺了使用者对相关作品的特权。权利所有人希望,这种使用许可的授权会允许他们就其作品利用实施更大的控制,以便提高利用产生的报酬,并阻止盗版。但按照《欧洲人权公约》第10(2)条,权利所有人当然有权保护他们在版权法之内设定的经济利益、隐私及信誉,一个关于引用、怪诞模仿、新闻报道权利的限制是否被合同所涉的利益认为是"必需的"且"相称的",很值得质疑。

大多数许可使用的合同语言对那些愿意为合法的目的,而非私人非营利性使用作品的使用者会产生令人寒心的效果。

3.3 保持利益平衡

在线环境下,限制性格式合同的广泛使用对于版权政策的基础目标构成了威胁。如果技术性保护措施倾向于侵犯使用者的基本自由,更不必说格式许可合同。法律建议委员会在对绿皮书的回应中警告,"我们有合理的理由期待,在未来,通过知识产权方式授予信息制作者和提供者的保护,将会来源于合同法"。㉟ 事实上,数字权利管理体系的使用,结合在线标准合同,会突出信息的不对称、间接的网络影响、高转换成本和锁定,导致市场失调,并阻碍竞争功能的良好运作。㊱ 对合同的自由缺少特定的限制,合法的终端用户就会为了能够使用作品,而被迫放弃一些法律赋予的特权。

㉝ Guibault (2002), Copyright Limitations and Contracts: An Analysis of the Contractual Overridability of Limitations on Copyright, The Hague, Kluwer LawInternational, p. 249. See also: P. Akester and R. Akester (2006), Digital Rights Management in the 21st Century, EIPR no. 28, pp. 159 – 68, at p. 162.

㉞ Müller & Ors v Switzerland, 24 May 1988, Series A no. 133, §27; Oberschlick v Austria, European Court of Human Rights, 23 May 1991, Series A No. 204, §57 where the Courts writes: Article 10 (art. 10) protects not only the substance of the ideas and information expressed, but also the form n which tey are conveyed; and Hof Amsterdam, 30 October 1980, NJ 1981, No. 422 (Boycott Outspan Aksie). In Germany: Landgericht Berlin, 12 December 1960 (Maifeiern), GRUR 1962/04, p. 207; BVerfGE, 29 June 2000, 1 BvR 825/98 (Germania), AfP 2000/5, p. 451; and BVerfGE, 17 December 1999, 1 BvR 1611/99 (Havemann), ZUM 2000/4, p. 316.

㉟ Reply to the Green Paper on copyright of 20 November 1996 of the LAB, §9A.

㊱ S. Bechtold (2004), Digital Rights Management in the United States and Europe, American Journal of Comparative Law, vol. 52, 323 – 82, p. 362.

为了恢复权利所有人与合法终端用户之间的利益平衡，版权法、技术性保护措施及合同保护之间的关系就需要加以重新评估。什么是实现恢复利益平衡的最合适措施？在哪一个实体法中，这样的措施能够最佳结合，合同法还是消费者法？在下面，笔者将讨论欧洲立法者给予选择的利与弊，为了维护一方面权利所有人与内容提供商之间，另一方面与终端使用者之间的利益平衡而限制合同的自由。这些选择在消费者保护法、规范格式合同的私法，对版权主张的限制，以及促进最佳实践法典的接受与发展中，差别很大。

3.3.1 消费者保护规则

由于越来越多的版权作品按照格式合同条款投向大众市场，这些试图限制使用者依据法律享有特权的合同条款，也要越来越多地面对终端用户。面对格式合同设定的限制条款，终端用户的唯一选择是拒绝。考虑到使用者较差的交易地位和信息获取上不对称，我们面对的问题是，对于这种限制性合同条款，消费者保护法制定的规则是否并应在多大程度上能够提高使用者的地位。消费者保护法打算在两个层次上运用：第一，增加消费者签订合同前的信息；第二，提供保护以反对不合理的"一边倒"合同条款。欧共体立法机构的介入可以在两方面进行设计，即在他们达成交易之前，在许可条件中施加向消费者提供信息的义务，以规范许可的内容。

向权利持有人施加义务，在缔结合同之时，披露特定的信息或者履行特定的手续可以降低当事人之间的不对等，在这一范围内还可以提高透明度和对缺少经验及相关信息的终端用户的补偿。如果说几年前对版权领域还完全不了解的话，现在有关消费者保护措施已经越来越多地涉及版权问题。德国版权法第95（d）条的规定就是一个例子，它是实施信息社会指令的产物，它要求所有受技术性措施保护的商品，必须对财产的技术措施标出清晰透明的信息。在这方面不仅出现立法解决方案，法律判决在保护消费者中也发挥着重要的作用。在法国，拿提耶法院支持了法国消费者协会的一项投诉，UFC 投诉英国索尼和法国索尼。原因是前者没有通知消费者，产品与服务缺少与其他设备的互用性。法院查明，索尼要对因"没有清晰的告知消费者，其所销售的播放机只能读取合法网站上下载的音乐文件"而误导消费者的行为负责。英国索尼要对没有在合同中清晰地陈述，从网络下载的音乐文件只能被使用索尼商标的播放机所读取负责。[37]

---

[37] Tribunal de Grande Instance de Nanterre（6e chambre），Union Fédérale des Consommateurs – Que Choisir v Sony France and Sony United Kingdom, 15 December 2006, RG no.05/04574, http：//www.mtlex.com/public/jugement utZ sony.pdf.

但德国法或法国法院施加的提供充分信息的义务,目前为止解决的只是技术施加的限制,而非合同内容中的限制。这些规则并未消除权利所有人通过制定不利于终端用户的系统化许可条款,滥用经济及交易地位造成的风险。[38] 因为,在实践中实施版权作品合同中的限制性条款的缔约前信息,或许对终端使用者有限制性影响,这就呼吁另一种介入方式。一种可能性是将涉及不公平消费合同条款的规范延及版权问题。欧洲指令关于不公平合同条款的规范,大体上涵盖了版权作品使用的大量市场许可,规定了应满足的条件。这样的条款依据欧洲指令被认为是不公平的,[39] 与诚信原则相反,它引起了当事人之间权利义务的重大失衡,主要是由损害消费者的合同引起。指令附录中的列表是要给那些确实被认为滥用或不公平的条款一些指示,可惜的是,附录中的条款不可能适用到消费者面临的限制性版权许可条款情形。

欧共体立法机构可以在不公平条款列表中规定一项,据此,未经协商合同中的条款,如果有悖于版权法的条款,就会被认定不公平。这种条款有可能被并入合同条款的黑色清单,例如那些依据消费者保护法被认为不公平的条款和不能被反驳的推定情形。这种不公平的推定或许有利于更广泛的适用,不仅涉及对版权的限制,还包括任何其他的版权法条款,如保护期的条款。但这种选择带来的麻烦是,它可能只适用于消费者,也就是"任何非出于商业、生意或专业性目的进行行为的自然人",一个(残疾)人可以实施这种保护措施,但只能是在其商业、生意或专业性目的之外进行的行为,尽管是出于专业性的目的,为了使用作品的需要,他通过限制性的在线服务获得的合法作品,这种条款可能对其也毫无用处。除非成员国的国内法明确规定,适用于利用内容提供商在线服务的小企业、公共图书馆、档案馆及教育机构,它们也会因限制性许可条款处于不利地位,这种条款也不会使法人或内行受益。

3.3.2 规范契约

要确保不仅消费者,所有类型的版权终端用户,专家、公共图书馆、档案馆或教育机构,都能从反对格式合同限制性条款的使用中获益。第二个选择是在成员国普通合同法中作出规定。成员国的合同法都规范了大量的特殊合同,如租赁合同、销售合同、保险合同和劳动合同;如消费者保护原则,规范这些特殊类型合同的原则以确保在缔约前阶段的适当运用,去规范它们的内容,履行必要的手续。应该鼓励成员国在国内合同法中制定关于版权许可的一

---

[38] Guibault (2002), supra, note 33, p. 251.
[39] Directive on Unfair Terms in Consumer Contracts, 93/13/EEC, of 5 April 1993, O. J. C. E. L 95/29.

节，利用合同法规则主张，如果与诚信原则相反，基于此损害一方当事人，造成当事人权利义务的重大失衡，任何非协商合同中的条款无效。当然，这一规则也可以只规定，任何格式合同中的条款如果背离国内版权法，就会被认定不公平。

这种选择的主要问题是，合同法一般不被认为是欧共体的立法权限。尽管在过去十年中，在合同法领域做出过使成员国法相近似的努力，目前欧共体法还只是间接地在程序中涉及。❹ 如今，议题被限定于消费者保护领域欧共体法律的合法化与整理，制定一些选择性的格式合同条款与条件。这种情况表明，欧共体不可能制定关于版权许可的新合同法规则。而且，由于合同法的基本原则必须通过成员国官方协调，对版权许可创设一种新规则，目前阶段还没有这种需要。

3.3.3 主张必要的限制

恢复在线合同内利益平衡的第三种选择，是声明对版权及邻接权的一些或全部重要限制条款。❶ 欧共体法只承认极少数的重要限制，主要来自计算机程序指令和数据库指令。根据这两个指令中的条款，任何与制定这些限制条款相反的条款均无效。信息社会指令没有包含版权方面重要事项的限制，相反，指令明确了一些默示条款，如第5（3）（n）条，图书馆及其赞助人要依赖权利持有人的仁慈。结果是，在欧共体法律中大量关于版权的限制，既不必要也不可选择。考虑到欧共体法律对此问题的沉默态度，缺少相应的判例法，第5条所列限制的地位并不清晰，即使指令第5（1）条中的强制性条款在合同中的地位，也仍然需要进一步澄清。

比利时和葡萄牙两个成员国，在国内法中实际解决了这一问题。在执行数据库指令的1998年法中，比利时不仅声明了与数据库相关的每一项强制性及选择性限制条款的必要性，还宣布了版权法中包括的其他一些重要限制的必要性。❷ 按照该法第23之二条，第21条、第22条、第22条之二及第23之三条，都具有强制性的特征。可惜的是，由于它的制定，比利时版权法第23条没有产生判例法，尽管有几个非常好的机会可以对其进行检验，但还是被忽视了。随着信息社会指令的实施，特别是其第6（4）条第4段，比利时立法机

---

❹ European Parliament, Committee on legal Affairs and the Internal Market, European Parliament resolution on European contract law and the revision of the acquis: the way forward (2005/2022 (INI)), Brussels, 23 March 2006.

❶ U. Gasser (2006), Legal Framework and Technological Protection of Digital Content: Moving Forward Towards a Best Practice Model, Fordham Intell. Prop. Media & Ent. L. J., vol. 17, 39 – 113, p. 111.

❷ Belgian Copyright Act of 1994, as modified, art. 23bis.

构在该问题上更进一步。第 2 段被加在最初的第 23 之二条之中，内容如下：

> 第 21 条、第 22 条、第 22 条之二及第 23 条的规定，具有强制性的特征。但在与作品有关合同基础上，也可能偏离这些条款，依双方协商合同条款的为公众所得，应这样的方式，公众可以在其自己选择的时间与地点得到这些作品。

这份修正案很可能是对欧洲立法者目的的错误解释。比利时立法者一定有些疑惑，在指令第 4 段第 6（4）条中缺少当按照合同条款作品可以在线取得时，规定从限制条款中受益方式的义务。事实上第一个措施与第二个关系不大，如果权利持有人不必实施限制的方式，他可以提供作品文本密匙或者免费的 TPM，这并不相当于权利持有人可以自由利用合同剥夺法律所授予的特权。比利时立法者承认在离线合同关系中，保护版权限制条款受益人的重要性，它为在线合同关系基本保留了完整的合同自由，因为保护使用者的需要更为急迫。因此，比利时法可能注定要成为一纸空文。[43]

葡萄牙版权法的规定更令人信服，可能也会比比利时法更有效。50/2004 号葡萄牙法第 75（5）条宣布，任何消除或损害法令中所指自由使用者正常实施的合同规定无效。如其所指，这一条款适用于葡萄牙版权法承认的所有限制条款。在实施信息社会指令过程，进行了此立法修改，前提是观察到双方当事人不公平交易权力将意味着，他们当中只有一方能决定可能对另一方造成损害的合同条款。正如奥克斯特所指，尽管它未如此明确表达，该规定意在避免就限制与例外条款作出单方决定。[44] 但当信息社会指令第 4 段第 6（4）条实施时，葡萄牙立法者表现出与其政策决定更大的一致性。葡萄牙版权法第 222 条规定如下：

> 该机制不适用于依合同条款为公众可得的版权作品，以这样一种方式，公众成员可以在个体选择的时间与地点取得作品。

葡萄牙的这两个条款弥补了信息社会指令留下的缺憾。对于技术性措施保护的且根据合同条款可以在线获取的作品，权利所有人尽管没有提供实施版权特定限制方式的义务，他们不能基于这些合同条款，消除或阻碍法律中给予的免费使用的正常实施。换言之，权利所有人可以通过技术性措施保护作品，但

---

[43] M. -C. Janssens（2005），De uitzonderingen op het auteursrecht anno2005 – Een eerste analyse, Autheurs & Media, no. 6, pp. 482 – 511, p. 509.

[44] P. Akester（2005），Implementation of the Information Society Directive in Protugal, Entertainment Law Review, vol. 16, pp. 7 – 12, p. 10.

他们不能在合同中禁止使用者施加这样的限制。

而其他一些成员国的版权法，并未明确承认版权上限制条款的重要特征，认为限制条款构成平衡版权体系确立利益中所必须的一部分，合同当事人不能通过格式合同对其予以贬损，这种观点已经逐步为整个欧洲所接受。这种观点在普通法传统的国家得到较好认可，但著作权传统的国家对这一问题在观念上的变化值得注意。⑮ 当然，比利时和葡萄牙是比较突出的例子，德国联邦最高法院和联邦宪法法院在一贯的判例中强调这样的事实，限制是德国版权法中不可缺少的一部分，法律所确定的平衡，在没有经过仔细衡量的前提下，不允许随意予以破坏。即使在法国，最近限制也被认为是解释得不令人满意，但却是权利所有人独占权原则的必要例外。卢卡斯教授这样描述：

> 版权是所有人完全专有的权利。应当加以限制，对于逻辑性质相同的部分，可以考虑通过用户与权利人签订合同的方式。⑯

考虑到以上的观点，关于法定限制条款重要特征明确认可，不会像最初担忧的那样，在欧洲立法者方面遭遇抵制。欧洲立法者宣布合同关系中版权重要事项的限制，还应当解决两个问题：第一，是否所有在欧共体版权法中认可的限制性条款，都应被宣布为重要。第二，这样的声明是否适用于所有类型的合同，而不论它们是否是经过协商后的结果。

关于第一个问题，在一些法律评论中经常出现这样的观点，限制性条款代表的是立法机构对于使用者合法利益的认可，但并非对所有这些利益给予同样的衡量。⑰ 信息社会指令中包含大量的限制性条款，可能只有"微小的保留"，似乎没有正当的理由为这些限制性条款授予必要特性。另一方面，《欧洲人权公约》中规定使用者的基本权利与自由，欧洲立法机构也会考虑反映这些自由的一些限制性条款。这些建议未对信息社会指令中第6（4）条第4段造成损害，其不会受到影响。但这样一种制度捍卫了使用者利益方面的欧洲立法者

---

⑮ See for example, in the Netherlands: De N. V Drukkerijde Spaarnestad v Leesinrichting Favoriet, HR, 25 January 1952, NJ 1952, no. 95; Stichting Stemra v Free Record Shop B. V. , HR 20 November 1987, NJ 1988, p. 280, AA 1989/38, pp. 941 – 8; in Germany: BGH, decision of 6 July 2000 – I ZR 244/97 (Microsoft OEM Licence).

⑯ A. Lucas (2006), Chroniques – Droit d'auteur et droits voisins, Propriétés intellectuelles, vol. 20, pp. 297 – 316, p. 309.

⑰ Janssens (2005), supra note 43, p. 510; J. de Werra (2003), Moving Beyond the Conflict between Freedom of Contract and Copyright Policies: In Search of a New Global Policy for On – line Information Licensing Transactions, Columbia Journal of Law and the Arts, vol. 25, 239 – 375, at p. 330; Thomas C. Vinje (1999), Copyright Imperilled? EIPR, vol. 21, pp. 192 – 207, at p. 207; P. B. Hugenholtz, Fierce Creatures – Copyright Exemptions: Towards Extinction? IMPRIMATUR Consensus ForumAmsterdam, 1997.

一体化政策目标，欧洲立法机构确实认为考虑到公共利益，限制版权的保护范围是适当的，没有理由允许个体当事人以某种方式贬损立法者的意图。

关于第二个问题，版权限制性条款的重要特性是否可相对于所有类型合同，广义规则的风险是，它或许会挫伤有价值合同的协商与缔结。[48] 合同自由原则与当事人意思自治原则应当占优先地位，无论它是否与公共秩序与公共政策相冲突。当一位许可方与被许可方协商进行交易时，他们通常能够理解各自的权利与义务，包括那些被许可方同意放弃的权利。原则上如果交易环境不利于自己的利益，任何一方当事人都可以不缔结合同。另一方面，格式合同的广泛使用可能会严重颠覆版权法建立的传统平衡，并成为完成立法者所有公共政策目标的障碍。这些合同试图重新界定版权保护的界限，也因此，只有在格式合同的情况下，才可以宣称限制性条款的必要特性。这一提议不仅与葡萄牙的解决方法一致，也与丹麦法院的做法一致，法院认为，不能通过施加限制性条款或条件的方式，单方面限制排除出合同。

3.3.4 促进行动守则的制定

最后一种可能的选择，可能要与前面几种选择合并一起，就是成员国可以鼓励业界人士制定行动守则，以促进制定公平的合同条款。私人领域的自律可能是更有效的一种方式，尤其适用于电子产业环境，并可以降低立法及执行的成本。以电子商务指令为例，它促进了制定有关缔结电子合同的行动守则，公布了详细的关于在线中介责任的程序。自律机制的另一个方面是可以解决版权资料在线合同的问题，使某种重要的使用者自由规则化。

4 结　论

正如本文论述的，目前的欧共体法律对于作者与制作者之间，及权利所有人与终端用户之间的合同关系保持沉默的态度。也就是说，在欧洲层面上，几乎没有规范能够为限制性合同或许可使用中的弱者提供保护。对于实施合同中的作者，长期以来一直被认为是与制作者合同关系中的弱者。欧洲立法机构的这种沉默态度在几个成员国中有所弥补，在国内版权法中制定了保护规则。民法的一般规则也可以提供额外的保护，尽管这种保护不是根据实际需要进行量体裁衣。对可适用到作者与制作者之间合同关系的规范，由于在成员国之间对一些规则拥有共同的背景基础，因此，没有证据表明这种立法的不同会影响内

---

[48] Guibault (2002), supra note 33, p.194.

部市场，欧盟委员会清楚地指出，在这种意义上，在目前的阶段还没有必要采取相关的行动。

  限制性使用许可的情况也不相同。按照许可使用条款，将市场上作品赋予一般公众，只是最近发生的现象，使用者在交易中逐步显示为弱者。目前为止，只有葡萄牙采取了措施，阻止利用格式合同排除版权法中规定的限制性条款及对使用者造成的损害。考虑到这种限制性许可对终端用户行为造成的消极影响，制定保护终端用户利益的规则是可行的。在前面的部分中，我们笔者介绍了几种选择，这可能会为立法活动提供基础。依据笔者的观点，最有效的措施是宣布，所有消除或阻碍正常使用版权法中认可的限制性条款的单方合同条款均是无效的。

欧盟竞争法与版权法：何去何从？

瓦莱丽洛尔·贝纳博[*]

版权法与竞争法[❶]的关系成为欧洲律师的一个共同问题：有关这一问题的欧盟委员会或欧洲法院标志性判决的影响，报纸上没有一天不就此话题发表评论或者展望：它已经成了一个"时尚"的主题。在竞争法中，由于知识产权滥用优势地位而对微软施加最高罚金的处罚，这表明两种规则之间的冲突绝不是表面问题。

但是这种关系的历史并不久，目前为止关于这个问题的理论基础也非不可动摇。回顾一下历史可以看出，在欧洲，这两个实体法之间的关系从一开始就一直变化着。最早在20世纪60年代的时候，认为竞争法与版权法的关系是彼此中立的。有多种原因打破了这种和平共处的局面：欧共体判例关于版权问题的不确定性；竞争法在欧洲范围内成为一个新的概念。适用竞争法规则的关键是区别垄断的存在和垄断的实施，只有后者才能适用竞争法规则。但事实上，判例法在中立态度基础之上又进一步；甚至在竞争禁止的直接适用中拨出了权利持有人的版权实施行为。

竞争法表明，大量的成员国或多或少忽视了版权法与竞争法之间关系带来的所有问题。经常将两种法律加以划分，结果就是缺少从一个法律领域到另一个法律领域条款之间的解释。因此，竞争法机构在版权法争端解决机制中没有被提及，相应地，规范竞争法的规则也未对任何具体的版权制度表现出兴趣，两套法律制度完全是相互忽视。逻辑上讲，同时涉及两个法律的诉讼很少发生，或者以例外的方式加以解决。版权法与竞争法似乎商议好了保持相互的距

---

[*] For an analysis of the relationship between EC competition and intellectual property rights (IPRs) as a whole, see S. A. Anderman and H. Schmidt, EC competition policy and IPRs, The Interface between Property Rights and Competition Policy, Cambridge, Cambridge University Press, 2007, pp. 37 – 124 andalso V. Korah, Intellectual Property Rights and theEC CompetitionRules, Oxford, Hart Publishing, 2006.

[❶] 本文仅涉及欧共体条约第81条、第82条的适用。

离，遵守一整套规则，绝不在各自的适用中跨越法律范围。

这并不是说在两个领域中没有相互联系的因素。激励版权作品实施垄断的独占权协议，就不能不引起垄断法的兴致。

产生这种忽视的原因是由于自相矛盾的经济概念重合，它贯穿两个法律规范，这套规则被同样的终极目标所驱动，却按照平行的路线行进。

抛开垄断行为，从重合的基础开始，几个制度体系各自占据自己的法律领域，以避免规范的相互遭遇。在这方面，尽管竞争法沐浴在其服务的与公共秩序相关的层阶特权的神圣之光中，但也经常出于偏爱对版权表现出某种仁慈。

如北美法律采取的态度。美国是竞争法的先驱者，其判例法认为，既然消费者福利是竞争法与版权法的共同目标，就必须对这些法律共同理解并加以协调。"美国法院意识到，版权法与竞争法都会促进消费者福利这一共同的目标，因此必须加以共同理解与协调"。❷ 对于竞争部门来说，为了实现他们的目标，因对更充分的知识产权文件表示支持而放弃自己的概念工具，是很常见的事。在美国司法部与联邦贸易委员会关于知识产权许可制定的指南中，两个机构都认为，授权并不能假定专利、版权或商业秘密传递了其所有人的市场支配力。但常常会有知识产权法保护的实际或潜在的作品、产品或者方法的构成会阻碍市场支配力的实施。他们又补充"知识产权按照反垄断法既非特别地免除审查，也没有特别遭受审查"。❸

尽管如此，几年后这两个机构的规则在欧洲法已经开始产生冲突。竞争法似乎总是被用来"反对"版权，❹ 经过一段期间的友好中立后，竞争法最近开始扔掉亲切的态度。而改由以更谨慎的态度对待版权。为了理解版权与欧洲竞争法之间的关系，憧憬一下它们的未来发展，有必要审查一下两个实体规则，分析一下目前已经实现的一些成果。

1 版权法与欧盟竞争法关系的革命

欧盟法在最初的设定中几乎与版权没有任何共通之处。在版权问题上，欧

---

❷ Data Gen. Corp. v. Grumman Sys. Support Corp., 36 F. 3d 1147, 1186 – 7 (lstCir. 1994).

❸ US DoJ and FTC，知识产权许可反垄断指南 § 2.2 (6 April 1995)：
 • 机构并不假定，专利、版权或商业秘密本身必然传递市场支配力，而且"经常会有充分实际或潜在的替代"知识产权保护的产品、方法，或作品，以阻止实施市场支配力；
 • 知识产权……不会特别免于反垄断法的审查，但也不会特别遭受审查。

❹ ECJ, 6 April 1995, RTE & ITP; 16 December 1999, Micro Leader; CFI, 26 November 2001, IMS Health, 184/01, but this concept of exception circumstances has already been seen in the Deutsche Grammophon ruling, in 1971.

盟法的司法管辖一直以来就是讨论的核心问题，欧盟法的第一个目标是实现成员国之间的经济共同市场，而版权"文化"概念则属于条约的适用范围。但基于地域限制的版权垄断无意去促进市场的一体化，而是专注于文化扩张、教育，以及最近发明的输入。由于版权的经济维度不能被完全忽视，欧盟法可适用性的不确定性很快被清除。因此，根据欧盟条约内部规范的位阶，规范商品自由流通与公平竞争的规则显然优于国内的版权规定。

但两个部门法的冲突不能简单通过对欧盟法的优先适用得到解决。虽然早期版权判决规则要与商品自由流通原则一致，处理例外条款的条约第 30 条规定对知识产权保护原则的限制。判例法发展了权利用尽原则，以调和两种目标，以权利用尽减少到最小的表达方式来界定版权的特殊客体。

竞争法也自然用来培育单一市场，因为条约没有关于竞争规则的知识产权例外，直接适用的理论也很强势。

竞争法在任何经济领域涵盖版权

对竞争规范经济市场参与者的广义定义包含了任何利用或管理知识产权的实体，甚至包括原始作者。在相当长的时间里竞争机构认为，表演作品的艺术家也是商业实体。事实是作者在领域内的活动并非完全与经济有关，也同样具有社会与文化影响，这一点必须加以考虑。竞争法对于这样的企业实体具有不可否认的规范权。

集体管理组织自然也包括落入竞争法范围内的经济实体之中。尽管它们要为某种社会功能负责，欧洲委员会及法院还是拒绝将它们作为管理一般公共商品服务的企业。❺ 因为赋予它们这种特性，就可能将其协同行为和滥用优势地位排除在一致的法律适用之外。❻ 集体管理组织大部分代表受益人收取、再分配使用费的事实只是被间接考虑进去。

条约或欧盟特殊指令中没有特殊规定，在竞争规则与版权保护之间划定一种特殊的平衡，权利的合约型组织也不享有任何豁免机制的特定形式。版权在基于类型集体豁免规则中的唯一痕迹是出现在用于技术转让合同的立法中，而且仅与计算机软件相关。❼ 没有这方面解释指导，假定一种必须为进行权利转

---

❺ BRT/SABAM, ECJ, 21 March 1974' RTII', Matter 127/73, Rec. p. 313, withfindings by Advocate General Mayras.

❻ Arguing against the immunity views defended by some, see M. MendesPereira, Myths and Legends Haunting the Battle for the Virtual World, Concurrences, 2006, no. 2, p. 24.

❼ Regulation no. 772/2004 of 7 April 2004 relating to technology transfer agreements.

让企业间的合同保留特殊的机制。由于这种情况，竞争机构在垄断中除了作为反竞争合同的工具或者在滥用优势地位时，对版权适用竞争禁止，没有其他的选择。

友好期间

然而，通过有约束力的初步判决，即通过在权利的存在与实施之间加以区别，欧盟法院在适用竞争法时，允许一定的自由。❽ 尽管通过这种区别再次确认了竞争法的可适用性，还建立了有利于如国内立法者描绘的版权法律地位的一定豁免。因此，原则上，所有的结构滥用或自动滥用都得以避免，因为权利的存在与其垄断特性无法为实施竞争法提供任何理由。❾

以沃尔沃规则为例，❿ 欧洲法院认为，对拒绝授权知识产权许可不构成对竞争法的违反，只是一种权利实施形式。相反，它认为独占权产生拒绝的可能，对权利所有人来说，这是他自由选择组织形式的一种方式，可以利用其本身的垄断完成。

判例法的主要目标是寻找一些平衡的方式，在内在垄断地位对竞争的限制与终端消费者利益之间建立利益平衡。在这一点上看，竞争法规则的适用还是外围的规范，它更关注垄断的契约式组织，而非独占性原则。

即使在这种斡旋式的适用中，竞争法的表现通常是宽大的。因此，所谓的绝对地域保护条款，通常被视为不利于市场。这一原则显然已为 *Coditel* II 案的判决所认可，在该案中，这样的限制对于保护版权特殊客体是必要的，也就是保证权利与每一次公众表演产生的使用费都能够充分联系。这一具有里程碑意义的判决，确立了竞争机构考虑版权原理的资格，该原理主要基于欧洲法院界定的特殊客体定义，而不仅仅是转换原则适用于工业产权。

因为离开版权的核心范畴，法院认为，集体管理组织之间形成的互惠传播协议，可以一种协同行为上的法律积极方式看待，它们所形成的某种程度上的地域限制，已通过对集体管理的限制合法化，尽管如此，允许持有者的权利与其保持一致更合适。

---

❽ ECJ, 8 June 1971, Deutsche Grammophon, Matter 78/70.

❾ In its Sirena ruling, the Court was able to consider that holding of an intellectual property right did not necessarily create a dominant position in favour of the holder of that right; ECJ, 18 February 1971, Sirena/Eda.

❿ ECJ, 5 October 1988, Volvo.

现代阶段：紧张与吸收

最近版权与竞争法规则之间的关系在两个不同的层次发展，表现出在版权领域不断增加竞争方面的考虑。第一，版权法自身融合进了一些旨在增加竞争的规则。第二，在欧洲法院作出的判例中，后10年竞争规则的适用已经冲击了传统的独占权概念，这种实施在"例外的情况"下就变得不稳定了。

竞争目标谨慎纳入

欧洲版权法规

不同法律领域可以在边缘地带合作，而不是忽略另一个。竞争的概念以各种不同的方式侵入版权，在一些国内法中，竞争法可以放弃对某个问题的授权，通过委托版权法有责任适用和自己有相同目标的规则，但适用方式是"内部化"的。法国知识产权法典就遵循了这一趋势，监督集体管理组织，通过批准或者会计审计程序规范这些实体的行为。⑪ 实施信息社会指令的法律也选择建立新的行政管理机构，负责确定技术性保护措施的权利持有人为互动目的将自己体系对竞争者的开放程度。国内的立法机构有时倾向于将竞争的目标整合入版权条款之中，创设特别的制度，而不是将解决这样一个困难的问题留给竞争机构。

尽管这样一个"包容"的选择并未在欧盟关于版权的一些指令中给予明确，在二级立法中并不缺少对竞争的考虑。依据规范的位阶，大多数指令提到了在其适用范围内适用竞争规则的可能性。没有任何实际的解释，这些指令就是提示，竞争法规则总是用来培育单一市场的。但从这些规则中可以推断，这些指令不仅尊重主要法的优先地位，而且促进自身定义成为适用竞争规则的潜在标准。以欧盟计算机程序指令中一些重述为例："该指令的规定对依据条约第85条与第86条竞争规则的适用没有任何偏见，如果一个主要提供者拒绝提供指令中界定互用性的必要可用信息"。这一规定可以被理解为指令给予竞争机构的一个清晰的信号，要参考它自己规定的互用性概念，而不是去界定其他

---

⑪ 信息社会指令中包含了这样一种趋势：鉴于17）是必要的，特别对于数字环境提出的要求，以便集体管理组织在与竞争规则一致方面，实现更高水平的合理化与透明度。

概念。欧洲法院解释互用性的方式是严厉拒绝了禁止滥用优势地位的潜在适用，如果一个竞争者可以在权利持有人同意之前，使用独占权例外条款，后者的拒绝就不是问题。但有人建议，由于互用性例外的定义在指令内过于狭窄，为了谴责微软传输必要信息以获得实际互用性，法院必须使用滥用优势地位的概念。

关于适用竞争禁止方面一体化"上行影响"的最好示例，可以在数据库指令及欧洲法院作出的解释中发现。在1996年指令讨论过程中，为原创数据库创设一个新"特别权利"的市场是巨大风险问题。在最初文本中，为了避免优势地位的潜在滥用，作出建议实施获取报酬权代替准独占权。最终的文本拒绝了这个建议，而是分布到各个条款之中，[12] 突出这个新垄断权与竞争规则一致的必要性。它也邀请了欧洲立法者在短期的范围内（从实施之日起3年）予以检查，它是否能够建立非自愿许可协议，以防对自由竞争的干预。在2005年12月进行的对96/9/EC指令的第一次评估中，尽管对特别权利对经济增长的利益有所怀疑，委员会还是决定在消除垄断之前，再继续等待一段时间。这种谨慎做法的原因之一存在于欧共体法院2004年11月作出的判决中，[13] 它解释了特别权利的一些核心概念，如确定保护边界的"实质性投入"。正如委员会所指出的，尽管存在质疑，如果数据库由建立数据库同一实体所"创制"，欧洲法院对该"非原创"数据库特别权利保护给予的狭窄解释，就会消除该实体对所"创制"（所谓"唯一来源"数据库）数据和信息产生滥用垄断优势地位的恐惧。[14]

这些示例表明，指令的存在与解释可以影响竞争法的（不）适用，就像两个连通器。通过对独占权范围的精确界定，指令及相关判例法降低了竞争法

---

[12] 还不如重述47有约束力，关于数据库法律保护的96/9/EC指令，1996年3月27日："(47)信息产品与服务提供者之间的利益竞争方面，特别权利保护不必以促进优势地位滥用的方式给予。特别是关于具有智力、文献、技术、经济或商业添加价值新产品或服务的创造与发行。因此，指令的规定没有损害欧共体或国内竞争规则的适用。又参见第16条3段，不会迟于第1段提及日期的三年，此后每三年，委员会都会向欧洲议会、理事会及经社委员会提交关于指令适用的报告。在报告中，以成员国提供的特定信息为基础，将会特别审查特别权利的适用，包括第8条、第9条，应验证该权利的适用是否会导致优势地位的滥用，或其他对自由竞争的干预，以采取合理措施，包括建立非自愿许可协议。如果必需，还应提交与数据库领域发展一致的指令调整建议"。

[13] ECJ, 9 November 2004, Matter C - 203/02, The British Horseracing Board Ltd and Others v. William Hill Organization Ltd.; C - 338/02, Fixtures Marketing Ltd. V. Svenska Spel AB; C - 444/02, Fixtures Marketing Ltd. v. Organismos prognostikon agonon podosfairou AE (OPAP); affaire C - 46/02, Fixtures Marketing Ltd v. Oy Veikkaus Ab.

[14] DG Internal Market and Services Working Paper, First evaluation of Directive 96/9/EC on the legal protection of database, December 2005, 22.

的适用风险,而竞争的目标在版权地位中也得以加固。从 1991 年以来欧盟法中制定的大量版权条款,可以推导出目前关于法院适用版权存在与实施之间区别的新理解,以作为国内立法者与欧盟委员会之间的权限范围。版权的一体化可以降低竞争法目标与国内独占权之间的敌对状态,目前两者均将实现经济一体化作为共同的目标。相应地,未来欧洲法院判例关于欧盟版权概念的解释对确定竞争规则的适用具有决定性,但只限于对错误实施垄断行为的控制。这可以平衡通过竞争禁止挑战越来越多独占权的实施及特性这种实际情形,欧洲立法者可以为版权法和竞争法在指令内设定共同的目标,并降低适用后才能验证的风险。

竞争法重塑版权法

毫无疑问当今是一个竞争法比版权法更牢固的时代,但竞争法禁止的直接适用却是一个新现象,甚至在当代具有更大的重要性,它仍然保持着相当数量的例外。但最近 10 年的判例法深深地打乱了这一机制,如欧洲法院在具有重要意义的判决中表述的,在这一领域实施了传统的版权法垄断。

至于企业间的合约协定,按传统方式适用第 81 条,限制所谓与作品相关的共享出版行为,表明文学作品地位在市场分析中只占极小的分量。由于缺少包括所有类型作品的任何豁免规则,第 81 条的禁止不适用于欧洲法院规定的特殊客体。先前对集体管理组织之间协议的仁慈,遭到了委员会创设的新政策的严厉反对。在著名的 *Tournier* 案❺中,法院认为,互惠协定形成的竞争限制,即地域性独占,对于实现更好地保护版权与更好地使公众获得节目这一目标是必要的。但这个有利的先验态度已经不再列上委员会关于同播❻协议的判决日程,在该判决中,欧盟机构认定要求多地域互惠许可的独占性条款无效,该许可只适用于集体管理组织管理的使用者所在地域。自那时起,委员会推进了欧共体内集体管理组织之间的深度竞争重组,并很快考虑已经形成的与传统集体管理组织相关的规则,在数字广播超出公开网络的时代不再必然适用。在

---

❺ ECJ, 13 July 1989, Tournier, Matter C – 395/87, p. 252 1; RIDA, no. 144, p. 51. A. Francon.

❻ See V. – L. Benabou, La d6cision Simulcasting: gestion collective, intemet etconcurrence, trois ingredients pour une nouvelle recette', Légipresse, April 2003, no. 200, p. 35; T. Desunnont, Mutual representation agreements, ALAI, Exploring the Sources of Copyright, Paris, ALAI, 2005, p. 750.

2005 年后的一份建议中，❼ 委员会建议通过提高作者的流动性引入这样的竞争，但明确反对任何来自集体管理组织维持地域独占性的企图。对于委员会随后的预期目标，建议的成果并不明确。集体管理组织未来利益相关人之间的极大问题，以及欧洲的文化多样性，还需要继续观察。

在禁止优势地位滥用领域，欧洲法院最近的判例法逐渐形成了对第 82 条更为侵入式的适用，适用于权利持有人个人。具有里程碑意义的判决毫无疑问是 *Magill* 案❽。与沃尔沃（*Volvo*）案❾不同，欧洲法院（在欧盟委员会和一审法院之后）谴责了版权所有人拒绝向愿意发展电视节目的企业授予许可。那时在爱尔兰还没有这样的杂志，提供自己信息杂志的国家电视公司只限于自己的电视节目。电视公司也向媒体免费提供他们的节目单，但有一个限制性的条件，并拒绝许可 Magill 公司生产所有爱尔兰广播及电视节目单的杂志，它阻止了新产品出现在二级市场。

法院承认，持有知识产权并不自动产生优势地位，但电视公司在两个市场上都具有优势，因为它们是电视节目单信息的唯一来源。而承认作者的独占复制权的时候，法院认为拒绝许可可能构成对第 82 条"例外情形"的滥用，因为它限制了生产，损害了消费者市场。如果符合以下条件，会产生这样的例外情形：

1. 没有代替物，所以获取是必不可少的；
2. 有潜在消费者需求的新产品；
3. 没有拒绝的客观合法理由；

---

❼ See the Commission's recommendation of 18 October 2005, and the comments to which it gave rise in the Revue Concurrences, no. 2006, devoting an entire special report to the relationship between competition law and collective management. On that recommendation, by J. Drexl in R. M. Hilty and C. Geiger (eds), The Balance of Interests in Copyright: Theses and Documents presented at the Conference Organized by the Max Planck Institute of Intellectual Property in Berlin from 4th to 6th Nov. 2004, Munich, 2006 (Publication online at tile following address: www.intellecprop.mpg.delwwlde/publforschung/publikationen/online – publikationen.cfm); Dr Tilman Lueder, Working Toward the Next Generation of Copyright Licenses, Presented at the 14th Fordham-Conference on International Intellectual Property Law & Policy, 20 – 21 April2006; [EB/OL] http://ec.europa.eu/intemal – market/copyright/docs/docs/lueder – fordham – 2006.pdf. and also, Etude CSPLA, a study report by V. – L. Benabou.

❽ Radio Telefis Eireann and Independent Television Publications v. EC Commission (C – 241 and 242/91 P), 6 April 1995, [1995] ECR 1 – 743, [1995] 4 CMLR 718.

❾ Volvo AB v. Erik Veng (UK) Ltd (238/87), 5 October 1988 [1988] ECR 6211 [1989] 4 CMLR 122.

欧盟竞争法与版权法：何去何从？

4. 版权持有人通过提供排除二级市场的竞争而占有该市场。[20]

在判决之时，对电视节目单的版权弱保护似乎是对竞争规则侵入合法性的重要解释，该规则反对权利持有人拒绝传输唯一信息。然而，自那时起，Magill案显示为具有里程碑意义的案例和所谓的"例外情形"，一种对权利所有人行为适用竞争法规则的指导。

在IMS案[21]中，权利所有人拒绝竞争者使用它的砖形结构，把德国地域分成1860个区汇报药品的销售和配方信息。到1999年，IMS在药品公司的积极帮助下，成为地区数据的唯一供给者。随后，两个新的市场进入者发现，他们的信息体系由于药品公司已经使用传统的地域分配，而遭遇了抵制。换言之，客户不能或者不愿做出转换成本。于是，NDC和AzyX，由于未经许可使用了IMS砖形结构，被IMS起诉，国内法院对其予以谴责。但欧洲委员会[22]要求IMS就砖形结构授予强制许可，有成员国要求欧盟委员会就强制许可问题给予指导。在这个判决中，欧洲法院认为，拒绝对一个缺少合理替代的工业标准的许可，可能会构成滥用优势地位。知识产权的拒绝许可是否构成优势地位的滥用，欧洲法院认为，应当按照Magill案中的三个累积标准，就是这种拒绝（1）阻止了有潜在客户需求的新产品的出现；（2）通过客观考虑是不公平的；（3）可能排除在二级市场的所有竞争。

在最近的微软（Microsoft）案[23]中，确认了禁止滥用优势地位的广泛适用，如拒绝传输对于微软系统软件程序互用性必要的信息。在这种情况下，一审法院甚至扩大了超越Magill案的例外情形概念的边界，显示了它适用于各种类型新主张的能力。[24] 与那些乐观的评论不同，判例法表明，在适用于版权时，竞

---

[20] I. Maher, Methods and Criteria of Application of Competition Law to Copyright Law, The Market Definition in Competition: Which Repercussion on Copyright Law, Exploring the Sources of Copyright, ALAI, Paris 2005, p. 583.

[21] IMS Health v. NDCHealth (C-418/01), 29 April 2004, [2004] 4 CMLR 1543; on this case see A. Kamperman Sanders, Encroaching on exclusive Rights: Access Obligations after IMS Health - Rational Competition Policy and a bit of Animal Logic, Exploring the Sources of Copyright, ALAI, Paris 2005, p. 694; V. - L. Benabou; Chron. Transversales, Propriétés Intellectuelles, July 2004, no. 12, p. 823.

[22] See the subsequent decisions of the CFI president, reversing the Commission decision, IMS interim order of the Commission (2002/165/EC, COMP D3/38.044), 3July 2001, OJ 2002, L59/18, [2002] 4 CMLR 58; IMS Health v. Commission H (T184/01R), 26 October 2001, OJ 2002, C144/45, [2002] 4 CMLR 58.

[23] CFI, 17 September 2007, Microsoft, Matter T-201/04.

[24] 第336段：依据前列因素，法院认为这是合理的，首先确定在Magill案和IMS Health案中是否情形相同，前第107款，如前332和333段所规定，在案件中也被提出。只有发现这些情形的一种或多种缺失时，法院才会继续评估委员会提起的特别情况（参见第317段）。

争规则在实践中自我限制较弱。

版权法受制于竞争法是毋庸置疑的,竞争机构的权限不需要得到版权专家的恩赐。竞争法目标日益增加的重要性已经开始侵入版权自身的地位,这会怎样呢?这种适用必须加以讨论,尤其是对于这种"正面反对"的方法,不公平地忽略了两个机构间的所有共同要素。

2 竞争法标准适用版权法的不足:关于版权的竞争规则滥用

竞争法和版权法在某种程度上遵循同样的目标,就是消费者或公众最终利益。竞争法的目标是通过积极的经济活动保护一般利益,确保资源对消费者实现最佳配置。版权也可以被看作培育文化、教育与创新的法律工具,并因此提高社会福利。但竞争法通过事后规范的方式介入,在对市场参与者观察基础上,对市场上的扭曲加以救济,而版权则采取事前机制去构造垄断实施规则:权利范围的定义——目的、期间——垄断的程度——例外、限制条款及获得报酬权。

由于这些结构上的不同方法及其适用标准的不确定性,竞争法超越版权法规则的体系优越性,会削弱市场竞争者的安全。竞争机构试图调和的利益平衡,不是一个静态的因素,它可以随着市场和某种技术的发展进行不同的设定。它有极不稳定的性质,呈现了两个领域间紧密关系的不确定性。从上面的例子可以看出,竞争法对版权的适用经历了"态度上的急剧变化"。

关于竞争法对版权法的对待有两种类型的观察。第一个涉及相关法院运用的方法,有时似乎忘记了竞争法标准的正统说法,或者忽略了它们缺少适用于版权的基础理论。第二个来源于这种为了实现竞争法与版权法的共同目标而适用的混合结果。

2.1 无意义概念

版权实施的几个规则,在滥用优势地位方面正在开放面对批评,因为它们似乎以一定程度的自由,偏离了竞争法的传统解释。偶尔的情形下会适用标准,却没有考虑它们是否真正适合正在审查的事件。两个示例揭示了竞争法规则无条件适用于版权的不充分性。

市场与必要设施

严格的市场定义是竞争法分析的核心,在欧盟法体系中占有重要的地位,必须关注对涉及版权问题某种竞争判决的较低水平市场分析。例如，在 *IMS* 案中，市场分析引起了一些混淆，主要是关于适用必要设施原则的首要市场与二级市场定义。在这个被多次提及的案例中，㉕ 欧盟竞争机构最终区分了主要的"上游"模式结构市场与通过这种结构利用数据的下游市场。它们人为地将上游市场界定为寻求获得产品或服务的市场，把下游市场界定为为其他产品或服务而使用该产品的市场。法院归纳为，一旦可以界定一个潜在的或假设的市场，就可以充分适用 Magill 案的原则。但这一原则与艾·马赫㉖概括的传统竞争原理并不一致，"原则上，一个实践中潜在的市场怎样能够被界定？有潜在竞争的定义，但在竞争法中并没有潜在市场的定义"。

关于这一点，法院遵循了检察总长的结论，认为能够界定"上游输入市场"就足够了，即使该市场仅是一个潜在的市场。因为在那个市场上有垄断地位的企业，不是决定进行必要的市场输入，而是以独占的方式在衍生市场上继续利用，从而在二级市场上完全限制或消除竞争。法院必须诉诸人为的推理，以保持主要市场与衍生市场间的区别，并冒险将这一区别置于真实世界之中，尽管这一区别对于必要设施理论的适用具有相当的重要性。

"潜在"市场的概念尽管很脆弱，但初审法院在微软案中还是再一次对其加以适用，法官认为：

不可缺少产品或服务并没有分离的市场这一事实，并不排除一开始界定独立市场的可能性（参见 IMS Health 案，第 107 段，第 43 段）。因此，法院认为，IMS Health 案第 107 段，第 44 段，在这种情况下，如果产品或服务对特定商业行为必不可少，寻求运作该商业的企业对其有实际的需求，就能充分界定一个潜在的市场或假定的市场。法院随后总结，鉴别产品的两个不同阶段，它们相互联系，为供应下游产品，上游产品是必不可少的，这是决定性的。

然而，这一权利市场与实施市场间的区别并不具有真实的意义，因为权利的经济价值在于为任何利用目的进行转让的能力。马赫认为：

潜在市场的困难是，它最小化或消除了杠杆需求，使其看起来更像是一种分享竞争优势的义务，使竞争优势的公司有在真实市场上创设竞争的义务。从

㉕ ECJ, 29 April 2004, Matter C – 418/01, IMS Health GmlH & Co. OHG v. NDC Health GmbH & Co. KG, notably Estelle Derclaye, L'arrêt IMS Health – Une décision clarificatrice et salutaire tant pour ledroit de la concurrence que pour le droit d'auteur, Auteurs et Mddias, no. 4/2004, p. 295; V. – L. Benabou, Chron. Transversales, Propriétés Intellectuelles, July 2004, no. 12, p. 821.

㉖ I. Maher, The Market Definition in Competition Law: Repercussions for Copyright Law, Exploring the Sources of Copyright, ALAI, Paris 2005, p. 583.

政策的角度看，如果仅有义务在真实的市场上允许竞争，它可能会阻碍发明与创造力。如果核心市场上的投资受到此义务风险的威胁，就可能产生一种抑制性影响。㉗㉘

这种区别与相关知识产权法不一致，也没有基于实施垄断的市场规定任何待遇上的区别。一项独占权的实施——尤其是版权原始持有人没有义务这样做的时候——从属于权利持有人自己在市场上投资的意愿，并按照他自己的时间表进行。实施的第一个市场未必是最重要的，二级市场也不能被界定为"衍生"的市场。这表明竞争法在根本上反驳了版权法的传统权利合约组织。㉙

欧洲竞争机构也经常会遇到市场支配力的问题，无论什么时候界定市场不准确，确定经营者的市场地位就更困难。特别是当强调渗透下游市场授权的"实质"性的时候，总是自动推定优势地位。如在 IMS 案中，"如果一个设施被认为是必不可少的，就会构成潜在市场。设施的控制人就会在这个市场上有优势地位，而且设施必不可少这一事实也可能成为发现滥用的一个特征"。㉚

然而，原则上，这种地位的存在应该通过对产品或服务的可置换性分析加以确定，但有时往往缺少这样的分析。相反，版权所保护客体的创造力和创新性会导致假定它的"必不可少性"以及权利所有人的最终优势地位。只有通过对受保护作品必不可少的仔细审查，滥用优势地位的假定才能被排除。㉛ 如

㉗ I. Maher，ibid.

㉘ 又参见 A. Strowel 与 W. Hull，侵入独占权：知识产权强制许可：欧共体法院在 IMS 案中判决及其对微软案的影响，探索版权来源 ALAI，巴黎，2005 年版，第 687 页：欧共体法院声言要确立二级市场，但很明显，按照目前判例法，优势企业在自己的市场上或许会要求技术许可，只要竞争者表明要推出一种新产品。这种方式可能会很好地降低创新，因为企业不会积极在研究与发展中投入，只要他们面临技术可能被竞争者获得的前景。

㉙ 参见竞争委员会和法国高级上诉法院对 TFI 合作生产合同中包含条款实施的控制，该合同保留其分公司的 video 生产权。理事会认为，授权独占权的目的和影响干扰了视频图像生产市场竞争的自由发挥，构成不公平的贸易实践。（Decision99 – D – 85 of 22 December 1999）。The Cour de Cassation，in a ruling of 26 November2003，commended the Cour d'Appel（Appeal Court）指出 TF1 本身关于视频形式合作生产作品的实际实施未以任何方式承诺，因此找到保护自己不被竞争企业实施的方式，以阻碍所有的潜在竞争者进入视频图像衍生生产市场，确保其市场上的发展。这种实践既未通过任何对电视行业的特别要求，也未通过对视频生产企业的特定要求。相关实践不构成合作生产者独占复制权的正常实施，而是扭曲竞争的法律滥用。

㉚ I. Maher，op. cit.

㉛ See for example，ECJ，12 June 1997，TiercéLadbroke SA，Matter T –504/93. 初审法院认为，拒绝对相关赛事音像的许可不构成滥用，而是对参赌者提供的配套服务，只要赛马电视广播本身独立于赌彩的主要活动。For a national illustration，Cour de Cassation，Chambre commerciale，12 July 2005 re：CA Paris，Ire ch.，12February 2004：BOCCRF 2004，p. 422；Contrats，conc.，consom. 2004，comm. no. 111，obs. M. Malaurie – Vignal. On this matter，see S. Lemarchand L'affaire NMPP：s'oriente –t – on vers une nouvelle limite au droit d'auteur du logicielau nom de la libre concurrence? Propriétés IntellectuelIes 2004，no. 11，p. 626.

果任何一个作品被假设为必要设施，按照并入欧盟竞争法门槛，关于版权的协议就不能从新政策中受益，正如一些小通知和集体豁免指令显示的那样。

价　　格

　　竞争法仍然被适用于版权，而几乎没有考虑用以评估一部按照知识产权规则获得的作品价格的方法。如果财产的经济价值主要源于对其可用性设定的某种限制（法律创设的人为不足），作为某种竞争决定试图在成本基础上确定价格是不合理的。在法国法，有一个令人担忧的裁决，[32] 在发现一位经济市场参与人正在按照某种不公平的条款使用它的数据库后，要求后者允许在与成本一致的价值基础上使用。然而，这种要求违背了版权经济，其主要建立在需求基础之上。而且，检察总长迈拉斯在他根据 SABAM 案规则的研究结果中强调，如联邦商标案一样，置换传统价格方式，确定版权领域权利使用费的价格是不可能的。

　　在任何情况下，产品成本的概念都不能对知识产权财产的价值给予正确的指示，这种价值是若干独立的工作小时或用来生产的原材料成本，如绘画。它更是一种作者信誉、作品的潜在实施或者一个时代的精神。因此，在这个意义上，它与形成过度价格的特性密切相关。一个标准化产品，只有具有显著的可替代性，才可以与这样的推理相一致。如果一个作品是独一无二的，制作它的原材料成本与价格并不相关，同样范畴内作品的价格也一样独一无二。如果它发现买方对它感兴趣，价格就会在需求的基础上得以确定。

　　为了界定"合理价格"这一概念，毫无疑问要借助于经济的分析。要允许一位经济市场参与人自由进行任意评价，无论参与人是否依赖知识产权。尽管如此，在该领域如何确定构成"过度价格"还是充满艰辛，因为它涉及包含原始材料的作品。在涉及对与作品共同适用的媒介价格比较时，还可能产生

---

[32] CE, 29 July 2002, D. 2003, Somm. 901, Gonzales, CCC 2003, no. 39, M. Malaurie – Vignal. Cass. Com. 4 December 2001, France Télécom c/ Lectiel et Groupeadress, Com. Com. Elect, March 2002, no. 3, p. 62, note C. Caron, Propriétées Intellectuelles, April 2002, no. 3, p. 62, obs. A. Lucas. The Cour de Cassationconfirmed the French Appeal Court's decisionrequiring France Télécom to applyprices in line with costs made necessary by technical operations with regard to accessto a database of telephone addresses：尽管数据库的知识产权权利持有人具有要求报酬的合法权利，当其数据库构成竞争领域市场参与者运营的实质资源时，获取数据库就要付出高昂的代价。因此，会产生质询相关性的某种结果。

价格歧视的争论，如欧共体一审法院审理的 *Micro Leader* 案。[33] 法院认为，在欧共体内部对微软软件适用的价格构成滥用优势地位的证明，因为它高于其在加拿大市场上的价格，在某种程度上这种价格（欧共体的价格）就是过度的。但法院不特别关注这一点。

对成本的推断只应为涉及上游资金投资的作品保留，还是可以把它延伸到各种类型的创作？在无法适用与成本一致的价格定义时，应该怎样确定许可费的数量？确定许可费的水平很困难，因为这是独一无二的事物，在大多数案例中，价格问题通常在最后使用强制许可的办法解决。在上游市场，没有人特意去调整属于作者的文学艺术作品使用费，对于作者来说，很有可能基于同一作品收到不同数量的使用费。在销售阶段，版税的多样化也成为特定领域经济的组成部分。因此，一部电影可能依据媒介、版本、销售地域、开发市场的时间、播放时间，甚至广播时间，销售出不同的价格。在这种情况下，一个得到授权的、单一的、价格固定的合作销售就有着致命的影响。因此，将强制许可的固定价格限于既定的使用类型极为重要，便不会对其他作品的潜在利用方式有影响。如开普曼所言：[34]"怎样精确计算一个强制许可的使用费，目前还不是很清晰，在版权与数据库领域的交叉许可也没有发展到专利领域的程度"。

一般而言，竞争机构在进行裁决时，总会对是否影响知识产权激励创新这一长期目标加以平衡。只有按照这样的预期推理，竞争禁止适用的结果才能够与该目标保持一致。

不乐观的结果

欧盟最近在版权领域中的竞争法适用，由于标准的不确定性招致批评。至于必要设施原则，对"新产品"条件的逐步放弃，会危害权利持有人的垄断而没有保证社会的任何文化利益或创新方面的进步。尽管笔者在该文章中没有研究这一问题，但对于集体管理组织，欧盟委员会采取的关于自由竞争的十分

---

[33] CFI, 16 December 1999, Micro Business Leader v. Commission, Matter T198/98, [free translation]：一个版权可能因为滥用优势地位而受到处罚，如果权利持有人对同样交易，在某市场比欧共体市场收取较低费用，且欧共体市场价格过于高昂。在加拿大与法国市场的费用不同就构成证据，微软对同样交易，在加拿大市场比欧共体市场收取较低费用，且欧共体市场价格过于高昂。

[34] A. Kamperman Sanders, Access Obligations after IMS Health – Rational Competition Policy and a bit of Animal Logic, see also A. Kamperman Sanders, Essential Facilities and Appropriate Remuneration of Achievements, C. Heath and A. Kamperman Sanders (eds.), New Frontiers of Intellectual Property Law – IP in Cultural Heritage, Geographical Indications, Enforcement and Overprotection, Oxford, Hart Publishing, 2005, pp. 245–65。

武断的观点，已经扰乱了音乐销售的原有秩序。㉟

新产品条件的废止：促进了哪种进步？

来自美国反垄断法中知识产权领域的必要设施转换理论，并非像美国竞争法勉强适用所显示的那样容易。㊱但自 Magill 规则后，在版权实施方面，这一原理已经进入欧盟法。通过对 *Magill* 案和 *Oscar Bronner* 案㊲的比较研究可以得出，如果拒绝授权自愿许可阻碍了"新产品"出现，竞争机构可以在版权领域授权强制许可，这可以被界定为消费者的潜在要求，在现有"材料设施"中并不要求这种"新产品"条件。

在 *OscarBronner* 裁决中，欧洲法院事实上并未提到"新产品"条件，它认为（重述41）：

因此，即使关于知识产权实施的判例法，在任何时候都可以适用于任何知识产权的实施，它或许仍然是必要的，因为 Magill 案的有效判决要依赖请求滥用的存在……，不仅在家庭送货中构成的拒绝服务，可能消除在日报市场个人服务需求部分的所有竞争，这样的拒绝不能被合法化，而且服务本身也独立于个人商业运营，这样在家庭送货机制中没有潜在或实际的替代品。

换言之，刺激在版权领域竞争规则侵入的例外情形，限于权利持有人因消极实施垄断而阻碍创新的情形。

但 IMS 案表明，这样的"版权友好"方式不能一概而论，因为权利持有人在竞争者想要进入的市场确实实施了受保护作品。欧洲法院对于"新产品"的条件没有加以明确。对于要求强制许可的竞争者完全没有表明，获取失败使他们开发了不同于创造者已经销售的产品，这一点似乎被撤开了。尽管法院不愿意遵循总检察长蒂扎诺将新产品要求转换为"不同产品要求"的建议，表明竞争者愿意从其公司的优势产品中引入一个具有"不同特征"产品的意图是必要的，鉴别竞争者想要提供给消费者的新产品仍然存在困难。斯托尔和胡

㉟ The effects of the above-mentioned recommendation of October 2005 haveraised huge concerns, from among others, the European Parliament with regard to therespect for cultural diversity.

㊱ 参见 M. Leafier，探索版权法来源，ALAI，巴黎，2005 年版。美国法中的必要设施原则，第 628 页："该原则与美国反垄断法及知识产权法的基本目标背道而驰。反垄断法的目标并非强制企业分享垄断地位，而是阻止垄断发生或一旦发生予以制止。基于两点原因强制企业分享垄断地位与反垄断法不符：首先，分享垄断并未使消费者变得更好，价格和产出与一个垄断者时一样。其次，分享垄断将降低企业自己创新和产出的积极性"。

㊲ ECJ, 26 November 1998, Oscar Bronner, Matter C-7/97.

尔指出，"欧洲法院的方法显然为满足法律的确定性，留下了很大的空间"。[38]

在微软案[39]中，处理与软件提供商 Windows 系统互用性问题时，欧共体机构基于必要设施理论，并未要求垄断的放开取决于竞争者提供的新产品的出现。在这方面，尽管相关软件存在对市场经销店的限制，没有任何事情保证建立互用性体系对这种新产品的出现是必要的。而且，在这一判决中一审法院认为：

> 与新产品出现有关的情形，如在 *Magill* 案和 *IMS Health* 案中所设计，确定一个知识产权拒绝许可是否会对消费者造成条约第 82 条意义上的损害，没有唯一的标准。如条款所规定的，这样的损害应不仅产生对生产或市场的限制，还有对技术发展的限制。

按照最后一个判决，不仅不再要求新产品的出现，也没有了关于消费者潜在要求的条件。[40] 这足以说明，权利持有人的行为可能会以一种抽象的方式，消极影响技术的发展。

在法国判例法中之前从未确认过新产品的概念，因此，*Conceil* 案[41]认为苹果的数字管理系统，与 iPod 匹配的唯一个人系统，并不构成关键设施，因为其他的技术程序，如重复输入，也能从 Virgin Mega 平台下载音乐或歌曲到 iPod。既然如此，进入到那个数字管理系统对于 Virgin Mega 就不是必不可少的。理事会强调，正消除的竞争风险没有确立，而且 Virgin Mega 并未宣布任何提供新产品或服务的意图。因此，苹果拒绝将 Virgin Mega 授权许可没有受到处罚。在微软案后，这种原理是否会被欧共体所支持还不清楚，最近已经开始了反对苹果的程序。

---

[38] Strowel 与 Hull 建议"避免这种不确定性，更好的方式可以限制强制许可，如果许可涉及与优势企业实施知识产权完全独立的市场，或对其不起作用。因此优势企业不必被迫在自己的市场上创造竞争，直接涉及知识产权核心的，只是需要在不实施权利的临近市场就可以。"

[39] Order of the President of the Court of First Instance of the European Communities, 22 December 2004, Matter T-201/04 R, Microsoft Corp., v. Commission of the European Communities, V. – L. Benabou, David contre Goliath, PropriétéIntellectuelles, Transversales no. 14, January 2005; L. Idot, Les ventes liées aprèsMicrosoft et GE Honeywell, Concurrences, no. 2, 2005; Luc Gyselen, Do the Holders of Intellectual Property Rights have to License their Rights to Competitors? Concurrences, no. 2, 2005, pp. 24 – 30; CFI, 17 September 2007, T-201-04; V. L. Benabou, Propriétés Intellectuelles, January 2008.

[40] Microsoft, recital 648: It was on that last hypothesis that the Commission based its finding in the contested decision. Thus, the Commission considered that Microsoft's refusal to supply the relevant information limited technical development to the prejudice of consumers within the meaning of Article 82 (b) EC (recitals 693 to 701and 782 to the contested decision) and it rejected Microsoft's assertion that it had notbeen demonstrated that its refusal caused prejudice to consumers (recitals 702 to 708to the contested decision).

[41] Decision 04 – D – 54 of 9 November 2004.

由此，确定权利持有人拒绝给予许可或授权对作品使用的时间，也是极为困难的，这个时间会使权利持有人面临竞争法的责难，并使其将独占权转换为获取报酬的权利。

剥夺已经取得的垄断权会有什么好处？正如我们在 *IMS* 案中已经看到的，如果在竞争者没有主张生产新产品意图时授予强制许可，对垄断权的否决就会鼓励搭便车现象。在作出这样的否决之前，等待观察市场上的新产品增长或许更好。当竞争机构授权强制许可时，人们首先会想授予谁，并以何种价位做出？如果授予强制许可，是否所有竞争者都可以在同样的条件下取得作品？还是应当只保留给证明可以提供新产品的竞争者？在这种情况下，对同样的服务消费者可能会得到更好的价格，因为竞争者已承担了某种商业风险。但尽管如此，消费者得到的短期好处能够抵消中期对创新的消极影响吗？即使不提及创新，也必须承认这样的事实，消费者的收获并不限于在最低价位上取得产品，消费者更愿意拥有一个选择，去享受某种文化的多样性，获取文化与政治上的多种表达。

这样的推理也可能会导致对市场的极度干扰，事实上，如果在市场经营的权利持有人只能允许按照竞争机构的固定价格获取作品，也就不再有任何垄断。在进入市场时，创作者不仅承受商业风险，甚至不能要求某种数额的报酬，他可以有要求，但不能有其他的约束条件。㊷

如果创作行为暗示着相当数量的投资，如电影制作，任何独占权保证的缺少都可能使其却步。对于市场参与者而言，很难在最初规则与最终规则不一致的游戏规则中继续参与，然而竞争法，作为一种事后规则，无论在适用范围还是条件上，都无法被参与者事前预见。

一些人主张，竞争法将只介入有显著功能性的特定作品。㊸ 事实上，一些重要判决已经涉及软件、数据库，甚至制图，这一有限适用原则应当保留。事实上在前面提到的判决中，并未表明它们的推理只适用于功能性作品。一直有赖于限制竞争法侵入的信息财产概念，并不非常确信所有作品都会包含经济市场参与人希望抽取的某种信息因素。而且，与 *Magill* 案判决不同，*IMS* 案与原创性结构有关，这种结构执行的是信息的计算结果，而不是信息本身，它可以为所有人免费使用。退一步讲，这种对按照作品类别给予不同待遇的依赖，与

㊷ For example, L. Richer, Le droit à la paresse? Essential facilities versionfranqaise: D. 1999, chron., p. 253.

㊸ S. Lemarchand, O. Freget and F. Sardain, Biens informationnels: entre droitsintellectuels et droit de la concurence, Propriétés IntetIectuelles, no. 6, January 2003.

版权法并不相配，它假定了对作品类型及形式的漠视原则。因而没有什么会阻止知名画家某一类作品的出版商依靠竞争法，而不是权利滥用，去反对权利持有人拒绝授权这一类别的作品出版。现实中的确需要新产品的创作，因为有这种潜在的需求，如果它随意地剥夺了公众科学地获得一幅画作，拒绝就似乎就不再合法。

结　　论

目前竞争法适用的主要缺陷是，它把版权法拖入到极大的法律不确定性中。在创作者和他们的受让人头上悬起了达摩克利斯之剑。在挑战竞争法的努力中，使用者和竞争者经常为极小的动机所驱动，并实际上号召竞争法，为的只是……少付钱！这种不可预见性的情势加速了利益相关方的分裂，也会阻碍对创作的投资，造成发展中的搭便车现象，这两种情况都会对经济发展产生损害。

为了消除竞争法的不利影响，可以探索几种途径。

可以考虑在版权法内"内部化"特定的竞争法限制，以消除事后适用的风险。❹ 第二个可能性由一些正在完善的文件组成，用来评估竞争机构关于市场作出判决的效果，主要是对于终端用户创新与再销售的市场。如果竞争机构承认特定的"潜在"市场，而使他们的裁决合理化，那么要求他们就潜在市场作出界定就是合理的。一旦障碍被移除，要在对长期与短期优势进行比较的基础上，考虑移除垄断的影响。最后，对于专家来说下面的方法比较适当，为了共同的目标将两个领域合并在一起，采用合适的方法促进确定一个能够提供指导的特定市场定义，这种做法在其他领域已经适用。IMS 案中出现的"工业标准作品"应当引起关注，应仔细考虑作品创作的独立性，以确定消费者参与最后作品创作的影响，创作替代性作品的技术可能性及经济上的可行性，特别是注意替代性产品或服务的条件。我们已经到了不再依靠经济专属模式，而是运用经济与法律工具分析版权的时代。

---

❹　正是基于这种考量，已经设计了某些机制，如管理公司、评审组及特定的法定许可，对于独占权范围的限制，滥用的概念，甚至是伴随软件独占权确立的互用性请求。

模仿的标准与盗用会削弱知识产权法的基础吗?

安塞姆·凯普曼·桑德斯

概 述

本文主要研究这样一个事实,不正当竞争法的概念,如盗用或模仿,常被用来扩展知识产权或工业产权自身体系,与知识产权或工业产权共同提供一种补充性、可选择性的保护方式,如果知识产权或工业产权失效了,还可以提供随后保护。本文重点突出荷兰最近的几个案例,但仍然对欧盟一体化意义上的一些普遍性概念进行了探讨,如优先权原则与售后混淆原则。作者支持此种观点,目前反不正当竞争领域不统一的现状对于知识产权法的发展利弊并存。反不正当竞争领域一体化的缺乏,一方面通过扩展版权法"培育"了这种不统一,而内部市场原则则会限制反不正当竞争法超越其本应的界线。在知识产权整体机制和国际工业创新范围内,反不正当竞争法成为对知识产权或工业产权保护的一种补充、可替代方法,但毫无疑问,我们有必要对这一作用进行深入的讨论。

盗 用

在 2006 年 6 月[1]的 Tresor 案中,荷兰最高法院指出,香水的气味是《伯尔尼公约》意义上的"作品",这种作品的表现是瓶中的香味。作出这样的判

---

[1] Lancôme v. Kecofa, Dutch Supreme Court, 16 June 2006, NJ 2006, 585. For a critical appraisal see H. Cohen Jehoram, the Dutch Supreme Court Recognises Copyright in the Scent of a Perfume. The Flying Dutchman: All Sails, No Anchor [2006] EIPR 629-31.

决，荷兰法院不仅挑战了版权作品的现有定义，❷ 也模糊了思想与表达的界限。气味类香水的生产者很难证明他们的作品是一种独立创造，它甚至没有考虑很少有人能够开发出这样的敏感器官，它们能够在香水中将这种充分混合物中的思想从表达中分离出来。

如果人们不得不相信所有关于香水艺术与美学特征的高雅描述，❸ 那么，最高法院判决的核心就是，无论如何要尽力保护"任何太阳底下由人类制作的东西"。❹ 但未来版权的一体化是否能够包含版权作品的荷兰定义，还要拭目以待。其对版权法的影响受到了广泛的批评，❺ 但该判决也并非没有学术上的支持。❻ 一些支持者指出这样的事实，该判决适应了对某种"混合物"❼ 不断认可的趋势，它们缺少版权、专利、商标或外观设计方面的保护，但作为市场公平竞争的一种方式，应当得到保护。如果版权的概念能够延伸到包含对于反不正当竞争法都难于讨论的问题，这未尝不是一件好事。版权制度毕竟为多数人熟知，可以不受制于反不正当竞争法无法确定时❽适用的司法自由裁量权。另一个好处是，在很大程度上统一了版权法，也许这就是未来作品的定义。对于另一些人而言，该保护定义抵制不公平竞争等同于对市场的扭曲以及对自由竞争的阻碍。雅各布大法官在 *Hodgekinson & Corby Ltd and Roho Inc v. Wards Mobility Services Ltd* 案❾中有一段陈述，消除了英国法中不正当竞争一般侵权的任何定义："没有复制侵权，没有占有某人市场或消费者的侵权，原

---

❷ 几乎同时，法国最高法院确定，香味不是作品，推翻了低级法院的相反判决。See FrenchCour de Cassation, Bsiri – Barbir v. Haarmann & Reimer Civ. (lre ch.), 13 June 2006; [2006] ECDR 28: Mais attendu que la fragrance d'un parfum, qui procède de la simpleraise en oeuvre d'un savoir – faire, ne constitue pas au sens des textes précités, la création d'une forme d'expression pouvant bénéficier de la protection des oeuvres del'esprit pas le droit d'auteur; d'ou il suit que le moyen n'est pas fondé, par ces motifsrejette le pourvoi

❸ Cohen Jehoram，前注 1 第 630 页，甚至嘲讽这一事实，认为会产生不良气味，如训狗用化学药物，显然要排除版权保护，因为它们主要履行功能目的。

❹ A form of expression now typically associated with all that is wrong with US patent law, and stemming from the case of Diamond v. Chakrabarty, 447 US 303 (1980), 100 S. Ct. 2204, 65 L. Ed. 2d 144, 206 USPQ 193, which dealt with the question whether genetically modified micro – organisms can be patented.

❺ For example, see C. Seville, Copyright in Perfumes: Smelling a Rat [2007] Cambridge Law Journal 49 – 52.

❻ For an exposé see E. Dommering, Auteursrecht op parfum: de definitiveverdamping van het werkbegrip, Spoorbundel (2007, Amsterdam, delex) 65 – 77.

❼ See the seminal article by J. Reichman, Legal Hybrids between Patents and Copyright Paradigms, 94 Columbia Law Review 2432 – 558 (1994).

❽ Fry LJ in Mogul Steamship Co. v. McGregor Gow & Co. (1889) 23 QBD 598at 615："通过法院的力量，在公平与不公平竞争之间，合理与不合理之间划一道线。"

❾ [1995] FSR 169.

告自己既不拥有市场也不拥有消费者。没有利用他人善意的侵权，也没有竞争的侵权"。但反不正当竞争法在欧洲并未实现一体化，❿ 参照《巴黎公约》第10条之二，每一个成员国依然可以对所规定的"有效保护抵制不正当竞争"，自由制定本国的解释。

如此便可能出现关于版权作品定义一体化的"下降"，如果版权法不再能够保护香水生产商的利益，就会用反不正当竞争法来接管。这种可能性在一种范例模式中得到了证明，斯堪的纳维亚实施了数据库指令，更重要的是荷兰也实施了该指令。北欧的目录规则一直在数据库一体化影响范围之外，但荷兰特别权利并非如此，所发布的非原创或非个人作品可以对抗整体复制。⓫ 这种保护形式又回到保护印刷者劳动、技能与投资的前著作权利体系，这明确规定在1912年荷兰版权法之中，它更接近传统的版权，而非著作权。在实施数据库指令时，荷兰立法机构选择将其排除在范围之外，只有得到了实质性质或量的投入那些作品，才可以被认定为数据库。⓬ 尽管数据库特别权利与非原创或非个人著作不可能叠加，⓭ 所有没有满足所要求投入水平的作品，仍然包含在内。⓮ 欧盟法院在英国赛马委员会诉威廉姆（*British Horseracing Board v. William Hill*）案中判决的有限影响，也被荷兰绕开了。⓯ 但荷兰实施数据库指令的缺陷是，要保留反击似乎无所不在的某种版权类型的自由。而版权可以延伸到适合作为作品的气味，保护劳动、技能、投资的传统古代保护机制在版权法中占有了一席之地。鉴于一体化实践，知识产权律师反而要借助反不正当竞争法来补充或绕开知识产权的适当性，或主张也许根本不可用的权利。

---

❿ F. Henning – Bodewig and G. Schricker, New Initiative for the Harmonisationof Unfair Competition Law in Europe, [2002] EIPR 271 – 2; Schricker, European Harmonisation of Unfair Competition Law – A Futile Venture? (1991) HC788; C. Wadlow, Unfair Competition in Community Law: Harmonisation Becomes Gridloced [2006] EIPR 469 – 73。

⓫ Stemming from Article 10 (1) of the Dutch Copyright Act's definition: Forthe purposes of tiffs Act, literary, scientific or artistic works includes: books, pamphlets, newspapers, periodicals and all other writings; ... The Dutch Supreme has long established the principle that non – original writing can be protected.

⓬ Article 10 (4) of the Dutch Copyright Act.

⓭ See E. Derclaye, Can and Should Misappropriation also protect Database? A Comparative Approach, in P. Torremans (ed.), Copyright Law: A Handbook of Contemporary Research (2007, Cheltenham, UK and Northampton, MA, EdwardElgar Publishing), 83.

⓮ 如在2007年8月，利用了非原创/个性作品保护原则阻止网络搜索网址 www.jaap.nl 从不动产代理人经营的其他网站上逐字复制关于房屋销售的所有信息。Stichting Baas in Eigen Huis v. Plazacasa B. V., Provisional Measures Judgement, District Court of Al*kma*ar, 7 August 2007, LJN: BBI207.

⓯ See P. B. Hugenholtz's note to ECJ Case C – 203/02 British Horseracing Board v. William Hill, Auteurs – , Media en Informatierecht 2005, 36 – 7.

无限依样模仿

乐高公司在荷兰遇到了竞争,另一家公司复制了它的乐高和德宝积木,荷兰布雷达地区法院[16]进行了救济,认为 Mega 积木属于对原创的依样模仿。法院得出这一结论的依据是基于这样的定义,如果 Mega Brands 使用了一种不同的结构,没有损害实用性与可靠性,就应可以制作。如果不是这样,Mega Brands 要为依样模仿承担责任。在荷兰可以依处理侵权行为的荷兰民法典一般条款,提出模仿诉讼。[17] 依样模仿原则是关于反不正当竞争法的法官制定法的一部分,建立在 1953~1960 年荷兰最高法院作出判决的三个关键基础之上。[18]

乐高依赖依样模仿原则,因为模块系统内的专利权已经失效,外观设计和版权也不再或不能产生作用。法院认为乐高积木的尺寸在任何情况下都并非完全由功能性或技术性要求所支配,因此公众会对产品的外观感到困惑。认为 Mega Brands 以不同的包装销售积木,使用了完全不同的标识,这一事实被认为并不充分。无论在销售时,还是售后,只要 Mega 积木没有包装,都有可能产生混淆。在作出判决时,批评的声音[19]认为,乐高专利权保护的失误可以抢用了反不正当竞争的权利主张,[20] 无论怎样,所谓售后混淆并非检验依样模仿的标准。乐高的法律顾问写了一篇文章支持这一判决,[21] 他认为售后混淆是保护免受来源、声誉或其他混淆定义的内容之一,这一规定源于《巴黎公约》第 10 条之二。在欧盟法院对阿森纳足球俱乐部(Arsenal Football Club)案[22]作出判决后,售后混淆确实是欧盟商标法的一部分,这也仍然保有争议。[23] 没有任何理由将商标法范畴的售后混淆置换到反不正当竞争法之中,必然会造成困扰。为了解决双方引发的纠纷,要解决的问题是依样模仿是否可以用于保护一

---

[16] Lego v. Mega Brands, District Court Breda, 6 July 2005, LJN: AT8962, 118470/HA ZA 03-501.

[17] Article 6: 162 Dutch Civil Code.

[18] Dutch Supreme Court in Hyster Karry Krane, 26 June 1953, NJ 1954, 90; Drukasbak, 21 December 1856, NJ 1960, 414; Scrabble, 8 January 1960, NJ 1960 415.

[19] F. W. Grosheide, Hoe slams mag men nabootsen? Intellectuele Eigendom en Reclamerecht 2005, 64, at 271.

[20] On the application of the theory of pre-emption in relation to unfair competition law in several legal systems see A. Kamperman Sanders, Unfair Competition Law (1997, Oxford, Oxford University Press), ch. 1。

[21] C. Gielen, Bescherming tegen nodeloos verwarringsgevaar, ook bekend alsbescherming tegen slaafse navolging, Spoorbundel (2007, Amsterdam, delex), 99, at 105-8。

[22] Case C-206/01, Arsenal Football Club plc v. Matthew Reed, OJ 2002C323/22.

[23] P. O'Byme and B. Allgrove, Post-sale Confusion, Journal of Intellectual Property Law and Practice, 2007, 315-23.

种非专利权上的利益,以确定不适用专利权是否会取得主张模仿的权利。对于这一问题,我们需要观察售后混淆所包含的范围。在销售时所表现出的混淆可能性主要针对产品的来源,很难说 Mega Brands 在销售时造成了产品来源的混淆,因为它有着完全不同的包装。消费者做出购买决定,很可能是因为 Mega Brands 积木并非乐高积木,而仅仅是与乐高同一系列,这也是为什么售后混淆也需要承担责任。售后混淆针对的并非是产品来源的混淆,而是关于产品的混淆,原创的产品与模仿的产品可以交换使用。在这种情形下,积木的使用者,非购买者,在组装"乐高"时,不会去区别此积木非彼积木。问题是,如果物品的使用属于售后混淆,并因此模仿被禁止,模仿是否可以成为服务于专利法的一种独立且有区别的方式。因此,只有专利权失效本身可以产生主张先适用售后混淆的权利,另一方面判决为乐高积木提供了永久性保护。

不公平竞争标准

在上诉中,赫特福德郡上诉法院[24]发现了另外一种否定基层法院判决的方式。在这一案例中,乐高系统成功而广泛的传播导致其失败。认定乐高公司的德宝和乐高积木在荷兰拥有大量的家庭用户,从这种意义上讲,不仅仅是其专利权,乐高获得了玩具市场的独断地位。近年来,模块结构使人们在现有收藏基础上有所增加、扩大,有了新的购买选择。上诉法院认为,消费者存在对满足乐高标准产品的需求。Mega Brands 复制了乐高系统的这些方面,具有一致性和互动性,这就使得对乐高产品的依样模仿合法化。上诉法院得到了最高法院的支持,认定对于标准化[25]产品或没有商标无显著性的重要货物,[26] 存在潜在的和实际的消费者需求,[27] 构成对产品(依样)模仿合法化的理由。按照欧盟法院在沃尔沃案[28]、*Magill* 案[29]、*IMS Health* 案[30]及微软案[31]中判决,对于当前的情况是合理且创新的解决方式。可惜,法院对于反不正当竞争法的发挥可称为知识产权或工业产权补充、替代作用的基础性论题,仍然保持沉默,也未

---

[24] Mega Brands v. Lego, 12 June 2007, Intellectuele Eigendom en Reclamerecht2007, no. 79, at 301.
[25] Dutch Supreme Court, Monte/Kwikform, 1 December 1989, NJ 1992, 391, involving scaffolding.
[26] Dutch Supreme Court, Tornado, 12 June 1970, NJ 1970, 343, involvingclothes hangers.
[27] Dutch Supreme Court, Layner/Assco, 30 October 1998, NJ 1999, 84.
[28] ECJ Case C-237/87, Volvo AB v. Erik Veng (UK) Ltd. [1988] ECR 6211 [1989] 4 CMLR 122.
[29] ECJ Cases C-241 and 242/91, Radio Telefis Eireann and Independent Television Publications v. EC Commission [1995] ECR 1-743.
[30] ECJ Case C-418/01, IMS Health v. Commission, OJ C 118, 30 April 2004, p. 14.
[31] ECJ Case T-201/04, Microsoft v. Commission, OJ C269 of 10 November2007, p. 45.

处理售后混淆概念在依样模仿中的适当性问题。在消费者需求标准缺失的前提下，依靠依样模仿延长专利权仍然令人怀疑。

结　论

不适当的概念仍然是版权和其他类型知识产权所普遍关注的，尤其在国内法院认为，被告无合理理由复制，而原告的确值得保护的时候。在对香水进行保护的案例中，"作品"概念的界限延伸到了有些荒唐的地步。这种新型保护是否会在未来欧盟版权一体化中得以幸存，还要继续观察。在非原创、非个人作品案例中，在欧共体一体化努力中特别权利得以保留。即使欧盟成员国对于《巴黎公约》第10条之二所包含的义务依然各执一词，欧盟竞争法在减少依样模仿权利主张，以及在涉及有潜在消费者需求标准的知识产权情况下，其影响是显而易见的。需要进一步深入讨论的是，反不正当竞争法在欧盟一体化环境下的地位与适当性，尤其是反不正当竞争法作为知识产权或工业产权保护的一种补充、替代、附随方式所发挥的作用。

依国际版权机制获取知识，WIPO 进展日程、欧盟委员会新的外部贸易与知识产权政策

亨宁·格罗斯·卢瑟汉

1 概 述

数字技术兴起，其无限且能完全相同的复制能力，以及允许无限传播数字内容的全球信息网络，为获取信息提供了新的机会。个人能够更广泛地而且几乎无任何成本地获取、复制并传播数据、思想、概念以及任何其他电子资料，但在全球范围内消除获取知识障碍的潜在性，不仅会被"数字鸿沟"——即硬件与软件技术可用性及支付能力的同义词——所限制，也会被知识产权这种人为的排他保护形式所影响。

关于获取知识的定义，本文研究了国际知识产权保护、欧洲外部贸易及知识产权日程的现状与最新发展。这一定义非常重要，不仅是因为影响社会学习与提供教育的能力，其与进一步的科学研究及构成技术进步基础的形式也直接相关。以农业、生物化学、医药研究技术为例，知识的获取可以改善、甚至挽救生命。以信息形式表现的知识、思想、概念也可以促进具有高附加值及突出特征的新产品和服务的发展，并最终植入社会的文化生活之中。不对知识的获取及转让进行过多的讨论，这些示例已表明其在任何社会发展中的核心作用。❶

---

❶ One may further refer to calls for a treaty on access to knowledge (see forexample drafts prepared by civil society groups such as the Consumer Project onTechnology (now dubbed Knowledge Ecology International) [EB/OL]. http://www.cptech.org/a2k/a2k_treaty_may9.pdf, visited on 8 January 2008), recentinitiatives such as A2K (see http://www.cptech.org/a2k/, http://research.yale.edu/isp/eventsa2k2.html or http://www.access2knowledge.org, all visited on 8 January 2008) and simply to terms such as "information society" or "knowledge economy" as indicators of central role the concept of access to knowledge has in our lives.

在与本书有关的版权内容中，主要关注将知识获取作为一个呼吁自由、容易获取信息、思想的概念，而不受制于版权的保护，也包括为了利用原始信息、数据和思想而获取版权保护的资料。在这两种情形中，获取及合理利用不应受到版权法思想－表达两分法的限制，这一原则也包含在几个主要的国际版权公约之中，在保护范围内排除了思想、程序工艺、操作方法及数学概念。纯粹的事实、原始数据及信息一般而言也不适合版权法保护，尽管如此，获取和使用纯粹的事实、数据、信息、概念及思想，常常会因为这些要素的表达而被版权保护加以有效限制。有效限制、甚至排除对信息获取的理由多种多样，可能与保护客体的规定相关，也可能与保护范围相关，特别是与版权的例外与限制的可适用性相关。

在此背景下，知识的获取不仅能够解决客体是否能够依版权保护获益的问题，还包括（国际）版权法领域一系列广泛问题。努力确保获取知识（及随后的转让）与多种版权政策的选择相关，包括稳定的公有领域、界定明晰之专有权、法定或强制许可机制，以及控制合同性延展保护与技术性保护措施的例外与限制。

工业国家与发展中国家的发展不平衡，不仅体现在技术进步的水平上，也表现在其获取、使用技术与信息的能力。作为创新的重要方式，发展中国家亟需获得知识的转让与传播。从经济的视角看，由于它们处于欠发达的（技术）地位，其比较优势在于模仿而非关注研究密集型的创新。同样从贸易的视角看，发展中国家的比较优势在于更容易获取既有的知识（作为纯粹的知识、服务之进口者），并以此作为促进本国技术创新活动的机制。

2 依据版权保护的最低标准获取知识

版权与知识产权保护国际条约的各种规定，对于获取信息与知识都有特定的影响，还有一些条约主要与知识（技术）的转让相关。本节中作者将对一些最重要条约的相关规定加以阐述，并分析其对于本论题的重要性。为了在全球最低标准机制的多边与双边层次上更加突出强调一些主要要素，本节仅限于讨论 TRIPS 与《伯尔尼公约》中的规定。在 WIPO 版权条约（WCT）与各种双边自由贸易协定（FATs）中的强版权保护会在第 4 节作为"欧共体外部贸易与知识产权政策"中的一部分加以研究。首先对现有的最低标准加以评析，然后讨论 WIPO 机制内知识获取的激励措施，最后对欧共体相关的外部贸易及其对获取知识的影响加以分析。

依国际版权机制获取知识，WIPO 进展日程、欧盟委员会新的外部贸易与知识产权政策

2.1 TRIPS 与《伯尔尼公约》中的全球"最低标准"

作为设定 WTO 协定的附件 1C，TRIPS 要求所有成员执行包括版权及有关权❷在内的相关知识产权领域的"最低标准"。这不仅成为《伯尔尼公约》的重要实质性规定，❸ 也提高了《伯尔尼公约》之外的版权保护标准，❹ 包括知识产权执行的综合性义务。❺ 与所有之前与知识产权，尤其是版权相关的，一般性国际协定不同，TRIPS 与 WTO 其他协定，如 1994 年《关税与贸易总协定》一样，要受 WTO 争端解决机制（DSU）的调整，组成专家组或上诉机构对国内知识产权法与 TRIPS 义务的一致性进行审查。❻ 这种争端解决机制要比理论上的选择更加有效，如将违反《伯尔尼公约》的行为诉至国际法院❼（但并未被运用过），同时成为将知识产权纳入 WTO 机制下的重要理由：如果发现成员国法与 TRIPS 不一致，它们必须使之符合，否则 DSU 就会成为最后对受影响成员进行救济的途径，并有权中止 TRIPS 或 WTO 其他协定项下的同等义务作为报复。❽

TRIPS 不仅发挥着最重要的多边知识产权协定的作用，也是衡量现有版权保护及其他知识产权保护（最低）标准的重要参照。❾ 尽管版权产品的纯出口国家将版权保护进一步覆盖至所谓"数字环境"的各个方面，早在 1996 年，在 WIPO 提议下试图制定这方面的国际协定，这并非适合世界上大多数发展中

---

❷ See arts 9 – 14 TRIPS.

❸ See art. 9 (1) TRIPS, obliging WTO Members to comply with arts 1 through21 of the Berne Convention in its most recent revision and the appendix thereto.

❹ 通过为计算机程序剂数据汇编（数据库）提供版权保护，包括特定种类作品的出租权，特别是通过扩展《伯尔尼公约》第 9（2）条中的三步检测法，使其成为所有独占权限制与例外条款的标杆。参见 TRIPS 第 10~13 条。

❺ TRIPS 第三部分，第 41~61 条要求成员对达到"商业规模"的版权盗版规定禁令、损害赔偿及其他民事救济，更广泛的措施，包括刑事措施。尤其是在版权方面，TRIPS 协议的支持者认为与其说缺乏实质性的义务，不如说缺乏有效的执行，这是娱乐、信息或其他版权独立产业在全球范围内开发新市场的最主要问题。

❻ See art. 64 TRIPS.

❼ 参见《伯尔尼公约》第 33 条，允许进一步对适用进行保留。

❽ 参见 DSU22（3）-（5）条；在其他领域暂停义务的交叉报复或在其他协定中遭受进一步的条件。尽管如此，它仍然是促导符合 TRIPS 的一项有效机制，特别是在一个大贸易伙伴威胁撤回对经济发展至关重要的关税减让时。

❾ 这一观点不应被理解为对 TRIPS 规定之版权保护水平适当性的价值判断，而应是以实事求是的观点考察国际知识产权保护的当前现实，常极大超出 TRIPS 标准，削弱了其固有的不同灵活性和政策空间的选择。

国家的情况，它们仅是版权产品的纯进口国。❿ 因此，无论从实践还是规范的角度，TRIPS 都应当成为版权保护的全球性标准。基于此，本节只分析那些在版权意义上特别是获取知识方面的 TRIPS 规定。⓫ 此处也会对《伯尔尼公约》的规定加以研究，不仅是由于其悠远的历史以及广泛的成员，还因为它关于版权的主要条约已经通过 TRIPS 第 9 (1) 条指引的方式，构成 TRIPS 的一部分。

2.2 TRIPS 第 7 条中知识产权保护的目标

TRIPS 第 7 条尽管不是一项特定版权的规定，甚至没有包含知识产权保护的最低标准，但它规定了 TRIPS 的目标，对于知识获取问题极具重要性。该条规定：

目标

知识产权的保护与权利行使，目的应在于促进技术的革新、技术的转让与技术的传播，以有利于社会及经济福利的方式去促进技术知识的生产者与使用者互利，并促进权利与义务的平衡。⓬

作为 TRIPS 目标与宗旨最重要与明确的表达，⓭ 第 7 条在解释 TRIPS（实质性）规定中发挥着重要作用。它不仅遵循支持条约解释方法论的理论，在 WTO 背景下，也来自 WTO 争端解决谅解备忘录（DSU）。DSU 第 3 (2) 条要求 WTO 争端解决组织（专家组与上诉机构）"阐释 WTO 既有协定之规定"，应与国际公法解释之通用规则保持一致。这确立了 WTO 法学，⓮ 该要求特别

---

❿ 2008 年 1 月，数字化时代最重要的版权保护文件，WIPO 版权条约（WCT），有 64 个缔约成员，三分之二使条约生效 [EB/OL]. [2008 - 01 - 09]. http://www.wipo.int/treaties/en.

⓫ 除下文讨论的各个规定外，同样受 TRIPS 协定约束的两个问题应当提及，与知识获取直接相关：适当权利穷竭机制的选择（第 6 条将其留给成员，《多哈宣言》第 5 条强调其为主要政策），它可以影响用户对于知识商品的获取。其次，IP 许可领域竞争政策的调整（TRIPS 第 8 与 40 条）有助于促进市场竞争，限制为激励创新需要的知识产权排除趋势，对于这些工具及相关政策空间的范围应充分讨论，但超出本文的范围。参见 R. Okediji，"国际知识产权体系"，国际贸易与可持续发展问题研究第 15 期（日内瓦，2006），第 16 - 20 页。

⓬ Art. 7 of the TRIPS Agreement (emphasis added).

⓭ Next to art. 7, which is explicitly entitled Objectives, the preamble of TRIPS Agreement is generally perceived as an integral part of the agreement which indicates its underlying principles, objectives and purpose; see Canada – Patent Protection of Pharmaceutical Products (WT/DSll4/R), Panel Report (17 March2000), para. 7. 26; D. Gervais, The TRIPS Agreement – Drafting History and Analysis (2nd edn, London, 2003), para. 2. 08; C. Correa, Trade Related Aspects of Intellectual Property Rights (Oxford, 2007), at1.

⓮ United States – Standards for Reformulated and Conventional Gasoline (WT/DS2/AB/R), Appellate Body Report (29 April 1996), 3 at 16; India – Patent Protection of Pharmaceutical Agricultural Chemical Products, (WT/DS50/AB/R), Appellate Body Report (19 December 1997), para. 46; UnitedStates – Countervailing Duties on Certain Corrosion – Resistant Carbon Steel Flat Products from Germany (WT/DS213/AB/R), Appellate Body Report (28 November2002), paras. 61 - 2.

规定了条约法《维也纳条约》（VCLT）第31条与第32条，虽然《维也纳条约》并非所有成员的条约法。❺《维也纳条约》第31（1）条中条约解释的主要规则要求，解释者应"依其用语按其上下文并参照条约之目的及宗旨所具有之通常意义，善意解释之。"因此，需要确定其通常含义，对TRIPS的目标进行适当分析，这对于TRIPS规定的解释具有极为重要的意义。❻

第7条文本表明，除促进社会与经济福利的核心目标外，规定包含了三种（竞争性）利益，为了实现这一核心目标，需要对三种利益加以适当平衡。首先，第7条代表了一种折中，一方面是促进创新，另一方面是转让与传播知识技术。❼ 通过要求生产者（通过知识产权实现创新者）和知识使用者（能够获取并利用该创新者）知识产权保护的相互支持，对该规定进行了确认，知识产权应当促进"权利与义务的平衡"这一措辞也直接解决了衡量不同情形的需要。但从所有知识产权规则的潜在利益方角度看，❽ 权利与义务相一致的这条规定很宽泛，平衡也主要发生于促进创新与转让及向公众传播的两极之间。有人甚至通过法学方面的经济分析和知识产权保护范围，来平衡两者关系：主要看其比较优势❾是更加依赖创新还是模仿。❿ 依贸易理论，一个国家选取各自适合的知识产权层次去加强创新与模仿，就是最明智的。第7条一方面强调

---

❺ 几个WTO成员，尤其是美国，已经批准了《维也纳公约》。

❻ The importance of the objectives of TRIPS for interpreting its provisions has been stressed also by para. 5 (a) of the Doha Declaration on the TRIPS Agreement and Public Health（WT/MIN（01）/DEC/2），20 November 2001. On the importance of the Preamble（in that case the Preamble to the WTO Agreement）for determining the intentions of the WTO Members, see UnitedStates － Import Prohibition of Certain Shrimp and Shrimp Products（WT/DS58/AB/R），Appellate Body Report（12 October 1998），at para. 153. On the role of the context compare United States – Countervailing Duties on Certain Corrosion – Resistant Carbon Steel Flat Products from Germany, note 14supra, at paras. 65, 69 and 104.

❼ See Correa, note 13 supra, at 91－2 who notes that art. 7 has been written inparticular with technology – related IPRs in mind; but argues that since the balance ofrights and obligations is an overriding principle in IP law（compare the Preamble of theWIPO Copyright Treaty, WCT）and also in general WTO law（see art. 3. 5 DSU andthe Preamble WTO Agreement），art. 7 is of key relevance for all IP rights.

❽ 此处可以考虑知识产权所有人的权利与义务，原始创造者与发明者、投资者、竞争者、IP（商业）用户、IP（私人）用户，及特别利益群体，如研究者、图书馆、新市场进入者、国家机构等，或与一般是会利益相关者。

❾ A general explanation of the theory of comparative advantage, its origins in Adam Smith's and David Ricardo's work, its main argument for specialization and（free）international trade and its current implications can be found in P. Van derBossche, The Law and Policy of the world Trade Organization（Cambridge, 2005），at19－24; For an economist's perspective see S. Brakman, H. Garretsen, C. VanMarrewijk & A. Van Witteloostuijn, Nations and Firms in the Global Economy（Cambridge, 2006），at 63－95.

❿ M. Trebilcock & R. Howse, The Regulation of International Trade,（3rd edn, London, 2005），at 400－401.

生产者与创新,另一方面强调这些创新的传播、转让与使用者,就是支持了这一点。㉑

为了获取知识,第 7 条的第二组竞争性利益是特殊利益:知识产权执法与保护,特别是网络的版权情况,应当既有利于生产者,也利于知识(技术)的使用者。TRIPS 项下的版权保护不仅仅是有利于版权产品的创造者,完全不受干预地对其投资的成果进行经济利用。第 7 条也同样关注版权产品的使用者,获取和传播版权作品中包含的知识及版权作品本身。平衡竞争性利益的一般原则不必转换成为单一的条款,并非默示只有一种方式可以执行 TRIPS 的规定。TRIPS 在版权中适用及获取知识的平衡方式,为执行规定以适应本国需要预留充分的空间,属于通常意义,TRIPS 的各条款未被规定出特别的含义。第 7 条要求对 TRIPS 第 9~13 条中的版权规定进行解释,公平地重视生产者使用者的利益,以确保实现"权利与义务平衡"的目标。

2.3 思想—表达两分法

通常所称的思想—表达两分法,在获取知识的语境下,是 TRIPS 第 9(2)条中包含版权保护范围最重要的规定之一。它确认"版权保护仅指表达,而不延及思想、工艺、操作方法或数学概念之类",㉒《伯尔尼公约》第 8(2)条㉓规定"本公约的保护不适用于时事新闻……"。思想—表达两分法确立了版权保护与公有领域之间的分界线,㉔ 获取与利用思想、概念、信息——纯粹的事实——不将任何人排除在外。此种对版权保护范围的限制,使他人可以在既有思想、概念或纯粹事实基础之上进行创造,即使它们体现在受保护作品之内,仍然可以无限制地对其再加以利用。㉕ 这一获取与传播知识基本范例的重

㉑ Also arguing for the – albeit limited to art. 7 and provisions like art. 30 and31 TRIPS – incorporation of economic theory in the TRIPS objectives: J. Straus, Implications of the TRIPS Agreement in the field of Patent Law, K. Beier and G. Schricker, From GATT to TRIPS – IIC Studies, vol. 18 (New York, 1996), at 170.

㉒ WCT 第 10 条几乎使用同样的措辞,确认了思想—表达两分法。类似规定可以在 EC 计算机程序指令第 2.1 条及美国版权法第 102 条中发现。

㉓ 按照 TRIPS 第 9(1)条,WTO 成员必须与《伯尔尼公约》的规定一致。

㉔ Correa, note 13 supra, at 120; ICTSD/UNCTAD, "TRIPS 与发展研究: TRIPS 的公共机构与政治引导", (Geneva, 2005), part two, chapter 7(1.2)[EB/OL]. www.iprsonline.org/unctadictsd/ResourceBookIndex.htm (visited on 8 January 2008); Okediji, note 11supra, at 10.

㉕ 版权保护介绍了科学概念和想法的科学论文或教材只适用于作者阐述的方式,以及她/他提出的信息,但不阻止任何人使用这些想法、概念或信息等。

要性不可低估。㉖ 思想与信息是创新、科学研究、教育及创造性方法的基石，将其保留在版权范畴之外是确保版权保护的重要战略，使其不会在社会进步的重要构成上被授予垄断权。㉗ 从经济角度看，思想—表达两分法确保后来人有能力在既存思想、事实和知识基础上进行创造，开发高附加值的产品，促进竞争以及社会科学与艺术领域的进步。㉘ 从教育的角度看，它是禁止版权限制获取与传播知识的根本基石。

TRIPS 第 9（2）条提到的另一方面包含了强制性义务：WTO 成员应在版权下保护表达，㉙ 但不允许对思想、概念与工艺进行保护。这在特定的情形下具有特殊的重要性，所谓版权客体的"超 TRIPS"保护在近 10 年已经包含工业国家与发展中国家之间的双边自由贸易协定之中。㉚ 根据 TRIPS 第 1（1）条，WTO 成员"可以但无义务在其域内法中实施超出协定要求的保护，只要这种保护不违反协定的规定"。㉛ 在这样的背景下，禁止获取与转让思想、信息或其他形式不能成为获得版权保护客体的"超 TRIPS"版权保护，是违反思想—表达两分法的。但也不太可能认为其直接违反了 TRIPS 第 9（2）条——例如以 FTA 的形式规定对思想、概念与工艺等进行保护的义务，当然可能存在间接的冲突。如对软件功能与品质的延伸性保护，㉜ 仅基于"额头流汗"原则授予的版权，以及对数据、文本、网址编辑进行的投资都属于此类情况。㉝ 尽管不是版权的正式部分，对于非原始数据库的所谓特别权利，只要存在实质

㉖ 美国联邦最高法院最早在 1879 年使用这一原则，在 Baker v. Selden 案中认为：关于药品的组成或使用，无论新旧；关于铁犁、手表、鱼饵的构造与使用；关于画作颜色的适用或染色；关于对图纸产生立体效果的画线方面的论文，都可能是版权的客体。但没有争辩认为，论文的版权会给其中的艺术或生产者以独占性……艺术的使用与出版一本解释它的书完全不同。关于记账的书的版权不能确保制造、使用、销售书中所阐述策划的账簿。

㉗ Compare ICTSD/UNCTAD, note 24 supra, at 1. 2.

㉘ Compare Correa, note 13 supra, at 120.

㉙ This is hwever cannot be understood to require Members to protect all kinds of expressions and does not prevent Members from requiring works to be original, creative or be fixed in a material form; see J. Watal, Intellectual Property Rights in the WTO and Developing Countries (The Hague, 2001), at 215; Correa, note 13 supra, at 122.

㉚ For a detailed analysis of the TRIPS – plus copyright provisions in FTAs negotiated by the European Communities (EC) and their impact on access to knowledge seeSection 4 infra.

㉛ Art. 1（1）2nd sentence TRIPS (emphasis added).

㉜ 有人指出，将版权保护的独占性授予软件用户接口需要的核心功能，就等于将版权保护延及到了运行方法、概念和思想。

㉝ 此处可以说，仅因为生产投入金钱或劳动的任何保护（文学艺术领域），并将保护扩展到禁止对劳动作品（如果值得复制，就值得保护）的非原创性部分的抽取与再利用，显然等同于保护思想、概念或信息，只要其中表现出非原创因素。

性投入就可以得到授权，将保护延伸到此种数据库的非实质要素（如数据），这对于纯粹数据，或其他组成要素也能够实现有效的保护。❸ 这当然与思想—表达两分法的定义及《伯尔尼公约》第 8 (2) 条存在矛盾，后者也是一项强制性的规定，❸ 并通过 TRIPS 第 9 (1) 条加入到 TRIPS 之中，因此违背《伯尔尼公约》第 8 (2) 条的 FTA 规定，依据 TRIPS 第 1 (1) 条同样可以被诉。这种冲突会让我们记住，根据 DSU 第 3 (2) 条及《维也纳公约》第 31 (1) 条，TRIPS 第 7 条的平衡目标应当成为解释 TRIPS 第 1 (1) 条及 TRIPS 第 9 (2) 条的指导。

2.4 数据库的版权保护

TRIPS 的另一条款对于知识的获取也非常重要，即对于数据编辑（或数据库）加以保护的第 10 (2) 条。TRIPS 第 10 (2) 条规定：

> 数据或其他材料的汇编，无论采用机器可读形式还是其他形式，只要其内容的选择或安排构成智力创作，即应予以保护。这类不延及数据或材料本身的保护，不得损害数据或材料本身已有的版权。❸

该条规定源于《伯尔尼公约》第 5 (2) 条，❸ 确立了通过版权保护数据编辑的国际标准。由于该体系、存储的工具与机制、管理、命令，特别是在公开网络上对大量信息的获取不断增长的重要性，信息编辑或数据库的版权保护对于知识的获取具有极为重要的意义。

只要在数据或其他资料的选择及安排方面存在智力创造，WTO 成员必须依据 TRIPS 对数据库加以保护。这就意味着，数据库的制作者必须创造性地从

---

❸ See in particular art. 7 (1), (5) of the EC Database Directive (96/6/EC) and the issue of so-calledsole database amount to the sole source for the data incorporated; see Grosse Ruse - Khan, Der Europgäi sche lnvestitionsschutz für Datenbanken vor dem Hintergrund lnternationaler Abkomrnen (Frankfurt am Main, 2004), 329-33; For a further discussion on the sui generis database right as a TRIPS - plus element of the EC's foreign policy on IP see Section 4 infra.

❸ 第 8 (2) 条规定："本公约的保护不适用于具有纯粹新闻性质的日新闻和各种事实"。

❸ TRIPS 第 10 (2) 条；WCT 第 5 条几乎同样的规定；EC 数据库指令在第 1 条中界定了数据库的术语为"独立作品、数据或其他资料的汇编，以一种系统或方法性方式加以编排，可通过电子或其他方式为个体获取"。在指令第 3 条中，对此种数据库赋予版权保护"依据指令，基于内容选择与编排的数据库，构成作者自身智力创造，应以版权保护。在确定其保护的适应性时，不适用其他标准。2. 本指令规定的数据库版权保护不延及到其内容，不损害任何内容中已经存在的实质性权利"。

❸ 《伯尔尼公约》第 2 (5) 条指出："百科全书和选集等文学或艺术作品的汇编物，如果因其内容的选择和编排而构成智力创作物，应受到同等的保护，但这种汇编物中包含的各件作品的版权不受影响"。因此它限定范围不能延伸到非文学与艺术作品的汇编物，并进一步要求选择和编排中的创造性。参见 Correa, note 13 supra, at 125; Gervais, note 13 supra, at 2.107。

依国际版权机制获取知识，*WIPO* 进展日程、欧盟委员会新的外部贸易与知识产权政策

现有数据中，选择其数据库的内容，而且必须使用特殊的序列对这些资料加以安排。一种与 TRIPS 第 7 条一致的解释及最低标准概念，将创造性的标准留给成员自己确定，❸ 这就为意欲采取版权保护的高门槛，允许更大程度上获取数据库资料的成员留下极大的法律空间。❸ 版权保护仅延及数据库一些创造性因素，在数据的选择、安排中所使用的信息或其他资料本身没有得到版权保护，这些资料对于任何人而言，都是自由使用的。TRIPS 第 10（2）条规定数据库的版权保护"不延及资料本身"，已对此作出了非常明确的规定。❹

TRIPS 第 10（2）条限制了对数据库的版权保护，认为它不应排除对数据库中资料的使用。当选择或安排没有实质创造性时，甚至允许对整体编辑不授予保护，因为完全或完整的信息很重要。❶ 这种高使用度信息收集缺少保护，通常要求在制作中有实质性的投入，为了对这一情况加以回应，欧共体对依靠投资的数据库规定了一种版权之外的特别权利保护。❷ 欧共体极力（目前为止成果有限）"鼓励"其他国家采取同样的方法，通过在指令重述 56 及第 11 条中加入实质性互惠规定的方式，将这一议题置于 WIPO 日程之上，并试图在一些 FTAS 中加入保护特别权利的义务。如前所述，这一概念对于获取知识有严肃的含义，❸ 还没有证据表明它会从对依赖投资的数据库制作的激励中获益。❹ 因此，除非像欧共体这样单纯以投资为标准提供保护的尝试，目前 TRIPS 下的国际机制为以促进获取知识为目的的国内政策留下了充足的空间。

---

❸ Compare Correa, note 13 supra, at 126.

❸ 如拒绝传统普通法定义将保护延伸到数据库或汇编保护，因其仅要求编辑的技巧、努力和劳动。

❹ TRIPS 第 10（2）条进一步明确了，对特定数据的选择或编排的版权保护独立于所收集内容的潜在版权保护。

❶ 例如包含金融、地质或其他科学数据的数据库需要包含所有为完成或全面某课题或主题可用的数据，数据中展示的序列对于使用者而言就是逻辑性与功能性的，这就意味着这些数据通常不是数据的创新选择或编排。如果这样，复制权不阻止竞争者为一项竞争性产品或服务，对数据本身的抽取或再利用。

❷ See arts. 7 – 11 of the EC Database Directive (96/6/EC).

❸ See also S. Dusollier, T. Poullet, M. Buydens, Copyright and Access to Information in the Digital Environment, (UNESCO Study CII – 2000/WS/5, Paris, 17July 2000); further B. Corbett (28 EIPR (2/2006), 83 – 91), which examines the impact of database protection in light of a human right to information.

❹ See the recent First Evaluation of Directive 96/9/EC on the legal protection of databases presented by the EC Commission on 12 December 2005 [EB/OL]. http://ec.europa.eu/internal_market/copyright/docs/databases/evaluation report_en.pdf (visited on 9 January 2008). On this basis, even the EC Commission is nowconsidering repealing the Database Directive and the sui generis right.

2.5 版权例外与限制条款的三步检测法

TRIPS 第 13 条是对充分获取与传播知识的进一步规定。该条款主要涉及版权的限制与例外，用来允许为特定目的（如批评、拙劣模仿或为教学研究示例）而对版权客体的实施与利用，有特定的受益人或机构（残疾人、图书馆、新闻媒体），且/或仅在一定程度上使用（限于特别形式或保护作品的特定部分）。条款规定：

全体成员均应将专有权的限制或例外局限于一定特例中，该特例应不与作品的正常利用冲突，也不应不合理地损害权利持有人的合法利益。[45]

TRIPS 第 13 条并没有在《伯尔尼公约》第 9 (2) 条[46]模式基础之上，去积极地界定版权例外[47]领域的一些最低标准，它采取了设定三个条件的方法，所有希望规定例外的 WTO 成员都必须遵守这三个条件。因为通常要通过独占权的例外与限制条款来获取知识，例如在科学研究、新闻报道、教育、便利残疾人或图书馆用户[48]等，并赋予其效力，能够制定这些例外条款的一般性限制必然具有重大影响。[49]

TRIPS 第 13 条中三步检测法的各个条件一直是 WTO 争端美国版权法第 110 (5) 条[50]的核心，另外两个 WTO 争端解决了 TRIPS 第 17 条[51]和第 30 条[52]

---

[45] TRIPS 第 13 条要着重强调。TRIPS 包含了几个关于其他知识产权的规定，与 WTO 成员使用的例外条款条件措辞类似：关于商标的第 17 条，工业品外观设计的第 26 (2) 条，专利的第 30 条。

[46] On the importance of such an approach setting minimum standards in the field of copyright exceptions see Okediji, note 11 supra, at 12.

[47] 《伯尔尼公约》第 9 (2) 条仅适用于复制权的独占权，规定"本联盟成员国法律有权允许在某些特殊情况下复制上述作品，只要这种复制与作品的正常使用不冲突，也不会不合理地危害作者的合法利益"。

[48] An example of various exceptions which can be employed to facilitate access to knowledge can be found in art. 5 of the Copyright in the Information Society Directive (2001/2/EC). By virtue of art. 5 (5), however, the implementation of any of these exceptions is subject to the requirements of the three–step test.

[49] See on the importance of exceptions in particular Consumers International, Copyright and Access to Knowledge (Kuala Lumpur, 2006) [EB/OL]. [2008–01–09]. http://www.consumersinternational.org/Shared_ASP_Files/UploadedFiles/23775AAE–3EE7–4AE2–A730–281DCE859AD4 COPYRIGHTFinall6.02.06.pdf; further Okediji (note 11 supra, at x–xi, 4–8) who points out the relevance of exceptions also for follow–on creations and innovations in line with the principle of standing on the shoulders of giants.

[50] United States–Section 110 (5) of US Copyright Act (WT/DS160/R) PanelReport (15 June 2000).

[51] European Communities–Protections of Trademarks and Geographical Indications for Agricultural Products and Foodstuffs (WT/DS/179/R) Panel Report (15March 2005).

[52] Canada–Patent Protection of Pharmaceutical Products (WT/DS 114/R), Panel Report (17 March 2000).

中相关检测标准的解释。特别是关于第13条的专家组报告，引起了文化领域的相当关注，❺但本文不拟解决所有为三步检测法提供适当解释而进行各种尝试方面的问题。但对 TRIPS 第13条总体方法的简要批评和在美国版权法第110（5）条案专家组报告中的主要解释性裁决，足以看出三步检测法对例外条款的惊人影响，它可以支持获取和传播知识的广泛方式。

TRIPS 第7条是出发点，它要求实现权利与义务间的平衡以及所涉及各种利益之间的平衡，特别是权利持有人与一般公众（或其他非知识产权特定利益群体）利益间的平衡。但授予版权持有人独占权的规定，意在确保他们能够从版权作品的任何经济实施形式中获益，而例外与限制条款则是确保受独占权潜在影响的其他公众（也包括特定私人）利益。从这一角度看，关于版权保护例外与限制条款的规定，应当允许这些非知识产权利益在特定条件下，优于权利持有人的利益。❺但 TRIPS 第13条坚持除限于"特例"❺外，例外条款不能与权利持有人对版权作品的任何正常利用相冲突。抛开第三个条件，这一要求使例外与限制条款本身代表的利益要服从于权利持有人的利益，专家组在美国版权法案中的解释进一步支持了这样一种方法。这种使用在独占权范围内，虽然有例外和限制条款豁免，只要以权利持有人本会从作品独占权中收取价值的方式进入经济竞争，无论什么时候都会与作品正常利用相冲突，否则就剥夺了他们的重要或有形商业收益。❺非但没有实现 TRIPS 第7条中规定的真正与公平的平衡，专家组在美国版权法案中适用三步检测法，不允许例外与限制条款代表的利益优于权利持有人在不受干扰商业利用中的利益。

有意思的是，这一结果与另外两个 WTO 主要领域的同样利益平衡机制不

---

❺ On art. 3 (as well as art. 9 (2) of the Berne Convention) see especially J. Ginsburg, Toward Supranational Copyright Law? The WTO Panel Decision and the "three Step Test" for Copyright Exceptions, 187 RIDA (2001) 3-65; S. Ricketson, WIPO Study on Limitations and Exceptions of Copyright and related Rights in the Digital Environment (SCCR/9/7), (Geneva, 2003); for a review of several of those Panel Reports see M. Fiscor, How Much of What? The Three Step Test and its Implications in two Recent WTO Dispute Settlement Cases, 192 RIDA (2002) 111-251; M. Senftleben, Towards a Horizontal Standard for Limiting Intellectual Property Rights? IIC (4/2006) 407-38. Several commentaries on TRIPS address allprovisions incorporating a three-step test – see Correa, note 13 supra; ICTSD/UNCTAD, note 24 supra; Gervais, note 13 supra and Beier & Schricker, FromGATT to TRIPS – llc Studies, vol. 18 (New York, 1996).

❺ Compare Ricketson, note 53 supra, at 4.

❺ 专家组在美国版权案中对其已做解释，要求对限制与例外条款加以清晰界定，限制数量，也要求缩小例外条款或突出目标的范围，参见美国版权法第110（5）条，（WT/DS160/R），前注50。对于第一个条件的狭义解释忽略了例外条款对于主要公共政策考虑的重要性，以及 TRIPS 目标在 VCLT 第31（1）条确立条约解释中的作用。这种方式阻碍了例外条款有效发挥维护国际版权法利益平衡的重要作用。

❺ United States – Section 110 (5) of US Copyright Act (WT/DS160/R), note 50supra, at 6.183.

相符：GATT 第 XX 条及 GATS 第 XIV 条都允许成员在特定情况下，为了有利于国内保护动物、植物或人类健康、公共道德或环境的政策，㊼ 不履行义务。简单说，这些平衡机制在必要性基础上运作，允许非商业利益优于商业利益，㊽ 只要成员选择了最小商业限制，合理可用的措施去执行重要的非商业利益。在 TRIPS 框架内，第 7 条的目标需要对第 13 条中的特别意义与一般意义上的不同三步检测法进行解释，目标尽可能像接近类似 GATT 和 GATS 中的利益平衡，即公平、平等，且没有事先确定要附属于另一方。㊾ 这一目标可以通过对 TRIPS 第 13 条中"正常利用""合法利益"以及"不合理"术语的广泛解释实现，㊿ 通过这种方式，三步检测法在阻止 WTO 成员实现非知识产权利益（如为了教学、研究之目的，提供更易于获取知识的机会）的潜在有害影响，就会在一定程度得以避免。WTO 专家组（或者上诉机构对 TRIPS 中例外条款的这些规定进行规范）是否会进一步采纳与 TRIPS 第 7 条目标一致的解释，支持 GATT 和 GATS 中公平平衡的实施，还有待观察。㉑

2.6 《伯尔尼公约》附录中的强制许可

对获取知识有潜在重要性（特别对于发展中国家）的最后机制，规定在《伯尔尼公约》的附录当中。

根据 TRIPS 第 9 (1) 条，所有的 WTO 成员都要与其规定保持一致，目的

㊼ See art. XX GATT as well as art. XIV GATS and the extensive jurisprudenceof the WTO Appellate Body on this subject, well summarised in Van Der Bossche, note 19 supra, at 597 – 627. On art. XX GATT see 美国—特定虾或虾产品的进口禁止，（WT/DS58/AB/R）and AppellateBody Report, 12 October 1998；United States – Standards for Reformulated and Conventional Gasoline（WT/DS2/AB/R），Appellate Body Report, 29 April 1996；onart. XIV GATS see United States – Measures Affecting the Cross Border Supply ofGambling and Betting Services（WT/DS2851AB/R），Appellate Body Report（7 April, 2005）.

㊽ Van Der Bossche, note 19 supra, at 603 – 9.

㊾ 早期的 TRIPS 草案包含 GATT 第 XX 条风格的第 8 条（允许"保护公共健康的必要措施，以促进社会经济与技术发展领域的重要性"），在最终文本中有重要削减，添加了"只要这种措施与本协定规定一致"；对比 Gervais，前注 13，第 2.82 – 2.84 段。

㊿ Compare C. Geiger, the role of the Three Test in the Adaptation of Copyright Law to the Information Society, UNESCO e – Copyright Bulletin, January – March 2007 [EB/OL]. [2008 – 01 – 10]. http://portal.unesco.org/culture/en/files/34481/11883823381test_ trois_ etapes_ en.pdf/test_ trois etapes_ en.pdf; see further Ricketson, note 53 supra, at 25 – 6 who seems to support theincorporation of normative, non – economic considerations which should be made at thelevel of national legislation. See also the draft for a Treaty on Access to Knowledgenote 1 supra, art. 3 – 1（c）which also builds on the three – step test but then requires qualifying the second and third step in light of the extent to which the use benefits the larger public interest.

㉑ For a general analysis on the role art. 7 TRIPS could play in the interpretation of TRIPS see H. Grosse Ruse – Khan, Proportionality and Balancing within the Objective of Intellectual Property Protection, P. Torremans（ed.），Intellectual Property and Human Rights（Kluwer, Alphen aan den Rijn, forthcoming）.

依国际版权机制获取知识，WIPO 进展日程、欧盟委员会新的外部贸易与知识产权政策

在于确保在支付得起的价格上大量获取作品，尤其是那些与技术、科学进步相关的作品。伯尔尼附录中的机制以强制许可为基础，发展中国家的权力机构可以授予翻译权和复制权方面的强制许可。因此它解决了在发展中国家有效获取知识的关键问题：缺少当地语言的可负担的作品。但也要符合伯尔尼附录 II 和 III 条中规定的限定与限制，这些会在下面总结。翻译作品的权利可以取得非独占、不可转让的强制许可，如果：

- 作品出版日后经过最少三年；
- 作品未以该发展中国家一般语言进行出版；
- 或者已出版的翻译已绝版。

许可要符合几个条件。如它只能适用于该国国民，只能延及以印刷或类似方式出版的翻译作品，只能用于教学、学术或研究的目的。复制作品的权利也可以取得权力机构授予的非独占、不可转让的强制许可，如果：

- 自然、包括数学的物理科学及技术类作品，在 3 年后；
- 小说、诗词、戏剧及音乐艺术作品，在 7 年后；
- 其他类作品 5 年后。

从作品出版之日起计算，而且，

- 作品的复制件未以在该国可比较作品的合理价格，向公众发行。

这一许可还要进一步受到附录第 III 条中所规定条件的约束。

有很多评论认为，伯尔尼附录完全是一个失败。[62] 这不仅是因为附录中所设复杂累赘的要求，还会为低收入国家及最不发达国家造成机制上难以负担的高交易成本。此外，其与数字环境的不相关性，特别是对存储在电子数据库与在线需求版权资料的不适用性，使整个体系对于电子媒介而言几乎无用。总之，我们需要将伯尔尼附录下的强制许可与最近向（发展中）国家出口专利药品的"第 6 段决议"加以对比，这些发展中国家缺少国内生产所需要药品的能力，因此需要授予强制许可。两种体系都耗时数年谈判，有权利持有人的广泛游说，都极为复杂且难于利用，[63] 尽管如此都得到工业化国家的极度赞美，认为其朝解决世界贫穷之关键问题迈出了重要一步，但最终（目前为止）

---

[62] Okediji, note 11 supra, at 15 – 16. S. Ricketson & J. Ginsburg, International Copyright and Neighbouring Rights, vol. II (2nd edn, Oxford, 2006), at 14.49 – 14.106.

[63] 只需要一方面比较导致知识获取与药品获取授予独占权的一句规定，另一方面是将它们与《伯尔尼公约》附录一页长的"解决"方式与 2003 年 8 月 30 日决定比较。（参见总理事会 2003 年 8 月 30 日决议（WT/L/540 and COLT.1））。

都证明在实践中几乎无效。㉔

3 WIPO 发展日程

为了对一份最初由巴西和阿根廷做出的提议给予回应，㉕ 2004 年秋季举行的 WIPO 大会在机构内启动了"发展日程"的协商，涉及其要求的所有方面。㉖ 本部分主要回顾巴西和阿根廷提议的最近成果，形式是进入 2007 年 9 月大会颁布的 WIPO 发展日程。与本文主旨一致，笔者主要论述在国际版权规范框架下，与知识获取相关的已经形成一致的提议。

3.1 阿根廷与巴西的最初提议

巴西与阿根廷提议认识到将发展问题整合到国际层面知识产权保护政策制定中的需要，这些政策尤其与所有 WIPO 活动相关。除对知识产权在发展中作用的一般考量外，㉗ 需要更加灵活的方式以适应不同国家的发展需要，㉘ 提议特别解决了规范制定行为、技术转让、知识产权执行、技术合作与协助，以及成员与民间团体的参与问题。

针对多边层面的不同规范制定行为，其包含的保护知识产权义务远超出 TRIPS 中的义务，提议呼吁维护公共利益灵活性及成员国政策空间的国际规范。TRIPS 第 7~8 条内容中反映的"目标与原则"规定，应当包含在 WIPO 议程中的所有条约之中。㉙ 提议继续探讨了在框架下及数字环境中保护知识获

㉔ The paragraph six solution in the form of the art. 31 (f) TRIPS waiver (due to be replaced by a permanent amendment of TRIPS introducing a new art. 31bis, a Annex to TRIPS as well as an Appendix to the Annex and further complicated by the ambiguous role of a chairman's statement) has – despite the urgency and gravity of the public health concerns it aims to address – so far only been put into action at once. See Council for TRIPS, Notification underparagraph 2 (a) of the Decision of 30 August 2003 on the Implementation of paragraph6 of the Doha Declaration on TRIPS and Public Health – Rwanda (IP/N/9/RWA/1), 19July 2007. On the potential interpretative role of the chair statement see H. GrosseRuse – Khan, The Role of Chairman's Statement in the WTO, 41 JWT (3/2007) 475 – 534.

㉕ WIPO General Assembly, Proposal of Argentina and Brazil for theEstablishment of a Development Agenda for WIPO, (WO/GA/31/ll) 27 August, 2004.

㉖ See Bridges Weekly Trade News, Moving Forward the Development Agenda in WIPO, vol. 8, no. 33 (6 October 2004), [EB/OL]. [2008 – 01 – 10]. http：//www.ictsd.org/weekly/04 – 10 – 06/storyl.htm.

㉗ 提议指出"不能视知识产权保护为目的本身，也不能将知识产权保护标准协调过高，适用于所有国家，而不顾他们的自身发展水平"，世界知识产权组织大会，前注 65。

㉘ "知识产权的作用及其对发展的影响必须在个案基础上加以认真评估。知识产权保护是一个政策工具，在实践中，它可以产生利益与成本，依国家发展水平的不同而不同"。

㉙ Ibid, at 2 – 3.

依国际版权机制获取知识，*WIPO* 进展日程、欧盟委员会新的外部贸易与知识产权政策

取的重要性：

获取信息与知识分享是在信息经济中培育创新与创造力的实质性要素，对数字环境中的知识产权添加新的保护层，会阻碍信息的流动，破坏通过"创作共用"这样倡议促进创新与创造设置新安排的努力。在数字环境下，正在围绕技术性保护措施展开的争论，就是一个重要的问题。

在这一领域中任何条约的规定都应当明确吸纳并平衡消费者与公众之间的利益，因此，保证成员国国内法中的限制与例外条款，就非常重要。

为了挖掘数字环境下的发展潜力，相关模式的公开获取对于促进创新与创造很重要。在这方面，WIPO 应当考虑采取一些行动，研究一些开发公共商品的公开合作项目所做的承诺，如人类基因组项目和开放程序码软件。❼⓪

在技术转让领域可以找到最后一个与获取知识有关的联系。在确保向发展中国家有效转让技术的措施中，提议指出：

（……）具有特别利益，建立一项国际机制的想法会促进发展中国家获取发达国家公共基金研究的成果。这种机制可以采取获取知识与技术条约的形式。

提议找到 13 个国家作为共同发起人，并得到了不同非政府组织（NGOs）和学术组织的强烈支持。2005 年，与 WIPO 发展日程有关的提议临时委员会（PCDA）成立。两年内 PCDA 产生了从 111 份不同 WIPO 成员做出的突出议案，45 个达成一致的提议，这些提议已经提交 2007 年大会通过。

3.2 协议发展日程

2007 年 9 月 28 日，WIPO 大会通过了 45 份 PCDA 的提议，这些提议在该年 2 月和 6 月的两次重要会议上达成了一致。❼❶ 这些提议中，有 19 份被选择立即执行。❼❷ 它进一步批准了建立关于知识产权与发展的委员会，任务是发展一个关于执行已通过建议案的工作机制，监督、评估、探讨和汇报执行程序，计划从 2008 年起委员每两年碰面。它将会取代 WIPO 目前处理发展问题的机构，与知识产权有关的发展与合作常设委员会。

---

❼⓪ Ibid, at 3.

❼❶ WIPO General Assembly, General Report – Forty – Third Series of Meetings（A/43/16）12 November 2007, at para. 334 and Annex A.

❼❷ Ibid, Annex B.

这45份提议被分成6组：(A) 技术协助与能力构建；(B) 规范制定，灵活性，公共政策与公有领域；(C) 技术转让，信息与技术传播；(ICT) (D) 评估、评价与效果研究；(E) 包含授权与规范的机构事务；(F) 其他问题。在这些组中，(B) 和 (C) 是关于在国际版权背景下获取知识特别利益的。在 (B) 组中，提议15规定，制定标准活动应当考虑到不同的发展水平，考虑知识产权成本与利益之间的平衡。17号要求WIPO要"考虑国际知识产权协定中的灵活性，特别是那些发展中国家和最不发达国家的利益"。[73] 这两份提议都包含在19份立即执行的提议之内。

有两点意见此处说明一下：最终所有的WIPO成员都已承认，知识产权保护的范围和强度要依赖国家发展的个体水平。由此自然得出17号提议所呼吁的：一项国际机制应当具有灵活性，这些灵活性应尽可能与国家个体发展需要保持一致。[74] 17号提议应被视为与TRIPS与公共健康多哈宣言第4段和第5段相一致，[75] 尽管后者继续界定了TRIPS与获取专利药品有关的特定灵活性。一个突出特征是，被最终接受的提议都没有包含关于与TRIPS第7和第8段一致的知识产权目标的规定。由于条约目标发挥着重要的作用，[76] 这一点不能不表示遗憾。但《多哈宣言》和WIPO提议都没有解决阻止国家调整知识产权保护以适应本国需要的核心问题：双边FTAs中超TRIPS知识产权义务的发展趋势，已经成为削弱灵活性的主要因素，而且目前在国际平台上仍然存在。[77] 目前为

---

[73] In a similar fashion, no. 22 requests the WIPO Secretariat to include in itsworking documents on norm-setting activities issues such as potential flexibilities, exceptions and limitations for Member States.

[74] This realisation is supported by economic theory (see Trebilcock & Howsenote 20 supra, at 397-401), and a variety of hietorical evidence (see the Report of theCommission on Intellectual Property Rights (CIPR), Integrating Intellectual Property and Development Policy (London, 2002) - available at www. iprcommission. org (visited 24 October 2007), at 18-20; and especially the two related background papersZ Khan, Study Paper la: Intellectual Property and Economic Dvelopment: Lessons from American and European History; and N Kumar, Intellectual Property Rights, Technology and Economic Development: Experiences of Asian Counties, StudyPaper lb).

[75] Ministerial Conference, Doha Declaration on the TRIPS Agreement andPublic Health (WT/MIN (01) /DEC/2), 20 November 2001. Paragraphs 4 and 5 reaffirm the right of WTO Members to use, to the full, the provisions in the TRIPSAgreement, which provide flexibility and continue to list various flexibilities, amongstthem an interpretation on the basis of TRIPS objectives.

[76] See Section 2 supra and Grosse Ruse-Khan, note 61 supra.

[77] For a general discussion on TRIPS-plus I FTAs see P. Drahos, Developing Countries and International Intellectual Property Standard Setting JWIP (2002) 765-89; B. Malkawi, The Intellectual Property Provisions of the United States - Jordan Free Trade Agreement: Template or Not Template, JWIP 2006, 213-29; P. Drahos, Expanding Intellectual Property's Empire: the role of FTAs [EB/OL]. [2008-01-16]. http:// www. grain. org/rights_ files/drahos-fta-2003-en. pdf.

止，解决这一问题的多边回应还没有被认真加以讨论。如笔者前面所提，TRIPS 第 1（1）条❼⃝能在反击这种破坏国际认可灵活性的双边趋势中发挥作用，如思想－表达两分法。但 WTO 专家组或许更愿意采取解释的方法，尽管 TRIPS 第 7 条目标支持这种解释，❼⃪ DSU 第 3（2）条和 VCLT（《维也纳条约法公约》）第 31（1）条也这样要求，但仍然令人质疑。因此，希望以一种广泛的含义理解第 17 号提议，它不仅要将既存灵活性移植入新规范制定，也会形成适当灵活性的新定义。对于解决超 TRIPS 知识产权义务双边压力的需要，在版权意义上，这些灵活性应当包括具有约束力的关于保护知识获取限制与例外条款的最低标准。

WIPO 发展日程包含了两个关于公有领域的特别提议：16 号提议要求考虑，怎样在 WIPO 规范程序内维护公有领域，并深入分析一个繁荣而无障碍公有领域的含义与价值。❽⃝ 第 20 号提议继续呼吁促进"与知识产权有关的规范制定活动，支持繁荣 WIPO 成员的公有领域，包括筹备一份指南的可能性，它可以协助利益成员国在各自司法管辖范围内，界定已经进入公有领域的标的物"。如果适当地得到执行，这些提议会促成知识产权政策制定，转移集中于权利持有人利益（持续加强独占权）的唯一注意力。相反，获取和传播知识应当在版权的国际规范制定中发挥同等重要的作用。

在另一个提议中也直接解决了关于知识获取的问题：第 19 号要求"启动关于在 WIPO 机制内如何进一步加强对获取知识与技术的讨论，以使发展中国家和最不发达国家能够培育创新与创造，加强在 WIPO 内已经存在的相关活动"。❽⃪ 该提议中最引人注意的问题是，它在知识获取与培育创新与创造之间建立了直接的因果联系。WIPO 成员承认越能够实际获取知识，越能够促进更多的创新与创造，因此有利于知识产权保护的核心目标。获取问题解决的不仅仅是为了有益于版权保护之外的某种特定利益和目的，而是促进对既有创新与

⓻⃝ Art. 1（1）TRIPS 2nd sentence prohibits countries from introducing TRIPS – plus protection as soon as this contravenes the provisions of TRIPS.

⓻⃪ 关于 WTO 成员对另一成员过于严格知识产权法而启动 WTO 争端解决的主要（或同等重要）经济利益问题，参见下文第 5 节结论。

⓼⃝ Proposal no. 16 will also be implemented immediately.

⓼⃪ Emphasis added; proposal no. 19 is also among those which require immediate implementation. Above this proposal, several in cluster C（which deals mainly with technology transfer）relate to access to knowledge. The relevant proposals focus oncooperation and knowledge transfer between developed and developing countries research and scientific institutions（no. 26）as well as between WIPO and other intergovernmental organisations（no. 30）and finally on exploring options to furtherpromote transfer of technology（nos. 25, 28, 29）.

创造的取得，并能够鼓励新的创造和后续创新。❽ 这一见解得到执行，充分说明在国际规范制定中，为培育知识获取与传播政策留出更多空间的重要性。

但目前关于国际版权体系中基本灵活性正被剥夺的关键问题——超 TRIPS 义务通过双边贸易交易越来越多地施加于发展中（与发达）国家之上——幸运地发现并未在 WIPO 发展日程中加以提及。在下一部分中，笔者将评论欧盟的外部贸易与知识产权政策（特别是对非洲、加勒比和太平洋国家），以确定在版权与获取知识的背景下，它在何种程度上要求了超 TRIPS 义务。作为 WIPO 的成员，在处理与发展中国家的双边关系时，欧盟至少自身应当在道德上严格遵守发展日程中的多方提议。

4 欧共体关于贸易与知识产权外部日程

在"全球欧洲：世界中的竞争"❽ 的指导下，欧盟委员会最近提出了一个关于外部贸易关系的新行动计划，这一计划也涵盖了在境外出口市场中的知识产权保护问题。大多数学者集中专注讨论和分析的欧盟知识产权规则和政策，其主要是在欧盟成员国内部的适用，而该部分主要观察欧盟在知识产权领域采取的外部政策。与本文主线一致，限于与版权及知识获取有关的问题。❽

4.1 新外部贸易与知识产权政策

生产与提供与知识产权有关的商品或服务，在欧盟内部具有重要的经济意义。版权领域至少占到欧洲国内生产总值的 5% 以上，雇佣至少 3% 的劳动力，❽ 欧盟出口的一半由所谓的"上游市场产品"❽ 构成（销售价格主要基于质量、商标和相关的服务），主要依靠知识产权的保护。因此，欧盟极力推行一个要求对海外市场知识产权的有效保护与执行的日程，就不足为奇了。

---

❽ See Okediji, note 11 supra, at 4–8.

❽ EC Commission, Global Europe: Competing in the World (COM (2006) 567final), 4 October 2006.

❽ For a general analysis of the EC's trade and development policy see L. Bartels, The Trade and Development Policy of the European Union, 18 EJIL (4/2007), 715–56. The (bilateral) agenda of the EC in the field of IP is addressed in M. Santa Cruz, Intellectual Property Provisions in European Union Trade Agreements (ICTSD, Geneva, 2007) – online [EB/OL]. http://www.iprsonline.org/resources/docs/Santa-Cruz%20Blue20.pdf.

❽ See J. McMahon, Current Developments – European Union Law – Intellectual Property, 56 ICLQ (4/2007), 899.

❽ EC Commission, Commission Staff Working Document, SEC (2006) 1230, October 2006, at 5.

依国际版权机制获取知识，WIPO 进展日程、
欧盟委员会新的外部贸易与知识产权政策

该日程之一在 2004 年发起，欧共体委员会制定了一项解决海外知识产权侵权的新战略，主要关注既存知识产权规范的有效实施与强制执行。⑧⑦ 这一战略要求对一些"优先国家"加以识别，以集中进行执行诉讼。⑧⑧ 除"技术合作与协助"进击盗版外，委员会强调，"对于侵权系统内的任何国家，都要毫不犹豫地启动双边或多边制裁机制"。⑧⑨ 这些识别"优先国家"的言辞和措施以及一旦与知识产权保护的双边或多边标准不一致而威胁的惩罚，都让人想起美国关于知识产权海外侵权的臭名昭著的"特殊 301 观察单"。⑨⓪

除对缺少知识产权保护及海外有效执行的监控外，欧共体委员会要求新的规范制定活动，尤其是通过双边自由贸易协定（FTAs）的方式。在向 WTO 多哈回合框架下多边谈判不断做出承诺保证的时候，⑨① 欧共体觉得它错过了美国主导全面双边 FTAs 趋势的好机会，因此，它希望启动与不同伙伴国家的谈判。这些"新的竞争性驱动的 FTAs"不同于欧共体已经缔结的既存 FTAs，前者主要为"睦邻与发展目标"所驱动，而新生代将是贸易导向，意在"最高程度的贸易自由"，包括服务、投资、政府采购、竞争与知识产权。⑨② 所设计的 FTAs 类型将"在 WTO 和其他国际规则基础上建立，并进一步加快开放和整合，这就需要解决未进行多边讨论的问题，为下一次多边自由化打好基础"。⑨③ 简言之，欧共体现在关注的 FTAs"必须范围全面，为所有贸易提供实质自由，

---

⑧⑦ EC Press Release, EU Strengthens Fight against Piracy and Counterfeiting beyond its Borders, (IP/04/1352) Brussels, 10 November 2004.

⑧⑧ Besides China, ASEAN, Korea, Chile, Russia and Ukraine have beentargeted; see EC Commission, Commission Staff Working Document, note 86 supra, at 20 - 1.

⑧⑨ EC Press Release, note 87 supra.

⑨⓪ 欧盟策略包括下列方面：（1）识别优先国家：欧盟行动主要针对在侵犯知识产权方面问题较大的国家，这些国家将按照委员会委托的常规调查进行识别；（2）提升意识：促进提高公众对于假冒影响的意识，使公众及第三方国家机构能够得到关于"知识产权执行指导手册"；（3）政治对话，激励与技术合作：确保为向第三国提供的技术协助关注知识产权执行，特别在有限国家中；（4）多边（包括 TRIPS）、双边、区域协定中的知识产权机制：加强这些协定体系内的执行；询问贸易伙伴关于启动 WTO 中 TRIPS 理事会措施的目标。对不断严重的问题拉响警报并识别原因，找出在双边协定中加强知识产权执行的解决方式；（5）争端解决 - 惩罚：回顾权利持有人利用双边协定或贸易壁垒规则的可能性，以证明其违反 TRIPS。除 WTO 争端解决机制外，回顾使用包括双边协定在内的利用争端解决机制的可能性，以防与所要求知识产权保护标准不一致。

⑨① In the WTO context, the EC has recently pressed for putting IP enforcement on the Agenda of the TRIPS Council see Council for TRIPS, Enforcement of Intellectual Property Rights - Communication from the European Communities (IP/C/W/448), 9 June 2005.

⑨② EC Commission, Global Europe: Competing in the World, note 83 supra, at 8 - 9.

⑨③ Ibid, at 8.

且超越 WTO 规则"。㉔ 尽管如此，欧共体委员会主张为加强可持续发展而努力，并强调 FTAs 应当考虑到"贸易伙伴的发展需要"。㉕

但在知识产权保护领域，欧共体委员会的新贸易政策似乎只对进一步促进欧共体内部的经济发展感兴趣。附加到通告的委员会工作文件要求，贸易政策要通过更好地承认与执行海外知识产权的方式，支持欧洲内部的创造、创新和投资。㉖ 这种方式当然有利于欧共体内部的权利持有人，但忽略了目前广为接受的原则，该原则要求知识产权保护的范围与程度应当加以调整，以适合不同国家的个体发展水平。㉗ 因此，欧共体支持的强知识产权保护不会有利于，相反会损害欧共体贸易伙伴的经济。而且，欧共体贸易政策的华丽新世界？将 TRIPS（在其他 WTO 协定中）视为一种对于贸易自由化及消除非贸易壁垒的"实质但不充分"框架，它的目标是跨越知识产权保护领域的 TRIPS 义务。除"在未来双边协定中加强知识产权条款"的要求外，㉘ 知识产权执行也占据重要位置。新协定应当"包含与欧共体实施指令一致的权利执行的一章"，㉙ 但新协定的知识产权政策日程不能仅限于知识产权执行问题。正如我在下一部分将会阐明的，欧共体也支持版权领域的特定超知识产权标准，对于在发展中贸易伙伴国体系内的知识获取有深远的影响。

4.2　知识产权保护与欧共体自由贸易协定内知识获取

美国 FTAs 倾向加入非常详细的知识产权规定，而在欧共体现有贸易协定中采取的知识产权保护方式，是原则上限于所加入国际协定中的义务。㉚ 这些协定中，TRIPS 最为重要：如贸易总署网站上指出的，欧共体的主要目标是确

㉔ 同上。该委员会工作报告直言不讳，EC 新 FTAs 必须与 WTO 规则及深入整合的目标完全兼容。为了从区域制度中最大化相互及长期获益，在深度与宽泛程度上可超出 WTO（参见委员会工作文件，前注86）。

㉕ Ibid, at 9. See further EC Commission, Commission Staff Working Document, note 86 supra, at 10 - 11. 在新 FTAs 中，主要通过劳动标准和环境保护关注国家个体发展的需要。新协定是否会在敏感的知识产权保护领域发展，将在下面详细加以考察。

㉖ EC Commission, Commission Staff Working Document, note 86 supra, at 7.

㉗ See the agreed proposals 15 and 17 of the WIPO Development Agenda as well as the references in note 74 supra.

㉘ EC Commission, Global Europe: Competing in the World, note 83 supra, at10.

㉙ EC Commission, Commission Staff Working Document, note 86 supra, at 18.

㉚ For a comprehensive analysis of EC FTAs see Santa Cruz, note 84 supra.

保 TRIPS 下关于知识产权保护"最低标准"的充分实施。[101]

欧共体与发展中国家双边协定[102]中对于知识产权保护"传统"方式的示例是《非洲、加勒比及太平洋成员（ACP 国家）与欧共体及其成员间的伙伴关系协定》(《科托努协定》)第 46 条。[103] 其关于知识产权的条款很有趣，因为欧共体目前正试图取代第 46 条，代之以更全面详细的知识产权规则，这些规则在《经济伙伴协定》(EPAs)框架中已经进行了协商，用以取代《科托努协定》。[104] 第 46 条与正在 ACP 国家与地区间协商的预期新规定间的比较，显示了欧共体关于知识产权外部贸易政策的转变。

根据《科托努协定》第 46 条，各方"承认确保对知识、工业和商业财产权，及 TRIPS 涵盖的其他权利加以充分有效保护的需要，并保持与国际标准的一致"。[105] 然后，第二部分强调了遵循 TRIPS、WTO 协定和《生物多样性公约》的重要性。各方同意"需要加入所有 TRIPS 第一部分提及的关于知识、工业、商业财产权国际公约，并与其发展水平保持一致"。[106] 接着一些部分包含协商关于商标、地理标志及知识产权综合定义方面特殊协定的要求。[107] 第 46（6）条最后提出了知识产权保护领域的合作，根据相互同意的条款，应当延伸到知识产权执行、知识产权与竞争法关系，以及对区域知识产权组织的支持。

总之，根据第 46 条知识产权保护的标准要求不能包含超 TRIPS 的因

---

[101] European Commission, Directorate General Trade, Intellectual Property – Towards Better Recognition of Intellectual Property Rights [EB/OL]. www. ec. europa. eu/trade/issues/sectoral/intell_ property/index_ en. htm.

[102] 需要补充的是，欧共体已经商定高水平的知识产权保护，也要求贸易伙伴采纳欧共体知识产权方面的法律，但这些双边协定主要与候选或潜在加入欧共体的候选国及其邻国间进行，For details see Santa Cruz, note 84 supra, at 10 – 11.

[103] Cotonou Agreement (2000) OJ L317/3, amended (2005) OJ L287/1.

[104] 必须在特定历史背景下，看待《科托努协定》，欧共体成员国与其在非洲、加勒比及太平洋前殖民地国家之间的特别经济联系。它延续了对来自非加太国家特殊产品进入欧共体市场的特殊优惠准入政策，专家组指出这与 WTO 规则，及非歧视最惠国待遇相冲突。之后，EC 指出不愿再继续谈判，放弃对 ACP 国家优惠待遇的"合法化"，ACP 国家看到依照《科托努协定》，进行全面的、为了维持市场准入水平与 EC 间 GATT 第 XXIV 条可兼容区域贸易协定的谈判需要。EC 贸易与 ACP 国家联系的进一步分析，参见 Bartels, 前注 84, 第 722 – 56 页。

[105] 《科托努协定》第 46（1）条强调。"该义务不损害当事方在多边谈判中地位"，其特别与还不是 WTO 成员，且不受 TRIPS 约束的 ACP 国家相关。

[106] Art. 46 (3) of the Cotonou Agreement (emphasis added).

[107] 参见《科托努协定》第 46（4）（5）条。定义大致借鉴了纳入 TRIPS 协定中的知识产权类型，并进一步提到"数据库的法律保护"。至于后者，目前还不清楚其与 TRIPS 第 10（2）条一致的版权保护有关，还是与 EC 数据库指令一样延及到了特别权利保护。

素，否则会进一步限制欧共体贸易大多数伙伴的政策空间。❽ 而第三部分也提到了保护表演者、录音制品制作者与广播组织的《罗马公约》(1961)包括了一些超TRIPS因素，因此只有在与ACP国家发展水平一致的情况下，才存在加入《罗马公约》的义务。即使根据第五部分对知识产权定义加以广义理解，覆盖保护投资类型非原创数据库的特别权利，这也不能被解释为依据第46（1）条中"充分有效"知识产权保护义务制定这样一种机制的需要，后者的规定包含的知识产权保护要"与国际标准一致"的要求。关于对非原创数据库特别权利的保护，1996年没有就这一问题缔结一个WIPO公约，这就明确证明了，这种版权外部的投资保护显然不是国际接受的标准。

为了使与ACP国家的优惠贸易联系符合WTO贸易规则，❾ 欧共体一直与完全不同的共计7组ACP国家就几个所谓的"经济伙伴协定"进行谈判。以《科托努协定》第46条作为要求和出发点，欧共体不同程度坚持在不同EPA国家涵盖知识产权保护的规定。❿ 在下面，笔者会对超TRIPS因素加以分析，这些因素是在欧共体与CARIFORUM⓫加勒比国家⓬间EPA中关于知识产权保护的非正式文件中出现的，然后仍然会集中关注超TRIPS版权义务对于知识获取的潜在影响。

---

❽ With regard to the implications of art. 46 on those ACP countries which are not (yet) WTO Members, see S. Musungu, An Analysis of the EC Non – Paper on theObjectives and Possible Elements of an IP Section in the EC – Pacific EPA (ICTSD, CAFOD, Geneva, 2007), 12 – 15.

❾ The trade preferences for certain products had been found inconsistent withart. XXIV GATT – compare the explanations in note 104 and Bartels, note 84 supraat 728 – 30.

❿ See South Centre/Centre for International Environmental Law (CIEL) Intellectual Property in European Partnership Agreements with the African, Caribbean and Pacific Countries, Intellectual Property Quarterly Update (4/2006), 1 – 10; Musungu, note 108 supra, 18 – 29 on the EPA with the Pacific countries; Santa Cruz, note 84 supra, 18 – 33, on the EPA with the Caribbean countries and briefly on the onewith Eastern and Southern African Countries.

⓫ CARIFORUM countries consist of Antigua and Barbuda, Bahamas, Barbados, Belize, Dominica, the Dominican Republic, Grenada, Guyana, Haiti, Jamaica, Saint Lucia, Saint Vincent and the Grenadines, Saint Christopher and Nevis Surinam, and Trinidad and Tobago.

⓬ At the time of writing, the parties had already reached political agreement on an EPA, including a chapter on Innovation and Intellectual Property (see DG Trade – EPAFlash News, Update: Full Economic Partnership Agreement with CARIFORUMCountries [EB/OL]. [2008 – 01 – 15]. http://www.acp – eu – trade.org/library/files/EC_ EN_ 201207 EC CARIFORUM.pdf）。但当事方并未公开披露其协商的最终结果，所以EPA最终文本及其"知识产权与创新"一章在本文中未加以论述。慕尼黑马普知识产权研究院的研究项目在2008年春季启动，将会对最终EPA的知识产权条款加以分析。

依国际版权机制获取知识，WIPO 进展日程、欧盟委员会新的外部贸易与知识产权政策

在第 1 条中，欧共体非正式文件⑬规定了对《科托努协定》第 46 条的承诺，作为在 EPA 中知识产权义务的基础。它指出，"该篇中的规定赋予这些承诺以效力"。根据以上对第 46 条的分析，说的婉转一些，这一主张给人一种误导的印象，似乎是对第 46 条的适当实施实际要求了欧共体非正式文件中采取的超 TRIPS 方式。而实际上，第 46 条中对于 ACP 国家提高 TRIPS 中的义务没做任何要求。⑭ 非正式文件第 2 条规定了实施义务的目标，是为了确保"充分有效的知识产权保护与执行水平"。TRIPS 在前言中也包含了类似的词语，第 2 条严重缺少关于支持 TRIPS 第 7 条中知识产权平衡保护机制的目标。⑮ 在前面的第二部分，笔者已经解释了 TRIPS 第 7 条目标的重要性，依据 DSU 第 3 (2) 条也必须确保 TRIPS 规定的平衡解释。TRIPS 与公共健康的多哈宣言确定了 TRIPS 第 7 条的重要性，并且列出了这一规定，将其作为发展中国家重要灵活性之一。⑯ 非正式文件在一项特别规定"专利与公共健康"中提到了该宣言。⑰ 它规定，各方"承认《多哈宣言》的重要性，在'实施和解释本条的权利与义务时，可以依赖该宣言'"。⑱ 该规定（有利于 ACP 发展中和最不发达国家）甚至通过限制《多哈宣言》解释和实施非正式文件第 11.2 条范围的方式，包含了超 TRIPS 因素。与非正式文件第 2 条一致，它的目标是排除对知识产权规定进行平衡解释的任何余地，这种平衡解释可能会被用来执行如获取知识方面的利益。

非正式文件的第 3 条包含了另一个有关版权与知识获取的超 TRIPS 因素：所拟议协定目的上的知识产权定义也包括保护"非原创特别权利"。即使非正式文件不包括任何要求 ACP 国家采纳与数据库指令第 7~11 条一致的投资保护机制的进一步规定，在所涵盖的知识产权保护范围内包括特别权利数据库保护，也能够为未来这方面的要求设定基础。如在第二部分所解释，此种类型保护可能有效地在任何情况下将数据库的内容（纯信息、事实或任何其他数据）排除出公有领域，只要数据库是此处包含的唯一来源数据。

本部分中关于"目标与原则"最后的重要超 TRIPS 规定解决了版权环境

---

⑬ CARIFORUM – EC EPA, Non – paper on Elements for a Section on IPRs [EB/OL]. http://www.bilaterals.org/article.php3?id_article=6496; for an examinationof the other IP provisions in the EC non – paper see Santa Cruz, note 84 supra, 20 – 33.

⑭ See the analysis supra as well as Musungu, note 108 supra, 12 – 15.

⑮ Compare also Santa Cruz, note 84 supra, at 21 – 2.

⑯ See para. 5 (a) of the Doha Declaration on the TRIPS Agreement and PublicHealth (WT/MIN (01) / DEC/2), 20 November 2001.

⑰ See art. 11.2 (1) of the Non – Paper.

⑱ lbid (emphasis added).

下的知识产权穷竭，特别是独占发行受保护作品复制资料的权利，只要它们合法为公众所得。⑲ 第6（1）条仿照TRIPS第6条，根据非歧视原则，允许各方确定其自身的知识产权权利穷竭制度，第6（2）条对这一自由有所限制："在确定权利穷竭制度时，只要相关，当事方应当考虑这种制度对于药品供应的影响，尤其是由于外国公司造成价格急剧下降的药品"。即使它仅与另一个重要获取问题相关——如艾滋、疟疾、肺结核病的普及药品的获取——它仍然值得关注。根据这一提议，ACP国家必须使其国际穷竭的原则合法化，只要它影响了欧共体药业公司进行不同定价的能力（通常会为这些企业提供商业利益上的选择）。ACP国家不必在国内需要（如获取药品）基础上确定权利穷竭，而是必须考虑欧共体药品产业的市场机会。

最后，本部分检验了欧共体非正式文件相关超TRIPS提议的特殊版权。在这方面，第7-1条规定，"各方应与（……）WIPO版权条约（日内瓦，1996）第1~14条保持一致"。⑳ 有几种观点要在此处澄清一下。首先，与WIPO版权条约（WCT）实质性条款一致的义务与正式加入WCT的义务不同。按照前者，与WCT实质义务一致能够对其加以质疑，并根据（拟议）EPA综合争端解决机制进行检验。而按照后者，EPA综合争端解决机制约束的唯一义务是ACP国家是否实际加入了WCT。㉑ 因此，其所设想的义务是将WCT实质性义务，例如有关技术性措施的法律保护和数字权利管理体系，与有效的双边争端解决机制结合起来，这并不可能消除欧共体有能力对ACP发展中国家施加的政治、经济权力。加入WCT就会触及同样的实质性义务，因为按照WCT（《伯尔尼公约》有个完全无效的机制）㉒，没有争端解决机制能够用来质疑和检验与WCT义务的国内一致性。由于其本身缺少可执行性，就为发展中国家提供了制定政策的空间，可以按照本国的需要规定关于WCT的解释与执行。因此，欧共体非正式文件第7-1条不仅带来了超出TRIPS版权保护水平的实质性义务问题，而且进一步把这一问题带入争端解决的有效机制领域。

对于超TRIPS实质性义务，主要源自WCT第1-14条中的义务，也形成

---

⑲ 关于TRIPS第6条权利穷竭机制（国际、区域）适当范围的不同理论，参见Correa，前注13，第78-89页。

⑳ 非正式文件第7-1（b）条。第7-1条进一步要求当事方与《罗马公约》第1-22条，及WIPO表演与音像制品条约（日内瓦，1996）第1-23条一致。

㉑ South Centre, Comments on Innovation and Intellectual Property, Chapter 2 Part II Title IV of the Draft CARIFORUM-EC EPA [EB/OL]. www.southcentre.org.

㉒ There is a theoretical option to bring a case to the International Court of Justice under art. 33 of the Berne Convention, but this has never been relied upon in the more than 100 years of history of the Berne Convention.

了要求对知识获取特别予以关注的两个问题：WCT 第 1（4）条要求缔约方"遵守第 1~21 条和《伯尔尼公约》附录"。在这一规定的脚注 1 中，一份"关于第 1（4）条的一致声明"规定：

> 《伯尔尼公约》第 9 条中规定的复制权，及其所允许的例外，完全适用于数字环境，特别是以数字形式对作品的利用。其能够被理解，以数字形式在电子媒介中对受保护作品的存储，包含在《伯尔尼公约》第 9 条含义之内。❿

这一声明明确了在数字环境下的复制权范围。最实质性的结果是，除非出现特别例外，按照复制权的范围，临时复制行为是在电脑上获取和利用数字化资料的技术必需因素。❿ 这意味着，在数字化环境下（与传统版权法方法不同），对于受保护作品的单纯利用与消费，如阅读一篇文章、欣赏音乐、观赏电影，原则上等同于得到权利持有人授权的行为，这在知识获取方面尤其具有明显的效果。由于权利持有人潜在拥有阻止对版权资料获取或正常消费的独占权，就必然有更多的方式控制对作品的利用。任何意欲利用或获取作品的人，必须依赖可涵盖其行为的特定例外条款的可适用性。而另一份关于 WCT 第 10 条的声明，允许"例外与限制条款……推进和适当延伸入数字环境，视其可为《伯尔尼公约》所接受，并设计能够适用于数字网络环境的新例外与限制条款"，它们仍然要受 WCT 第 10 条三步检测法的约束，并且有赖于一个国家起草适当例外条款的能力与才智。

但对于是否 ACP 国家的任何义务都来自于对 WCT 第 1（4）条的一致声明，也产生了几个问题。首先，由于声明并未以全体成员一致同意的方式发布，❿ 它就不构成 VCLT 第 31（2）条的语境，❿ 因此也不构成依第 31 条主要条约解释的一部分，❿ 这样一种解释就极大地限制了一致声明的解释价值。另

---

❿ Agreed Statement on art. 1（4）WCT（emphasis added）.

❿ 主要基于这样的事实，在计算机随机存取存储器中观看光盘电影或玩电子游戏时，必须保持临时复制件使其能够在屏幕上显示。compare on thisissue J. Ginsburg, 'Achieving Balance in International Copyright Law', Columbia Journal of Law and the Arts, Spring 2003, 205-7; M. Reinbothe & S. yon Lewinski, the WIPO Treaties 1996: Commentary and Legal Analysis（Butterworths, 2002）, 42-5; S. Ricketson & J. Ginsburg, International Copyright and Neighbouring Rights, vol. I（2nd edn, Oxford, 2006）, at 4.23 and 11.69.

❿ According to the records of the 1996 WIPO Diplomatic Conference on theWCT and WPPT, the agreed statement was accepted by a vote of 51 in favour, 5against and 30 abstentions; see Reinbothe & yon Lewinski, note 124 supra, at 42.

❿ 根据 VCLT 第 31（2）（a）条，条约上下文目的解释应包括"所有当事方缔结的与条约有关的任何协议"，除正常含义与条约目标外，按照 VCLT 第 31 条，上下文是条约主要解释方法的一部分。

❿ Compare also Ricketson, note 53 supra, at 6 and 56-8; Ginsburg, note 124supra, at 206。

一个问题是，对于一致声明，对 ACP 国家拟议的义务与 WCT 第1（4）条一致意味着什么。主要解释方式使含义模糊或晦涩，或者会产生明显谬误或不合理结果时，VCLT 第32 条允许诉诸解释的补充方式，ACP 国家只有在《伯尔尼公约》第9（1）条对数字环境下复制权范围解释不确定或会产生前面所说后果时，ACP 国家才有义务考虑一致声明。但这种情况很难发生，因为它更是一个国家希望如何处理数字环境下临时与技术必需复制行为的版权政策问题。❷

第二个也是与 WCT 第1－14 条一致义务的最重要超 TRIPS 因素，表现在 WCT 第11 条中，对于权利持有人用来在数字环境下对受保护作品利用的技术性措施，第一次在国际版权法中要求国家添加新的保护层。WCT 要求成员提供第一层法律保护（依据 WCT 第8 条授予新的可得权），而权利持有人也可以再加一层技术性保护。WCT 是第一个施加第三层版权间接保护的公约，对于权利持有人用来保护作品的技术性措施，它要求成员国要禁止对其进行（技术性）阻碍。❷ 依据 WCT 第11 条：

> 对于作者依据《伯尔尼条约》及本条约利用的有效技术性措施，缔约方应当提供充分的法律保护，及有效的法律救济措施，以禁止对该措施的阻碍行为。作者对于作品的限制行为，为法律所关注并允许。

对 WCT 第11 条的所有潜在含义没留任何讨论的余地，❸ 下面这些方面尤其与知识的获取相关。一般来说，对私人施加的对数字内容获取与利用的技术性限制，面临着超出版权法对权利持有人之保护的风险，进而成为一种保护客体实施的主要独占形式，除非一种特殊的有效利益要求对这种限制给予限制。权利持有人使用的技术性措施也可能延伸到不被版权保护的内容（阻止对纯信息或其他不具有原创性资料的获取与利用），即使使用了相关的版权客体，他们通常也可以阻止对基本思想、概念和运行方法的获取与利用。而且，技术也可以用来扩大独占权，使其超出国内法授予的独占权保护范围，如通过技术性阻止对作品的利用，或对那些通过版权法得到豁免的临时或偶然复制，限制使用版权的时间范围。最后，技术性措施可以用来阻碍版权例外条款的受益人

---

❷ 参见信息社会版权指令（2000/29/EC）第5（1）条，完全在复制权范围内豁免了特定情形下的行为。

❷ 对计算机软件版权构成三层保护的可比较早期体系，参见欧共体关于计算机程序法律保护的指令（91/250/EEC）第7 条。

❸ See Ricketson & Ginsburg, note 124 supra, 15.02－15.26；Reinbothe &vonLewinski, note 124 supra, 135－48；Fiscor, The Law of Copyright and the Internet（Oxford, 2002）, C11.01－11.23。

依国际版权机制获取知识，WIPO 进展日程、欧盟委员会新的外部贸易与知识产权政策

对版权的有效利用，甚至覆盖已经进入公有领域的资料。在所有这些情况下，这些获取与利用都不会为传统版权法所阻止，而且还会对超出版权法保护范围的合同性限制条款加以禁止。[131] 传统版权模式和基本的公共利益（保护对基本思想、概念或纯粹事实的有效获取）[132] 在这些情况下，无法保证这项合法权利能够绕开超出版权限制获取与利用之私人技术。反对"私人"保护技术规避的法律保护，应当确保尽可能地支持这些传统模式和版权基本概念的保护。因此，这种规避保护要按照版权的保护界限加以限制，对版权保护的各种利益均给予考虑。

对 WCT 第 11 条的实施意味着，希望确保对知识加以有效获取的（发展中）国家，应当利用这一广义规定中的所有政策空间，限制对这种规避行为的法律保护，使其与传统版权模式保持一致。在这方面，有几种选择。首先，ACP 国家应当考虑"充分的法律保护"禁止对维护国内版权边界的措施进行规避，如果它们以有限客体、范围、保护条件，有限独占权或例外条款的形式。[133] 对于规避保护的限制是独占权范围的要求，来自《伯尔尼公约》或 WCT "与实施相关"的利用技术性措施的需要。[134] 最后，只有既非权利持有人授权也非"法律允许"的技术性措施限制行为，才必须制止规避。后一个选择就是选择制定有效的版权例外条款，但 ACP 国家必须提供保护制止规避吗，唯一可选择的依据是权利持有人没有"授权"一种特定行为？这可能会允许权利持有人通过撤回任何获取与利用的"授权"而自由确定制止规避的保护范围。ACP 国家可以通过规定更多对"授权"的狭义理解避免这一结果：可以解释为，只有与可能等同于版权侵权的行为相关，基于此这样的授权才是必需的。[135] 在此基础上，如果行为的目标可能是不为国内版权法所禁止的行为，ACP 国家就不必规定制止规避的法律保护。总之，所有这些选择都会产生这样一个结果，遵守 WCT 第 11 条的义务，能够也应当被解释为要与传统版权保护的边界保持一致。

---

[131] 参见信息社会版权指令第 5（1）条、计算机程序指令第 5（2）~（3）条及数据库指令第 6（1），8（1），15 条中复制权的法定豁免。

[132] 根据 TRIPS 第 9（2）条比较国际法定思想 – 表达两分法。

[133] 对比 Ginsburg，前注 214。这一观点在 WCT 前言中找到另外的支持，前言要求"维持著作权利与一般公共利益，特别是交于研究与信息获取……方面公共利益平衡的需要"但前言并非 ACP 国家必须遵循的规定，尽管如此，它对实质性义务的解释仍然有重要影响，根据 VCLT 第 31（1）（2）条实质性义务是条约的一部分，VCLT 第 31（1）规定了同样重要的条约目标。

[134] 基于以上原因，这并不延及到数字模式下对作品的纯粹获取——关于 WCT 第 1（4）条的一致声明并未对 ACP 国家的复制范围暗示一种有约束力的义务。

[135] 基于 WCT 前言的解释（对比前注 133）或许会支持这一点。

5 结　　论

本文中，笔者尝试为国际版权保护的"最低标准"以及它们对于知识的获取与传播有何种影响给予综合的阐述。这里有两个交叉点（1）版权规范制定的现有及潜在未来趋势，来自 WIPO 发展日程提议的实施；（2）相反的欧共体的现有外部贸易与知识产权政策。

通过对国际版权法"最低标准"的分析，可以指出一些重要原则与宗旨的法典化，应当为平衡激励创新与获取并广泛传播现有创造、创新，尤其是基本思想、概念与事实的详细规定，提供良好的基础。但目前的国际机制对于有利于知识获取的最低标准，如通过对独占权规定例外的方式，缺少更多进一步的详细规定。相反，所谓的三步检测法，作为 WTO 专家组的重要解释削弱了 WTO 成员对国内法中例外条款加以预判的能力。对于平衡公平实施的需要缺乏明确的认识，而这种平衡在所有 WTO 法中为 TRIPS 所独有。实定法，它应为这样一种解释反击——与国际公法中传统解释规则一致——将与 TRIPS 第 7 条一致的知识产权保护目标作为重点加以强调。现有规范，三步检测法应为一种平衡的一般规则所取代，与 GATT 第 XX 条类似的比例与必要检验一致。并进一步辅之以版权法例外条款的强制性最低标准，以使对知识及其他相关利益的不同获取赋予效力。

这一要求会产生在全球框架内，如 WTO，有效执行最低标准的问题：现有的争端解决机制功能建立在贸易利益正在被损害基础之上，[136] WTO 成员不可能为了确保与另一国版权保护例外条款与共同政策一致（例如可能为双边 FTA 中的超 TRIPS 义务所威胁），而启动争端解决，除非他们在这些例外条款完全实施情况下存在商业利益。但在确信这样的例外条款能够确保进一步创新与创造的基础上，[137] 假定某产业在维持公有领域方面确实有极强烈的商业利益，这种想法就不再牵强。这在专利领域比较明显，如对于基因药品的生产者及一般意义上的后续发明者。在版权情况下，希望开发可互用附加价值计算机程序的软件生产者，以及希望利用新商业模式、存储技术、提供可调整获取信

---

[136] See art. XXIII GATT as well as art. 3（8）of the DSU.
[137] See Okediji, note 11 supra, at x–xi, 4–8.

依国际版权机制获取知识，WIPO 进展日程、
欧盟委员会新的外部贸易与知识产权政策   **IP**

息的服务提供商，都要依赖对潜在版权资料的利用能力。[138] 一般而言，任何希望发展新附加值产品或服务的商业实体，必然依赖利用现有创新、创造和知识的能力。或者更加诗意一些描述：任何意欲创新或发明的人，都必须站在"巨人的肩膀上"，否则没有人愿意"浪费时间做别人已经做好的事"。一旦（版权）重叠保护对不同产业的消极影响变得越来越清晰，就会希望越来越多的政府意识到，不仅需要在本国地域内繁荣公有领域，在海外出口市场也同样存在着重要的商业利益。据此，执行最低标准，在 WTO 框架下以贸易与商业为导向的背景下，保护对知识的获取与传播，似乎也完全是现实的。

　　评估 WIPO 发展日程的潜在影响，突出规范制定方面的几个重要提议（如果事实），能够解决现有国际版权机制的重要缺陷。最直接相关的重要提议是日程用来重写或至少重新理解三步检测法。[139] 三步检测法的主要信息是降低限制与例外条款所服务的利益和目标，这一目标直接与权利持有人不可扭曲、充分经济利用的经济利益相关，这就必然与强调灵活性、例外与知识获取的要求相冲突。如果 WIPO 成员真诚希望将后一问题与前者置于平等的地位，现有三步检测法的解释必须去除。意识到目前来看还相当不现实，人们应当关注实际上能够允许实现利益公平平衡的三步检验法解释。如前所述，这同样符合 TRIPS 第 7 条的目标，以及在其他 WTO 机制中平衡规定的比较分析。

　　总之，要再一次强调，目前移除国际版权机制中刚刚发展灵活性这一关键问题，是双边舞台中强加的超 TRIPS 义务。很不幸，这一问题在 WIPO 发展日程中并未加以提及。美国 FTAs 长期以来因其超 TRIPS 的全面义务而臭名昭著，[140] 欧共体外部贸易与知识产权一般政策，特别是关于加勒比 ACP 国家群组，最近仅移除了较强的超 TRIPS 标准。除欧共体对在不同多边或双边论坛中提高知识产权有效执行部分的关注外，欧共体与不同组 ACP 国家之间的谈判也需要特别关注。不仅是出于对欧共体自身贸易与知识产权利益的新关注，也是由于超 TRIPS 义务对于知识获取的特定后果，这些谈判的成果会潜在影响大

---

[138] 由于对内容新使用形式的新技术发展，各种内容形式的版权保护与新技术需要之间出现紧张关系，关于此美国最高法院判例对融入技术版权的合法性做出很好示例，允许消费者录制有版权的电视节目、电影等。参见 Sony Corp. of America v. Universal City Studios, Inc. 案，美国 1984 年判例汇编第 464 卷第 417 页。

[139] 对于 WIPO，与其管理的条约只有一种选择，因此不适用于 TRIPS。但从关于 TRIPS 与公共健康多哈宣言、多哈发展日程及 WTO 协定前言中也可能推导出类似的结论。

[140] 美国 FTAs 实际上对其标准已有所放松，主要由于国会的政治转变，掌权批准甚至潜在地修改了贸易协定。

约 80 个国家（其中有一些是世界最贫穷国家）。在如此大量国家之上强加超 TRIPS 义务，不仅会影响有不同发展需要的大量人群，而且会潜在带走有兴趣在多边水平上推动不同日程的大批重要国家——如 WIPO 发展日程的有效实施。

结语：路在何方？

埃斯特尔·德克雷

不可否认，自 1971 年 *Deutsche Grammophon* 案后，欧洲版权法发生了剧烈的变化。大多数是好的，尽管有一些阻碍。引用拉蒙·卡萨斯瓦勒斯在本书中提到的隐喻："仍然处于变化不定状态中的欧洲版权，就像一个尚未完工的挂毯，许多东西类似于神圣罗马帝国的古老地图：有着具有不同性质和地位的飞地、广阔的空白空间，而其中之一就是原创性"。尽管如此，我们是否应当完成这幅挂毯呢？可以确定的是，尽管最近有短暂的安静，委员会已经决定要继续进行一体化，至少在某些特定领域。最近的议程包括对录音制品与表演者保护期间延长至 95 年的提议，❶ 对音乐版权及有关权❷跨境集体管理的建议与在线创新内容的战略。❸ 2008 年 2 月，委员会发动了新的咨询（首次是在 2006 年），重申了在私人复制领域进行一体化的兴趣。❹ 除这些倡议外，确定是否有必要进一步进行一体化，假定版权法的那些方面真正需要一体化，也非常必

---

❶ See http：//ec. europa. eu/internalmarket/copyright/term – protection/termprotection en. htm（all websites in this conclusion were accessed on 8 October 2008）.

❷ Recommendation 2005/737/EC of 18 October 2005 on collective cross – border management of copyright and related rights for legitimate online music services, available at http：//eur – lex. europa. eu/LexUriServ/site/en/oj/2005/1 276/1_ 27620051021en00540057. pdf. See also the recent monitoring report of 7 February2008, available at http：//www. ec. europa. eu/internal_ market/copyright/docs/management/monitoring – report_ en. pdf.

❸ Communication from the Commission to the European Parliament, the Council, the European Economic and Social Committee and the Committee of the Regions on Creative Content online in the Single Market of 3 January 2008, COM（2007）836 final. See also http：//ec. europa. eu/avpolicy/other_ actions/content_ online/index_ en. htm.

❹ Background document, Fair Compensation for Acts of Private Copying, 14 February 2008, available at http：//ec. europa. eu/internal_ market/copyright/docs/levy_ reform/background_ en. pdf. Even more recently, the Commission launched aconsultation on copyright exceptions. See http：//ec. europa. eu/internal_ market/copyright/docs/copyright – infso/greenpaper_ en. pdf.

要。例如，对于原创性，委员会认为，实践中原创性要求的不同，并未对贸易造成阻碍。❺ 依拉蒙·卡萨斯瓦勒斯观点，这主要是因为许多争端并未超出一国的国界。在这种情况下，委员会对商业行为经常会跨越国界作品的原创性进行了一体化（如数据库与计算机程序）。这种情况在其他版权法领域进展如何？本书的撰写者揭示了现有差距，有的作者对这种差距是否应当加以弥补给出了一些选择。

当然，如果需要，额外的适当一体化可以带来更大的法律确定性，更强的透明度，易于适用，以对权利持有人与使用者同等的方式尊重法律，还可能会降低成本。❻ 此外，权利持有人不再会从"最严厉的国内法"到"赎回"使用者中获益。❼ 本文做简要总结，并非要在撰写者关于一体化领域已阐述内容之上，再添加细节。但有针对性地指出值得欧盟未来关注的一些重要方面，仍然非常有用。

欧盟应当开始解决的核心问题毫无疑问应当是最严峻的，既包括程序方面，也包括实质方面。它并非继续通过指令的方式进行一体化，而是发布关于影响内部市场功能问题的指令，并删除相关方面的国内法。这就会消除版权法的地域特征（至少在某些既定领域如此）以及诉诸国际私法的需要，避免后者的有害影响。事实上，如果笔者想要一个在几个成员国使用作品的许可，就要和所有版权作品（包含产品）销售地的法律保持一致。换言之，笔者必须确保这种使用不会在任何一个产品销售的国家侵权（如 *Tripp Trapp* 婴儿椅和香水❽），仅仅因为笔者打算进入市场的成员国之一，作品本身或含有作品产品在那个市场受到保护（尽管其他一些国家不受保护），笔者就必须取得一个许可，权利持有人也可以主张一个能够覆盖所有成员国的价格。这样的示例经常发生，因为市场正在不断地全球化。简言之，由于按照版权的冲突法规则，大多数情况下适用保护国法，大多数保护国内的法律总能得到适用。这当然有利于权利持有人，这本身就是制定此种条例的强有力理由。如概述中所述，为尊重《伯尔尼公约》的国民待遇要求，所有成员国都被迫遵守的保护国规则，并非是灵丹妙药。规定这样一个规则，并未神奇地形成成员国版权法的集合，

---

❺ Commission Staff Working Paper on the review of the EC Legal Framework in the field of Copyright and Related Rights, Brussels, 19 July 2004, SEC (2004) 995, 14.

❻ See also K. Peifer, Das Territorialitätsprinzip in EuropäischenGemeinschaftsrecht vor dem Hintergrund der technischen Entwicklungen [2006] 1ZUM, pp. 3–4. Especially if it is done by way of a Regulation and if done by way of Directives, if those Directives do not leave options to Member States.

❼ An explanation is provided below.

❽ See respectively the contributions in this book by A. Quaedvlieg and A. Kamperman Sanders.

它们各自部分地或者完全没有实现协调（如所有权与精神权利领域）。与发布指令相关的程序内容与障碍，将在下文继续探讨。

如果需要一体化，哪些是其他最为急迫的领域？

另一个比较重要与紧急的方面是侵权的例外条款。无论未来实体版权法采取何种形式，如玛丽·克里斯汀、詹森、路西·吉博，以及之前一些人的提议，最困难的问题或许是将例外条款置于人权和公共利益之下，分别超出计算机程序指令与数据库指令的第9条和第15条，这些提议应当得到执行，可遵循丹麦和葡萄牙的例子。❾ 此外，对于单方措施，如技术性保护措施（TPMs），也理应得到同样的重视。M. C. 詹森提议的只有合法使用者才能从例外条款中受益的要求或许会有很多争议。首先，它可能会使现有版权法发生剧烈变化，如目前这一要求仅适用于计算机程序和数据库，这大概主要是因为它们更容易受到伤害的性质（由于其数字化形式，大多数情况下）。这并不能减损需要明确概念含义的事实，因为如 M. C. 詹森所指出，目前在成员国之间存在三种不同的解释。其次，如何分配举证责任？谁承担举证责任，在每一种情形下，使用者怎样能确定自己是合法使用者？在任何情况下，合法使用者的概念并非事实已经合理"一体化"的概念，但或许值得去做，计算机程序指令和数据库指令都使用了不同的术语。

在这一点上，数据库特别权利或许是下一个绝对需要修改的最重要领域。这方面的提议在本书❿中及他处⓫已经加以探讨，简言之，需要增加更多的例外条款，强制推行成员国加以采纳，并赋予其重要性。尽管所有的强制许可体系都会产生自己的成本，当数据库制作者拥有垄断地位，只能采取事后性质的反不正当竞争法和高成本的解决方式时，这种许可对于一些商业使用者是实用的。⓬ 反不正当竞争法对于依样模仿侵权的先占是必要的。对于一般意义上的大多数版权例外条款，类似的占先也适用到 TMPs 和反规避条款。⓭

另一个值得学术关注的领域，如果不是一体化，是版权法与其他知识产权法之间的关系，或所谓的重叠。许多问题仍然悬而未决：版权作品的期间能够

---

❾ For more information, see Chapter 20.

❿ Chapter 17.

⓫ See e. g. M. Davison, The Legal Protection of Database, Cambridge: Cambridge University Press, 2003; E. Derclaye, The Legal Protection of Database: A Comparative Analysis, Cheltenham, UK and Northampton, MA: Edward Elgar, 2008.

⓬ Matthias Leistner 的建议是只有在两个条件（即不可或缺性和无客观理由）都得到满足时，对特别权利适用 ECT82 条，这或许在其他方向走得太远，会钳制萌芽中的重要投资。

⓭ For more information, see E. Derclaye, The Legal Protection of Database: A Comparative Analysis, Cheltenham, UK and Northampton, MA: Edward Elgar, 2008, chapter 5.

通过商标法的保护延长吗？如果一部也受商标法保护的版权作品被拙劣模仿会怎样？当作品同时被商标法、外观设计或专利法所保护时，与著作权或所有权有关的规则应当相互贯连吗？即使在版权法内部：在版权法与数据库特别权利之间，数据库与计算机程序之间，确切的关联是什么？在一些成员国内已经存在一些不完全的规则。❹ 对于指令最后一条的含义（毁誉参半的"继续适用其他法律规定"），欧盟必须给出更加精确的定义，❺ 这一需要对版权与合同法之间的关系也同样提出。对于不正当竞争法（或者至少对于依样模仿或寄生），前面提到的数据库，需要更为广泛的考虑。尽管知识产权与不正当竞争法之间的关系如姐妹般，学术文献也常常提出这一问题，敲起警钟，❻ 但欧盟从未对此问题加以解决。

同样，提起版权法与竞争法关系没有一体化，也是老调重弹。❼ 直到最近，判例法关于版权相对变"软"，最起码（到 IMS Health 案）是不清晰。现在它不仅再次不清晰，还有了更普遍的影响。正如贝纳博论述的，版权与其他知识产权不同，应给予特殊且更为紧迫的对待。可惜，微软案沉默但着实模糊了 IMSHealth 案中已经确立的相当清晰的先例，这个先例欧盟花了 10 年的时间完成。如前对特别权利所述，关系需要解决，为了更好地内部化的结果，这在企业之间的协议中部分地完成了。❽

下面是一些领域的排列，这些领域的一体化不是非常急迫，但也有好处。

首先，如果没有市场扭曲的证据，几乎没有一体化或许也不需要一体化的一个领域，客体。❾ 如坦妮娅·阿普林指出，普通法与民法国家之间的主要差别是，后者更宽容，在没有提起保护之前，它们并不做分类要求。字母、标题、功能性作品、一些艺术作品，以及大多数最近颇具名气的香水，都只可能在大陆国家得到保护。如果这种分歧扭曲了市场，也确实会如此，一体化的情况才成熟。主要的问题是，对受保护作品，选择开放式排列还是封闭式排列。基于几个原因，欧共体在该领域的立法活动或许是最好方式，而不是将该问题

---

❹ See in the UK, ss. 224 and 236 of the Copyright Act which organise somerelationships between copyright, registered and unregistered design rights.

❺ 见计算机程序指令第 9 条，数据库指令第 13 条，信息社会指令第 9 条。

❻ J. Passa, Contrefacon et concurrence déloyale, Publications de I'IRPI no. 15. Paris：Litec, 1997, M. Buydens, La protection de la quasi – création, Bruxelles：Larcier1993, E. Derclaye 2008, supra and A. Kamperman Sanders, chapter 22 in this book.

❼ 除技术转让集体豁免条例 772/2004.

❽ Ibid.

❾ 需要提醒的是，只有计算机程序和数据库已经在客体方面实现一体化，还摄影作品实现部分一体化。

结语：路在何方？

留给法院。尽管有先例原则，目前只在 UK 和爱尔兰存在，一方面合法一体化恐怕要花费相当长一段时间，只有最高法院审理了案件，才会实现确定性。另一方面，很长时间的低级法院判例总是被最高法院推翻。此外，法院的构成也会变化（如法官高升或退休），都会使规则不可避免地发生波动。

原创性标准的一体化非常有限。2004 年，委员会明确指出，它不预计进行进一步的一体化，因为没有其影响单一市场的证明。如果仍然是此种情形，确实没必要如此。否则，原则上它会对协调有好处。与拉蒙·卡萨斯瓦勒斯相反，笔者的观点是，这或许并不是一个象征性的举动，就像 UK 的充分技巧、判断与努力或首要标准仍然保护着许多大陆国家不会保护的作品。但如果没有一般意义上不公平竞争的一体化，至少迫使将依样模仿侵权引入英国法，这或许证明是不可能的，必然会遇到激烈的反对。因此，即使将其定入欧盟日程，这也是立法最为困难的领域。

经济权利不需要进行进一步的一体化（改编权和表演者权例外），但如安斯加尔·奥利所建议，对此方面的现有指令简单法典化，也不是不可能。[20]

2000 年，一项欧盟委托的研究认为，精神权利并未造成内部市场的扭曲，这大概是出于研究结论对下行一体化的恐惧。尽管如此，集体组织或/和作者及表演者的联系，即使在极少保护精神权利的英国，目前也强烈呼吁关注此方面，[21] 这种担忧可以被克服。此外，如雅克·德·维拉所指出，一些特殊的问题似乎对内部市场有所影响，值得加以协调。

计算机程序指令也需要进行很多修复，在这些问题中，首要的问题是明确其与数据库指令共用的合法使用者概念。另一个重要变化是提供制作更多而非一份备份复制的可能性，尤其当其是依据情况或使用者的活动或交易为合法的情况。为了额外的明确性和一致性，另一个方面需要重新审视，如第 7 条的反规避条款比信息社会指令的第 6 条更加宽容。

最后，期间也需要加以修改，但由于其他原因，这些在下文探讨。

另一方面，版权法的一些领域不需要进行一体化。

如我们所知，思想—表达二分法在 TRIPS 中，已经在定义上实现一体化。即使所有的成员国遵守这一定义，其性质就是比较混沌的，它的适用一直是一

---

[20] Some other minor adjustment to the right of reproduction, communication to the public and broadcasting may also be required as mentioned in the IVIR Study2006 (P. B. Hugenholtz et al., The recasting of copyright and related rights for the knowledge economy, no. etd/2005/im/dl/95, 2006, http://www.ec.europa.eu/internal_ market/copyright/docs/studies/etd2005imd 1/95recast_ report_ 2006. pdf).

[21] As shown by L. Bently's study, Between a Rock and a Hard Place: the Problems Facing Freelance Creators in the UK Media Market Place, London: Instituteof Employment Rights, 2002.

个事实问题。这并不意味着如果同一案件在不同国家被诉,大多数国内法院就会得出不同的结果。即使英国、爱尔兰与欧洲大陆国家存在差别,也没有必要对拉特雷尔提出的固定问题进行一体化。这些差别在实践中并没有产生不相类似的结果,因此,或许会使许多努力化为乌有,还带来很多麻烦。

事实证明,著作权与所有者权并未实现充分一体化。但这些领域常会触及成员国的合同法与财产法,而这完全在欧盟权限之外,这也是为什么这些问题的一体化极其微小的原因。基于此原因,由于 GNU 自由文献许可,以及为维基撰文时人们明示或默示放弃其版权,杰里米·菲利普的提议可能只在部分情形下可以适用(主要因为这些许可在其他维基或 web2.0 平台上并不存在),也许这些新的情形会引发一体化问题。对于内部市场的影响会比传统实施形式更加显著,但它再一次需要检查,欧盟是否有关于此问题的立法权限。此外,该问题市场超越欧盟的边界,在国际层面上解决这一问题会更加有效。

类似地,第二侵权和版权的处置也在成员国权限之内,因此也不可能实现一体化。但这些领域,行为守则或更多的软法工具也可以实现间接一体化,尽管其缺少"硬法"的合法性,但是非常有用。

怎样能为这些分歧提供救济?每一种选择的障碍与利弊是什么?如果欧盟决定不进行一体化会怎样?

如前所述,指令是迄今为止最主要的运用工具,间接一体化的方式可以是软法(如权利持有人的行为守则,有或没有使用者咨询的集体组织)。[22] 事实上,正如玛丽·克里斯汀·詹森在其撰写的文章中指出,委员会最近运用了很多建议[23]这种形式的法律文件。这种文件不具有约束力,因此很难完全令人满意。建议以及解释性的公告可以被看作好的开端和试验场,但应有约束力的法律(指令或条例)紧随其后,使其具有执行效力,以及通过欧共体的法院解释欧共体条款而产生进一步一体化的可能性。当然,笔者前面也提到,它并不具有"硬法"的合法性。比较理想的是,如伯恩特·胡根豪兹所建议,一个条例,它在国内法之上(不同于商标与外观设计指令),即使不是所有无法一体化的问题,它也能够解决大多数问题。无论何种形式(指令或条例),由于一体化成本很高(成员国几乎每年都要实施指令),最好的方式是一气呵成对剩余问题立法。[24]

---

[22] 学术提议可能都落入这一范畴?

[23] T. Dreier & P. B. Hugenholtz, Concise European Copyright Law, Alphen aanden Rijn: Kluwer, 2006, p.2.

[24] As implicitly advocated by the IVIR Study 2006, Chapter 7.

结语：路在何方？

条例除有明显优于指令的好处外（直接的法律效力，降低成本，增加透明度），为了矫正15年"上行"一体化造成的过度保护，它还可以为权利与限制提供某种"再平衡"。㉕ 当然，选择条例也有一些劣势。成员国可能表示强烈反对，因此要花很长时间采纳，如果它是基于欧共体条约（ECT）第95条而非第308条，还要取得理事会的一致同意，㉖ 这对于条例的（快速）采用又增加了一层阻碍。其他进一步一体化的潜在阻碍，可以通过指令或条例㉗解决，也能够被识别。很明显的一个是成员国数量从2004年的25个增加到2007年的27个，未来还会再多。版权领域的最后一个指令（关于追续权）要回溯到2001年，最后一个适用版权的横向指令（实施指令）是恰在新成员国2004年5月1日加入的前两天通过。㉘ 现在在谈判桌前有众多国家，获得一个满足大多数国家要求的指令和条例，即使不是僵局，也会成为非常艰辛的过程。即使实现了，也会如信息社会指令一样，导致比一体化之前不是更遭也是很差的形势，因为它要为取悦所有成员国做出复杂的妥协，或者由于强有力且通常一边倒的游说而使情况恶化。按照比例原则和辅助原则，欧盟只能发布"将内部市场的建立和功能作为它们目标"国内法的近似措施。换句话说，成员国扭曲内部市场的分歧必然存在，否则就不必启动一体化（通过指令或条例）。但它必须以第308条为基础行动（剩余权限），如它发布商标与外观设计条例，是因为欧共体版权条例留下了完整的地域性版权。如果遵循这条路，就像我们前面所说，要取得理事会的一致同意，这是相当大的弊端。由于很多领域已经被一体化，也会转向对文化产业（受版权影响）的保护，不愿再通过国内版权法维护它们。随着一些领域（如精神权利）"下行"一体化的风险，这一讨论（在辅助原则基础之上）的重要性也在增加。如果情形糟到极点，通过有约束力或无约束力文件都无法实现一体化，就需要欧共体和国内法院在现有指令的基础逐步实现额外一体化。尽管向欧共体法院咨询问题，让其解释欧共体版权概念，㉙ 往往要花费很长时间，国内法院在欧盟版权一体化中还是发挥了重要的作用。这一点在最近的外观设计领域可以发现，英格兰和威尔士的最高

㉕ IVIR Study 2006, p. 11 of the Executive Summary and p. 219 of the study.

㉖ IVIR Study 2006, p. 221.

㉗ Directive 2004/48/EC of the European Parliament and of the Council of 29 April 2004 关于知识产权执行，OJ L 157, 30.04.2004.

㉘ 如果一个统一版权"对于确保内部市场功能确实必要，就可能认为，第95条确实构成一个充分的法律基础"。

㉙ 如果欧共体法院没有给隐含的答案，或者将其完全留给国内法院。See for instance the notion of equitable remuneration in the SENA v. NOS case, ECJ, C – 245/00, [2003] All ER (D) 67: [2003] ECR – I 1251.

法院、上诉法院以及其他国内法院，都遵循了 *OHIM* 案中的规则。这种方式会降低将问题提交到欧共体法院的需要，其已经负载过重。

最后一个问题大概也是最重要的：正如成员国之间不可避免地存在差别，"上行"或"下行"一体化也经常会产生问题。这个问题很快就会发生，也许比我们想的还要快，例如期间问题，最近提议延长录音制品与表演者保护期间到 95 年，这大概是因为寿命在不断延长。❸ 由于上行或下行一体化可能会在任何未来的版权领域立法行动中出现问题，在指令或条例将这些特殊方面（再次）最终确定之前，对其加以深思熟虑异常关键（如我们所知，法律一旦被通过，再对其加以更改极为困难）。因此，回顾版权的历史，版权的基本法理，其特定的条件与限制，以比较的视角，对之前的上行或下行立法结果加以综合分析，并结合一些实证或至少理论上的经济证据，在制定关于版权任何方面的指令或条例之前，这些都极为必要。此处讨论版权期间非常有用，它是上行一体化的极好例证，为对将来所有"一体化"领域的思考提供了参考。

期间的上行一体化是否绝对必要呢？也许未必。未来不需要这种方式，如我们再依据获取版权的合法理由简单思考一下，如果激励创新是合理的，即使自然权利，作者的继承人都不要特许费，因为他们并非最初创作作品之人。如果他们终生都可以利用特许费坐享其成（70 年仍然会占据他们生命的大部分）!❸ 甚至会暗示他们不必创新（对于拥有权利的任何法律实体都是同样）。或许版权期间只应覆盖作者有生之年，❸ 这一点可以得到实证和至少理论上经济分析的支持。对于不同成员国版权期间不断延长原因的考察，可以帮助我们理解怎样发展到现在的情况，虑及基本原理它是否合法。正如琳达对德国版权法进行历史考量时所暗示，（单方？）游说，或/和国家保护主义（版权期间在1841 年增加到 30 年，主要是为了保护歌德和雪莱的作品），或许会一直是版权上行一体化的主要原因，这不仅适用于期间，也适用于版权的其他领域。德国是指令发布时欧洲保护期间最长的国家之一，保护力度也最强，重新审视德国的情况也很有趣，为什么德国在仅一个多世纪的时间内，版权的期间翻了一倍多（从 1837 年作者去世后 30 年到 1965 年作者去世后 70 年）。对于人权，

---

❸ 一种观点认为，这可以看作有关权利持有人为个体优势扩展保护期间而使用的借口。

❸ See D. Desai, Eldred and Copyright's Hidden Assumption: Heirs Matter But They Shouldnt, Presentation at the 2008 Intellectual Property Scholars Roundtablehttp://www.law.drake.edu/centers/docs/roundtable08.pdf.

❸ 这可能是例外，如果作者离开家人去世时非常年轻，如果其有继承人且没有其他收入来源，就会非常依赖这笔收入。反面观点认为，任何鳏夫、寡妇或孤儿无论收入来源是什么，都有同样的问题。因此，为什么要为作者的鳏夫、寡妇或孤儿创设一个例外呢？

结语：路在何方？

按照约翰·亚当斯在其撰写文章中的观点，关于 ECHR 第一议定书第 1 条（财产方面权利）的 ECHR 判例法意味着，"若要改变版权期间，不能以剥夺所有人未到期版权期间部分的方式进行"，这仍然需要进一步解释。该判例法的一个解释产生了这样的效果，上行一体化也许是向前推进的唯一方式！这种解释如果没有约束，或许会导致一种不断升级的恶性循环。另一种解释与德国联邦宪法法院的一些判决一致，布里奇特·林德纳在其撰写的文章中也已指出："著作权与邻接权保护的降级与保护期间的缩短，都不会与宪法相反。但对保护期间起算点改变时，如果该起算点在法律修改之时已经起算，就会被认为与宪法不符。"此外更普遍的是，随着人权被逐步接受，难道一些情况下的知识产权不能为公共利益所"征用"吗？以版权期间为例，在版权领域启动新的一体化项目之前，仍然有很多内容需要以不同方式加以研究。[33]

---

[33] 关于期间领域，2006 年的 IVIR 研究（第 3 章）已经对支持或反对音像制品期间上行一体化作了全面的分析，并推荐维持现状。

原版案例索引

European Court of Justice

Advocaten voor de Wereld Case C – 303/05 [2007] ECR 1 – 03633 28

Arsenal Football Club plc v Matthew Reed Case C – 206/01 OJ [2002] C323/22 571

Basset v SACEM Case C – 402/85 [1987] 3 CMLR 173 312

Benetton/G – Star Case C – 371/06 20 Sep 2007 510

BHB v Hill Case C – 203/02 [2004] ECR 1 – 10415 430, 432, 434, 435, 436, 437 446, 448, 450, 451, 454, 455

Booker Aquaculture Ltd, Hydro Seafood GSP Ltd and the Scottish Ministers Joined Cases C – 20 & 64/00 ECR [2003] I – 7411 31

Bristol Myers Squibb v Paranova 11 July 1996 [1996] ECR I – 3457 491

British Horseracing Board and Others v William Hill Organisation Ltd Case C – 203/02 [2005] ECDR 1, Media en Informatierecht 2005, 36 – 7 129, 202, 550, 570

Bronner v Mediaprint Case C – 7/97 [1998] ECR I – 00791 447

BRT/SABAM (BRT II) Case 127/73 ECJ [1973] 313 546, 559

Canon Case C – 39/97 [1998] ECR 1 – 5507 491

Carosello v Butterfly Case C – 60/98, GRUR Int 1999, 868 16

Coditel I Case 62/79 [1980] ECR 881 20, 21

Coditel II Case 262/81 [1982] ECR 3381 24, 548

Commission v Ireland Case C – 175/05 [2007] ECR I – 3 224

Commission v Italy Case C – 198/05 [2006] ECR I – 107 224

Commission v Portugal Case C – 53/05 [2006] ECR I – 6215 224

Commission v Portugal Case C – 61/05 [2006] ECR I – 6779 224

Commission v Spain Case C – 36/05 [2006] ECR I – 10313 224

Deutsche Grammophon v Metro Case 78/70 [1971] ECR 487 1, 20, 545, 547, 614

Dior v Evora see Parfums Christian Dior/Evora

Egeda v Hoasa Case C – 293/98 [2000] ECR I – 629 227

Egmont et al v Laserdisken Case C – 61/97 [1998] ECRI – 5271 224

EMI – Electrola GmbH v Patricia Im – und Export Verwaltungs – gesellschaft mbH et al Case 341/87 ECR [1989] 79 18, 222

Fixtures Marketing Ltd v Organismos prognostikon agonon podosfairou AE (OPAP) Case C – 444/02, Grand Chamber 9 Nov 2004 60, 61, 62, 129, 202, 432, 436, 550

Fixtures Marketing Ltd v Oy Veikkaus Ab Case

C - 46/02　129, 202, 432, 436, 550
Fixtures Marketing v Svenska Spel AB Case C - 338/02　129, 202, 432, 436, 550
GVL v Conunission Case 7/82 ECR [1983] 483　24, 379
HAG II Case C - 10/89　491
Hauer Case 44/79　31
Henkel Case C - 128/01 12 Feb 2004　511
Hoffmann - La Roche/Centrafarm Case 102/77　491
IMS Health v NDC Health Case C - 418/01 [2004] ECR I - 00791　447, 448, 450, 455, 545, 553, 554, 556, 558, 562, 563, 564, 565, 566, 573, 618
Lagardère Active Broadcast v Société pour la Perception de la rémunération équitable (SPRE) and Others Case C - 192/04 14 July 2005　18, 227
Laserdisken v Kulturministeriet Case C - 479/04 [2006] ECR I - 8089　222
Linde, Winward, Rado 8 Apr 2003 ECR I - 3161　511
Loendersloot/Ballantine Case C - 349/95 491
Lucazeau (Frangois) and óthers v Sociétédes Auteurs, Compositeurs et Editeurs de Musique (SACEM) and others Joined Cases 110, 241 & 242/88 [1989] ECR2811　381
Mag Instrument, re Case C - 136/02P ECR I - 9165　511
Magill case see Radio Telefis Eireann and others v Commission and Magill TV Guide
Mediakabel v Commissariat voor de Media Case C - 89/04 [2005] ECR I - 4891　227
Miller International Schallplatten GmbH v EC Commission Case 19/77 [1978] 2 CMLR 334　312

Ministère Public v Tournier Case 395/87 [1989] ECR 2521　380
Musik - Vertrieb Membran v GEMA Joined Cases C - 55 & 57/80 [1981] ECR 147　222
Nokia v W'firdell Case C - 316/05　279
Nold Case 4/73 [1974] ECR 491　31, 38
OPAP case see Fixtures Market Ltd v Organismos prognostikon agonon podosfairou AE (OPAP)
Oscar Bronner Case C - 7/97　562
Parfums Christian Dior/Evora Case C - 337/95 8, 488, 489, 490, 515
Parliament v Council Case C - 540/03 [2006] ECR 1 - 05769　28
Patricia case see EMI - Electrola GmbH v Patricia Im - und Export Verwaltungs - gesellschall mbH et al
Peek & Cloppenburg KG v Cassina SpA Case C - 456/06, 17 Apr 2008　221
Phil Collins v Imtrat Joined Cases C - 92 & 326/92 [1993] ECR I - 5145　230, 257 - 8, 270
Philips/Remington Case C - 299/99 [2002] ECR I - 5475　491, 496, 497, 500, 501, 503, 511
Promusicae v Telefonica de Espana Case C - 275/06 29 Jan 2008 333
Radio Telefis Eireann and others v Commission and Magill TV Guide (Magill) Case C - 241 & 242/91 P [1995] ECR I - 743 43, 129, 311, 432, 447, 545, 552, 553, 554, 556, 561, 562, 563, 565, 573
Schawe v Söichsisches Druck - und Verlagshaus Case C - 215/07 OJ C 155 7 July 2007　452
SENA/NOS Case C - 245/00 [2003] All ER (D) 67, [2003] ECR 1251　333, 354, 622

SGAE v Rafael Hoteles SL Case C - 306/05 [2006] ECR I - 11519   217, 227, 228, 333

Silhouette/Hartlauer Case C - 355/96 [1998] ECR I - 4799   222

Sirena/Eda 18 Feb 1971   547

Storck/OHIM Case C - 25/05P 22 June 2006   512

Terrapin/Terranova Case 119/75   491

Tournier Case C - 395/87 p 2521, RIDA no 144, 51   551

Unibet Case C - 432/05 [2007] ECR I - 02271   28

United Brands case   559

Volvo AB v Erik Veng (UK) Ltd Case 238/87 [1988] ECR 6211, [1989] 4 CMLR 122   547, 552, 573

Warner Bros v Christiansen Case 158/86 [1988] ECR 2605   222

Windsuffing Case 193/83 [1986] 3 CMLR 489 312

Case 260/89   39

Case C - 368/95   39

Case C - 60/00   39

Case 304/07   431, 439, 440

Court of First Instance

Micro Business Leader v Cormnission Case T - 198/98   545, 560

Microsoft v Commission Case T - 201104 OJ C 269 10. 11. 2007   447, 450, 455, 554, 556, 563, 564, 573, 618

TiercéLadbroke SA v Commission Case T - 504/93 ECR [1997] II - 923   24, 558

Commission Decisions

Cannes Extension Agreement 4 Oct 2006 - COMP/C2/28.681   386

GEMA [1971] OJ L134/15, [1971] CMLR D35   12, 379

IFPI Simulcasting 2003/300/EC 8 Oct 2002 OJ L107/62   24, 381

Santiago Agreement - COMP/C2/38t26 OJ C200/11   25

European Court of Human Rights

Anheuser Busch Inc v Portugal Appln No 73049/01   29, 32

Müller & Ors v Switzerland 24 May 1988, Ser A No 133, 27   532

Oberschlick v Austria 23 May 1991, Ser A No 204, 57   532

Smith Kline and French Laboratories Ltd v The Netherlands Appln No 12633/87, 66 DR 70, 79 (1990)   29, 32, 148

Sporring and Lrnroth v Sweden A52 (1982)   148

WTO Appellate Body

India - Patent Protection for Pharmaceutical and Agricultural Chemical Products, WT/DS50/AB/R, 17 Dec 1997   580

US - Countervailing Duties on certain Corrosion - Resistant Carbon Steel Flat Products from Germany, WT/DS213/AB/R, 28 Nov 2002   580

US - Import Restrictions of Certain Shrimp and Shrimp Products. WT/DS58/AB/R   580, 589

US - Measures Affecting the Cross Border Supply of Gambling and Betting Services, WT/DS285/AB/R, 7 Apr 2005   590

US - Standards for Reformulated and Conventional Gasoline, WT/DS2/AB/R, 29 Apr 1996   580, 589

WTO Dispute Settlement Body

IMRO case Doc WT/DS 160/R   322

WTO Panel Report

Canada – Patent Protection of Pharmaceutical Products, WT/DSll4/R, 17 Mar 2000 579, 588

European Communities – Protection of Trademarks and Geographical Indications for Aglicultural Products and Foodstuffs, WT/DS/179/R, 15 Mar 2005 588

US – Section 110 (5) of US Copyright Act, WT/DS 160/R, 15 Jun 2000 588, 589

National cases

Australia

Computer Edge Pry Ltd v Apple Computer Inc (1986) 161 CLR 171 51

Data Access Corporation v Powerflex Services Pty Ltd (1999) 202 CLR 1 67

Desktop Marketing Systems Pty Ltd v Telstra Corporation Ltd [2002] FCAFC 112 62

Austria

Buchsttitzen OGHÖB1 1997, 38 307

Für Katalog und Folder OGH 21 Mar 2000, 4 Ob 77/00b 307

Gelbe Seiten 27 Nov 2001 [2001] GRUR Int 940 431

Hotel Video 17 Jun 1986 [1986] GRUR Int 728 473

Medienprofessor, OGH, 12 June 2001 [2002] 33 IIC 994 46

Schuldrucksorten OGH OB1 1995, 116 289

Schutz von Werbemitteln – Dienstnehmerwerke OGH 19 Oct 2004, 4 Ob182/04z 294, 307

Case 4 Ob 19/91 28 May 1991 [1992] European Comm Cases 456, [1991] GRUR Int 920 465

Case 4 Ob 44/92 16 June 1992 [1994] European Comm Cases 526, [1994] IPRax 380 466

Oberlandesgericht Graz Judgment of 6 Dec 1990 [1991] GRUR Int 386 465

Obertandesgericht Vienna Judgments of 30 Nov 1989 [1990] GRUR Iht 537 466

Oberlandesgericht Vienna Judgments of 27 Jun 1991 [1991] GRUR Int 925 466

Belgium

Google Inc v Copiepresse SCRL [2007] ECDR 5 228

Supreme Ct 25 Sep 2003 [2004] A & M 29 45

Benelux Court of Justice

Adidas Three Stripes 23 Dec 1985, Case A 83/4 [1987] GRUR Int 707 – 11 508

Superconfex/Burberry's (Burberry's I) Case A 87/8 [1990] GRUR Int 863 508, 509

Burberry's/Bossi (Burberry's II) 16 Dec 1991, Case A90/4 [1992] EIPR D – 140 508

Canada

Canadian Admiral Corp Ltd v Rediffusion Inc (1954) 20 CPR 75; 14 Fox Pat C 114 83

CCH Canadian Ltd v Law Society of Upper Canada [2004] 1 SCR 39 112

Tele – Direct (Publications) Inc v American Business Information Inc 154 DLR (4th) 328 (1997) 62

Denmark

Danske Dagblades Forening (DDF) v Newsbooster [2003] ECDR 5 66

Finland

Adobe Systems Inc v IAI Software Distribution [2004] ECDR (30) 303 424

France

Anne Bragance v Olivier Orban and Michel de Grbce, CA Paris 1 Feb (1989) 142 RIDA 301 276, 472, 478

Atari, Cass Ass plen 7 Mar 1986 [1986] JCP II, 20631   94, 485 Barthes, TGI Paris 20 Nov 1991 [1992] RIDA 340   141

Bruce Springsteen Autobiography, Paris (4e Chambre) 28 Feb 2007 RIDA 212, Apr 2007   113

Bsiri – Barbir v Haarmann & Reimer [2006] ECDR 28. Sup Ct 58, 68, 568

CNN, Cass Ire civ. 6 Apr 1994 [1994] RIDA 367   228

Coprosa, Cour de Cassation 2 May 1989   128

Corsica Muntagna, Cour de Cassation (civ) 7 Nov 2006.

RIDA 211   113

de Lalande, TGI Nanterre, 19 Jan 2005, RIDA 207   115

Dimitri Busuioo Ionesco v Stéi Metro Goldwyn Mayer and Sté Romania Films. TGI Paris 14 Feb 1977

(1978) 97 RDA 179   471, 472

Doyenv Parnaland, Trib of First Instance of Seine, 10 Feb 1905; Paris CA 10 Nov 1909   78

France Télécom c/Lectiel et Groupeadress Cass Com 4 Dec 2001, CE 29 Jul 2002   559

Huston (John) case (colorization) TGI Paris 23 Nov 1988; CA Paris 6 Jul 1989; Cour de Cassation 28 May 1991, RIDA 1991 (149), 197   275, 277, 463, 464, 471, 472

Isermatic. Cour de Cassation 16 April 1991   121

L'Oreal v Parfums Eurolux, TGI Paris 28 Nov 2007   142

L'Oréal SA v Bellure NV, TGI Paris 26 May 2004; [2006] ECDR 16, CA Paris (4th Chamber)   58, 68, 142

La Recouvrance, Cour d'Appel de Rennes, 7 Sep 2004   111, 127

La Totale, Cour de Cassation, 1st civ ch5 July 2006   136

Lacan, TGI Pads, 11 Dec 1985   141

Lancôme v SA Argeville Aix – en – Provence, Ct of Appeal 13 Sep 2007   142

Les Misôrables – sequel, Cour de Cassation 30 Jan 2007   280

Microfor, Cour de Cassation 9 Nov 1983   155

Mulholland Drive, Cour de Cassation 28 Feb 2006, (4 ch Chamb A) 4 Apr 2007   329, 353

Nejla Bsiri – Barbir/Soc Haarman et Reimer, Cass civ 13 June 2006 [2006] GRUR Int 1039   484

P Duchier v D Geuroult, RG No 93/020429, Paris CA 4th Chamber, discussed (1995) 166 RIDA 240   58

Pachot, Cour de Cass 7 Mar 1986   120

SA Beauté Prestige International v Sté Senteur Mazal (2008) 39 IIC 113   58, 68

SA Galba Films v Friedman, Sarl Capital Fihns, Pernot and Société Les Fils La Boétie (1975) 83 RIDA 106, on appeal Léopold Friedman v SA Galba Films (1976) 88 RIDA 115   469

SA Prline v SA Communication & Sales and SAL News Investment [2002] ECDR 2   66

Salvador Dali – Photographs, Paris (4e Chambre) 27 Jan 2006, RIDA 210, Oct 2006   113

SARL La Rosa v Std Almax International SPA CA Paris [1992] La Semaine Juridique 21780   474

SISRO, Cour de Cass 5 Mar 2002 [2002] 34 llc 701   314

Soc Toho Cy Ltd v Soc Film d'art et Soc Prodis,

CA Paris (1961) 33 RIDA 112   474

Société Fox – Europa v Société Le Chant du Monde (1960) 28 RIDA 120   459

Société Tigest Sari v Societe Reed Expositions France [2002] ECC 29   66

Union Fédérale des Consommateurs – Que Choisir v Sony France and Sony UK TGI Nanterre (6e chambre) 15 Dec 2006   535

Utrillo, Paris District Ct (3rd Chamber, 23 Feb 1999) 184 RIDA 374 (2000); Paris Ct of Appeals (4th Chamber, 30 May 2001) 191 RIDA 294 (2002); Supreme Ct (1st Civil Chamber, 13 Nov 2003) [2004] 35 II C 716   44, 45

Vincent v Cuc Software   94

Williams Electronics, Cass Ass plen 7 Mar 1986 [1986] JCP II, 20631   94

COUR DE CASSATION

1re Civ 1 Jul 1970   293 [1971] Revue Critique de Droit International Privé270   471

1re civ 13 Nov 1973   293

1 Mar 1988   127

1st civ ch 4 Feb 1992   136

30 Jun 1993   127

1st civ ch 30 June 1998   137

Crim 23 Nov 1999   124

28 Jan 2003 (no 00 – 20014)   94, 275

26 Nov 2003   558

Civ 3 Feb 2004   127

Ch comm 12 July 2005   558

1st civ ch 25 Nov 2005   137

Crim Div 30 May 2006 (no K 05 – 83.335 F – D)   346

1st civ ch 13 Jun 2006   141

1st civ ch 16 Jun 2006   142

1st Civil Division, 30 Jan 2007, 38 IIC 736 (2007)   48

27 Feb 2007   152

COUR D'APPEL

Caen 6 Oct 2006   127

Lyon I Apr 2004 and Cour de Cassation (Comm ch) 4 July 2006   135

Paris 13 Mar 1986   137

Paris 14 Mar 1991 [1992] La Semaine Juridique 21780   471

Paris 17 Dec 2003   146, 147

Paris 26 Jail 2006   142

Paris 14 Feb 2007   142

Pan 18 Nov 1904   78

TGI Bobigny 28 Nov 2006   142

TGI Paris 21 Sep 1983 (1984) 120 RIDA 156   471

TGI Paris 26 May 1987   137

TGI Paris, 3e ch, 8 Sep 1998 (1999), RIDA, no 181, 318, affirmed, Paris 4e ch, 28 Apr 2000, Com com dectr. 2000, comm no. 86   94

TGI Paris 2 Oct 2001   145

Toulouse District Ct 26 Sept 2001, 187 Légipresse 149 (2001), reversed Toulouse Ct of Appeals, 3rd Chamber, 13 June 2002, 9 Propr. intell. 384 (2003)   44

Lourdes Trib of First Instance 28 July 1904   78

Paris Trib de Commerce 24 Sep 1999   142

Versailles 18 Nov 1999   94

Germany

ALf 17 Jun 1992 [1993/94] IIC 539   302

Betriebssystem, 4 Oct 1990 (1991) 22 IIC 723   65, 120, 197

Beuys Fotografien OLG Düsseldorf [1997] GRUR 49, 50   169

Buchhaltungsprogramm [Accounting Program] 14 Jul 1993, [1994] GRUR 39, (1993) CR 752, (1995) 26 IIC 127   65, 123,

197, 408

EROC III, BGH 10 Oct 2002 [2002] IIC 702 306

Folgerecht bei Auslandsbezug (Joseph Beuys) BGH [1994] GRUR 798 (1995) 26 IIC 573   230

Gedichttitelliste II. 24 May 2007, [2007] GRUR 688-90   431, 440, 441, 442

Holzhandelsprogramm, 20 Jan1994   123

Inkasso - programm, 9 May 1985 [1985] GRUR 1041 (1986) 17 IIC 681   65, 120, t23, 197, 294, 408, 484

Jugendgefährdende Medien bei eBay, BGH [2007] GRUR 890   235

Laras Tochter, BGH [1999] GRUR 984 (2000) IIC 1050   218

Le Corbusier - Möbel, BGH [2007] GRUR 50 221

Lustige Witwe, BGH [1975] GRUR 495 161, 162

Michel - Nummern, 3 Nov 2005 I ZR 311/02, [2006] GRUR 493   435

Microsoft OEM Licence, BGH Decision 6 Jul 2000 - I ZR 244/97   539

Mikrokopien, BGH 24 Jun 1955 [1955] GRUR 546   350

OEM - Versionen, BGH [2001] GRUR 153 223

Paperboy, BGH GRUR 2003. 958, [2004] IIC 1097   228

Personalausweise, BGH 29 May 1964 [1965] GRUR, 104   350

Salome III, BGH [2000] GRUR 869, 870 161, 162

Schallplatten, Federal Constitutional Ct BVerfGE 31, 275   167, 170, 171

Schawe v Sachsisches Druck - und Verlagshaus, BGH 28 Sep 2006, GRUR 2007, 500 (see also ECJ case)   452

'Show Format', BGH (2004) 35 IIC 987 72, 73

Spiegel - CD Rom, BGH [2002] GRUR 248 306

Stadtbahnfahrzeug, BGH [2002] GRUR 799, 800   215

Thumbnails, OLG Hamburg 5 Sep 2003, [2004] GRUR - RR 313 (2004) 35 IIC 478   219

Tonträgersampling, OLG Hamburg [1992] GRUR Int 390   215, 216

Verteileranlagen, BGH 8 Jul 1993, [1994] GRUR 45   228

Visicorp v Basis Software GmbH (1983) 14 IIC 437, District Ct, Munich I   51

Wagenfeld - Leuchte, BGH 15 Feb 2007, [2007] GRUR 871   221

Wagner Familienfotos; Schficker - Katzenberger OLG Hamburg [1999] GRUR 717, 720 168

BGH Judgment of 17 Jun 1992 [1993] GRUR Int 257 467, 468

CONSTITUTIONAL COURT 12 May 1989, 1989 EuGRZ 339   40

Framework Decision 18 July 2005, 12005] NJW 2289   40

29 June 2000, Germania 3, [2001] GRUR 149   47-8

OLG Hamburg I Nov 2001   504

OLG Karlsruhe 1 Oct 1996, 6 U 40/95   424

LG Berlin 12 Dec 1960 Maifeiern [1962/04] GRUR 207   533

LG Berlin 28 Nov 2006 [2007] ZUM 424   267

LG Köln 8 May 2002 28 O 180/02, [2002] MMR 689   432

LG München I [2007] MMR 328　237
BGHZ 27, 264 – Boxprogramme　170
BGHZ 37, 1 – AK1　170

Israel

Eisenmann v Quinrom (Dead Sea Scrolls case) Sup Ct 30 Aug 2000　116

Netherlands

Algemeen Dagblad et al v Eureka Internetdiesten, Rotterdam Dist Ct 22 Aug 2000 [20021 ECDR 1　228

Boycott Outspan Aksie Hof, Amsterdam 30 Oct 1980, [1981] NJ no 422　533

BREIN v Techno Design, Amsterdam CA, 15 Jun 2006 [2006] ECDR 21　228

Buma v KaZaA, Sup Ct Case C – 02/186HR, [2004] ECDR 16　234

Caravan Step I, Dist Ct of The Hague 19 Mar 2003, [2004] BIE no 72, 472　504

Caravan Step II, Dist Ct of The Hague 22 Dec 2004, [2005] BIE 265 – 71 504

Davidoff/Cigaronne, Dist Ct of The Hague 22 Dec 2004, [2005] BIE no 87, 430 – 37　507

De NV Drukkerij'de Spaarnestad' v Leesinrichting'Favoriet' HR, 25 Jan 1952, [1952] NJ no 95　539

De Telegraaf v NOS, The Hague CA 30 Jan 2001, [2001] Mediaforum 344　434

Drukasbak, 21 Dec 1856, [1960] NJ 414　571

Fatboy bean – bag, Pres Dist Ct of The Hague 30 Sep 2005 and Dist Ct of Den Bosch 6 Jun 2007 [2007] AMI 158 – 9　506

Howe/Casala, Dist Ct of The Hague 17 Oct 2006, unpublished　504

Hyster Karry Krane, 26 June 1953, [1954] NJ 90　571

Kecofa v Lancôme, [2006] ECDR 26, [2006] NJ 585, Sup Ct 68, 72, 142, 484, 567

Laser Vloerplan, Sup Ct 20 Mar 1992, [1993] BIE 39　516

Layner/Assco, 30 Oct 1998, [1999] NJ 84　573

Lego v Mega Brands, Dist Ct Breda 6 Jul 2005, LJN　570

Mega Brands v Lego, 12 Jun 2007, Intellectuele Eigendom en Reclamerecht 2007, no 79, 301　572

Monte/Kwikform, 1 Dec 1989, [1992] NJ 391　573

Scrabble, 8 Jan 1960, [1960] NJ 415　571

Stichting Baas in Eigen Huis v Plazacasa BV, Provisional Measures Judgment, Dist Ct of Alkmaar, 7 Aug 2007, LJN: BB1207　570

Stichting Stemra v Free Record Shop BV, HR 20 Nov 1987, [1988] NJ 280　539

Stokke/Fikszo, Dist Ct of The Hague 7 Feb 2007 [2007] AMI 99 – 103　504

Stokke Industries/Jako Trade en Hauck, Dist Ct of The Hague 4 Oct 2000 [2001] BIE 363　504

Technip Benelux BV v Arier Gerhard Goossens (2007) 38 IIC 615, Sup Ct 72, 493

Tornado, 12 Jun 1970, [1970] NJ 343　573

United Feature Syndicate Inc v Van der Meulen Sneek BV [1990] Bijblad Indutriële Eigendom 329　461

Van Dale Lexicografie BV v Rudolph Jan Romme, Sup Ct 4 Jan 1991 [1991] NJ 608; CA The Hague 1 Apr 1993 [1994] NJ 58　127

Wokkels Hoge Raad, 11 Nov 1983, [11986] GRUR Int 126 – 128, NJ 1984, 203, [1985] BIE no 9, 23　508

Amsterdam Court of Appeal, 16 Jul 1981, [1982] BIE 145; [1982] AMR, p.13, note Verkade (*Rubik's Cube*)　505

The Hague Court of Appeal, 21 Dec 2000, [2001] Mediaforum 87　434

The Hague Court of Appeal, 4 Sep 2003, [2003] AMI 222　47

Sup Ct of the Netherlands, 16 Dec 2005, 1st Chamber No C04/020/HR (LJN AT2056)　47

Rotterdam Court of First Instance, 22 Aug 2000 [2000] Mediaforum 344　434

Tribunal of The Hague 2 Mar 2005　329

Norway

napster. no Sup Ct 27 Jan 2005 (2006) 37 IIC 120　228

Spain

Judgment of 29 May 1992 (Christmas cards)　118

Judgment of 26 Oct 1992 (Jewelry)　118

Judgment of 10 Oct 1995 (Radio Nacional de España)　108

Judgment of 8 Nov 1995 (Computer programs)　104

Judgment of 30 Jan 1996 (Folletto mamparas de baño)　112

Judgment of 29 Mar 1996 (Photographs)　126

Judgment of 13 May 2002 (Anuncios de empleo)　112

Juzgado de lo Mercantil 1 of Bilbao, 23 Nov 2007 (Calatrava bridge)　114

Juzgado de !o Mercantil 1 of Madrid, 27 Sep 2005　127

Juzgado de Lo Mercantil 2 of Madrid, 9 Jun 2005　117

Audiencia Provincial de Alicante (s 8) 19 Jun 2006　126

Audiencia Provincial de Barcelona (s 15) 21 Nov 2003　126

Audiencia Provincial de Madrid (s 12), 3 Mar 2004　115

Audiencia Provincial de Madrid (s 20 bis) 12 Jul 2004 (Mararena)　118

Audiencia Provincial de Barcelona (s 15) 1 Feb 2005　126

Audiencia Provincial de Valencia (s 9) 3 Jañ2007　118

Audiencia Provincial de Valencia (s 9) 6 Feb 2007 (photographs of tombstones)　126

Sweden

Olssons Links Sup Ct 15 Jun 2000, B 413-00, [2001] GRUR Int 264　228

TV4 AB v Claes Eriksson and Vilgot SjÖman Sup Ct 18 Mar 2008　271

Yapon AB v EkstrÖm [2002] ECDR (14) 155　420

Switzerland

Federal Ct, Dec of 22 June 2005, [2005] M6dialex 153　45

Supreme Ct, Canton of Zurich, Dec 9 Sep 2004, [2004] Médialex 231　45

Unauthorised Reproduction of Telephone Directories on CD-Rom [2002] ECDR 3 62, 66

United Kingdom

A Schroeder Music v Macaulay [1974] 3 All ER 616　306

Amp Inc v Utilux Pty Ltd [1970] RPC 397, [1970] FSR 162, CA; [1972] RPC 103, [1971] FSR 572, HL 178, 500

Ashdown v Telegraph Group Ltd 18 July 2001, [2001] EMLR 44　46

Baigent v Random House Group Ltd (Da Vinci

原版案例索引

code) High Ct, Chancery Div 2006 137
Barker Motion Co v Hulton (1912) 28 TLR 496 80
Blacklock v Pearson [1915] 2 Ch 376 289
Blair v Osborne & Tomkins [1971] 2 QB 78, CA 302
Breville Europe plc v Thorn EMI Domestic Appliances Ltd [1995] FSR 77 55
British Leyland Motor Corp Ltd v Armstrong Patents Ltd [1984] FSR 591 313
Brown v Mcasso Music Production Ltd [2005] FSR 40 70
Campbell Connelly & Co Ltd v Noble [1963] 1 WLR 252 477, 478
Cramp v Smythson [1944] AC 329 288
Creation Records v News Group Newspapers [1997] EMLR 444 54, 57, 68, 69, 70
Designers Guild Ltd v Russell Williams (Textiles) Ltd [2000] FSR 121, CA; [2001] FSR 113, HL 137, 215
Donaldson v Beckett (1774) 2 Bro PC 129, Burr 2408 243
Elton John v James [1991] FSR 397 306
Exxon v Exxon Insurance [1982] Ch 119 56
Fraser – Woodward Ltd v British Broadcasting Corp Brighter Pictures Ltd [2005] EWHC 472 (Ch) 23 Mar 2005 (Beckham family) 127
Gates v Swift [1982] RPC 339 51
Gilbert O'Sullivan v Management Agency and Music [1985] QB 428 306
Green v Broadcasting Corporation of New Zealand [1989] RPC 469 73, 93
Hi Tech Autoparts Ltd v Towergate Two Ltd (No 2) [2002] FSR 16 55
High Court of Justice. Chancery Division, 8 February 1982, Polytechnika Ipari Szovetkezet c. s. v. Dallas (1982) FSR 52 [1983] GRUR Int. 946 505
Hodgkinson & Corby Ltd and Roho Inc v Wards Mobility Services Ltd [1995] FSR 169 569
Hollinrake v Truswell [1894] 3 Ch 420 56
Interlego AG v Tyco Industries Inc [1988] RPC 343 186
Kabushiki Kaisha Sony Computer Entertainment Inc et al v Ball et al [2004] EWHC 1738, ChD 416, 425
Kelly v Morris (1866) LR 1 Eq 697 289
Kenrick & Co v Lawrence & Co (1890) 25 QBD 99 137
Ladbroke (Football) Ltd v William Hill (Football) Ltd [1964] 1 WLR 273, [1964] I All ER 465, HL 65, 288, 289
Landor & Hawa International Ltd v Azure Designs Ltd [2006] EWCA Civ 1285, CA 501
Massine v De Basil [1936–45] MCC 223 93
Merchandising Corp of America v Harpbond [1983] FSR 32 55, 56, 69
Miller v Taylor (1769) 98 ER 201 288
Milligan v Broadway Cinenm Production [1923] SLT 35; [1922–3] MCC 343 93
Mogul Steamship Co v McGregor Gow & Co (1889) 23 QBD 598 569
National Provincial Bank v Ainsworth [1965] AC 1175 291
Navitaire Inc v Easyjet Airline Co Ltd (No 3) [2006] RPC 3 56, 64
Nordisk Films Co Ltd v Onda [1919–24] MCC 337 83
Norowzian v Arks (No 1) [1998] FSR 394 57
Norowzian v Arks (No 2) [2000] FSR 363 56, 71, 89, 92, 93, 96, 97

Novello & Co Ltd v Hinrichsen Edition Ltd and Another [1951] 1 Ch 595　461

Orwin v Attorney – General [1998] FSR 415　299

Peer International Corp v Termidor Music Publishers Ltd [2003] EWCA Civ　299

Performing Rights Society Ltd v London Theatre of Varieties Ltd [1924] AC I　300

Purefoy v Sykes Boxall (1955) 72 RPC 89　289

Reed Executive plc and Reed Solutions plc v Reed Business Information Ltd, Reed Elsevier (UK) Ltd and Totaljobs.com Ltd [2003] RPC 12　208

S Panayiotou v Sony Music Entertainment (UK) [1994] EMLR 229　306

Sawkins v Hyperion Records [2005] EWCA Civ 565, [2005] RPC 32　55, 56, 70, 115, 144, 145, 288

Sega Enterprises v Richards [1983] FSR 73　51

Sony Computer Entertainment Inc v Paul Owen and others [2002] EWHC 45, ChD　416

Stovin – Bradford v Volpoint [1971] Ch 1007, CA　302

Tate v Fullbrook [1908] 1 KB 821; 98 LT 706; 77 LJKB 577; 24 TLR 347; 52 SJ 276　80, 93

Thrustcode Ltd v WW Computing Ltd [1983] FSR 502　51

Ultraframe (UK) Ltd v Eurocell Building Plastics Ltd, Eurocell Profiles Ltd [2003] EWCA Civ 1805　186

University of London Press v University Tutorial Press [1916] 2 Ch 601　56, 111, 123, 137, 197, 288, 289

Walter v Lane [1900] AC 539　115

Wham – O Manufacturing Co v Lincoln Industries [1985] RPC 127　55

United States of America

Atari Games Corporation v Oman 888 F 2d 878 (DC Cir, 1989)　75

Atari Inc v Amusement World Inc 547 F Supp 222 (D Md 1981) 226　75

Baker v Selden 10t US 99, 1879　583

Bridgeport Music Inc v Dimension Films 410 F 3d 792 (6th Cir2005)　215, 216

Burrow – Giles Lithographic Co v Sarony 111 US 53 (1884)　112

Corcovado Music Corp v Hollis Music 981 F 2d 679 (2d Cir 1993)　477

eBay Inc v MercExchange LLC 126 S Ct 1837 (2006)　278-9

Data Gen Corp v Grumman Sys Support Corp 36 F 3d 1147 (1st Cir, 1994)　544

Diamond v Chakrabarty 447 US 303 (1980), 100 S Ct 2204, 65 L Ed 2d 144, 206 USPQ 193　568

Edison v Lublin 122 Fed 240 (CCA 3d 1903)　80

Feist Publications Inc v Rural Telephone Service Co (1991) 499 US 340　62, 111, 127, 294

Granz v Harris 198 F 2d 585 (2d Cir 1952)　279

M Kramer Manufacturing Co Inc v Andrews 783 F 2d 421 (4th Cir, 1986) 436　75

MGM v Grokster 545 US 913, 125 SCt 2764 (2005)　234

Midway mfg Co v Dirkschneider 543 F Supp 466 (D Neb, 1981)　75

Midway Manufacturing Co v Stohon 564 F Supp 741 (ND Ill, 1983) 746　75

Sheldon v Metro – Goldwyn Pictures Corp 81 F 2d 49 (2nd Cir 1936)　117

Sony Corp of America v Universal City Studios Inc 464 US 417 (1984)　611

Stern Electronics v Kaufman 669 F 2d 852 (2nd Cir, 1982) 855　75

Trade MarkCases 100 US 82 (1879)　112

US v IBM (filed in District Ct 17 Jan 1969, withdrawn 8 Jan 1982)　401

Williams Electronics v Artic International 685 F 2d 870 (3rd Cir, 1982) 874　75